New York Architektur

1970–1990

Deutsches Architekturmuseum

Frankfurt am Main

3. Juni –13. August 1989

New York Architektur

1970–1990

Herausgegeben von Heinrich Klotz
in Zusammenarbeit mit Luminita Sabau

Mit Beiträgen von Douglas Davis, Kenneth Frampton,
Christian Norberg-Schulz, Walter Prigge/Hans-Peter Schwarz,
Michael Sorkin und Robert A. M. Stern

Prestel-Verlag

Dieses Buch erschien anläßlich der Ausstellung
›New York Architektur 1970 –1990‹ im Deutschen Architekturmuseum,
Frankfurt am Main, vom 3.6.–13.8.1989.

Herausgegeben im Auftrag
des Dezernats für Kultur und Freizeit
Amt für Wissenschaft und Kunst
der Stadt Frankfurt am Main
Deutsches Architekturmuseum
von Heinrich Klotz in Zusammenarbeit mit Luminita Sabau

Ausstellung: Luminita Sabau
Ausstellungsassistenz: Petra Skiba
Ausstellungsarchitektur und Fassadeninstallation:
Stephan Tschavgov
Bauleitung Fassadeninstallation: ATF Petar Reich
Modellbau: A. M. O. G. Modellbau (Benhart, Muley, Sattler, Ziemlich),
C. Brynecki, H. Frickel, A. Gronau
Ausstellungsgraphik: G. A. K. Graphisches Atelier Kornis
Ausstellungssekretariat: Evelyn Arnholz, Inge Klietz, Erika Leps
Modellrestaurierung: Barbara Schulze
Ausstellungsaufbau: Heinz Jakobs, Enrico Hirsekorn, Oliver Reichelt,
Andreas Haller
Transportabwicklung: E. Hasenkamp, Frankfurt am Main,
W. R. Keating, New York

Die Ausstellung wurde großzügig unterstützt von

American Airlines
Architektur & Wohnen
ATF – Architektur Technik Fassade
fischerwerke – Artur Fischer GmbH & Co. KG
Philipp Holzmann AG – Frankfurt
LOOS Beratende Ingenieure VBI für Bauwesen
J. P. Morgan GmbH
VEGLA Vereinigte Glaswerke GmbH
VERSBACH METALLBAU GmbH & Co. KG

Sämtliche Projektbeschreibungen stammen, wenn nicht
anders angegeben, von den jeweiligen Architekten.

Übersetzung aus dem Englischen: Christiane Court

Umschlagmotiv: The Stubbins Associates, Citicorp Center (siehe S. 224)
Frontispiz: Deutsches Architekturmuseum, Installation
anläßlich der Ausstellung ›New York Architektur 1970 –1990‹. Entwurf: Stephan Tschavgov

Stadtplan von New York: Astrid Fischer, München

CIP-Titelaufnahme der Deutschen Bibliothek:

New-York-Architektur : 1970 –1990 ;
[Deutsches Architekturmuseum Frankfurt am Main, 3. Juni – 13. August 1989] ;
anläßlich der Ausstellung ›New-York-Architektur 1970 –1990‹ /
hrsg. von Heinrich Klotz in Zusammenarbeit mit Luminita Sabau.
Mit Beiträgen von Douglas Davis … [Übers. aus d. Engl.: Christiane Court]. –
München : Prestel, 1989

Gestaltung: Dietmar Rautner
Schrift: Oliver leicht und schmalleicht von Linotype
Satz: Max Vornehm, München
Reproduktionen: Reinhold Kölbl Repro GmbH, München,
und GEWA-Repro GmbH, Gerlinger und Wagner, München
Druck und Bindung: Passavia Druckerei GmbH, Passau

ISBN 3-7913-0923-4
Printed in Germany

Inhalt

Heinrich Klotz, Einleitung   7

Luminita Sabau, Vorbemerkung zu Ausstellung und Buch   9

Robert A. M. Stern, Die Erbauung der Welthauptstadt   13

Kenneth Frampton, New Yorks Narkose   46
Überlegungen von einem archimedischen Punkt aus

Douglas Davis, New York im nächsten Jahrhundert   51
Fragmente aus einem post-postmodernen Tagebuch

Michael Sorkin, Ciao Manhattan   55

Christian Norberg-Schulz, Die Aussichten des Pluralismus   59

Walter Prigge/Hans-Peter Schwarz, New York: Dekonstruktion einer Stadtlandschaft   65
Eine Collage

Bauten und Projekte in New York   89

AGREST & GANDELSONAS
   Apartmenthaus in Manhattan   90
   Stadthaus   92
   250 West Street   93

EMILIO AMBASZ & ASSOCIATES
   Museum of American Folk Art Tower   94

ANDERSON/SCHWARTZ
   Newsstand   96

ARQUITECTONICA
   South Ferry Plaza   98

VLADIMIR ARSENE
   Battery Park City Apartments   100

EDWARD LARRABEE BARNES ASSOCIATES
   IBM Tower   102

MARIO BOTTA
   ICF-Ausstellungsraum   104

NEIL M. DENARI
   Kloster   106

DILLER + SCOFIDIO
   Columbus Circle Traffic Rotary   108
   Sentinel/Wache   109

PETER EISENMAN
   Feuerwache   110

PETER EISENMAN/FARUK YORGANCIOGLU
   Fuller/Toms Loft   112

1100 ARCHITECT
   Residence, West Village   114
   Townhouse, Upper Eastside   116

MICHAEL FIELDMAN & PARTNERS
   Ambulanzgebäude, The Staten Island Hospital   118

MICHAEL FIELDMAN & PARTNERS MIT HARRY C. WOLF
UND OVE ARUP & PARTNERS
   Williamsburg Bridge Competition   120

GIULIANO FIORENZOLI
   Central Park, North East Corner   122
   Ocean Front Hotel   124

JAMES INGO FREED
   Jacob K. Javits Convention Center   126

GIOVANNINI & ASSOCIATES
   Duplex Penthouse   128

MICHAEL GRAVES MIT GRUZEN PARTNERSHIP
   New York Coliseum Competition   130

MICHAEL GRAVES
   Whitney Museum of American Art   132

GWATHMEY SIEGEL & ASSOCIATES
   International Design Center   134
   Solomon Equities, Inc.   136
   The Guggenheim Museum Addition   138

ZAHA HADID
   Eine neue Grundrißkalligraphie   140

HARDY HOLZMAN PFEIFFER ASSOCIATES
   Firemen's Training Center   142
   Brooklyn Children's Museum   144
   Bryant Park Restaurants   146

STEVEN HOLL ARCHITECTS
   Ausstellungsraum der Pace Collection   148
   GIADA   149
   Cohen Apartment   150
   Wohnung im MOMA Tower   151
   Bridge of Houses   152

ARATA ISOZAKI & ASSOCIATES MIT JAMES STEWART
POLSHEK AND PARTNERS
   The Brooklyn Museum   154

HELMUT JAHN, MURPHY/JAHN
   Columbus Circle   156
   Times Square   158
   Terminalgebäude für AA und NW, JFK Airport   160
   425 Lexington Avenue   162

R. M. KLIMENT & FRANCES HALSBAND
   Computer Science Building   164

KOHN PEDERSEN FOX ASSOCIATES
   Rockefeller Plaza West   166
   Heron Tower   168
   135 East 57th Street   170

KOLATAN/MACDONALD STUDIO
   The ›M‹ Loft   172
   Wohnung für einen Schauspieler   173

HARRY MACKLOWE
   Metropolitan Tower   174

MASQUE
   Stuyvesant Plaza   176

RICHARD MEIER & PARTNERS
   Madison Square Garden Site Redevelopment   178

MITCHELL/GIURGOLA ARCHITECTS
   Sherman Fairchild Center for the Life Sciences   180

NEW YORK ARCHITECTS
   Soho Townhouse   182
   Times Square Tower   184
   Privatwohnung   186
   Restaurant/Bar   187

OMA/OFFICE FOR METROPOLITAN ARCHITECTURE
   The City of the Captive Globe   188

JOSÉ OUBRERIE
   Long Island House   190

CESAR PELLI & ASSOCIATES
World Financial Center   192
Carnegie Hall Tower   194
The Museum of Modern Art   196

JAMES STEWART POLSHEK AND PARTNERS
500 Park Tower   198
Restaurierung der Carnegie Hall   200
New York Coliseum Competition   201

PETER PRAN, CARLOS ZAPATA
Terminalgebäude für AA und NW, JFK Airport   202
South Ferry Plaza   204

PASCAL QUINTARD-HOFSTEIN
Midrise on West 42nd Street   206

GEORGE RANALLI
Vietnam Veterans Memorial   208
Ranalli Studio   209
First of August Store   210

KEVIN ROCHE JOHN DINKELOO AND ASSOCIATES
J. P. Morgan Headquarters   212
750 Seventh Avenue   214
United Nations Plaza I und II   216

SMITH-MILLER + HAWKINSON
Soho Gallery   218

ROBERT A. M. STERN ARCHITECTS
Residence   220
Congregation Kol Israel   222

THE STUBBINS ASSOCIATES
Citicorp Center   224

SWANKE HAYDEN CONNELL
Freiheitsstatue   226
Feldman Tower 45   228

BERNARD TSCHUMI ARCHITECTS
The Manhattan Transcripts   230
Flushing Meadows Corona Park   232

UKZ DESIGN, INC. (KISS, ZWIGARD)
Globus Growth Group   234

UKZ DESIGN, INC. (UNGERS, KISS, ZWIGARD)
Dachaufbau des PanAm Building   235

OSWALD MATHIAS UNGERS
Roosevelt Island Competition   236

SIMON UNGERS
New York City Waterfront Competition   238

VENTURI, RAUCH AND SCOTT BROWN
Times Square Plaza Design   240
Westway   242

VIGNELLI ASSOCIATES
Büroräume für Vignelli Ass.   244

RAFAEL VIÑOLY ARCHITECTS
The Manhattan Condominium   246
John Jay College of Criminal Justice   248
Snug Harbor Music Hall   250

VOORSANGER & MILLS ASSOCIATES
The Brooklyn Museum   252
›Vacant Lots‹ Wohnbaustudie   254
Hostos Community College & Allied Health
Complex   256

TOD WILLIAMS, BILLIE TSIEN AND ASSOCIATES
›Vacant Lots‹   258
Columbus Circle   260
Freiheitsstatue   261

Bauten und Projekte außerhalb
New Yorks   263

ARQUITECTONICA
The River Club, North Bergen, NJ   265

VLADIMIR ARSENE
Elizabeth Police Headquarters and
Municipal Court Building, Elizabeth, NJ   266
University Square Office Building, Princeton, NJ   268

NEIL M. DENARI
West Coast Gateway, Los Angeles, CA   270
Rathaus, Leersburg, VA   271

DILLER + SCOFIDIO
Plywood House, Westchester, NY   272
withDrawing Room, San Francisco, CA   273

LIVIO G. DIMITRIU
Artists Colony Housing Project, Boston, MA   274
Casa Marabini, Lugo di Romagna, Italien   276
Hawaii Loa College of Performing Arts, Hawaii   278

PETER EISENMAN
Travelers Financial Center, Hempstead, NY   280

GIULIANO FIORENZOLI
Mausoleum, Greenwich, CT   282

JAMES INGO FREED
Holocaust Museum and Memorial,
Washington D. C.   284
Los Angeles Convention Center Expansion,
Los Angeles, CA   286

GIOVANNINI & ASSOCIATES
Arztpraxis, Washington D. C.   287

KEENEN/RILEY ARCHITECTURE
Mill House Project, Lambertville, NJ   288

R. M. KLIMENT & FRANCES HALSBAND
Computer Science Building, Princeton, NJ   290

KOHN PEDERSEN FOX ASSOCIATES
Mainzer Landstraße 58, Frankfurt/M.   292

KRUECK & OLSEN ARCHITECTS
Hewitt Associates Eastern Regional Center,
Rowayton, CT   294

MASQUE
Le Canalou, Bennett Point, MD   295

RICHARD MEIER & PARTNERS
Bridgeport Center, Bridgeport, CT   296
The Hartford Seminary Foundation, Hartford, CT   298
Westchester House, Westchester County, NY   300

MICHAEL MOSTOLLER AND FRED TRAVISANO
Renovierung von Stadthäusern, Trenton, NJ   302
Travisano Residence, Sea Girt, NJ   303

JOSÉ OUBRERIE
Magnificat, Houston, TX   304

CESAR PELLI & ASSOCIATES
Ley Student Center Expansion, Rice University,
Houston, TX   306

PETER PRAN, CARLOS ZAPATA
Ditten-Projekt für die Schibsted Gruppen, Oslo   308
University of Minnesota, School of Architecture,
St. Paul, Minneapolis, MN   310

PASCAL QUINTARD-HOFSTEIN
Bürogebäude in Philadelphia, PA   312
House # 227, California   313

SMITH-MILLER + HAWKINSON
The Institute of Contemporary Art,
Philadelphia, PA   314

ROBERT A. M. STERN ARCHITECTS
222 Berkeley Street, Boston, MA   316
MEXX Retail Shop, Amsterdam   318
Headquarters for MEXX International, Voorschoten,
Niederlande   318

UKZ DESIGN, INC. (UNGERS, KISS, ZWIGARD)
Knee Residence, North Caldwell, NJ   320

HARRY C. WOLF
Aplix Manufacturing Facility, Charlotte, NC   321
NCNB National Bank Headquarters Office Building,
Tampa, FL   322
Kansai Airport, Osaka, Japan   324

Anhang

Kurzbiographien der Architekten   329

Fotonachweis   336

Stadtplan von New York am Buchende

Heinrich Klotz

Einleitung

New York war während der vergangenen dreißig Jahre nicht das schöpferische Zentrum des amerikanischen Bauens. Bedeutende Architekten der USA, wie Robert Venturi und Frank Gehry, haben ihre Büros anderswo im Lande, und auch Michael Graves ist – mit seiner guten Adresse in Princeton – nur bedingt zur New Yorker Szene zu rechnen. Robert Stern hatte bereits in New Haven an der Yale University seine Ausbildung erfahren und stieß in die Weltmetropole vor, als sich dort mit den ›New York Whites‹, mit Graves, Peter Eisenman, Richard Meier und Gwathmey/Siegel eine Gruppe von Architekten formiert hatte, die heute zu den wichtigsten des Landes zählen, jedoch während der Umbruchzeit in den frühen sechziger Jahren nicht hervorgetreten waren. New York meldete sich – wie übrigens auch Chicago – in der Inkubationszeit der Postmoderne spät zu Wort und hat noch lange den auslaufenden Vorstellungen der alternden Moderne angehangen. Mit dem Leiter der Cooper Union School, John Hejduk, und dem an derselben Schule lehrenden Österreicher Raimund Abraham traten jene Architekten in den Gesichtskreis, die dem New Yorker ›Le Corbusierismus‹ eine andere Dimension verliehen und den Weg in die Regionen einer fiktional narrativen Architektur gewiesen haben. Die Gruppe SITE hat diese Tendenz der Re-Semantisierung der Architektur auf ganz andere Weise intensiviert und mit ihren überall im Lande verstreuten BEST-Supermärkten, in Konkurrenz zu Graves und Greenberg entstanden, neue Vorstellungen in die Architektur eingebracht. Der Erz-Eklektizist Philip Johnson beherrschte viele Jahre die Szene; er hat mit seinem Witz und seiner wetterwendischen Intelligenz New York in Atem gehalten. Johnson ist *der* New Yorker Baumeister, ja, die Inkarnation New Yorker Architektur, die kaum je originär war und dennoch alles Denkbare in sich aufsog.

Die Weltmetropole war in der Architektur nicht sonderlich schöpferisch – und hat doch den Wolkenkratzer erfunden und das Rockefeller Center hervorgebracht, hat mit dem Chrysler Building und dem Empire State Building ziemlich eklektische, aber doch die schönsten Hochhäuser möglich gemacht. Hier wurde das Schachbrett in seiner letzten Konsequenz als die Grundfigur amerikanischer Stadtplanung verinnerlicht und mit der Brooklyn Bridge die in ihrer Zeit phantastischste Baukonstruktion realisiert. Das alles war im Ansatz schon vorher da und ist dennoch erst in New York zu klaren Ergebnissen gebracht worden.

Frank Lloyd Wright und Mies van der Rohe, Gropius, Breuer und SOM wie fast alle bedeutenden Architekturbüros der Nachkriegszeit haben ihren Sitz nicht in New York gehabt, aber dort einige der wichtigsten Bauten der Moderne errichtet: das Guggenheim Museum, das Seagram Building, das PanAm Building, das Whitney Museum und das Lever House.

New York hat viele seiner bedeutendsten Bauten von außen in die Stadt geholt. Ebenso abrupt, wie die Hochhausarchitektur der Glasrastercontainer in die Stadt einbrach, ebenso abrupt wurde sie – fast unvorbereitet – von der Postmoderne überschwemmt. Wieder war es Philip Johnson, der mit seinem AT&T Building zwar nichts Neues erfand, aber doch den ersten postmodernen Wolkenkratzer mitten in die Glascontainer der Spätmoderne setzte. In New York erscheint fast alles dubios und weniges von erster Klasse, fast jedes Gebäude ist ein Stück Inszenierung im architektonischen Showgeschäft – und doch verbindet sich die oberflächliche Geste mit dem besonderen Eindruck, sich genau im Mittelpunkt des Universums zu befinden.

New York verdeutlicht dem Architekturkenner, daß die Neuerung der Stile nicht das A und O der Architekturgeschichte sein kann. Das nadelspitze Woolworth Building von 1913 ist eine Spätgeburt der Neogotik – und doch das erste echte Punkthochhaus, *der* Wolkenkratzer. Und das AT&T Building Johnsons ist typologisch ein neuer Charakter, ein Bau mit ›faccia‹, mit Gesicht. New York ist nicht die Stadt der neuen Stile, jedoch der innovativen Typologie. Das Rockefeller Center ist nicht das erste Art-Deco-Kunstwerk, doch ist es das erste ›Hochhausquartier‹ einer Großstadt. Vorher hatte es nur *einzelne* Wolkenkratzer gegeben. Noch in Alison and Peter Smithsons Hochhauskomplex in London setzt sich das Ideal des Rockefeller Center fort.

New York ist die Stadt, die uns erlaubt, allein von Architektur zu sprechen – pur. Bäume sind hier ein Ereignis. Aber immerhin erlaubt andererseits der Central Park, sich als New Yorker an Natur zu erinnern. Die Architektur New Yorks läßt wie nirgendwo sonst die pathetische Frage zu, was denn Natur sei. Nirgendwo sonst stehen sich die zwei Pole derart herausfordernd gegenüber: Natur – Architektur.

Der Mensch als Bewohner dieser Stadt kann hier unnatürlich erscheinen. Als Determinante der Architektur ist er ihr dennoch ausgeliefert, vor allem dann, wenn er im Auto sitzt. Als Fußgänger gehört er noch immer jener menschlichen Region an, die auf die Perspektive von zehn/zwölf Untergeschosse beschränkt bleibt. Darüber beginnt die außer Sicht geratende Abtreppungszone des Zoning Law: der Mensch hat sich sein eigenes Blickfeld hergerichtet. Er sieht nicht das, was ganz oben ist, sieht nicht die erschlagende Gewalt der aufgetürmten Geschosse. Die Höhe ist ein relativer Wert, den der Mensch im Kopf haben mag, nicht im Blick. Erst weit hinten klärt sich die Skyline zur vollen wunderbaren Größe.

Wer über die Menschen New Yorks spricht, kann sie nur im Zusammenhang der Architektur sehen. Ein Mensch auf der Madison Avenue ist ein besonderer Mensch. Das gilt auch für die Menschen in der Bronx, wo sich die Konfrontation mit der Architektur in ein Aggressionsverhältnis verwandelt. Auch hier ist New York einzigartig: Nicht einmal die innerstädtischen Abbruchäcker von St. Louis haben die Gewalt der Stadtzerstörung wie in der Bronx. Die Simulation des Kulturuntergangs ist nicht mehr nötig. Hier spielen die Endzeitfilme ganz ohne Kulissen. Die Wirklichkeit ist das Ende, real oder fiktiv, kein Unterschied!

Und doch hat New York bewiesen, daß es regenerationsfähig ist. Verlassene Stadtteile wie Downtown um Bleecker Street, Houston Street, Greene und Broome Street sind heute wieder begehrte Wohnorte. Die gußeisernen Warenhäuser, die seit 1850 in Lower Manhattan errichtet wurden, waren seit dem Ende des letzten Krieges im Verfall begriffen und gaben ein frühes Beispiel für eine verendende Stadt. Sogar der erste Gußeisenbau von James Bogardus wurde ohne Sinn für das Baudenkmal abgerissen; es mußte Yamasakis glattem Doppelturm des World Trade Center weichen. New York hat sich ständig selbst vernichtet und ständig regeneriert. Heute ist die ›Eisenstadt‹ von Lower Manhattan, wo sich die metallenen Säulen als vorfabrizierte Einzelteile am laufenden Band um die Gebäudeblöcke legen, zu einem Wohnviertel mit besonderem Lokalkolorit geworden.

In New York, wo die Architektur eine solch sichtbare Rolle spielt, sollten auch die Architekten – so glaubt man – eine besondere Rolle spielen. Doch an Woody Allen reicht auch Philip Johnson nicht heran. Der Popularitätsgrad der Architekten ist – wie andernorts – relativ gering. Auch Mies van der Rohe hat mit seinem Seagram Building nicht jene allgemeine Notorität erreicht wie die Großen anderer Künste. Allein Frank Lloyd Wright, der sich auf New York nie ernsthaft eingelassen hat, genießt das exotische Patriarchenansehen eines Briefmarkenkopfes. Sein Guggenheim Museum ist das wohl bekannteste New Yorker Bauwerk nach dem Empire State Building, dem Chrysler Building, dem Rockefeller Center und der St. Patrick's Kathedrale. Ein Architekt wie Raimond Hood, der das Radiator Building und das ›MacGraw Hill‹ errichtete, den ersten Wolkenkratzer der New Yorker Moderne, ist sogar manchen Kennern der Architektur unbekannt geblieben. Sollte Helmut Jahn wirklich den neuen Stadtteil für Donald Trump errichten, so könnte mit ihm ein Deutscher zum Tagesgespräch der Stadt werden. Langsam beginnen auch die Architekten wieder interessant zu werden, nachdem sie mit der Container-Architektur der späten fünfziger und sechziger Jahre hinter der Anonymität der Rasterfassaden selbst unkenntlich geworden waren. Heute ist im Gegenschlag eine Individualisierungswut entstanden, die in dem Drang nach einer in den Köpfen sich festsetzenden Adresse auch die Architekten aus der Namenlosigkeit holt. Doch scheint bereits der neue Anlauf in sich zusammenzubrechen, da ebenso wie in der Monotonie auch in der Vielgestalt sich das Individuelle einebnet. Bauen wird zu dem Behauptungskampf, im Blickfeld des Publikums nicht verlorenzugehen.

Während anderswo das Einfamilienhaus der charakteristische Einstiegsauftrag für junge Architekten ist, sind es in New York die privaten Interieurs und die Geschäftsräume mittlerer Unternehmen, die die ehrenvolle Rolle spielen, zu bedeutenden Erstlingswerken der New Yorker Architekten zu werden. Ein eben noch kaum bekannter Einsteiger wie Steven Holl hat mit seinem kleinen Design-Laden (S. 148) das Interesse seiner Kollegen auf sich gezogen. Der Architekturkritiker der ›New York Times‹, Joseph Giovannini, hat mit dem Umbau einer privaten Wohnung in Lower Manhattan (S. 128) nicht nur seiner Vorliebe für den von ihm erfundenen Begriff ›Dekonstruktivismus‹ Tribut gezollt, sondern ist zugleich mit seinem New Yorker Erstlingswerk in die Gilde der praktizierenden Architekten zurückgekehrt. Immerhin hat er der übermächtigen Figur Philip Johnson deutlich widersprochen und diesem vorgerechnet, wem er seine ›Inspirationen‹ zur Dekonstruktivismus-Ausstellung des Museum of Modern Art verdankte.

Auch Michael Sorkin, den wir in diesem Katalog zu Wort kommen lassen, ist ein – bisher verhinderter – Architekt, der lieber bauen möchte, jedoch als Journalist zu beträchtlichem Ansehen gelangte und als einer der eckigen Charaktere der linksliberalen ›Village Voice‹ sich der blendenden Außenseite New Yorks versagte. Er ist die personifizierte Kritik, ist einer Haßliebe gegen und für New York verfallen, ist ein Kritiker der Formen und ein Leidender an den sozialen Verhältnissen des Molochs Stadt.

Douglas Davis gehört ebenfalls zur schreibenden Garde des New Yorker Journalismus; als Architekturkritiker der ›Newsweek‹ hat er der überbordenden Postmoderne New Yorker Hochhausarchitektur die Zähne gezeigt und ist als einer der ersten für eine neue ›Vision der Moderne‹ eingetreten.

Kenneth Frampton hat als Dekan der Architekturfakultät der Columbia University lange Jahre die führende Rolle der New Yorker Architekturkritik gespielt. Seine Überzeugungen haben sich niedergeschlagen in der Förderung der ›weißen New Yorker‹; der Postmoderne hat er nichts abgewinnen können. Mit der Übernahme seines Universitätsamtes löste er Robert Stern ab, was fast einem symbolischen Ritual des Wandels der Anschauungen gleichkam. Mit dem Schweizer Bernard Tschumi hat er den ihm gemäßen Nachfolger gefunden.

New York erweist sich erneut als eine Bastion der modernen Tradition, wenn auch ringsum postmodern gebaut wird. Michael Graves in Princeton und Robert Venturi in Philadelphia sind die Gegenspieler vor den Toren New Yorks, zu denen Robert Stern hinzugerechnet werden kann, dessen Büro inzwischen zu einem der größten in New York geworden ist. Vor einigen Jahren noch postmoderner Außenseiter und Newcomer, ist er heute zu einem begehrten Architekten derer geworden, die im Grünen ihren Landsitz bauen. Stern ist einer der besten Kenner der New Yorker Architekturgeschichte. Er weiß, auf welche Geschichte er seine Architektur bezieht. So wurden seine Bauten zu historistischen Rekonstruktionen, die das originale Geschichtszitat anstelle des verfremdeten vorführen. Zusammen mit Allan Greenberg ist Stern die Personifizierung des Historismus im Richtungskampf heutigen Bauens. Die Angriffe, die er gegen den neu etablierten Dekonstruktivismus vorträgt, sind ebenso scharf wie die Verurteilungen, die er wegen seines unnachgiebigen Eintretens für eine historistische Postmoderne einstecken muß.

Christian Norberg-Schulz ist wie Kenneth Frampton Architekturtheoretiker und Historiker. Mit ihm ergreift im Konzept der New Yorker ein Europäer das Wort.

Ihnen allen sei für die Mitarbeit gedankt. Schließlich schulden wir Peter Pran Dank, der dem New Yorker Büro Ellerbe Becket vorsteht; seine vermittelnde Hilfe und seine Unermüdlichkeit waren ein wesentlicher Teil der Triebkräfte, die diese Ausstellung haben zustande kommen lassen.

In der Reihe der Städte-Ausstellungen des DAM, IBA-Berlin, Rom und Chicago, ist diese wieder auf die Architektur der Gegenwart konzentriert. Ursprünglich war sie wie die Chicagoer als historische Ausstellung geplant. Leider hat das Museum der Geschichte New Yorks die hierzu nötigen Leihgaben nicht zur Verfügung stellen können. Doch glauben wir, daß die Einschränkung auf die New Yorker Architektur der zwei letzten Jahrzehnte den Gewinn gebracht hat, einen ersten verzweigten Überblick über das heutige Bauen in der Weltmetropole geben zu können.

Luminita Sabau

Vorbemerkung zu Ausstellung und Buch

Zwanzig Jahre nach den ersten Versuchen, die Eigenschaften der sogenannten postmodernen Architektur herauszuarbeiten, und mitten in der ›dekonstruktivistischen‹ Diskussion fehlen immer noch die grundlegenden Begriffe, welche die urbane Komplexität und architektonische Vielfalt New Yorks erfassen könnten.

Die Hauptstadt der Welt ist architekturgeschichtlich a-historisch, denn die meisten historischen Baustile wurden zunächst fast gleichzeitig und dann immer gleichberechtigt aufgenommen. In weniger als achtzig Jahren zwischen 1850[1] und 1930 haben sich im New Yorker Straßenraster fast alle Architekturstile der Geschichte verfangen. Unter dem umfassenden Begrifff der ›amerikanischen Renaissance‹ finden wir gleichzeitig dorische und ionische Tempel, gotische und barocke Paläste oder Kirchen. Dieser ›Gußeisenklassizismus‹, der die Architekturgeschichte im Schnellverfahren verarbeitet, bestimmt den Charakter der architektonischen Gründungsphase. Und weil die Bauten dieser Zeit nie die Autorität der geschichtlich entstandenen Monumente gewonnen haben, wurden sie zum »kostspieligen Provisorium«; denn »eine Geschichte ist nur solange gut, bis eine andere, bessere erzählt wird; und Wolkenkratzer sind nur solange das Nonplusultra des ökonomischen Erfindergeistes, bis ein anderes Blatt aufgeschlagen wird« (Henry James).

Und so wurde auch verfahren. Bis zu den Denkmalschutzgesetzen der sechziger Jahre wurde nach Bedarf und Geschmack abgerissen und neugebaut.

So entstand ein Bild der Stadt, das vom Wechsel und von der ›Gleichzeitigkeit des Ungleichzeitigen‹ bestimmt war.

Auf diesem Boden konnte, nach den in New York kurzlebigen Absolutismen der Moderne, vor allem in den letzten zwanzig Jahren ein fruchtbarer Pluralismus entstehen.

Diese Ausstellung wie auch der begleitende Katalog sollen die Merkmale und Wendepunkte der ›New York Architektur‹ der vergangenen zwei Jahrzehnte festhalten.

Vor allem nach dem wirtschaftlichen Kollaps der Stadt Anfang der siebziger Jahre,[2] der hier mit dem Niedergang der ›Moderne‹ zusammentraf, und aus der danach folgenden neu gewonnenen wirtschaftlichen Vitalität war die Ausgangslage geschaffen, neue Sinnbilder dieser Realität architektonisch zu gestalten.

Nicht das Dokumentieren des ›amerikanischen Traumes‹ ist das Ziel; vielmehr sollen durch die Auswahl der vorgestellten Projekte wesentliche Merkmale der Entwicklung dieser Zeit dingfest gemacht werden. So ist keine Aneinanderreihung von ›Highlights‹ entstanden, sondern, manchmal auch am Beispiel weniger bekannter Projekte, das Symptomatische und auch das Exemplarische dargestellt.

Aufgrund des Themas und der Fülle des Materials haben wir uns für eine polarisierende Übersicht entschieden, die eine lexikalische, gleichmacherische Darstellung ausschließt.

Je intensiver wir uns mit dem Thema beschäftigt haben, desto wichtiger schien uns, die eng gezogenen topographischen Grenzen aufzugeben. Viele der außerhalb New Yorks entstandenen Projekte können eine Lücke in der Darstellung New Yorker Architektur füllen. Denn oft wurden erst hier die Architekten mit Bauaufgaben konfrontiert, die in New York wegen der ökonomischen Struktur der Bauträgerschaft kaum noch anzutreffen sind.

Und so wie wir diesen Umweg gehen mußten, um bestimmte Aspekte der zeitgenössischen New Yorker Architektur veranschaulichen zu können, wollen wir betonen, daß die gebaute Realität dieser Stadt nicht deckungsgleich ist und sein kann mit den hier vorgestellten Entwürfen.

Um so mehr hoffen wir, mit Ausstellung und Buch eine Anschauungshilfe für die gebaute Architektur New Yorks anzubieten, die ebenso von kritischer Distanz wie von Verständnis begleitet wird.

Die Bandbreite der ausgestellten Projekte schließt Wohn- und Bürohochhäuser, öffentliche Bauten, Museen, sozialen Wohnungsbau, Krankenhäuser wie auch Kommerzbauten und konzeptuelle Rauminstallationen ein. Daneben haben wir wichtige Wettbewerbsentwürfe wie die für den J. F. Kennedy Airport, den Times Square, den Columbus Circle, für das Guggenheim-, Whitney- und Brooklyn-Museum einbezogen.

In den ausgewählten Entwürfen kommen unterschiedliche Architekturauffassungen zum Vorschein.

Fast alle für die Zeitspanne von 1970 bis 1989 typischen Richtungen sind vertreten.

Die Generation der heute bereits fest etablierten Architekten vollzog fast ausnahmslos einen Wechsel von den Positionen der Moderne zur assoziativen Postmoderne. Dies geschah entweder explizit mit Hilfe von historischen Zitaten (Robert A. M. Stern, Michael Graves, Roche/Dinkeloo) oder in der Übernahme klassischer Typologien (Kohn Pedersen Fox, Murphy/Jahn, Cesar Pelli).

Nur einige streben noch die ästhetische Kontinuität der Moderne an. Deren Normen werden jedoch nicht streng befolgt; unter Einbeziehung konstruktivistischer Elemente ist ein neuer architektonischer Ausdruck und eine neue Räumlichkeit entstanden (Peter Pran / Carlos Zapata).

Die junge Generation sieht sich vor allem der Haltung des Konstruktivismus und der frühen Moderne verpflichtet. Die strenge Formensprache hat sich jedoch weitgehend gelokkert. Die Morphologie dieser Sprache ist weiterhin ›modern‹ oder ›konstruktivistisch‹. Die Zusammensetzung der Elemente setzt jedoch eine ›postmoderne Syntax‹ voraus, welche der Rigorosität der architektonischen Aussage die Strenge nimmt und dafür Freiraum für Phantasie schafft (UKZ, George Ranalli, New York Architects, Diller + Scofidio).

---

1 Im Jahre 1853 wurde der Central Park angelegt; dies zusammen mit der Rasterverordnung von 1811 wurden die urbanistisch grundlegenden Prinzipien New Yorks.
2 1974 war die Stadt zahlungsunfähig.

Liegt hier möglicherweise ein Ansatz für die Versöhnung heutiger Absichten mit den Resultaten des Jahrhundertbeginns? Auf jeden Fall stellen die in diesem Sinne verfaßten Entwürfe einen möglichen Ausblick für die Architektur des ausgehenden Jahrhunderts dar.

Wir bedauern, daß das Architekturbüro Burgee und Johnson sich nicht an dieser Ausstellung beteiligt hat. Doch glauben wir, daß auch andere Bauten, wie zum Beispiel das ›425 Lexington Avenue‹ (siehe S. 162), die Absichten zum Ausdruck bringen, die mit dem AT&T Building intendiert waren. Um so mehr war die Begegnung mit den jüngeren Architekten erfreulich und anregend. Stellvertretend für alle möchten wir Tod Williams / Billie Tsien und Elisabeth Diller + Richard Scofidio erwähnen.

Um den Übersichtscharakter des Kataloges zu unterstreichen, haben wir die Projekte in alphabetischer Reihenfolge der Architekturbüros bzw. der Architekten vorgestellt. Wir möchten jedoch den Leser dazu auffordern, diese Entwürfe im urbanistischen Kontext zu sehen. Um dies zu ermöglichen, haben wir einen detaillierten Stadtplan beigegeben. Wir möchten um Verständnis bitten, wenn nicht alle Entwürfe (mit Rücksicht auf die Privatsphäre der Bewohner) topographisch verzeichnet sind.

Wenn diese erste große Übersicht über die New Yorker Architektur der siebziger und achtziger Jahre gezeigt werden kann, so ist dies vor allem den Architekten und Leihgebern zu danken, die das umfangreiche Material zur Verfügung gestellt haben. Unser Dank richtet sich ebenfalls an die Kollegen und Institutionen, die unsere Recherchearbeiten unterstützt haben. Zu Dank verpflichtet sind wir auch den Sponsoren, die dieses aufwendige Projekt mitgetragen haben.

Essays

Robert A. M. Stern

Die Erbauung der Welthauptstadt

Amerika war die erste Nation, deren Entstehung sich gänzlich im Zeitalter der Moderne vollzog; von daher ist es nicht verwunderlich, daß New York als führende Stadt des Landes zur modernen Stadt schlechthin wurde. New York ist dank seines Reichtums, seines Einflusses und seiner überschäumenden Energie als einzigartig anzusehen; und da es sich um nahezu die einzige Großstadt mit Weltgeltung handelt, die nicht zugleich Hauptstadt des Landes ist, kann man es mit Fug und Recht als Hauptstadt der Welt betrachten. Die Vielfalt und Komplexität von Architektur und Urbanität New Yorks definieren eine grundsätzlich kommerzielle, von Menschen geschaffene Umwelt, der die Monumentalität der großartigen Hauptstädte der Vergangenheit sowie die scheinbare Zwangsläufigkeit einer Naturgewalt eigen sind (Abb. 1).

Die Anfänge

Im Jahre 1625 ließ die Dutch West India Company detaillierte Pläne für New Amsterdam ausarbeiten, das in Form einer fünfstrahligen Festung an der Spitze der Insel Manhattan in der Neuen Welt entstehen sollte (Abb. 2). Die ehrgeizige Planung hatte jedoch wenig mit den harten Lebensbedingungen in der Kolonie gemein, und die Stadt wurde niemals diesen Entwürfen entsprechend verwirklicht. Statt dessen entstand an der Spitze der Insel ein wesentlich kleineres Fort, das nur einige wenige, für die Verteidigung und die Tätigkeit der Handelsgesellschaft notwendige Bauten schützte; die benachbarte Stadt entwickelte sich ohne einen Gesamtplan. Im Laufe der Zeit nach Bedarf angelegte Straßen wurden mit Gebäuden in typisch holländischen Baustilen gesäumt. Weit holländischer noch als die Architektur war der Entschluß, einen Kanal anzulegen, der vom East River ins Zentrum des Dorfes führte. Neben Hudson und East River sollten zwei nach Norden führende Hauptdurchgangsstraßen die Funktion wesentlicher Versorgungswege übernehmen, die New Amsterdam mit der übrigen holländischen Kolonie und den Nachbarkolonien verbanden: der Broadway, der von der Siedlung an der Südspitze Manhattans in nördlicher Richtung zu den entlegenen Farmen führte, und die Bouwerie, die in ihrer Verlängerung zur Boston Post Road wurde. Nördlich von New Amsterdam befanden sich weitere holländische Siedlungen auf Manhattan Island, darunter Bossen Bouwerie und Haarlem (Abb. 3).

Im Jahre 1664 wurden die holländischen Kolonialherren durch die Engländer abgelöst. Mit Ausnahme eines kurzen Zeitraums in den Jahren 1673–74, in dem die Holländer die Herrschaft zurückeroberten, behielten die Engländer die Befehlsgewalt bis zum Unabhängigkeitskrieg. Die Umwand-

1 Titan-City-Ausstellung, 1925, Wanamaker's Department Store. Transparent der New Yorker Skyline von der Vergangenheit bis zur Zukunft von Willy Pogany. *Wanamaker's Tercentenary Pictorial Pageant of New York.* Local History. New York Public Library.

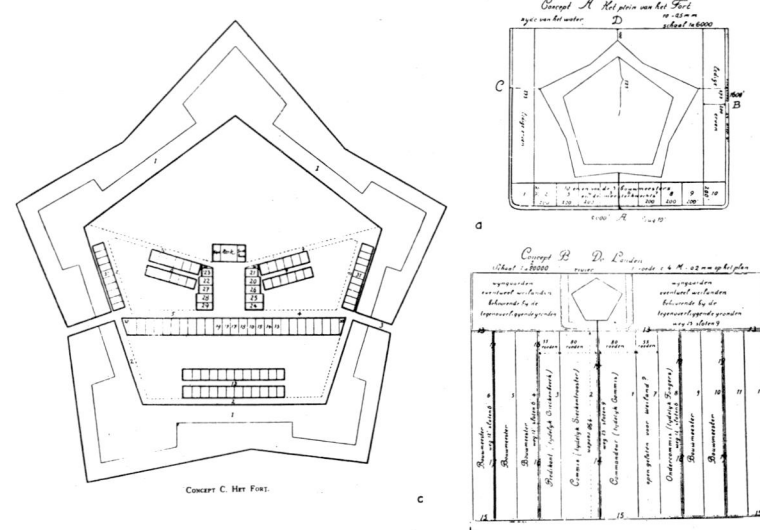

2 Holländische Pläne für die Festung und Stadt New Amsterdam, 1625. Olin Library, Cornell University.

größten natürlichen Vorzugs der Stadt, des majestätischen Hafens, als entscheidend erweisen sollte.

Während die von den Engländern eingeführten Änderungen für die künftige Stadtentwicklung von entscheidender Bedeutung waren, blieben die unmittelbaren Gesetzmäßigkeiten tatsächlichen Wachstums weitgehend die gleichen wie unter holländischer Herrschaft. Eine im Norden von New Amsterdam gelegene holländische Tabakplantage, genannt Bossen Bouwerie (Farm im Wald), wurde jedoch durch radikale Umgestaltung zur Stadt Greenwich, deren Charakter eher englischen Vorbildern entsprach. Als man zu Anfang des 19. Jahrhunderts dem Stadtnamen das Wort ›Village‹ anfügte, wurde Greenwich zum Vorort, der Tausende von New Yorkern auf der Flucht vor Pocken- und Gelbfieberepidemien anlockte.

Die Geschichte New Yorks handelt gleichermaßen von Krise und Niedergang wie von Wachstum und Prosperität. Die Zeit des Unabhängigkeitskriegs bezeichnet die erste von New Yorks stets wiederkehrenden Perioden des Niedergangs: die britische Militärherrschaft unterband reguläre geschäftliche Aktivitäten; in den Jahren 1776 und 1778 zerstörten ausgedehnte Feuersbrünste einen Großteil der Stadt; bis zum Jahre 1783 hatte sich die Stadtbevölkerung um die Hälfte verringert. Obgleich New York in den Jahren 1789 und 1790 als Hauptstadt der neuen Nation diente, blieb die Stadt während der Anfangsjahre der Republik fraglos provinziell. Die Errichtung des eleganten, im Jahre 1811 vollendeten Rathauses im französischen Stil war hierfür bezeichnend (Abb. 4). Der in Frankreich geborene Architekt Joseph F. Mangin und New Yorks erster in der Stadt geborener Architekt John McComb, Jr. gewannen den im Jahre 1802 veranstalteten Wettbewerb für den Entwurf des Gebäudes. Man wollte ein neues Rathaus, weil das bestehende Gebäude an der Wall Street aus dem Jahre 1700 trotz einer Umgestaltung durch Pierre L'Enfant im Jahre 1789 weder ausreichend groß noch repräsentativ erschien. Dennoch war der sonst so kluge Bürgermeister DeWitt Clinton im Hinblick auf die Zukunft New Yorks derart

lung des holländischen Dorfes New Amsterdam in die englische Stadt New York schlug sich deutlicher in Änderungen der politischen als der physischen Struktur nieder, obgleich die niederländische Architektur nach und nach durch den in England vorherrschenden Georgianischen Stil verdrängt wurde. Die Engländer registrierten New York als Stadt und ersetzten die autoritäre Kommunalregierung der Holländer durch eine eher demokratische Organisationsform. Im Jahre 1696 wurde die Verfassung der Stadt erweitert, um der Verwaltung die Herrschaft über ganz Manhattan Island zu sichern und der Stadt die alleinigen Rechte an Besitz, der noch nicht in Privathand war, sowie an Land mit öffentlichen Gebäuden und Straßen zu verleihen. Darüber hinaus bestimmte die erweiterte Charta die Stadt zum Eigentümer der Uferzone der Insel zwischen den Hoch- und Niedrigwassermarken; hiermit wurde der Grundstein für das System der städtischen Landungsstege und Werften gelegt, das sich bei der Auswertung des

3 Plan für New Amsterdam, 1660. Stokes Collection, New York Public Library.

4 City Hall, City Hall Park zwischen Broadway und Park Row. Joseph F. Mangin und John McComb, Jr., 1811. Blick nach Norden vom City Hall Park. Robert A. M. Stern Architects.

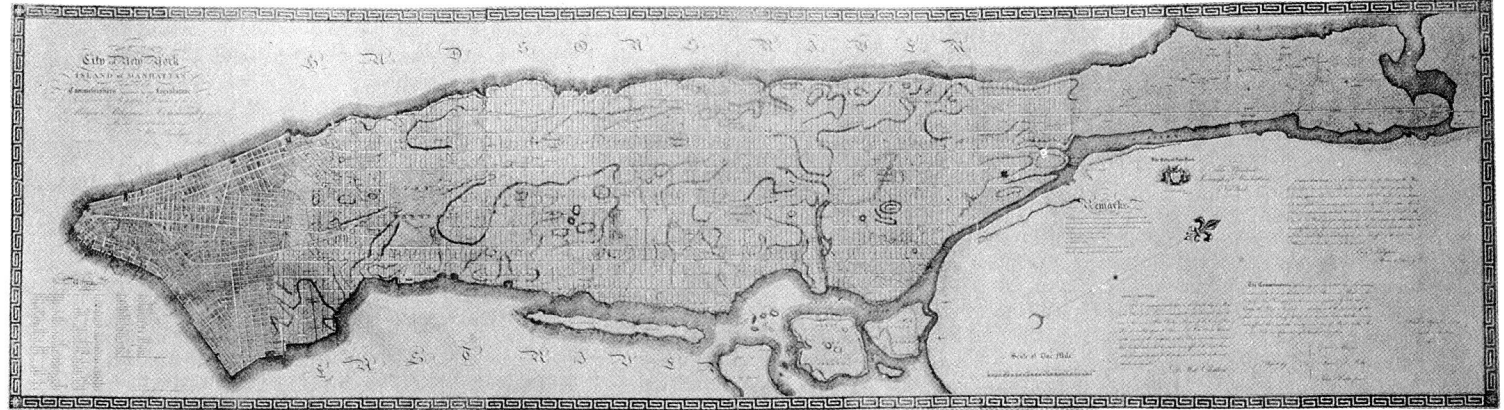

5   Von der Planungskommission vorgelegter Entwicklungsplan von New York City, 1811. New-York Historical Society.

unsicher, daß er anordnete, man solle für die rückwärtige Fassade des neuen Gebäudes anstelle weißen Marmors aus Massachusetts Brownstone aus Newark verwenden; als Begründung führte er an, man werde die kostensenkende Maßnahme kaum bemerken, da jenseits der Chambers Street nur vereinzelt Menschen wohnten und auch voraussichtlich später wohnen würden.

New Yorks Entwicklung zur Metropole

Im zweiten Jahrzehnt des 19. Jahrhunderts blühte die Stadt erneut auf. Dem Jahr 1811 kommt in der Geschichte New Yorks eine Schlüsselposition zu; gerade als man die Südfassade des Rathauses vollendete, begannen die Stadtväter sich mit der Bestimmung des größeren Nordteils der Insel auseinanderzusetzen. 1811 schlug eine vier Jahre zuvor zur Planung von Straßen und öffentlichen Plätzen berufene Kommission vor, Manhattan Island mit einem Raster relativ enger, nahe beieinanderliegender, von Osten nach Westen durchnumerierter Straßen zu überziehen, die von großzügig bemessenen, aber weit auseinanderliegenden, von Norden nach Süden verlau-

fenden Avenues gekreuzt werden sollten; die Avenues sollten sich bis zur 155. Straße, weit jenseits der von den Stadtgründern je ins Auge gefaßten Grenzen erstrecken (Abb. 5). Die sich ergebenden Straßenblocks wurden in 25 Fuß (7,6 m) breite, 100 Fuß (30,5 m) tiefe Grundstücke ohne rückwärtige Erschließungsstraßen aufgeteilt, was die Straßen der Stadt für alle Zeiten zu einer bunt zusammengewürfelten Mischung aus Pomp und Dienstleistungen, Eleganz und Unrat verdammte. Im übrigen bemühte man sich nicht, bestimmte Gebiete für besondere Nutzung auszuweisen: die Landnutzung wurde dem Einfluß der geographischen Gegebenheiten (Industrien siedelten sich naturgemäß in der Nähe der Flüsse an) und des privaten Unternehmertums überlassen (Modehäuser siedelten sich am höchsten Punkt des Inselrückens, an der Fifth Avenue an, was zufällig so weit wie irgend möglich von der industriellen Uferzone entfernt lag). Obgleich der Plan, der sich in deutlichem Gegensatz zu den weitgehend zufälligen Mustern der früheren Erschließungspraxis befand, auf Widerstand jener stieß, die glaubten, er beeinträchtige die Rechte des Einzelnen, wurde er vom Gericht bestätigt. Die Planung der Kommission verkörperte den Traum jedes Geschäftsmannes, da sie einfache Aufteilung des Baulandes und bequemen Zugang ermöglichte. Um das starre Straßenraster zu verwirklichen, mußte man Manhattans Hügel einebnen, Wälder abholzen und den Verlauf der Ufer durch Aufschüttungen ändern. Gleichzeitig erhöhte dieses regelmäßige Straßenraster die Wirkung eines der größten natürlichen Vorzüge Manhattans, des herrlich klaren Lichts, das sich in scheinbar endlosen, korridorartigen Straßen fängt, gleichgültig wie hoch oder dicht bebaut diese sind.

Im Jahre 1796 erprobte John Fitch, der neun Jahre zuvor das erste Dampfschiff der Nation zu Wasser gelassen hatte, auf dem Collect Pond, einem kleinen, ruhigen Gewässer in Lower Manhattan, das bald darauf zugeschüttet wurde, den ersten Schraubendampfer. Einer der Passagiere war Robert Fulton, dessen ›Treatise on the Improvement of Canal Navigation‹ [Abhandlung über die Verbesserung der Kanalnavigation] (1796) die Aufmerksamkeit der Nation auf den Bedarf an Transportsystemen zu Wasser lenkte. Nachdem sich Fulton bei Robert R. Livingston die nötige finanzielle Unterstützung gesichert hatte, zog er den Nutzen aus seinem zwanzigjährigen Experimentieren mit Dampfschiffen. Fultons Schiff ›Clermont‹ legte mit großem Erfolg die Strecke von New York nach Albany auf dem Hudson River in zweiunddreißig Stunden zurück; bald verfügten Fulton und Livingston in New York über das Monopol für Dampfschiffverkehr, der für die Verbindung Manhattans mit dem Umland von entscheidender Bedeutung war.

Ideal an der Mündung des Hudson River gelegen, ist New York der nördlichste, ganzjährig nutzbare Atlantikhafen der Vereinigten Staaten. Seine Bedeutung als wichtigster Hafen des Landes wurde durch die Fertigstellung des Eriekanals im Jahre 1825 noch gesteigert. DeWitt Clinton, seit zehn Amtsperioden Bürgermeister von New York und seit drei Amtsperioden Gouverneur des Staates, förderte den Kanal nach Kräften, der gemeinsam mit den angrenzenden Wasserwegen die Stadt mit dem Gebiet der Großen Seen verband und New York damit zu einer bedeutenden Rolle bei der Erschließung des Westens verhalf. Der Status der Stadt als Verkehrsknotenpunkt wurde im Jahre 1853 durch die Einrichtung der New York Central Railroad gefestigt, die durch die Vereinigung von zehn Streckenverbindungen zwischen New York und Buffalo zustande gekommen war.

In der Mitte des 19. Jahrhunderts begannen die Architekten und Bauherren der Stadt, als Reaktion auf den Bedarf an Lagerhausraum, mit der einfallsreichen Nutzung von Neuerungen auf dem Gebiet der Bautechnik und schufen einen der ersten charakteristischen Bautypen Amerikas: das gußeiserne Loftgebäude (Abb. 6). New Yorks Loftbauten verkörpern eine typisch amerikanische Mischung von Realismus und Idealismus: gußeiserne Tragrahmen ermöglichten nicht nur größere Innenräume mit weniger Stützen als jemals zuvor, sondern – und das ist noch bemerkenswerter – Bauherren und Architekten begannen Gußeisen als Material zur Verkleidung zu entdecken und schufen einen neuen Klassizismus aus Metall, der Zweckbauten in Paläste des Handels verwandelte. Als im Jahre 1857 der erste Personenaufzug mit einer Sicherheitsvorrichtung in J. P. Gaynors mit Gußeisen verkleidetem Haughwout Store installiert wurde, war die Architektur endlich von den Beschränkungen befreit, die ihr Muskelkraft und die oberen Begrenzungen des Mauerbaus auferlegt hatten – und die Architektur New Yorks fand zur Eigenständigkeit.

Aus der Sicht von Wirtschaft und Politik brachte der Bürgerkrieg New Yorks ersten großen Auftritt auf der nationalen Bühne mit sich; seit fünfzig Jahren Verkehrsknotenpunkt, wurde es jetzt zur führenden Stadt in Bezug auf Produktion und Finanzwesen. New Yorks Finanziers beherrschten sehr weitgehend die nationale Produktion und den Warenverkehr, darunter auch die Haupteinkommensquelle der Südstaaten, den Baumwollhandel. Die Abschaffung der Sklaverei wurde in New York aufs entschiedenste unterstützt, und die solcherart sowohl von praktischen als auch idealistischen Erwägungen motivierten New Yorker schlugen sich auf die Seite der Kriegsbefürworter. Die Geschäftswelt betonte jedoch, daß nur ein kurzer Konflikt ökonomisch erträglich sei, und nach einem Kriegsjahr begann die Unterstützung der Öffentlichkeit für den Krieg nachzulassen. Nach dem Erlaß der ersten allgemeinen Wehrpflicht des Landes im Juli 1863 erlebte New York vier Tage des Aufstands, die die Stadt zwischen anderthalb und fünf Millionen Dollar an Vermögensschäden und mehr als einhundert durch Feuer zerstörte Gebäude kosteten; vorsichtigen Schätzungen zufolge kamen zweitausend Menschen bei den Kämpfen um die Wehrpflicht ums Leben. Während New York für den Krieg große Opfer bringen mußte – die Stadt steuerte 400 000 000 Dollar bei und verlor mehr als zehn Prozent ihrer Bevölkerung –, zeigte es sich in der Nachkriegszeit ökonomisch stärker und bedeutender als jemals zuvor. Bei Kriegsausbruch befand sich New York in einer Phase der Rezession; am Ende des Krieges stand die Wirtschaft der Stadt in voller Blüte.

Während die Industrialisierung einerseits das Wachstum der Stadt beschleunigte, wurde sie andererseits von vielen als Bedrohung für die öffentliche Gesundheit und die traditionelle Moral und Ästhetik angesehen. Der bahnbrechende Entwurf von Frederick Law Olmsted und Calvert Vaux für den Central Park (1853; Abb. 7) fügte 342 ha offener Landschaft in den ansonsten nahezu bruchlosen Rasterplan Manhattans ein und verwandelte ein verwahrlostes, sumpfiges Gebiet mit Barackensiedlungen in ein von Menschenhand geschaffenes Arkadien. Die brillante Synthese aus naturalistischer Landschaftsgestaltung und technologisch fortschrittlicher Planung, zu der die sinnreiche Verlegung der Straßen, die den Park durchqueren, unter die Erdoberfläche gehörte, um das Verkehrsaufkommen im Park gering zu halten, übte nicht nur auf New York einen grundlegenden, dauerhaften Einfluß aus, sondern auf das Bild amerikanischer Städte im allgemeinen. Im Central Park vereinte sich ein kostenbewußter Realismus mit sozialem Idealismus; der Dorfanger im großstädtischen Maßstab erhöhte sofort den Wert der umliegenden Immobilien, da er New Yorkern aller Schichten ein Stück Natur bot. Für wohlhabende New Yorker, die an seiner Peripherie, besonders an der Fifth Avenue wohnten, nahm er die Stelle eines riesigen Vorgartens ein; für den Arbeiter stellte er ein leicht erreichbares Stück ländliche Gegend dar. Olmsted formulierte knapp seine demokratischen Ziele und stellte fest, daß Besucher des Parks »angesichts der Möglichkeit, sich zu treffen, offene Freude zeigen, wobei nahezu alle Klassen bei diesem gemeinsamen Ziel vertreten sind ... jedes Individuum trägt durch seine bloße Anwesenheit zum Vergnügen aller übrigen bei; alle leisten Beistand zur größeren Zufriedenheit eines jeden ... ob arm oder reich, jung oder alt, Jude oder Christ«.[1]

Obgleich New York nicht die politische Hauptstadt des Landes war, übernahm es nach dem Bürgerkrieg, seiner Funktion

6 Nordost-Ansicht der Broome Street zwischen Wooster und Greene Street mit gußeisernen Loftgebäuden. Robert A. M. Stern Architects.

7 Ansicht des Central Park gegen Norden, 1853. New-York Historical Society.

und seinem Selbstverständnis nach, in vieler Hinsicht diese Rolle, größtenteils dank seines Reichtums und seiner Beziehungen zu Europa, die sowohl kultureller als auch wirtschaftlicher Natur waren. In der Nachkriegszeit trat New York als wirkliche Metropole in Erscheinung, als komplexe geographische und soziale Einheit, die die gleichen Dienstleistungen und Vergünstigungen wie die Nation als ganzes bieten konnte. Die Stadt wurde nicht einfach als ökonomische Realität verstanden, sondern als die höchste Form kulturellen Lebens, und in den Augen zahlreicher Beobachter als die Verkörperung nationaler Überzeugungen und Bestrebungen – wie auch als Inbegriff materiellen und sozialen Erfolges der Nation. Sie verkörperte darüber hinaus den Zusammenbruch entscheidender Aspekte des amerikanischen Traums: das Ende der von Jefferson initiierten Agrargesellschaft und den Aufstieg einer ethnisch heterogenen Stadtbevölkerung.

New York war die erste Stadt, die sich die bedeutenden technischen Fortschritte der siebziger und achtziger Jahre des 19. Jahrhunderts dynamisch zunutze machte: die Bell Telephone Company eröffnete im März 1876 in New York ihr erstes Fernsprechamt, und Thomas Edison begann im Jahre 1882, die Stadt mit Elektrizität zu versorgen. Der Bedeutung dieser Neuerungen entsprach ein gewaltiges Bevölkerungswachstum als Folge der Einwanderungswellen, die zwischen 1880 und dem Ersten Weltkrieg an New Yorks Küsten landeten. Zahlreiche Einwanderer entschieden sich für den Verbleib in der Stadt, wo sie sich mit den Einheimischen vermischten und damit die Grundlage für den damals wie noch heute bezeichnenden kosmopolitischen Charakter New Yorks bildeten.

Die mannigfaltige ethnische und kulturelle Zusammensetzung der Stadt wurde im Jahre 1886 mit der Fertigstellung der riesigen Freiheitsstatue des französischen Bildhauers Frédé-

8 Brooklyn Bridge. Johann August Röbling und Washington Röbling, 1867–83. Blick nach Westen von Brooklyn. Municipal Archives der Stadt New York.

ric-Auguste Bartholdi auf Bedloe's Island im Hafen von New York gefeiert. Die durch private Spenden finanzierte Statue war ein Geschenk des französischen Volkes an die Nation; sie enthielt in ihrem Inneren ein eisernes Stützgerüst, das der französische Ingenieur Alexandre Gustave Eiffel konstruiert hatte. Die Statue, deren Aussehen der Mutter des Bildhauers nachempfunden war, steht auf einem monumentalen, von Richard Morris Hunt entworfenen Sockel, in dem man Emma Lazarus' von diffuser Gönnerhaftigkeit geprägtes Sonett einmeißelte, das die berühmten Zeilen enthält: »Give me your tired, your poor/Your huddled masses yearning to breathe free/The wretched refuse of your teeming shore…« Die Statue wurde nicht nur zum Symbol für die nationale Verpflichtung an die Freiheit, sondern auch – vor allem in den Augen der Millionen Einwanderer, die Ellis Island durchliefen – für New Yorks Funktion als Tor zur Neuen Welt.

Stilgemisch des 19. Jahrhunderts

Mit Ausnahme der monotonen Reihen von Brownstone-Häusern stellt sich die Stadtlandschaft New Yorks im ausgehenden 19. Jahrhundert als eher buntgemischt dar; sie zeichnete sich durch eigenständige Monumente aus, von denen das großartigste die Brooklyn Bridge war (Abb. 8). Die Brücke veränderte das Verständnis der New Yorker von der Geographie ihrer Stadt, indem sie das auf der Insel Manhattan liegende New York mit der unabhängigen Stadt Brooklyn auf Long Island verband. Das von den Holländern im Jahre 1646 als Dorf Breuckelen (engl. ›broken land‹) gegründete Brooklyn hatte sich als eine von Manhattan in gewisser Weise abhängige Schwesterstadt gebildet. Im 19. Jahrhundert entwickelte sich das auf einer Klippe hoch über dem East River gelegene Brooklyn Heights zum ersten Vorort des Landes, dessen Arbeiter täglich mit Robert Fultons 1814 gegründetem Fährbetrieb zur Wall Street nach Lower Manhattan pendelten. Die Fertigstellung der Brooklyn Bridge im Jahre 1883 war für New York ebenso bedeutsam wie für die Nation als Ganzes die Inbetriebnahme der transkontinentalen Eisenbahnverbindung im Jahre 1869. Die Brücke stellte für die Inselstadt die erste

direkte Verbindung zu einer bedeutenden Festlandmasse her; sie verknüpfte die Städte Brooklyn und New York und eröffnete damit ein riesiges Gebiet zur Erschließung von Bauland zu Wohnzwecken, das nahe am Geschäfts- und Regierungszentrum von Lower Manhattan gelegen war. Die Brücke stellte eine beispiellose technische Leistung dar; sie ist das Werk des aus Thüringen stammenden Landwirts Johann August Röbling – des Erfinders des Drahtseils, das den außerordentlichen Sprung über den East River ermöglichte. Mit einer Länge von 486 m war sie die längste Hängebrücke der Welt; sie wird von vier Tauen gehalten, die zusammengenommen 22 627 km Draht enthalten. Eine Woche, nachdem man Röblings Pläne für die Brücke genehmigt hatte, wurde sein Fuß von einem an Fulton Ferry anlegenden Schiff zerquetscht; er starb drei Wochen später am Wundstarrkrampf. Sein Sohn, Washington A. Röbling, überwachte die vierzehn Jahre dauernden Bauarbeiten. Der junge Röbling litt ironischerweise an der Caissonkrankheit (auch als Druckluft- oder Taucherkrankheit bekannt); und so fungierte seine Frau Emily als Mittlerin zwischen ihm und den Arbeitern, während er den Fortschritt der Arbeiten mit einem Teleskop von seinem Haus in Brooklyn Heights aus beobachtete.

In architektonischer Hinsicht war der Eklektizismus kennzeichnend für die Epoche. Im Jahre 1893 äußerte John F. Sprague in ›New York the Metropolis‹ die ein wenig vereinfachende Beobachtung, daß die architektonische Vielfalt der Stadt auf die Verschiedenartigkeit der Nationalitäten zurückzuführen sei, »die lange genug bleiben, um einen Eindruck ihrer Sitten und Gebräuche zu hinterlassen. Daher stellt Vielfalt der Architektur die natürliche Folge einer großen, pulsierenden, immerfort wachsenden, kosmopolitischen Bevölkerung und einer Mischung der Rassen und Ideen dar.«[2]

Der Eklektizismus der Epoche läßt sich deutlich an den Entwürfen einiger bedeutender Kirchenbauten ablesen. Im Jahre 1868 wurde die in der Stadt herrschende protestantische Hegemonie durch die Fertigstellung des Tempels Emanu-El an der Fifth Avenue in Frage gestellt (Abb. 9). Der von Leopold Eidlitz und Henry Fernbach entworfene Bau beherbergte die wohlhabendste jüdische Gemeinde der Stadt. In stilistischer

Hinsicht suchte der Bau, der in einer pompösen Synthese gotischer und byzantinischer Motive eine orientalisierende Stilrichtung vertritt, für die jüdischen Bewohner New Yorks eine
angemessene Identität zu begründen. Der ursprüngliche Entwurf für die ebenfalls an der Fifth Avenue gelegene St. Patrick's
Kathedrale stammt von James Renwick, Jr. aus dem Jahre
1850, der Bau wurde aber erst 1888 fertiggestellt (Abb. 10). Er
kündete ebenfalls vom aufstrebenden Status einer amerikanischen Minorität, der Katholiken im allgemeinen und im
besonderen der Iren. Das anglo-protestantische Establish-
ment der Stadt reagierte auf diese Entwicklungen mit dem
Vorschlag, auf einem hohen Felsvorsprung eine riesige,
hauptstädtische Kathedrale zu errichten, die die Klippen des
Morningside Park krönen und sich über der rasch wachsenden Stadt erheben sollte. Als St. Patrick's fertiggestellt wurde,
veranstaltete man einen Entwurfswettbewerb für die Kathedrale St. John the Divine; die große Vielfalt der vorgeschlagenen Stilrichtungen sowie der Eklektizismus einzelner Beiträge,
die die Epoche in stilistischer Hinsicht charakterisierten, spie-
gelten die heroischen Anstrengungen des Establishments
wider, traditionelle Kirchenarchitektur mit der einzigartigen
Situation in New York in Einklang zu bringen. Der siegreiche
Entwurf von Heins & LaFarge ist trotz des leicht normannisch-
romanischen Charakters seiner Fassaden als eher a-stili-
stisch zu bezeichnen, was angesichts des nicht konfessions-
gebundenen Geistes dieses Unterfangens angemessen
erscheint. Darüber hinaus steht es in völligem Kontrast zu der
von den Juden oder den irischen Katholiken gewählten, in ethnischer Hinsicht spezifischen Formensprache. Die protestantische Kathedrale befindet sich heute noch im Bau.

Ungeachtet dieser ambitionierten religiösen Denkmäler
waren die Hauptsymbole der Epoche weltlichen Ursprungs.
Der 1890 vollendete Madison Square Garden von Stanford
White stellte einen in beispiellosem Maßstab verwirklichten
Vergnügungspalast dar, in dem Restaurants, Theater sowie

eine Halle für Pferdeschauen vereint waren (Abb. 11). Die regelmäßige Außenfassade des Gebäudes ließ kaum Rück-
schlüsse auf sein komplexes Inneres zu. Obgleich das von
einem Turm, der an La Giralda in Sevilla erinnert, beherrschte

9 Tempel Emanu-El.
Nordostecke Fifth Avenue
und 43. Straße. Blick nach
Norden von der 42. Straße.
Leopold Eidlitz und Henry
Fernbach, 1868.

10 St. Patrick's Cathedral,
Fifth Avenue zwischen 50.
und 51. Straße. Blick gegen
Nordosten. James Ren-
wick, Jr., 1888. Municipal
Archives der Stadt New
York.

11 Madison Square
Garden. Nordostecke von
Madison Square an der
Madison Avenue und
26. Straße. McKim, Mead &
White, 1890. Avery Library,
Columbia University.

12 Entwicklungsplan für
New York City, 1907. Vogel-
perspektive gegen Norden.
Avery Library, Columbia
University.

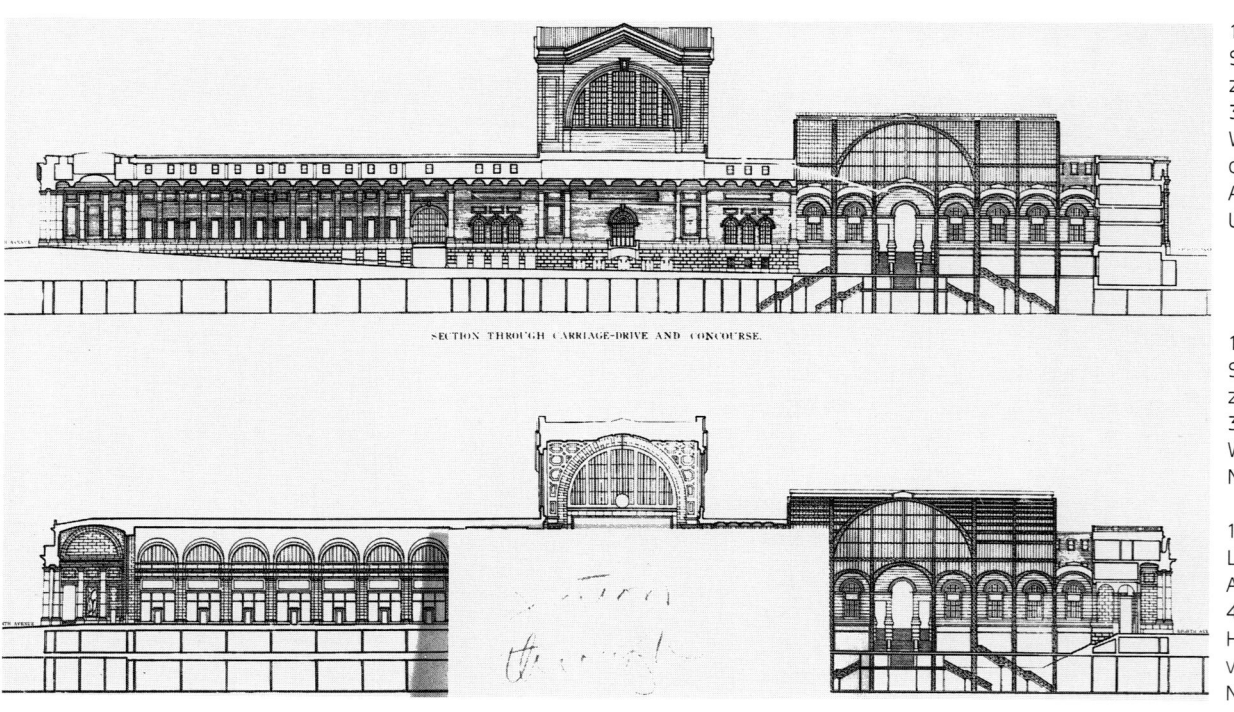

SECTION THROUGH CARRIAGE-DRIVE AND CONCOURSE.

13 Pennsylvania Station, Seventh und Eighth Avenue zwischen 31. und 33. Straße. McKim, Mead & White, 1904–10. Schnitt durch Einfahrt und Halle. Avery Library, Columbia University.

14 Pennsylvania Station, Seventh und Eighth Avenue zwischen 31. und 33. Straße. McKim, Mead & White, 1904–10. Wartesaal. New-York Historical Society.

15 New York Public Library, Westseite der Fifth Avenue zwischen 40. und 42. Straße. Carrère & Hastings, 1897–1911. Blick von der Fifth Avenue. New-York Historical Society.

Gebäude klassische Architekturelemente in höchst eklektischer Manier einsetzte, sollte seine Bedeutung als frühes Beispiel der sogenannten amerikanischen Renaissance nicht unterschätzt werden. Der kühne Maßstab des Garden sowie seine sorgfältig geplante Beziehung zum Madison Square begründete einen Dialog zwischen der Sphäre der privaten Geschäftätigkeit und Unterhaltung mit der öffentlichen Sphäre des urbanen Lebens, der zum Maßstab für alle künftigen städtischen Projekte von Bedeutung werden sollte.

City Beautiful

Als für die Nation im letzten Jahrzehnt des 19. Jahrhunderts gänzlich das Zeitalter der Weltgeltung anbrach, das durch territoriale Expansion im Ausland gekennzeichnet war – man erwarb Protektorate in der Karibik und im Südpazifik –, tat die führende Stadt es ihr gleich, annektierte Gebiete auf dem Festland und verband sich mit der Schwesterstadt Brooklyn im Jahre 1898 zu Greater New York. Zur selben Zeit entwickelten die Bewohner New Yorks, die mit den Folgen eines nahezu unkontrollierten Wachstums konfrontiert waren, eine neue Sensibilität für ihre Umwelt. Als man Chicago gegenüber New York bei der Wahl des Schauplatzes für die 400-Jahrfeier der Entdeckung Amerikas (Weltausstellung 1893) den Vorzug gab, gingen die New Yorker mit Nachdruck daran, ihre Stadt im Sinne einer glorreichen, bleibenden Verkörperung der Leistungen Amerikas im Zeitalter des Imperialismus umzugestalten. Die Öffentlichkeit forderte, von nun an habe jedes bedeutende architektonische Werk über den reinen Gebrauchswert hinauszugehen und ein Gefühl der öffentlichen Verantwortung und der Verschönerung des öffentlichen Raums zu vermitteln; dazu sollte der hohe, von Rom inspirierte Klassizismus der amerikanischen Renaissance mit den komplexen Bestrebungen nach schönen, logisch aufgebauten Städten verschmelzen, die sich unter dem Banner der ›City Beautiful‹-Bewegung vereinten.

Eine heftige Sehnsucht nach den sozialen und architektonischen Formen der kolonialen und frührepublikanischen Vergangenheit des Landes förderte die Wiederkehr der klassischen Architektur und Städteplanung. Angesichts eines ökonomisch geschwächten und sozial explosiven Europas hielt sich Amerika in arroganter, chauvinistischer Weise für den letzten und besten Hort der westlichen Zivilisation. Das Gefühl, das 20. Jahrhundert würde das Jahrhundert Amerikas sein, wurde sogar von einigen Europäern geteilt, darunter der englische Premierminister William Gladstone, der bemerkt haben soll, »Europa sieht in Nordamerika vielleicht schon einen unmittelbaren Nachfolger auf dem Marsch der Zivilisation.«[3] Die Wiederkehr des Klassizismus stellte nicht nur eine Reaktion auf den neuen Wohlstand dar, sondern reichte auch zu den Wurzeln der architektonischen Werte Amerikas zurück, indem sie den Geschmack Thomas Jeffersons und seine Träume von einem demokratischen Reich reflektierte.

Wo andere amerikanische Städte wie Cleveland oder Chicago, unter dem Eindruck des Erfolges des klassizistischen Gebäudekomplexes um den Ehrenhof auf der Weltausstellung in Chicago, ganze Bezirke nach dem Vorbild der ›City-Beautiful‹-Bewegung umbauten, beschränkte sich New York in charakteristischer Weise auf Einzelmonumente. Mit der Bildung der New York City Improvement Commission unternahm man in den Jahren 1904–07 den Versuch, die Anlage von New York nach idealen Prinzipien neu zu gestalten und eine Folge monumentaler, axial angelegter öffentlicher Räume in das widerspenstige Stadtraster einzufügen (Abb. 12). Das Hauptziel der Kommission war ästhetischer Natur; an Schlüsselpositionen in der Stadt sollten architektonische Ensembles entstehen, während man die Entwicklung der übrigen Stadt den Kräften der Grundstücksspekulation überließ. Obgleich der Stadtplan des Jahres 1907 wenig Einfluß auf das Aussehen der Stadt hatte, bewiesen die New Yorker Architekten zum ersten Mal, daß es möglich war, im Rahmen eines kapitalistischen Systems eine monumentale urbane Vision zu entwerfen.

Der Entwurf der Pennsylvania Station von McKim, Mead & White schuf nicht nur eine leistungsfähige Verkehrseinrichtung, sondern ein überzeugendes Monument für die Eisenbahn sowie ein großartiges Tor zur Stadt. Der im Jahre 1910 vollendete Bau spiegelt McKims Glauben an den Fortbestand der klassischen Form wider (Abb. 13). Die Elektrifizierung ermöglichte es McKim, das Charakteristikum der Vorläufer des Bahnhofs im 19. Jahrhundert, den riesigen, verglasten Schuppen, in eine Bahnhofshalle zu verwandeln, in der die Passagiere bei Tageslicht zu den Zügen auf der unteren Ebene herabsteigen konnten. McKim stellte neben die verglaste Bahnhofshalle einen klassizistischen Warteraum, dessen Entwurf in leichter Anlehnung an die Caracallathermen in Rom entstanden ist (Abb. 14).

Mit der im Jahre 1911 fertiggestellten New York Public Library von Carrère & Hastings erhielt New York eine großartige öffentliche Bibliothek, die die bereits vorhandenen in Chicago und Boston übertraf (Abb. 15). Das in einem robusten, modernen französischen Stil errichtete Gebäude unterstrich eindrucksvoll die Anwendbarkeit dieses Stils auf imposant konzipierte, in funktionaler Hinsicht rationale öffentliche Gebäude. Es handelt sich hier um das erste wichtige Gebäude in New York, das

sich innerhalb des dichtbebauten Stadtgefüges seinen eigenen monumentalen Rahmen schuf. Die Bibliothek ist auf allen Seiten von den Straßen zurückgesetzt, um Platz für Terrassen

16 Columbia University, Broadway und Amsterdam Avenue zwischen 114. und 120. Straße. McKim, Mead & White, 1893–1913. Der obere Teil zeigt den ursprünglichen Gesamtplan von 1893; der untere wurde 1903 hinzugefügt. Avery Library, Columbia University.

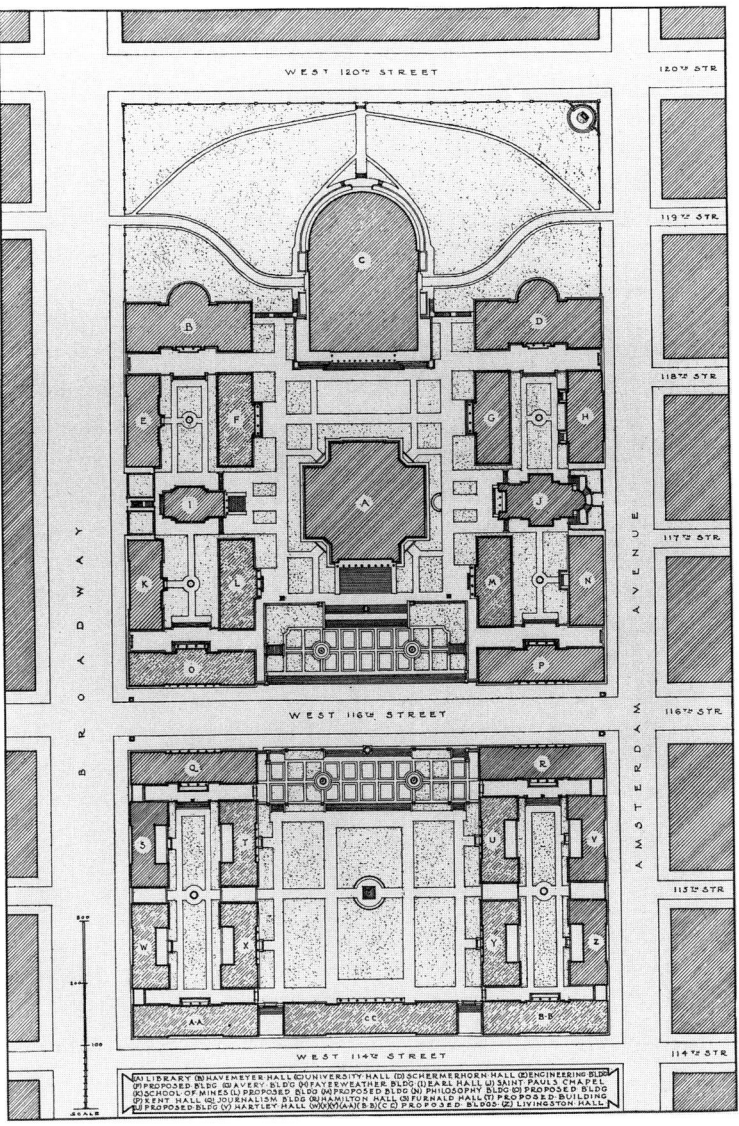

und breite Treppen zu schaffen, die in scharfem Kontrast zum Charakter des umliegenden Stadtviertels, das von Brownstone-Bauten geprägt ist, und dem viktorianischen Naturalismus des unmittelbar dahinterliegenden Bryant Park stehen.

Der Gesamtplan von McKim, Mead & White für die Columbia University, der zwischen 1893 und 1913 verwirklicht wurde, begründete ein sorgfältig angepaßtes architektonisches Ensemble, das in Miniaturform die städtebaulichen Ideale der City-Beautiful-Bewegung repräsentierte und die Gips- und Latten-Szenographie der Weltausstellung in Chicago in Stein umsetzte (Abb. 16). Der Entwurf forderte eng begrenzte Höfe zwischen nahezu identischen Unterrichtsbauten, im Wechsel mit freien Ausblicken auf monumentale Gebäude. Den Mittelpunkt der Anlage bildet die Low Memorial Library von McKim, ein originelles klassizistisches Gebäude mit flacher Kuppel über einem griechischen Kreuz, das man durch eine eindrucksvolle ionische Eingangskolonnade betritt. Auf dem Campus, der durch seine Lage auf den Morningside Heights an die Akropolis erinnert, befanden sich im Jahre 1900 neben der Kathedrale St. John the Divine weitere wichtige Institutionen und als krönendes Element die Low Library, die durch eine dreigliedrige Treppenanlage angehoben wird, die wiederum eine bemerkenswert ausgedehnte Platzanlage bildet (Abb. 17).

Die Vision der Stadt als Ansammlung klassisch inspirierter Denkmäler der Wohlhabenheit von Firmen oder Privatleuten erfuhr eine weitere Bereicherung durch den Bau zahlreicher Gesellschaftsclubs. Zwei Clubs von McKim, Mead & White verkörpern diesen Typus. Der im Jahre 1894 fertiggestellte, von Stanford White entworfene Metropolitan Club ist ein eher schlichtes klassizistisches Gebäude, das sich durch einen feierlichen Eingangshof mit prächtiger Toreinfahrt auszeichnet (Abb. 18). Im Inneren erhebt sich eine opulente Marmorhalle über die gesamte Höhe des Gebäudes, ähnlich wie der Cortile eines Palazzo, den man überdacht und mit luxuriösem Material verkleidet hat. Bei dem sechs Jahre später vollendeten University Club von Charles McKim handelt es sich um einen Selbstbewußtsein ausstrahlenden Palazzo mit kraftvoller, vertikaler Gliederung. McKim griff auf vielfältige Quellen zurück; Bezüge auf florentinische Palazzi, wie die der Strozzi und Medici, den Palazzo Spannochi in Siena und die Bologneser Palazzi Bocchi und Albergate werden zusammen mit Zitaten anderer klassischer, manieristischer und barocker Quellen zu einem Entwurf mit starker eigener Identität gestaltet. Die Fassade wurde mit den Wappen der neuen Aristokratie geschmückt – der Aristokratie des Lernens, da jedes Schild den Namen einer angesehenen amerikanischen Universität trug.

Wohnungsbau

Während New York zu einer Stadt wurde, die von beachtlichen Werken monumentaler Architektur gekennzeichnet war, blieb seine Wohnbebauung zweitrangig, und eine zunehmende Zahl von Bürgern lebte in unzulänglichen Wohnungen. In den

18 Metropolitan Club, Nordostecke von Fifth Avenue und 60. Straße. McKim, Mead & White, 1894. Blick von der Grand Army Plaza aus. Links Richard Morris Hunts Elbridge Gerry Mansion. Museum of the City of New York.

19 Stuyvesant Apartments, 142 East 18. Straße. Richard Morris Hunt, 1869. Ansicht von Nordwesten. Charles von Urban, mit Genehmigung des Museum of the City of New York.

17 Columbia University, Broadway und Amsterdam Avenue zwischen 114. und 120 Straße. McKim, Mead & White, 1893 – 1913. Ansicht von McKims Low Library und der Kuppel von Howells & Stokes St. Paul's Chapel von der 116. Straße aus. Museum of the City of New York.

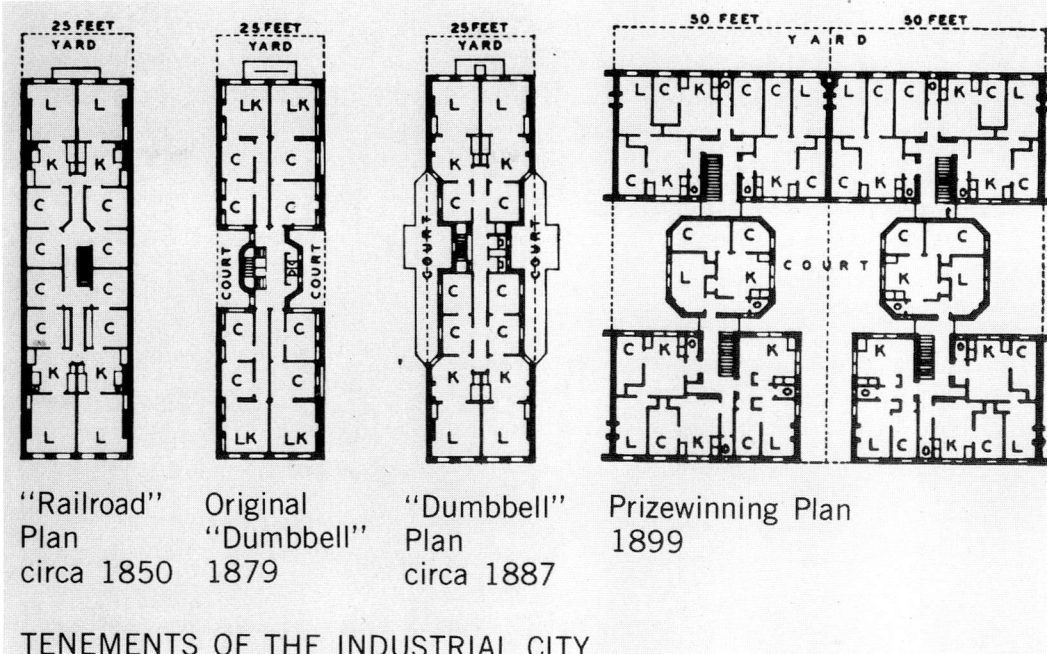

TENEMENTS OF THE INDUSTRIAL CITY

20 Entwicklung der Grundrisse der typischen New Yorker Mietswohnung. Das ›Neue Gesetz‹ von 1901 basierte auf den Vorgaben eines Entwurfswettbewerbs, der 1899 von der Charity Organization Society ausgeschrieben worden war; ganz rechts ist das Gewinnerprojekt abgebildet. Arthur B. Gallion und Simon Eisner, *The Urban Pattern*, 3. Ausg., New York 1975.

dreißiger Jahren des 19. Jahrhunderts waren erstmals Mietshäuser mit Wohnungen für Arbeiter gebaut worden; die Mittelklasse gab jedoch nur zögernd das Ideal vom Wohnen im Einzelhaus auf, trotz des Arguments, Mietshäuser seien in kultivierten Städten wie Paris weit verbreitet. Der Haupteinwand gegen Mietshäuser scheint sozialer Natur gewesen zu sein: zwar mischten sich in Paris in ein und demselben Mietshaus Familien aus unterschiedlichen sozialen Schichten, jedoch errichteten die herrschenden gesellschaftlichen Konventionen soziale Hierarchien, die den Kontakt zwischen den Bewohnern auf ein Minimum reduzierten; im von ethnischer Vielfalt gekennzeichneten und eher demokratisch gesinnten

New York hingegen bestimmte allein das Geld die Klassenzugehörigkeit – Geld war nicht nur keine Garantie für eine gute Herkunft, auch unerwünschte ausländische Minderheiten konnten es verdienen. Die Bevölkerungszunahme in Manhattan und der sich daraus ergebende Andrang auf den überlasteten Straßen führte zu einer wachsenden Konzentration in den innenstadtnahen Vierteln. In den siebziger Jahren des 19. Jahrhunderts wurde hochverdichtete, für jeweils mehrere Familien konzipierte Wohnbebauung zur Notwendigkeit. Bezeichnenderweise war es Richard Morris Hunt – der erste Amerikaner, der die Ecole des Beaux-Arts in Paris besucht hatte –, der als erster Architekt ein ›sozial akzeptables‹ Mietshaus realisierte. Die im Jahre 1869 an der 142 East 18th Street erbauten Stuyvesant Apartments von Hunt führten eine neue Kategorie des Wohnens ein, die man anfänglich als ›French flat‹, später als ›apartment house‹ bezeichnete (Abb. 19). Obwohl das Gebäude zeitgenössischen französischen Mietshäusern sowohl hinsichtlich der Ausstattung als auch der Zweckmäßigkeit des Grundrisses weit unterlegen war, entfachten die Stuyvesant Apartments, die als Wohnungen für Junggesellen gedacht waren, neue Überlegungen darüber, wie angenehm man in New York wohnen könnte. Während es in den achtziger und neunziger Jahren vergleichsweise wenig Mietshausbau für die Mittel- und Oberklasse gab, was ebensosehr durch die wirtschaftliche Instabilität wie durch die Tatsache bedingt war, daß die neue Wohnform nur geringe Akzeptanz gefunden hatte, breiteten sich Mietshäuser für die Arbeiterklasse rasch aus und brachten in vielen Fällen slumartige Bedingungen mit sich. Die 1867 im ›Tenement House Law‹ niedergelegten Richtlinien für diesen Mietshaustyp wurden 1879 modifiziert, um die Reformen sicherzustellen, die man in dem als ›dumbbell‹ bezeichneten Haustyp eingeführt hatte; dort war ein enger Luftschacht zwischen benachbarten Gebäuden vorgeschrieben. Das sogenannte ›New Law‹ von 1901 leitete dann weitere Reformen ein (Abb. 20).

Die Entstehung der Skyline

Während man im ganzen Land in den Jahrzehnten nach der Hundertjahrfeier ein anregendes Gefühl der nationalen kulturellen Identität und des Stolzes für sich entdeckte, begann in

New York jene Skyline zu entstehen, die zum architektonischen Wahrzeichen der Stadt werden sollte. Die im Jahre 1846 erbaute, 86 m hohe neogotische Trinity Church von Richard Upjohn war 1875 immer noch das höchste Gebäude der Stadt, das diese nach Art einer mittelalterlichen Kathedrale beherrschte (Abb. 21). In jenem Jahr kündigte allerdings Richard Morris Hunts Tribune Building, das eine Höhe von 79 m erreichte, ein neues Zeitalter an; wenn auch weniger hoch als die Trinity Church, stellte es doch das bis dato höchste Geschäftsgebäude der Stadt dar und leitete eine Zeit ein, in der sich der Maßstab Manhattans durch Hochhäuser, die man bald als Wolkenkratzer bezeichnete, radikal ändern sollte; der kommerzielle Charakter der Stadt fand schließlich in einem Bautypus seinen architektonischen Ausdruck, der den Unternehmenstolz auf wirkungsvolle Weise geltend machte. Im Gegensatz zu den früheren gußeisernen Loftbauten New Yorks oder den utilitaristischen Büropalästen, die nach der Feuersbrunst des Jahres 1871 in Chicago entstanden, stellten diese hoch aufragenden, ›wolkenkratzenden‹ Gebäude ebenso gefeierte Monumente wie zweckmäßige Einrichtungen dar. Es dauerte noch bis zum Jahre 1892, ehe das Pulitzer Building von George B. Post die Trinity Church überragte, aber die Hochhausarchitekten hatten bereits die formalen Lektionen des traditionellen Kirchenbaus begriffen. Die Höhe stellte zwar eine wichtige Frage dar, weit interessanter aber waren eine eindrucksvolle Silhouette, eine dauerhafte Selbständigkeit der Form und – von größter Bedeutung – die Fähigkeit zur Inspiration. Es waren nicht die neue Technik oder die schiere Höhe, die ein Hochhaus zu einem geglückten Wolkenkratzer machten; ein echter Wolkenkratzer mußte ein stolzer Turm sein mit vollständig durchmodellierter Form, der sich über einer entschiedenen Basis zu einem ebenso entschiedenen, zinnenbesetzten oberen Abschluß erhob. Der große Chicagoer Architekt Louis Sullivan wußte um die symbolischen Mög-

lichkeiten zur Gliederung der Höhe, und nicht nur der Masse eines Gebäudes. Für Sullivan mußte ein Wolkenkratzer »mit jedem Inch ein stolzes, aufstrebendes Ding sein«.[4] Es war Sullivan jedoch nicht vergönnt, seine Vision vollständig verwirklicht zu sehen, auch nicht in seinem einzigen in New York errichteten Gebäude, dem 1898 entstandenen Bayard Building, bei dem es sich um die Füllung einer Baulücke, einen Teil der Straßenflucht also, und nicht um einen Wolkenkratzer handelte (Abb. 22).

Es war kein New Yorker Architekt, sondern der aus Chicago stammende Daniel H. Burnham, der im Jahre 1902 als erster den New Yorker Wolkenkratzer in die Sphäre angewandter Poesie katapultierte, nach der er ein Vierteljahrhundert lang gestrebt hatte. Burnhams 1903 entstandenes Flatiron Building entsprach als erstes dem idealen Hochhaus – ein Turm, gebildet aus übereinandergestapelten Geschossen, der für alle Zeiten von seiner Umgebung unbehelligt, einem Campanile gleich, dastehen würde (Abb. 23). Der Bau nutzte auf brillante Weise eine zufällige Konstellation im Straßennetz New Yorks aus: das äußerst markante, aber unregelmäßig geformte dreieckige Grundstück, das durch die Kreuzung von Colonial Road, Broadway und dem 1811 konzipierten Rasterplan der Stadt gebildet wurde. Das Gelände war von Straßen umgeben und lag dem Madison Square Park gegenüber, eine Lage, die auf Dauer sicherstellte, daß der Bau auf allen Seiten unbehelligt bleiben würde. Offiziell nannte man das Gebäude Fuller Building, nach der bekannten Baufirma, die es errichtet hatte und in deren Besitz es sich befand; der Name ›Flatiron Building‹ (Bügeleisen-Gebäude) nahm scherzhaft Bezug auf die Gebäudeform.

Das Flatiron Building revolutionierte die Institution des Bürogebäudes, indem es den Bürobau von einer reinen Immobilientransaktion zur Werbung für den jeweiligen Auftraggeber und zum bleibenden Symbol von Unternehmensstolz wan-

21 Blick von der Brooklyn Bridge auf Manhattan mit dem Turm der Trinity Church (Richard Upjohn, 1846). New-York Historical Society.

22 Bayard Building, 65 Bleecker Street. Louis H. Sullivan und L. P. Smith, 1897. Blick nach Osten auf die Bleecker Street, 1897. Avery Library, Columbia University.

23 Fuller (Flatiron) Building, 23. Straße zwischen Broadway und Fifth Avenue. D. H. Burnham & Co., 1903. Blick nach Süden vom Schnittpunkt Broadway und Fifth Avenue. New-York Historical Society.

delte. Das Flatiron Building wurde rasch zur Sensation der Zeit und gesellte sich zu Freiheitsstatue und Brooklyn Bridge als bevorzugtes Postkartensouvenir der Stadt. Nach Meinung des Photographen Alfred Stieglitz »ähnelte es dem Bug eines riesigen Ozeandampfers – das Bild eines neuen, noch im Werden begriffenen Amerika«.[5]

Das Flatiron Building mit seinen zweiundzwanzig Geschossen wurde zur sofortigen Herausforderung für das gegenüberliegende zehnstöckige Gebäude der Metropolitan Life Insurance Company von 1893. Nach dem finanziellen Zusammenbruch in jenem Jahr strebten die Versicherungsgesellschaften danach, das Vertrauen der Öffentlichkeit durch eine

24 Ansicht von Madison Square gegen Süden. Links, an der Südostecke von Madison Avenue und 24. Straße, der Metropolitan Life Tower (1909) von Napoleon Le Brun & Sons, daneben das Metropolitan Life Building (Napoleon Le Brun & Sons, 1893) und gegenüber die Madison Square Presbytarian Church (McKim, Mead & White, 1906). Rechts, an dem Schnittpunkt von Broadway und Fifth Avenue, das Flatiron Building (D. H. Burnham and Co., 1903). Avery Library, Columbia University.

25 Singer Tower, Nord-
westecke von Broadway
und Liberty Street. Ernest
Flagg, 1905–08. Ansicht
der Liberty Street gegen
Westen. New-York
Historical Society.

26 Woolworth Building,
Westseite des Broadway
zwischen Barclay Street
und Park Place. Cass Gil-
bert, 1910–13. Museum of
the City of New York.

dauerhafte Stabilität symbolisierende Architektur zurückzu-
gewinnen. Angesichts dieses Bedürfnisses nach Stabilität
wählte der Architekt Napoleon Le Brun eine eigenartige Vorlage für den Metropolitan Life Tower (1909): den Campanile
von St. Markus in Venedig, der sieben Jahre zuvor eingestürzt
war. Le Brun erfaßte das Bild des Campanile aus den Ruinen
und ließ ihn in weit größerem Maßstab neu entstehen, wobei

sich der Bau diesmal ›nützlich‹ machte, indem seine Fassaden einen 51geschossigen Aktenschrank voller Büroarbeiter
umhüllten (Abb. 24).

Der im Jahre 1908 vollendete Singer Tower von Ernest Flagg
verkörperte die sich herausbildende Basis-Turm-Form des
idealen Hochhauses und deutete die Bebauungsvorschriften
an, die nach dem Ersten Weltkrieg in Kraft treten sollten. Flagg,

27 Blick von der Ecke
Rector Street und Trinity
Place gegen Nordosten. Im
Vordergrund der Turm der
Trinity Church, links das
Trinity Building (1905) von
Francis H. Kimball. Dahinter
v. l. n. r. die Türme des City
Investing Building (Francis
Kimball, 1908), des
Woolworth Building (Cass
Gilbert, 1910–13), des
Singer Tower (Ernest Flagg,
1905–08), des Equitable
Building (Graham, Ander-
son, Probst & White,
1912–15) und des Bankers
Trust Building (Trowbridge
& Livingston, 1912). Vor dem
Equitable Building, an der
Südecke von Broadway
und Pine Street, das Ameri-
can Surety Building
(1894–95) von Bruce Price.
Avery Library, Columbia
University.

der sich anfänglich gegen den Bau von über dreißig Meter hohen Gebäuden ausgesprochen und sich geweigert hatte, solche Bauten zu entwerfen, plante einen 183 Meter hohen Turm, der das zehngeschossige Singer Headquarters Building, das Flagg neun Jahre zuvor errichtet hatte, übertreffen sollte. Bei dem Turm handelte es sich um ein schlankes Stahlgerüst mit Seitenflügeln aus Glas- und Metallpaneelen; die Gebäudeecken wurden mit Backsteinen und Kalkstein verkleidet. Das Ganze wurde von einer imposant abgeschrägten Dachlaterne bekrönt (Abb. 25).

Mit dem Woolworth Building (1913) schuf Cass Gilbert einen Bau, der von dem populären Geistlichen S. Parkes Cadman als »Kathedrale des Kommerzes«[6] bezeichnet wurde (Abb. 26). Ähnlich einer Kirche war das Gebäude von den Groschen und Pfennigen seiner Gemeindemitglieder erbaut worden, nur daß Woolworths Anhängerschaft ihr Geld in die Kassen der Ladenkette und nicht in kirchliche Sammelbüchsen warf. Frank Woolworth war entschlossen, das schönste, großartigste, größte und vor allem, höchste Gebäude der Welt zu errichten. Seine Bankiers lehnten die Finanzierung des Projekts ab, und sein Bauträger, Louis J. Horowitz, Präsident der Thompson-Starrett Company, prophezeite einen finanziellen Alptraum unvermietbaren Büroraumes. Woolworth nahm das Projekt dennoch in Angriff. Er kam auch ohne Bankiers aus und bezahlte den Bau mit Bargeld in Höhe von dreizehn Millionen Dollar. All jene, die vorausgesagt hatten, Woolworth werde sein Vermögen vergeuden, müssen angesichts der Eröffnungsfeier im Jahre 1913 sehr erstaunt gewesen sein, als es achtzigtausend Glühbirnen, die auf ein Signal von Präsident Wilson im Weißen Haus eingeschaltet wurden, offenkundig machten, daß Frank Woolworth ein authentisches Symbol seiner Zeit geschaffen hatte.

Baugesetze für eine neue Hochhausära

In der Zeit nach dem Ersten Weltkrieg begann New York, neue Ziele zu verfolgen, und gab den erhabenen Ästhetizismus des City Beautiful Movement der Jahrhundertwende auf zugunsten einer pragmatischeren, realistischeren Einstellung zum städtischen Wachstum im Zeitalter der Hochhäuser und der Massenkommunikation. Der größtenteils fehlgeschlagene, aber nichtsdestoweniger heroische Versuch der vorhergehenden Ära, die sich in horizontaler Richtung ausdehnende Stadt klassizistischen Prinzipien gemäß zu ordnen, wich einer Reihe von neuen Problemen und Zielvorstellungen für die rasch entstehende vertikale Stadt. Der Idealismus war durch mehr Realismus gemäßigt als in der unmittelbaren Vergangenheit. Die neue Generation übernahm die Verbesserung der Lebensbedingungen der einkommensschwachen Bürger als eine ihrer Hauptaufgaben, was sich in dramatischer Weise im Multiple Dwelling Law des Jahres 1929 niederschlug; es beendete die Ära der Mietskasernen und der großangelegten Wohnprojekte von Andrew Jackson Thomas und Clarence Stein, sowie staatlich subventionierter Wohnungsbauprojekte. Es unternahm darüber hinaus den Versuch, die Verdichtung der Städte zu korrigieren.

Die langfristigen Folgen ungehinderten Hochhausbaus wurden durch die Fertigstellung des kolossalen Equitable Building von Graham, Anderson, Probst & White im Jahre 1915 mit aller Schärfe deutlich. Über einem kaum einen halben Hektar großen Grundstück erhob sich das H-förmige Gebäude in gerader Linie vierzig Geschosse hoch, ohne einen einzigen Rücksprung (Abb. 27). Der die benachbarten Gebäude visuell erdrückende ›Koloß‹ verwandelte die Straßen der Umgebung in unnatürlich dunkle Schluchten. New York war sich im Jahre

28/29 Massengruppierungsstudie (rechts) gemäß des 1916 erlassenen Rücksprung-Baugesetzes von New York City, 4. Stadium. Ansicht von Hugh Ferriss nach einem Diagramm von Harvey Wiley Corbett, 1922. Cooper-Hewitt Museum. ›Das fertige Gebäude‹ (links) nach den vier Stadien der Massengruppierungsstudie. Ansicht von Hugh Ferriss nach einem Entwurf von Harvey Wiley Corbett, 1925. Edwin Avery Park, *New Backgrounds for a New Age*, New York 1927. Avery Library, Columbia University.

THE HECKSCHER BUILDING.
TH ON FIFTH AVENUE FROM 61ST STREET.

1916 der Bedrohung durch die Hochhäuser hinreichend bewußt, um die erste Baugesetzgebung des Landes zu erlassen. Dabei wurde versucht, die besten Merkmale der Hochhäuserstadt – die freistehenden Türme – zu fördern. Man hatte erkannt, daß hohe Büroblocks den Nachbarbauten und damit den Bewohnern Licht und Luft entziehen; das neue Gesetz schrieb Rücksprünge der oberen Geschosse in genau berechneten Abständen vor. Oberhalb der Rücksprünge konnte ein Turm eine beliebige Höhe erreichen, wenn nicht mehr als ein Viertel der Grundstücksfläche bebaut war (Abb. 28, 29).

Das von Warren und Wetmore entworfene, im Jahre 1921 erbaute Heckscher Building war der erste Wolkenkratzer, der gemäß der neuen Baugesetze errichtet wurde (Abb. 30). Whitney Warrens ursprünglicher Entwurf sah einen 22geschossigen Baublock über einer neunstöckigen Basis vor, ohne ein dazwischenliegendes Übergangselement. Die endgültige Massengruppierung fiel ein wenig subtiler aus; während die Basis weiterhin von einem Gesims bekrönt wurde, das stark die Horizontale betonte, erhielt der Block am unteren Ende vorspringende Flügel sowie eine reich verzierte, oktogonale Bekrönung mit einem steilen Ziegeldach, das zu einem vergoldeten Wetterhahn anstieg. Obgleich das Heckscher Building einen eher unbeholfenen ersten Versuch in Sachen neue Hochhausform darstellte, bestätigte es selbst dem skeptischsten Beobachter, daß das neue Gesetz sowohl gute Architektur als auch ansehnliche Profite zeitigen konnte. Hugh Ferriss war der Piranesi der großstädtischen Hochhausbebauung in der Zeit nach dem Erlaß der Baugesetze. Für den Regionalplan von New York und Umland zeichnete er einen Vorschlag, der eine auf mehreren Ebenen liegende Stadt vorsah, in der

Fußgänger- und Autoverkehr voneinander getrennt sein sollten (Abb. 31); zusammen mit Harvey Wiley Corbett entwarf er eine Stadt aus freistehenden Türmen; für Raymond Hood skizzierte er Wohnhochhäuser, die als Turmpfeiler von Brücken fungierten, die New Yorks Flüsse überspannten. In Zeichnungskonvoluten entfaltete Ferriss seine Version eines neuen Babylon aus wuchtigen Büropyramiden und Türmen, Turmspitzen und Obelisken, die bei Tage in Sonnenlicht getaucht sein, bei Nacht mittels Elektrizität zum Leuchten gebracht werden sollten. Ferriss' Vision war gleichermaßen aufregend wie erschreckend; seine Idealstadt, die er in seinem Buch ›The Metropolis of Tomorrow‹ (1929) beschrieb, zeichnete sich durch 300 m hohe Türme aus, die aber zumindest mit weiten Zwischenräumen errichtet werden sollten. Eine solche Vision konnte als wahrhaft futuristisch bezeichnet werden: noch in den zwanziger Jahren des 20. Jahrhunderts betrug die durchschnittliche Gebäudehöhe in New York nur sechs Geschosse.

Die Nachricht von den neuen Wolkenkratzern wurde durch Zeitungen, Journale und Filme nahezu auf der ganzen Welt verbreitet. Als Fritz Lang im Jahre 1924 New York besuchte, war er von der Stadt fasziniert; nach seiner Rückkehr nach Deutschland drehte er dort seinen Film ›Metropolis‹. Das im

Jahre 1930 entstandene oberflächlich unbeschwerte Filmmusical ›Just Imagine‹ zeigte New York im Jahre 1980 als eine Stadt auf neun Ebenen mit 200geschossigen Wolkenkratzern, zwischen denen Normalbürger in ihren Privatflugzeugen umherfliegen (Abb. 32). New Yorks Romanze mit dem Wolkenkratzer trat jedoch nicht nur in Büchern und Filmen zutage, sondern war auch in den Straßen erkennbar. Zu den innovativsten und geschicktesten New Yorker Hochhausarchitekten, denen die neue Poesie des Hochhauspragmatismus zu verdanken ist, zählten drei – Ely Jacques Kahn, Ralph Walker und Raymond Hood –, die auch zu den ersten Architekten gehörten, die tatsächlich Berühmtheit erlangten.

Kahn erhob den Industrieloftbau und das durchschnittliche Bürogebäude auf einen beispiellosen Stand künstlerischer Leistung. Bei zahlreichen Aufträgen schuf er durch Rücksprünge gutgegliederte Bauten, zu denen häufig neuartige Schmuckmotive in lebhaften Farbgebungen gehörten, und zwar sowohl am Außenbau, wie auf den Fassaden von Two Park Avenue (1927; Abb. 33), als auch im Inneren, wie in der Lobby des Film Center Building (1929).

Ralph Walkers richtungsweisendes Barclay-Vesey Building (1926), das sich aus einer achtzehnstöckigen Basis mit darüberliegendem vierzehngeschossigen Turm zusammensetzte, löste die komplexen Probleme der Massengruppierung, die sich aus der 1916 erlassenen Baugesetzgebung und dem unregelmäßig geformten Grundstück sowie den programmatischen Erfordernissen seines Bürogebäudes und einer Schaltzentrale der New Yorker Telephongesellschaft ergaben (Abb. 34). Die Fassade vereinte eine große Vielfalt stilistischer Bezüge, was zu einem harmonischen Verhältnis von Tradition und Moderne führte. Walker errichtete seinen ein-

zigen wirklichen Wolkenkratzer im Jahre 1931 – den säulenförmigen Turm des 49geschossigen Irving Trust Building (Abb. 35). Das Stahlskelett des Gebäudes war mit geriffelten Steinfassaden verkleidet. Der Turm erweckte teilweise den Eindruck, mit schwerelosen, sich kräuselnden Vorhängen behangen zu sein, oder er ähnelte einem Werk der Natur, das sich durch langsame Erosion und nicht durch Menschenhand oder maschinelle Bearbeitung gebildet hatte. Im Inneren stellte eine dreistöckige, mit rotem und goldenem venezianischen Glasmosaik verkleidete Schalterhalle einen der dramatischsten Innenräume der Zeit dar; eine Aussichtshalle im Obergeschoß zeichnete sich durch stoffbespannte Wände aus, die mit einem Muster aus dem Kriegsschmuck amerikanischer Indianer bedruckt waren (Abb. 36), sowie durch schwindelerregende Ausblicke in alle Richtungen.

Raymond Hood war der bedeutendste Hochhausarchitekt seiner Zeit in New York. Er hatte seine Ausbildung an der Brown University, dem Massachusetts Institute of Technology und der Ecole des Beaux-Arts erhalten und schlug sich vorwiegend mit dem Entwerfen dekorativer Heizkörperverkleidungen für die American Radiator Company durch, bis er sich im Alter von einundvierzig Jahren, zusammen mit John Mead Howells, seinem ehemaligen Mitschüler an der Ecole und Sohn des berühmten Herausgebers und Schriftstellers, an dem internationalen Wettbewerb für den Chicago Tribune Tower beteiligte und ihn gewann. Aufgrund dieses Erfolges beauftragte ihn sein früherer Arbeitgeber, die American Radiator Company, mit dem Entwurf eines Hochhauses, das als New Yorker Hauptquartier der Firma dienen sollte. Das im Jahre 1924 fertiggestellte Gebäude spiegelt eindrucksvoll Hoods Auffassung wider, derzufolge die wahre symbolische

Funktion eines Hochhauses in der Werbung für das darin residierende Unternehmen lag (Abb. 37). Hoods Entscheidung, das Gebäude mit schwarzem Backstein zu verkleiden, erhöhte den Eindruck der Masse. Er argumentierte, daß man Fenster in Bauten, die mit helleren Materialien verkleidet waren, gemeinhin als monotones Muster schwarzer Löcher wahrnähme, während sie in schwarzem Backstein nahezu verschwänden, was dem Gebäude das Aussehen eines kompakten Monuments verliehe. Hood lockerte die dunkle Monumentalität jedoch durch die Vergoldung der Spitze. Tagsüber glitzerten die vergoldeten Zinnen und die Bekrönung über dem gänzlich schwarzen Backsteinschaft, während der First bei Nacht durch die Beleuchtung glühte, was manchen Beobachter äußern ließ, Hood wolle den Entwurf als Symbol der vom Hauseigentümer hergestellten Öfen und Heizkörper verstanden wissen.

Howells und Hood setzten ihre Zusammenarbeit für die Tribune mit einem Entwurf für die Büros und Druckerei der New York Daily News fort (1930). Die News, geleitet von Captain Joseph Medill Patterson, einem in der Politik aktiven Populisten und Cousin von Colonel McCormick von der Chicago Tribune, waren das erste Massenblatt Amerikas. Das beim Daily News Building angewandte Muster aus vertikalen Fenstern und Backsteinpfeilern war dem Geist nach gotisch; Hood eliminierte jedoch die dekorative Bekrönung und entschloß sich statt dessen, die schmucklosen, gerippten Steilwände von der Straße bis zum Himmel hochzuziehen; er rechtfertigte den Entwurf mit funktionalistischen Erwägungen, schätzte aber die unendliche Vertikalität der aufsteigenden Mauern hoch genug, um die Fassade drei Meter über das oberste Geschoß hinaus zu verlängern, damit die unansehnlichen Dachaufbau-

ten des Gebäudes verborgen würden. Abgesehen von einem schmalen Band auf Straßenniveau und einem zwei Stockwerke hohen Granitfrontispiz am Eingang, auf dem die Pracht der Hochhausstadt New York mit dem Newsgebäude im Zentrum dargestellt war, vermied Hood ornamentalen Schmuck.

In der Mitte der glänzenden schwarzen Eingangshalle plazierte Hood einen riesigen Globus mit fünfzehn Metern Durchmesser, an dem sich die Uhrzeit rund um die Welt ablesen ließ, um Besucher daran zu erinnern, daß der Wirkungskreis der News über die Stadt hinausreichte und den gesamten Planeten umfaßte.

Für den Verleger McGraw-Hill tauschte Hood die Vertikalität seiner früheren Entwürfe gegen eine Konzeption mit horizontalen Fensterbändern und blaugrünen Kacheln ein – ein Wandel, der sofort als Anlehnung an die europäische Moderne aufgefaßt wurde. Zutreffender ist die Ansicht, daß er sowohl Hoods rastlosen Eklektizismus als auch seinen kommerziellen Pragmatismus dokumentiert. Das McGraw-Hill Building (1932; Abb. 38) bot für die vielfältigen Aufgaben eines großen Verlags mit Druckerei ein ideales Loftgebäude, dessen Fassade aus glasierter Terrakotta leicht instand zu halten war. Hood erkannte aber auch die Komplexität der ›Funktion‹ des Hochhausturmes. Die Farbigkeit des Gebäudes sowie das Signum auf dem Dach – der in Broadway-Großbuchstaben herausgestellte Name des Eigentümers – setzten auf ihre Schockwirkung, die, zusammen mit der grabsteinartigen Komposition an der Spitze, die Architekturkritiker bestürzte, sich im Sinne der Unternehmenswerbung jedoch als erfolgreich erwies.

Das höchste Gebäude der Welt

Ende der zwanziger Jahre war New York derart von Hochhäusern berauscht, daß die Bauträger und Architekten einen schwindelerregenden Wettlauf um Höhe anzettelten. Das Bank of the Manhattan Bank Company Building (1929) an der

Wall Street von H. Craig Severance und William Van Alens Chrysler Building (1930; Abb. 39) im Zentrum Manhattans wetteiferten um die Position als höchstes Gebäude der Welt. Als Severance und Van Alen, die kurz zuvor ihr gemeinsames Architekturbüro aufgelöst hatten, jeweils verkündeten, dieses neue Gebäude werde nun das höchste sein, wurde der Wettbewerb zum bitteren, weithin publizierten persönlichen Konkurrenzkampf. Walter Chrysler befahl Van Alen, seinen Entwurf um zehn Geschosse zu kürzen; während der Bauzeit erkannte er jedoch den potentiellen Publizitätswert der schieren Höhe, revidierte seine Entscheidung und führte nun zusätzliche Geschosse auf, nur um festzustellen, daß Severance, der mit Yasuo Matsui zusammenarbeitete, seinen Entwurf an der Spitze um eine Laterne ergänzt hatte; um ganz sicher zu gehen, planten sie noch, die Laterne mit einem 152 Meter hohen Fahnenmast aufzustocken. Van Alen war jedoch entschlossen, den Titel ›höchstes Gebäude der Welt‹ zu gewinnen; er behielt das letzte Wort durch eine 56 Meter hohe Spitze – er bezeichnete sie als »Vertex«[7] –, die er solange im Feuerschacht des Gebäudes versteckte, bis Severance sein 71geschossiges, 282 Meter hohes Gebäude fertiggestellt hatte, um sie dann an ihren Standort zu setzen und seinem Bau damit eine Höhe von 319 Metern über Straßenniveau zu verschaffen. Später erinnerte er sich: »Das Signal wurde gegeben und die Spitze trat langsam aus der Kuppel hervor, wie ein Schmetterling aus seinem Kokon; nach ungefähr neunzig Minuten war sie sicher an ihrem Platz verankert, das höchste Stück ortsfesten Stahls in der Welt.«[8]

39 Chrysler Building. William Van Alen, 1930. Blick gegen Osten mit dem Hotel Commodore (Warren & Wetmore, 1919) im Vordergrund, dem Chanin Building rechts und im Hintergrund dazwischen Tudor City (Fred F. French Company, H. Douglas Ives, 1925 – 28). Wurts. Museum of the City of New York.

40 Empire State Building, 350 Fifth Avenue zwischen 33. und 34. Straße. Shreve, Lamb & Harmon, 1931. Blick von Süden mit dem Gebäude 500 Fifth Avenue im Hintergrund. Wurts. Museum of the City of New York.

Höhe ist jedoch nicht das Hauptmerkmal des Chrysler Building: es stellt eine Kathedrale des 20. Jahrhunderts dar, die der Verehrung von Automobilen und Verkehr gewidmet ist. Im 31. Stockwerk besetzen vier riesige geflügelte Kühlerhauben die Ecken eines Frieses aus stählernen Radkappen und Trittbrettern in schwarzem Backstein. Im 61. Geschoß schweben acht Wasserspeier in Form von Adlern aus Chrom – monströs überdimensionierte Ausgaben der Kühlerfiguren sämtlicher Chryslerautomobile – über dem Verkehr in den untenliegenden Straßen. Im Inneren des Gebäudes, das man durch große, sargähnliche Portale mit Rahmen aus poliertem schwarzem Marmor aus Georgia betritt, findet man in der elegant ausgestatteten Eingangshalle ein Wandgemälde, auf dem die Geschichte des Verkehrswesens dargestellt ist.

Kaum hatte Chrysler den Höhenpreis errungen, wurde er auch schon durch das Empire State Building angefochten (Abb. 40). Das noch während der Hochkonjunktur geplante, aber erst nach dem Börsenkrach in den Jahren 1930 – 31 errichtete Gebäude steht auf der Stelle des ersten Waldorf-Astoria Hotels, einst der vornehmste Treffpunkt von New York.

41 Rockefeller Center, Fifth bis Sixth Avenue zwischen West 48. und West 51. Straße. Associated Architects, 1931–40. Ostansicht von John Wenrich, 1932. Museum of the City of New York.

43 Rockefeller Center, Fifth bis Sixth Avenue zwischen West 48. und West 51. Straße. Associated Architects, 1931–40. Blick von 8–10 East 49. Straße auf das RCA Building. Gottscho-Schleisner. Museum of the City of New York.

42 Vorschlag für das Rockefeller Center, Fifth bis Sixth Avenue zwischen West 48. und West 51. Straße. Associated Architects, 1931. Modell. Pencil Points, Museum of the City of New York.

Das Empire State Building entstand in rekordverdächtiger Geschwindigkeit innerhalb von dreizehn Monaten und überragte mit seiner Höhe von 381 Metern das Chrysler Building. Angesichts der niederliegenden Wirtschaft war den Eigentümern bewußt, daß ihr Gebäude voraussichtlich eine Zeitlang der Welt höchstes Gebäude bleiben würde. Um ganz sicherzugehen, stockten sie den Bau um einen 60 Meter hohen Ankermast für Zeppeline auf, der ein impraktikables fliegerisches Kunststück erforderte und so nur zweimal, im September 1931, tatsächlich zum Einsatz kam.

Der Entwurf des Empire State Building von Shreve, Lamb & Harmon ist beispielhaft für die symmetrische Massengruppierung und bemerkenswert wegen seines zentralen 220 Meter hohen Schafts mit der regelmäßig durchfensterten Fassade, von der der zeitgenössische Kritiker Douglas Haskell behauptete, sie habe »in ihrer Monotonie etwas ausgesprochen Brutales, aber auch etwas Unentrinnbares und Hypnotisches«. Haskell vertrat die Theorie, das Empire State Building sei wegen seiner Widersprüche faszinierend: »Es entstand genau im Augenblick des Übergangs zwischen Metall und Stein, zwischen dem Ideal der ›monumentalen Masse‹ und dem des luftigen Volumens, zwischen Handwerk und Maschinendesign.«[9]

Die Erschließung städtischer Räume

Mit dem Rockefeller Center erreichte der Hochhausbau seinen Höhepunkt, nicht nur als ausgeprägter Bautyp, sondern als Gestaltungsmittel monumentaler städtischer Räume (Abb. 41). Der ursprünglich in den zwanziger Jahren als Kulturzentrum geplante Komplex wurde während der Depressionszeit als kommerzielles Projekt verwirklicht. Im Entwurf von Raymond Hood mit einem Team von Architekten, darunter Wallace K. Harrison, transponierte das Rockefeller Center die Großartigkeit traditioneller Bürgerzentren in die Zweckdienlichkeit des Großkapitalismus. Zahlreiche Entwürfe Hoods für das Rockefeller Center gediehen nie über das Stadium wunderschöner Zeichnungen hinaus: luftige, Dachgärten miteinander verbindende Gänge zwischen Türmen, die an Ferriss' Visionen von Hochhausstädten als modernen Versionen der

45 Lever House, 390 Park Avenue. Skidmore, Owings & Merrill, 1952. Blick gegen Nordosten. Robert A. M. Stern Architects.

46 Seagram Building, 375 Park Avenue. Ludwig Mies van der Rohe und Philip Johnson, 1958. Blick von Nordwesten mit dem Waldorf-Astoria Hotel (Shultze & Weaver, 1931) im Hintergrund. Robert A. M. Stern Architects.

47 World Trade Center Towers, zwischen Church, Vesey, West und Liberty Straße. Minoru Yamasaki & Associates und Emery Roth & Sons, 1974. Robert A. M. Stern Architects.

44 *Swing Time*, 1936. Standaufnahme. Künstlerische Leitung Van Nest Polglase, Regie George Stevens. Arts. New York Public Library.

hängenden Gärten von Babylon erinnern; ein niedriger, elliptischer Turm, der von Zeitungskritikern als Ölkanne, und damit als Symbol für die Quelle des Rockefellerschen Reichtums verspottet wurde (Abb. 42). In seiner endgültigen Form stellt es jedoch die Manifestation jener Träume dar, die Hood mit den prophetischen Künstlern der zwanziger Jahre teilte: eine Stadt aus stolzen Türmen, die große, urbane Räume bestimmen, voll pulsierenden Lebens, das durch die Ordnung der klassischen Komposition gebändigt wird. Es ist eine Stadt in der Stadt, die symbolisch die Welt umfaßt; diese Geste findet ihren Ausdruck in der Atlasstatue vor dem International Building, dem Aufgebot von Nationalflaggen sowie der Maison Française und dem British Empire Building. Zwischen dem ›französischen‹ und ›britischen‹ Gebäude liegt eine Gartenanlage, die man sinnigerweise nach dem Ärmelkanal ›Channel‹ benannt hat. Der Gesamtkomplex gruppiert sich um eine zentrale Achse, die aus den Channel Gardens, der Sunken Plaza sowie dem pylonenhaften siebziggeschossigen RCA Building (Abb. 43) gebildet wird – ein Rest feierlicher Axialität, eingezwängt zwischen gerade soviel reine Zweckarchitektur, wie unternehmerisches Profitstreben sich erlauben konnte. Die Sunken Plaza dient im Sommer als Gartenrestaurant, im Win-

ter als Eisbahn. Ganz oben im RCA Building befindet sich der Rainbow Room, jener prachtvolle, mit Spiegeln verkleidete Trink-, Speise- und Tanzpalast, der die Inspiration ›aus dem richtigen Leben‹ für die Filmkulissen zahlloser Musicals lieferte, allen voran für ›Swing Time‹ mit Fred Astaire und Ginger Rogers (Abb. 44).

Während Rockefeller Center ein Monument für das großstädtische Ideal darstellt, erwies sich das ausgedehnte Netz von Highways und Alleen, das Robert Moses in und um New York anlegen ließ, als Verderben für die Metropole. Als State Park Commissioner von New York weitete Moses seinen Kompetenzbereich zu wahrhaft präsidialem Umfang aus. Er erkannte den potentiellen Einfluß des Automobils auf Entwicklungsmuster und beschloß in den zwanziger Jahren, die Wandlung New Yorks von einer Metropole des 19. Jahrhunderts zu einer Megalopolis des 20. Jahrhunderts zu inszenieren. Die amerikanische Mittelschicht hatte die nötigen Automobile erworben, um sich über die verstopften Innenstädte hinaus bewegen zu können. Moses wollte ihnen zu neuen Anfahrtszielen und den entsprechenden Verbindungsstraßen verhelfen. Herzstück seiner Grünanlagenplanung war Jones Beach, ein großartiger öffentlicher Erholungspark, der nur vierzig Kilometer vom Times Square entfernt lag und zum Lido der autofahrenden Mittelklasse New Yorks werden sollte.

Zusätzlich zur Verlängerung der Alleen bis in die Vorstädte von Westchester County und Long Island schuf Moses eine zweite Zufahrtsmöglichkeit für sein Highwaynetz; er wollte Manhattan, Brooklyn und Queens mit einem System von Ringstraßen umgeben, die sich wiederum mit den Alleen vereinen und so Stadt und Vororte in einer bis dato unbekannten Weise

verbinden sollten, was geradezu einer Auslieferung der Stadt an das Umland gleichkam. Moses ebnete buchstäblich den Weg für die Umwandlung der vorstädtischen Dörfer und des freien Landes in jene nahezu endlose Stadtlandschaft, wohin sich in der Zeit nach dem Zweiten Weltkrieg die Entwicklung der Innenstadt verlagerte; gleichzeitig wandelte sich New York rasch von der klar umrissenen, einheitlichen Metropole zum wichtigsten, wenn auch nicht alleinigen Brennpunkt eines Ballungsraums, dessen Grenzen sich weit über jene einer traditionellen Stadt hinaus erweiterten und ein Städtekonglomerat bildeten, das sich von Washington D. C. bis Boston in Massachusetts erstreckt.

Der Internationale Stil

In dieser Zeit entwickelte sich der Internationale Stil zum wichtigsten architektonischen Ausdrucksmittel der Konzerne, denen als Auftraggeber und Förderer eine elementare Rolle zukam. Ebenso wie sich der Einzelunternehmer in den Gesellschafter im grauen Flanell verwandelte, gerieten die sofort erkennbaren »Kathedralen des Kommerzes« in Bedrängnis und wurden in einigen Fällen durch anonyme Kästen aus Stahl und Glas ersetzt. Einige wenige Bürobauten erhoben sich über die selbstbeschränkende Anonymität und wurden zu Wahrzeichen, so das gläserne Lever House (1952; Abb. 45) von Skidmore, Owings & Merrill, das insofern herkömmliche urbanistische Wertvorstellungen überging, als es sich über einer Platzanlage auf Straßenniveau erhob und seinen schlanken Baukörper rechtwinklig zur Park Avenue drehte; desgleichen das Seagram Building (1958; Abb. 46) von Mies van der Rohe

48   Blick gegen Nordwesten von der West 47. Straße auf die Westseite der Sixth Avenue. Robert A. M. Stern Architects.

49   CBS Building, 51 West 52. Straße, Südostecke von 52. Straße und Sixth Avenue. Eero Saarinen & Associates, 1966. Robert A. M. Stern Architects.

50   Kips Bay Plaza, East 30. bis East 33. Straße zwischen First und Second Avenue. I. M. Pei & Partners, 1961. Robert A. M. Stern Architects.

und Philip Johnson, dessen Baumasse aus Glas und Bronze ebenso den Eindruck der Solidität wie das Lever House den der Vergänglichkeit erweckt. Es handelt sich hier allerdings um Ausnahmen, da der ›Wolkenkratzertypus‹, der sich durch den traditionellen Aufbau aus Basis, Mitte und Spitze auszeichnet, dem ›Hi-rise‹-Typus wich, wie er sich in One Chase Manhattan Plaza (1960) oder dem Gebäude 140 Broadway (1967), beide von Skidmore, Owings & Merrill, exemplarisch darstellt. Die Abkehr vom Hochhaus des Typs Campanile zeigte sich nirgends so deutlich wie im Abriß von Ernest Flaggs bemerkenswertem Singer Building aus dem Jahre 1908, das dem 1972 erbauten, kolossalen 54geschossigen Gebäude One Liberty Plaza von Skidmore, Owings & Merrill weichen mußte. Die Abdankung des bildhaften Hochhaustyps findet ihren deutlichsten Ausdruck in den Doppeltürmen des 110stöckigen World Trade Center von Minoru Yamasaki aus dem Jahre 1974 (Abb. 47).

Während zahlreiche der in den vierziger und fünfziger Jahren im Internationalen Stil errichteten Bauten das traditionelle Stadtgefüge schon in Frage stellten, indem sie von der Straße zurückgesetzt auf ausgedehnten Platzanlagen oder gärtnerisch gestalteten, das Straßenraster der Stadt vollkommen negierenden Grundstücken entstanden, wurde doch erst

51 Riverbend, Fifth Avenue und 138. bis 142. Straße. Davis, Brody & Associates, 1967. Blick gegen Osten über den Harlem River. Robert A. M. Stern Architects.

52 Lincoln Center for the Performing Arts, Broadway bis Amsterdam Avenue zwischen 62. und 66. Straße, 1962–68. Blick gegen Westen mit dem New York State Theater (Philip Johnson und Richard Foster, 1964) auf der linken Seite und dem Metropolitan Opera House (Wallace K. Harrison, 1966) auf der rechten. Robert A. M. Stern Architects.

1960–61 durch die Ratifizierung des Zoning Law – der ersten größeren Korrektur der Baugesetzgebung in New York seit 1916 – die Auflösung der Straßenfluchten der Stadt quasi per Gesetz vorgeschrieben. Die alten Bauverordnungen, die Gebäude mit Rücksprüngen bevorzugten, wurden zugunsten von Bestimmungen aufgegeben, die ungegliederte, sich über Platzanlagen erhebende Einzelhochhäuser begünstigten. Die pauschale Umgestaltung der Sixth Avenue, die man großartig in Avenue of the Americas umbenannte, ergab eine Bebauung aus nahezu identischen, langweiligen Hochhauskästen, die sich über ausgedehnten, unbelebten Platzanlagen erheben (Abb. 48); sie trugen maßgeblich dazu bei, die traditionellen räumlichen Hierarchien der Stadt auszulöschen und uralte Konzepte von urbanem Maßstab und Aufbau der Überprüfung und Ablehnung preiszugeben. Nach dem Umbau stellt die Sixth Avenue den Inbegriff jener öden, anonymen, unaufrichtig gestalteten Ensembles dar, die von ihren Verfechtern als modern, funktional und technisch fortschrittlich gepriesen wurden. Einzig Eero Saarinens CBS Building (1966; Abb. 49), an der Sixth Avenue zwischen 51. und 52. Straße gelegen, hebt sich ab. Gleich seinen Nachbarn übernahm dieser Bau eine abstrakte Gestaltungsweise und verwarf traditionelle urbane Werte, aber er verspottet die scheinbar blechernen Kästen aus Glas und Metall mit seinen würdevollen, eleganten, dunklen Granitfassaden. Insgesamt verkörpert die neue Sixth Avenue den Inbegriff urbaner Unwirtlichkeit, die Norman Mailer so brillant als »leere Landschaft der Psychose«[10] geißelte.

Inmitten eines gewaltigen Booms im Apartmenthausbau zeigte sich gleichzeitig ein allgemeiner Qualitätsverfall im Wohnungsbaubestand der Stadt. Wenn der Begriff ›Luxus‹ im Zusammenhang mit Wohnungsbau angewandt wurde, bezog er sich eher auf den Standort des Gebäudes als auf dessen äußere Gestaltung oder auf die Art der Räumlichkeiten. Schachtelartige Zimmer, niedrige Decken sowie schmucklose Gestaltung im Inneren und Äußeren senkten das Niveau des Privathausbaus auf das öffentlich geförderter Wohnungsbauprojekte herab, die nur entstanden, um mit den Slums ›aufzuräumen‹. Es gab jedoch einige bedeutende, ausnahmslos seitens der Regierung geförderte Projekte, die aber für die Mittelklasse gedacht waren. Kips Bay Plaza (1961; Abb. 50) von I. M. Pei, das erste Wohnungsbauprojekt der Stadt, das im Rahmen des von der Bundesregierung geförderten Title I Stadterneuerungsprojekts entstand, zeichnet sich durch seine Rasterfassaden aus Stahlbeton aus, ebenso wie Peis im Jahre 1966 entstandenes University Village an der New York University, das drei auf einem weitläufigen Gelände plazierte Türme umfaßt, mit Blick auf die großformatige Skulptur ›Portrait of Sylvette‹ von Pablo Picasso. Zu den wenigen Projekten, die aus der Schablone der typischen anonymen Scheiben- oder Turmform ausbrachen, zählen das in soziologischer Hinsicht fortschrittliche, wenn auch grob gestaltete Riverbend (1967; Abb. 51) von Davis, Brody & Associates sowie deren plastisch gestaltetes Projekt Waterside Plaza (1974).

Kulturbauten

Während in der Nachkriegszeit viele Bautypen auftraten, die sich im Hinblick auf Urbanität als destruktiv erwiesen – darunter zahlreiche ›Turm-im-Park‹-Sozialwohnungsbauprojekte Le Corbusiers – wurde die Identität der Stadt durch die Schaffung einer bedeutenden Kultureinrichtung gestärkt, die, wenn auch in einer angepaßten, ja sogar konfusen Ästhetik die urbanistischen und kulturellen Ziele des City Beautiful Movement aus der Zeit von vor über fünfzig Jahren verwirklichte.

Das von Robert Moses und John D. Rockefeller III geförderte und von einem Architektenteam, darunter Wallace Harrison, Max Abramovitz und Philip Johnson, entworfene Lincoln Center for the Performing Arts stellt mit seinen travertinverkleideten Bauten, die einen Ehrenhof umstehen, eine modernisierte Fassung der in Chicago veranstalteten Weltausstellung dar (Abb. 52). Das von dem ikonoklastischen – und damit die Rolle Sullivans übernehmenden – Eero Saarinen entworfene Theater steht etwas abseits an einem Nebenhof. Der Anlage des Lincoln Center fehlt jedoch die Strenge seiner Vorlage, und dem weder überzeugend klassizistischen noch modernen Bautenensemble fehlt die Vielfalt einer reichen Formensprache im Detail. Architekten und Sponsoren des Projekts waren mit der Anlage nie gänzlich zufrieden und machten im Bemühen, dem Geist des City Beautiful Movement mehr zu entsprechen, den Vorschlag, die Anlage durch eine baumbestandene Promenade mit dem Central Park zu verbinden; dies wurde von der Stadtregierung positiv aufgenommen, schließlich aber in weiten Kreisen angegriffen, als die Öffentlichkeit die Banalität dieser Idee erkannte. Das Lincoln Center stellt jedoch in seiner endgültigen Form, trotz der architektonischen und urbanistischen Defizite, den mutigen Versuch dar, ein kohärentes Gebäudeensemble zu schaffen; gleichzeitig bestätigt es in einer Zeit des ausgeprägten Rückzugs in die Vororte die bleibende Attraktivität des Stadtlebens.

Die Nachkriegsjahre erwiesen sich auch hinsichtlich der Errichtung von Kunstmuseen, die teilweise inzwischen als Kathedralen des 20. Jahrhunderts angesehen werden, als produktive Zeit. Zwei in den Jahren 1951 und 1964 entstandene Anbauten von Philip Johnson an das richtungsweisende Museum of Modern Art (1939) von Philip L. Goodwin und Edward Durell Stone rahmten die von Le Corbusier inspirierten Fassaden des ursprünglichen Gebäudes mit außergewöhnlichen, eigenständigen architektonischen Elementen, die sich vom Nachkriegswerk Mies van der Rohes herleiten. Im Gegensatz hierzu erforderte der Gesamtplan für den Umbau und die Erweiterung des großartigen klassischen Metropolitan Museum of Art (hauptsächlich von R. M. Hunt und McKim, Mead

& White entworfen), der von Kevin Roche, John Dinkeloo and Associates konzipiert worden war, eine grundlegende Änderung der stilistischen Ausrichtung. Riesige, verglaste Pavillons wurden dem bestehenden Museumsbau aufgepfropft, wodurch inmitten des arkadischen Central Park ein riesiges Lagerhaus für Kunst entstand (Abb. 53, 54).

55 Solomon R. Guggenheim Museum, 1071 Fifth Avenue, zwischen 88. und 89. Straße. Frank Lloyd Wright, 1959. Blick gegen Nordosten. Robert A. M. Stern Architects.

56 Whitney Museum of American Art, 945 Madison Avenue, Südostecke 75. Straße. Marcel Breuer und Hamilton Smith, 1966. Robert A. M. Stern Architects.

Der in architektonischer Hinsicht bedeutendste Museumsbau der Zeit war das Solomon R. Guggenheim Museum, dessen Entwurf Frank Lloyd Wright im Jahre 1942 begann und das siebzehn Jahre später vollendet wurde (Abb. 55). Der kühne, von Anfang an stark umstrittene Bau stellt das einzige Werk des Architekten in Manhattan dar, ein höchst persönliches, plastisches Gleichnis, das in ein geordnetes urbanes Umfeld eingepaßt wurde. Das sich gleichermaßen von seiner Umgebung brillant abhebende wie mit ihr uneinige Bauwerk hätte man nach Meinung einiger Beobachter passender in den Central Park als ihm gegenüber plaziert. Im Inneren umgibt eine fortlaufende, spiralförmige Rampe, auf der die Hauptausstellungsflächen des Museums untergebracht sind, einen hochaufstrebenden monumentalen Raum.

Das von Marcel Breuer entworfene und 1966 fertiggestellte Whitney Museum mit seiner auffallenden, inversen Zickzackform aus grauem Granit mit dreieckig vorspringenden Erkerfenstern ignoriert schlichtweg die benachbarten Bauten (Abb. 56). Das Museum stellt die für die Stadt typische, abgetreppte Bauform buchstäblich auf den Kopf, indem es nach oben zu treppenförmig auskragt. Der Skulpturengarten des Museums liegt, teilweise vor der Witterung geschützt, aber dennoch sichtbar für Passanten, in einem Graben entlang der Hauptstraßenfassade; eine überdachte Brücke führt über den Garten zum Haupteingang des Museums.

Die Wende der siebziger Jahre

Begann nach dem Zweiten Weltkrieg der Aufstieg der Stadt inmitten einer endlich von der Depression genesenen und von den Kriegsanstrengungen beflügelten Wirtschaft, läßt sich das Ende dieser Epoche auf das Jahr 1975 festlegen, in dem die Stadt sowohl hinsichtlich ihrer Wirtschaftslage als auch hinsichtlich ihres Selbstverständnisses den absoluten Tiefpunkt erreichte. »Ford an New York: Geh zum Teufel.« So lautete die Schlagzeile der ›Daily News‹, die über die Weigerung der Bundesregierung berichtete, der Stadt aus ihrer Finanzkrise des Jahres 1975 herauszuhelfen. Als New York sich am

Rande der Zahlungsunfähigkeit bewegte, sah die übrige Nation scheinbar ungerührt, vielleicht sogar schadenfroh zu.

Gerade als es die Nation zufrieden schien, dem sich weniger mit einem Knall als mit einem Winseln vollziehenden Ableben New Yorks zuzusehen, erholte sich die Stadt wieder. In typischer Manier ging marktschreierischer Wirbel realem

Wachstum voraus. Der Sommer des Jahres 1976, als in New York untadelige Feierlichkeiten zur Zweihundertjahrfeier sowie der Parteitag der Demokraten stattfanden, markiert einen Wendepunkt in der Fähigkeit New Yorks, den Rest des Landes davon zu überzeugen, nicht nur nicht tot, sondern auch nicht hoffnungslos korrupt oder zynisch zu sein – New York stellte sich vielmehr als ebenso amerikanisch dar wie das Sternenbanner.

Der Optimismus New Yorks gründete jedoch nicht allein auf Täuschungsmanövern oder Einbildung. Eine im Herbst 1977 gewählte neue Stadtregierung unter der Führung von Edward I. Koch vollzog im Bemühen, den Haushalt auszugleichen, drastische Kürzungen im Bereich der Dienstleistungen. Bald führten reale ökonomische Veränderungen zu einer Wende im Schicksal der Stadt. Obgleich ihre wirtschaftliche Zukunft alles andere als gesichert schien, begannen die Demographen einen Trend zur umgekehrten Abwanderung wohlhabender Vorortbewohner zurück in die Innenstadt festzustellen. Es schien plötzlich, als ob Wohngegenden in der ganzen Stadt, besonders aber in Manhattan und Brooklyn, neuen Glanz annähmen. Die heruntergekommene Columbus Avenue wandelte sich zur anspruchsvollen Promenade mit modischen Boutiquen und Restaurants; was man bislang abwechselnd unter der Bezeichnung Gowanus oder Red Hook oder schlicht South Brooklyn gekannt hatte, hieß nun Cobble Hill; und es wurde ein neuer Begriff geprägt: ›Gentrification‹ (gentry = Oberschicht).

Während die Stadt sich als Wohnort erneuerte, fand das revitalisierte New York die vollste Anerkennung als Arbeitsplatz. Nach Jahrzehnten, in denen langweilige Curtain-Wall-Hochhäuser die Skyline beherrscht und die Gebirgslandschaft aufstrebender Türme der zwanziger und dreißiger Jahre in ein Hochplateau flachgedeckter Mittelmäßigkeit verwandelt hatten, etablierten sich die Wolkenkratzer erneut als erstrangiges architektonisches Symbol großstädtischen Stolzes. Das Citicorp Building von Hugh Stubbins (siehe S. 224) bezeichnet den Wendepunkt. Es handelt sich um das erste bedeutende Firmenhochhaus, das entstand, nachdem die Rezession der siebziger Jahre den Bauboom der sechziger abrupt beendet hatte; man fertigte den Bau zwischen 1976 und 1978 als Akt des Vertrauens in die Fähigkeit der Stadt, aus ihrer eigenen Asche zu erstehen. In der ausgeführten Form ist die Haltung des Citicorp Building der Stadt gegenüber bestenfalls als argwöhnisch zurückhaltend zu bezeichnen; seine obsessive Internalisierung von Dienstleistungen stellt eine offen antiurbane Geste dar. Die Läden im Erdgeschoß kehren der Straße den Rücken und ihre Front einem Innenhof zu, der zwar als belebter Treffpunkt dient, aber eher die Funktion eines vorstädtischen Einkaufszentrums als die eines aktiven Teilnehmers am städtischen Leben erfüllt. Die Kirche St. Peter verkaufte der Bank ihr Grundstück mit der Auflage, als Bestandteil des neuen Komplexes eine neue Kirche zu errichten. Tatsächlich wird die neue Kirche St. Peter von dem sechziggeschossigen, aluminiumverkleideten Turm, der auf vier 38 Meter hohen Stelzen über ihr schwebt, mit seiner großspurigen Attitude überwältigt; diese Situation wiederholt die alte Geschichte des New Yorker Immobilienmarktes, in der nicht Gott, sondern der Mammon triumphiert. Die ornamentlosen, kontextuell undifferenzierten, glatten, dünnhäutigen Fassaden des Citicorp Building sind Ausdruck einer Richtung, die am Ende der siebziger Jahre zum traditionellen Ansatz der Moderne geworden war. Sogar das große, nach Art einer Skipiste diago-

nal geneigte Dach, das als Teil einer letzlich wegen technischer Probleme ausrangierten Solarheizanlage und dann für Apartments vorgesehen war, hatte keineswegs von vornherein jene hochfliegende Bestimmung als kühnes, die Skyline bereicherndes Firmenzeichen – Symbol für Citicorp und die Wiedergeburt New Yorks –, als das es heute gesehen wird.

Das zwar kleinere AT&T Building (1978–84; Abb. 57) ging jedoch viel weiter in der Zurschaustellung der wichtigen architektonischen Tendenzen, die sich Ende der sechziger Jahre herauszubilden begannen und heute weithin als ›Postmoderne‹ bekannt sind; diese Tendenzen befürworten in ihrer ursprünglichen Form eine Architektur, die ihre traditionelle Verantwortung wiederaufnimmt, über funktionale Einrichtungen und konstruktive Realität hinaus zur Darstellung und Steigerung traditioneller städtischer Werte und Ideale vorzustoßen. Während dem Architekten des Citicorp Building fast zufällig eine Hochhausikone gelungen zu sein scheint, hatten sich Philip Johnson und John Burgee vorgenommen, ein symbolisch besetztes Firmendenkmal zu errichten, das da ansetzen sollte, wo die Wolkenkratzer des Goldenen Zeitalters der zwanziger Jahre aufgehört hatten. Das AT&T Building verhalf der Architektur der Stadt erneut zu einer Beredtheit, die den Weg zu einer neuerlichen Vision von New York als von Menschenhand geschaffene Gebirgskette symbolträchtiger Türme wies. Als in traditionelle Formen gewandete moderne Scheibe ist das AT&T Building in Basis, Schaft und Kapitell gegliedert. Mit seiner giebelbekrönten Spitze erinnert es an den faustischen Charakter, der für eine frühere Generation stolzer Wolkenkratzerentwürfe kennzeichnend war. Während die Firmenleitung von AT&T den belebenden Kommerz des Citicorp Einkaufszentrums als würdelos ablehnte, bietet seine großzügige, auf Straßenniveau gelegene Loggia nichtsdestoweniger jenen New Yorkern, die ihr Lunch von zu Hause mitbringen, einen geschützten Platz für ihre Mittagspause.

Plötzlich war Designer-Architektur so gefragt, wie seit den glorreichen Zeiten Ende der zwanziger Jahre nicht mehr. Philip Johnson dräute vom Titelbild der ›Times‹-Ausgabe vom 9. Januar 1979 mit einem Modell des AT&T Building im Arm, und der Bauunternehmer Donald Trump katapultierte sich mit einem Turmbau von solch umwerfender Trivialität ins Rampenlicht der Medien, daß es nur hartgesottenen Puritanern gelang, ihn nicht heimlich zu lieben. Der Bauunternehmer George Klein war der erste, der in New York eine regelrechte Serie von ›Designer-Bauten‹ im Boutiquenmaßstab auf dem Immobilienmarkt anbot; für seine Park Tower Realty Corporation schuf er eine Marktnische, indem er eine Reihe relativ kleiner Bürobauten errichtete, die aufgrund ihrer Individualität – man ist versucht, von Persönlichkeit zu sprechen – der Straßenlandschaft eine Komponente von Formenreichtum und Vielfalt beisteuerten. Diese Komponente war in der Nachkriegsära praktisch nicht existent, als man es vorzog, zeittypische Bauten in die architektonische Entsprechung von Nullachtfünfzehn zu verpacken. Es heißt, Klein sei von dem texanischen Bauträger Gerald Hines angeregt worden, dem man die Wandlung des Geistes der bildhaften Wolkenkratzer der zwanziger Jahre in die modernere Fassung des mehr persönlichkeitsorientierten ›Signature Building‹ zuschreibt. Hines' Talente sind erst seit kurzem in New York am Werk, wo seine Firma für zwei 1987 fertiggestellte Bauten verantwortlich zeichnet: der im Volksmund als ›Lipstick Building‹ bezeichnete ovale Turm von Johnson und Burgee an der Kreuzung von 53. Straße und Third Avenue (Abb. 58) sowie das E. F. Hutton Building von Kevin Roche, John Dinkeloo and Associates an der 53. Straße zwischen Fifth und Sixth Avenue.

Während die meisten Menschen die neuen Bauten als Alternativen zur Ödheit der Nachkriegszeit begrüßen, sind sehr oft dubiose Prämien, die die Stadt den Bauträgern anbietet, der Preis für die Formenvielfalt und Pracht der Oberflächen und Ausstattung; Prämien, die zusätzliche Höhe oder Volumen oder beides ermöglichen, Prämien, die Fragen aufgeworfen haben zur Bebauungsdichte und der Fähigkeit der Stadt, die damit einhergehenden Menschenmengen aufzunehmen. So willkommen der gegenwärtige Bauboom in künstlerischer und ökonomischer Hinsicht auch sein mag, die Verdichtung wurde zum vordringlichen Problem: ist New York im Begriff, sich in baulicher Hinsicht schlicht zu übernehmen? Während diese Frage zweifellos genau untersucht und diskutiert werden wird und sollte, stellt sich in diesem Zusammenhang eine weitere Frage: bedeutet die Verdichtung an und für sich ein Problem? In den zwanziger Jahren priesen Architekten wie Harvey Wiley Corbett etwas, das als ›Kult der Verdichtung‹ bekannt wurde, mit dem Argument, sie verkörpere einen wesentlichen Bestandteil von New Yorks vitaler Urbanität. Er machte geltend, das Problem bestünde nicht darin, die Entwicklung zur hochverdichteten Bebauung zu begrenzen, sondern wirkungsvolle Methoden zu finden, die herkömmliche Urbanität dem neuen Maßstab anzupassen. Dieses Problem ist heute noch genauso wichtig wie vor sechzig Jahren.

Times Square, New York

Die andauernde Entwicklung der Stadt, zu der auch die Prozesse des Aufschwungs, des Niedergangs und der Wiederbelebung gehören, ist nirgends augenfälliger als am Times

57 AT&T Building, 550 Madison Avenue, zwischen 55. und 56. Straße. Philip Johnson und John Burgee, 1984. Blick gegen Osten auf die 55. Straße. Robert A. M. Stern Architects.

58 53rd at Third, 885 Third Avenue. John Burgee Architects mit Philip Johnson, 1987. Blick von Südwesten. Greg Murphey, mit Genehmigung von John Burgee Architects und Philip Johnson.

Square und an der 42. Straße zwischen Seventh und Eighth Avenue.[11] Heute ist die Gegend ein zwar problematisches, aber vitales Viertel, das in der allgemeinen Vorstellung einst mit glitzerndem Nachtleben, heute mit dem Mythos von Pornographie und Verbrechen identifiziert wird. Noch in den zwanziger Jahren des 19. Jahrhunderts fanden sich in dieser Gegend Bauernhöfe und offenes Land, im Besitz einiger weniger Familien. John L. Norton, Besitzer der florierendsten Farm der Gegend, bekannt als die ›Hermitage‹, und Mitbegründer der City National Bank, trat im Jahre 1825 einen Teil seines Landes für den Preis von zehn Dollar an die Stadt ab, die eine öffentliche Durchgangsstraße, die heutige 42. Straße, schaffen wollte. Im Jahre 1836 wurde die Straße offiziell durch Bürgermeister C. W. Lawrence eröffnet, der die New Yorker, die größtenteils unterhalb der 23. Straße lebten und arbeiteten, einlud, »heraufzukommen und die klare, reine Luft zu genießen«. Obwohl man die Straße im Jahre 1866 immer noch zum Umland rechnete, konnte man sie doch von der Innenstadt aus mit sechs Pferdebahnlinien erreichen; darüber hinaus legte die Weehawken-Fähre am Hudson River Terminus der Straße an. Cornelius Vanderbilt begriff schon frühzeitig die ökonomischen Konsequenzen der riesigen Ausdehnung der Stadt nach Norden und die Bestimmung der 42. Straße als Verkehrsknotenpunkt; nachdem sich Vanderbilt die Kontrolle über zehn Eisenbahnlinien zwischen New York und Buffalo verschafft hatte, ließ er den ersten Grand Central Bahnhof an der 42. Straße und Fourth Avenue errichten. Sieben Jahre später sicherte der Bau der Hochbahnen an der Third und Sixth Avenue der 42. Straße den Status als Verkehrszentrum. Trotz dieser Verbesserungen war sie nicht eben ein städtisches Paradies: Es gab Müllhalden und Barackensiedlungen – vor allem an der East Side –, und das Vieh wurde von den Anlege-

59   Nächtliche Ansicht des Strand Theater, Nordwestecke von Broadway und West 47. Straße. Thomas Lamb, 1914. Local History. New York Public Library.

stellen am Hudson River zu den Schlachthöfen entlang der First Avenue quer durch das Viertel getrieben.

In den neunziger Jahren des letzten Jahrhunderts hatte sich der Longacre Square, wo 42. Straße, Broadway und Seventh Avenue zusammenstoßen, als beständige, wenn auch nicht elegante Wohngegend etabliert. Ordentliche Reihen von Brownstone-Häusern, zwei Kirchen und eine Bibliothek säumten die 42. Straße zwischen der Seventh und Eighth Avenue. Aber der Kommerz bewegte sich stetig nach Norden, und 1898 entschloß sich Oscar Hammerstein zum Bau seines Victory Theater an der nordöstlichen Ecke der Kreuzung von Seventh Avenue und 42. Straße; es wurde so zum nördlichsten Vorposten des Theaterviertels, das sich damals entlang des Broadway zwischen 14. und 40. Straße erstreckte. Im Jahre 1904 erreichte die Untergrundbahn Longacre Square; als im gleichen Jahr die ›New York Times‹ ihr von Eidlitz & McKenzie entworfenes Hochhaus an der Ecke 42. Straße und Broadway errichtete, wurde die Kreuzung in Times Square umbenannt. Die Gegend trat bald als das neue Theaterviertel in Erscheinung, mit einer bemerkenswert dichten Konzentration von Theatern und Dachrestaurants sowie zahlreicher anderer Bauten, in denen theaterspezifische Einrichtungen untergebracht waren. Früher wiesen die Theater der Stadt Gasbeleuchtung, schlechte Belüftung und von Baugesetzen weitgehend ungeregelte Zugänge auf; es ist daher nicht erstaunlich, daß sie in den achtziger Jahren eine Reihe verheerender Feuersbrünste erlebten. Die neuen Theaterbauten waren sicherer, vor allem weil sie über elektrische Beleuchtung verfügten. Architekten entdeckten bald die schier grenzenlosen Möglichkeiten von elektrischem Licht und Neonbeleuchtung für Zwecke der Werbung und nächtlichen Dekoration (Abb. 59). Die bis zum Jahre 1910 allgemein erkannte Konsequenz daraus war die Umwandlung des Broadway in den Great White Way. Nicht alleine die Reklameschilder leuchteten hell am Broadway, sondern der Welt größte ›Sterne‹ ließen die Straße in Unterhaltungsprogrammen erstrahlen, die sich durch ihre Qualität und – vielleicht noch bedeutsamer – durch ihre große Vielfalt, die von anspruchsvoll bis unbedarft reichte, auszeichneten. In der Gegend befanden sich darüber hinaus elegante Restaurants, darunter das luxuriöse Murray's Roman Gardens, vielleicht überhaupt das erste nach einem Motto eingerichtete Restaurant. Als im Jahre 1919 die Prohibition die Champagnerströme in diesen eleganten Tränken versiegen ließ, befanden sich Times Square und 42. Straße auf ihrem Höhepunkt, und obwohl kurz darauf gute Restaurants und noble Nachtclubs schließen mußten, gelang es dem Viertel, seinen Glanz zu bewahren.

In den zwanziger Jahren blieb dieses Gebiet zwar ein wichtiger Aktivposten im reichen kulturellen Angebot der Stadt, aber es nahm eine demokratischere Gestalt an als zuvor, als es sich in erster Linie an die Oberschicht gewandt hatte. Murray's Roman Gardens wurde durch Hubert's Museum, besser bekannt als ›Flea Circus‹, ersetzt. Das Museum, das über vierzig Jahre lang in Betrieb war, bot eine ständige Show menschlicher Abnormitäten, eine elektronische Schießanlage sowie zahlreiche andere Attraktionen. Es kam bei den Theaterbesuchern in Mode, hier in Abendkleidung haltzumachen und Grover Cleveland Alexanders Vorträgen über Baseball zuzuhören oder Professor William Hecklers Mundharmonikaspiel zu lauschen, während dieser auf seinen Unterarmen dressierte Flöhe fütterte, die auf die Namen Cäsar, Napoleon, Cousin Charlie und Peaches hörten. Ein launiger Beobachter bemerkte, Hubert's habe sich nicht zusammen mit dem Viertel verändert, da es von Anfang an vollständig heruntergekommen gewesen sei. Es trug dennoch entschieden zum neuen demokratischen Ambiente der Stadt bei.

60 Ansicht der Westseite des Broadway zwischen West 47. und West 48. Straße, um 1937. New York Public Library.

61 Victory Theater, 209 West 42. Straße, zwischen Seventh und Eighth Avenue. J. B. McElfatrick & Co., 1900.

Die Geburt des Tonfilms Ende der zwanziger Jahre und der nachfolgende Beginn der Depression veränderten die New Yorker Theaterwelt. Es ist zwar richtig, daß ›echte‹ Theater schon in den zwanziger Jahren Filme vorführten, um zwischen den Vorstellungen geöffnet zu bleiben, aber bereits Anfang der dreißiger Jahre gaben viele Theater – und besonders jene

direkt an der 42. Straße – Livevorstellungen ganz auf oder zeigten ausschließlich Varietéprogramme. Die 42. Straße war in idealer Weise geeignet, die filminteressierte Öffentlichkeit anzuziehen. Die gute Erreichbarkeit der Straße wurde im Jahre 1918 durch die Verlängerung der IRT-U-Bahnlinie südlich des Times Square entlang der Seventh Avenue noch verbessert, und im Jahre 1923 durch die Einrichtung einer Linie entlang des Broadway, die Teil der neuen BMT-Linie war. 1932 wurde die städtisch subventionierte IND-U-Bahnlinie entlang der Eighth Avenue fertiggestellt; fünf Jahre später, 1937, eröffnete die Vollendung der ersten Röhre des Lincoln Tunnel unter dem Hudson River für die Bewohner der in New Jersey gelegenen Vororte den Zugang zur 42. Straße. Ende der dreißiger Jahre verfügte die 42. Straße mit ihrer Mischung aus Unterhaltungsetablissements und deren Besuchern über eine derartige Vielfalt, daß der englische Schriftsteller, Fotograf, Kostümbildner und Bon Vivant Cecil Beaton zu Recht behaupten konnte, sie finde »universellen« Anklang (Abb. 60).

Während der nahezu einhundertjährigen Geschichte des Viertels als Zentrum des Vergnügens spielte die Architektur seiner Theater bei der Etablierung des Ambiente eine bedeutende Rolle. Theater wie das im Jahre 1900 fertiggestellte, von J. B. McElfatrick entworfene Victory, in dem vorwiegend dramatische Produktionen zur Aufführung kamen, wurden gemäß hochgesteckten Idealen von Theaterkunst erbaut, die ihren Niederschlag in der Würde und Energie des architektonischen Charakters fanden (Abb. 61). Theater, die sich auf Musikkomödien spezialisiert hatten, wie das 1903 entstandene New Amsterdam von Herts & Tallant (Abb. 62), boten den Besuchern weitere Unterhaltung in Form opulenter Phantasiedekorationen. Nach dem Ersten Weltkrieg entstand ein neuer Theatertypus, der sich durch breitere, weniger tiefe Bauten, vorkragende Emporen und durchorganisierte Bühneneinrich-

62 New Amsterdam Theater, 214 West 42. Straße, zwischen Seventh und Eighth Avenue. Herts & Tallant, 1903. New-York Historical Society.

tungen auszeichnete; diese Häuser buhlten um Publikum, indem sie der Bequemlichkeit ihrer Besucher sowie deren gewachsenem kritischem Bewußtsein von professionellem Theater Rechnung trugen. Zudem war dieser Typ von Theater, für den das von Eugene DeRosa entworfene, im Jahre 1920 fertiggestellte Times Square als Beispiel dienen mag, in der Tat auch für Filmvorführungen gedacht. In den dreißiger und vierziger Jahren wurde immer weniger Live-Unterhaltung geboten. Die entsprechenden Änderungen an den Theaterbauten waren kosmetischer Natur, wie die neuen Schilder und Markisen, oder destruktiv, wie die Entfernung der Logensitze, die die Breitwandprojektion erforderte.

Der Zweite Weltkrieg brachte Horden von Soldaten auf Fronturlaub in das Times-Square-Viertel, wie die in dem Film ›On The Town‹ anschaulich dargestellten erlebnishungrigen Matrosen; für viele Soldaten bedeutete ein Besuch des Times Square die denkwürdigste und vielleicht einzige Gelegenheit, einen Eindruck vom Glamour des ›Big Apple‹ mitzubekommen. In der Nachkriegszeit wirkten die Verbreitung des Fernsehens und die allgemeine Betonung des häuslichen Familienlebens, das mit dem Rückzug in die Vorstädte einherging, zusammen und entzogen der Straße einen Großteil ihres Lebenssaftes. Die Gegend blieb dennoch aktiv, und die Errichtung des Port Authority Bus Terminals im Jahre 1950 verstärkte die traditionelle Rolle der 42. Straße als Verkehrsknotenpunkt. Trotz der kontinuierlichen Präsenz zahlreicher Theater mit Life-Produktionen verfielen Times Square und 42. Straße in den siebziger Jahren dann merklich.

Mehrere zur Zeit im Bau oder im Entwurfsstadium befindliche Großprojekte für Büro- oder Mischnutzungsbauten, darunter vier riesige, von Philip Johnson und John Burgee entworfene Hochhäuser mit Mansarddächern, werden Aussehen und Charakter von Times Square und 42. Straße zweifellos radikal verändern. Gleichzeitig beabsichtigen gemeinschaftliche Bemühungen der New York State Urban Development Corporation und der City of New York Public Development Corporation, den verwahrlosten Straßenabschnitt an der 42. Straße West, zwischen Seventh und Eighth Avenue, wieder zu dem weltberühmten, beliebten Vergnügungsviertel zu machen, das es einmal war.[12] Neben der Forderung nach der Errichtung von Bürohochhäusern, eines Großhandelsmarktes und eines Hotels, sind in diesem Plan der Ankauf und die Renovierung von neun wichtigen Theatern an der Straße festgelegt. In Untersuchungen des Autors und Hardy Holzman Pfeiffer Associates' wurde der gegenwärtige Zustand der Theater dokumentiert und mögliche Nutzungen vorgeschlagen; der Zwischenbericht stellt zwar keinen endgültigen Entwurf vor, aber er deutet an, wie die Straße aussähe, wenn man eine Reihe von alternativen Strategien zur Restaurierung der Theater und zur Rekonstruktion ihrer Umgebung in Angriff nähme. Die Zukunft der 42. Straße und mit ihr auch die Hoffnung für die ganze Stadt befindet sich in der Schwebe: kann die erneuerte Stadt ein Ort für alle, eine wahre städtische Demokratie sein; oder wird sie nur der Mittelklasse als Zuflucht vor dem Elend der Slums und der Banalität der Vororte dienen?

Die Zukunft des architektonischen Erbes

Vielleicht ist das explosive New York der achtziger Jahre schwerer zu begreifen und zu bewältigen als das stagnierende New York der siebziger Jahre, vielleicht ist es sich aber auch treuer. Vor dem Zweiten Weltkrieg glaubten die meisten New Yorker daran, daß ein neu entstehendes Gebäude nicht nur größer, sondern auch besser sei als sein Vorgänger; in den Jahrzehnten nach dem Krieg sorgte die Bebauung eines Großteils der Stadt in einer arroganten, anti-historischen, anti-urbanen Weise mit zahllosen langweiligen, gesichtslosen

63   Demonstration gegen den Abriß der Pennsylvania Station (McKim, Mead & White, 1910). Im Vordergrund v. l. n. r.: Aline Saarinen, Philip Johnson und Mrs. Bliss Parkinson. 2. August 1962. *Architectural Forum*, Avery Library, Columbia University.

Kästen aus Glas und Metall dafür, daß dieser Glaube verlorenging. Der im Jahre 1963 erlittene tragische Verlust der Pennsylvania Station (1910) von McKim, Mead & White (Abb. 63) machte uns die Notwendigkeit, unser architektonisches Erbe zu bewahren, schockartig bewußt und bildete den Anlaß für eine öffentliche Protestbewegung, die zwei Jahre später in der Verabschiedung des Landmarks Preservation Law (Denkmalschutzgesetz) gipfelte. Gleichzeitig stand das Schicksal eines weiteren der größten architektonischen Monumente New Yorks, des Grand Central Terminal (1913) von Reed & Stem und Warren & Wetmore, auf dem Spiel. Die als Platzverschwendung angesehene geräumige Bahnhofshalle des Grand Central Terminal war vom Abriß bedroht. Als die New York City Landmarks Preservation Commission den Bau im Jahre 1967 in die Denkmalsliste aufnahm, wurde diese Entscheidung von Interessenvertretern der Immobilienbranche angefochten; der Fall wurde von ihnen bis vor den Obersten Gerichtshof gebracht, der zugunsten der Denkmalpflege entschied. Obgleich bis heute Hunderte von Einzelbauten und eine große Zahl von historischen Vierteln in die Denkmalsliste aufgenommen wurden, besteht immer noch Bedarf nach Erweiterung dieses Schutzes.

Jetzt, da wir weitgehend die Bedeutung der Rettung unseres architektonischen Erbes wiederentdeckt haben, müssen wir den Mut aufbringen, an unsere eigene Fähigkeit zur Schaffung einer mannigfaltigen architektonischen Zukunft und eines wahrhaft vielschichtigen, repräsentativen demokratischen Stadtbildes zu glauben – und erneut Bauten konzipieren, die den Geist einer sich fortwährend verändernden Stadt New York widerspiegeln und bestimmen.

Anmerkungen

Dieser Aufsatz entstand mit Hilfe von Thomas Mellins. Viele der hierin angerissenen Themen sind genauer besprochen in Robert A. M. Stern, Gregory Gilmartin and John Massengale, *New York 1900: Metropolitan Architecture and Urbanism 1890–1915*, New York 1983, und Robert A. M. Stern, Gregory Gilmartin und Thomas Mellins, *New York 1930: Architecture and Urbanism Between the Two World Wars*, New York 1987.

1   Frederick Law Olmsted, ›Public Parks and the Enlargement of Towns‹, *American Social Science Association*, Cambridge, Mass. 1870, S. 1–36.

2   John F. Sprague, *New York the Metropolis*, New York 1893, S. 36

3   Robert Kerr, ›Supplement‹ zu James Ferguson, *History of the Modern Styles of Architecture*, 3. Ausg., London 1891, S. 373; zitiert in Richard Guy Wilson, ›The Great Civilization‹, in *The American Renaissance: 1876–1917*, New York 1979, S. 13.

4   Louis H. Sullivan, ›The Tall Office Building Artistically Considered‹, zuerst publiziert in *Lippincott's* 57 (März 1896), S. 403–9; nachgedruckt in Sullivan, *Kindergarten Chats and Other Writings*, New York 1947, S. 206.

5   Alfred Stieglitz, zitiert nach Dorothy Norman, *Alfred Stieglitz: An American Seer*, New York 1973, S. 45.

6   S. Parkes Cadman in *The Cathedral of Commerce: The Woolworth Building, New York*, New York 1921, Einleitung.

7   William Van Alen, zitiert in Donald Martin Reynolds, *The Architecture of New York City: Histories and Views of Important Structures, Sites, and Symbols*, New York 1984, S. 235.

8   William Van Alen, ›The Structure and Metal Work of the Chrysler Building‹, *Architectural Forum* 53 (Oktober 1930), S. 483–8.

9   Douglas Haskell, ›The Empire State Building‹, *Creative Art* 8 (April 1931), S. 242–4.

10   Norman Mailer, ›Mailer vs. Scully‹, *Architectural Forum* 120 (April 1964), S. 96–7.

11   Die folgende Abhandlung wurde verfaßt als Teil von *Forty-second Street: Glorious Past, Fabulous Future*, Ausstellungskatalog, Forty-second Street Development Corporation, New York 1988.

12   Für eine weitergehende Abhandlung siehe Robert A. M. Stern Architects, Brannigan-Lorelli Associates, Robert E. Meadows, *Study of Apollo, Lyric, Selwyn and Times Square Theaters and Related Infill Parcels*, ausgearbeitet für die New York State Urban Development Corporation und die New York City Public Development Corporation, Oktober 1988.

Kenneth Frampton

New Yorks Narkose

Überlegungen von einem archimedischen Punkt aus

»Der Vermarktungsapparat, dem jetzt auch viele Designer angehören, arbeitet mehr an der Erzeugung von Bedürfnissen als an der Befriedigung bereits vorhandener Bedürfnisse. Konsumenten werden dazu erzogen, das zu wollen, dem sie beständig ausgesetzt sind. Bedürfnisse entstehen nicht in einer vagen Sphäre der Persönlichkeit des Konsumenten; sie werden von einem ausgeklügelten Mechanismus von Werbesprüchen und Mode, von Überredungskunst und Betrug gebildet. Der kulturelle Überbau und die Gesellschaft, deren Teil der Konsument ist, formt sie. Sie wachsen und verändern sich nicht mit den sich erweiternden Empfindungen des Konsumenten; sie werden von dem Prozeß, durch den sie befriedigt werden und durch den alte Befriedigungen unbefriedigend gemacht werden, geschaffen und verändert. Darüber hinaus werden die eigentlichen Gesetze des Geschmacks und der Beurteilung auch von Prestigedenken und erdachter Mode kontrolliert. Die Formel ist folgende: die Leute soweit zu bringen, daß sie sich des letztjährigen Modells schämen; die Selbstachtung mit dem Erwerb des diesjährigen Modells koppeln, um Panik betreffs des Status und damit Panik betreffs der Selbsteinschätzung auszulösen und die Beschwichtigung dieser Panik mit dem Verbrauch bestimmter Güter zu verknüpfen.«
Charles Wright Mills, *The Man in the Middle*,
International Design Conference, Aspen, Colorado 1958.

»Die Selbstkritik der Moderne entsteht aus der Selbstkritik der Aufklärung, ist aber nicht identisch mit ihr. Die Aufklärung übte von außen Kritik, wie das die Kritik in ihrer stärker akzeptierten Variante zu tun pflegt; die Moderne kritisiert von innen, mit Hilfe der Verfahrensweisen dessen, was kritisiert wird. Es erscheint natürlich, daß diese Art der Kritik zuerst in der a priori kritischen Philosophie angewandt wurde, aber mit dem Fortschreiten des 19. Jahrhunderts machte sie sich auf zahlreichen anderen Gebieten bemerkbar. Für jede formale soziale Aktivität begann man eine rationalere Rechtfertigung zu fordern; schließlich wurde die Kantsche Selbstkritik aufgerufen, dieser Forderung in Gebieten weit außerhalb der Philosophie zu entsprechen und sie zu deuten.«
Clement Greenberg, ›Modernist Painting‹,
Art & Architecture, Frühjahr 1961.

»Das Bedürfnis nach Kunst selbst ist weithin Ideologie, es ginge auch ohne Kunst, nicht nur objektiv, sondern auch im Seelenhaushalt der Konsumenten, die unter veränderten Bedingungen ihrer Existenz mühelos zum Wechsel ihres Geschmacks zu veranlassen sind, wofern er nur der Linie des geringsten Widerstandes folgt. In einer Gesellschaft, die den Menschen abgewöhnt, über sich hinaus zu denken, ist, was die Reproduktion ihres Lebens übersteigt und wovon ihnen eingebläut wird, daß sie ohne es nicht auskämen, überflüssig. Soviel Wahrheit hat die jüngste Rebellion gegen die Kunst, daß angesichts des absurd fortwährenden Mangels der erweitert sich reproduzierenden Barbarei, der allgegenwärtigen Drohung der totalen Katastrophe die Phänomene, die an der Erhaltung des Lebens sich desinteressieren, einen dümmlichen Aspekt annehmen.«
Theodor W. Adorno, *Ästhetische Theorie*,
Gesammelte Schriften 7, Frankfurt 1970, S. 361–2.

Der sogenannte Kampf zwischen den Weißen, den Silbernen und den Grauen, das heißt die berühmte Debatte von Los Angeles zwischen den ›Neo-Modern Purists‹ der Ostküste, den ›High-Tech Minimalists‹ aus Californien und den einstigen Lieferanten des ›Neo-Shingle Pasticcio‹ ist seit langem vom allgemeinen reaktionären Triumph der Postmoderne überlagert, vom sogenannten »Ende der Prohibiton«, wie die Biennale von Venedig im Jahre 1980 das Phänomen bezeichnete.

Von den etablierten New Yorker Büros widerstanden nur wenige den Schmeicheleien dieses quasi-historischen Revivals, neben all dem Medienrummel, der seinen Aufstieg begleitete. Rückblickend können nun Helmut Jahns ›popular mechanism‹ der späten siebziger Jahre und Philip Johnsons AT&T-Gebäude von 1984 (S. 40, Abb. 57) als Vorläufer angesehen werden, denn Jahn konnte in den letzten Jahren seine Neo-Art-Déco-›Wurlitzerorgeln‹ in Midtown Manhattan errichten, während Johnson seinen monströsen ›Lippenstift‹-Wolkenkratzer (S. 41, Abb. 58) mit der ihm eigenen, unnachahmlichen Mischung aus Dreistigkeit und schlechtem Geschmack baute und bezog. Andere große Büros wie Kohn Pedersen Fox folgen demselben, angeblich populären ›rappel à l'ordre‹. Infolgedessen wird man Zeuge einer historisierenden Zusammenkunft, mit der das gegen die Moderne eingestellte Architekturestablishment und die neureichen Bauträger eine gemeinsame Grundlage gefunden haben, unabhängig davon, ob es sich um Johnson und George Klein am Times Square oder Cesar Pelli und Olympia & York in Battery Park City handelt. Man muß bis zu Cesar Pellis Museum of Modern Art Tower (S. 196) oder Kevin Roches erstem Bau an der UN Plaza (S. 216) zurückgehen, um das letzte qualitätvolle, minimalistische Hochhaus zu finden, das in New York errichtet wurde. Es ist ernüchternd festzustellen, daß diese einst vielversprechenden Talente aus Argentinien und Irland seither von ihrem Erfolg hypnotisiert wurden; dies läßt sich an ihren gegenwärtigen Arbeiten ablesen, die wenig von der tektonischen Präzision zeigen, die für ihre frühen Arbeiten kennzeichnend war.

Zum Ausgleich scheint dieser umfassende Überblick über neuere Architektur in New York von etwas anderem zu handeln, obgleich der sich verschiebende reaktionäre Geschmack überall sein Gepräge hinterlassen hat, so daß man diese Ausstellung kaum als einen ›salon des refusés‹ bezeichnen kann. Deshalb darf man beim Versuch einer Einschätzung nicht vergessen, daß im Bereich der Architektur, wie auf anderen Berufsfeldern auch, Manhattan größtenteils aus einer Handvoll gerade in Mode befindlicher Großbüros, einigen temporären Grundrißfabriken sowie einer großen Zahl ums Überleben kämpfender ein- bis -fünf-Mann-Büros wechselnden Kalibers besteht. Anders als im sogenannten Sonnengürtel fällt der erfolgreiche, kultivierte, mittelständische öffentliche Auftraggeber durch seine Abwesenheit auf. Sogar ein in Maßen einsichtiger Bauträger ist hier schwer zu finden, und es ist bezeichnend, daß nicht einmal ein Architekt vom Format eines Richard Meier in der Lage war, es mit den Eigentumsmogulen dieser Stadt aufzunehmen. Hier in ›Trumpville‹ scheint ein erschreckendes Niveau postmodernen Schunds zu regieren. Man ist also entweder ein Architekturmagnat oder ein Straßenkämpfer der Architektur, obgleich von Zeit zu Zeit einer den Durchbruch schafft und Qualität, eine Zeitlang Arbeit der mittleren Kategorie produziert, ohne künstlerisch korrupt oder gegen die Wand gedrückt zu werden. Trotz der beruhigenden pluralistischen Aura kann man sich nicht völlig des Gefühls erwehren, diese Ausstellung sei ersonnen worden, um den engagierten Randerscheinungen eine diskrete Hommage zu erweisen. Und so stellt sich die Frage, wer sie sind, was sie getan haben und, noch pointierter, was, wenn überhaupt etwas, ihre Produktion repräsentativ für New York erscheinen läßt?

Es ist gewiß ein Zeichen unserer multinationalen, jetsettenden Zeiten, daß zwar die meisten der in dieser Ausstellung vertretenen Architekten eine Zeitlang in New York tätig waren oder tatsächlich noch immer dort sind, viele aber ihren Standort inzwischen verlegt haben. Der aus Deutschland stammende Architekt Helmut Jahn vom Chicagoer Büro Murphy/Jahn ist ein gutes Beispiel; während er nämlich seine Neo-Art-Déco-Megalithen erfolgreich nach New York verpflanzte (siehe 425 Lexington Avenue; S. 162/163) und während er an der Upper West Side mit seinem für Donald Trumps Television City geplanten Mega-Wolkenkratzer nach noch höheren Weihen strebt, bleibt das Büro, dessen Partner er jetzt ist, fest in Chicago verankert. Der französische Architekt José Oubrerie und der aus North Carolina stammende Architekt Harry Wolf zeigen ein ähnlich ausgeprägtes Nomadentum, da sie beide kürzlich in New York Zwischenstation auf dem Weg nach irgendwoandershin machten, wobei Oubrerie zum Dekan der Universität in Lexington/Kentucky berufen wurde und Wolf an die Westküste übersiedelte, wo er leitender Designer bei Ellerbe Becket in Los Angeles wurde. Und während von beiden ausgeführte oder geplante Arbeiten bei oder in New York existieren und sie darüber hinaus an der Columbia University gelehrt haben, liegen ihre bislang besten Leistungen weiter entfernt, und zwar Oubreries Französisches Kulturinstitut in Damaskus und Wolfs NCNB Bank in Tampa (S. 322/323). Natürlich war Manhattan immer eine Insel der Emigranten, aber vielleicht nicht mit dem gleichen beschleunigten Austausch, den man heute erlebt, mit all seinen vielfachen internen und externen Wanderungen, nicht nur von Talenten, sondern auch von Kapital, wobei Versicherungsprofite, gewaschenes Drogengeld und japanische Firmen mit beispielloser Gier um ein Stück vom ›Big Apple‹ kämpfen.

Es stellt sich also die Frage, welche Grundmuster – sofern es sie überhaupt gibt – man in den hier gezeigten verschiedenartigen Arbeiten erkennen kann? Als Antwort möchte ich vorschlagen, die ungefähr fünfzig vorgestellten Büros in eine grobe Klassifizierung einzuteilen, die sich nicht nur auf ihre oberflächliche Erscheinung bezieht, sondern auch auf ihre ideologischen Affinitäten. Man sollte darüber hinaus verschiedene Vorgehensweisen innerhalb scheinbar gleichartiger Stilrichtungen unterscheiden. Man muß gleichzeitig feststellen, wie viele fest etablierte New Yorker Büros heutzutage zwischen rivalisierenden Ideologien und expressiven Gegensätzen zu schwanken scheinen. Während nämlich viele dieser Büros ihr Debüt mit qualitätvoller minimalistischer Architektur machten, wie zum Beispiel Edward Larrabee Barnes, I. M. Pei, Cesar Pelli oder Kevin Roche, zeigen sie heute sämtlich eine eigenartige Instabilität trotz ihrer Neigung zu einer Form des erfreulichen traditionellen Ausdrucks. Dieser Verlust eines festen Hausstils oder einer Hausmethodik wiederholt sich im Falle der jüngeren Büros in immer kürzeren Zyklen. Ein Bau von Kohn Pedersen Fox, der an zwingender Eleganz und plastischer Energie an das 1979 entstandene Gebäude 1 Wacker Drive in Chicago heranreicht, steht noch aus, selbst wenn ihre neueren Arbeiten – und hier vor allem ihr geplantes Hochhaus in Frankfurt (S. 292/293) – von einer neuen Energie erfüllt zu sein scheinen; bei dem Frankfurter Projekt wird eine Ansammlung von Türmen durch eine kontrapunktische rhythmische Durchfensterung und durch einen gegliederten räumlichen Umriß vorkragender Gesimse verstärkt. Hier handelt es sich

gewiß um das eindrucksvollste kommerzielle Gebäude, das Kohn Pedersen Fox seit dem ersten Bau am Wacker Drive geschaffen haben, so daß man sich fragen muß, was der dazwischenliegende Stilmischmasch zu bedeuten hatte. Es scheint also, als sei die herrschende Konzentration auf Stil als Voraussetzung und nicht als Ergebnis die fundamentale Malaise unserer Zeit, unabhängig davon, ob das vorrangige Paradigma der Tradition oder irgendetwas anderem entnommen ist. Professionalismus an sich ist offenbar nicht die Kernfrage, da sich das Dilemma gegen die inneren Qualitäten des Werks richtet und nicht gegen die Art, wie es ausgeführt ist.

In diesem Zusammenhang ist es bedrückend zu sehen, wie ein Purist vom Schlage Barnes' nach seinem kühn auskragenden IBM-Hochhaus an der Ecke 57th Street/Madison Avenue (S. 102/103) ins Stocken geriet; ein Bau, der dem benachbarten AT & T-Turm von Johnson trotz Barnes' vorsätzlicher Manipulation des Baukörpers so augenfällig überlegen ist. Von der Mode einmal abgesehen, enthüllt jeglicher Vergleich zwischen diesen beiden Hochhäusern nur allzu deutlich die Oberflächlichkeit des postmodernen Historismus, denn wo Johnson eine laute und windige, an der Straße gelegene Säulenhalle mit einer gleichermaßen reizlosen Galleria auf der Rückseite kombiniert, gelang es Barnes, auf der Südseite seines Baus eine elegante, klimatisierte, mit Bambus bepflanzte Wintergartenterrasse mit Café unterzubringen. Der uneingeschränkte Erfolg dieses Gebäudes, insofern als es städtische Eleganz und Ruhe inmitten abschreckender Verdichtung von städtischem Lärm und Schmutz bietet, läßt das Mißlingen seines schlecht proportionierten, ungeschickt geplanten Equitable Tower von 1986 um so beunruhigender erscheinen. Eine vergleichbare Divergenz findet man heute überall bei großen amerikanischen Architekturbüros, angefangen bei Firmen wie der New Yorker Niederlassung von Skidmore, Owings & Merrill, die bislang nicht in der Lage waren, nach dem Ausscheiden von Gordon Bunshaft einen überzeugenden Modus operandi zu finden, bis hin zu Murphy/Jahn, die mit ihrem United Air Lines Terminal für den Chicagoer O'Hare-Flughafen sowie ihrem neuesten Vorschlag für den Times Square den Versuch unternehmen, in den Schoß der Moderne zurückzukehren. Diese schwankende Haltung hat sich sogar auf I. M. Pei und Partner übertragen, wo ein Architekt von solch außergewöhnlichem Format wie James Ingo Freed sich bei seinen neuesten Arbeiten zwischen dem Hi-tech-Minimalismus seines Jacob Javits Convention Center (S. 126/127) und der eigenartig historisierenden Syntax des für Washington geplanten Holocaust Museum (S. 284/285) unsicher zu bewegen scheint. Diesen Stimmungsschwankungen ließen sich weitere New Yorker Büros zugesellen, die sich aus Gründen der modischen Akzeptanz ein für allemal für das historische Pasticcio entschieden haben, gleich ob es nun klassizistisch, am Art Déco oder Neo-Palladianismus orientiert ist. In diese lose Kategorie lassen sich die unterschiedlichsten Büros einordnen, die von ›Großmeistern‹ wie Robert Stern, Der Scutt oder Swanke Hayden Connell zu bescheideneren Unternehmen wie Voorsanger & Mills, Agrest & Gandelsonas oder Kliment & Halsband reichen.

Eine Klasse für sich, jedoch mit individuell verschiedenartiger Ausprägung, muß man der neo-Corbusierschen Spielart zuerkennen, die solch unterschiedliche Œuvres wie das von José Oubrerie, Michael Fieldman und Richard Meier kennzeichnet; obgleich Meiers jüngster Entwurf für das Bridgeport-Development-Projekt (S. 296/297) in einem Maße abgewandelt ist, daß die brillant klare Syntax, der das Büro seinen

Namen verdankt und von der Fieldman so glücklich beeinflußt ist (siehe Fieldmans jüngste Krankenhausentwürfe S. 118/119), unterminiert wird. Während Meier als der unbestrittene ›Architekt Laureatus‹ seiner Generation dasteht, der neben zahlreichen nationalen und internationalen Ehrungen die vielbegehrte höchste Auszeichnung der Getty-Kommission erhielt, hat er doch bisher noch kein Werk von solch gespannt proportionalem Rhythmus und räumlicher Interpretation wie Oubreries Französisches Kulturinstitut in Damaskus geschaffen. Sozusagen auf der anderen Seite des Spektrums der Moderne sollte man festhalten, daß Gwathmey/Siegel in ihren neuesten öffentlichen Unternehmungen einen Schwenk zurück zum Minimalismus vollzogen haben, siehe beispielsweise ihren Erweiterungsbau des Guggenheim Museum (S. 138/139), selbst wenn ihre früheren Häuser für Angehörige der oberen Mittelschicht offensichtlich von Le Corbusier inspiriert waren.

Wolfs NCNB-Komplex in Tampa, Florida (S. 322/323), ist dem Minimalismus ebenso verpflichtet, obgleich er in Bezug auf tektonische Details und Beherrschung der Proportionen weit klarer gegliedert und rhythmisch ausgewogener ist. Während seine grundsätzlich platonische Ordnung einen Zylinder und zwei Kuben umfaßt, ist es doch auch ein auf subtile Weise kontextuelles Werk. Die Basis dafür ergibt sich aus der Verbindung, die zwischen den Proportionen des Turms und dem Einfallswinkel des Flusses beim Eintritt in das Stadtraster geschaffen wird. Gleichzeitig hängt der gesamte Komplex hinsichtlich seiner Stellung als Wahrzeichen und städtisches Erholungsgebiet von der Bereitstellung eines zusammen mit Dan Kiley entworfenen, ausgedehnten öffentlichen Parks ab. Dieser Bestandteil dient als die konkreteste Verbindung zwischen dem Hochhausturm und der urbanen Gesamtstruktur. Die städtische Intention dieses Parks ist merklich weniger ›vorortmäßig‹ als die von Emilio Ambasz in den letzten Jahren geplanten, teilweise unterirdischen Rasenanlagen. Wolfs Fähigkeit, einen großen freistehenden Bau als Mittel zur neuerlichen Interpretation der umgebenden Struktur zu nutzen, ist ebenso evident in seinem Wettbewerbsentwurf der Williamsburg Bridge, an dem das Ingenieurbüro Ove Arup & Partners sowie das Architekturbüro Michael Fieldman & Partners beteiligt waren (S. 120/121).

Wenn es möglich sein sollte, einen einzigen, für New York in irgendeiner Weise typischen kritischen Ansatz zu identifizieren, möchte man wagen zu behaupten, er finde sich im Bereich des Neo-Konstruktivismus, der sich in seinen verschiedenen Ausprägungen vom sogenannten Internationalen Stil der vierziger und fünfziger Jahre ebenso unterscheidet wie er von der Neuen Monumentalität eines Kahn, Saarinen, Stone und Rudolph entfernt ist, die einst als allgemein anerkannte Spielart der Pax Americana fungierte. Zugleich ist dieser Neo-Konstruktivismus ebenso unterscheidbar vom post-Miesschen ›Spiegelglas‹-Minimalismus der Siebziger.

Was Bernard Tschumi und Peter Eisenman am meisten eint, ist – trotz all der gegenwärtigen Implikationen bezüglich ihrer ähnlichen post-Derridaschen, ›dekonstruktivistischen‹ Attitüde und Methode – eine Neigung zu verzerrten volumetrischen Montagen sowie die Vorliebe für eine dynamisch gespreizte, konstruktive Rhetorik. Letzteres Attribut ist auf unterschiedliche Weise den kleineren neo-konstruktivistischen Büros eigen. Während Eisenmans Überlegungen intellektuell hermetischer und in dekonstruktiver Hinsicht dichter sind als jene anderer New Yorker Büros, muß man sich doch vielleicht den eher marginalen Neo-Konstruktivisten zuwenden, um eine freiere und mehr zufällig einfallsreiche Auffassung der verschiedenen kontextuellen Fragen zu finden, die heutzutage tektonische Formen begleiten. Anmerkungen zur Arbeit dreier solcher Büros sind deshalb angezeigt, um etwas von dieser neo-konstruktivistischen Empfindung zu offenbaren, wie sie seit kurzem auf der New Yorker Szene auftritt.

In puncto Witz und handwerkliches Können nimmt das Büro Steven Holl Architects unter diesen dreien den ersten Rang ein, vor allem wegen seines Wettbewerbbeitrags für einen Anbau der amerikanischen Bibliothek in Berlin. Neben seiner Fähigkeit, sich eines anerkannten Typus zu bedienen und dessen Form zu entfalten, um eine kritischere, offenere Anlage zu schaffen (siehe sein Berkowitz-Ogdis-Haus aus dem Jahre 1987), hält Holl viel von handwerklich orientierten Abläufen durch seinen taktilen Einsatz kontrastierender Materialien. Diese selbstbewußte, einem Scarpa ähnliche Vorgehensweise ist dabei, rasch zum Prüfstein des New Yorker Neo-Konstruktivismus zu werden. Holls Cohen Apartment (S. 150) und seine Ausstattung des GIADA-Geschäfts (S. 149) zeigen eine in beiden Fällen gleich ausgeprägte, äußerst einfühlsame Verwendung von farbigem poliertem Stuck und lackiertem Kupferblech; in Henry Smith-Millers und Laurie Hawkinsons Arbeiten findet sich ein ähnlich expressiver Gebrauch von Metall (siehe ihre Kunstgalerie in der Wooster Street; S. 218/219), ebenso in den von Sulan Kolatan und William MacDonald entworfenen, mit poliertem Aluminium und Glas gestalteten Innenräumen. Das bislang anspruchsvollste Projekt von Kolatan und MacDonald ist zweifellos ihr hypothetisches Interieur für einen Schauspieler/Tänzer (S. 173), in dem eine sorgfältig durchdachte, konstruktive Möblierung dazu dient, etwas zu schaffen, das man als hyper-existentielles Environment bezeichnen könnte. Dieser Entwurf verkörpert die subtileren, ja man könnte sagen manierierten Aspekte des Neo-Konstruktivismus. Überdies träfe der implizite weltstädtische Narzißmus meiner Ansicht nach ohne wesentliche Änderungen auf einen Großteil der gegenwärtigen Arbeiten in New York zu. Soviel läßt sich ihrer Beschreibung entnehmen, die zwischen dem Narzißmus des Auftraggebers und dem Solipsismus der Architekten zu schwanken scheint.

Dieser für New York so charakteristische introspektive, solipsistische Modus ist dem konstruktiv orientierten, metaphysischen Ethos von Cooper Union verwandt, das heißt der Linie, die sich von John Hejduk und Raimund Abraham bis zum brillanten, selbstreflektierenden neo-Duchampschen Werk von Elizabeth Diller und Rick Scofidio zieht, vor allem vielleicht zu ihrem ironischen Bühnenbild mit dem Titel ›A Delay in Glass‹, das auf Duchamps ›Large Glass‹ entnommenen Themen basiert.

Eine gänzlich andere konstruktivistische Ordnung herrscht im Büro Ellerbe Becket, New York, in dem sich bis vor kurzem Peter Pran und Carlos Zapata gemeinsam bemühten, die Produktion eines großen architektonischen Konglomerats umzugestalten. Für diese furchteinflößende Aufgabe brachten sie eine retrospektive Vorliebe für den Suprematismus mit, versuchten aber – wie andere Anhänger des neo-konstruktivistischen Genre –, die überkommene Syntax zu einer neuen synthetischen Ordnung umzuformen, die zum Teil auf platonischen Körpern (siehe ihr Zeitungsgebäude in Oslo, S. 308/309), zum Teil auf funktionierenden Vektoren beruht (siehe ihre für Minneapolis geplante Architekturhochschule [S. 310/311] und ihren Entwurf für ein Flughafenterminal für den JFK Airport in

New York (S. 202/203)). Von der hektischen Betriebsamkeit im Erdgeschoß abgesehen, versucht das Terminal von Pran/ Zapata offensichtlich erneut Drama und Romantik des Fluges zu bekräftigen und wiederum seiner triumphalen Dynamik Ausdruck zu verleihen, wie es Eero Saarinen in seinem berühmten, im Jahre 1962 entstandenen TWA-Terminal getan hat.

Einige weitere New Yorker Büros könnten vielleicht in die Kategorie des Neo-Konstruktivismus eingeordnet werden, darunter das kürzlich nach Entwürfen von Rafael Viñoly fertiggestellte, heftig gerasterte Manhattan Hotel (S. 246/247) und – am anderen Ende des Spektrums – die subversiv strukturalistischen Entwürfe eines Neil Denari. Eine gleichfalls konstruktivistische Tendenz läßt sich im Werk Pascal Quintard-Hofsteins feststellen sowie in den vom Büro New York Architects (Frank Lupo und Dan Rowen) entworfenen, eher metallischen Arbeiten, deren riesiger Medienschirm, den sie 1984 für den Times-Square-Wettbewerb (S. 184/185) vorschlugen, gewiß ebenso konstruktivistisch war wie der von Raimund Abraham für diesen Standort projektierte brillante Kinoturm. Dieser Vergleich läßt einen das Fehlen von Raimund Abrahams Arbeiten in dieser Schau bedauern; er ist ohne Zweifel einer der produktivsten Architekten auf der New Yorker Szene und beeinflußte so unterschiedliche Personen wie Giuliano Fiorenzoli einerseits und Diller und Scofidio andererseits. Ebenso muß die frankoamerikanische Ausprägung des Konstruktivismus erwähnt werden, wie sie sich in den neueren Arbeiten von John Keenen und Terence Riley zeigt; vor allem ihren für Lambertville geplanten Gartenpavillon (S. 288/289), in dem sich leicht Anklänge an Jean Prouvé und Paul Nelson entdecken lassen. Schließlich muß man die Existenz einer Art von Krypto-Strukturalismus einräumen, wie er sich zum Beispiel in Tod Williams' und Billie Tsiens 1986 in Princeton errichteter Feinberg Hall oder in der im selben Jahr entstandenen Knee Residence in New Jersey von UKZ (S. 320) darstellt. Bei all dem erscheint es etwas erstaunlich, daß nur ein Architekt unter den hier vertretenen als Rationalist im norditalienischen Sinn gelten könnte. Ich spiele auf das Werk Livio Dimitrius (S. 274 – 279) an, der unmittelbar von Typologie und Designmethodik Mario Bottas (S. 104/105) beeinflußt ist.

Man kann diese Beurteilung nicht abschließen, ohne den spezifischen Hintergrund, vor dem diese Ausstellung entstand, zu kommentieren; der planerische Anstoß zu dieser Schau stammt teilweise aus zwei aufeinanderfolgenden, im Dezember 1985 beziehungsweise 1986 von der New Yorker Abteilung des American Institute of Architects veranstalteten Preisgerichten zur Verleihung der ›Unbuilt Projects Awards‹; zu den Juroren zählten bei den beiden getrennten Sitzungen Thomas Beeby, Mario Botta, Douglas Davis, Heinrich Klotz, Elizabeth Plater-Zyberg, Jean Pierre Estrampes, Hans Hollein, Eric Moss, Christian Norberg-Schulz und Werner Seligman. Ich hatte die Ehre, bei beiden Gelegenheiten als Juror zu fungieren; ein Teil der als Ergebnis unserer Beratungen zutage getretenen Arbeiten sollte, ergänzt durch weiteres Material, erneut zu einer Ausstellung zusammengetragen werden, die im Februar 1987 in Enna in Sizilien veranstaltet wurde. Diese Ausstellung fand unter der Schirmherrschaft von Pasquale Culotta statt und trug den Titel ›New York Architects‹.

Um die Unausgewogenheiten auszugleichen, die sich bei der Substanz der Ausstellung in Enna unvermeidlich ergaben, können wir uns vielleicht an die heutige Schau wenden; in der Tat hat Heinrich Klotz das Auswahlspektrum dahingehend erweitert, daß zahlreiche, bislang nicht repräsentierte Gruppen nun vertreten sind. Klotz ist natürlich seit vielen Jahren ein ›Aficionado‹ der amerikanischen Szene, gewiß seit Erscheinen seines provozierenden Buches ›Architektur im Widerspruch‹ (1974), ganz zu schweigen von seiner Ausstellung postmoderner Architektur, die er 1984 im Deutschen Architekturmuseum veranstaltete und die naturgemäß implizit hohes Lob für die amerikanische Postmoderne beinhaltete.

Drei weitere gestaltende Ereignisse auf der New Yorker Szene erfordern eine Kommentierung. Das erste ist die Initiative des Kritikers Douglas Davis, der seine ›Modern Redux‹-Schau im März 1986 in der New Yorker Gray Art Gallery veranstaltete; in dieser Austellung versuchte er die Gültigkeit einer neu formulierten modernen Architektur gegenüber dem damals herrschenden amerikanischen Geschmack des postmodernen Pasticcio zu verteidigen. Diese Ausstellung wurde in polemischer Weise von Davis' im Juni 1987 in ›Art in America‹ erschienenen Essay ›Late Postmodern: The End of Style‹ unterstützt, ein Text, der sich mit Robert Sterns anti-moderner, pro-historistischer Fernsehserie ›Pride of Place‹ des Jahres 1985 auseinandersetzt.

Der zweite erwähnenswerte nonkonformistische Vorfall ist Michael Sorkins ambivalenter Angriff auf die ›Kleinpolitik‹, die er hinter der vom Museum of Modern Art im Sommer 1988 veranstalteten Ausstellung ›Dekonstruktivistische Architektur‹ vermutete; der Angriff wurde etwa acht Monate vor der Ausstellungseröffnung in der Zeitung ›Village Voice‹ abgedruckt. Sorkins Breitseite stellt den Versuch dar, Philip Johnsons sozusagen stellvertretende Rückkehr zum kritischen Mäzenatentum aufzudecken und zu untergraben. Sorkin argumentierte, Johnson versuche erneut, die Launen seines Geschmacks mittels institutioneller Autorität aufzuzwingen, indem er das Museum of Modern Art als Propagandavehikel ausnutze, wie er das schon wesentlich früher bei seiner Ausstellung moderner Architektur im Jahre 1932 (Henry-Russell Hitchcock und Philip Johnson, ›The International Style. Architecture since 1922‹) getan habe. Sorkin begleitete seine Kritik mit Anschuldigungen bezüglich Plagiatentums seitens der Kuratoren und fuhr dann fort, sich mit Johnsons Co-Kurator Mark Wigley auseinanderzusetzen.

Ob es einem nun gefällt oder nicht, die Ausstellung ›Dekonstruktivistische Architektur‹ ist das bedeutendste Ereignis zum Thema Architektur, das in New York im letzten Jahrzehnt stattfand; vielleicht sollte man erwähnen, daß, abgesehen von Tschumi und Eisenman, keine der zuvor erwähnten lokalen Arbeiten den polemischen Bruch vorweggenommen haben, der von Johnson und Wigley in ihrer ›dekonstruktivistischen‹ Anthologie präsentiert wurde. Natürlich ist es von größter Bedeutung, daß diese Schau in ihrer Zusammensetzung international war, trotz des Nachdrucks, den man dem Geist, wenn nicht dem Buchstaben von New Yorks ›panoramic delirium‹ verlieh; dies ist beispielsweise in Rem Koolhaas' Uferprojekt wie auch in Zaha Hadids siegreichem Wettbewerbsbeitrag für den Peak Club in Hongkong evident. Diese Erweiterung des Spektrums verhalf einem wohl andersartigen, spätmodernen Empfinden, das Wigley verdienstvollerweise als erster anerkannte, zu größerem Gewicht.

Es ist schwer zu sagen, wie letztendlich die dekonstruktivistische Architektur vor dem größeren historischen Hintergrund verstanden werden wird, obgleich wir gewiß Wigleys kritischen Anspruch und seine Charakterisierung des Bruchs als bewußte Deformation der anerkannten modernen Architektur von innen heraus erkennen müssen. Wigley besitzt die Verwegenheit, diese »zerstörte Perfektion« (um Aaron Betskys ursprüngliche Formulierung zu gebrauchen) sozusagen als Vollendung der von solchen Künstlern wie Kasimir Malewitsch und Wladimir Tatlin eröffneten radikalen Perspektiven anzusehen. In seinem Katalogtext führt er aus, die frühen konstruktivistischen Architekten der Sowjetunion schlössen die postkubistischen plastischen Deformationen der vorrevolutionären russischen Avantgarde ein. Wigleys Behauptung, die postrevolutionären Architekten seien von der Reinheit der modernen Bewegung verdorben worden, stellt sicherlich ein etwas voreingenommenes, eingeschränktes Verständnis der sowjetischen Architektur vor Stalin dar. Auch ist es ein Verständnis, das bewußt die breitgestreuten, eher organischen Aspekte der modernen Bewegung außer acht läßt, zu denen die russischen Arbeiten eindeutig in Beziehung standen (Aalto, Scharoun u. a.). Darüber hinaus steht es keineswegs fest, daß die heutigen dekonstruktivistischen Architekten vor den Fallstricken des Ästhetizismus gefeit sind. Allein aufgrund der MOMA-Ausstellung fiele es schwer, dies a priori zu verneinen, besonders angesichts des starken ästhetischen Impetus, der augenscheinlich als primärer Impuls hinter einem Großteil der Arbeiten steht. Häufig, wie im Falle von Daniel Libeskinds gekippter Megascheibe für Berlin, sind die programmatischen Attribute des Entwurfs gänzlich Glaubenssache, da eine Verwirklichung des Projekts als akzeptabler Teil des öffentlichen Wohnungsbaus schwer vorstellbar ist. Ebenso zweifelhaft ist Wigleys Behauptung, durch die Übertragung eines konstruktiven oder volumetrischen Schauders auf die formalen Forschungen der russischen Avantgarde ließen sich diese sozusagen ihrem historisch verlorenen, radikal-sozialistischen Geschick zurückerstatten. Tatsache ist, das »gestörte architektonische Objekt«, um mit Wigleys Worten zu sprechen, gewährleistet in Bezug auf unsere spätmoderne, post-avantgardistische Zwangslage sehr wenig. Es ist zumindest ernüchternd, daß nicht eine Spur sozialer Verantwortung essentieller Bestandteil auch nur eines der im Museum of Modern Art ausgestellten ›dekonstruierten‹ Projekte zu sein scheint. Überdies scheint Wigleys metaphorische Anspielung auf eine pathologische, aber anscheinend wünschenswerte Infektion der Form (wie er feinfühlig formuliert: »den Parasiten zu entfernen, hieße den Wirt zu töten«) auf etwas perverse Weise die inhärente selbstzerstörerische Natur der spätmodernen Gesellschaft und mit ihr deren größtenteils degenerierte städtische Kultur und Lebensweise anzuerkennen. Dies trifft in besonderem Maße auf New York zu, wo etwa 50 000 Menschen obdachlos sind, 600 000 abhängig von Crack, wo Schulkinder bewaffnet sind und wo die Stadtregierung in einem Jahr 500 Millionen Dollar für den weitgehend erfolglosen Versuch der Rauschgiftbekämpfung ausgibt. Man muß sich fragen, wieviele Wohnungen, bei entsprechendem politischen Willen, man anstelle dieser panoptischen Bescherung hätte bauen können. Natürlich kann man die Architektur für gesellschaftliche Fehlentwicklungen dieser Art nicht verantwortlich machen; wie aber kann man nur angesichts einer solchen Realität behaupten, die neu entdeckte Fähigkeit der dekonstruktivistischen Architektur übertreffe den angeblichen Konservativismus der frühen architektonischen Avantgarde der Sowjetunion. Gleichzeitig gibt es keinen Zweifel an dem Bruch, der von der dekonstruktivistischen Architektur verursacht worden ist, das heißt an ihrer Fähigkeit, dem Ungewohnten das Gewohnte abzuringen, ihrem Gefühl für Entfremdung oder ihrem Vermögen, subtile Löschungen, Verschiebungen und Entfaltungen einer allzu schillernden formalen Brillanz zu bewirken, noch können wir die Breitenwirkung des Phänomens bestreiten, das heißt, wie es als eine Art universeller Modus auftritt, sichtbar im gesamten transatlantischen Raum, von der Mecano-Gruppe in Holland bis Michel Bourdeau in Frankreich, von Miralles und Pino in Spanien bis Formalhaut in Deutschland. Trotzdem ist die letztlich zugrundeliegende Intention modernistisch und nicht avantgardistisch. Dies ist vielleicht für den Kompromiß des angenommenen inneren Radikalismus verantwortlich, denn das Ziel der Moderne liegt, wie Greenberg uns ins Gedächtnis ruft, in der tieferen Verankerung der jeweiligen Praxis innerhalb ihrer eigenen solipsistischen Gewißheit, anstatt die Außenwelt in Anspruch zu nehmen.

Während diese Strategie auf dem Gebiet der schönen Künste dienlich sein mag, bedeutet sie für die Architektur grundsätzlich eine Sackgasse, da Architektur sich in letzter Konsequenz nicht von der Wirklichkeit separieren kann. Wie sehr Wigley auch den Akt des Bauens und die angebliche kathartische Fusion von Theorie und Praxis beschwören mag, ohne den sozial engagierten Auftraggeber bleiben wir ohnmächtig; wie wir gesehen haben, fehlt gerade der in einer Stadt wie New York so offenkundig. Gewiß wäre unser Engagement generell gezielter, wenn wir uns, wie ich andernorts vorgeschlagen habe, einer kritisch ontologischen Architektur verpflichteten, bei der sich die Disjunktionen eher von konkreten Umformungen und ihren Bedingungen als von abstrakten Spekulationen ableiten und wo, um Alvaro Siza zu zitieren, der Architekt aufgerufen ist, statt Form zu erfinden, Realität umzuformen. Unterdessen dient die im MOMA gezeigte dekonstruktivistische Architektur dazu, der lebendigen Ausübung von Architektur zu neuer Wertigkeit zu verhelfen, statt die Maske historisierenden Pasticcios zu legitimieren.

Douglas Davis

New York im nächsten Jahrhundert

Fragmente aus einem post-postmodernen Tagebuch

Auf dem Flug von New York nach San Antonio, Texas, Ende 1988.
Ein einzelner Vorfall erinnert mich heute an eine Tatsache, die offenbar den meisten Architekten und mit Sicherheit allen Kritikern, Historikern und Architekturtheoretikern in meinem Land unbekannt ist: das 20. Jahrhundert ist im Grunde vorüber... Dies bedeutet unter anderem, daß die grob vereinfachenden Gegensätze, die bei unseren Reden über Kunst und Architektur als Angelpunkte dienten (neu kontra alt, traditionell kontra avantgardistisch, ›modern‹ kontra nahezu alles, die schwerindustriellen Techniken der Massenproduktion kontra Handwerksarbeit, Metall kontra Stein), ebenso überholt sind, wie es zunehmend in der Politik den Anschein hat... Ein Boulevardblatt, das ich auf dem Weg zum Flughafen gekauft habe und in dem ich lese, daß Michail Gorbatschow, der gerade eine Reduzierung der Truppen um eine halbe Million Mann vorgeschlagen hat, in die Sowjetunion zurückkehrt, um den Opfern des Erdbebens in Armenien beizustehen, veranlaßt mich zu derartigen Überlegungen. Aber wichtiger noch, er und seine Kollegen nehmen zum ersten Mal amerikanische Hilfe in Form von Ärzten, Medikamenten und Ausrüstung gerne an. Heißt das, der Kalte Krieg hat sich bis zu einem Punkt erwärmt, an dem er nicht länger als stabil gelten kann – also nicht länger ein polarer Angelpunkt für unsere Diskussion über die Welt ist? Gütiger Gott! Welch ein Verlust... Ich bin nicht sicher, daß wir den Verlust des ›Bösen Russen‹ verkraften können, denn er läßt uns in konzeptioneller Hinsicht nackt zurück, ohne die gewohnten Stichwörter und Phrasen, die unser Denken formen... Dies läßt mich an die Architektur New Yorks denken, jener Stadt, in der ich seit nahezu zwanzig Jahren als Emigrant meine Wahlheimat finde... gleichgültig wohin man schaut, Begabung, Intelligenz, Verstand und Geld sind im Überfluß vorhanden; jegliche Stilrichtung und jeglicher Trend florieren; in den von Architekten frequentierten Clubs, Partys und Seminaren wird das Aussehen der Nation merkbar verändert, hier mit ein bißchen Lippenstift, dort mit einer Rechten ans Kinn; ob die in der Stadt tätigen Aktivisten dort auch leben, wie John Hejduk, James Polshek, Charles Gwathmey, Steven Holl, Tod Williams, Bart Voorsanger und Peter Pran, oder ob sie von außerhalb eingedrungen sind, wie Bernard Tschumi (Paris und Genf), Zaha Hadid (London), Helmut Jahn (Nürnberg und Chicago), Cesar Pelli (New Haven), Robert Venturi (Philadelphia), Frank Gehry (Los Angeles), Mario Botta (Schweiz) oder Emilio Ambasz (die Welt) – letztlich beherrscht die Architektur New Yorks die Welt... Und doch, und doch, sie erscheint merkwürdig abstrakt und körperlos, ohne stilistische Homogenität oder, schlimmer noch, ohne Ziel. Jeder fühlt es, hat ein Gespür für den riesigen Unterschied zwischen dieser Periode der weitgestreuten Mannigfaltigkeit und ihren vergleichsweise ruhigen Vorgängern, der Wolkenkratzermoderne der späten zwanziger und dreißiger Jahre, der ›High-Corporate-Moderne‹ der fünfziger und sechziger Jahre, der historisierenden Post-

moderne der siebziger Jahre. Jeder von uns greift in der einen oder anderen Form den dünnhäutigen stilistischen Eklektizismus der achtziger Jahre an, während wir seine ungeschlachte Vitalität anerkennen. Es ist in der Tat genau diese Vitalität, die, einzig und allein, angesichts der sich anbahnenden Jahrhundertwende, die Beschäftigung mit der Architektur New Yorks lohnenswert macht.

Insofern als die Kraft New Yorks authentisch ist, angetrieben von der ungemein konkurrenzorientierten inneren Kraftmaschine, die kluge Köpfe und Schöpfergeister bis zu einem schroffen Punkt anspornt, ist sie verdienstvoll. Insofern als es sich bei dieser Energie einfach um reagierende Prahlerei handelt, die den Architekten der Stadt durch konzeptionelle, politische und strategische Kräfte – die im vergangenen Jahrhundert wurzeln – von außen aufgezwungen wird... ist sie in tragischer Weise fehlgeleitet... Zeichen für endgültigen Verfall und Tod... Während ich mich Texas nähere, bin ich nicht sicher, welches wirklich unser Schicksal ist.

»In New York vertritt die architektonische ›Café-Society‹ intellektuelle Werte nicht auf der Basis von Übereinstimmungen in Bezug auf bestimmte stilistische Richtungen in der Architektur, *sondern mehr auf der Ebene der Strategie,* auf der Ebene des persönlichen Stils, der nötig ist, um das Auge der Öffentlichkeit zu fesseln. Darüber hinaus spielt eine höchst augenfällige Exklusivität eine Rolle, die an die Tradition des Salons und der Privatclubs erinnert. Dieses Verhalten verkörpert einen Aspekt der Stilfrage in der Architektur, die Schapiro als ›Stil‹ in Anführungszeichen bezeichnet: als ›Wertbegriff‹ oder als erstrebenswerte Qualität, von der man behaupten kann, eine Person oder ein Ding verfüge über sie oder sie fehle ihm.«

Richard Plunz und Kenneth Kaplan,
Precis (Journal of the Columbia Univerity Graduate School of Architecture) 1984.

Der vernichtende Aufsatz, den Richard Plunz und Kenneth Kaplan im Jahre 1984 verfaßten, ist gewiß grundsätzlich zutreffend. Er enthält in der Tat eine weitverbreitete Arbeitshypothese, die von nahezu jedem Architekten oder Kritiker geteilt wird, mit denen ich in den Jahren, als ich Architekturkritik als wöchentliches Gewerbe oder Handwerk betrieb, gearbeitet und gesprochen habe. Diese Einstellung zu STIL oder Stil, die selten eingestanden oder auf ernstzunehmender Ebene beschrieben wurde, ist für das Verständnis vom heutigen New York von zentraler Bedeutung. Von außen betrachtet, sind die Allianzen, die einander oberflächlich so unähnliche Architekten wie Philip Johnson, Frank Gehry, Peter Eisenman, Richard Meier und Michael Graves verbinden, widersprüchlich. Jeder scheint eine Art des Machens und Denkens über Obdach und Dekoration zu praktizieren, die im Gegensatz zum Werk seiner Kollegen steht. Mit Johnson als alleiniger Ausnahme, der offen zugibt, den Stil mit dem Wetter zu wechseln, spricht, schreibt und vertritt jeder andere seine Auffassungen mit leidenschaftlicher Überzeugung. In wenigstens zwei Fällen – Gehry und Meier – ist der Oberflächenstil sowohl strikt als auch konsequent. Was sie alle nach der Einschätzung von

Plunz und Kaplan vereint, ist taktische Strategie und das Bestreben, die größere Öffentlichkeit über den Auftraggeber und die Architekturpresse hinaus zu erreichen. Das Argument, das ich hier vorbringen will, ist weder moralistisch noch kritisch. Ausschlaggebend ist, daß ›Stil‹ in New York am Ende des alten Jahrhunderts frei von Ideologie ist, wenn wir ›Ideologie‹ als eine gemeinsame Reihe von Überzeugungen bezüglich des höheren Lebens- oder Arbeitsziels verstehen.

Stil ist heute aber eine Technik, ein völlig pragmatisches Mittel zum Zweck, in etwa ähnlich der Datenverarbeitung. Lassen Sie mich schnell hinzufügen, daß die Mittel in vielen Fällen durch persönliches Bedürfnis, Manier und Geschmack in höchstem Maße modifiziert sind. Architekten wie Gehry, Meier, Emilio Ambasz und Steven Holl sind eindeutig einem genau bestimmten Spektrum von Formen und Arbeitsmethoden verpflichtet. John Hejduk personifiziert ein vielleicht noch überzeugenderes Beispiel für eine Arbeitsweise, die von einer persönlichen Vision motiviert ist und ebenso bewußt ausgeführt wird, wie ein Künstler zeichnet oder meißelt (Hejduk arbeitet alleine an seinem Zeichentisch in der Bronx, fern von einer auch nur büroähnlichen Umgebung). So entstehen fünf Gesamtwerke, die gegensätzliche innere Überzeugungen ausstrahlen. In meinen Augen zählen sie sicherlich zu den besten heute in den Vereinigten Staaten tätigen Architekten. In keinem Fall aber wird irgendeiner dieser Männer oder Frauen von einer ›Ideologie‹ im überhöhten, hochfliegenden Sinn angetrieben. Vergeblich suchen wir in ihren Arbeiten nach einem Signal im Hinblick auf den Sinn unseres Lebens oder die Ausrichtung der Gesellschaft, in der wir leben, über einen wohldefinierten Manierismus hinaus (Gehrys Bauten verströmen eine befreiende Aura nonchalanter Exzentrik; Meiers Häuser und Bürobauten sind präzis und strahlend, wie eine Sonne, die jenseits eines stillen Weihers untergeht). Wenn STIL zu einem bestenfalls von einer subjektiven Leidenschaft motivierten Stil verkommt, gibt die Architektur ihre Rolle als Bedeutungsträger auf. Bei dem Stil von New York handelt es sich um eine Reihe von Stilen ohne Bedeutung und Inhalt.

»Wir erleben das Auftreten dieser neuen Klasse…, für die manuelle Arbeit nicht mehr die alten Kennzeichen der Quälerei, der Erschöpfung oder sonstigen seelischen und physischen Unbehagens trägt… Das Prestige… ist wiederum eine der wesentlichen Quellen der Befriedigung, die diese Art von Arbeit gewährt. …Die entscheidende Qualifikation [für die Neue Klasse] ist der Bildungsgrad. Jeder Mensch hat Zutritt, dem in jungen Jahren genügend Zeit und Geld für eine gute Ausbildung zur Verfügung stehen. …Zu Anfang des 19. Jahrhunderts… bestand sie nur aus einer Handvoll von Erziehern und Geistlichen. …Sie dürfte nicht mehr als ein paar Tausend Menschen umfaßt haben. Heute geht die Zahl… zweifellos in die Millionen.

John Kenneth Galbraith, *The Affluent Society*, 1958
(deutsch: *Gesellschaft im Überfluß*, München/Zürich 1959,
aus dem Amerikanischen von Rudolf Mühlfenzl, S. 358, 360, 362).

In ›Gesellschaft im Überfluß‹ kündigt Galbraith zum ersten Mal das Auftreten einer riesigen neuen Klasse an, mit der weder Marx noch Adam Smith in ihren mitreißenden Voraussagen gerechnet hatten. Seine Theorie von der »Neuen Klasse«, die auf der radikalen Unterscheidung beharrt zwischen unserer Gesellschaft, in der erstmals Viele von Bildung erreicht werden, und aller früheren Gesellschaften, wo sie begrenzt war, beherrschte eine Zeitlang das soziale Denken. In Daniel Bells gleichermaßen einflußreichem Buch ›Die nachindustrielle Gesellschaft‹ (Frankfurt 1975), das mit schonungsloser Präzision zahlreiche von Galbraiths Hypothesen bestätigt, besonders die vom Aufstieg der Idee – im Gegensatz zum Produkt oder Rohstoff – wird diese Prämisse ebenfalls vertreten.

Geblendet von der staatlicherseits anscheinend vollzogenen Wendung hin zu einer fundamentalistischen, kapitalistischen Ethik, wurde im vergangenen Jahrzehnt diese seismische Änderung innerhalb des Architekturpublikums ignoriert. Ich hingegen erkläre es hiermit zum entscheidenden sozialen Ereignis unserer Zeit.

Darüber hinaus ist die Gier nach kultureller Bestätigung, nach Prestige, nach einer theoretischen oder kritischen Grundlage, auf der mein Haus oder Büroturm stehen kann, der Grund dafür, warum wir von Begriffen überschwemmt werden, die durch New York geprägt sind. Es ist kein Zufall, daß die Postmoderne weitgehend von zwei Amerikanern, Robert A. M. Stern und Charles Jencks, erfunden und verbreitet wurde. Sie hatten ein instinktives Gespür für das Verlangen der Neuen Klasse. Nach Ideen in Form von Begriffen.

Mit größerer Gewißheit als jedes vergleichbare Verfahren in der Welt wurde die Architektur New Yorks am Ende des letzten Jahrhunderts zur Personifikation der begrifflichen Idee. Was von Auftraggebern und Kritikern jeglicher Couleur gefordert wurde, war ein leicht umzusetzender konzeptioneller Kontext, nicht ein Handwerk und ganz gewiß nicht Gebrauch oder Komfort. Wir könnten diese Periode, mit einer Anleihe bei Stern & Jencks, als Frühe Postindustrielle Architektur bezeichnen (Postmodern ist somit einfach eine Untergruppe dieser größeren Kategorie). Gelähmt, überwältigt und gewiß überbeeindruckt von den Worten, die aus dem postmodernen Textverarbeitungssystem drangen, versäumte es die Frühe Neue Klasse, nach einer tieferen Bedeutung oder Nützlichkeit zu forschen.

Bestimmt wird am Ende das Schicksal von Stern und Jencks sorgfältig und liebevoll aus dem verbalen Geflecht herausgezogen, das sie um Bauten gewoben haben, die von ihnen errichtet oder gepriesen wurden. Das neue Jahrhundert wird der Postmoderne die angemessene Plazierung und Bewertung als minderwertige Rückentwicklung der das alte Jahrhundert beherrschenden Themen zuweisen. Aber niemand sollte glauben, dies bedeute, *der Begriff* sei belanglos. Im niedrigsten, praktikabelsten Sinn kann er die gebaute Umwelt beeinflussen und modifizieren, wenn er als überzeugender Agent auftritt, in der Manier der Frühen Postmoderne (die etwa 1966 mit Venturis ›Complexity and Contradiction‹ einsetzt und bis in die Jahre 1984 – 88 andauert) oder der Späten Postmoderne, als die ersten konzertierten Reaktionen auftraten. Hierzu zählen Bauten wie Norman Fosters Hongkong Bank; Ausstellungen, wie die von Heinrich Klotz und mir (getrennt durch einen Ozean) im selben Jahr 1986 veranstaltete, die zu einem neuen Blick auf die ›moderne‹ Bewegung aufforderte; die sich entwickelnden Œuvres jüngerer Architekten, die über die Stilwiederholung hinausgehen (Ambasz, Holl, Tschumi, Botta, Hadid, Pran, Gwathmey/Siegel); die 1984 erschienene Ausgabe von ›Precis‹; der wachsende Einfluß, den ältere Architekten wie Aldo Rossi und Luis Baragan auf Studenten ausüben; sowie die weitverbreitete Abscheu gegenüber gebauten (im Gegensatz zu gezeichneten) postmodernen Wolkenkratzern, Einkaufszentren und pseudovorstädtischen Erschließungsprojekten; und schließlich die von Philip Johnson getroffene Entscheidung, sich mit Peter Eisenman und anderen im Sommer 1988 bei der Inszenierung der ungenau konzipierten Ausstellung ›Dekonstruktivistische Architektur‹ im Museum of Modern Art zusammenzutun, die – implizit, wenn nicht anhand von Beispielen – das Ende der Gegenrevolution verkündete.

Im höchsten Sinn vermag der Begriff vielleicht das neue Jahrhundert noch mit verbalen Bedeutungsträgern zu verbinden, die auf unsere Art von Leben reagieren (mobil, weltlich, angestellt, überflutet von freien, schnellbeweglichen Medien und Informationen; verzweifelt karg an Grazie, Charme, Würde) und auf die schicksalhaften Entscheidungen, die wir treffen müssen (das Wettrüsten anzuheizen oder abzukühlen; Luft und Wasser zu reinigen oder weiterhin zu verseuchen; Kinder zu haben oder kinderlos zu bleiben). Im neuen Jahrhundert kann ein Jahrzehnt das bewirken, was früher ein Jahrhundert dauerte.

Auf dem Rückflug von San Antonio nach New York, noch später im Jahre 1988.
Ich bin dort gewesen, um die von Emilio Ambasz entworfenen arkadischen, verglasten Erdwälle des Louise Halsell Botanical Center zu sehen; Ambasz' Misere – der wie manche seiner Kollegen mit keinem Begriff belegt ist – inspiriert mich. Man muß ordnende Attribute für die sich entwickelnde Synthese der Standpunkte finden, die die Beschränkungen der historischen Erinnerung ablehnt – die Vorstellung (die man als ›Späte Postmoderne‹ bezeichnen könnte), jedes Gebäude müsse sich freiwillig auf die Vergangenheit beziehen, unabhängig davon, ob das seine Lage, Verwendung oder sein Material nun erfordern oder nicht. Diese neue Position braucht einen Bedeutungsträger oder wenigstens eine Reihe zugehöriger Bedeutungsträger.

Also machte ich mich ans Werk! Auf dem Rückflug in meine Wahlheimat erstellte ich eine Liste von Arbeiten der New Yorker Architekten und Designer, die mir eine neue Richtung zu umschreiben scheinen; ich begann mit den während der heroischen Jahre der frühen Moderne gezogenen Rillen, schlängelte mich jedoch um die ›High-Corporate-Moderne‹ herum, vollzog einen erneuten Schwenk – diesmal nach links – um die vor einem Jahrzehnt in der Mitte der Straße von Stern, Jencks, etc. errichtete verfallende Festung herum und fand mich jenseits, in der Freiheit des jungfräulichen Waldes wieder. Was *den Begriff* angeht... er stellt sich als mehr als *ein* Begriff heraus, obgleich einer mit dem anderen eindeutig durch die Gier nach Fortkommen hin zu neuen Bautypen, Materialien, Grundstücken und Methoden miteinander verbunden ist. Keinesfalls verrät irgendeines der zu Papier gebrachten Werke eine automatische Abneigung der Vergangenheit gegenüber, in der Art, wie sie von den Postmodernen üblicherweise den liniengetreuen Vertretern der Moderne (die selten beim Namen genannt werden) zugeschrieben wird. Sie bedienen sich vielmehr selbstbewußt der Vergangenheit... wo es die Bedeutung oder der Zweck erfordert.

Hier sind sie also, etikettiert bis ins Mark, komplettiert in dem Moment, als sich die linke Tragfläche dem La Guardia Airport zuneigt:

Klassische Avantgarde (ungestüm, atypisch, spätindustriell):
Emilio Ambasz, N 14 Engine, Cummings Corporation
James Freed/I. M. Pei, Javits Convention Center
Kohn Pedersen Fox, 333 North Wacker Drive, Chicago
Richard Meier, Bronx Developmental Center

Neo-Moderne (abstrakt, aber lyrisch; neue Methoden und Materialien):
Ambasz, Museum of American Folk Art Tower
Meier, Hartford Seminary, Hartford, Connecticut
Meier, High Museum, Atlanta

Mario Botta, ICF Showroom
Cesar Pelli, World Financial Center

Dekonstruktivistische Moderne (radikale Asymmetrie):
Peter Eisenman, Long Beach Museum, Californien
Pran & Zapata, New Hartford City Hall, Hartford, Connecticut
Pran & Zapata, Hörsaal der University of Minnesota Architecture School

›Modern Redux‹/ Moderne II (lagebezogen, vergangenheitsbezogen; benutzerorientiert; neue Methoden, neuartige Anwendungen):
Peter Eisenman, Ohio State University Art Center
Gwathmey/Siegel, Erweiterung des Guggenheim Museum
Steven Holl, Cohen Apartment
Steven Holl, Bridge Houses
Steven Holl, GIADA Showroom
James Stewart Polshek, 500 Park Avenue Tower
Polshek und Arata Isozaki, Brooklyn Museum, Gesamtplan
Pran & Zapata, 233 Park Avenue South
Pran & Zapata, American Airlines/Northwest Airlines Terminal, John F. Kennedy Airport
Diller & Scofidio, Tor, Battery Park
SITE, Theater for the New City
SITE, Laurie Mallet Residence
Bernard Tschumi, Loft in Manhattan
Bart Voorsanger, Vacant Lots Competition
Tod Williams & Billie Tsien, Whitney Museum (Downtown)

Nostalgie-Moderne (nimmt Bezug auf bestimmte Bautypen des 20. Jahrhunderts, Heroen)
Arquitectonica, South Ferry Plaza
Hardy Holzman Pfeiffer, Rainbow Room Renovierung
Murphy/Jahn, 425 Lexington Avenue
OMA, Projekte aus *Delirious New York*
Polshek, Renovierung der Carnegie Hall
Kevin Roche John Dinkeloo and Associates, Zentrale der Ford Foundation
Vignelli Associates, Studio

»Nieder mit der Kunst. Lang lebe die Technik... Die kollektive Kunst der Gegenwart ist konstruktives Leben.«
Programm der Gruppe Produktionskunst, Moskau (1920)

Zurück in New York, annähernd 1989.
Ich habe die in den zwanziger Jahren zusammengestellten polemischen Schriften nur deshalb nachgelesen, um mir selbst erneut darzulegen, wie anders wir heute sind. Zur Gruppe Produktionskunst zählten der Künstler und Fotograf Alexander Rodtschenko, seine Frau, die großartige Malerin und Designerin Warwara Stepanowa, und vor allem Wladimir Tatlin, der Maler-Bildhauer-Architekt, dessen berüchtigter schräger Metallturm, *Monument für die III. Internationale* (1921) in der Ausstellung ›Dekonstruktivistische Architektur‹ des Museum of Modern Art wieder und wieder zitiert wurde. Die Produktivisten sind fraglos als die radikalste der zahlreichen Avantgardegruppierungen zu bezeichnen, die sich in den zwanziger Jahren bildeten, um einen frischen, sauberen Weg weg von Historismus, Eklektizismus und von dem, was sie für den verderblichen Einfluß der Vergangenheit hielten, vorzuzeichnen. Ihre Überzeugung aber, derzufolge sich Kunst, Architektur und das Leben gegenseitig aushebelten und keine ästhetische Kunst moralischen oder funktionalen Konsequenzen entkommen könne, fand Zustimmung.

Ferner. Ich kehrte kürzlich aus der UdSSR von einer Besichtigungsreise zu jenen großartigen, dem Untergang geweihten Bauten der frühen Moderne zurück. In Leningrad, Tallinn und Städten weit jenseits von Moskau sind noch mehr von ihnen vorhanden, als wir zu wissen wagen. Nahezu immer schlecht gebaut und erbärmlich proportioniert, bestehen sie nichtsdestoweniger als Erbe einer Architektur, die den Versuch unternahm, sich als Symbol der Evolution darzustellen. »Nein, wir lehnen es ab, rückwärts zu gehen«, sagen diese spartanischen, glattgliedrigen Schulen, Theater und Clubhäuser. »Es existiert etwas darüber hinaus, das eines neuen Ausdrucks bedarf. Laßt uns reinen Tisch machen.«

Ganz so können wir es nicht mehr formulieren. Gewiß aber können wir beipflichten, daß die Zukunft vor und nicht hinter uns liegt, und weiterhin, daß wir sie genausowenig vollständig vorhersehen können, wie wir vor fünf Jahren Gorbatschows Verhalten oder, vor drei Jahrzehnten, die Verlängerung der Lebenserwartung, die Zunahme der ökonomischen Unabhängigkeit von Frauen oder den schwebenden, motorlosen Zug, der jetzt in Japan verkehrt (angetrieben von Halbleitermagneten), vorhersehen konnten. Wenn wir jetzt noch nicht in der Lage sind, die Ideologie zur Verankerung unserer Architektur zu finden, können wir wenigstens damit beginnen, in unseren Formen, Innenräumen und Fassaden zu erkennen zu geben, daß jetzt neue Fragen gestellt werden sollten, selbst wenn sie nicht beantwortet werden können. Es wird unseren tiefsten Überzeugungen über uns selbst und unsere Bestimmung zuwiderlaufen, wenn wir einfach damit fortfahren, die alten Antworten anzubieten – korinthische Säulen, gotische Turmhelme, Marmorfußböden. In ihrem ungewissen Schwebezustand, ihren beständigen Versuchen, ein starres Schema nach dem anderen zu zerbrechen, kündigt die Architektur New Yorks am Ende des alten Jahrhunderts ungewollt das nächste an.

Michael Sorkin

Ciao Manhattan

Als ich ein Junge war, ging ich oft mit meinem Vater zum Muschelsuchen. Wir standen bis zu den Knöcheln im Meeresschlamm und gruben ›Cherrystones‹ aus, mit denen wir unseren Eimer füllten. Da mein Vater sie als einziger aß, nahmen wir bei jedem Ausflug nur ein paar Dutzend mit. Nichtsdestoweniger wurde unser Fang von Naturhütern überprüft, die den Strand beaufsichtigten und die befugt waren, zwecks Arterhaltung das Aussortieren junger Muscheln anzuordnen. Als Kontrollinstrument diente ein Messingring: jede Muschel, die so klein war, daß sie hindurchpaßte, mußte zurückgeworfen werden.

Das Konzept von ›New York Architektur‹ legt ebenfalls den Gebrauch eines Messingrings nahe. Genau wie bei den Muscheln am Cape Cod braucht man etwas, um die in Frage kommende Bevölkerung zu bestimmen, ein Prinzip, das Aus- bzw. Einschluß regelt. Nach welchem Prinzip wird dieser Eimer gefüllt? Folgendes habe ich mir zusammengereimt: diese Ausstellung setzt sich in der Hauptsache aus Arbeiten zusammen, die in oder nahe bei New York City entstanden, vor allem von Architekten der mehr oder weniger respektablen Sorte (die größeren Nummern sind zugelassen, nicht aber die unauffälligen Schwerarbeiter, die für den überwiegenden Teil der Stadtlandschaft verantwortlich zeichnen), die hauptsächlich in oder nahe bei New York City tätig sind. Dieser Ring hat zwar eine bestimmte Größe, aber er ist dehnbar und läßt gerne eine ganze Menge Muscheln und Austern (ganz abgesehen von Haifischen) durchschlüpfen.

Vielleicht stellt der dehnbare Ring aber angesichts des Ordnungsbegriffs eine Notwendigkeit dar. ›New York Architektur‹ ist zum gegenwärtigen Zeitpunkt eine Klassifizierung ohne einleuchtende Basis. Gewiß gibt es da Möglichkeiten: Region, Typus, Geschichte, Metaphysik, aber nichts von alledem bietet die ins Auge springende wasserdichte Kategorie, die ein solches Thema begründet. Vielleicht haben wir es hier allerdings mit einer besonders gerissenen Position zu tun. Wenn es ein Bewußtsein gibt, das den gegenwärtigen Zustand New Yorks symbolisiert, ist es in der Vermischung von Angst und Euphorie zu finden. ›Wenn du es dort schaffst, schaffst du es überall‹ ist das Mantra des sinnentleerten Kampfes, der zum Glaubensbekenntnis erhoben wurde.

In New York, der Kapitale des Kapitals, wird Eigentumsrecht über alles bejubelt. Die Formen sind stets gefolgt. Zur Zeit seines Ursprungs zergliederte sich Manhattan mit kühner Unwiderruflichkeit, indem es sich selbst Amerikas erstes Raster auferlegte, eine frühe Kartierung der Besitzverhältnisse. Besondere Umstände ergaben sich letztendlich aus der Konfrontation mit Anomalien, der Aufweichung des Rasters an den heroischen Rändern der Insel: Central Park, das rechteckige Zentrum des Sturms; Hudson River und East River sowie der steinerne Strom Broadway, jene großen Durchbohrungen des Orthogonalen; und die gewundenen Nebenstraßen der holländischen Innenstadt, jener immerfort bohrenden, auf der Lauer liegenden Stätte des Irrationalen.

Aus diesem Gewirr erhob sich das Diagramm der Wertstellung, die aufragende Architektur. Innerhalb dieser gedieh die ruhelose Ökologie der Wohnviertel – New Yorks größte Errungenschaft –, gleichermaßen Brutstätten der Anpassung wie der Verschiedenheit. Unsere architektonischen Schöpfungen waren kläglicher: die maßstabsgerechte Gestaltung der mit Brandmauern ausgestatteten Behausungen, wie sie auf die Klippe der Verdichtung zumarschieren, vom Reihenhaus zur Mietwohnung zu Mietshäusern, die erst einen halben und schließlich einen ganzen Block einnahmen. Dann schufen wir den Wolkenkratzer, andere Ansprüche auf dessen Ursprung sind hier nicht von Belang. Dies bedeutete das Omega, eine Form, die rasch wuchs und sich erschöpfte und in weniger als hundert Jahren den Kreislauf zum Autoparasitismus durchlief.

Es gibt noch weitere, urbanistische Ansprüche an den ›genius loci‹, die etwas weniger einheimisch sind: daß die Stadtregierung Tausende in ihren Projekten unterbrachte, wie sehr diese auch Le Corbusiers ›Plan Voisin‹ entsprechen mochten; daß Olmsted und Moses, ihre Ahnen und Erben, mächtige Straßen und Brücken erbauten, hektarweise Gelände in Parks verwandelten und Erholungsstätten für Millionen schufen; daß die Stadt formale Höhepunkte hervorbrachte, gradlinige Avenues, von den Baugesetzen beflügelte abgestufte Profile sowie die ganze Bandbreite unerwarteter Gegenüberstellungen, die sich aus unausgeglichener Entwicklung, ständiger Einwanderung und der Mentalität des ›anything goes‹ ergaben.

Jetzt ist das alles aber ziemlich vorbei. Von dieser Aktivität erschöpft und unwiderruflich in zwei Kulturen gespalten, wurde die Stadt historisch und indifferent, fertig mit neuen Ideen. Gewiß, gewiß, wir sind eine alte Stadt, dicht bebaut und erfüllt von Übereinkünften darüber, wie die Dinge sein sollten. Gewiß, die Stätten der pazifischen Region scheinen dazu bestimmt, die Kapitalen des 21. Jahrhunderts zu werden (stören wir uns nicht daran, daß in wenigen Jahren die Städte nicht nur nicht zu unterscheiden sein, sondern sich auch zu einer ununterbrochenen Stadtlandschaft formiert haben werden). Die zentrale Tatsache bleibt jedoch bestehen: welche individuelle Aktivität auch immer vom wie von Sinnen schaltenden ›Manahatta‹ angeregt wird, zu welchen Höhenflügen auch immer diese wachstumsbesessene Stadt anstachelt, der Verzicht auf das ›New‹ wurde zum zentralen Faktum der Bautätigkeit, sogar als der ausschließende Zyklus der öffentlich unterstützten Raffgier unseren Born der Vielfalt austrocknen ließ.

Nehmen wir Battery Park City, ›das dritte Manhattan‹, das aktuelle urbanistische Paradigma unserer kommunalen Mussolinis. Das Gelände, auf dem sich das während der Regentschaft Rockefellers initiierte Projekt befindet, verkörpert eine Erfindung, den feuchten Traum eines Grundstücksspekulanten, Land, das aus dem Nichts entstand. Es handelt sich um Verfüllungsgelände im Hudson River, in der Nähe der Wall Street, dessen kommerzieller Aufschwung in den sechziger

Jahren nach offizieller Lesart Nelsons Bruder David zugeschrieben wird; dieser war die große Nummer der Chase Manhattan Bank, deren neues Gebäude das erste große ›Prestigeprojekt‹ darstellte, das der Gegend seit vielen Jahren zuteil geworden war. In der Folgezeit wurde Battery Park City zum administrativen Geschöpf einer allgewaltigen öffentlichen Autorität, in der Lage, seinen eigenen Etat aufzubringen und seine eigene Tagesordnung zu schaffen, befreit von den pedantischen Beschränkungen normaler öffentlicher Bürokratie.

Die ersten Entwürfe waren gewaltige, heroische, pyrotechnische Mammutbauten: riesige Platzanlagen am Fluß, die von gigantischer Architektur umstanden waren. Aber die Vorliebe für solche Exzesse war im Schwinden begriffen, und eine neue Vorstellung trat an ihre Stelle. Battery Park City sollte eine sorgfältige Rekapitulation vom Geiste New Yorks repräsentieren, eine perfektionierte Version seiner ursprünglichen Formen. Die Grundlage sollte natürlich das Straßenraster sein, und das Gelände wurde ordnungsgemäß abgesteckt und in erschließbare Parzellen unterteilt. Öffentliche Räume – am markantesten eine Promenade am Flußufer – wurden geplant. Schließlich führte man einen ästhetischen Kodex ein, der versuchte, das Wesentliche des ›klassischen‹ New Yorker Apartmenthauses herauszuarbeiten: Backsteinbau, Artikulation des Sockels, ein bißchen Dekoration usw. Was auch immer man von den Ergebnissen halten mag (und es gibt Höhen und Tiefen), der springende Punkt ist, daß der Modus jetzt charakteristisch ist. Wiedergewinnung wurde sowohl zum konsequent initiatorischen wie zum bestätigenden Akt.

Genau östlich von Battery Park City, auf der anderen Seite der Insel, liegt der sogenannte South Street Seaport. Dieser ist der New Yorker Vorposten der Rouse Corporation; er ist in den ehemaligen Gebäuden des Fulton Fish Market, in neu errichteten Pavillons, die ihre Vorgängerbauten nachahmen, sowie in einer Reihe umfunktionierter kleinerer Gebäude aus dem vorigen Jahrhundert untergebracht, die sämtlich die vom benachbarten Marinemuseum gelieferte Aura für sich zu nutzen wissen. Wie im Falle der entsprechenden Einrichtungen in Boston und Baltimore, findet sich auch hier unter dem Vorwand, einen Ausschnitt der Historie vorzuführen, eine Ladenzone, ein Miasma von Boutiquen, die Yuppies und Touristen ködern sollen. Der Komplex stellt darüber hinaus eine Maschinerie zur Differenzierung der Konsumenten dar.

Einen der bemerkenswerteren Anblicke an einem angenehmen Sommernachmittag in New York City bieten die Bewohner von Battery Park City, die sich an der Uferpromenade sowie in mehreren winzigen Parks und Plätzen zwischen den Apartmenthäusern sonnen. Wir sind mit einem heiter-friedlichen, städtischen Idyll konfrontiert, mit einer Aktivität, die das mindeste Vorrecht eines jeden Stadtbewohners darstellen sollte. Was auffällt, ist jedoch die völlige Homogenität der sonnenbadenden Bewohner. Ähnlich wie bei South Street Seaport handelt es sich auch bei Battery Park City um ein demographisches Instrument, einen städtischen Anziehungspunkt für junge, sichtlich gesunde, größtenteils kinderlose Akademiker von nahezu ausnahmslos weißer Hautfarbe.

Es ist nicht einfach nur die Tatsache der Enklave oder der Nähe zur Wall Street, die diese Beobachtung stützt, sondern es ist die Architektur. Die aufgesetzte Vornehmheit (die hier erweitert wurde, um ein Minimum von Urbanität einzuschließen) ist die erklärte Domäne dieser Bevölkerungsschicht, ob in ihren postmodernisierten Bürobauten, ihren zum Verwechseln ähnlichen innerstädtischen Restaurants oder ihren mar-

ginal belebten Behausungen. Täuschen wir uns nicht: dies ist nicht tatsächlich das Herz der Finsternis. Es wird nur etwas anderes verdrängt, und wir haben es mit einer weiteren Produktionsstätte der Hyperrealität zu tun.

Bezeichnenderweise spielt sich in den Uptown-Bezirken ein nahezu identisches Drama ab. Auf der West Side, ebenfalls am Flußufer, erwarb Donald Trump – die personifizierte Raffgier – einen ehemaligen Rangierbahnhof, das größte noch vorhandene Stück unerschlossenen Geländes in Manhattan. Trump plant die Errichtung einer Eigentumswohnanlage à la Xanadu, die ursprünglich Television City heißen sollte (nach einem Hauptmieter, den er zu verlocken hoffte) und jetzt freimütiger Trump City genannt wird. Die ersten Entwürfe wurden von Helmut Jahn ausgearbeitet und zeichnen sich durch eine – auf einem gewaltigen Podium stehende – Phalanx von Türmen aus (von denen einer der Welt höchster werden sollte). Ein ohrenbetäubender öffentlicher Aufschrei erzwang eine Überarbeitung, und Trump wandte sich an eben die Architekten, die für den vielgelobten Entwurf von Battery Park City verantwortlich zeichnen.

Man hatte natürlich gehofft, sie würden einen Entwurf vorlegen, der eine hinreichende Anzahl von Verweisen auf ›historische‹ Urbanität aufwiese (an denen es dem Jahnschen Entwurf in so aggressiver Weise mangelte), um die Befürchtungen der Öffentlichkeit zu beschwichtigen, besonders jener in der unmittelbaren Nachbarschaft, die gezwungen sein würden, ohnehin schon nicht funktionierende Verkehrsmittel und andere überlastete Dienstleistungen mit einer riesigen Menge neuer Bewohner zu teilen. Die Ausführung des Entwurfs scheint gegenwärtig wegen der Unmöglichkeit, den gewünschten Grad der Verdichtung in einem auch nur annähernd ›traditionellen‹ Maßstab unterzubringen, fraglich. Der Vorgang selbst aber liefert den eigentlichen Schlüssel. Und in der Tat wiederholte er sich am Columbus Circle, unweit des Trump-Geländes, kürzlich erneut, wo ein aggressiv großer, wenn auch mit den bestehenden Baugesetzen konformer Entwurf des unseligen Moshe Safdie für einen Büro- und Wohnungskomplex von einem verzweifelt um eine Genehmigung ringenden Bauunternehmer verworfen wurde – zugunsten einer unwesentlich kleineren Fassung von Skidmore, Owings und Merrill, die der heute gängigen Version von gutem Geschmack entsprechend hergerichtet ist und anstelle einer sinnvollen Urbanität Verschleierung bietet.

Die Stadt leidet also an der Seuche der Semiotik, einem Veitstanz okklusiver Sinngebung. Die Architektur wurde von ihren wahren Eigentümern auf die Ebene der Madison Avenue herabgewertet: ein gewisses Maß an Cleverness reicht für die endlosen Neuverpackungen aus, von denen die architektonische Ökonomie angetrieben wird. In Wahrheit geht es um Fragen des Standorts: durch welche Mittel und bis wann kann die gleichmacherische Maßstabsvergrößerung in jede Ecke Manhattans gepreßt werden? Hier handelt es sich um die Version der Bauunternehmer von ›Manifest Destiny‹ (im 19. Jhdt. bestehender Anspruch der Amerikaner auf Eroberung des gesamten nordamerikanischen Kontinents, Anm. d. Übers.), die Behauptung, es sei das Naturrecht der Weißen, die ganze Insel zu vereinnahmen. Die Lokalisierung von Erschließungsmaßnahmen, das Aufbranden innerhalb erkennbarer Grenzen, stellen lediglich das Medium für das Hochputschen der Immobilienwerte dar. Ähnlich der Taktik der ›Strategic Hamlets‹ (Strategische Weiler, Prinzip der Militärstrategie im Vietnamkrieg, Anm. d. Übers.), von der anläßlich unseres spätimperialistischen Abenteuers die fehlgeschlagene Einführung der Latifundienwirtschaft in den vietnamesischen Landbau bestimmt wurde, herrscht die unbarmherzige Mentalität des Aufteilens und Eroberns in Manhattan.

Eine weitere Eroberung. Times Square stellt unser historisches Epizentrum dar, ein Konglomerat unserer wesentlichen Qualitäten – Dynamik, Vielfalt, Vulgarität, Kunst, Vergnügen, Verkommenheit, Korruption, Publizität, Anonymität, Hoffnung und Wandel ohne Ende. Seit undenklichen Zeiten bedeutet diese rechtsfreie Zone der Selbstdarstellung gleichzeitig Befreiung und Bedrohung, einen ebenso gepriesenen wie verabscheuten Ort. Der Times Square ist in jeder Bedeutung des Wortes irregulär. Dieses Forum des Betragens jenseits aller Schranken stellt gleichermaßen den Rahmen für eine Architektur außerhalb der herkömmlichen Regeln dar. Als erstrangiger Schlag innerhalb des das Raster zerstörenden Broadway setzt er ein Archipel von Grundstücken und Bedingungen für die drängende Kolonisierung der abgeschlafften Aktivität frei.

Die sich selbsterhaltende Ökologie des Times Square – das Gemisch aus Kunden, Zuhältern, Schauspielern, Theateragenten, Glücksspielern, Hoteliers, Flipperartisten, Kartenschwarzhändlern, Kostümverleihern, Pornoausstellern, Barkeepern, Pizzaverkäufern, Touristen – ist der Ort, an dem das Raster der Rationalität, das die Stadt nach den Prinzipien des konsolidierten Profits zu strukturieren trachtet, schlicht zusammenbricht, ein Kompendium all dessen und all jener, die vom System als unerwünscht erachtet werden. Es kann daher kaum überraschen, daß während der letzten zehn Jahre das stärkste Bombardement an städtischer und unternehmerischer Feuerkraft auf den Times Square zielte – eine gewaltige, erfolgreiche Anstrengung zur Vernichtung des Anathema.

Die Attacke verfügt über zwei Hauptspitzen. Erstens wurde – wie im Falle von Battery Park City – eine quasi-öffentliche Erschließungsbehörde abgesegnet, um die 42. Straße mittels einer Reihe gewaltiger Neubauten kaputtzumachen und einen Straßenblock mit ›historischen‹ Billigkinos (Anziehungspunkte für die unerwünschten Armen) in ›richtige‹ Theater umzuwandeln. Das Herzstück des Entwurfs ist ein arroganter Haufen verkitschter Hochhäuser mit Mansarddächern aus dem Büro von Philip Johnson, des Erztechnokraten höchstpersönlich. Obwohl dieses schreckliche Projekt seitens der Öffentlichkeit unter massiven Beschuß geriet, stellte sich heraus, daß es lediglich von einer noch größeren Initiative ablenkte.

Während die Debatte um die 42. Straße tobte, sorgte eine Änderung in der Baugesetzgebung für einen unverhofften Gewinn der Unternehmer, und zwar nicht nur dort, sondern im gesamten Bezirk. Um die Umgestaltung anzuregen, bot die Stadt den Bauträgern die Gelegenheit, Hochhäuser innerhalb einer sogenannten ›Sonderzone‹ zu errichten, die erheblich größer sein durften als die unter normalen Bedingungen zulässigen. Diese Verlockung stellte sich naturgemäß als unwiderstehlich heraus: die Gegend ist jetzt ein Wald von Stahlträgern und Betonarbeiten, während ein riesiges Hochhaus nach dem anderen ans Netz geht.

Wie im Falle der gerühmten Entwurfsrichtlinien für Battery Park City, versuchten die Behörden dieser gewaltigen Umgestaltung den Stachel zu ziehen, indem sie eine Reihe von obligatorischen Dekorationsstandards für die neuen Bauten auf dem alten Platz verkündeten. Wir haben es wieder mit dem den-Wald-vor-Bäumen-nicht-sehen-Syndrom zu tun, als ob sich die ›chaotische Vitalität‹ des Originals auf eine Frage der Zeichensprache reduzieren ließe. Genau das ist jedoch geschehen, noch eine Speisekarte für ein weiteres Bankett sinnentleerter Bedeutungsträger. Jedes der neuen Gebäude ist verpflichtet, seine Masse mit Werbung und anderen zeichenhaften Medien zu tätowieren und damit eine komplexe Ökologie auf eine Frage des Dekors zu reduzieren. Innerhalb weniger Jahre wird sich der Platz in eine Büroschlucht verwandelt haben, deren agitatorische Neonbotschaften über dem Schlund hin- und herzucken.

Die passende Bezeichnung für diese Entwicklung lautet ›Gentrification‹ oder Veredelung. Unter dem Begriff Veredelung ist eine Reihe von Eigenschaften zusammengefaßt. An erster Stelle führt sie unweigerlich zur Verdrängung, es geht um Enteignung, um eine Klasse, die gegen eine andere vorgeht. Es handelt sich aber auch um Wiederbesetzung. Raum muß umgestaltet, rekultiviert werden. Was die ›Veredelung‹ vom alten Modell der Stadterneuerung unterscheidet, ist die Tatsache, daß letztere Auslöschung bevorzugt, während erstere durch die Verarbeitung der alten Aura gedeiht, also eine parasitäre Existenz führt. Sie erhebt jedoch Anspruch darauf, zu restaurieren, ausgerottete Ingredienzen wiedereinzusetzen. In Manhattan verkörpert die Loftwohnung das Schönheitsideal des Veredelers und Soho (immer wieder ein neuer Name) den Stammsitz dieser Wohnform.

Betrachten wir den Urtyp des Loft. Es stellt eine möglichst undifferenzierte Leere dar, je größer desto besser, wobei die Größe der Beute deren primitive Folge signalisiert. Das Urloft macht ständig geltend, daß es ausgeräumt, von den Besonderheiten seiner vorhergehenden Besatzung komplett entkleidet wurde. Seine Böden wurden glatt geschmirgelt und mit Polyurethanlack versiegelt, seine Wände mit einem fleckenlosen, einheitlichen Weiß besprüht. Seine Geister wurden ausgetrieben.

Übrig bleibt eine attestierte reliquienhafte Struktur, also Architektur, jene gußeisernen Stützen, blechernen Decken, großzügig bemessenen Fenster und Räume. Es gibt eine angemessene Bestätigung historischer Details und das sichere Wissen, daß solch weitläufiger Raum selbst historisch, weil unter den gegenwärtigen Bedingungen nicht erneut zu realisieren ist. Und die Wände sind mit Kunst behangen. Wie im Falle der geometrischen Spielereien auf den Plätzen vor unseren alten Wolkenkratzern im Internationalen Stil oder der blitzenden Reklametafeln des schönen neuen Times Square, bestätigt Kunst den Raum. Auf der Lower East Side von Manhattan, den Thermopylen der Veredelung, fungierten die Kunstgalerien als Stoßtruppen zur Beseitigung der Armen. Die Ironie ist in der Tatsache zu sehen, daß diese Lofts, Galerien und Boutiquen im großen und ganzen talentierten Leuten in dieser Stadt die einzig verfügbaren Aufträge bieten.

Die offizielle architektonische Kultur versteht die Stadt im Sinne einer sich verengenden Reihe von Normen, der Einschränkungen des den Konsumenten zu Gebote stehenden Pluralismus' sowie ihrer Hingabe an die Produktion zahlloser Dinge, die lediglich unterscheidbar sind. Die alleinige Aufgabe dieser Architektur ist die Erstellung von Strategien, die zur Unterscheidung dienen. Die Stadt fungiert zugleich als Einkaufszentrum und als Museum, eine Differenzierung, die in der amerikanischen Kultur im Verschwinden begriffen ist, da die Museen zu Anhängseln ihrer Souvenirläden werden und Kunst ohne Biß über das reine Ornament hinaus keinerlei Ehrgeiz besitzt: das Museum of Modern Art erneuert seine Bausubstanz entsprechend dem Image eines Einkaufszentrums. Battery Park City ist mit leicht zugänglicher Kunst gewürzt. Und so weiter.

Unter den heutigen Bedingungen stellt der Anspruch, ein ›Meilenstein‹ zu sein, die einzige substantielle Forderung an die Architektur in New York dar. In der Tat hat die fehlende Billigung jeglichen anderen konstruktiven Wertes die städtische Denkmalpflegebehörde praktisch in eine Rumpfplanungsabteilung verwandelt, in der die Planer die Autorität an die Bauträger abgetreten haben. Bei der Verteilung von Prädikaten des Denkmalamtes handelt es sich jedoch um ein äußerst brüchiges Bollwerk, das letztlich nur seriösen historischen Prinzipien verantwortlich ist; bedauerlicherweise kann man das menschliche Leben nicht unter Denkmalschutz stellen. Es scheint darüber hinaus, als seien wir nicht einmal in der Lage, unsere besten Bauten angemessen zu achten. Die narzißtische Verunstaltung des Guggenheim sowie des Whitney Museum durch zwei in dieser Ausstellung vertretene Architekten zeigt den Tiefststand an.

Der schlichte Tatbestand ist der folgende: New York stellt nicht länger ein Zentrum für die Errichtung ernstzunehmender Architektur dar. Gewiß, die Begabungen in dieser unwiderstehlichen Stadt leuchten hell, es gibt eine Fülle von kleinen Projekten unterbeschäftigter Talente, Flughäfen und Telefaxverbindungen sind von den potentiellen Konsumenten unserer Produkte verstopft. Es fällt hingegen rückblickend schwer, sich an unser letztes, wirklich herausragendes Bauwerk zu erinnern. Mein persönlicher Kandidat für die Position des Türschließers ist die Ford Foundation von Kevin Roche. Sie stellt sicherlich *das* Beispiel der Kultur an ihrem Endpunkt dar, den philanthropischen Arm des vorrangigsten Industriezweigs der Nation, im Zweifel desjenigen, der unsere Städte durch sein Monopol auf den Vorzug der Mobilität in die Knie zwang. Die Stiftung ist in einer wunderschön gearbeiteten, prächtigen Kathedrale untergebracht, von der aus Gelder zur Förderung des Lieblingsziels amerikanischer Wohltätigkeit verteilt werden: Bildung, die Künste, kleine Verbesserungen im Schicksal diverser kolonisierter Völker, zu Hause und – ganz besonders – im Ausland, Veredelung mit weltweiter Wirkung.

Die Anlage paßt darüber hinaus zu einer Ökologie, die an ihren Endpunkt gekommen ist. Ein Fragment der Natur wird, einem Kunstwerk gleich, im klimatisierten Museum erhalten. Beim Blick aus den Büros zu beiden Seiten des Innenhofs der Ford Foundation erhält die Stadt durch das Blattwerk weiche Konturen und erscheint als die großartige Vision der Moderne von der wachsenden Kompatibilität von Architektur und Natur. Dieser Eindruck trügt natürlich. Auf der anderen Seite des Glases ist die Luft untauglich zum Atmen und die Bevölkerung dazu verurteilt, nächtens auf der Suche nach Wärme über Schachtabdeckungen auf dem Bürgersteig zu schlafen.

Christian Norberg-Schulz

Die Aussichten des Pluralismus

Das Spannende an New York liegt in erster Linie in seiner ›Neuheit‹. Alles, was wir früher über Städte wußten, ist hier auf den Kopf gestellt. Wir glaubten, daß eine Stadt aus Bauten besteht, die einen ähnlichen Charakter haben und daher zusammengehören (das trifft sogar auf eine große Stadt wie Paris zu). Wir glaubten auch, daß sich eine Stadt um einen Platz gruppiert, der ein Gefühl des ›Ankommens‹ vermittelt (zum Beispiel der Campo in Siena). Und wir glaubten, eine Stadt müsse über bestimmte markante Bauwerke verfügen, die öffentliche Werte verkörpern: eine Kathedrale, ein Rathaus oder eine Burg (in Florenz heißt es, nur die im Schatten des ›cupolone‹ Geborenen seien wirkliche Florentiner!).

In New York steht jedes Bauwerk für sich alleine. Kaum eines nimmt Rücksicht auf seine Nachbarn, und während es dort steht, weiß es nicht, was mit ihm am nächsten Tag passieren könnte. Klassizistisch, gotisch, Art Déco und Moderne: sie sind alle verschieden und bilden keine ›Familie‹ im Sinne herkömmlicher Urbanität. Und wo ist die Piazza? Vielleicht Washington Square, aber nicht einmal dort läßt man sich nieder und sagt: »Jetzt bin ich in New York.« Die markanten Bauwerke schließlich sind nicht mehr öffentlich zugänglich, sondern ›Knotenpunkte der Aktivität‹ und tragen die Namen von Personen oder Firmen: Woolworth, Chrysler, RCA und AT & T. Und sie sammeln keine ›civitas‹ um sich. Sie stehen alleine und müssen weder ähnlich aussehen noch eine ›Interpretation‹ der allgemeinen gebauten Struktur bieten. In New York stellt Ähnlichkeit eher die Ausnahme als die Regel dar.

New York war schon immer so. Walt Whitman widmete der »großen, demokratischen Inselstadt« Lieder, und Henry James pries ihre »unbeschreibliche Macht«. Maxim Gorki war schockiert von ihren »wahrhaft plumpen Bauwerken«, die »düster und trübselig aufragen«, aber Leo Trotzki erkannte sie als »vollständigsten Ausdruck unseres modernen Zeitalters«. Der Theoretiker der modernen Stadt, Le Corbusier, bezeichnete New York als »Katastrophe«, fügte aber hinzu, es sei eine »wunderschöne Katastrophe«. Ein Unglück, in der Tat, wenn wir an traditionelle urbane Werte glauben. Aber wunderschön, weil es unserer ›offenen Welt‹ Ausdruck verleiht. Der Schlüssel zu New York ist daher ›die Schönheit der Offenheit‹. Hier haben sich Freiheit und Möglichkeit als Stadt manifestiert, eine lebende, sich verändernde Stadt, die trotzdem irgendwie gleich bleibt, weil sie ›offen‹ bleibt. Über diese Eigenschaft bringt sie jedoch die *Möglichkeiten* der Offenheit oder, mit anderen Worten, *die Aussichten des Pluralismus* zum Ausdruck.

New York ist die erste pluralistische Stadt. Angesichts der Einwanderer aus aller Welt konnte sie keine einfache Identität finden. All die Neuankömmlinge wollten mit ihren Wünschen, Idealen und Erinnerungen beteiligt sein. Alle mußten alleine für sich selber einstehen. Mit Sicherheit entstanden einige ethnische Viertel aus diesem Prozeß des Sich-Treffens und Vermischens; die jüdische Lower East Side, das deutsche Yorkville, ›Little Italy‹ und das schwarze Harlem. Diese Viertel stellen jedoch innerhalb der umgebenden Offenheit eher ›Bedeutungsinseln‹ als Siedlungen im herkömmlichen Sinn dar. Gleich den bedeutenden Bauten stehen sie allein, oder eher zusammen in einer den Städten der Vergangenheit unbekannten Bedeutung. Ein Vergleich mit Rom macht dies klar. Rom war ebenfalls im Laufe der Geschichte ein Treffpunkt, aber sein außergewöhnlich ausgeprägter genius loci machte alle Neuankömmlinge zu Römern, und die Stadt bewahrte ihre ›ewige‹ Identität. Im Gegensatz hierzu formt New York die Menschen nicht, sondern läßt ihnen ihre Freiheit. Es ist deshalb falsch, New York als ›Schmelztiegel‹ zu bezeichnen; eher handelt es sich um einen »Kochtopf« (Thomas E. Dewey). Als solcher ist es wahrhaft pluralistisch und darüber hinaus der »vollständigste Ausdruck unseres modernen Zeitalters«.

Aber trifft das nicht auf alle amerikanischen Städte zu? Nicht wirklich. Boston hat einen ausgeprägten Lokalcharakter, ebenso Chicago, New Orleans und San Francisco. Gewiß gibt es pluralistische Phänomene, die in letzter Zeit stärker hervortreten, aber wir besuchen trotzdem diese Städte, um ihr Lokalkolorit zu erleben; den ›nordischen‹ Klassizismus von Boston, das explizit Moderne an Chicago, die visuelle Musik von New Orleans und die farbigen Phantasien von San Francisco. New York besuchen wir, um ›alles‹ zu erleben und um so eine Injektion von Vitalität zu erfahren, die man nirgendwo sonst bekommen kann. Paul Goldberger faßte dies zutreffend zusammen, als er schrieb: »New York wollte immer alles für jedermann sein und schaffte dies in erstaunlich kurzer Zeit.«

Trotz seiner Andersartigkeit ist und bleibt New York eine amerikanische Stadt. Amerikanische Städte zeichnen sich generell durch ›Offenheit‹ aus, und auch New York ist auf einem Rasterplan, der Hauptausdrucksform dieser Eigenschaft, erbaut. Zusätzlich zur räumlichen Offenheit anderer Städte zeigt New York jedoch eine deutlichere *inhaltliche Offenheit*. Diese Eigenschaft macht es nicht notwendigerweise ›amerikanischer‹, sicherlich aber ›moderner‹. Man hat Chicago als die ›amerikanischste Stadt‹ bezeichnet, weil dort eine neue Architektur entwickelt wurde, die der räumlichen Offenheit der ›Frontier‹ (Besiedlungsgrenze) Ausdruck verlieh, das heißt, eines Amerika, das als neue, durch stetes Vorrükken nach Westen zu erobernde Welt verstanden wurde. Heute gehört die räumliche Offenheit der Frontier der Vergangenheit an, und wir sind mit einer Situation der Offenheit in Bezug auf den Inhalt konfrontiert. Dieser Aspekt der amerikanischen Zivilisation war potentiell immer vorhanden; nach dem Bürgerkrieg aber trat er in den Vordergrund, als die halb-statischen Muster der frühen Kolonisierung zusammenbrachen und gegen eine vom ›freien Spiel der Kräfte‹ charakterisierte Gesellschaft ausgetauscht wurden. Seither ersetzt der Pluralismus den Schmelztiegel, und New York ist ›moderner‹ denn je. Vielleicht hatte Thomas Paine dies im Sinn, als er schrieb, daß Amerika »dazu bestimmt ist, das primitive, kostbare Modell dessen abzugeben, was den Zustand der Menschheit auf der ganzen Welt verändern wird«.

Und hier kommen wir zum Ausgangspunkt zurück: New York ist eine neue Art von Stadt und als solche »der vollständigste Ausdruck unseres modernen Zeitalters«. In der Tat entwickeln zahlreiche Städte in aller Welt heutzutage ähnliche Merkmale. Frankfurt ist mit Sicherheit ein Beispiel, aber sogar eine ›provinzielle‹ Hauptstadt wie Oslo beginnt, sich in dieselbe Richtung zu bewegen. Die offensichtliche Ursache ist der neue Pluralismus, der immer mehr zum Normalzustand wird. Vielerorts hat die Bevölkrung nicht mehr die gleiche Hautfarbe, und die Medien zwingen uns täglich, am Leben des gesamten Globus teilzunehmen. In der Folge bricht die alte Weltordnung integrierter ›ethnischer Domänen‹ zusammen, und wir erleben eine neue Situation, bei der Teile und Fragmente verschiedensten Ursprungs zusammenkommen und sich vermischen. Das bedeutet, wir erleben überall den Zustand, der New York seit mehr als zweihundert Jahren auszeichnet.

Wenn sich die ethnischen Domänen auflösen, werden die von ihnen hervorgebrachten Formen von ihrer direkten Beziehung zu einem Ort oder einer bestimmten Sozialstruktur befreit. Sie werden anstatt zu konkreten Tatsachen zu *Erinnerungszeichen* und können als solche an andere Orte verpflanzt werden. Man könnte auch sagen, unsere Welt werde zunehmend künstlich. Für einige heißt das, sie wird unaufrichtig und bedeutungslos und daher bar jeglicher Stabilität und Identität. Um dieses Problem zu verstehen, könnten wir das ›kostbare Vorbild‹ New Yorks genauer betrachten.

Ist New York als menschliche Umgebung bedeutungslos und unaufrichtig? Unsere unmittelbare Erfahrung scheint einer solchen Schlußfolgerung zu widersprechen. Als Walt Whitman schrieb, Manhattan »scheint sich mit hohen Türmen zu erheben, glänzend im Sonnenschein, mit einer solchen Neue-Welt-Atmosphäre, -Anblick und -Aktion«, war seine Wahrnehmung sicherlich bedeutungsvoll, und Le Corbusiers Katastrophe hätte nicht wunderschön sein können, hätte es sich um eine bloße Fälschung gehandelt. Rem Koolhaas trifft den Nagel auf den Kopf, wenn er sagt, »Manhattan hat bei seinen Betrachtern stets ein Gefühl der Ekstase über Architektur ausgelöst«. Ich selbst habe diese Ekstase bei meiner Ankunft in New York per Schiff im Jahre 1952 erlebt. Die atemberaubende Ansammlung von Wolkenkratzern in Lower Manhattan, die Ausdehnung der endlosen, nach Norden führenden Avenues und die schluchtartigen, die Insel überquerenden Straßen, als habe sie der Verlauf der Sonne geschnitten. Ein überwältigendes Gefühl von *Etwas* anstelle von Nichts; Etwas, das sich bis zu einer unerschöpflichen Fülle von Details verfolgen ließe. Allgemein gesprochen, bestand die Erfahrung im Erkennen von *Qualität*. Die Formen waren gewiß verschiedenster Herkunft, aber selbst in ihrem neuen Umfeld waren sie bedeutungsvoll, vielleicht sogar besser als die Originale!

Wie ist dies möglich? Wie können von irgendwoher mitgebrachte Teile und Fragmente ein signifikantes Ganzes ergeben? Es kann nur geschehen, wenn an einen neuen Ort verbrachte Formen ihre Bedeutung beibehalten und wenn das von ihnen gebildete ›Ganze‹ eine neue Qualität hat. Ich erwähnte schon, daß die in New York angetroffenen Formen der Klassik, Gotik, Art Déco und Moderne entnommen sind, und könnte weitere Bestimmungen hinzufügen. Ist aber eine griechische Säule nicht nur in einem griechischen Kontext bedeutungsvoll und ein gotischer Bogen nur als Teil eines mit-

telalterlichen Bauwerks? Die Geschichte beweist das Gegenteil. Wir müssen nicht nach Amerika gehen, um zu sehen, daß eine klassische Säule ›überall‹ sinnvoll ist. Sie ›funktioniert‹ von Khartoum bis Helsinki; dasselbe gilt für nahezu alle historischen Formen, obgleich nicht alle über die gleiche Fähigkeit zur Adaption verfügen mögen. ›Adaption‹ ist in diesem Zusammenhang ein entscheidender Begriff; er bedeutet, daß Formen neu und alt sind, das heißt, sie besitzen allgemeine Bedeutungen, die immer wieder in Übereinstimmung mit den örtlichen und zeitlichen Umständen interpretiert werden müssen. Die klassischen Formen verfügen über eine ausgeprägte Fähigkeit zur Adaption, offenbar weil sie Erinnerungen von besonders großer Allgemeingültigkeit ausdrücken.

Die in ihren besonderen Traditionen befangenen Europäer sind nicht in der Lage, den wahren Charakter des architektonischen Pluralismus zu begreifen. So lehnten die Pioniere der Moderne alle historischen Formen ab, da sie zu anderen Epochen gehörten, und wollten die Architektur voraussetzungslos neu erfinden. Die Entwicklung der Architektur des 20. Jahrhunderts beweist die Sinnlosigkeit dieses Unterfangens, das uns für einige Zeit stumm und blind machte. Die Amerikaner jedoch, die über keine eigene Tradition verfügen, mußten in den Worten Thomas Jeffersons »die ersten Prinzipien der Kunst« wiedergewinnen; sie fanden diese Prinzipien in der Geschichte und nicht in den am Bauhaus gelehrten abstrakten »visuellen Grundlagen«. Mit der Geschichte haben sich die amerikanischen Architekten tatsächlich sehr beschäftigt, nicht weil sie ein »kulturelles Alibi« brauchen (dies sind Giedions Worte), sondern weil sie verstehen wollen, was Architektur wirklich ist. Der Gebrauch historischer Formen als Ausdrucksmittel wird als *Eklektizismus* bezeichnet; die amerikanische Architektur beleuchtet den eklektischen Charakter unseres Fachs.

New York ist die eklektische Stadt par excellence. Hier steht jedes Bauwerk für sich allein und *möchte etwas darstellen*. Das heißt, es möchte Qualität besitzen. Das Wort ›Qualität‹ kommt vom lat. ›qualis‹, das bedeutet ›von welcher Art‹.

Qualität zu besitzen impliziert folglich, daß etwas ›etwas‹ und nicht ›nichts‹ darstellt; ein sich durch Qualität auszeichnendes Ding ist gänzlich sich selbst verpflichtet. Offenbar haben ›alleinstehende‹ Gebäude ein stärkeres Bedürfnis nach Qualität als Bauten, die von einem verwandten Umfeld unterstützt werden. Amerikanische Bauträger und Architekten erkannten dies von Anfang an und strebten nach der Verwirklichung von Formen mit ausgeprägtem symbolischen und typologischen Wert. Der Pluralismus der amerikanischen Umwelt stellt daher das Ergebnis von Ausschmückungen auf der Basis »erster Prinzipien« dar oder – anders gesagt – das Ergebnis einer sinnvollen Nutzung der Architektursprache.

Dies trifft auch auf die Architektur New Yorks zu. Heute stellen die gußeisernen Fassaden im Bezirk Soho die ältesten Manifestationen des New Yorker Pluralismus dar. Daniel D. Badgers Katalog der gußeisernen Bauten aus dem Jahre 1865 beleuchtet die expressiven Möglichkeiten des Materials: »Eisen ist zu allen Formen *architektonischer Schönheit* fähig. Es muß offenkundig sein, daß beliebige architektonische Formen, die man aus Holz, Stein oder anderen Materialien schnitzen oder meißeln kann, sich ebenso getreu aus Eisen reproduzieren lassen.« Pluralismus des Ausdrucks war daher ein bewußtes Ziel, und die im Katalog gezeigten Modelle sind vielfältigen Ursprungs. Es gibt eine Fülle von Entwürfen in klassisch römischem, Renaissance- und gotischem Stil; der Aufriß eines Getreidespeichers wirkt mit seiner ausgedehnten Wiederholung gleichförmiger Felder ziemlich modern. Wo die historischen Reminiszenzen den Bauten ein Gefühl der Würde verleihen, das die Leistungen des einzelnen Besitzers feiert, drückt die ›offene‹ Eisenkonstruktion die Möglichkeiten der Neuen Welt aus. Obgleich die Bauten in Soho in Amerika noch am ehesten eine ›Familie‹ verwandter Mitglieder bilden, steht doch jede Einheit für sich alleine und bekundet eine klare eigene Identität. Die Erfahrung des Bezirks um den Lower Broadway ist daher von ständiger Entdeckung und Bezauberung gekennzeichnet.

Mit dem Aufstieg des Wolkenkratzers trat der Pluralismus New Yorks in eine neue Phase üppiger Ausdrucksformen ein. Das Problem ist jetzt nicht länger hauptsächlich die Beziehung zwischen Fassade und Straße, sondern wie sich das Gebäude erhebt und zum Himmel hin abschließt. Offensichtlich eignen sich klassische Formen nicht gut zur Gliederung hoher Bauwerke; folglich zog man die Gotik heran. Anders als die gezähmte Gotik, die man bei Bauten in Chicago wie dem Fisher und dem Reliance Building findet, ist die New Yorker Gotik unverblümt und malerisch. Das Woolworth Building (Cass Gilbert, 1913) nutzt die gotische Formensprache nicht zur Erlangung eines »kulturellen Alibis«, sondern zur Interpretation des aufragenden Hochhausbaus. Dadurch werden verborgene Möglichkeiten des Stils offenbar. Mit anderen Worten, das Woolworth Building beweist die Fähigkeit der Gotik als ›Sprache‹ zu bedeutungsvollen neuen Ausdrucksformen. (Daß auch der Stil der klassischen Antike über ›neue‹ Fähigkeiten verfügt, hatte Thomas Jefferson schon über hundert Jahre zuvor demonstriert.)

Der Aufstieg des New Yorker Wolkenkratzers kulminierte in dem herrlich pittoresken Chrysler Building von William Van Alen (1928–30). Hier wurden die Kräfte der Gotik zu hinreißenden Art-Déco-Mustern abstrahiert, die an der Spitze in einer Reihe übereinanderliegender, fächerartiger Bögen enden, die ein Zusammentreffen der gebauten Struktur mit den Strahlen der Sonne auszudrücken scheinen. Das Auroramotiv des Jugendstils erhält so eine phantastische architektonische Interpretation. Nach mehr als einem halben Jahrhundert sticht das Chrysler Building immer noch als das markanteste Bauwerk von New York hervor. Seine Spitze kennzeichnet die Skyline mit ihrer ausgeprägt metaphorischen Qualität; der ›einsame‹ Wolkenkratzer wird so zum Bestandteil einer neuen pluralistischen Gesamtheit.

Die Art-Déco-Architektur von New York stellt einen entscheidenden Schritt zur Befreiung des architektonischen Eklektizismus von allzu direktem Zitieren dar. Hier werden die »ersten Prinzipien der Kunst« wiedergewonnen als neue Interpretationen des Stehens, Aufstrebens und Empfangens des himmlischen Lichts. Die Details sind zugleich neu und alt, wie die geflügelten Kühlerhauben am 30. Geschoß des Chrysler Building, die an gotische Wasserspeier erinnern und dadurch einem im doppelten Sinne romantischen Traum Ausdruck verleihen. Als Robert Venturi viele Jahre später für eine Architektur der »Einbeziehung« eintritt, führt er damit das grundlegende Bestreben der amerikanischen Architektur fort.

Nach dem Zweiten Weltkrieg führte der Internationale Stil andere Ziele ein. Trotz seiner architektonischen Qualitäten gehört das Lever House (SOM, Gordon Bunshaft, 1952) nicht wirklich zur New Yorker Szene. Es präsentiert nicht nur die reflektierende Oberfläche als Ersatz für eine deutlich figurale Form, sondern unterbricht auch die Kontinuität der Straße; auf

diesen Punkt werde ich später zurückkommen. Umfaßt der Begriff Pluralismus aber nicht auch Bauten dieser Art? Das trifft gewiß zu, solange es nur wenige davon gibt. Wenn sie zur Regel werden, stirbt der Pluralismus, und Monotonie tritt an seine Stelle, wie die jüngste Serie von Glaskästen an Park und 7th Avenue beweist. Die prägnante Spitze geht ebenfalls verloren und mit ihr die Skyline als Manifestation des amerikanischen Unternehmertums. Nichts als bloße Höhe ist jetzt zum einzigen Ausdrucksmittel geworden; die beiden Türme des World Trade Center können nicht wirklich überzeugen, wenn sie uns mitteilen möchten, daß ›big‹ gleich ›beautiful‹ ist. (Die Banalität des gläsernen Kastens kann jedoch bis zu einem gewissen Grad durch subtile Detailgestaltung und Proportionierung überwunden werden, wie das im Jahre 1958 entstandene Seagram Building von Mies van der Rohe und Philip Johnson beweist.)

Die Wiedergeburt der figurativen Architektur wurde von Philip Johnson und John Burgee mit dem AT & T Building an der Madison Avenue (1979–84) eingeleitet. Hier wurden die Qualitäten des Stehens, Aufsteigens und Beendens wiedergewonnen, ebenso wie eine bedeutungsvolle Beziehung zur vorgelagerten Einkaufsstraße. Die Architekten selbst beschrieben das Ziel als »Entwurf eines Gebäudes, das der Welt die Substanz eines der größten Geschäftsunternehmen mitteilen soll«, das heißt, als einen »Versuch, die architektonischen Qualitäten zu bestimmen, die New York zu New York machten«; diese Mittel waren »klassische Komposition, Mauerwerkverkleidung mit vorzüglicher Detailbehandlung sowie dramatisch gegliederte Dachumrisse«.

Das AT & T Building sorgte bei spätmodernen Architekten für viel Aufregung, und die harte Kritik an seiner eklektischen Formgebung offenbart einen allgemeinen Wandel in der Einstellung. Das heißt, der traditionelle pluralistische Liberalismus der New Yorker Architekten wich einer engstirnigen, ›exklusiven‹, diktatorischen Haltung. Robert Venturis Angriff richtete sich gegen diese Haltung, als er für eine »komplexe und widersprüchliche Architektur« eintrat, »die auf der Vielfalt und Mehrdeutigkeit der modernen Erfahrung beruht«. Leider wurde seine Botschaft nicht richtig verstanden, und die New Yorker Szene spaltete sich nach dem Scheitern der Spätmoderne in rivalisierende Strömungen, die sich gegenseitig jegliche Bedeutung absprachen. Was als positive, vitale Offenheit begann, wurde so zur negativen ›Dekonstruktion‹.

Der in Mode gekommene Begriff ›Dekonstruktion‹ ist kennzeichnend für die gegenwärtige Krise. Anstatt eine Manifestation des Pluralismus zu sein, behauptet der Dekonstruktionismus (oder, wenn Sie bevorzugen, Dekonstruktivismus), daß jeglicher bedeutsame Ausdruck unmöglich sei und die Aufgabe des Architekten darin bestehe, Entwürfe anzufertigen, die »nichts bedeuten« (Bernard Tschumi). Ausgangspunkt ist die Ablehnung des modernen Traums von einer neuen, auf dem ›esprit nouveau‹ basierenden Einheit; so gesehen, ist er der von Venturi vorgebrachten Kritik verwandt. Die Schlußfolgerungen sind jedoch unterschiedlich. Wo der Pluralismus erkennt, daß Leben die Möglichkeit der Wahl zwischen Werten bedeutet, verneint der Dekonstruktionismus die Existenz jeglicher Werte. So verrät er den amerikanischen Glauben an Freiheit und Fortschritt und reduziert die Vielfalt und Vieldeutigkeit der modernen Erfahrung auf ein nihilistisches Spiel visueller Betäubungsmittel.

Da das Museum of Modern Art in New York kürzlich der ›Dekonstruktivistischen Architektur‹ eine Ausstellung widmete, verdient diese Strömung eine weitergehende Stellungnahme. Was von Architekten wie Tschumi, Hadid, Eisenman und Coop Himmelblau ›dekonstruiert‹ wird, sind die sterilen Formen der Spätmoderne, und gewiß nicht die Typen und Prinzipien historischer Stile, die eher durch Abwesenheit negiert werden. Das Ergebnis ist nicht eine Architektur, die ›nichts‹ bedeutet, sondern eine Architektur, die die dürftigen Inhalte der Spätmoderne wiederholt. In beiden Fällen ist die inhaltliche Dürftigkeit dem Gebrauch ›namenloser‹ Elemente zu verdanken, das heißt ›Formen‹, denen keinerlei Realität zugeschrieben werden kann. Die Einführung von Reminiszenzen an den sowjetischen Konstruktivismus bietet jedoch ein Echo industrieller Ikonographie und impliziert so eine Rückkehr zum absoluten Glauben an die Maschine. (Peter Eisenman fügt einen Beigeschmack von Computer hinzu und geht so einen Schritt weiter in Richtung auf die totale Verfremdung.) Der Dekonstruktionismus drückt darüber hinaus den Wunsch aus, gewisse Anfänge der modernen Architektur wiederaufzugreifen. Dieses Unterfangen ist jedoch aufgrund des herrschenden Bedürfnisses nach bedeutsamen Bildern und Symbolen gleichfalls zum Scheitern verurteilt.

Obgleich der Dekonstruktionismus nicht zum Pluralismus gehört, könnte eine begrenzte Zahl von solchen Arbeiten einen Beitrag zu einer vielgestaltigen, komplexen Umwelt darstellen. Der Beitrag bestünde jedoch nicht in einer neuen Interpretation der »ersten Prinzipien« der Architektur, sondern in etwas Gegenteiligem, was diese Prinzipien in anderen, authentischen Werken der Architektur klarer hervortreten ließe.

Meine Kritik am Dekonstruktionismus impliziert das Vorhandensein einer gemeinsamen Basis der verschiedenen Ausformungen des Pluralismus. Robert A. M. Stern bringt es auf den Punkt, wenn er sagt: »Ein Architekt zu sein heißt, eine individuelle Stimme zu besitzen, die eine allgemeinverständliche Formensprache spricht«; er erklärt weiterhin, das Sprechen des Architekten biete »die Gelegenheit, die inhärente Ordnung der Dinge zu bekräftigen und wiederherzustellen«. Vor dem Auftreten der Moderne verfügten die New Yorker Architekten mit Gewißheit über individuelle Stimmen; auch sprachen sie eine allgemeinverständliche Formensprache, die fähig war, die inhärente Ordnung der Dinge zu erfassen. Sie bildete die Grundlage für unsere Wahrnehmung der Stadt als bedeutungsvollen, abwechslungsreichen, faszinierenden Ort, der die Vielfalt und Mehrdeutigkeit der modernen Erfahrung zum Ausdruck bringt. Was also ist diese gemeinsame Sprache?

In der Regel dient eine Sprache dazu, ›etwas‹ auszudrücken und die Bedeutung eines jeglichen Etwas besteht aus seiner Beziehung zur inhärenten Ordnung der Dinge. Es ist nicht möglich, dieses philosophische Problem hier im Detail zu erörtern; lassen Sie mich nur geltend machen, daß die hauptsächlich auf die Architektur bezogene Art von ›Ordnung‹ die Stellung der Dinge im Raum betrifft. Kästners Ausspruch »Auch wer längst schon verlernt hat, an Himmel und Hölle zu glauben, kann doch nicht den Rang der Worte oben und unten vertauschen«, gibt einen Hinweis darauf, was dies bedeutet. Ein Ding wird so von seinem Stehen, Aufstreben, Ausdehnen, Öffnen und Schließen charakterisiert. Wenn wir diese Eigenschaften zu menschlichen Taten wie Abreise, Ankunft, Treffen und Rückzug in Beziehung setzen, können wir vielleicht die von der Architektursprache ausgedrückte ›Ordnung‹ begreifen. Die fraglichen Bauten sind offenbar ›inhärent‹ oder atemporal wie auch temporal. Die atemporalen oder ›archetypischen‹

Bauten werden in keinem Fall als solche ausgedrückt, sondern unterliegen neuen temporalen Interpretationen. Ich habe jedoch bereits angedeutet, daß bestimmte Formen, wie die ›klassischen‹, über archetypische Eigenschaften verfügen, eine Tatsache, die durch ihr ständiges Auftreten im Laufe der Geschichte belegt wird. Formen mit archetypischen Eigenschaften sind »benennbare Objekte«, um einen Begriff Leon Kriers zu benutzen. Ein benennbares Objekt zeichnet sich dadurch aus, daß es erkennbar und erinnerbar ist. Die Welt des Menschen besteht im allgemeinen aus benennbaren Objekten. »Kein ding sei wo das wort gebricht«, schrieb Stefan George.

Obgleich sich die Natur der Architektursprache an bestimmten Orten und zu bestimmten Zeiten offenbart, verlieren ihre Grundformen ihre Bedeutung nicht, wenn man sie in einen anderen Zusammenhang überträgt. Das bedeutet, sie sind zugleich neu und alt und statten so die zufällige Situation mit allgemein menschlichen Erinnerungen aus. Die Situation wird also als bedeutungsvoller Augenblick in der Geschichte erfahrbar. Amerikanische Architektur gründet seit den Anfängen auf ›alten‹ Formen, die in neuem Zusammenhang benutzt werden. Zahlreiche Europäer haben diese Vorgehensweise als oberflächlichen, ›falschen‹ Eklektizismus verurteilt. Ich frage wiederum, warum der Gebrauch klassischer Formen in Helsinki oder Edinburgh überzeugender sein soll als in Boston oder New York. Eklektizismus ist offenbar nicht eine Frage des Gebrauchs von Erinnerungen als solchen, sondern von einer mehr oder weniger nützlichen Anwendung ›bekannter‹ linguistischer Elemente. Selbstverständlich läßt sich mit jeder Sprache Unsinn ausdrücken.

›Alte Formen in neuem Kontext‹; das Wort ›Kontext‹ bedeutet heute eine offene, dynamische Welt. Ihr grundlegender räumlicher Ausdruck ist der ›plan libre‹; wie wir alle wissen, ist dieses Konzept in erster Linie Amerika zu verdanken, angefangen bei der ›Chicago Construction‹ bis zum Reifestadium in Frank Lloyd Wrights Prairie Houses. Wright war sich jedoch absolut darüber im Klaren, daß seine Grundrisse auch ›alt‹ waren und ein ›tieferes Gefühl der Realität‹ vermittelten. Im städtischen Maßstab wurde der freie Grundriß zum Raster. Beim Raster handelt es sich sicherlich um eine alte Form; in seiner amerikanischen Ausformung wird es zu einer Studie von Offenheit und Dynamik. Es ist in der Tat das Raster, und ganz besonders dessen New Yorker Spielart, das den Pluralismus ermöglicht.

Das amerikanische Raster dehnt sich unendlich aus. Es setzt sich aus offenen Straßen, das heißt Straßen ohne festgelegte Endpunkte zusammen. Die offene Straße gibt der Rolle des modernen Menschen als ›homo viator‹ Ausdruck und bietet so eine neue Interpretation einer archetypisch existentiellen Struktur. Um als offene Form zu funktionieren, muß die Straße über Kontinuität oder einfache lineare Kohärenz verfügen. Moderne Bauten wie das Lever House und das Seagram Building respektieren diese Forderung nicht und offenbaren insofern einen Mangel an Verständnis für das Raster. Das gleiche gilt für gewisse neuere Projekte, bei denen übergelegte Muster das Raster ›dekonstruieren‹, wodurch Chaos anstatt Freiheit entsteht. Das Raster ist also keine Zwangsjacke. Der Grundgedanke bei seiner Bildung war Chancengleichheit für jedermann, und seine Offenheit ist in der Tat ein Ausdruck von Freiheit.

Das Raster an sich ist einfach und sollte einfach sein. Wenn es mit der vorhandenen Topographie interagiert, kommen jedoch ›Überraschungen‹ vor, die eine neue Beziehung zwischen Mensch und Natur offenbaren; eine Beziehung der Gegensätze, nicht der Einbettung. In New York sind die ›Überraschungen‹ dank der bestehenden Insellage besonders faszinierend. Die die Insel überquerenden Straßen verraten die natürlichen Gegebenheiten und beleuchten ›etwas‹, das immer vorhanden war, in einer neuen bedeutsamen Weise.

Innerhalb des Rasters stehen Bauten und Räume (wie der Central Park und das Rockefeller Center) als ›Inseln der Bedeutung‹ für sich. Die offene Stadt setzt sich aus diesen Bedeutungsinseln zusammen, die den Versammlungsplatz und das monumentale Bauwerk der historischen Stadt ersetzen. Um zu einer Bedeutungsinsel zu werden, muß ein Bauwerk über eine charakteristische Spitze, die in der Stadtlandschaft agiert, sowie über einen Innenraum verfügen, der in der Straßenlandschaft als Ruhepunkt dient. Seit dem Rookery Building in Chicago (1886–87) waren amerikanische Bauten in hohem Maße auf Eingangshallen ausgerichtet, die auf das Raster bezogen waren. Offenbar lassen sich die Lektionen des ›plan libre‹ sowie die postmoderne Definition von Wegen und Knotenpunkten mittels figuraler Motive, wie Pediment und Ädikula, bei ihrer Planung anwenden. Ein erfolgreiches Beispiel dieser Entwicklung des freien Grundrisses bietet Bart Voorsangers Bibliothek der Graduate Business School an der New York University (1983).

Um als solche agieren zu können, braucht eine Bedeutungsinsel architektonische Qualität. Qualität hängt, wie oben angedeutet, vom Gebrauch einer allgemeinverständlichen Formensprache ab. Angeregt von den Pionierleistungen Louis Kahns und Robert Venturis, haben zahlreiche amerikanische Architekten während des vergangenen Jahrzehnts zu ihrer Wiederbelebung beigetragen, und die New Yorker Szene ist dabei, sich allmählich aus dem tödlichen Griff der Spätmoderne zu befreien. Dies ist nicht der Ort, um die Schafe von den Böcken zu trennen, aber ich darf andeuten, daß ich eher an Bauten wie 70 East 55th Street von Kohn Pedersen Fox denke

als an die oberflächliche Pracht des Trump Tower und seinesgleichen. Allgemein gesagt, ist der Pluralismus wieder da und mit ihm die ›Schönheit der Offenheit‹.

Was also ist die Lektion des New Yorker Pluralismus, und was sind seine Aussichten? Die Geschichte der New Yorker Architektur lehrt uns, daß in einer offenen Welt der Teile und Fragmente der Sprache eine grundlegende, koordinierende Rolle zukommt. Heutzutage ist eine allgemeinverständliche Formensprache das einzige Mittel, um gegenseitiges Verständnis unter den Benutzern und, im übertragenen Sinn, unter den Bauten zu erreichen. Und es ist darüber hinaus das einzige Mittel, um die pluralistische Welt mit Bedeutung auszustatten. Das Fragment (von etwas Erinnertem oder Vorgestelltem) wird nur dann zu einer Bedeutungsinsel, wenn es über die Eigenschaft der bezeichnenden Sprache verfügt. Die neue Art von ›Ganzheiten‹, die aus solchen Inseln bestehen, sind nicht systematisch organisierte Einheiten, sondern Sammlungen separater Teile innerhalb einer offenen Infrastruktur. Ihnen gemeinsam ist eine grundlegende Formensprache. Diese Sprache fußt auf »ersten Prinzipien« und ist deshalb in der Lage, mit den besonderen Erinnerungen jeder Benutzergruppe umzugehen. Sie ersetzt die Praktiken örtlich verwurzelter Produktion, obgleich an den meisten Orten Anpassung an die natürlichen Gegebenheiten und gewohnten Formen noch notwendig erscheint.

Die offene, pluralistische Welt wird uns erhalten bleiben. Bisher handelte es sich in erster Linie um ein amerikanisches Phänomen; heute gewinnt es gobale Aktualität. Überall entstehen kleine Ausgaben von New York, und der Eklektizismus wird zum Hauptmerkmal zeitgenössischer Erfahrung. Als ›kostbares Modell‹ zeigt uns New York, daß dieser Zustand sinnvoll, ja schön ist, weil seine pluralen Stimmen über die Existenz des Menschen im Raum sprechen: zusammen mit den benennbaren Dingen, die die inhärente Ordnung der Welt ausmachen.

Walter Prigge/Hans-Peter Schwarz

New York

Dekonstruktion einer Stadtlandschaft
Eine Collage

Bernard Tschumi

THE
MANHATTAN
TRANSCRIPTS

MT 1
THE PARK

'They found the Transcripts by accident. Just one little tap and the wall split open, revealing a lifetime's worth of metropolitan pleasures – pleasures that they had no intention of giving up. So when she threatened to run and tell the authorities, they had no alternative but to stop her. And that's when the second accident occurred – the accident of murder . . . . They had to get out of the Park – quick. But one was tracked, by enemies he didn't know – and didn't even see – until it was too late. THE PARK.'

»Die Orte und die Menschen, die Justiz und das Recht werden von einer Maß- und Grenzenlosigkeit erfaßt, die ein politisches Gegenstück zur Krise des Begriffes der Dimensionen darstellt und die seltsame Analogien zu den Fraktal-Theorien der jüngsten Physik aufweist.«

Wenn Paul Virilio in seiner bezeichnenderweise ›Der kritische Raum‹ betitelten Arbeit das Szenarium jenes »Verhängnisstaates« beschreibt, der, postindustriell und transpolitisch ausgerichtet, nicht mehr auf den politischen Feind oder den wirtschaftlichen Konkurrenten gegründet sei, sondern auf das Risiko der Apokalypse, so stehen ihm und uns weniger jene kaum mehr als Stadt begreifbaren konglomerierenden Menschen- und Architekturansammlungen der sogenannten Dritten Welt vor Augen, sondern jene Stadtlandschaft, die wie keine andere die Vorstellung von der Stadt des 20. Jahrhunderts geprägt hat: New York.

»Nicht mehr der Raum, sondern die Zeit wird bevölkert«, postuliert Virilio, und die ›Manhattan Transcripts‹ von Bernard Tschumi versuchen genau jenen Populationen auf die Spur zu kommen. Analog den Strukturen eines alltäglichen Kriminalfalles werden hier die Beziehungsgefüge eines Stadtraumes rekonstruiert, der, wieder nach Virilio, längst zu einem Jenseits-Raum geworden ist und dem Raum der Quantenmechanik zum Verwechseln ähnlich sieht.

Natürlich geht es Tschumi nicht ausschließlich darum, die als physikalischer locus communis akzeptierte Feldtheorie nachzuzeichnen, die besagt, daß Fernkräfte wirken, ohne eines Mediums zu bedürfen. Aber seine Diagramme stellen doch die vielleicht direkteste Annäherung an das transarchitektonische Phänomen New York dar, die wir kennen.

Nicht der Statik der architektonischen Form gilt Tschumis primäres Interesse, sondern der Dynamik der Aktionen in Raum und Zeit: Die Architektur gerät in Bewegung, die Stadtplanung wird instabil, der Raum ist nurmehr die Anamorphose der Schwelle.

Rem Koolhaas' ›Delirious New York‹, eine Arbeit, die so etwas wie die Psychoanalyse eines Stadtorganismus darstellt und die durchaus auch mit Mitteln arbeitet, die Dalis kritischer Paranoia zumindest formal verwandt sind, liegt noch diesseits jener Schwelle. Die ›City of the Captive Globe‹ verarbeitet historische Palimpseste und zeitgenössische Postulate zu einem Pamphlet, das, obwohl als Architekturkritik gedacht, zugleich über diese hinausweist.

Die hier vorgeführte Isolation der Blockstrukturen – karikierendes Signet Manhattans ebenso wie metaphorisches Plateau für das Architekturmonument – enthüllt gleichzeitig das eigentliche Interessensgebiet, dem die urbanistische Analyse gilt: dem Raum zwischen den Monumenten, jenen Freiräumen oder Leerräumen, in denen sich die Visionen von etwas Neuem formieren könnten – jene geheimen Orte der Städte, Orte des städtischen Niedergangs, des Industriesterbens oder des zeitweiligen Vergessens (Leon/Wohl-

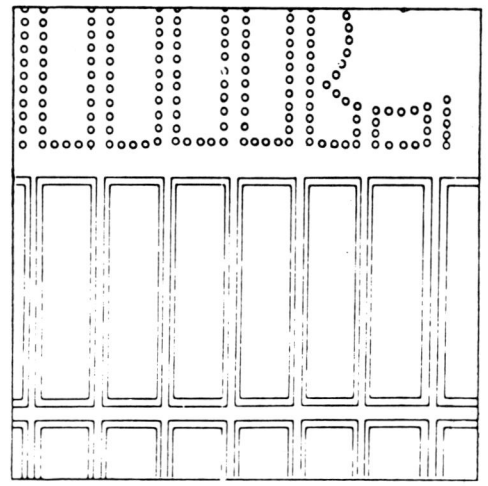

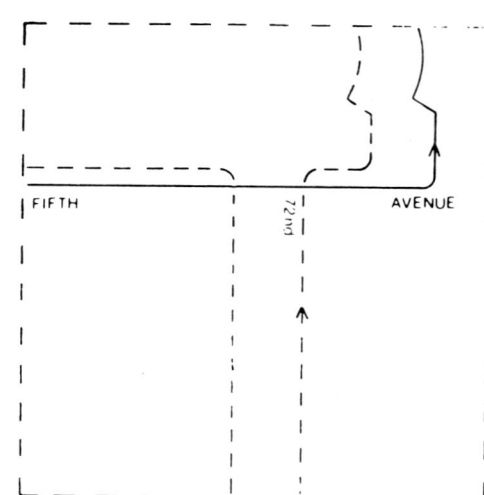

hage). Von diesen Orten aber hat New York nicht nur eine ganze Menge (Bronx, Lower Eastside), sondern hier konnte sich auch das Bewußtsein für ihre Bedeutung entwickeln und schärfen. Zwar ist ein derartig fundiertes urbanistisches Interesse noch Utopie. Die Bedeutung, die das augenfällige Architekturmonument New Yorks, der Skyscraper, auch heute noch hat, veranschaulicht die Hilflosigkeit, dem Phänomen New York als Stadtplaner beizukommen: Vom berühmten Zoning Act des Jahres 1916 über seine Neufassung im Jahre 1961 bis zu jenem Planungsgesetz, das seit 1982 die Bautätigkeit in Midtown Manhattan zwischen 33. und 60. Straße regeln soll, erstreckt sich die Kette der verlorenen Schlachten gegen das Architekturmonument, und ein Ende ist nicht abzusehen, wie nicht zuletzt diese Ausstellung und dieser Katalog nachweisen.

Die Stadt im allgemeinen und ganz besonders die Stadt New York besteht aber aus den unterschiedlich-

sten Strukturen — Strukturen, die nicht nur architektonisch determiniert sind. Will man dieses Beziehungsgeflecht analysieren, die Bedeutungsebenen freilegen, will man wirklich wissen, was das ist: New York, so ist das geeignete architektonische Instrument dazu die Dekonstruktion: »Wichtiger als die Gestalt der Städte ist heute und in naher Zukunft die Gestaltung ihres Zerfalls. Nur durch den revolutionären Prozeß des Ausradierens, der Errichtung von Freiheitszonen, in denen alle Architekturgesetze außer Kraft gesetzt sind, wird eines der unlösbaren Probleme städtischen Lebens aufgehoben sein: die Spannung zwischen Programm und Inhalt« (Rem Koolhaas).

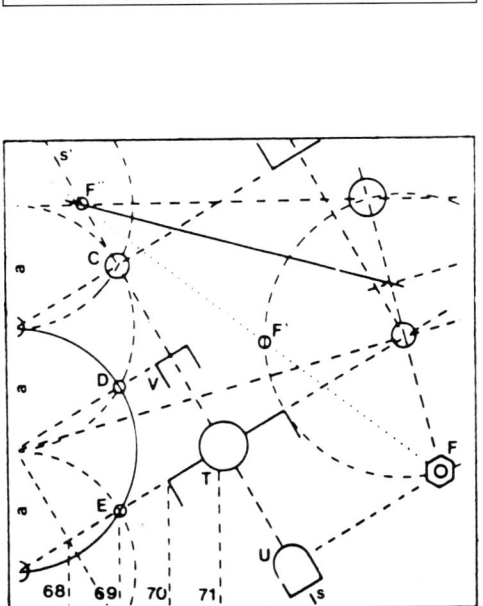

The City of the Captive Globe

Religion in Ruinen **(1)**: die konservativen kirchlichen Rituale sind in Manhattan durch gewandelte Voraussetzungen für ›tausend neue Religionen‹ ersetzt.

Architektur im Prozeß ihrer Selbstproduktion **(2)**: möglicherweise ist dies ein unbeabsichtigtes Porträt der Architektur O. M. Ungers', die durch einen nicht zu bremsenden Impuls für ständige Umformung, Neuinterpretation und Regeneration gekennzeichnet ist.

Le Corbusiers Plan Voisin **(3)**: zwei Türme auf der ›grünen Wiese‹. Später sollte sich herausstellen, daß sie tatsächlich ein Modell des Rockefeller Center sind. Fünf hochaufragende Türme sind in einen künstlich angelegten ›Park‹ im zehnten Stock gesetzt, der Park bildet das Dach der darunter liegenden Häuserblocks. So ist einer der ›Ableger‹ des Rockefeller Center die europäische Stadt von CIAM und der Charta von Athen.

Das Kabinett des Dr. Caligari **(4)**: der expressionistische Film, der sich im Kopf des Patienten einer psychiatrischen Klinik abspielt. Manhattans Architektur ist gleichsam das Erlebnis solch manischer Vorstellungen, jedoch in einer derartigen Anhäufung und von so unbestreitbarer Realität, daß ihr kumulativer Effekt eine neue Form von Gesundheit darstellt.

Das Waldorf-Astoria Hotel **(5)**: eine Charakteristik von Manhattan-Architektur (die sich zu der Zeit gerade durchsetzte) und prinzipiell von jeder Architektur, deren Volumen eine bestimmte ›kritische Masse‹ übersteigt, ist, daß zwischen äußerer Erscheinung und innerer Gestaltung keine direkte Beziehung mehr besteht. Die Vorgänge im Inneren sind so vielfältig und unterschiedlich, oft sogar widersprüchlich, daß sie sich in keiner Fassade mehr einheitlich ausdrücken lassen. Gebäude wie das Waldorf-Astoria Hotel sind das Ergebnis zweier unterschiedlicher Typen von Architektur: das klar gegliederte äußere Erscheinungsbild ist eine monolithische Skulptur, die durch ihre Größe allein schon ein Denkmal sein muß, allerdings nicht für einen einzelnen Anlaß oder eine einzelne Idee, sondern ein Denkmal, das nichts als seine eigene Existenz symbolisiert, ein Denkmal seiner selbst. Im Inneren jedoch wütet eine bewußt unter die Haut gehende Art von Architektur, deren ständige ikonographische Transfigurationen sich den häufigen Wechseln von Gebräuchen, Moden und Wertvorstellungen anpassen, die die Essenz des großstädtischen Lebens sind.

Hommage an Mies **(6)**: Der Zweifel in den siebziger Jahren an einer Architektur von solcher Originalität, Sinnlichkeit, Extravaganz, Freizügigkeit und von soviel befreiendem Potential wie der von Mies van der Rohe, ist das tragische, selbstzerstörerische Beispiel von selbstverschuldeter Taubheit und Analphabetentum, mit dem gegenwärtige Architektur geschlagen ist.

Dalis Architektonischer Angelus, 1933 **(7)**: zwei formlose Klumpen von nicht genauer bestimmbarem weißen Material stützen gegenseitig ihre knochenlosen Körper. Für Dali respräsentieren diese ungestalten Massen – ungestalt wie Beton, bevor ihm die Stahlbewehrung eingezogen wurde – das flatterhafte Wesen paranoischer Spekulationen, das die Krücken unseres rationalen Unterbaus benötigt, um als beständigere paranoisch-kritische Realität dem Angesicht der Erde aufgepflanzt zu werden, wo sie eine neue Kategorie von Pseudo-Tatsachen bilden, die wie Spione in der Welt existieren: je unbemerkter ihre Existenz, desto besser können sie sich dem letztlich erwünschten Zusammenbruch der Gesellschaft widmen. Wird diese strikt rationale ›Bewehrung‹ auf irrationale Wünsche angewendet, so resultiert daraus die weniger geheimnisvolle Intention einer ›Diskreditierung der Welt der Wirklichkeit‹, eine Intention, die sie mit Manhattans Architektur gemein hat.

Iwan Leonidows Ministerium der Schwerindustrie, 1933 **(8)**: Der puristische Konstruktivismus Leonidows setzt sich mit der Doktrin des sozialistischen Realismus auseinander: an historisch bedeutsamer Stelle, am Roten Platz in Moskau, nimmt eine Gruppe von drei Türmen klar und deutlich die Ikonographie der räumlichen Umgebung in Anspruch: die goldenen Kuppeln der St.-Basilius-Kathedrale, die Mauern des Kreml und Lenins Mausoleum. Es ist ein frühes Beispiel moderner Architektur, die eine lebensfähige Beziehung zur Geschichte konstruiert.

El Lissitzkys Rednertribüne **(9)**: Der Vorstoß des Trägers unterstreicht die Bewegung des ›progressiven‹ Redners – Lenin –, der bei allem auf den Fortschritt drängt (wenn auch in viele verschiedene Richtungen).

Das Innere des Äußeren **(10)**: Vor der tatsächlichen Entdeckung existierender Beispiele in Manhattan, wie zum Beispiel des Golfplatzes im Inneren des Downtown Athletic Clubs, repräsentiert dieser Block die intuitive Einsicht, daß Natur in der Großstadt ausschließlich im Inneren der Gebäude bewahrt werden kann – ausgestellt wie ein ausgestopftes Präparat –, wo ihre Lebensfunktionen von einem komplexen technischen Apparat aufrechterhalten werden.

Malewitschs Architekten **(11)**: Anfang der 20er Jahre produzierten Malewitsch und sein UNOVIS-Atelier in Witebsk eine Reihe von Architekturmodellen, die in umwerfender Parallelität die Architekturformen antizipieren, die später in Manhattan durch das ›Zoning Law‹ erzwungen wurden. Sie sind (wie eine Wettervorhersage) eine Art ›architektonischer Vorhersage‹ ohne Maßstab, Standort, Programm und Bewohner, zur Realisierung durch spätere Gesellschaften bestimmt (heute?).

RCA Building, Rockefeller Center, 1933 **(12)**: Der erste nach Maßgabe des europäischen Funk-

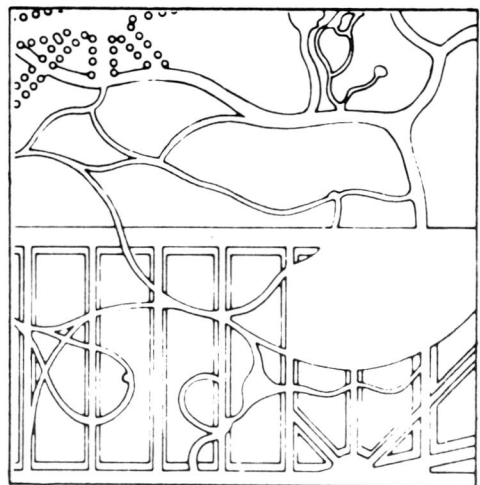

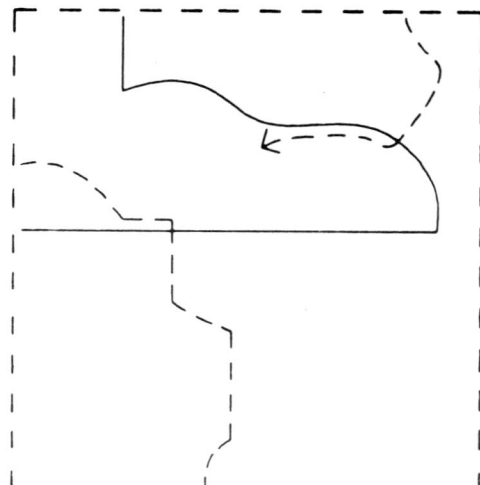

tionalismus geplante Wolkenkratzer in Manhattan, mit der Durchflutung von Tageslicht als dominantem Parameter; die offensichtliche Modernität jedoch steht im Widerspruch zu den irrationalen Spektakeln, die im Inneren des Gebäudesockels veranstaltet werden, wie beispielsweise die langbeinigen ›Rockettes‹ im Purpurglanz des Sonnenuntergangs. Das Rockefeller-Center – einige übereinandergestülpte Projekte und Ideologien, die nebeneinander unter derselben Adresse existieren.

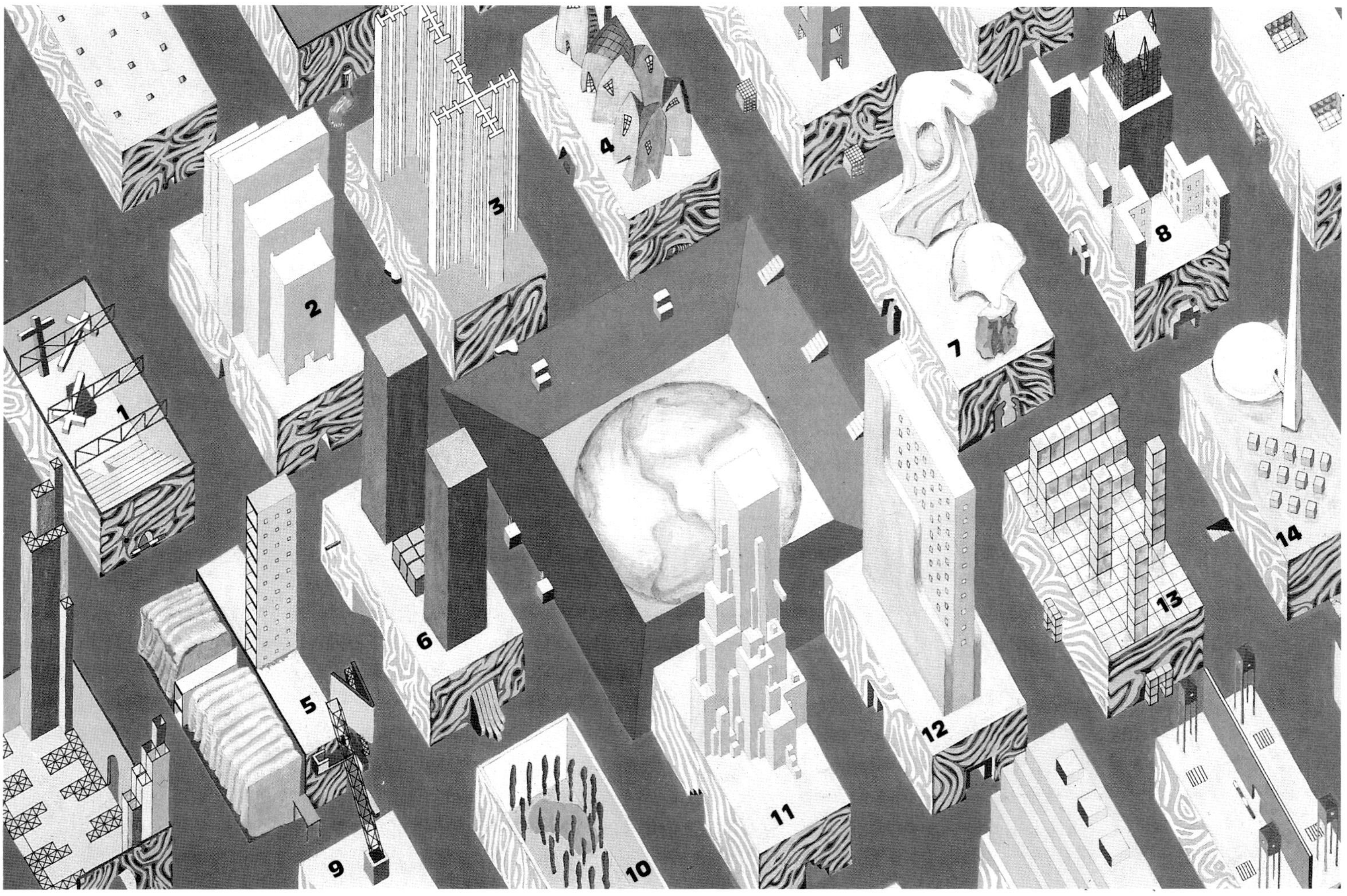

Hommage an Superstudio **(13):** In den späten sechziger Jahren offeriert Superstudio eines der wenigen inspirierenden und stimulierenden Modelle einer wiederaufgenommenen Tradition der Moderne, die auf eine neu hinzugewonnene Sensibilität angewendet wird. (Als ›endloses Monument‹ war es neben der Berliner Mauer offensichtlich eine Inspirationsquelle für ›Exodus‹.)

Trylon and Perisphere **(14):** Von Wallace Harrison entworfenes Objekt der Weltausstellung 1939. Wie sich später zeigte, enthielt das Innere der Kugel ›Democracy‹ eine von Le Corbusier inspirierte ›Metropolis der Zukunft‹ – ein Anti-Manhattan (›Türme im Grünen‹). »Dies ist keine Stadt von Straßenschluchten und Abgaswolken, sie besteht aus schlicht funktionalen Gebäuden, die meistens sogar noch niedrig und von grüner Vegetation und frischer Luft umgeben sind...«

Dieses Objekt markiert das Ende des Manhattism.   *Rem Koolhaas*

Rem Koolhaas, Zoe Zenghelis
Office for Metropolitan Architecture
›The City of the Captive Globe‹

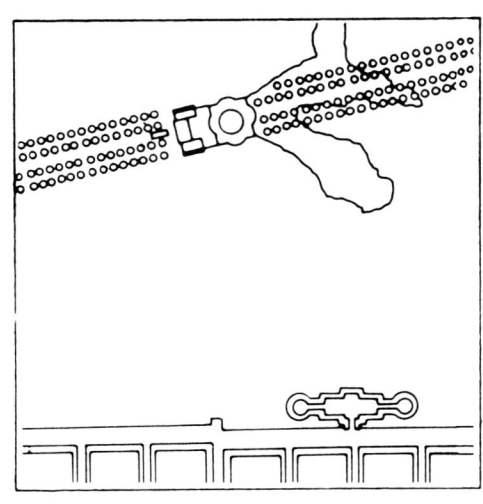

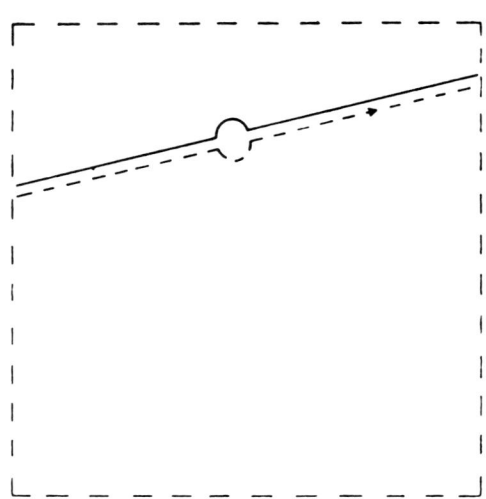

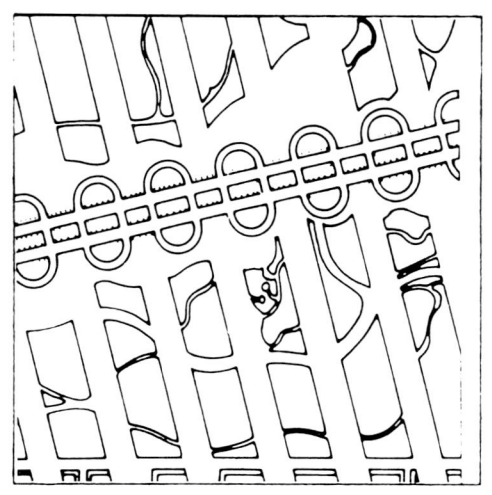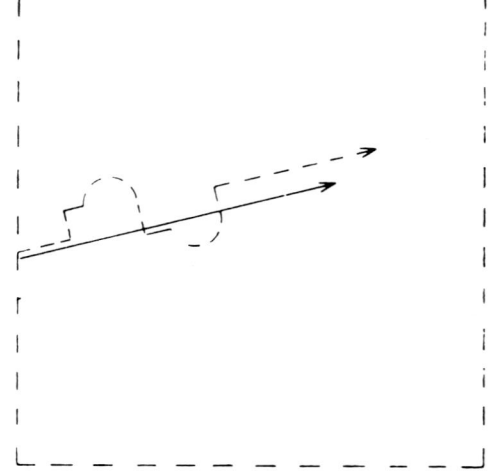

Amann/Schikora/Zierold
King Kong Kunstkabinett München/Frankfurt
Aus der Serie ›Die Sinne suchen ihre Heimat‹

 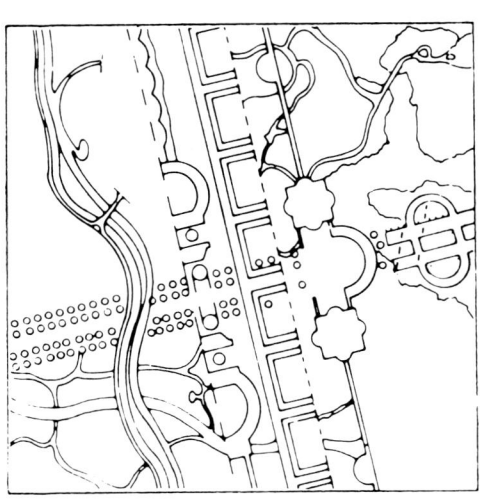 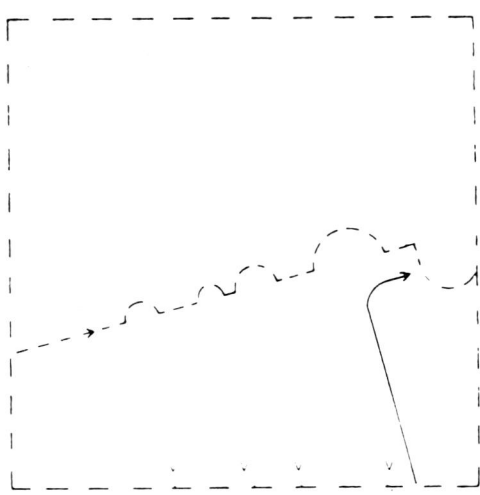

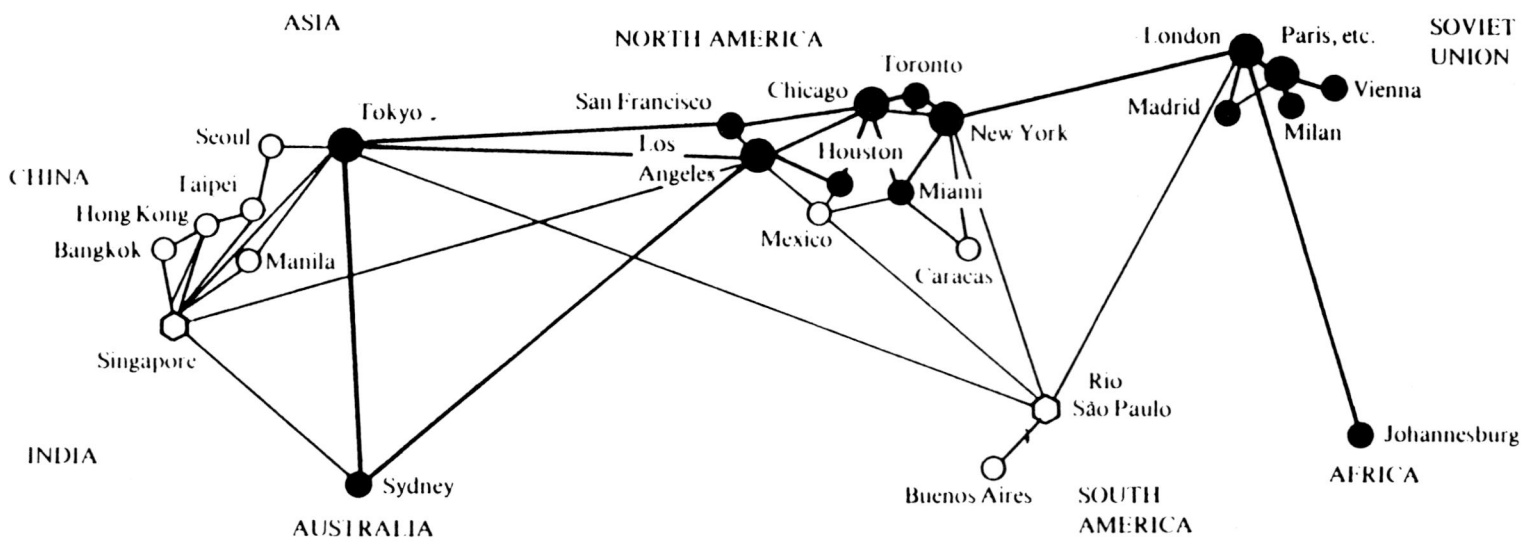

World City

»Mein europäischer, kurzsichtiger Blick suchte in New York vergeblich nach einem Ruhepunkt, bei dem er hätte verharren können. Denn New York ist eine Stadt für Weitsichtige; nichts bietet dem Blick Halt außer dem fliehenden Punkt. Mein Blick traf nur auf Raum. Er glitt ganze Häuserblocks entlang und verlief sich, unaufgehalten, am dunstigen Horizont.« (Jean-Paul Sartre) Es ist gerade solcher Blick auf den weiten Raum dieser Stadtlandschaft, der den Begriff des Städtischen spontan hervorruft: New York als die Metropole schlechthin. Denn nirgends sonst identifiziert solcher Blick eindringlicher das Bild der gegenwärtigen Gesellschaft: Das Raum-Bild New Yorks mit der Skyline von Manhattan identifiziert die Stadt mit dem tertiären Zentrum und konstituiert die Vorstellung von New York als Hauptstadt des 20. Jahrhunderts.

Der gegenwärtige Boom Manhattans läßt die Gefährdungen der siebziger Jahre – der drohende Niedergang New Yorks, weltweit als ›Krise der Stadt‹ verarbeitet – hinter sich und füllt den Mythos dieser Stadt als ›World City‹ wieder auf, der seine Grundlage in der Entwicklung der beiden letzten Jahrzehnte hat. Paradigmatisch der Niedergang Manhattans als industrielles Zentrum, dessen Reichtum historisch in der Textilverarbeitung gründete (die be-rüchtigten, auch heute noch manche Teile von Manhattan dominierenden ›sweatshops‹ der Emigranten) und das der inneramerikanischen Restrukturierung industrieller Zentren mit ihren Verschiebungen zum Sunbelt zum Opfer fiel; und ebenso paradigmatisch die Auferstehung New Yorks als Finanzzentrum im Netz der World Cities der achtziger Jahre: Das World Trade und das World Financial Center als Symbole der Eingliederung New Yorks in die tertiäre Restrukturierung der Weltmarktökonomien, in der auch neue industrielle Zonen auf der Karte der internationalen Raumordnung erscheinen.

Der Bau von Kapitalfabriken wie Battery Park City, die technologische Renovierung der Börse und der Anschluß dieser und anderer ›intelligent buildings‹ an den Teleport bezeichnen die internationale Entwicklungsrichtung von Redevelopment-Projekten, die mit ihrer minutiösen ökonomischen Ausnutzung des Raumes nur noch wenig von der historischen Poesie des Rasters und der Zoning Laws übriglassen (so wie die South Ferry Plaza nichts vom Charme der Freiheitsstatue an sich hat).

Die aktuellen ›zoning maps‹ der Stadtverwaltung, welche deren politische Rolle in der Wachstumsstrategie unterstreichen, definieren die in den jeweiligen Grenzen flexibel handhabbaren Flächennutzungsziffern und Bebauungshöhen, mit denen der Raum des Himmels ökonomisiert wird. Die zu errechnenden ›sky planes‹ definieren maximale, durch Sonneneinstrahlung bestimmte Ausnutzungslinien, die durch städtebauliche Geschenke (Investoren bauen öffentliche Theater, geöffnete Atrien, U-Bahnanschlüsse o. ä.) oder den bei vielen Projekten bereits üblichen Kauf der Luftsäule des Nachbarn (zu marktüblichen Preisen) nach oben verschoben werden können.

Dieser von Manhattan und den Korporationen des Finanzkapitals ausgehende neuerliche Boom des städtischen Wachstums ist Ausdruck des ökonomischen Drucks der postfordistischen Restrukturierung der internationalen Arbeitsteilung und reißt die übrigen Stadtteile New Yorks in eine vehemente Dynamik der Umwälzung hinein, in der die städtischen Räume und ihre Beziehungen nach dem Muster der World Cities restrukturiert werden: Peripherisierung und Zentralisierung von Räumen und Umschichtung der Bevölkerung als gegensätzliche Bewegungen in ein und derselben Stadt, d. h. Auf- und Abwertung vor allem von Wohngebieten und die entsprechende soziale Polarisierung von Armut und Reichtum, in der die Selbstorganisation der Betroffenen und die Unterstützung ihrer Selbsthilfeprojekte von Seiten der Stadtverwaltung als einziger Ausweg erscheinen.

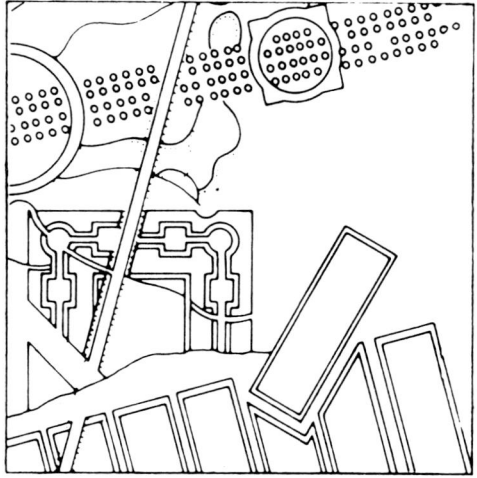

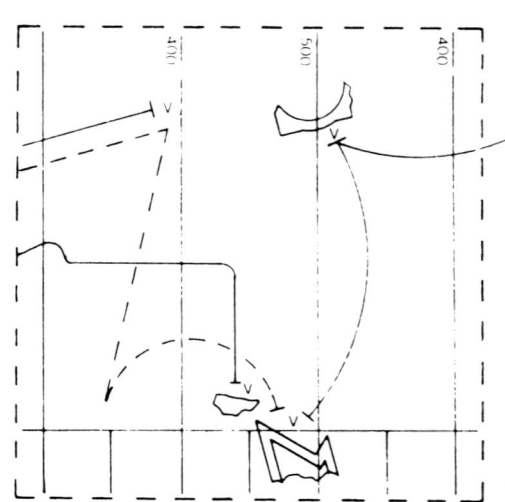

Saul Steinberg, Umschlagbild für ›The New Yorker‹.
© 1976 The New Yorker Magazine, Inc.

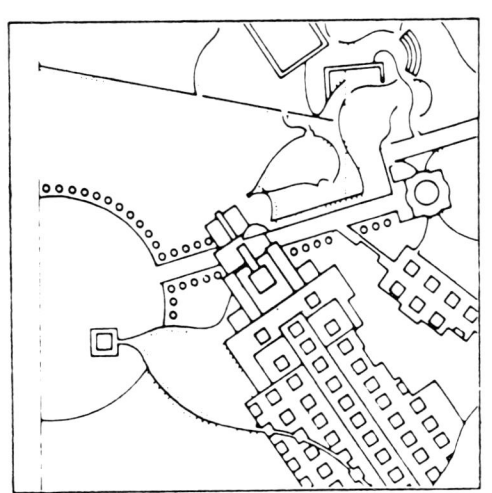

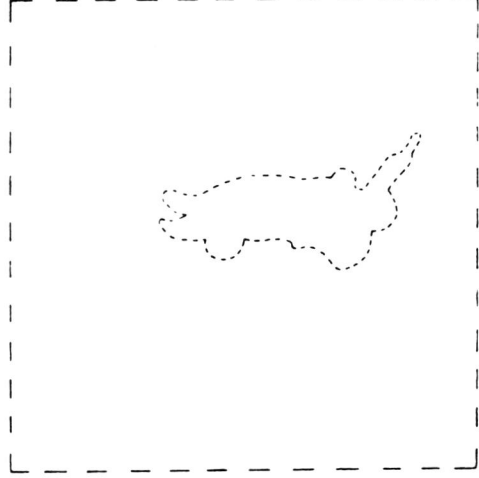

Eintritt ins gelobte Land:
›sweatshops‹

Mein Vater lag auf dem Sofa und hielt seinen sonntäglichen Mittagsschlaf, und ich blickte vom Fußboden zu seinem freundlichen Gesicht auf wie zu einem Bison, einem Albinobüffel, der auch bei meinem lautesten Aufschrei nur sanft blinzelte und immer noch gemessenen Schrittes ging, wenn alle anderen bereits hysterisch durcheinanderrannten; der Vater, der noch vor seinem siebten Geburtstag ganz allein mitten aus Polen nach New York gekommen war. Jetzt hatte er einen National mit Chauffeur, der jeden Morgen am Bordstein unten auf ihn wartete, um ihn in das Konfektionsviertel der Seventh Avenue zu fahren. An einer solchen Verwandlung

war damals nichts Merkwürdiges, nicht einmal etwas Bemerkenswertes; und so sollte es noch viele Jahre bleiben. Man akzeptierte das Leben, das sich unaufhörlich wie eine Art Schrift entrollte, auf der Überraschungen und meist gute Neuigkeiten standen.

Ich nehme an, die Reise des sechsjährigen Isidore durch Europa und über das Meer hätte im Grunde bei uns alle möglichen negativen Gefühle hervorrufen sollen – etwa Empörung über seine Eltern, die ihn zurückgelassen hatten, oder Ressentiment gegen seine drei Brüder und drei Schwestern, die die große Reise in die Neue Welt mit den Eltern machen durften. Aber es war einfach Teil der Saga und wurde wie alles an unserer Familienfabel nicht angezweifelt. Nach der offiziellen Erklärung hatte Großvater nicht genug Geld für Papas Fahrkarte gehabt und sich ausgerechnet, er würde das Geld schicken, sobald er es in Amerika verdient hätte – was höchstens eine Frage von ein paar Monaten sein konnte. Der zurückgelassene Junge wurde inzwischen zu einem Onkel gesteckt, der bald darauf starb. Danach wurde das Kind von einer Familie zur anderen weitergereicht; Isidore mußte bei alten Großmüttern und Schwachsinnigen schlafen, die das Bett näßten und die halbe Nacht schrien und denen es gleichgültig war, wer bei ihnen schlief. Der arme Izzie!

Schließlich traf die Fahrkarte für meinen Vater ein, und man setzte ihn in den Zug nach Hamburg. Um den Hals trug er ein Schild, auf dem man darum bat, irgendein Fremder möge den kleinen Jungen freundlicherweise an einem bestimmten Schiff abliefern, das an einem bestimmten Tag nach New York auslaufen werde. Anscheinend war Europa damals noch so zivilisiert, daß dies tatsächlich geschah; nach drei Wochen im Zwischendeck – ganz unten im Bauch des Schiffs, wohin kein Tageslicht drang, in der Nähe der Ketten der Ruderanlage, wo zweimal am Tag ein Faß Salzheringe für die Massen von Emigrantenfamilien geöffnet wurde, von denen ein alleinreisendes Kind na-

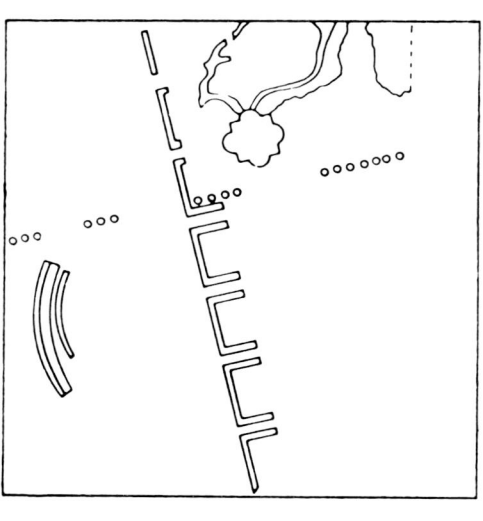

türlich nie mehr als die Reste bekam – erreichte Izzie New York mit lockeren Zähnen und einer schorfigen Stelle auf dem Kopf von, wie man erzählte, der Größe eines Silberdollars. Seine Eltern waren zu beschäftigt, um ihn in Castle Garden abzuholen, und schickten Abe, den nächstälteren Bruder, der damals noch nicht zehn war. Er sollte seinen Bruder finden, durch die Einwanderungskontrollen und nach Hause in die Wohnung in der Stanton Street bringen, wo die acht in zwei Zimmer lebten und arbeiteten und die schweren, langen Mäntel mit den vielen Knöpfen, die damals Mode waren, zusammennähten. Abe, ein kleiner Spitzbube, ging mit meinem Vater zu Fuß durch die Innenstadt und zeigte Izzie Gebäude um Gebäude, die alle, wie er behauptete, bereits ihrem Vater gehörten. Izzie wurde ein paar Monate in die Schule geschickt und dann herausgenommen, um seinen Platz an einer der Nähmaschinen in der Wohnung einzunehmen. Er sollte nie wieder eine Schule von innen sehen. Als Zwölfjähriger beschäftigte er zwei andere Jungen, die zusammen mit ihm in einem Keller Ärmel an Mäntel nähten, und mit sechzehn schickte ihn sein Vater Samuel mit zwei großen Überseekoffern voller Mäntel los; er sollte sie den Geschäften im Mittleren Westen verkaufen. Aber, wie er mehr als ein halbes Jahrhundert später erklärte, als wir auf meiner Veranda saßen: »Ich bin bis zum Bahnhof gekommen, aber ich bin umgekehrt und wieder nach Hause zurück..., ich sehnte mich immer noch zu sehr nach meiner Mutter. Also versuchte ich es im nächsten Jahr noch einmal, und dann hab ich es geschafft.« Er erzählte mir das, als er schon über siebzig war, und selbst dann noch machte ihn die Abhängigkeit von seiner Mutter ein wenig verlegen. Bis er mit zweiunddreißig Jahren heiratete, gab er seiner Mutter Woche für Woche den beachtlichen Lohn und bekam dafür ein Taschengeld. Seine drei Brüder hatten das gleiche getan.

Arthur Miller

Helmut Jahn, South Ferry Plaza, Projekt

 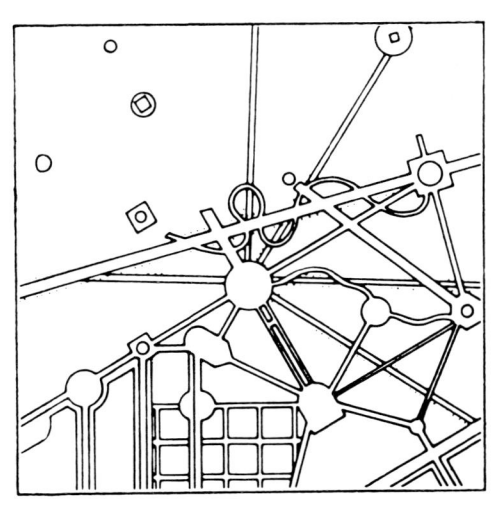 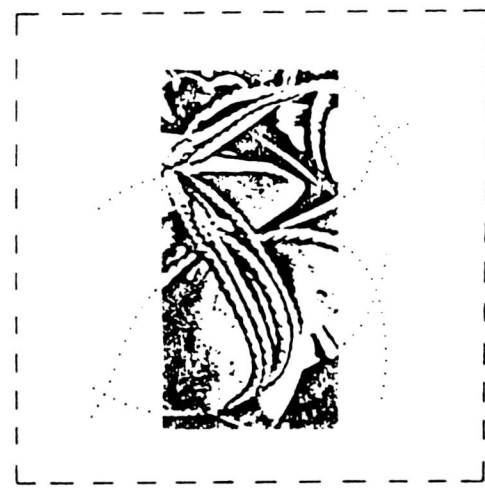

World Financial Center

Die Voraussetzungen der Entwicklung zum rund um die Uhr geschäftigen globalen Finanzmarkt und zum World Financial Center als seiner avanciertesten Hochburg liegen in den politökonomischen und technologischen Begebenheiten und Prozessen der Jahre 1979 bis 1981 begründet. Die Computerindustrie überschritt die Schwelle zur Ära der Superminis und Personalcomputer. Durch Vernetzung machen sie jedem Arbeitsplatz immense Diagnose- und Rechenkapizitäten in ›real time‹ zugänglich. Auf dem Umweg über Künstliche Intelligenz und Expertensysteme näherten sich die Softwarehäuser solchen hochkarätigen Diagnose- und Datenmanagementsystemen, wie sie für das Börsengeschäft und den übrigen Kapitalhandel ebenso unerläßlich sind wie für den reibungslosen Betrieb der Kapitalfabrikbauten. Die Produzenten von Telekommunikationseinrichtungen verfeinerten die Satellitentechnologie, die Breitbandkommunikationsträger Koaxial- und Glasfaserkabel sowie die automatischen Schaltungen für digital integrierten Sprach-, Bild- und Datenfluß. Sie ermöglichten erst die Expansion des Kapitalhandels vom lokalen über den nationalen auf den globalen Markt.

Dies geschah in derselben Periode, in der das große Finanzkapital sich auch die politische Macht unterstellte. Die noch auf ein Minimum an sozialem Ausgleich verpflichtete Regierung des Erdnußfarmers Jimmy Carter wurde durch das jegliche soziale Verantwortung leugnende Regime Ronald Reagans abgelöst. Gestützt auf die einen harten Kurs haltenden Steuermänner aus der Rüstungsindustrie und Hochfinanz, Caspar Weinberger und Donald Regan, verkaufte der ›große Kommunikator‹ mit seiner unnachahmlich stereotypen Werbesport-Dramaturgie dem in immer tiefere Lethargie versinkenden Wahlvolk die Wende zurück zum Laisser-faire als Fortschritt zum wachsenden Wohlstand für die Tüchtigen. Hauptelemente seiner Politik waren eine Staatsverschuldung ohnegleichen, die Finanzierung der rapiden Weiterentwicklung von Computern,

Software, Telekommunikationen und Waffensystemen mit Hunderten Milliarden Dollar aus dem Etat des Pentagons, eine Novellierung der Steuergesetzgebung und die gesetzliche Deregulierung des Finanzwesens. Alle vier Elemente waren der Anhäufung, Zentralisierung und Konzentration der großen Kapitalien im höchsten Grade förderlich.

Erst zu Beginn der achtziger Jahre haben die Computer- und Telekommunikationstechnologien ein Entwicklungsstadium erreicht, das es zuläßt, die meisten der im Kapitalhandel notwendigen Funktionen zu computerisieren, sie teilweise oder in Gänze zu automatisieren und miteinander zu integrieren. Sie werden firmenintern und landesweit vernetzt und endlich globalisiert. Die Integration globaler Informationsflüsse und Handelsfunktionen in einem Terminal, das der ›dealer‹ oder ›trader‹ vor sich auf dem Tisch stehen hat, gebiert das ›computer‹ oder ›program trading‹ mit etlichen neuen, computerabhängigen Finanzinstrumenten oder -strategien.

Viele der vorhandenen Finanzpaläste an Wall Street oder in der östlichen Midtown Manhattans sind für den Umbau zu High-tech-Kapitalfabriken nicht sonderlich geeignet, wo nicht völlig untauglich. Einen Ausweg aus dem Dilemma bot einigen der Hauptakteure – namentlich Merrill Lynch und Shearson/American Express – ein in den späten sechziger Jahren mehr zufällig entstandenes denn in weiser Voraussicht geplantes Projekt: Battery Park City, ein schmaler Streifen künstlichen Lands an der Westseite des unteren Manhattan.

Der ursprüngliche Bebauungsplan blieb zum Glück unrealisiert. Die Stadt New York war pleite, Neubauten wurden kaum in Angriff genommen. Doch auch bei besserer Konjunktur hätte der Plan wenig Chancen gehabt: den Bauspekulanten war er zu gigantisch; er verlangte zu große Investitionen; die Planelemente waren strategisch falsch verteilt. Als ab 1978 ein neuer Boom einsetzte, entschloß sich die für das Projekt verantwortliche staatliche Battery Park City Authority zur radikalen Neuplanung. 1979 ließ sie den Städteplaner Alexander Cooper und Stanton

Eckstut einen neuen Bebauungsplan ausarbeiten, der von allen Seiten höchstes Lob erfuhr. Auf der Basis dieses realistischen Plans mit seiner menschenfreundlichen Kleinteilung, seinen Parks und Uferpromenaden, sah sich die Behörde nach kapitalstarken Bauherren für das Kernstück des Ganzen um: den Verwaltungskomplex.

Der Komplex ist L-förmig. Der Wintergarten ist das Verbindungsstück zwischen dem langen und dem kurzen Arm. Zum Fluß hin öffnet er sich auf die Piazza und den Hafen. Von Osten her rollt der Autoverkehr zwischen zwei torartigen Minitürmen hindurch ins Innere. Eine geschlossene Fußgängerpromenade über dem Straßenniveau verbindet alle Gebäude miteinander. Zwei Fußgängerbrücken erleichtern den Zugang vom World Trade Center und von den U-Bahnen.

Die in Toronto ansässige Terraingesellschaft der Gebrüder Reichmann (Olympia & York) gilt als die erfolgreichste der Nachkriegszeit. Mit einem geschätzten Anlagevermögen von mindestens 20 Milliarden Dollar ist sie gewiß die kapitalstärkste. Sie besitzt und verwaltet annähernd hundert Bürohochhäuser und Verwaltungskomplexe neben manch anderem Grundbesitz in Kanada und den Vereinigten Staaten. Nebenbei hält sie Beteiligungen an Unternehmen im Transportwesen und in den Erdöl-, Holzverarbeitungs- und Genußmittelindustrien. Als Bauherrn für das 1,5 Milliarden Dollar teure World Financial Center hätte die Battery Park City Authority keinen passenderen Partner wählen können. Die Rechnung ging auf. 1981 begann der Bau des World Financial Center, 1984 waren seine zwischen 33 und 50 Stockwerke hohen Türme vermietet. Den südlichen Turm A bezogen der Finanzinformationsdienst Dow Jones, die private Investitionsbank Oppenheimer und die Battery Park City Authority. In den 50 Geschossen des nördlichen Eckturms C richteten sich American Express und seine Tochter Shearson Lehman Hutton ein. Die beiden unterschiedlich geräumigen Türme B und D mietete Merrill Lynch.

Nach der Geschäftsphilosophie von Olympia

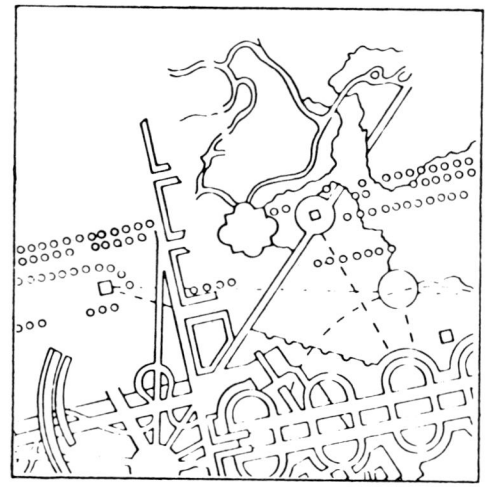

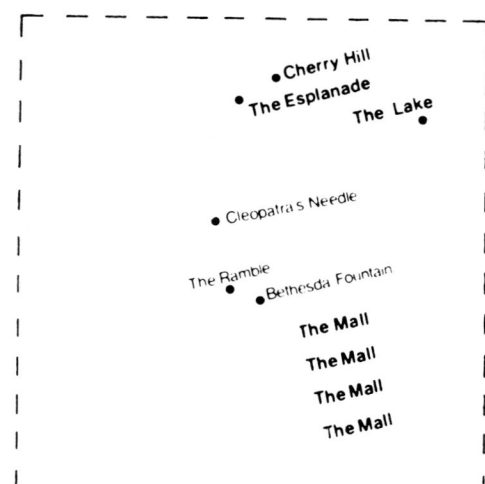

& York macht es sich bezahlt, neue Projekte von einfallsreichen Architekten entwerfen zu lassen und sie mit der modernsten Technologie auszustatten. Beides lockt hochkarätige Mieter an und mindert die Betriebskosten der Gebäude. Um einen Architekten zu finden, dem zu dem Bauplatz mehr als bloß ein paar schnieke postmoderne Fassaden einfallen, lud Olympia & York zu einem Wettbewerb ein. Den Preis trug der Argentinier Cesar Pelli, Dekan der Architekturfakultät an der Yale University, davon: erstens fügt sich sein Entwurf perfekt der Umgebung ein und erfüllt peinlich genau die sehr weit gehenden Vorschriften der Richtlinien; zweitens ist das World Financial Center aus einem Guß und nicht nur eine Ansammlung von Finanzpalästen; drittens ist ihm das Geniestück gelungen,

das Ensemble von der überaus komplexen Infrastruktur her, also gleichsam von innen nach außen zu entwerfen. Es ist eine Infrastruktur, wie es sie vorher nie gegeben hat, nie hat geben können. Moshe Wertheim, Ingenieur bei Olympia & York, führt sie darauf zurück, daß während der Planungsphase eine »technologische Explosion« stattfand, deren reifste Produkte man im World Financial Center angewendet hat: »Das Telefon wurde gerade computerisiert; Gebäudesysteme, die bis dahin pneumatisch betrieben wurden, verwandelten sich in elektronisch gesteuerte; Sicherungssysteme wurden unter Computerkontrolle gestellt. Im World Financial Center haben wir drei separate Computersysteme: je eines für das Gebäudemanagement, die Sicherheit und den Feuerschutz.«

Der Gebäudemanagementcomputer steuert Fahrstühle und Rolltreppen, Heizung und Klimaanlage und die Beleuchtung im öffentlichen Bereich. Diese hier erstmals im Großen angewandte Technologie hat dem World Financial Center den Ruf eingetragen, der erste ›smarte‹ oder ›intelligente‹ Gebäudekomplex der Welt zu sein. Der Besucher nimmt von alledem lediglich wahr, daß die Fahrstühle ›sprechen‹ und das Licht automatisch angeht, wenn er einen leeren Raum betritt.   *Hans G. Helms*

Battery Park City, New York
Architekt: Cesar Pelli, Foto: Kenneth Champlin

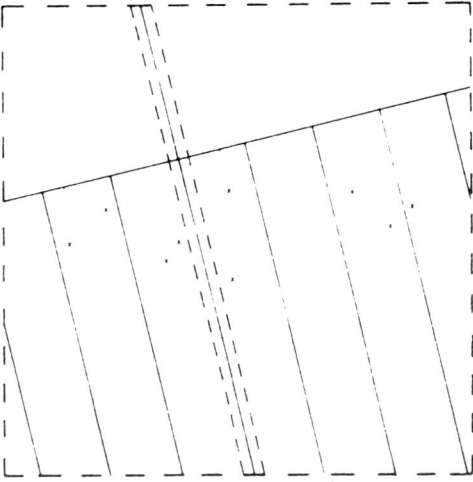

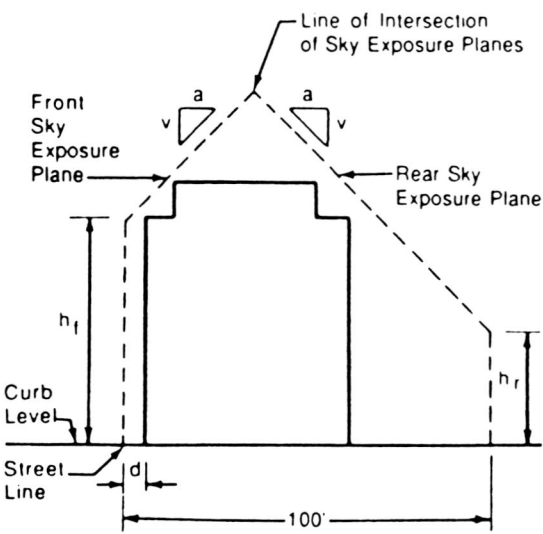

hf   is the height at which the *front sky exposure plane* begins at the street line

hr   is the height at which the *rear sky exposure plane* begins at the 100-foot line

d   is the maximum *street wall* setback distance

v   is the vertical distance

a   is the horizontal distance

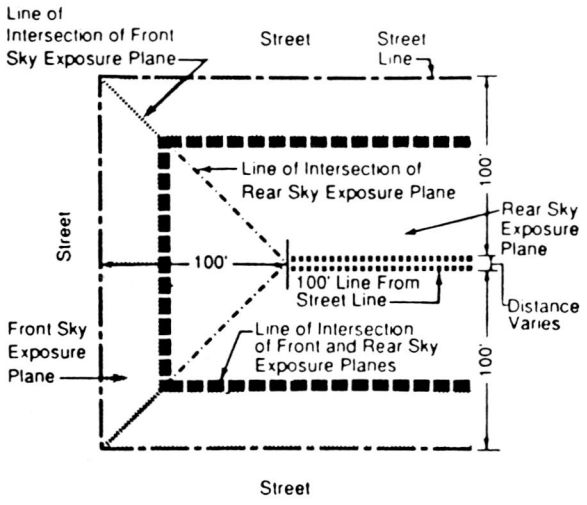

ILLUSTRATIONS OF SKY EXPOSURE PLANES

However, in accordance with the provisions of Section 32-42 (Location within Buildings), in C1, C2, or C3 Districts no *commercial building* or portion thereof occupied by non-*residéntial uses* listed in Use Group 6A, 6B, 6C, 6F, 7, 8, 9, or 14 shall exceed in height 30 feet or two *stories*, whichever is less.

In C4-1 or C8-1 Districts, for *community facility buildings* or *buildings* used for both *community facility use* and *commercial use*, the maximum height above *street line* shall be 35 feet or three *stories*, whichever is less.

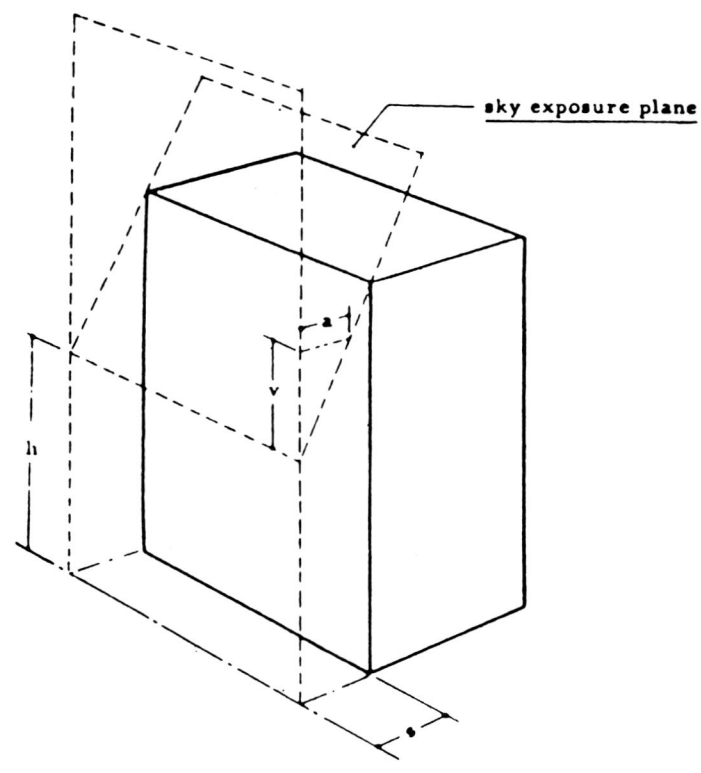

h is the height of **sky exposure plane** above **street line**

● is the depth of the optional front open area

v is the vertical distance

◢ is the horizontal distance

ILLUSTRATION OF ALTERNATE SKY EXPOSURE PLANE
SECTION 33-442

Ausschnitte Zoning Map
The New York City Planning Commission

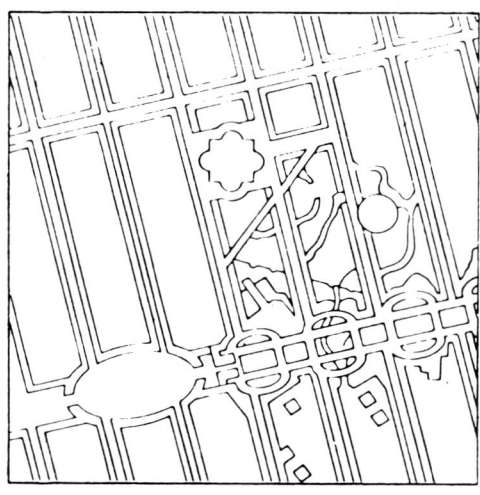

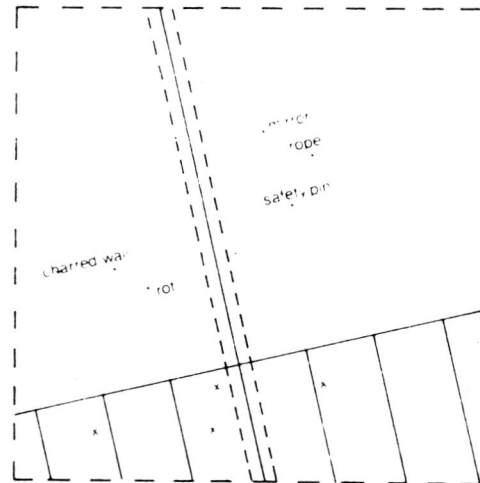

Gentrification

Einst war New York der Großstadtraum mit dem raschesten Wachstum in der westlichen Welt. Mitte der siebziger Jahre hatte es jedoch den Anschein, als sei jäh ein langfristiger Rückgang eingetreten. Heute vollzieht sich scheinbar eine neue Entwicklung: New York City durchlebt anscheinend eine neue Wachstumsphase; der Trend führt zurück in die Stadt. Dieser Prozeß wird häufig als ›gentrification‹ – als Ausbreitung der Oberschicht in einem Wohngebiet – bezeichnet und läßt sich in New York City ebenso wie in anderen älteren Städten der USA, etwa in Philadelphia, Boston, Cincinnati, Washington D. C., Atlanta und San Francisco feststellen.

Die einschneidenden wirtschaftlichen Veränderungen der siebziger Jahre sind auf den Wandel in den Produktionsverfahren zurückzuführen sowie auf die daraus resultierenden politischen Veränderungen, welche die Protestbewegung an der Basis heraufbeschworen und auch wieder abklingen lassen, insbesondere die Unruhen in den Gettos. Die wirtschaftlichen Veränderungen hatten erhebliche räumliche Konsequenzen. Der Verlust von Arbeitsplätzen in der Produktion konzentrierte sich vor allem auf die Außenbezirke sowie auf das Gebiet zwischen dem Finanzzentrum in Lower Manhattan und der Midtown ›CBD‹.

Die Wohngebiete der Produktionsarbeiter verfielen, und zwar nicht so sehr in dem Sinne, daß die Zahl ihrer Bewohner zurückging, als vielmehr die Qualität der Wohnungen sowie der Umfang öffentlicher Förderung. Neue Einwanderer und ungelernte Arbeitskräfte waren am stärksten betroffen, unter ihnen besonders die Schwarzen und Spanisch Sprechenden unter den Neueinwanderern, denen aus rassischen Gründen viele der Chancen versagt waren, welche früheren Einwanderungsgruppen offenstanden. Die Lage in den Gettos, die rassische Ursachen hatte, verschlechterte sich rasch.

Die Ausweitung im Tertiärsektor und im Bürobereich, einschließlich des Staatsdienstes, konzentrierte sich auf andere Teile der Stadt: nämlich im wesentlichen auf Manhattan und innerhalb Manhattans auf Lower Manhattan und den ›Midtown Central Business District‹ (zentraler Geschäftsbezirk der Mittelstadt). Mit dem neuen Wachstum füllten sich zwischen dem Finanzdistrikt von Lower Manhattan und dem Geschäftsdistrikt der Mittelstadt sowie an den Rändern und in den von beiden leicht zu erreichenden Gebieten Bereiche, in denen die Zahl der Gewerbebetriebe und der Wohnungen der gewerblichen Arbeiter zurückgegangen waren. Neue wirtschaftliche Nutzungsformen sowie Wohnungen für die entsprechenden neuen Arbeitsplätze traten an die Stelle der alten. Die Umwandlung von Fabrikterrain in Luxuswohngebiete in Soho gehört zu den augenfälligsten und in der Öffentlichkeit am meisten bekannt gewordenen Äußerungen dieses Prozesses.

Das ganze Gerede um die ›Rückkehr in die Stadt‹ könnte sich nicht so lange halten, wenn es keine solide Grundlage dafür gäbe. Ebenso wenig würde die militante und lautstarke, von den Wohnbezirken ausgehende Opposition der Basis gegen die ›gentrification‹, gegen das Vordringen der Oberschicht in bestimmten Bezirken der City, die heute einen festen Bestandteil der politischen Landschaft in New York bildet, ohne eine reale Basis existieren können. Tatsächlich gibt es eine Bevölkerungsbewegung in New York City, es handelt sich jedoch um eine Umsiedlungsbewegung der Bewohner, die bereits in der Stadt leben (oder um Zugänge in gleicher Höhe im Zuge der normalen Zu- und Abwanderung), und die sich ganz massiv auf bestimmte Wohngegenden konzentriert. Es ist weniger eine Rückkehr aus den Vororten (oder aus anderen Regionen des Landes) in die Stadt als eine Umsiedlung der Bevölkerung innerhalb der Stadt, Teil eines Gestaltwandels, im eigentlichen Sinne eine Umstrukturierung innerhalb der City.

Die Auswirkungen dieses Prozesses werden sichtbar, wenn man die Stadt aus der Sicht der Wohngegenden betrachtet. In extremer Form wird ein Grundmuster deutlich, wenn man zwei Bezirke herausgreift: Süd-Bronx – für die Auswanderung von Beziehern höherer Einkommen, die Einwanderung von Beziehern niedrigerer Einkommen, die Aufgabe von Wohnungen sowie Wohnungs- und Bevölkerungsverluste; der mittlere Westen von Manhattan – für die Einwanderung von Beziehern höherer Einkommen zu Lasten der Bezieher geringerer Einkommen, das Vordringen der Oberschicht sowie die ›Aufwertung‹ der Wohnungen und ihrer Bewohner.

So unterschiedlich vollzieht sich der Wandel in verschiedenen Teilen der Stadt. Die ärmere Bevölkerung sammelt sich in wachsendem Maße in Gebieten, in denen Hausbesitz aufgegeben wird; Bessergestellte bemühen sich in zunehmendem Maße darum, in zentraler gelegenen Gegenden, in denen in größerem Umfang Angehörige der Oberschicht zuziehen, eine Wohnung zu finden, und bewirken auf diese Weise, was von außen gesehen als ›Rückkehr in die Stadt‹ erscheint. Was geschieht nun mit denjenigen, die früher in den Gegenden lebten, in die nun die Oberschicht vordringt?

Eine jüngst von dem Amt für Stadtplanung unternommene Studie förderte Zahlen zutage, nach denen in einem größeren Gebiet auf der Westseite von Manhattan, wo die Zahl der jüngeren Akademikerhaushalte mit höherem Einkommen zunahm, demgegenüber der Anteil der älteren Bevölkerung um 19,9%, der Schwarzen um 24,6%, der Spanisch sprechenden Bewohner um 21,3% zurückgegangen ist; Mietwohnungen, und zwar solche, die von ärmeren Alleinstehenden bewohnt worden waren, wurden in luxuriöse Genossenschafts- und Eigentumswohnungen umgewandelt, wodurch sich die Zahl der den Ärmeren zugänglichen billigen Wohnungen drastisch verringerte; die Preise für den Verkauf von Gebäuden stiegen während nur vier Jahren durchschnittlich um 227%!

$\rightarrow$

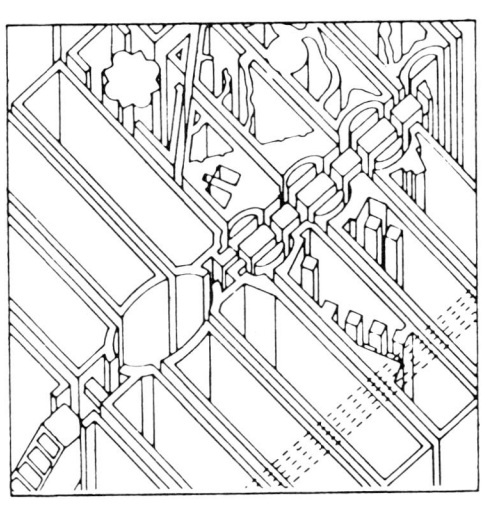
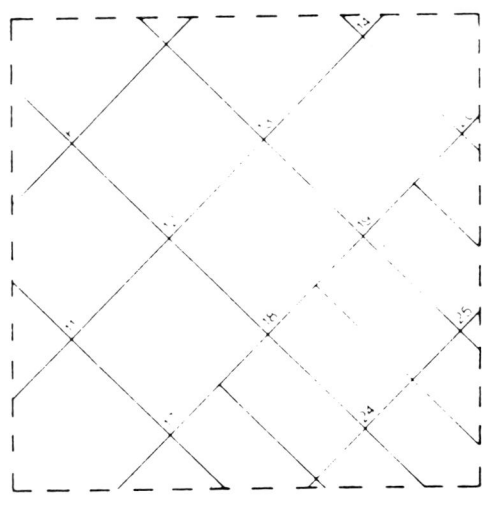

Charlotte Street 1981, South Bronx
Foto: Camilo J. Vergara

→

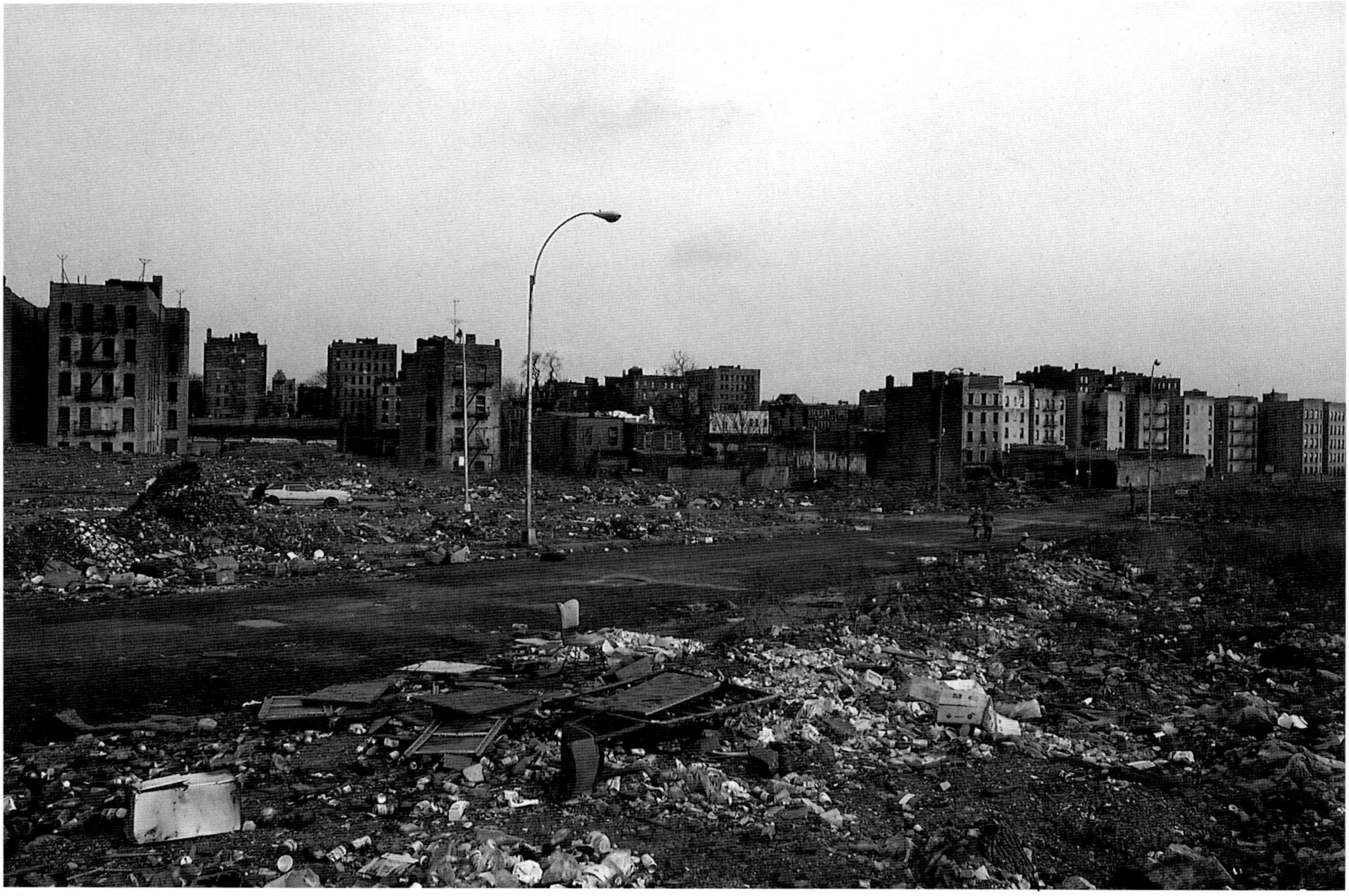

Der Stadtverwaltung und der politischen Führung sind diese Probleme nicht unbekannt. Ohne auf eine bewährte Tradition kommunaler Maßnahmen zur Schaffung von Sozialwohnungen zurückgreifen zu können, muß New York City wohl oder übel neue Wege erschließen. Sie tut das, indem sie von den Eigentümern aufgegebene und der Stadt anheimgefallene Gebäude ihren Mietern überläßt (auf diese Weise befinden sich über 112 000 Wohneinheiten, die meist leerstehen, in der Hand der Stadt). Die Stadt gewährt den Mietern in geringem Umfang technische Unterstützung, für eine Übergangszeit Mittel zur Ausführung der notwendigsten Reparaturen und ermutigt sie zu größtmöglicher Selbsthilfe. Diese Programme bewirken zur Zeit möglicherweise die Wiederherstellung von 20 000 Wohneinheiten zur besseren Nutzung durch Bezieher geringerer Einkommen. Das Programm wird jedoch durch die drastischen Kürzungen der Unterstützung aus der Bundeskasse unter der Reagan-Administration erheblich beeinträchtigt und ist im Verhältnis zu dem, was wirklich getan werden müßte, um den Bürgern der Stadt menschenwürdige Wohnungen in ausreichender Menge im Bereich ihrer finanziellen Möglichkeiten bereitzustellen, ein Tropfen auf den heißen Stein. *Peter Marcuse*

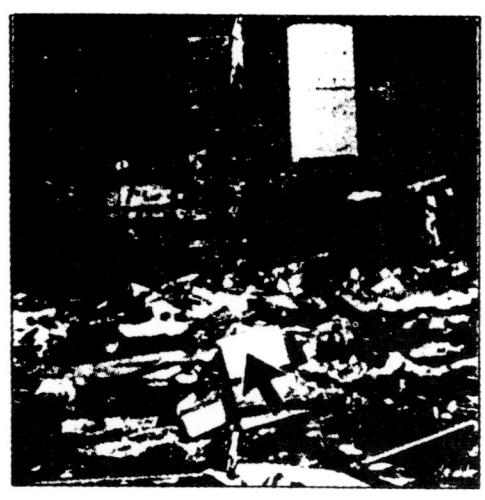

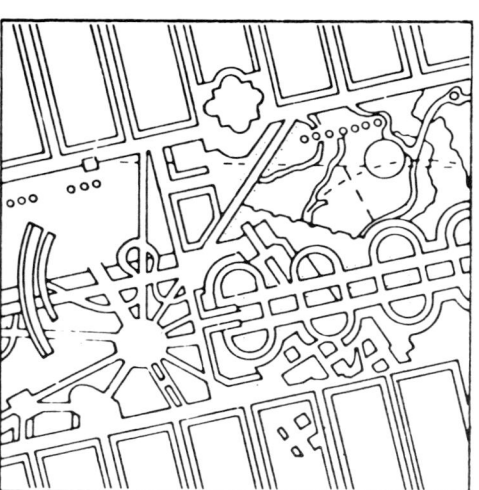

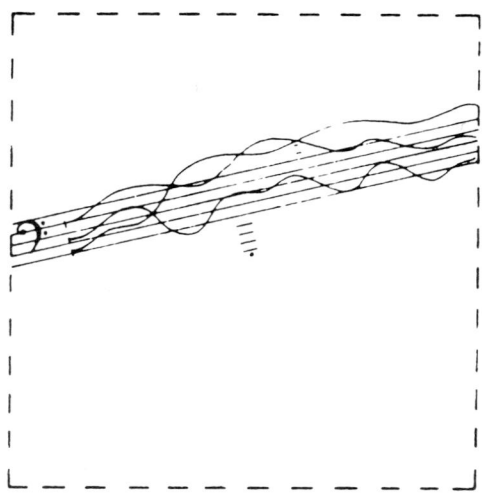

Charlotte Street 1987, South Bronx
Foto: Camilo J. Vergara

Charlotte Gardens, South Bronx
Foto: Camilo J. Vergara

Charlotte Street
Foto: Camilo J. Vergara

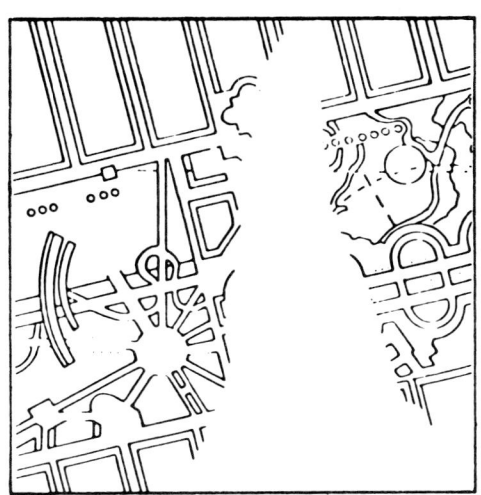

Die blinde Stadt

Von der 110. Etage des World Trade Center aus Manhattan sehen: Unter dem Nebel, den die Winde zusammenbrauen, richtet die Stadtinsel – ein Meer aus dem Meer – die Wolkenkratzer von Wall Street auf, senkt sich bei Greenwich tief ein, erhebt sich erneut zu den Anhöhen von Midtown, besänftigt sich am Central Park und verebbt schließlich jenseits von Harlem. Die senkrechte Dünung wird für einen Augenblick vom Blick festgehalten. Die gewaltige Masse kommt vor unseren Augen zum Stillstand. Sie verwandelt sich in eine Textur, in der die Extreme von Kampf und Elend zusammentreffen, die Gegensätze von Rassen und Stilen, die Kontraste der Gebäude von gestern – die bereits als Vergangenheit abgetan wurden (New York, dieses Anti-Rom, hat nie zu altern gelernt) –, zu den neuen Eindringlingen, die den Raum verriegeln. Paroxysmen in monumentalen Reliefs. Der Betrachter vermag sogar dieses aufwallende Stadtuniversum zu ›lesen‹.

Zu welcher Erotik des Wissen-Wollens gehört die Ekstase, einen solchen Kosmos zu entziffern? Es mit solcher Heftigkeit zu genießen? Ich frage mich, worin eigentlich das Vergnügen, eine Welt, die von der Hybris geschaffen wurde, ›als Ganzes zu sehen‹, den maßlosesten aller menschlichen Texte von oben zu überschauen, zusammenzufassen, seinen Ursprung hat?

Auf den Gipfel des World Trade Center emporgehoben zu werden, heißt hingerissen zu sein von der Macht dieser Stadt. Der eigene Körper wird nicht mehr von den Straßen verschlungen, die ihn, nach einem nicht erkennbaren Gesetz, hierhin und dorthin lenken; unten ist er – Spieler oder Spielzeug – überwältigt vom unklaren Lärm all des Verschiedenartigen und von der Nervosität des New Yorker Verkehrs. Wer aber da oben hinaufsteigt, enthebt sich der Masse, die in sich schon jedes klare Ich-Bewußtsein der Zuschauenden und Zuhörenden überschwemmt und verwischt. Ikarus dort oben über diesen Wassern kann die Abgefeimtheit des Daedalus in den wimmelnden endlosen Labyrinthen vergessen. Sein Emporgehobensein

macht ihn zum Zuschauer. Es schafft Distanz. Es verwandelt eine betörende Welt in einen Text. Es erlaubt, ihn zu lesen, ein Sonnenauge, der Blick eines Gottes zu sein. Überschwang einer visuellen und gnostischen Schwingung. Nichts sein als dieser schauende Punkt, das ist die Fiktion des Wissens. Wird man nachher zurückfallen müssen in den dunklen Raum, wo sich die Massen drängen, die man sieht, die aber nicht sehen können? Sturz des Ikarus. Auf der 110. Etage stellt ein Plakat dem Fußgänger, der für einen Augenblick zum Seher geworden ist, die Rätselfrage der Sphinx: It's hard to be down, when you're up. (Man kann nicht ganz unten sein, wenn man hier oben ist.)

Der dringende Wunsch, die Stadt als Ganzes zu sehen, ist den Möglichkeiten, ihn zu erfüllen, vorausgegangen. Die Malerei des Mittelalters und der Renaissance stellt die Stadt perspektivisch dar, von einem Auge gesehen, das es gar nicht gab. Sie erfand den Flug über die Stadt und zugleich die Darstellung, die er möglich machte. Das Panorama verwandelte den Betrachter in ein himmlisches Auge! Es schuf Götter. Hat sich da etwas geändert, seit durch technische Vorgänge eine ›alles sehende Macht‹ zustande kam? Die von den alten Meistern erfundene Fiktion hat ihre Verwirklichung erlebt. Nicht nur die bildhaften, auch die architektonischen Schöpfungen, in denen sich heute die Utopie konkretisiert, sind von der gleichen Ausweitung des Blicks besessen. Der 420 m hohe Turm, der den Bug von Manhattan bildet, setzt diese Fiktion fort, die Fiktion, die ›Leser‹ schafft, die die Komplexität der Stadt lesbar macht und ihre undurchsichtige Mobilität in einen klaren Text verwandelt. Dieses ungeheure Gewebe, das man da unten vor Augen hat – ist es etwas anderes als eine Darstellung? Ein visuelles Artefakt. Ein Analogon zu dem Faksimile, das der Raumplaner, der Städtebauer oder der Kartograph herstellt, indem er gewissermaßen auf Distanz geht? Die Stadt als Panorama ist ein ›theoretisches‹ Trugbild (das heißt ein visuelles). Sie ist insgesamt ein Bild, das nur dadurch zustande kommt, daß die praktischen Vorgänge vergessen und verkannt werden.

Die gewöhnlichen Stadtbenutzer aber leben da unten (down), jenseits der Schwelle, dort, wo Sichtbarkeit aufhört. Sie leben eine Elementarform dieser Erfahrung, sie sind die ›Gehenden‹, die Wandersmänner, deren Körper sich dem Druck und Haarstrich eines ›Stadt-Textes‹ fügen, den sie schreiben, aber nicht lesen können. Diese Stadtbenutzer spielen mit unsichtbaren Räumen; sie haben eine blinde Kenntnis dieser Räume, so wie die Körper von Liebenden sich kennen. Die Wege, die sich in dieser Verflechtung treffen – unbewußte Dichtungen, in denen jeder Körper ein Element bildet, das unter vielen anderen und durch viele andere gekennzeichnet ist –, entziehen sich der Lesbarkeit. Alles geht so vor sich, als vollzöge sich, was zur Organisation der bewohnten Stadt gehört, blind. Die Gespinste dieser sich vorwärtsbewegenden, sich kreuzenden ›Schriften‹ setzen sich zu einer vielfältigen Geschichte zusammen, die keinen Autor und keinen Beobachter hat, die sich aus Bruchstücken von Flugbahnen und aus Veränderungen der Räume bildet: Verglichen mit den Darstellungen der Stadt, ist die bewohnte Stadt auf eine alltägliche und unbestimmte Weise anders.

Es gibt eine Fremdartigkeit des Alltäglichen, die sich den imaginären Zusammenfassungen des Auges entzieht, die nicht an der Oberfläche liegt oder deren Oberfläche nur eine vorgerückte Grenze ist, ein Rand, der sich vom Sichtbaren abhebt. Ich möchte in diesem Zusammenhang die visuellen pan-optischen oder theoretischen Praktiken hervorheben, die dem ›geometrischen‹ oder ›geographischen‹ Raum zuwiderlaufen. Diese Art, mit dem Raum umzugehen, führt zurück auf eine ganz besondere Form von Verfahrensweisen von Vorgängen, auf ›eine andere Räumlichkeit‹ (eine anthropologische, poetische oder mythische Erfahrung des Raumes) und auf eine undurchschaubare und blinde Beweglichkeit der bewohnten Stadt, auf eine Stadt der Wanderungen, die sich heimlich in den klaren Text der geplanten lesbaren Stadt einträgt.

Michel de Certeau

 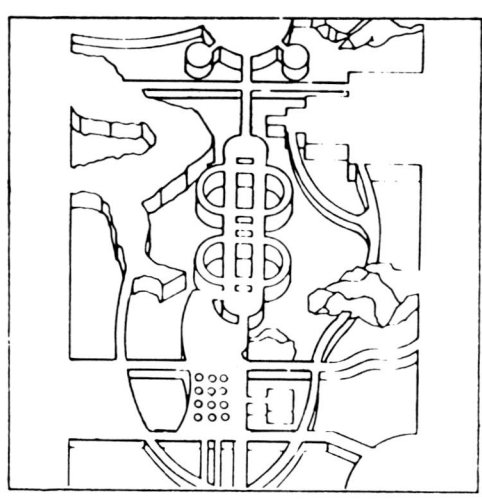 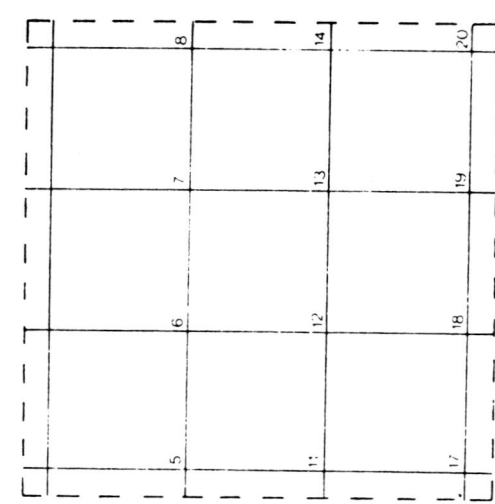

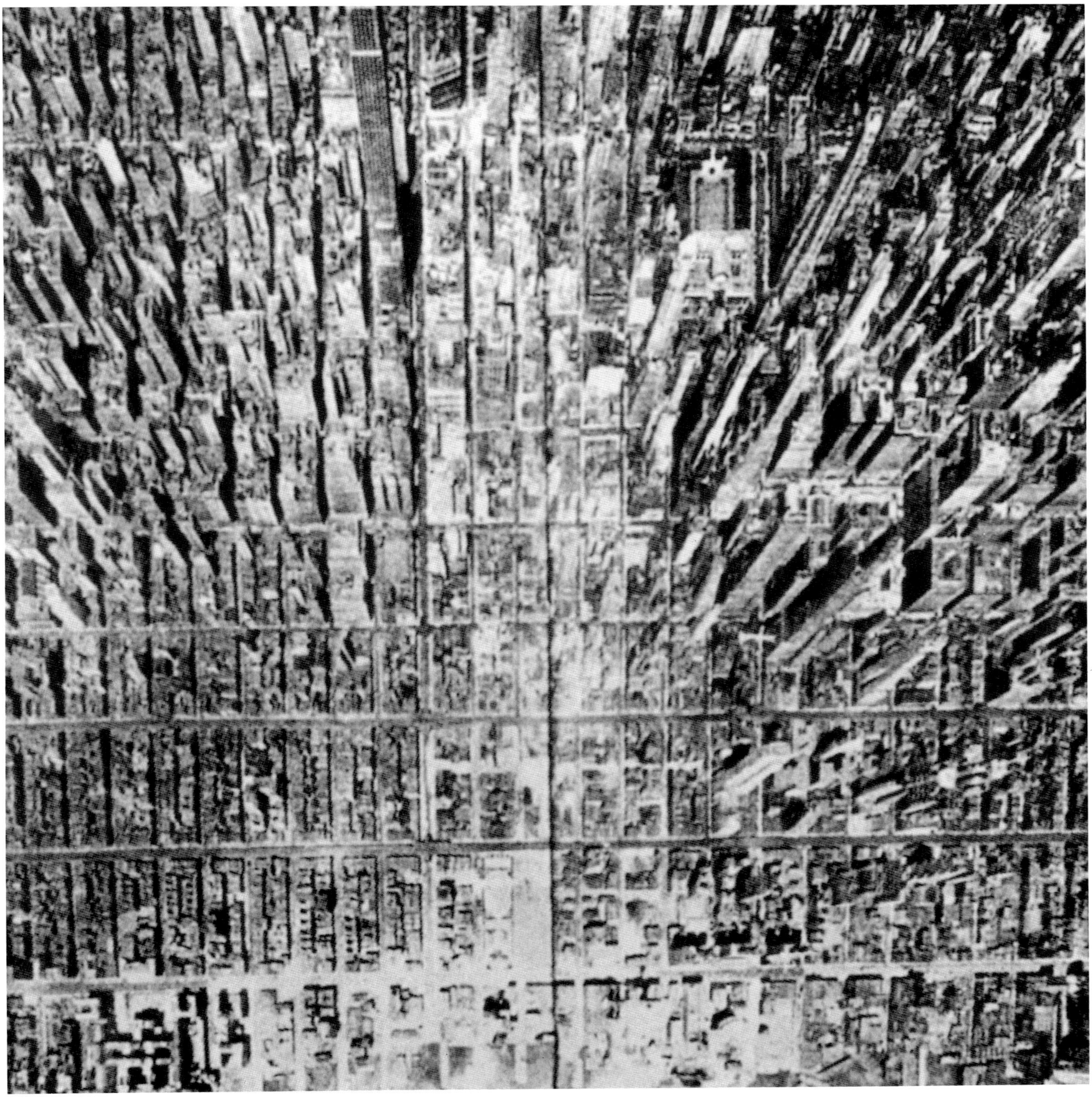

Flugbild Manhattan

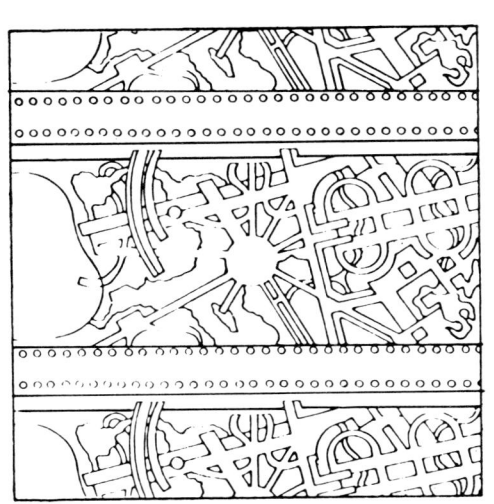

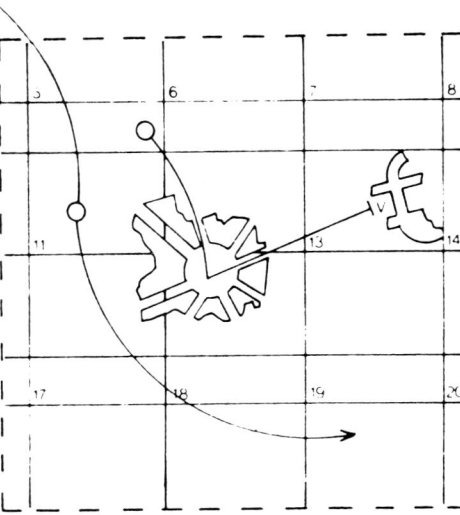

Luftschiff Hindenburg über New York (1936)

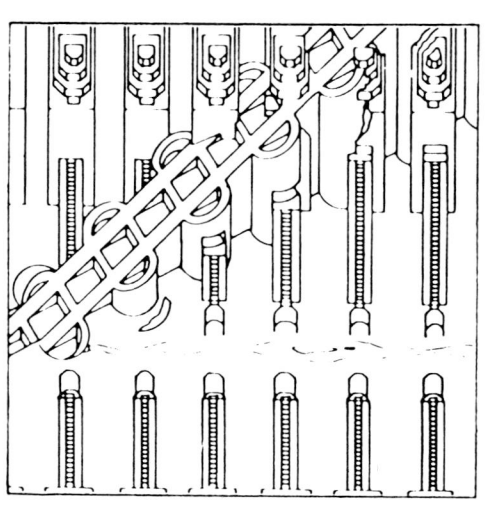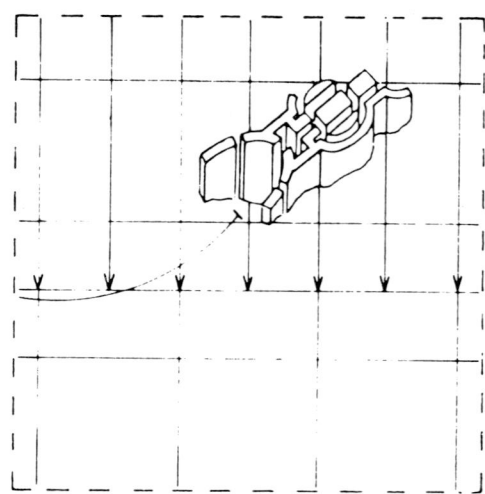

Zerstörtes Frankfurt (1946)
Foto: Fred Kochmann

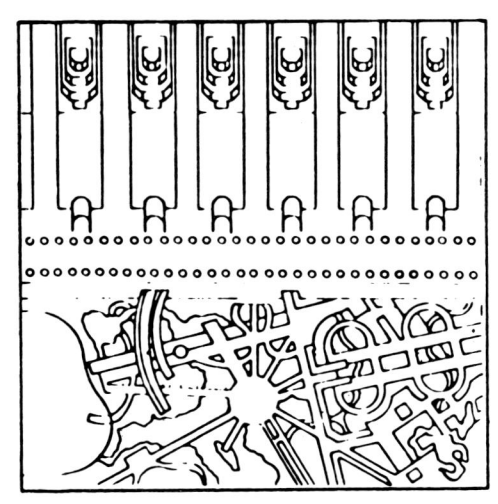

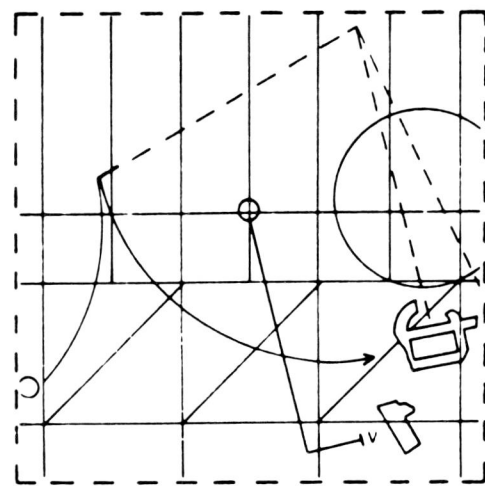

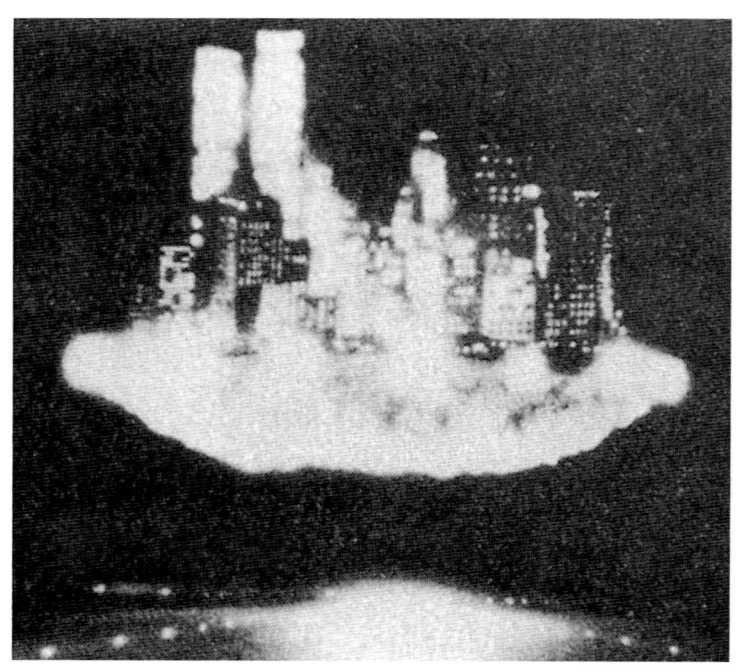

›Manhattan Landing‹
Video-Bild, Saatchi & Saatchi

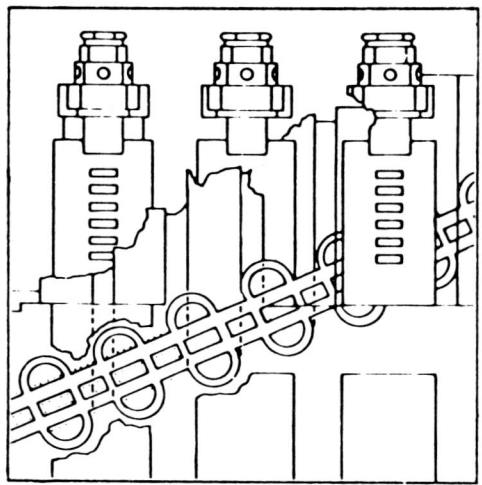

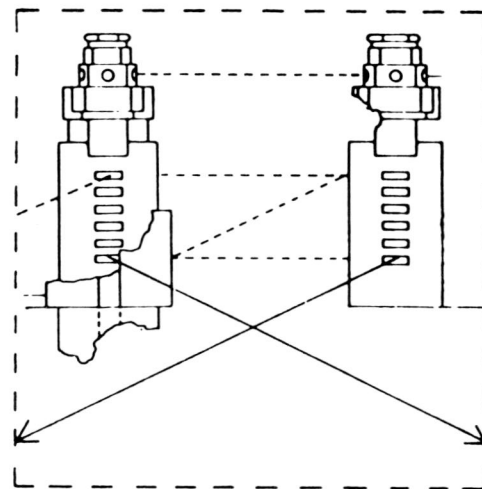

Literatur

Certeau, Michel de, ›Umgang mit Raum. Die Stadt als Metapher‹. In: »Panik Stadt«, Stadtbauwelt 60/Bauwelt 48, Dezember 1978, S. 292 f.

Friedmann, John, ›The World City Hypothesis‹. In: Development and Change, London 1986, Bd. 17, S. 74

Helms, Hans G., ›Manhattans neue Kapitalfabriken. Das World Financial Center – technologische Ursachen und bauliche Folgen‹. In: Merkur 477, November 1988, S. 928 ff.

Koolhaas, Rem, ›Die Stadt des gefesselten Erdballs‹. In: Freibeuter 3 (Wagenbach) 1980, S. 144 f.

Marcuse, Peter, ›Die Bewegung »Zurück in die Stadt« (New York) – gibt es sie überhaupt?‹ In: Die Zukunft der Metropolen: Paris, London, New York, Berlin, Hg. Karl Schwarz, Ausstellungskatalog Technische Universität Berlin, 1984, Bd. 1, S. 215 ff.

Miller, Arthur, Zeitkurven. Ein Leben, S. Fischer Verlag, Frankfurt 1987, S. 14 f.

Tschumi, Bernard, The Manhattan Transcripts, New York 1981 (The Park, S. 14 ff.)

Zoning Map. The New York City Planning Commission. The City of New York 1988

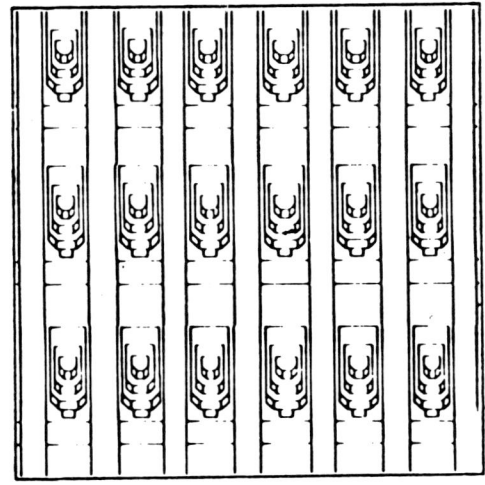
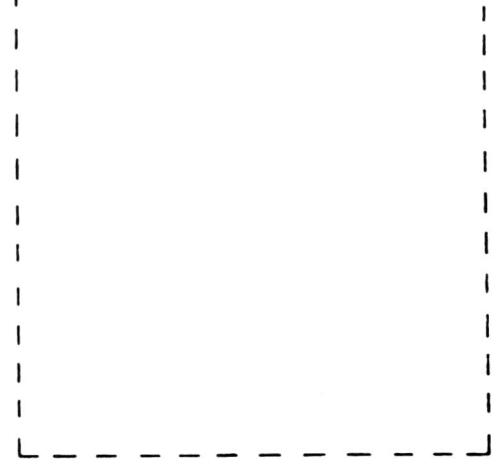

Bauten und
Projekte
in New York

Die Zahlen hinter den Projekttiteln
beziehen sich auf den Stadtplan am Schluß
des Buches

Agrest & Gandelsonas

APARTMENTHAUS IN MANHATTAN [53]

20 East 71st Street, New York, NY, Projekt, 1980

Dieses Projekt umfaßt zum einen die Renovierung eines bestehenden 6000 qm großen Kalksteingebäudes und zum anderen den Anbau eines neuen 11 000 qm großen Gebäudeteils.

Der Bau liegt auf Manhattans Upper East Side und sollte als Beispiel urbaner Architektur gelten, d.h. auf die Stadt und ihre Geschichte eingehen und spezifische Erfordernisse des Umfelds, wie Maßstab und Materialien, berücksichtigen.

Das Projekt versteht sich als architektonische Darstellung der impliziten Bedeutung des Turmes als Bautypus, nämlich der Gliederung in Basis, Schaft und Spitze und seiner symbolischen Rolle als vertikales Zeichen in der Stadtlandschaft.

Die der Avenue zugewandte Ostfassade ist nach Art eines Glockenturms gestaltet und erinnert somit an den Ursprung der New Yorker Türme; Vorbild waren damals die Türme italienischer Städte.

Der vorhandene Bau wurde zur Basis des neuen Gebäudes. Er wurde teilweise modifiziert, um sich den benachbarten Eckbauten und dem darüberliegenden neuen Turm besser anzupassen. Die Fassade sowie die bedeutendsten Räume und Elemente des bestehenden Gebäudes wurden erhalten und restauriert.

Als Schaft des Turmes reagiert das neue Gebäude auf den Charakter der Nachbarbebauung, sowohl durch die Gestaltung der Fenster – Doppel-Vertikal-Schiebefenster – als auch durch die verwandten Materialien – 7,6 cm starke Kalksteinverkleidung auf vier Seiten. Diese Besonderheiten tragen gleichzeitig zu einer effizienten Energieausnutzung des Gebäudes bei. Alle Räume sämtlicher Wohnungen verfügen über Tageslicht und Durchlüftungsmöglichkeit. Dabei wird ein einfacher Grundriß beibehalten, der vom künftigen Nutzer verändert werden kann. Die Fassaden sprechen die spezifischen Bedingungen der jeweiligen Straße an.

Der Entwurf betont die Spitze als ein Element urbaner Architektur und versucht so ein von den Architekten lange Zeit vergessenes bedeutendes Merkmal der Skyline von New York wiederzubeleben.

Agrest & Gandelsonas

STADTHAUS [50]

110 East 64th Street, New York, NY, 1984

Ein sechsgeschossiges Stadthaus für eine Familie, das ein um die Jahrhundertwende erbautes Brownstone-Haus ersetzt.

Dieses Gebäude mit seiner geschwungenen Kalksteinfassade fungiert als Gelenk zwischen seinen Nachbarbauten, einer neogotischen Kirche und einem Curtain-Wall-Gebäude aus den sechziger Jahren.

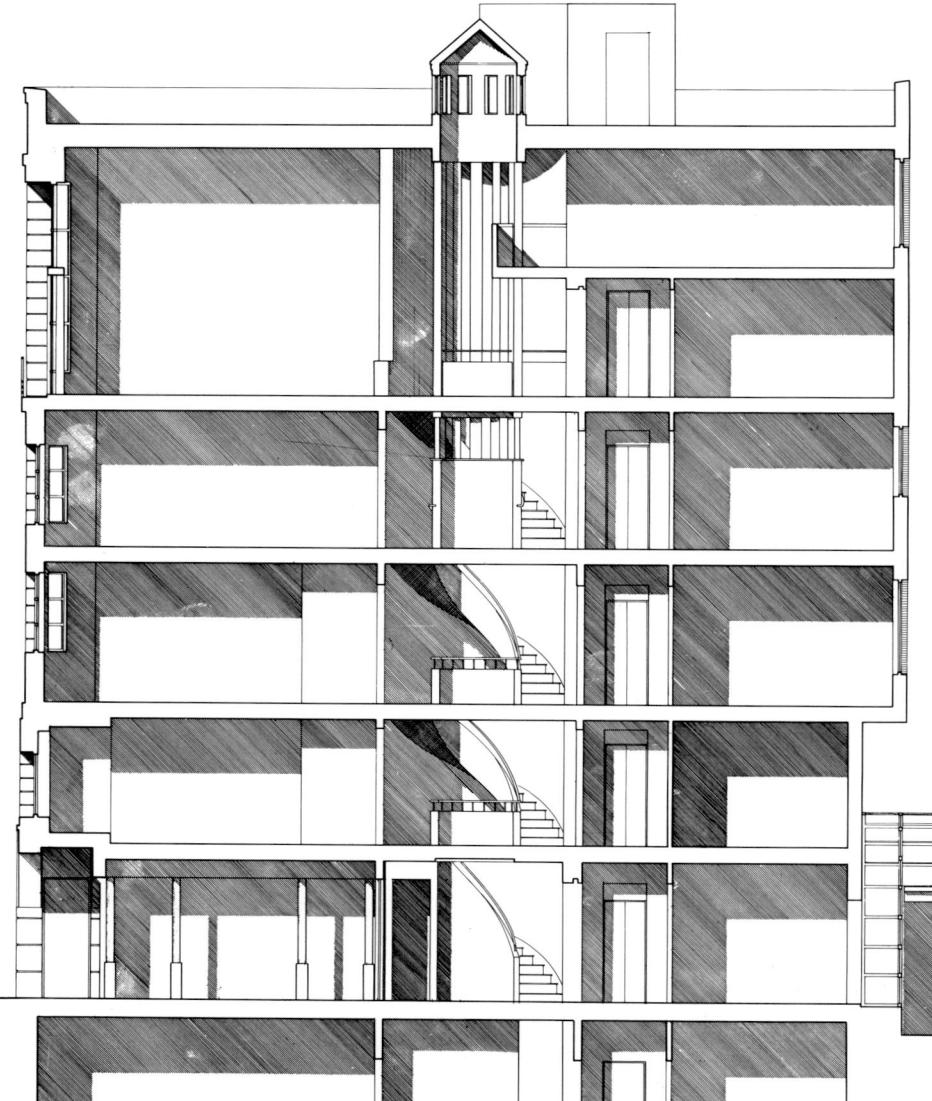

Agrest & Gandelsonas

250 WEST STREET

250 West Street, New York, NY, Projekt, 1988

Der Entwurf umfaßt eine neue ›Haut‹, eine neue Lobby, einen neuen vertikalen Kern sowie die vollständige Renovierung des Innenraumes und seine Umgestaltung in Büros für ein bestehendes, elfgeschossiges Loftgebäude am Hudson River.

Ein horizontaler ›Stahlgürtel‹ halbiert das Gebäude; eine auf diesem Gürtel angebrachte Uhr feiert die Aussicht auf die Küste von New Jersey und auf Liberty Island.

Die untere Hälfte der Fassade ist mit schwarzgeflammtem Granit, die obere mit ebensolchem Aluminium verkleidet.

Emilio Ambasz & Ass.

MUSEUM OF AMERICAN FOLK ART TOWER [30]

West 53rd Street, New York, NY
Projekt, 1980 – 1981

Für den Museumsbau steht ein 39 m breites und 30 m tiefes Grundstück zur Verfügung. Um diesen Bau finanzieren zu können, sollen die Überbauungsrechte des Geländes zur Errichtung eines Büromietshauses genutzt werden. Dadurch ergibt sich eine zweifache Aufgabenstellung: der Entwurf eines architektonisch herausragenden Museumsbaus und der eines Hochhauses, das an die New Yorker Tradition anknüpft.

Mitte des 19. Jahrhunderts, in der ersten Phase des Hochhausbaus, wurden die Hochhäuser gemäß der ›Säulentypologie‹ errichtet: Basis, Schaft und Kapitell. Im 20. Jahrhundert ließen die New Yorker Bauvorschriften den ›Rücksprung‹ entstehen. Ende der vierziger Jahre hielt mit Le Corbusiers neuartigem Entwurf für das UN-Gebäude das Prisma seinen Einzug. Der Entwurf für das Museum of American Folk Art versucht, diese drei Typologien zu einem harmonischen Ganzen zu vereinen.

Das Äußere des Gebäudes wurde stereometrisch angelegt, um es besser mit seinem prismatischen Nachbarn im Westen, dem ABC Tower, sowie mit der voraussichtlichen Form des noch nicht ausgeführten Baus auf seiner Ostseite in Einklang zu bringen.

Die Bürogeschosse wurden in drei Blocks aufgeteilt und innerhalb des prismatischen Gesamtrahmens ›aufgehängt‹, um dessen Masse zu gliedern, den Maßstab aufzubrechen und einen harmonischen Übergang zu der dahinterliegenden, niedrigeren Bebauung zu erreichen. Die visu-

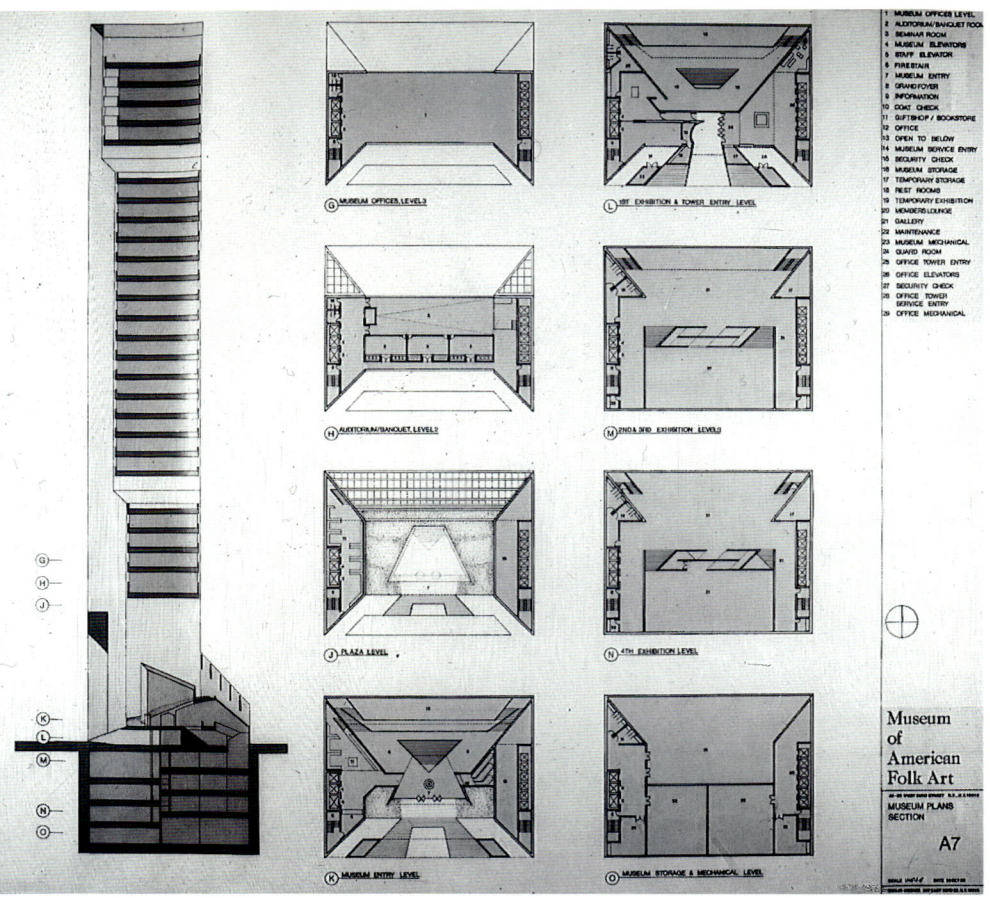

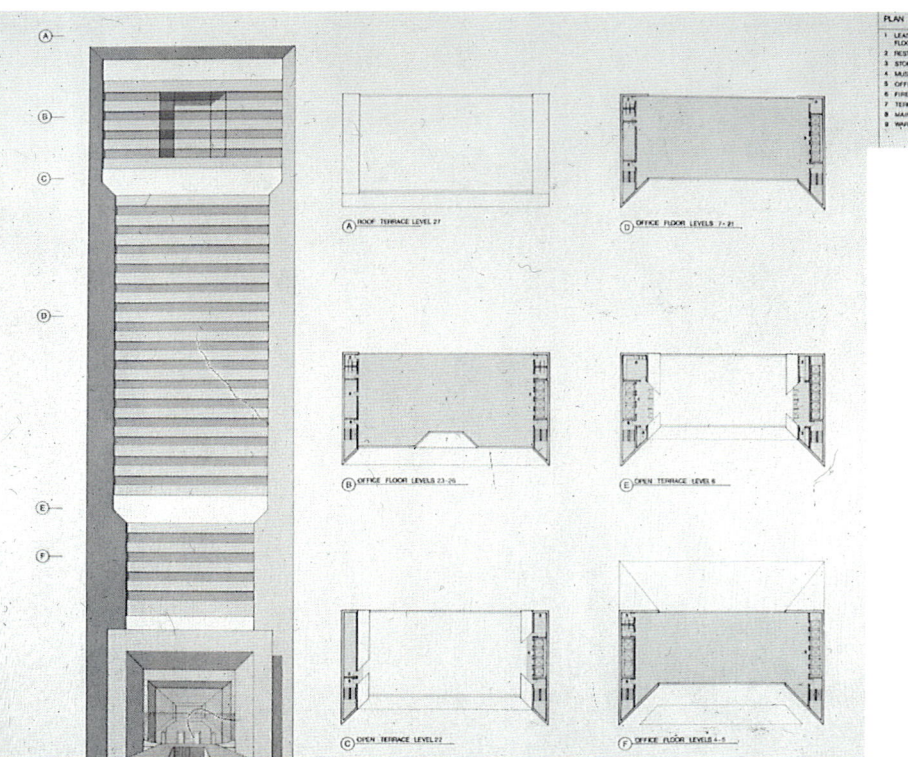

elle Gliederung läßt es zu, den Bau im Sinne von Basis, Schaft und Kapitell zu ›lesen‹. Indem diese Blöcke mit zunehmender Höhe vorversetzt werden und ihre horizontale Spannweite bei höher und dünner werdenden Stützen zunimmt, wirkt der Entwurf als Erwiderung auf die ›Rücksprung‹-Tradition der New Yorker Architektur. Darüber hinaus wurde durch das Vorspringen dieser drei Blöcke versucht, die Wirkung der über den Haupteingang vorkragenden Baukörper zu unterstreichen und damit alle Blicke auf dieses Portal zu lenken.

Das als Proszenium gestaltete Eingangsportal dient sowohl dem Museum als auch dem Büro-

bau. Die Höhe des Portals wurde auf 24 m festgelegt, um die gleiche horizontale Höhenlinie wie das Dach des Museum of Modern Art zu erreichen. Zwei bewußt monumental gestaltete symmetrische Treppen führen zum Eingang und Grand Foyer des Museums, während der Eingang zum Büroturm unmittelbar auf Straßenniveau auf der Mittelachse angeordnet ist.

Dem Entwurf gelingt es, große urbane Maßstäbe durch die Unterteilung in kleinere Baublöcke zu vermeiden und so den Eindruck einer überwältigenden Masse zu mildern, das Licht eindringen zu lassen und die verschiedenen inneren Funktio-

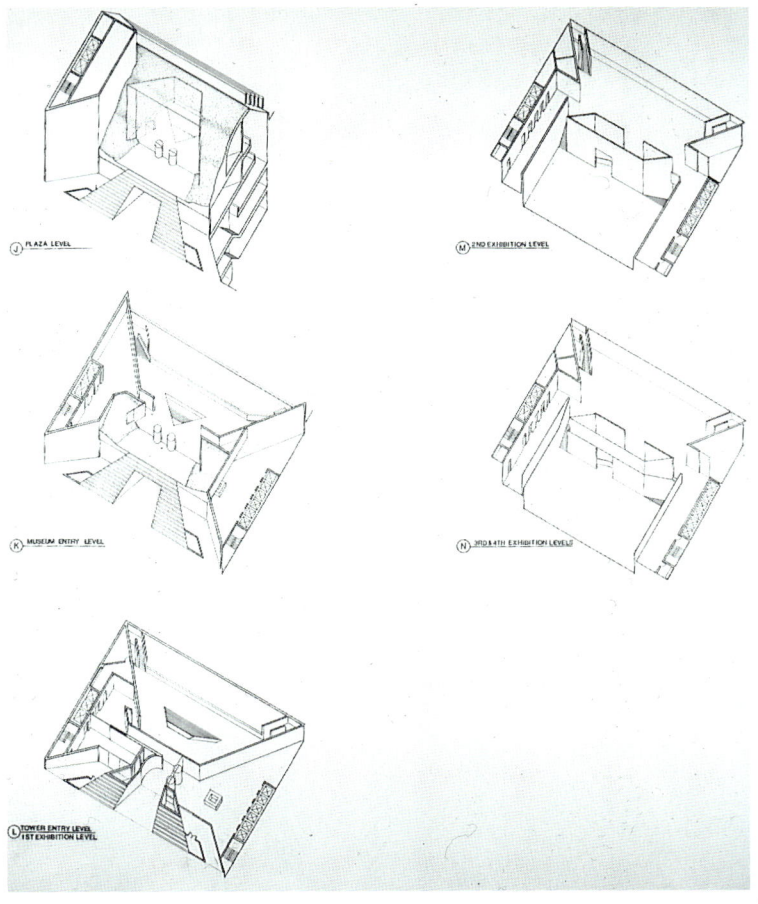

Museum
of
American
Folk Art

SECTION
PERSPECTIVE
MUSEUM
ENTRY

A3

nen klar auszudrücken, ohne die einheitliche Straßenfassade zu opfern. Die verschiedenen Abschnitte werden durch das umgebende, definierende Gerüst aus seitlichen Pfeilern verankert.

Darüber hinaus wird die spezifische Umgebung berücksichtigt. Der Bau paßt seine Sockelhöhe der Firstlinie des alten Museum of Modern Art an und bezieht die Höhe seiner Zwischenstützen auf die dahinterliegenden 12- bis 20geschossigen Bauten. Indem der Bau die zugelassene maximale Bebauungshöhe bewußt unterschreitet, zollt er in städtebaulicher Hinsicht dem visuellen Primat der 6th Avenue gebührenden Respekt.

95

The elements of the design for this prototypical newsstand are based on an abstraction of a printing press. The form and profile is bold and simple. The back and roof is a continuous "newspaper" skin of graffiti-resistant, porcelainized aluminum. The newspaper skin runs over a brushed stainless steel "press roller" that houses a pull-down security gate. The newsstand features a large, convenient, printer's "drawer" that maximizes display and increases storage at night. The drawer is supported on casters that roll on tracks in the slab floor; it is pulled out in the morning and pushed in at night. It includes space for the display and storage of newspapers, magazines and candy.

The sides are porcelainized metal panels fastened to a steel frame with carriage bolts. The side panels are colored "big apple green" and the drawer is colored "big apple red." The newsstand sits on a slab-heated concrete base for winter warmth and is entered through a side door. Based on our conversations with numerous operators, the inside contains both specific and flexible storage for magazine, candy, cigarettes, sunglasses, and other items. The prototype conforms to the guidelines established by the Department of City Planning. A preliminary cost estimate indicates that based on the production of multiple units the cost of construction is approximately $12,000.00.

Anderson/Schwartz

NEWSSTAND

New York, NY
Wettbewerbsprojekt, 1988

Die Entwurfselemente für diesen Prototyp eines Zeitungskiosks sind von der Abstraktion einer Druckerpresse abgeleitet. Form und Umriß sind auffällig und zugleich einfach. Rückseite und Dach bestehen aus einer durchgehenden ›Zeitungshaut‹ aus farbabweisendem, schmelzemailliertem Aluminium. Die Zeitungshaut überzieht eine aus gebürstetem Edelstahl bestehende Druckwalze, in der ein herunterziehbares Sicherheitsgitter untergebracht ist. Eine Besonderheit des Zeitungskiosks ist die große, praktische ›Druckerschublade‹, die zu einer Vergrößerung der Ausstellungsfläche sowie der Lagerkapazität über Nacht beiträgt. Die Schublade wird von Walzen getragen, die auf Schienen im Boden laufen; am Morgen wird sie heraus- und bei Geschäftsschluß am Abend wieder hereingezogen. Sie bietet Platz zur Auslage und Lagerung von Zeitungen, Zeitschriften und Süßwaren. Die Seiten bestehen aus email-lierten Metallplatten, die mittels Bolzen an einem Stahlgerüst befestigt sind. Die Seitenteile sind in ›Big Apple Green‹, die Schublade ist in ›Big Apple Red‹ gestrichen. Der Kiosk steht auf einem bei Kälte beheizbaren Betonsockel; der Zugang erfolgt durch eine der Seiten. Angeregt durch unsere Gespräche mit zahlreichen Betreibern, wurde der Innenraum sowohl mit zweckbestimmtem als auch flexiblem Lagerraum für Zeitschriften, Süßwaren, Zigaretten, Sonnenbrillen, Batterien und andere Waren ausgestattet. Der Prototyp entspricht den Richtlinien des Department of City Planning.

New York Newsstand

Front Elevation

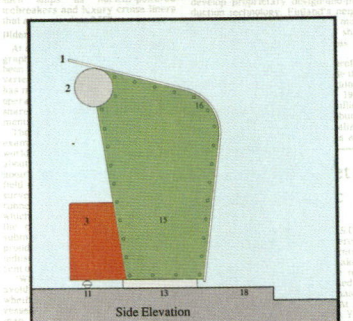

Side Elevation

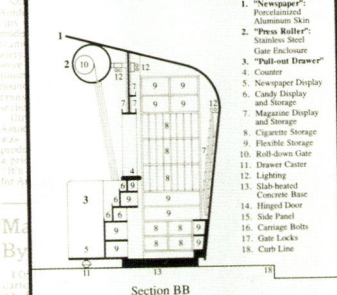

Rear Elevation

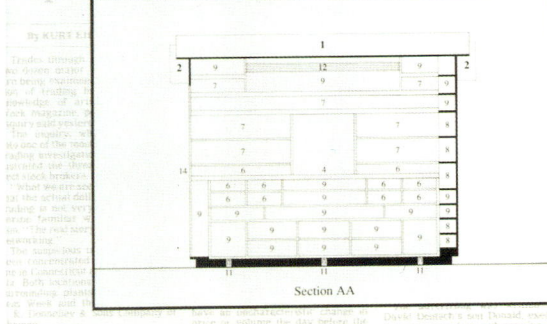

Section AA

Section BB

1. "Newspaper": Porcelanized Aluminum Skin
2. "Press Roller": Stainless Steel Gate Enclosure
3. "Pull-out Drawer"
4. Counter
5. Newspaper Display
6. Candy Display and Storage
7. Magazine Display and Storage
8. Cigarette Storage
9. Flexible Storage
10. Roll-down Gate
11. Drawer Caster
12. Lighting
13. Slab-heated Concrete Base
14. Hinged Door
15. Side Panel
16. Carriage Bolts
17. Gate Locks
18. Curb Line

Plan - Scale for All Drawings: 1/2"=1'-0"

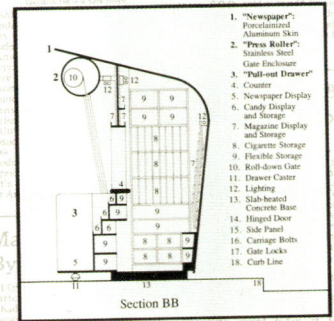

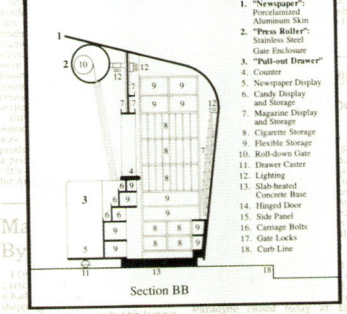

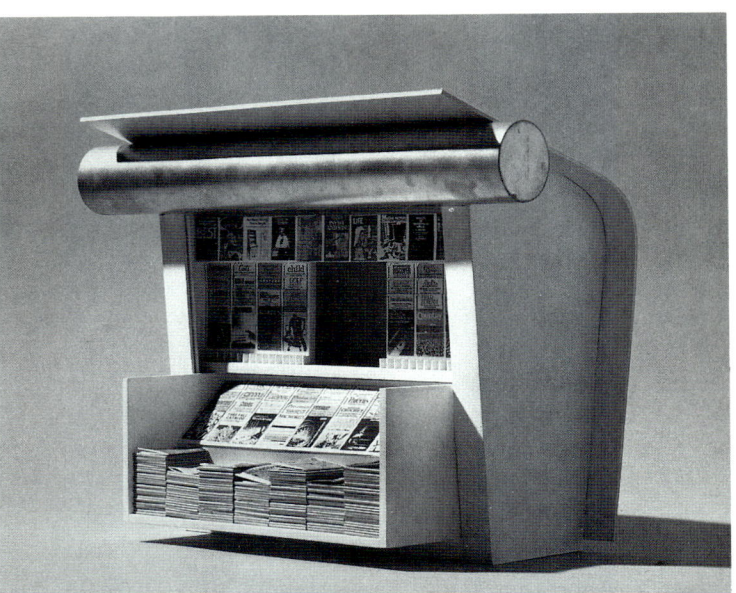

Arquitectonica

SOUTH FERRY PLAZA   [1]

South Ferry Plaza, New York, NY
Wettbewerbsprojekt, 1984

Bei South Ferry Plaza handelt es sich um ein geplantes Sanierungsprojekt mit gemischter Nutzung, das am Ende der Whitehall Street an der Südspitze Manhattans entstehen soll. Zum Projekt gehören die Errichtung eines neuen Fährenterminals sowie ein 70geschossiges Hochhaus, das 79 000 qm Büroraum über einem Meridien Hotel mit 456 Zimmern einschließlich Fitnesscenter, Konferenzzentrum, Restaurants und einer Aussichtsplattform enthalten soll. Darüber hinaus ist die Renovierung des historischen Battery Maritime Building und seine künftige Nutzung als Seaman's Institute Bestandteil des Projekts. Rücksicht auf die bestehenden Terminals und das städtische

Gefüge führten zur Ausbildung des Gebäudes als Insel. Dies verleiht ihm den Charakter eines Wahrzeichens an der Südspitze Manhattans, das sich in die Tradition mehrerer vergleichbarer Monumente am Fluß einreiht.

Das Hochhaus soll auf Pfeilern über dem Fluß errichtet werden und sich auf einer steinernen Basis aus dem Wasser erheben. Diese Basis löst sich schnell in einen futuristischen Glasturm auf.

Die unteren Geschosse innerhalb der Basis enthalten die Anlieferungs- und Versorgungseinrichtungen des Hotels. Die Eingangslobbies des Hotels und des Bürokomplexes befinden sich über dieser Ebene und sind mit der Stadt durch ein verglastes Förderband sowie durch eine Autorampe, die in einem kupferverkleideten Ausgangsrondell endet, verbunden. Unter dem Förderband verbirgt sich eine Zufahrt für Lastwagen. Eine breite Fußgängerrampe verbindet die Lobby mit einer Plaza, die zwischen Terminal und Museum entstehen soll. Die Ebenen über den Eingangshallen enthalten Serviceeinrichtungen des Hotels sowie groß-

zügige Konferenz- und Versammlungsräume. Ein zentraler Aufzugsschacht verbindet die Eingangslobby mit der darüberliegenden Hauptlobby des Hotels. Das typische Hotelgeschoß umgibt u-förmig das sich über 20 Geschosse erstreckende Atrium. Sämtliche Hotelzimmer liegen zum Wasser hin, während das Atrium einen Ausblick auf die Wall Street im Vordergrund und das übrige Manhattan im Hintergrund bietet. Die Hotelgäste gelangen in gläsernen Aufzügen zu ihren Zimmern und können während der Fahrt diesen Blick durch die nach Norden gerichteten Glasfenster des Atriums erleben. Der Aufzugsschacht erhebt sich über einem Wasserbecken und unterstreicht so erneut das Konzept des Gebäudes.

Über dem Hotel erhebt sich der Bürokomplex. Dieser erscheint als ein Rauchglasturm, der sich über dem mit reflektierendem Glas verkleideten Hauptbau erhebt. Die Geschoßflächen vergrößern sich mit zunehmender Höhe, um schließlich in den oberen Stockwerken eine Ausdehnung von etwa 2800 qm zu erreichen. Ihre Grundrisse variieren leicht durch zusätzliche oder fehlende marginale Räume. So entstehen zusätzliche Eck- und Erkerfenster oder Terrassen. Expreßaufzüge befördern den Besucher zu einer Skylobby, von der aus interne Aufzüge den Bürokomplex erschließen. Ein Fitnesscenter mit Hallenbad und Laufbahn befindet sich zwischen Hotel und Bürokomplex und kann von beiden genutzt werden. Das über Manhattan und die Fahrrinnen der Fährschiffe auskragende oberste Geschoß beherbergt eine Aussichtsplattform und ein Restaurant. Ein goldfarbener Sendemast und andere plastische Formen vervollständigen den futuristischen Eindruck dieses Hochhauses.

Neben dem Hauptbau befindet sich das neue Whitehall Ferry Terminal, das die Staten Island Ferry aufnehmen soll. Das Fährgebäude besteht aus vier expressionistischen Türmen, die durch eine horizontale Konstruktion aus getöntem Glas verbunden sind. Hier befinden sich die Warteräume, zu denen man durch eine Ladengalerie gelangt. Man betritt das Terminal durch eine elliptische, gläserne Lobby mit Aufzügen und Treppen. Der Komplex wird durch eine neu geschaffene Platzanlage sowohl an Buslinien als auch an bestehende U-Bahnstationen angebunden sein. Am Flußufer wird eine zweite Plaza entstehen, die neben dem geforderten Aussichtskorridor auch ein Freiluftrestaurant und einen öffentlichen Zugang zum Ufer bietet.

Da der Fährdienst sofort benötigt wird, wurde die Station als ein von dem Hochhaus unabhängiges Gebäude entworfen. Als Reaktion auf die Notwendigkeit von Freiraum und die städteplanerische Forderung nach einer Sichtachse am Ende der Whitehall Street wurde das Hochhaus näher an den Fluß herangerückt. Dabei soll das historische Battery Maritime Building als freistehender Bau erhalten werden. Das alte und neue Terminal sind durch eine Brücke verbunden, um im Notfall die alten Anlegeplätze benutzen zu können und um die Kontinuität der Esplanade vom East River zum Battery Park herzustellen.

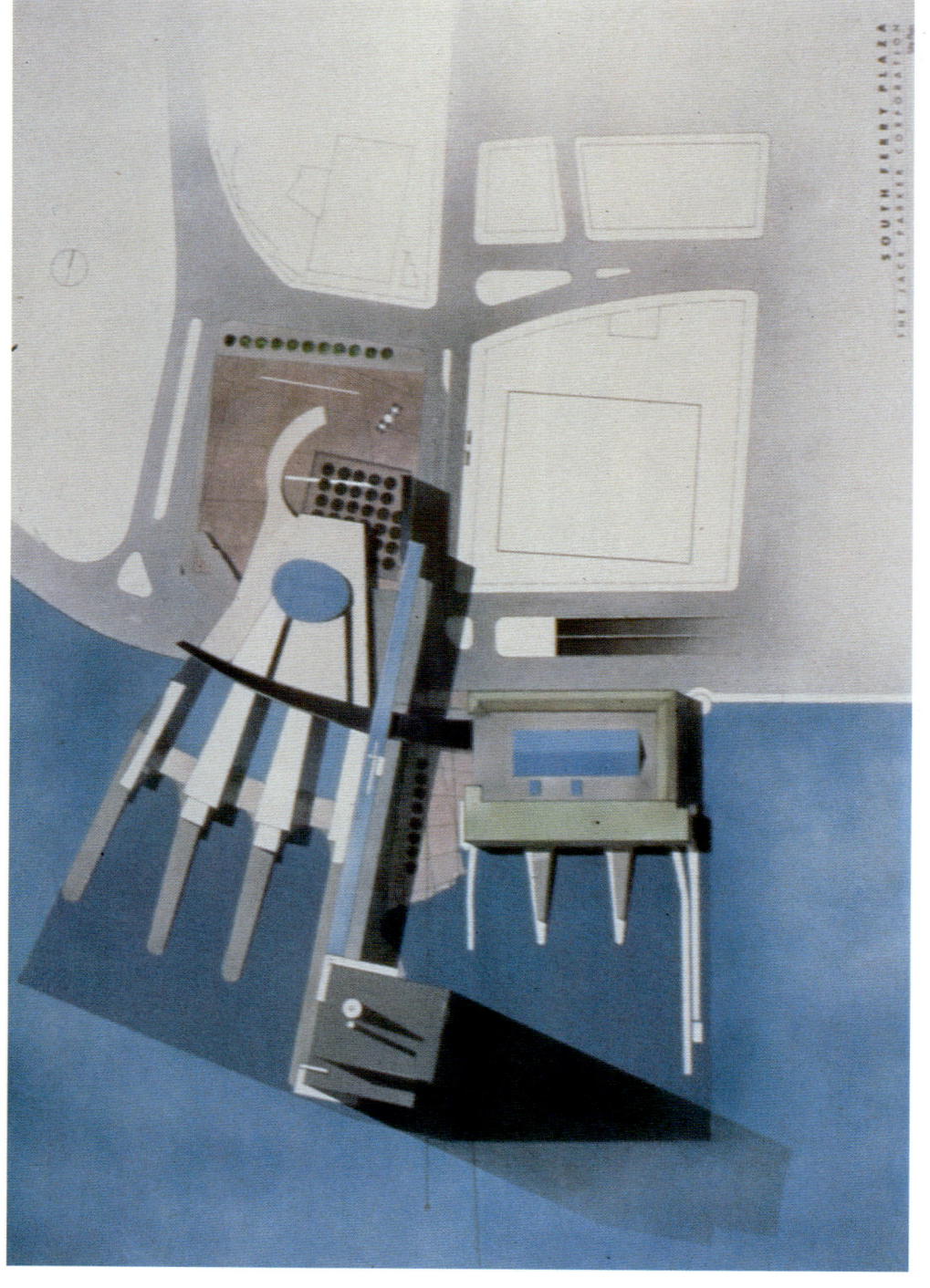

Vladimir Arsene
für Gruzen Sampton Steinglass Architects

BATTERY PARK CITY APARTMENTS   [6]
Battery Park City Site 10, New York, NY,
1986–1988

Battery Park City stellt das Ergebnis eines der bedeutendsten Stadtentwicklungsprojekte des Jahrzehnts in den Vereinigten Staaten dar; es liegt auf einem aufgeschütteten Gelände an der Südspitze von Manhattan. Bei dem Versuch, das unkontrollierte Stadtwachstum zu stoppen und im Bestreben, die Divergenz der Entwicklung einzudämmen, gab die Battery Park City Authority einen Gesamtplan sowie eine Reihe von Entwurfsrichtlinien nach dem Muster der zu Anfang des 20. Jahrhunderts entstandenen Wohnbauten auf der New Yorker East- und Westside heraus. Dabei wurde nicht nur ein allgemeiner städtebaulicher Rahmen vorgeschrieben, sondern auch ein Baustil: mit Mauerwerk ummantelte Baukörper mit eingeschnittenen Fenstern, Steinsockeln und – dies ist der wichtigste Aspekt – ungegliederten uniformen Fassaden.

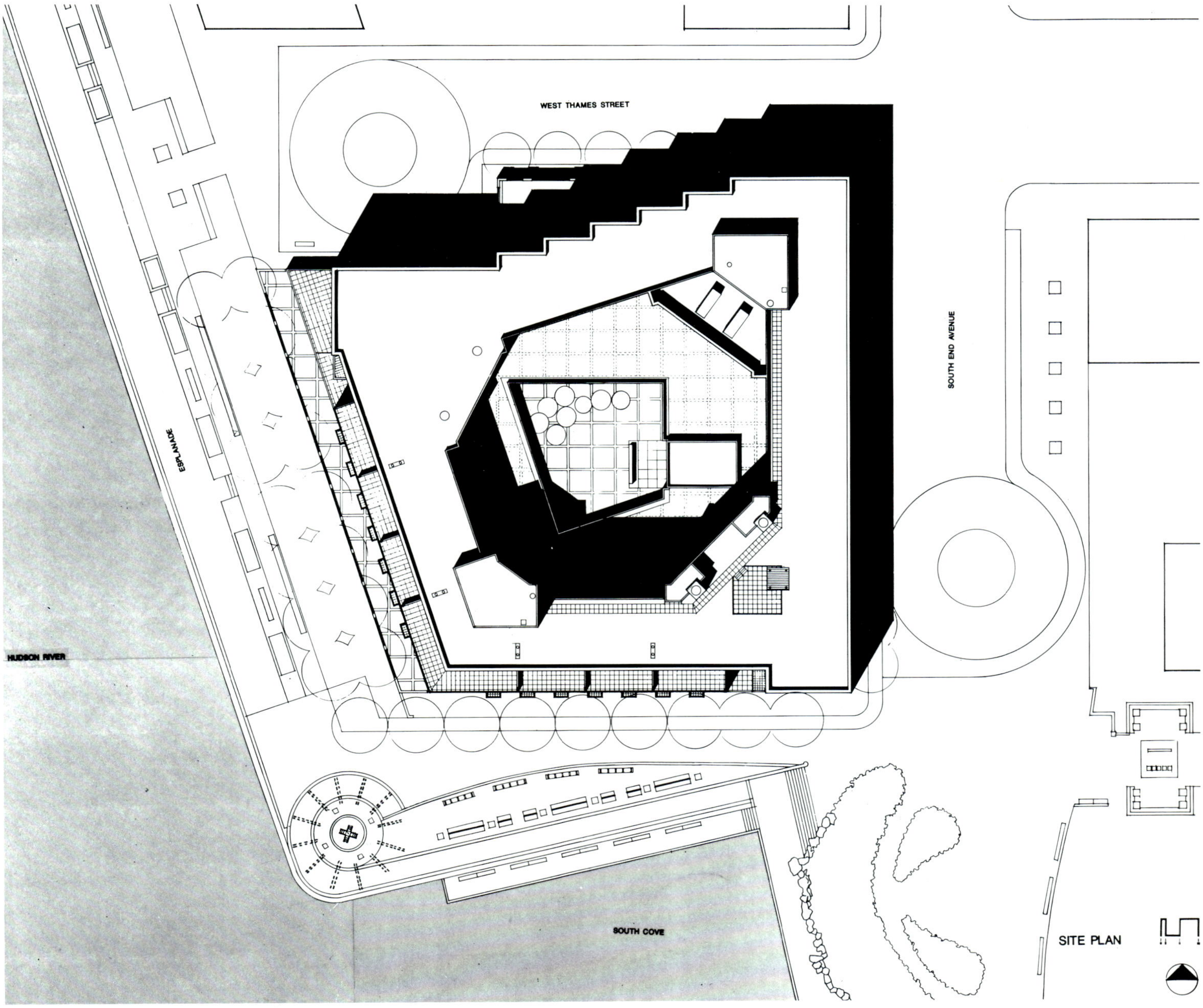

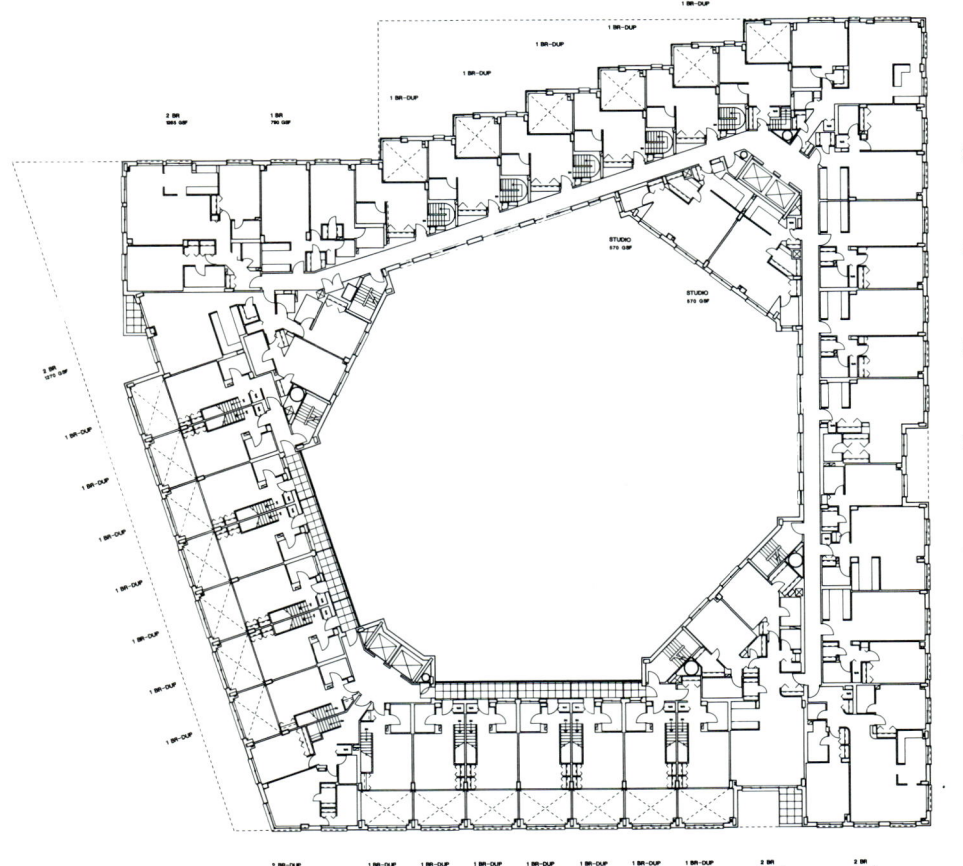

WEST THAMES STREET

ESPLANADE

HUDSON RIVER

SOUTH END AVENUE

SOUTH COVE

SITE PLAN

Das im Oktober 1988 fertiggestellte Apartmenthaus mit 178 Wohneinheiten wurde unter Berücksichtigung dieser Richtlinien entworfen. Durch die
Modifizierung der vorgegebenen Massengruppierung versucht der Bau die angestrebte Monotonie
zu durchbrechen und die Komplexität des weiteren urbanen Umfelds sowie die Nähe des Wassers
einzubeziehen.

FLOOR 3,5,7

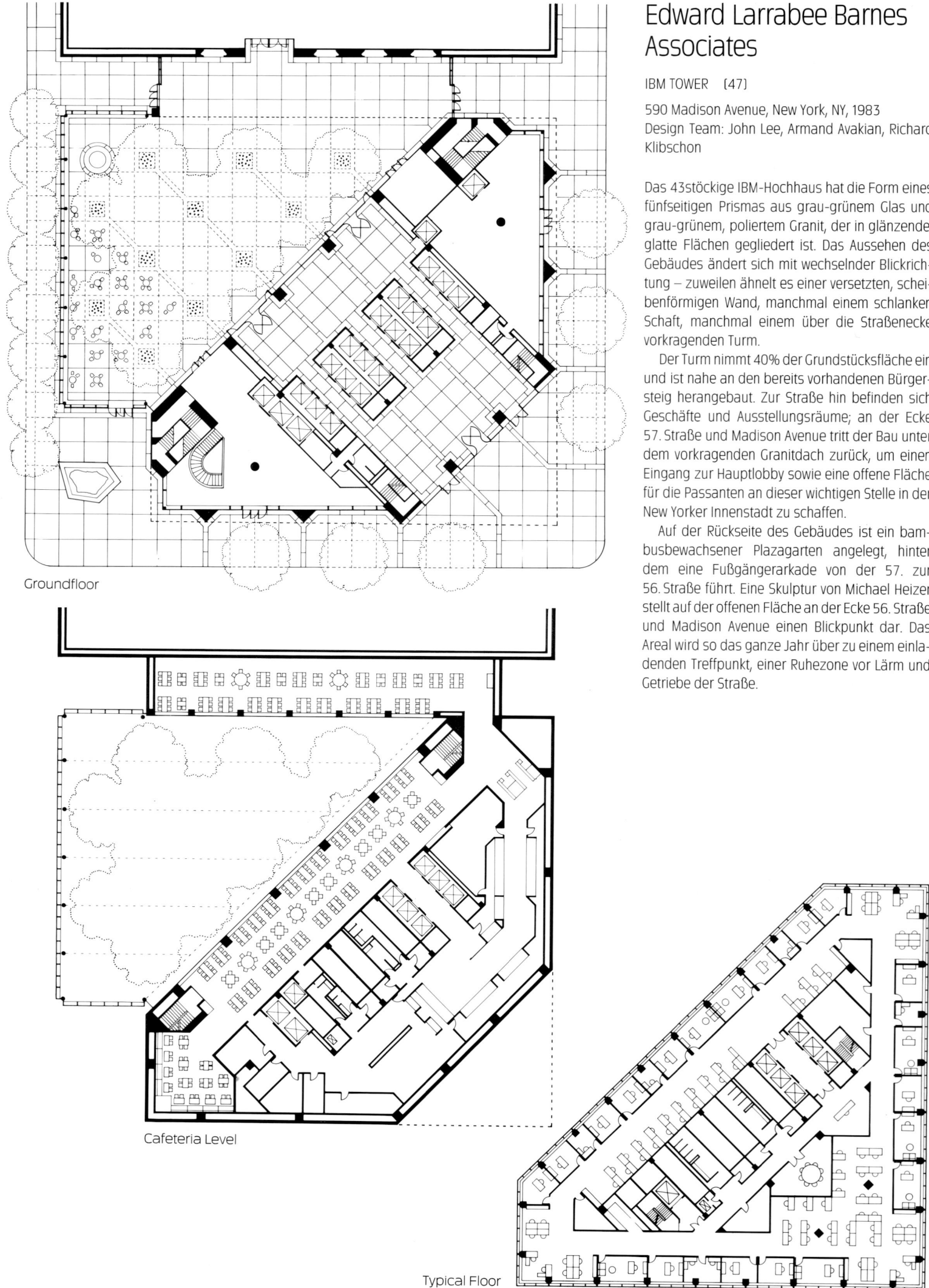

Edward Larrabee Barnes Associates

IBM TOWER [47]

590 Madison Avenue, New York, NY, 1983
Design Team: John Lee, Armand Avakian, Richard Klibschon

Das 43stöckige IBM-Hochhaus hat die Form eines fünfseitigen Prismas aus grau-grünem Glas und grau-grünem, poliertem Granit, der in glänzende, glatte Flächen gegliedert ist. Das Aussehen des Gebäudes ändert sich mit wechselnder Blickrichtung – zuweilen ähnelt es einer versetzten, scheibenförmigen Wand, manchmal einem schlanken Schaft, manchmal einem über die Straßenecke vorkragenden Turm.

Der Turm nimmt 40% der Grundstücksfläche ein und ist nahe an den bereits vorhandenen Bürgersteig herangebaut. Zur Straße hin befinden sich Geschäfte und Ausstellungsräume; an der Ecke 57. Straße und Madison Avenue tritt der Bau unter dem vorkragenden Granitdach zurück, um einen Eingang zur Hauptlobby sowie eine offene Fläche für die Passanten an dieser wichtigen Stelle in der New Yorker Innenstadt zu schaffen.

Auf der Rückseite des Gebäudes ist ein bambusbewachsener Plazagarten angelegt, hinter dem eine Fußgängerarkade von der 57. zur 56. Straße führt. Eine Skulptur von Michael Heizer stellt auf der offenen Fläche an der Ecke 56. Straße und Madison Avenue einen Blickpunkt dar. Das Areal wird so das ganze Jahr über zu einem einladenden Treffpunkt, einer Ruhezone vor Lärm und Getriebe der Straße.

Groundfloor

Cafeteria Level

Typical Floor

Mario Botta

ICF-AUSSTELLUNGSRAUM　[66]

Thomson Avenue, Queens, New York, NY, 1985–86

Der ICF-Showroom im International Design Center New York hat keine Verkaufs-, sondern eine rein repräsentative Funktion; in dem Raum sollen mit bestmöglicher Wirkung Möbel ausgestellt werden.

Der Eingang des Ausstellungsraumes liegt den Aufzügen gegenüber; der Besucher muß also entlang der Glasfront, die den Ausstellungsraum begrenzt, um den ganzen Hof des IDCNY gehen, um dorthin zu gelangen.

Damit man den Raum nicht gleich von außen überblicken kann, wurde im Inneren eine halbkreisförmige Mauer mit einem Durchmesser von mehr als 18 m als Sichtschutz errichtet. Diese Schutzmaßnahme schafft in ihrer Einfachheit eine ganz besondere, geheimnisvolle Atmosphäre; der Besucher wird durch die Mauerkulisse neugierig gemacht, tritt in den Raum ein und entdeckt nach und nach die Ausstellungsobjekte.

Für den Eingangsbereich wurde eine analoge Lösung gefunden. Man hat auf eine ›verräterische‹ Glastür verzichtet und statt dessen eine kleine dreieckige Ausstellungsfläche als Anziehungspunkt außerhalb des Raumes geschaffen, von dem aus zwei seitliche, in Betonmauern eingelassene Eingänge ins Innere führen.

Im Inneren trennt eine Wand den Empfangsbereich, den Konferenzraum und die Büros von der Ausstellungsfläche ab. Die halbkreisförmigen, ge-

mauerten Ausstellungsnischen, deren Durchmesser graduell von 6,5 m bis 1,5 m abnimmt, sind so angeordnet, daß man nur nach und nach die Ausstellungsstücke ›entdeckt‹. Erst am Ende des Durchgangs, wenn der Besucher sich dem Bürobereich zuwendet, eröffnet sich ihm ein umfassenderer Blick auf die ausgestellten Objekte.

Auf der Nordseite endet der Ausstellungsraum mit einer großen quadratischen Fläche. Dort befindet sich auch eine Kochnische und Lagerraum.

Das Innere des großen zentralen Bogens ist durch perforierte Metallplatten abteilbar; ebenso sind die Schiebetüren des Konferenzraums und die Elemente vor dem Fenster aus perforiertem Metall, um das Licht zu filtern.

Ein weiterer Filter- oder Transparenzeffekt entsteht durch die abgehängte Decke, die aus einer Reihe von parallel verlaufenden Kabeln besteht. Diese Konstruktion läßt noch die ursprüngliche, unbehandelte Betondecke sehen und ermöglicht gleichzeitig eine leichte Unterbringung der Licht- und Belüftungsvorrichtungen. Die Kabel werden schließlich gegenüber dem Korridor am Fenster heruntergeführt, um den Blick von außen abermals zu filtern.

Die für die Zwischenmauern verwendeten Betonziegel sind sämtlich unverputzt; ebenso wurden die vorhandenen Stützpfeiler und die Betondecke des alten Industriebaus so belassen, wie sie waren, um einen Kontrast zu den ausgestellten Möbeln zu schaffen.

Auszug aus der Diplomarbeit von Ugo Frueh, ETH Zürich 1988
Übersetzung aus dem Italienischen: Sabine Thiel-Siling

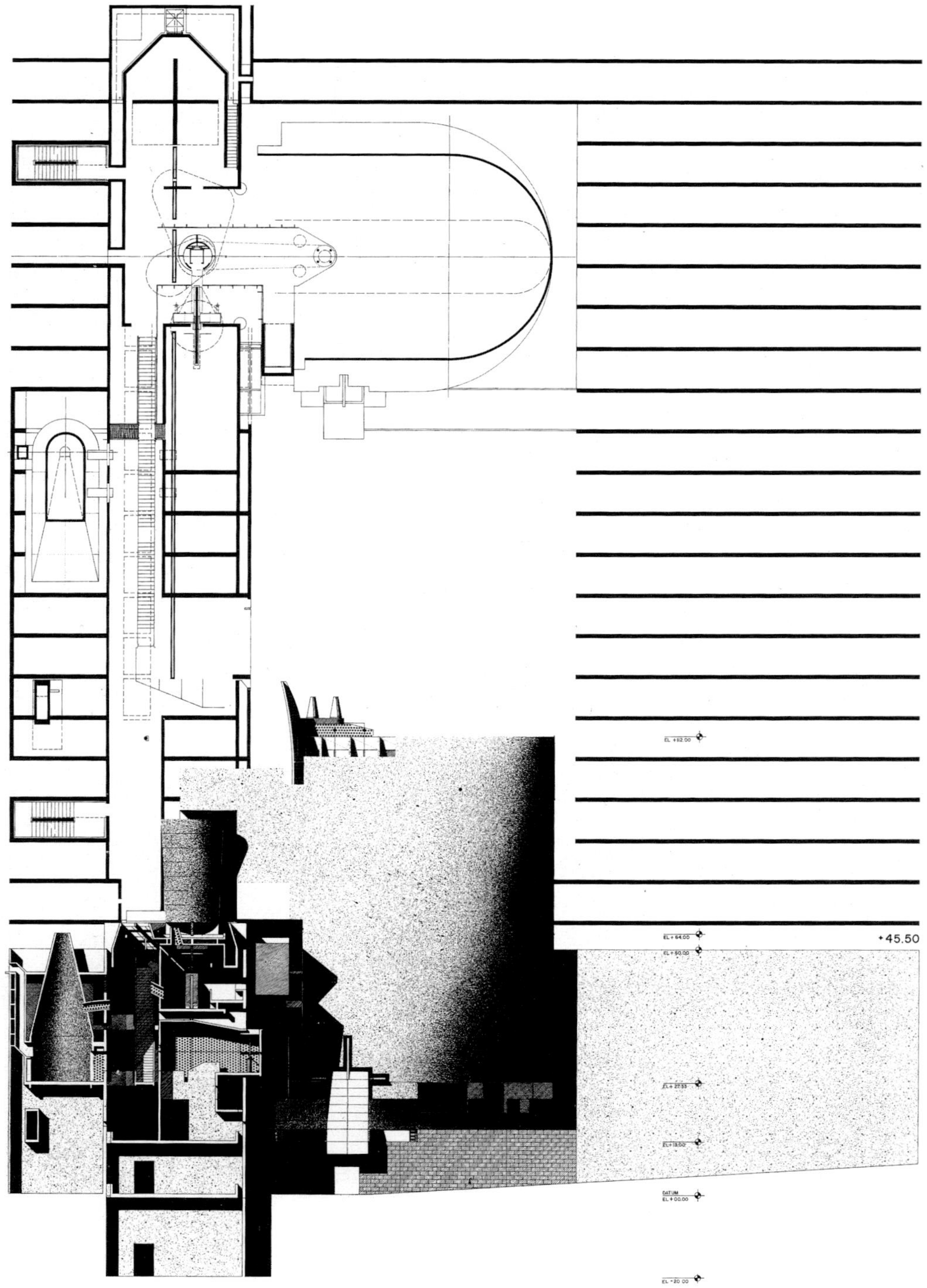

Neil M. Denari

KLOSTER [15]

Eighth Avenue, Chelsea, New York, NY
Projekt, 1985

Das hier gezeigte Projekt ist das vierte in einer Reihe von Enwürfen, die im Laufe von zwei Jahren entstanden sind und jeweils für verschiedene Baugelände konzipiert wurden.

Standort: Ein quadratisches Grundstück mit 64 m Seitenlänge an der 8. Avenue zwischen 21. und 22. Straße im Bezirk Chelsea in New York.

Programm: Das Kloster ist ein Zufluchtsort vor dem wachsenden Wahnsinn der Stadt. Es ist ein Gebäude der Fragen, das eine Neubestimmung der bestehenden Geisteshaltungen begünstigen soll.

Einzelzellen, ein runder Beichtraum, kleine Kapellen, die ›Meßgewand-Maschinen‹, labyrinthische Kreuzgänge sowie ein Hauptraum für gemeinsame Meditation (innerhalb des geometrisch verzerrten Kegels) bieten eine hochbrisante Mischung von traditionellem und zeitgenössischem Verständnis des Klosterprogramms.

Materialien: Der Hauptteil des Gebäudes besteht aus grün gefärbtem Stahlbeton. Der große Kegel wird aus einer dünnwandigen Betonschale gebildet. Beide Teile sind mit präfabrizierten COR-TEN Leichtstahlpaneelen verkleidet.

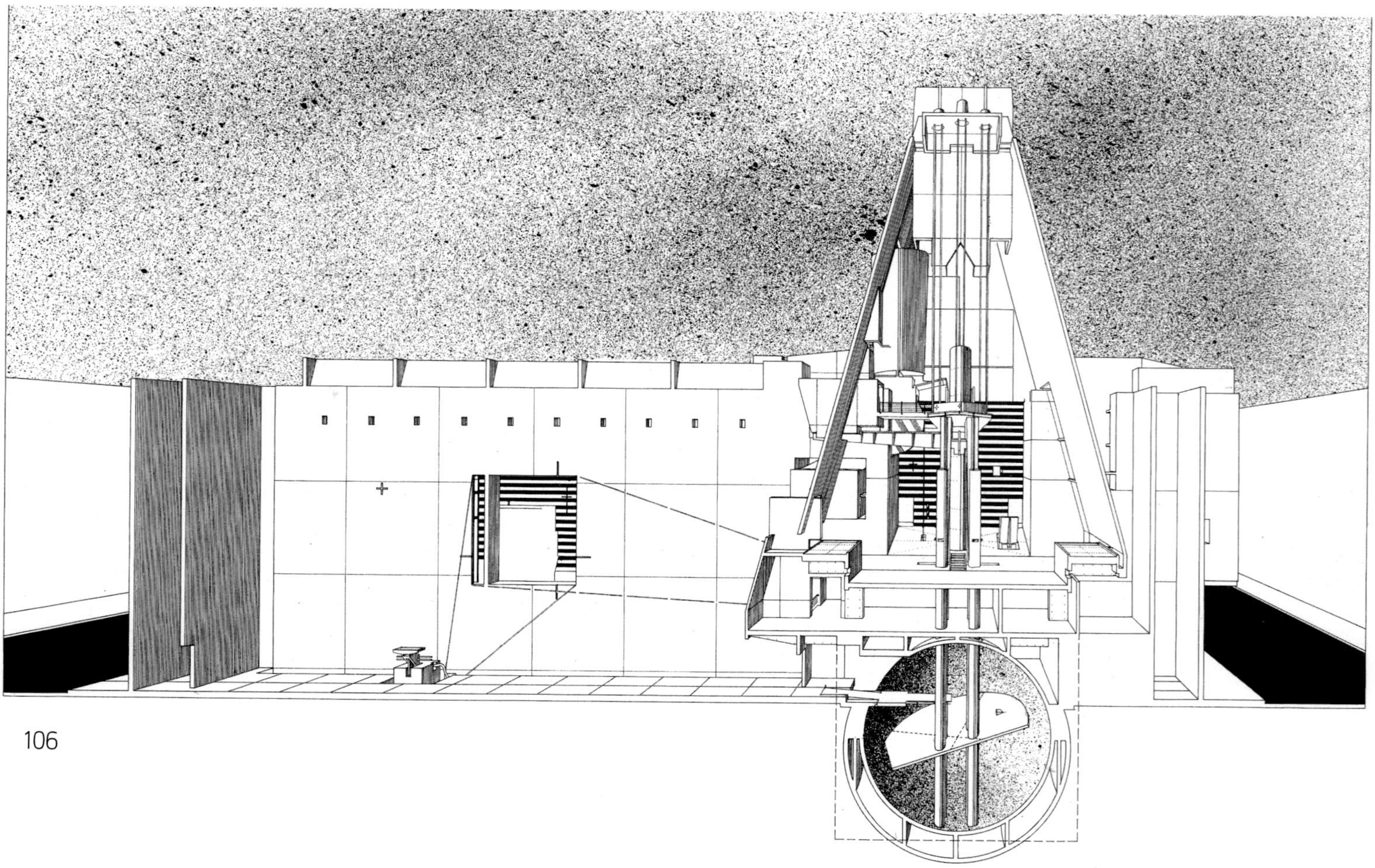

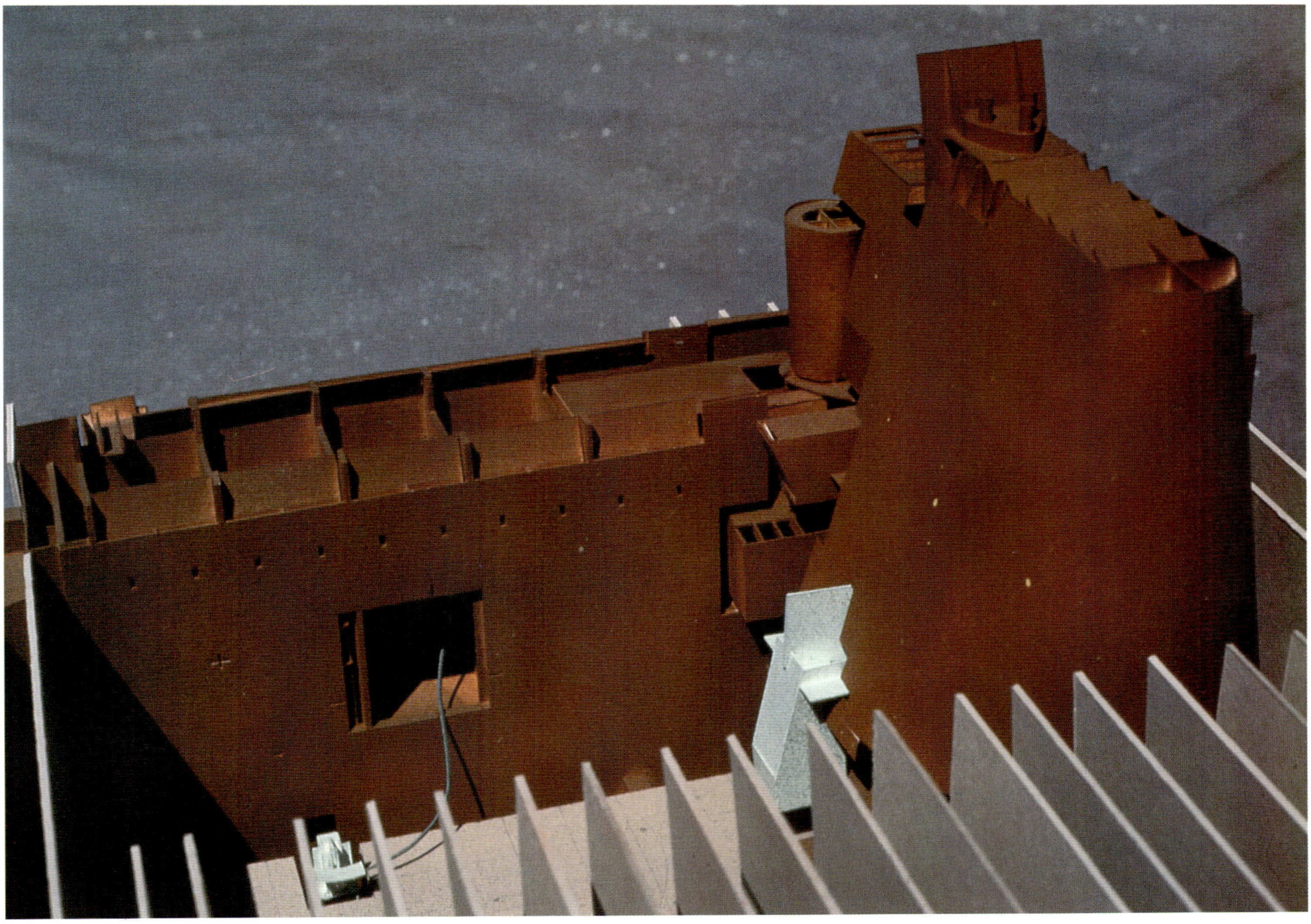

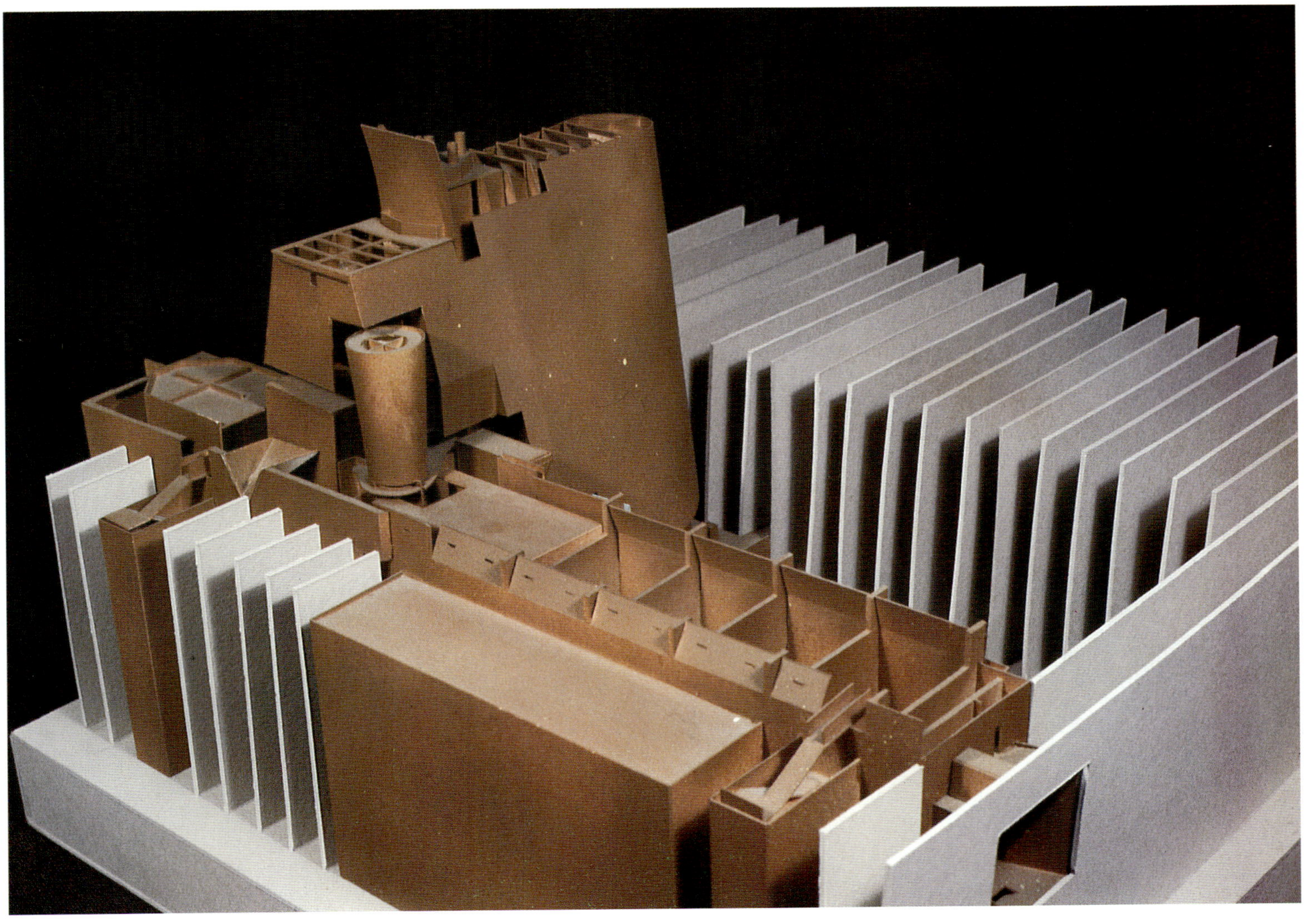

Diller + Scofidio

COLUMBUS CIRCLE TRAFFIC ROTARY [25]

Columbus Circle, New York, NY
Installation, 1981

Die Architekten haben bewußt auf eine Beschreibung verzichtet, da sie der Meinung sind, daß die Installation für sich spricht.

Diller + Scofidio

SENTINEL/WACHE, Kunst am Strand [7]

Battery Park City Landfill, New York, NY
Installation, 1983

Angeregt von den Arbeiten John Hejduks, versinnbildlicht die ›Wache‹ sowohl ein Schildwachhäuschen als auch eine Maskierung für einen Menschen. Die Konstruktion verfügt über zwei Maßstäbe, wechselt ihre Funktion und fungiert als Zeitmesser. Schwarzer Sand, der durch den aufgehängten Trichter rinnt, dient als abschwächendes Gegengewicht, das auf mechanischem Weg einen Arm aktiviert, der das Verstreichen bestimmter Zeitabschnitte anzeigt.

Material: oberflächengespannte Sperrholzpaneele, Bauholz, Sandkastenfundament, Stahlbeschläge und Abdeckung, Sperrholzdach, Trichter.

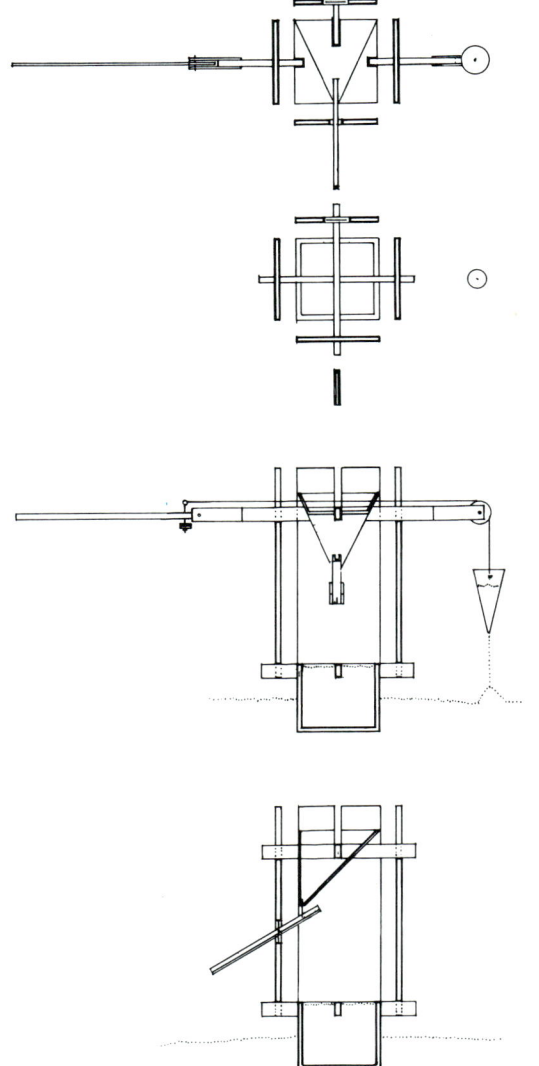

Peter Eisenman

FEUERWACHE [78]

Rockaway Avenue, Brooklyn, New York, NY, 1985

Diese für eine heruntergekommene Gegend in Brooklyn, New York, konzipierte Feuerwache beherbergt einen Bataillonsführer und eine Leiterfahrzeugtruppe. Sie ist als öffentliches Zeichen, als buchstäbliches Signal der Einheit auf einem Gelände gedacht, das von zwei verschiedenen Rasterstrukturen grob unterteilt und von einer wichtigen Hochbahn durchlaufen wird, die den ostwestlichen Verlauf der Trennungslinie zwischen den Rastern markiert. Anstelle des gängigen Trends zur nostalgischen Formensprache beim Umgang mit Kontext und Geschichte entwickelt der Bau eine urbane Ikonographie innerhalb seiner eigenen Form. Die Formensprache des Gebäudes bezieht sich hier nicht auf graphische Elemente der Popkultur oder ein Pasticcio klassischer Versatzstücke. Vielmehr macht sie die Bedeutung des Grundstücks aus. Sie erzeugt die Einheit der beiden Raster, indem sie die Geometrie des nördlichen Rasters (in Anlehnung an die Formen der Hochbahngeleise) über die Geometrie des südlichen (in Anlehnung an den Mauerwerksmaßstab des vorhandenen Umfelds) legt. Die Dachelemente des überlagernden Rasters enthalten rote Laserlichter, und die Balkenköpfe geben einen Lichtstrahl ab, so daß der Bau bei Nacht symbolisch angestrahlt wird und sowohl aus vorbeifahrenden Zügen als auch von der Straße aus gesehen werden kann. Wenn die Wagen zum Einsatz ausgerückt sind, verstrahlen die Balkenköpfe ein rotes Signalfeuer und vervollständigen so die Formensprache. Dieser Entwurf erhielt die Auszeichnung des Jahres 1985 der Art Commission für hervorragendes Design.

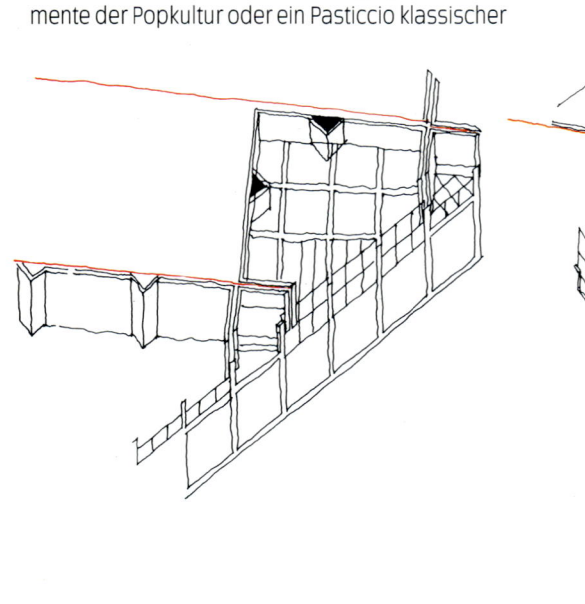

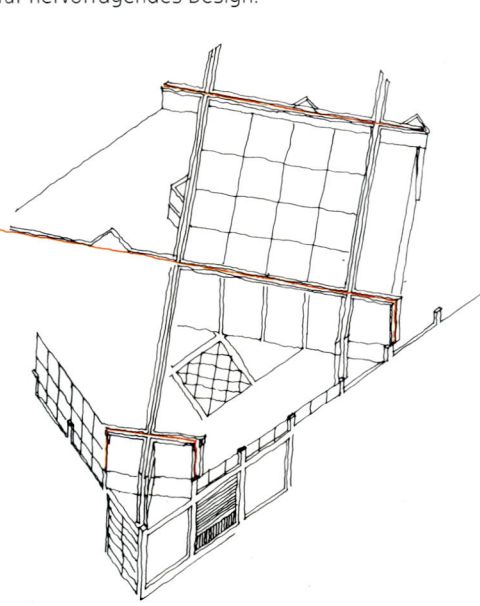

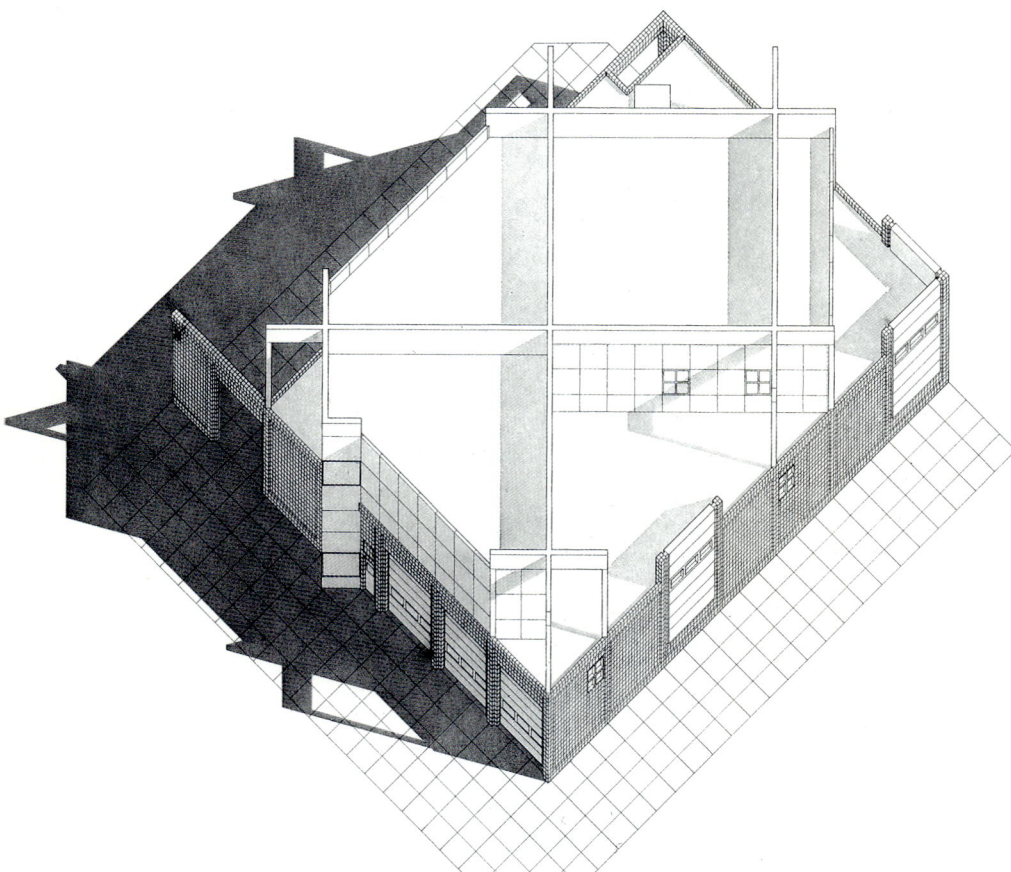

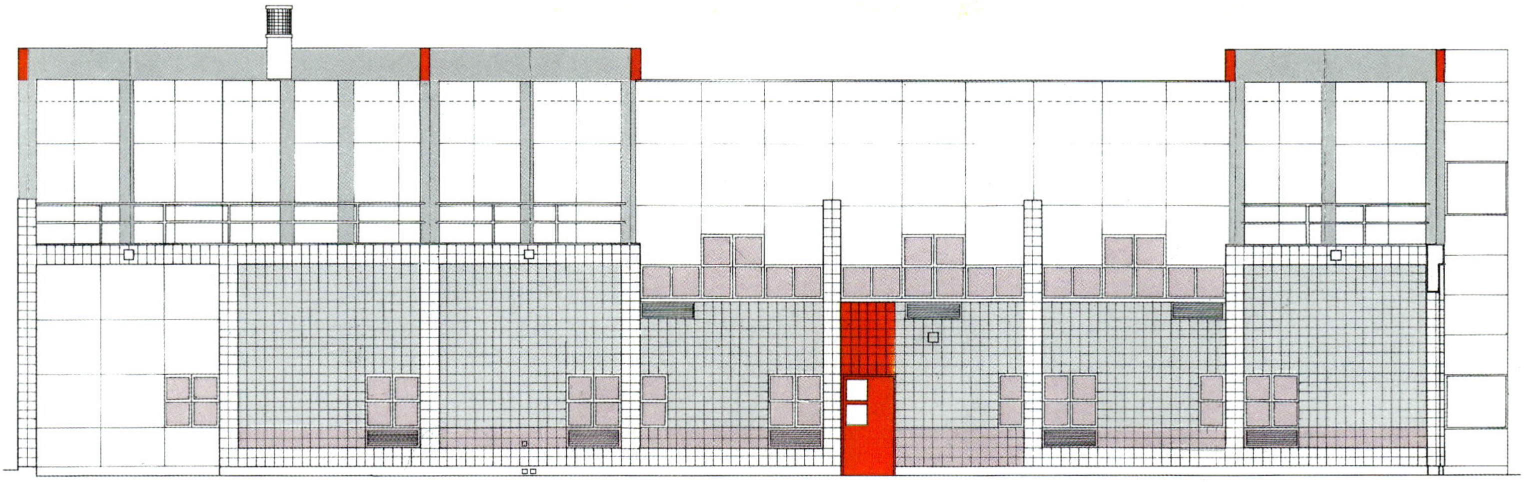

NORTH ELEVATION

WEST ELEVATION

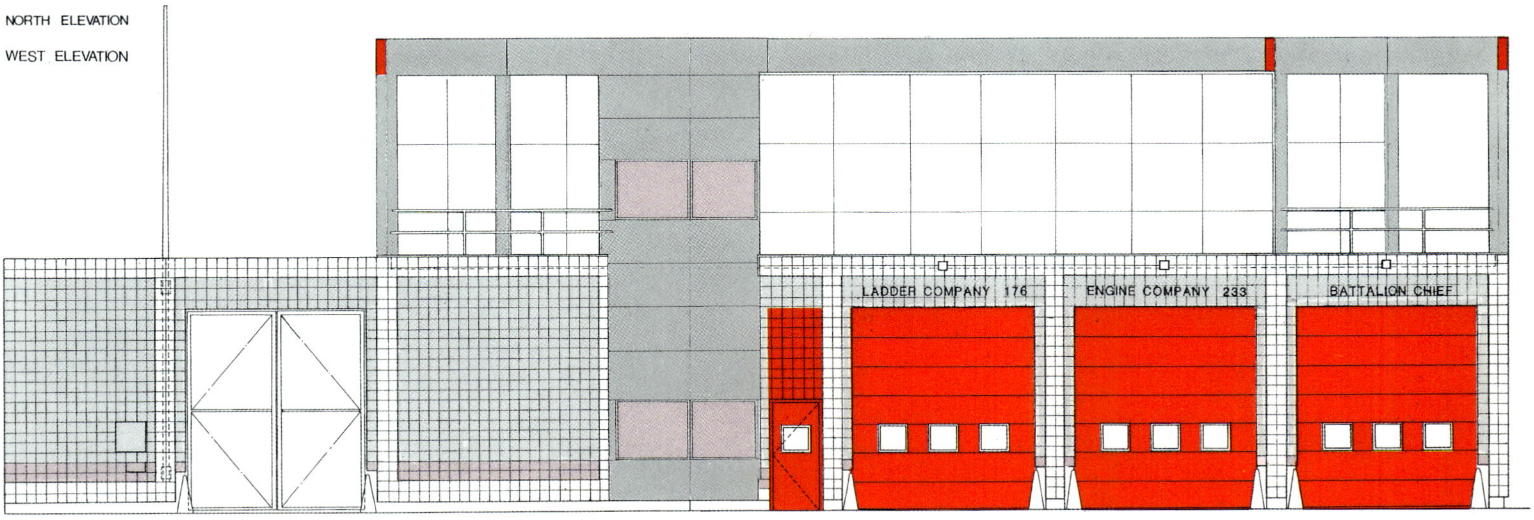
LADDER COMPANY 176
ENGINE COMPANY 233
BATTALION CHIEF

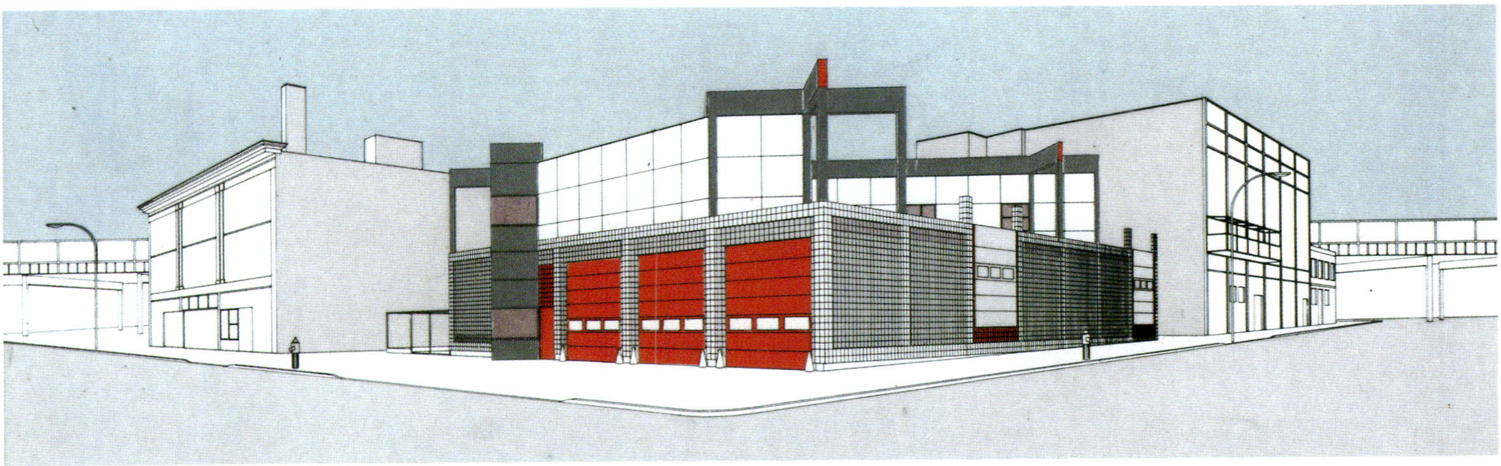

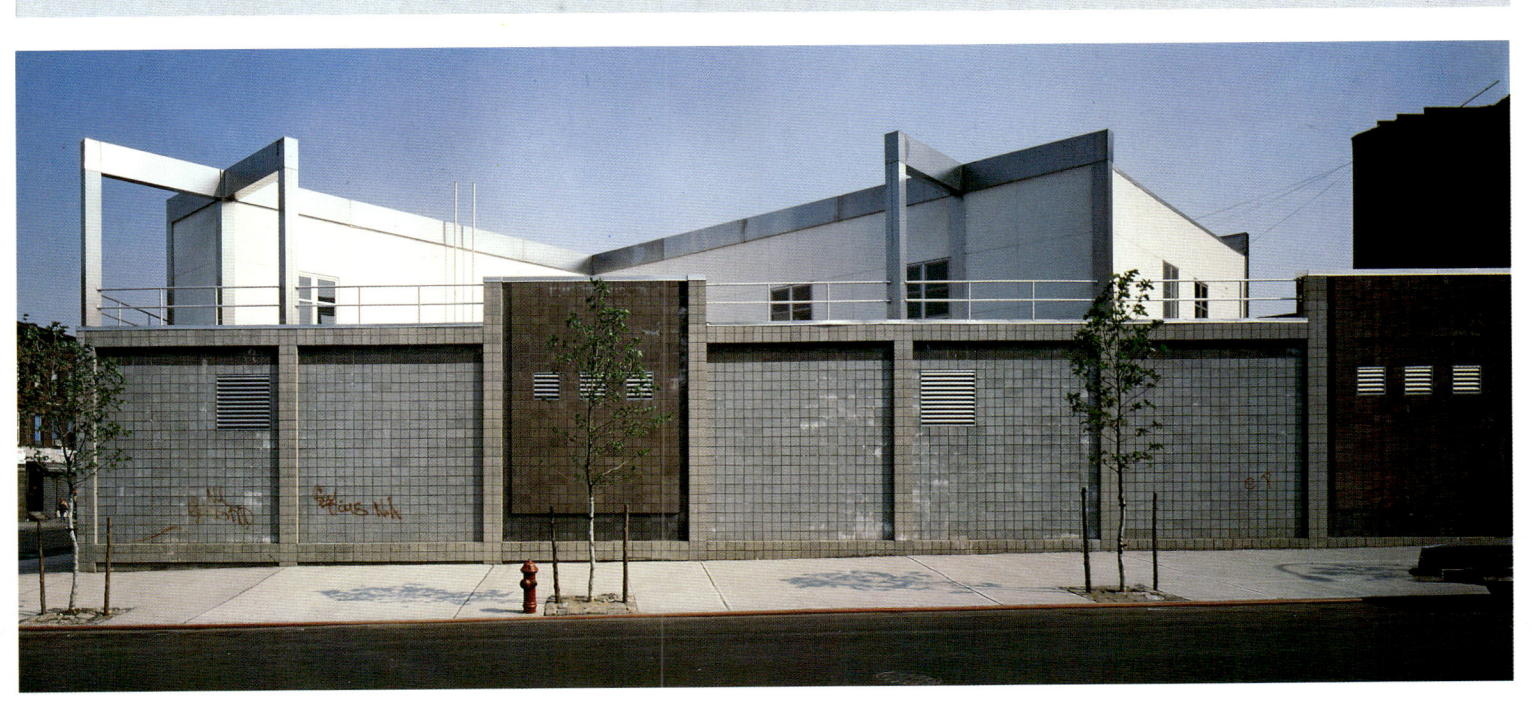

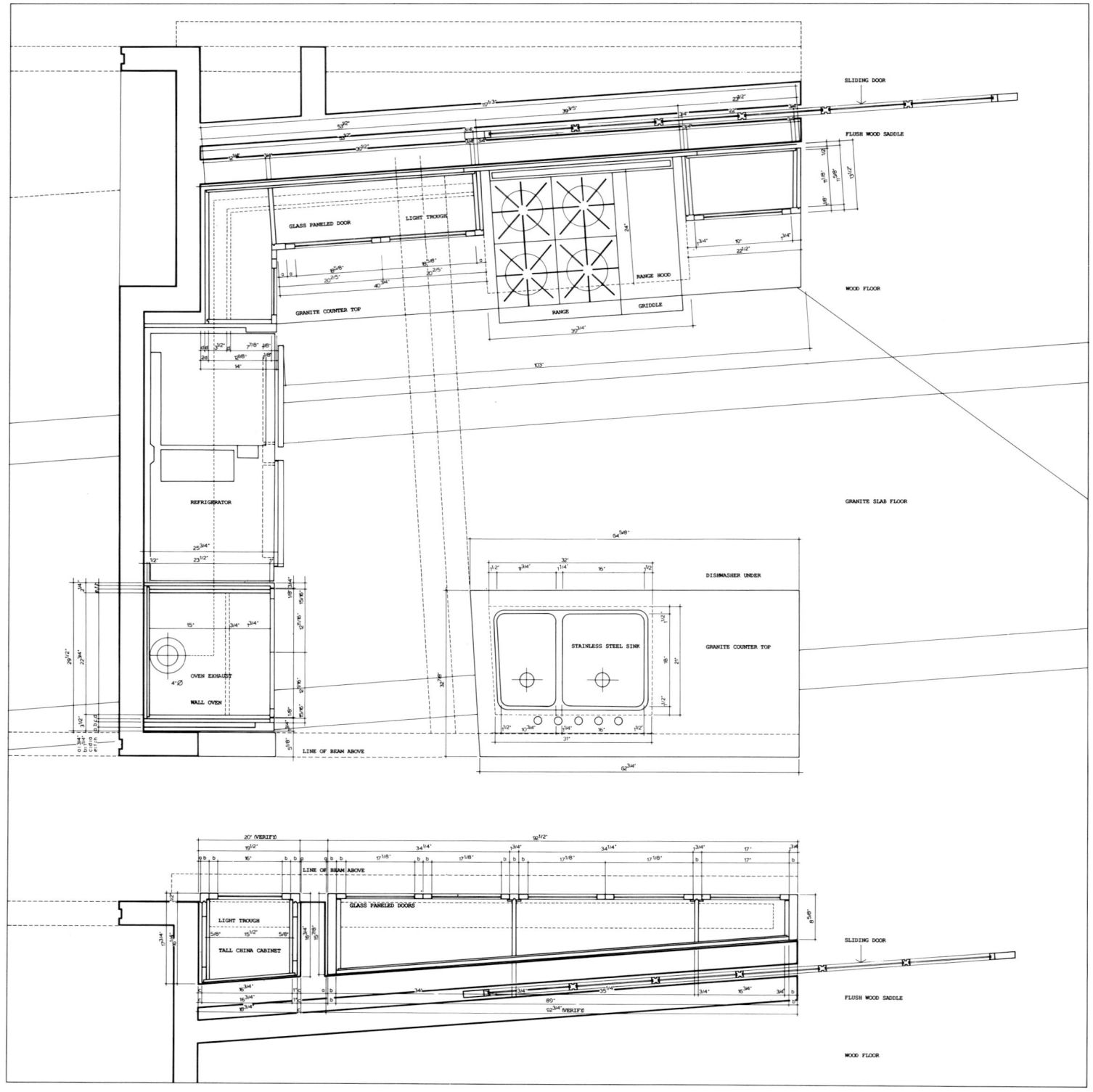

Peter Eisenman/
Faruk Yorgancioglu

FULLER/TOMS LOFT Wohnung und Atelier

Gußeisenbezirk in Lower Manhattan,
New York, NY, 1986–1988
Design Team: Peter Eisenman, Faruk Yorgancioglu,
Ragip Erdem, David Winslow, James Brown

Es handelt sich bei diesem Projekt um einen 370 qm großen Loftraum in Lower Manhattan; dieser grundsätzlich rechteckige Raum ist im Verhältnis 100 zu 40 zum Parallelogramm verschoben. Die kurze Seite liegt am Broadway, dessen diagonaler Verlauf innerhalb des regelmäßigen Rasters von New York dazu führt, daß die beiden Seiten nicht in einem rechten Winkel zusammenstoßen.

Wir haben hier versucht, einen Fremdkörper in den bestehenden Kontext in einer Weise einzuführen, die eine verwirrende Beziehung zwischen Alt und Neu entstehen läßt. Das Umfeld weist eine nicht auf dem rechten Winkel basierende Geometrie auf, an deren Schnittpunkt ein Zustand herbeigeführt wurde, bei dem keine der beiden Geometrien in vertikaler oder horizontaler Richtung dominiert. Dies hatte eine Verlagerung und Destabilisierung der herkömmlichen Orientierungshilfen zur Folge. Man kann sich hier in einem Raum aufhalten und dennoch, aufgrund der komplexen Beziehungen zu anderen Räumen, Schwierigkeiten bei der Orientierung im Verhältnis zum städtischen Umfeld oder der einfachen Ausrichtung nach Norden und Süden haben. Obgleich eine Ordnung zu existieren scheint, wird sie durch die Einführung eines scheinbar anderen Systems gestört. Spuren

dieser gegeneinanderstehenden Systeme finden sich auf dem Boden, den Wänden und Decken. Es gibt jetzt in gewisser Weise eine Ordnung innerhalb der Ordnung und einen Maßstab innerhalb des Maßstabs. Durch den Anblick der Fragmente des integrierenden Textes wird stückweise die Konstruktion des Loftraumes verständlich. Der ganze Raum hat die Wirkung eines seltenen, isolierten Blicks auf einen größeren, gewöhnlich unsichtbaren Kontext von Vektoren, Strömungen und kodierten Botschaften.

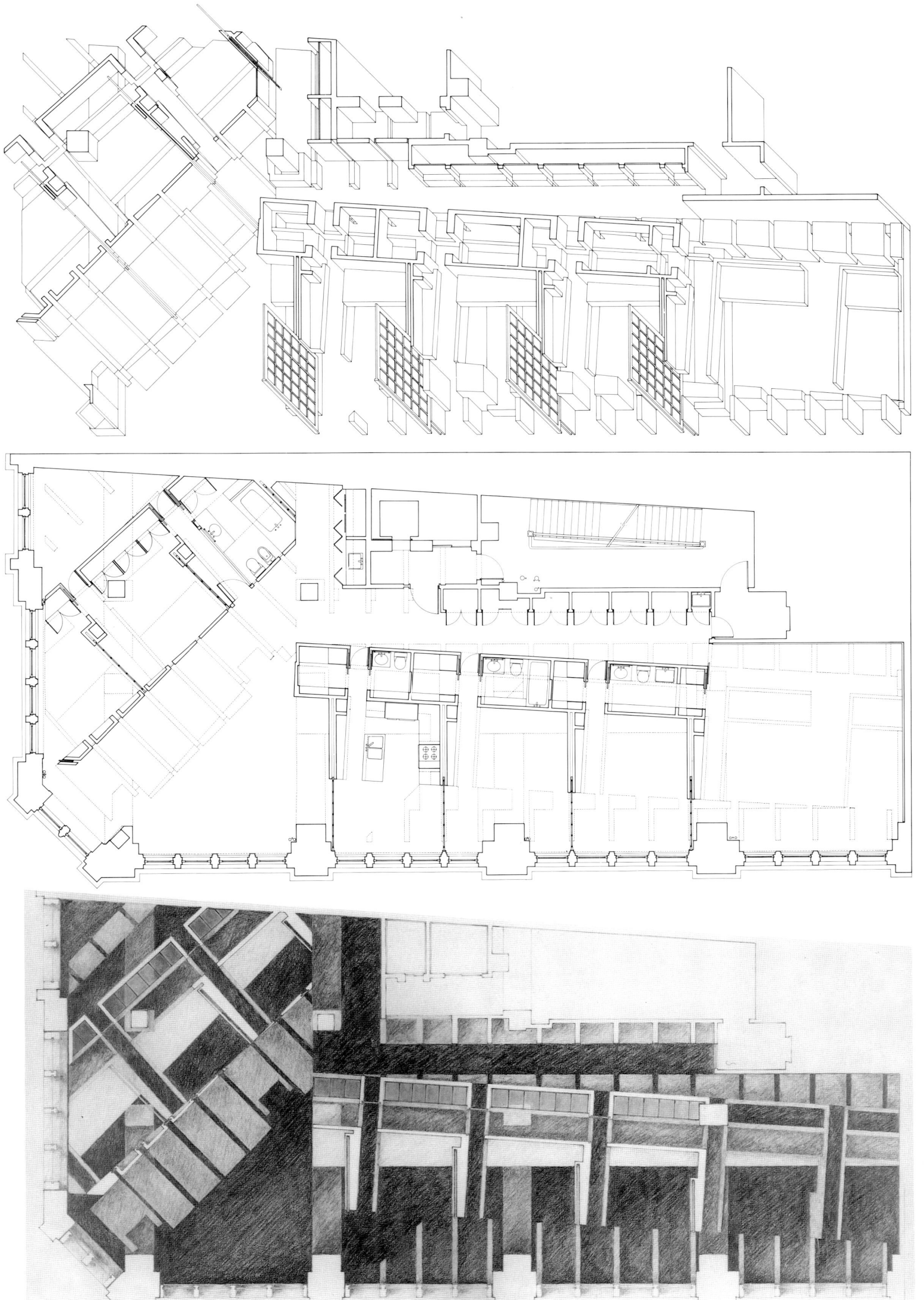

113

1100 Architect

RESIDENCE WEST VILLAGE

West Village, Manhattan, New York, NY, 1988
Design Team: David Piscuskas, Juergen Riehm,
Ines Elskop

Bei dem Projekt handelt es sich um den Umbau eines 836 qm großen, ursprünglich im Jahre 1912 erbauten Stahllagerhauses in eine Wohnung mit Studio. Als solche steht sie für einen industriellen Prototypus, in dem Arbeitsplatz und Wohnung in einem Gebäude vereint waren und es vollständig vereinnahmten. Dies machte einschneidende Umbauten der Gebäudestruktur erforderlich, darunter die Vereinheitlichung zweier unterschiedlicher Stützensysteme im Erdgeschoß. Dadurch, daß zahlreiche Stützen durch wenige, stärkere ersetzt wurden, entstand der für den Arbeitsplatz erforderliche freie Grundriß. Im Jahre 1947 errichtete (jetzt entfernte) Anbauten im zweiten Stock hatten neue konstruktive Elemente zur Folge sowie weitere Änderungen, die im Entwurf jeweils unabhängig voneinander behandelt werden. So war zum Beispiel ein doppelgeschossiger Raum im Eingangsbereich im Zuge einer früheren Renovierung entstanden. Ein Teil dieses an den Eingang angrenzenden Raumes wurde mit voller Höhe von 7,90 m beibehalten, während der übrige Raum unterhalb einer neu eingezogenen Decke geschlossen wurde, wodurch das Eingangsfoyer einen menschlicheren Maßstab erhält.

Frühere Anbauten hatte man der ursprünglichen östlichen Backsteinaußenwand in Höhe des zweiten Geschosses willkürlich angefügt. Als Folge wurde eine einstmals charakteristische Steinmauer, die den gewölbten Dachstuhl des Gebäudes trug, durch ein Gemisch von Materialien und Methoden aus unterschiedlichen Epochen unverständlich gemacht. Wir waren bestrebt, diesem zentralen, aber schlichten Merkmal des Gebäudes seine Integrität zurückzugeben. Die Öffnungen in der Backsteinwand wurden so als wirkliche Bögen aufgefaßt und zusammen mit gußeisernen Pilastern als solche behandelt. Zu diesem Zweck wurde die Zahl der Öffnungen auf vier beschränkt: ein neues Fenster in dem Bereich, der keine Anbauten trägt, zwei Öffnungen durch die Wand zu den beiden bestehenden Anbauten aus den vierziger Jahren sowie ein Bogengang, der Zugang zu einer Treppe bietet, die zu einem neuen Anbau einen Stock höher führt, der zum Teil von der ursprünglichen Backsteinaußenwand im Osten gestützt wird.

Der neue Anbau setzt sich aus zwei L-förmigen Mauern zusammen; die eine, auf dem Dach, besteht aus einer relativ leichten Geripperahmenkonstruktion, während die andere, über den alten tragenden Backsteinwänden, gemauert ist und damit der originalen Bauweise entspricht; sie ist für die Statik des neuen Anbaus von entscheidender Bedeutung. Die zylindrische Form der Treppe und ihrer Ummantelung leitet sich von den Wassertürmen ab, die in dieser Gegend von Manhattan die typische Dachlandschaft bezeichnen.

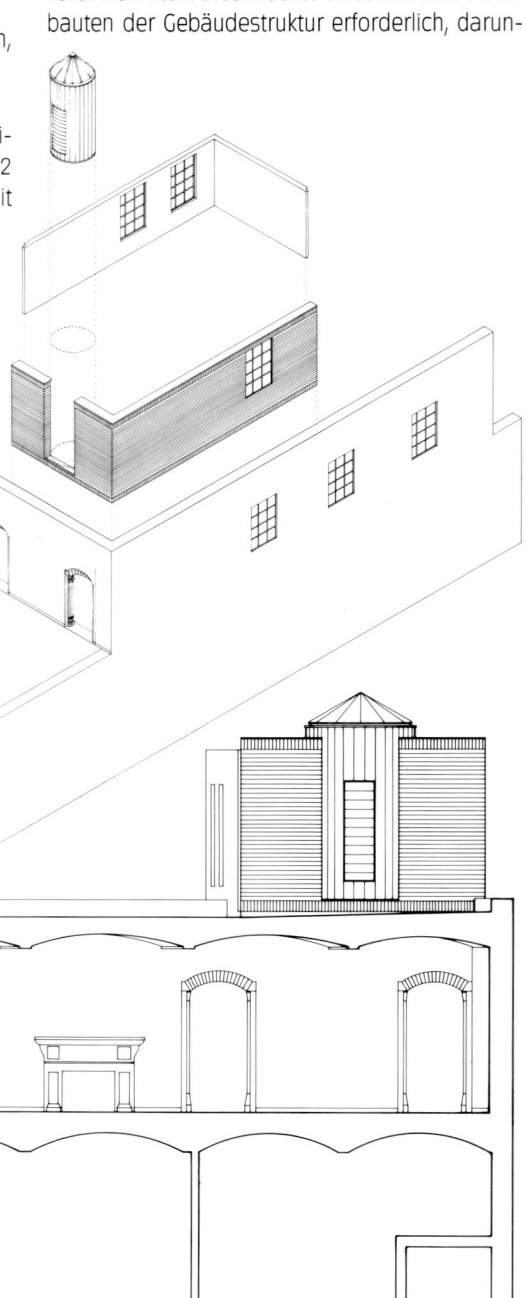

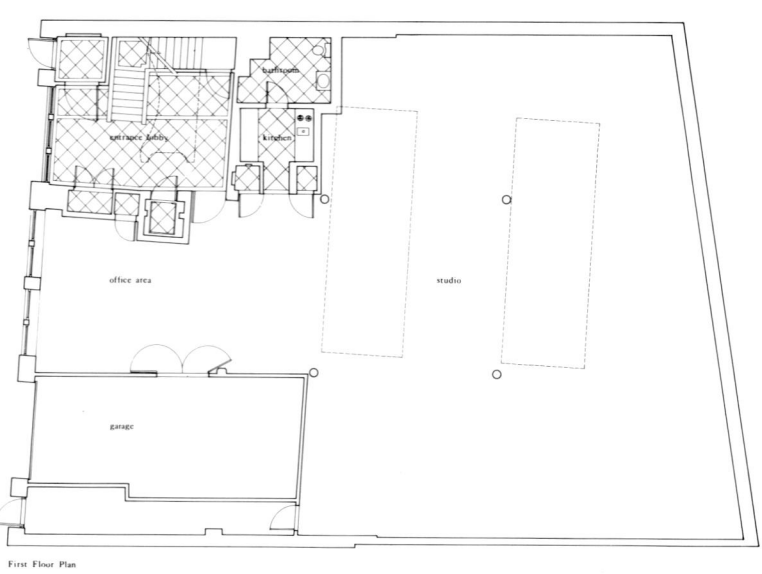

Section

0 1 5 10 20

First Floor Plan

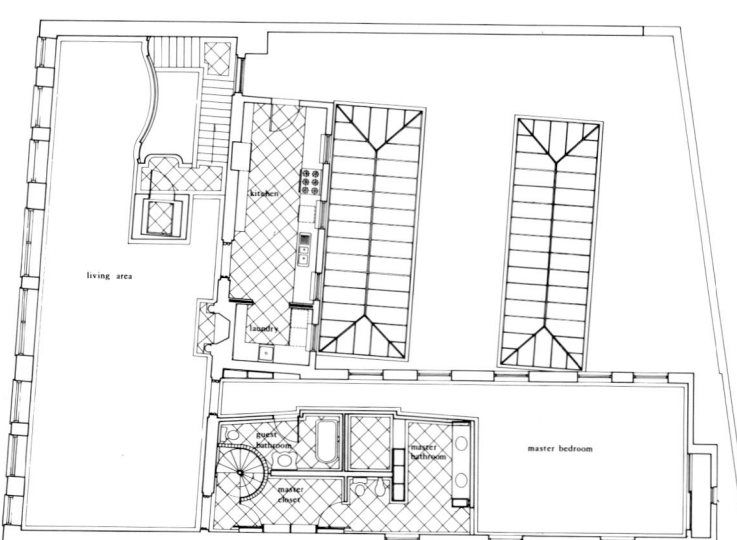

Second Floor Plan

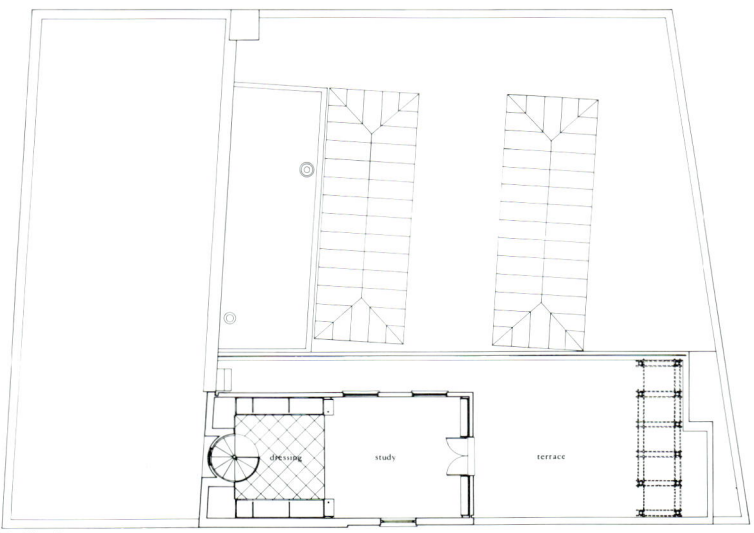

Third Floor Plan

115

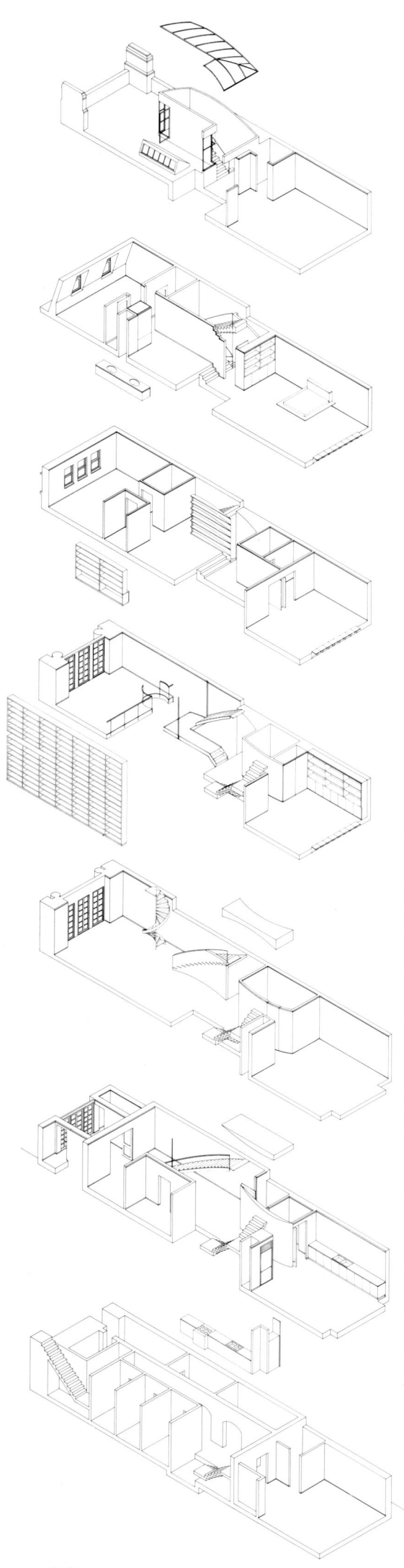

1100 Architect

TOWNHOUSE, UPPER EASTSIDE

Upper Eastside, New York, NY
Projekt, 1988
Design Team: David Piscuskas, Juergen Riehm,
Ines Elskop

Dieses 880 qm große Haus für eine Familie auf einem typisch langgestreckten (30 m), schmalen (6 m) Grundstück in Manhattan wurde nach einem exakten, umfassenden Programm entworfen. Auf dem Gelände stand bereits ein Gebäude, dessen Zustand jedoch so schlecht war, daß es bis auf die Straßenfassade abgerissen werden mußte. Die Geschoßhöhen in dem geplanten Neubau wurden durch die Plazierung der in dieser Fassade vorhandenen Fenster bestimmt sowie durch die Geländeneigung zwischen Vorder- und Rückseite. Auf diese Weise entstanden Geschosse mit unterschiedlicher Höhe, was die Disproportion von Länge und Breite der Grundrisse abmildert und die Einrichtung zusätzlicher Flächen zur Erfüllung der Projekterfordernisse gestattet.

Die Proportionen des Grundstücks verbieten eine vertikale Ausrichtung des Gebäudes. In manchen Fällen sind benachbarte Funktionen zwischen Geschossen wichtiger als die auf einer einzelnen Geschoßebene. Die öffentlichen Räume des Hauses befinden sich auf den ersten drei Ebenen, wobei die große Küche auf der Rückseite des ersten Stocks liegt, das Haupteßzimmer direkt darüber. Ebenfalls auf der zweiten Ebene befinden sich der große, doppelgeschossige Salon und die Bibliothek. Der zentrale Teil des Hauses wird von der großen Treppe beherrscht, die die öffentlichen Ebenen miteinander verbindet. Zusätzlich wurden Treppe und Aufzug so angelegt, daß sie auf jedem Geschoß ihre jeweiligen Absätze gemeinsam nutzen und so in einer für ein Stadthaus in Manhattan ungewöhnlichen Weise miteinander verbunden sind.

Am Außenbau trägt die rückwärtige Gartenfassade durch Aufbau und Konstruktion der Schlankheit des Gebäudes Rechnung. Beiderseits des in den Garten vorspringenden Bauteils formen vorgefertigte Betonplatten zwei Pfeiler, die visuell das Aufsteigen der Hauptrückwand des Hauses unterstützen. Örtliche Vorschriften machten jedoch einen Rücksprung erforderlich; deshalb ist diese Wand als Haut konzipiert, die auf einer Parallelebene mit der Konstruktion verbunden und in ihrem Mittelteil tatsächlich als Curtain Wall aus getöntem Glas und Stahl ausgebildet ist. Diese Komposition täuscht ein höheres und größeres Gebäude vor als tatsächlich vorhanden und vermeidet die gestutzte Verkürzung der benachbarten normalen Dreifensterfassaden. Das oberste Geschoß schließlich birgt den ruhigen Arbeitsbereich.

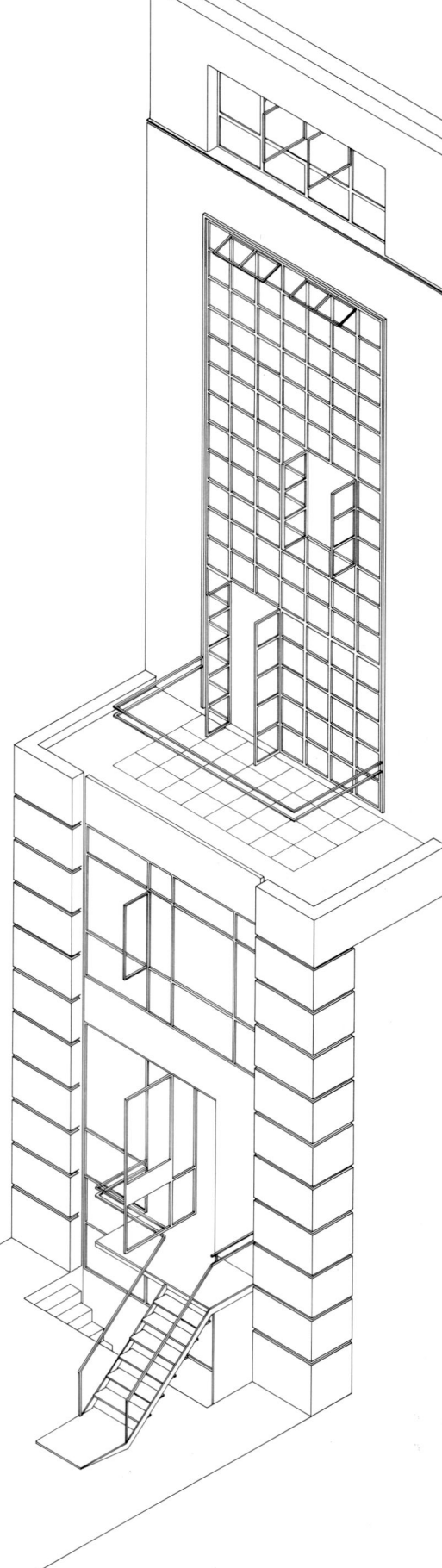

Michael Fieldman & Partners

AMBULANZGEBÄUDE [71]
The Staten Island Hospital

Staten Island, New York, NY, 1989
Design Team: Michael Fieldman, Miles Cigolle,
Mark Walch, Dorothy Lloyd, Stephen Hennebery,
Reini Martin, Philippe Barriere, Rodney Crumrine,
Diane Lasko

Das Krankenhaus ist Teil der New York City Health and Hospitals Corporation, des größten städtischen Verbundes in den Vereinigten Staaten. Das Projekt umfaßt ein Erweiterungs-, Renovierungs- und Modernisierungsprogramm, von dem das hier vorgestellte Ambulanzgebäude eine Komponente darstellt. Es umfaßt 12 500 qm Fläche, auf der achtzehn medizinische Fachabteilungen untergebracht sind.

Die schlichte, aber hinsichtlich der Proportionen und der Außenhaut aus Edelstahl und des Curtain-Wall-Systems sorgfältig durchgebildete Form des Gebäudes reagiert in angemessener Weise auf die Erfordernisse sowohl des Hauses als auch des Außenraums.

Um dem wuchtigen Charakter und der Masse der benachbarten Scheibenhäuser entgegenzuwirken, mit denen das Ambulanzgebäude letztendlich verbunden werden soll, wurde das gesamte Gelände um eine volle Geschoßhöhe unter

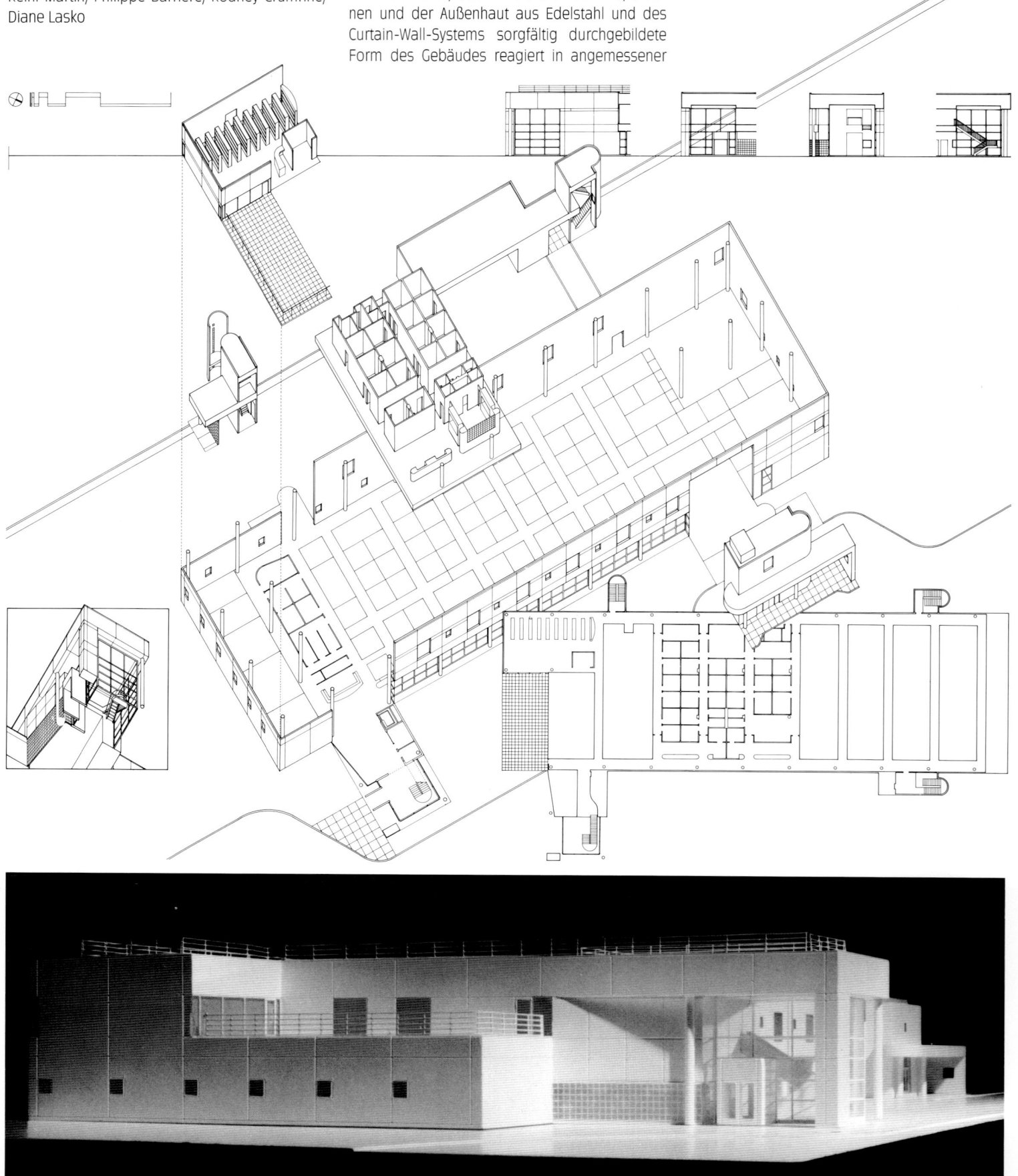

das Bodenniveau aufgegraben und ist so als Tiefgarten aufzufassen. Das Gebäude wurde dadurch subtil ›in die Erde‹ plaziert, wobei das Vestibül als brückenartiges Bindeglied Zutritt zur mittleren der drei Geschoßebenen bietet.

Als ein auf den städtebaulichen Gesamtzusammenhang ausgerichteter Lösungsversuch stellt das Gebäude, dessen Verkehrswege sich auf der aktiven Straßenseite befinden, ein für die Verkehrsführung in Krankenhausbauten neues Konzept dar. So wird die Straße in das Gebäude geholt, eine Reaktion auf die Notwendigkeit, die Verkehrswege mit den Warte- und Anmelderäumen, für die Tageslicht erforderlich ist, zu verbinden.

Bewegung in vertikaler Richtung wird materiell und visuell durch ein offenes Treppenhaus und große Lobbies auf allen drei Ebenen ausgedrückt. Daraus folgt, daß keine der Ebenen als zweitrangig oder als innenliegender Raum angesehen wird. Sämtliche spezifischen Klinikwarteräume setzen sich aus Primär- und Subwarteraum zusammen. Diese neue Vorgehensweise erlaubt die Ausgestaltung heller, offener und geräumiger ›Zimmer‹, die vom direkten Tageslicht profitieren und doch in separate, intime Bereiche unterteilt sind, die eher einer Privatklinik entsprechen.

Der Hauptzubringerkorridor verläuft auf der Außenseite des Gebäudes und macht so dem Benutzer die Orientierung leicht. Darüber hinaus befinden sich sämtliche Warte- und Empfangsräume entlang dieses Korridors, so daß die durchgehende Fensterwand auch diese Bereiche mit Tageslicht versorgt.

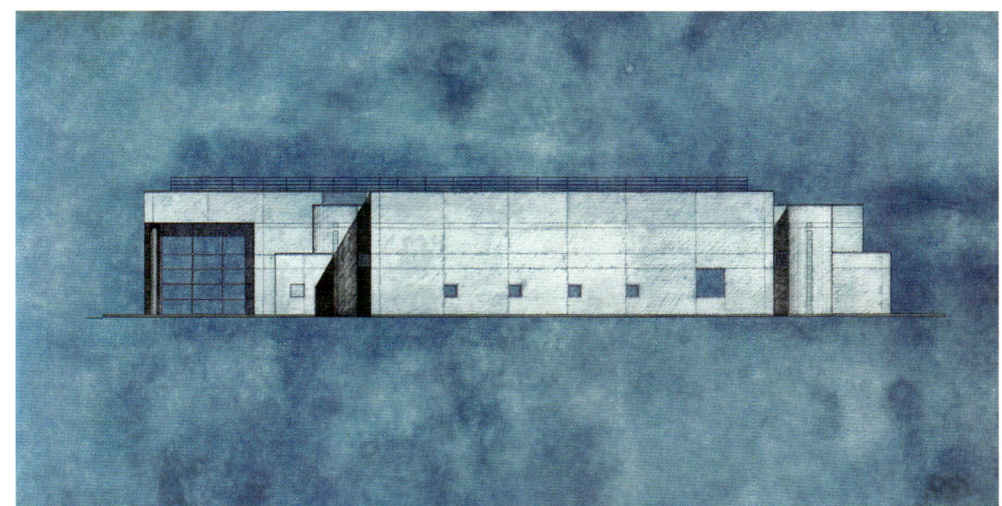

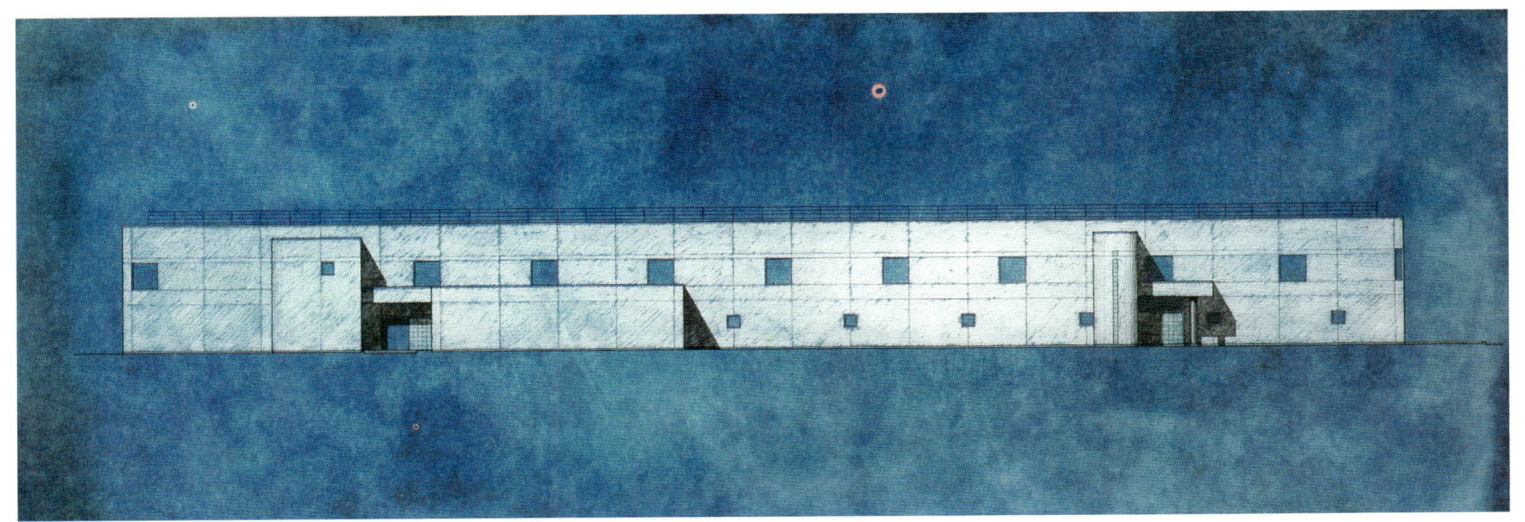

Michael Fieldman & Partners mit Harry Wolf und Ove Arup & Partners

WILLIAMSBURG BRIDGE COMPETITION [10]

New York, NY, Wettbewerbsprojekt, 1988
Michael Fieldman & Partners mit Harry Wolf:
architektonischer und städtebaulicher Entwurf
Ove Arup & Partners: Entwurf der Brückenkonstruktion
Design Team: Philippe Barriere, Miles Cigolle, Rodney Crumrine, Clinton Diener, Stephen Hennerbery,
John Jordan, Diane Lasko, Reini Martin, Ed Raw-
lings

Die Williamsburg Bridge überspannt den East River in New York City und verbindet Brooklyn mit Manhattan. Als sie im Jahre 1903 fertiggestellt wurde, war sie die längste Hängebrücke der Welt. Am 12. April 1988 wurde die Brücke wegen Einsturzgefahr gesperrt, weil die Seile durch ausgedehnte Korrosion brüchig geworden waren. Ein internationaler Wettbewerb wurde ausgeschrieben, um die Möglichkeiten zur Reparatur der Brücke bzw. der Konstruktion einer neuen Brücke auszuloten.

Dieser Beitrag stellt eine Zusammenarbeit von Ove Arup und Michael Fieldman & Partners dar, wobei Arup für den Brückenentwurf zuständig war und Fieldman den Entwurf und die Integration der Brückenrampen und Auffahrten in das vorhandene urbane Gefüge übernahm; ebenso Entwicklung und Entwurfskonzept neuer urbaner Nutzungen, Wohnbauten, Parks und dazugehöriger Erholungseinrichtungen.

Der Vorschlag von Arup empfahl eine vollständig neue Überführung, die möglichst nahe an der bestehenden liegen sollte, um nachteilige Einflüsse auf die Umgebung zu vermeiden. Die Konstruktion besteht aus zwei doppelten, von Seilen gehaltenen Brücken, auf deren oberen Ebenen der Straßenverkehr geführt wird, auf deren unteren Ebenen U-Bahnzüge und Passanten den Fluß überqueren. Um den Bau ohne Unterbrechung des Auto- oder Zugverkehrs auszuführen, wird die erste der neuen Brücken mit Zufahrten und Rampen auf der Südseite der vorhandenen Brücke errichtet. Diese wird dann abgerissen und durch die zweite Brücke ersetzt, so daß die endgültige Ka-

pazität der Brücke sechs Fahrspuren für Autos (drei pro Brücke), drei U-Bahngleise auf der Südbrücke sowie Gehwege für Passanten auf der unteren Ebene der Nordbrücke umfassen wird. Die Gesamtlänge der Brücke beträgt 1036 m, bei einer Hauptspannweite von 538 m. Jede Ebene ist 15,5 m breit. Die Fachwerkträger, von denen die Hauptebene gehalten wird, bestehen aus in 14,6 m Abstand plazierten 6 m tiefen Stahlkästen. Die Türme sind 152 m hoch, die Seile bestehen aus parallel verlaufenden, 7 mm starken galvanisierten Stahlkabeln, die von einer Ummantelung aus stabilisiertem Kohlenstoffbaustahl geschützt werden.

Auf der in Manhattan gelegenen Seite beginnt mit einer Abfolge grüner Mittelstreifen eine neue Achse und Struktur, von der die Delancey Street als bedeutender Verkehrsweg wiederhergestellt wird. Die zur Brücke führende Rampe wird sich aus öffentlichen Innenräumen, Wohnbebauung und offenen Parkflächen zusammensetzen. Die Notwendigkeit einer 800 m langen Rampe bietet einen seltenen Entwurfsfreiraum, da es sich um ein Bauwerk aus Stützen und Bedachung handelt, das nur Wände zu seiner Komplettierung benötigt. Das neue Bauwerk mit den Parks wird die Wohnbebauung auf beiden Seiten der Brücke beleben, indem Erholungsgebiete, überdachte Studios und Proberäume, ein Gemüsemarkt und 600 neue Wohneinheiten entstehen.

Das am anderen Ende der Brücke gelegene Williamsburg zeichnet sich durch große Vielfältigkeit aus, mit gemischten Wohn-, Industrie- und Einkaufszonen sowie einer aktiven Uferzone. Zwei neue Gebäude, ein Ballspielplatz und ein neuer, der ›Kunst und Wissenschaft der Brückenkonstruktion‹ gewidmeter Park werden unterhalb der Brücke und am Ufer entstehen. Mit einem Amphitheater entsteht eine der dramatischsten Freiluftbühnen der Welt. Ausblicke auf den Brooklyn Navy Yard, das Con-Edison-Gebäude, die Skyline von New York und die industriellen Aktivitäten am Ufer nördlich der Brücke machen diesen Park zu einem Ort, an dem die Komplexität der Stadt begreifbar wird.

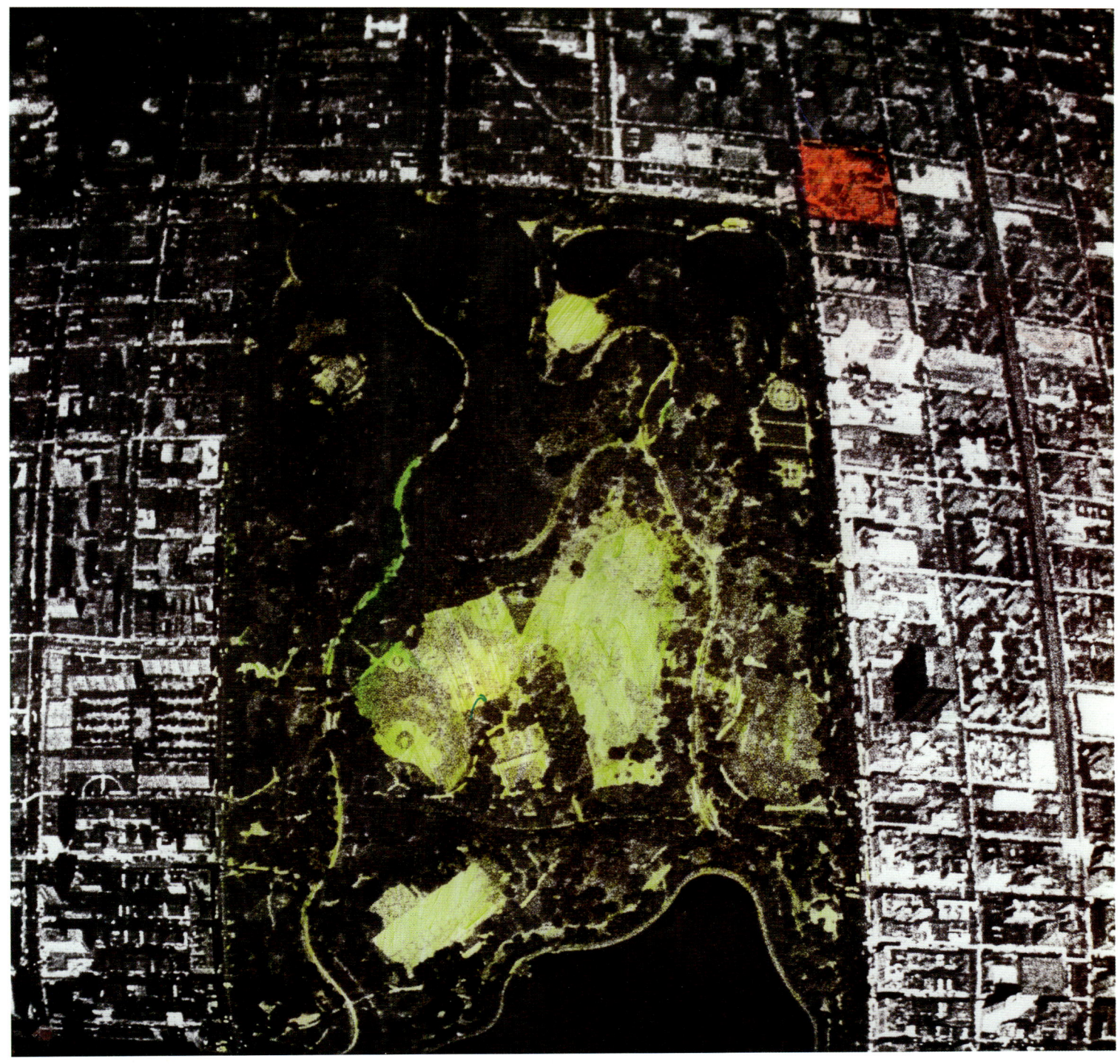

Giuliano Fiorenzoli

CENTRAL PARK, NORTH EAST CORNER   [59]

Central Park, North East Corner, Harlem, New York, NY, 1978

Die freie Fläche des Central Park in New York vermittelt uns eine Vorstellung von Ausmaß und Größe der Stadt selbst. Diese riesig dimensionierte Leere spricht von einer der größten urbanen Verdichtungen, die je von der Menschheit erdacht und verwirklicht wurde. Und doch muß sich der Park mit seinem künstlich angelegten hügeligen Gelände zur Sicherung seines Überlebens der Angriffe der Stadt erwehren, die sich, wo immer möglich, in alle Richtungen auszudehnen sucht.

Mit dem Vorschlag, ein Hochhaus an einer der bedeutendsten der vier Parkecken, an der Grenze zum Bezirk Harlem zu errichten, wollen wir versuchen, der dramatischen Erosion der Parkränder Einhalt zu gebieten. Ein derartiges Hochhaus stünde unmittelbar auf dem Parkgelände. Durch seinen Standort bekräftigt es die rechteckige Form des Parks und verleiht gleichzeitig der Kreuzung der Nord-Ostecke architektonische Struktur. Das konstruktive Gerüst und die Flexibilität eines Krans stehen als Metaphern für jegliche Aktivität, die in seinem Inneren, an seinem Sockel oder im Erdgeschoß erdacht und ausgeführt werden könnte.

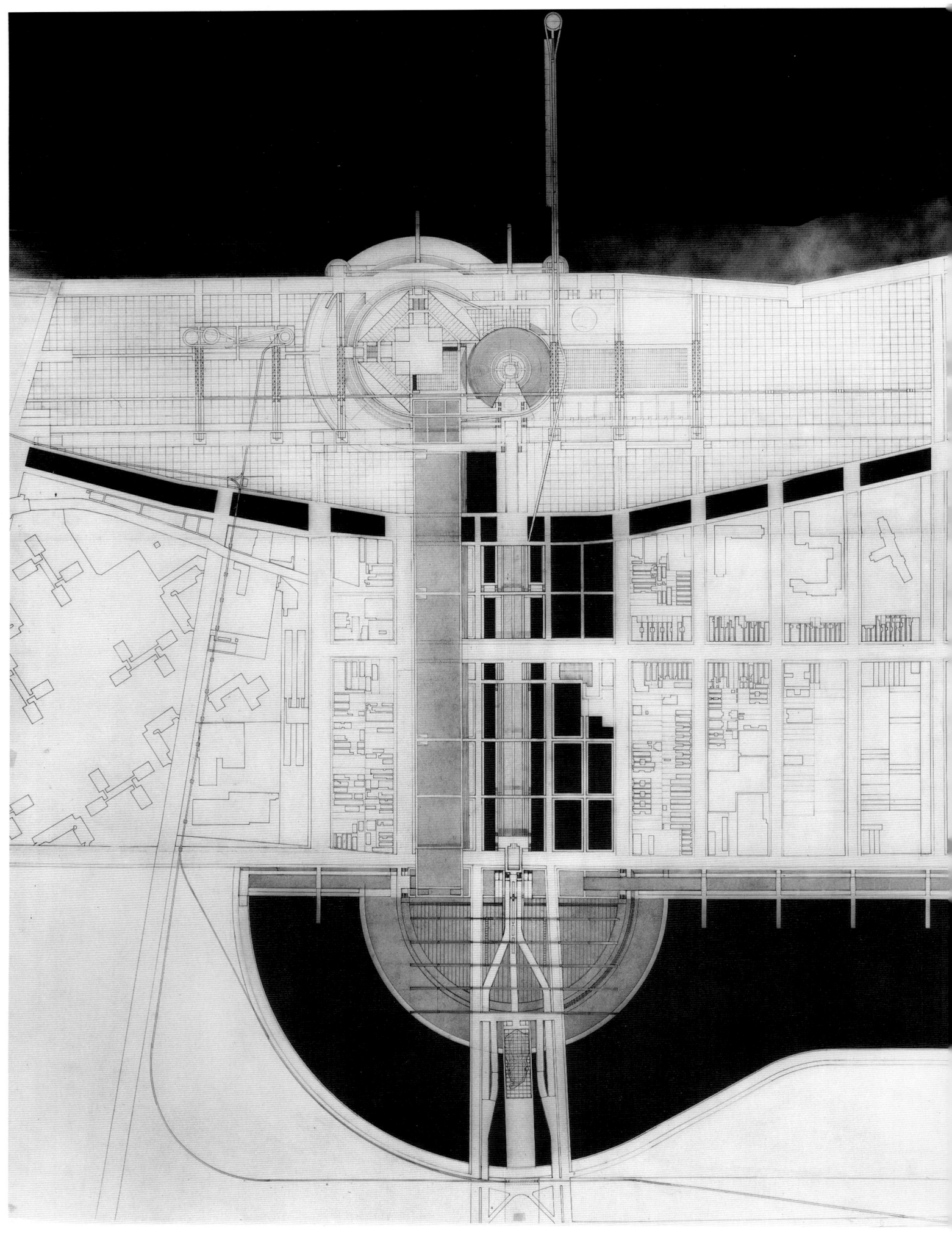

Giuliano Fiorenzoli

OCEAN FRONT HOTEL

Coney Island, New York, NY, 1983

Das Projekt für ein Vielzweckhotel an der See basiert auf einer großangelegten Studie, die die künftige Nutzung des bekannten Coney Island Vergnügungsparks untersuchte. Diese Studie ergab einen urbanistisch ausgerichteten Gesamtplan, der die Hauptrichtlinien für die gesamte Neuorganisation des Parks und seine Umgebung festlegte. Eine neue urbane Achse durch die vorhandene Gemeinde sollte mit Parkanlagen, Plätzen, Kanälen, Wasserbecken, Bootshäfen und einer neuen Uferzone eine angenehme Zufahrt bieten. Effizientere Verkehrssysteme würden die Verbindung zu mehreren entfernten Großstadtgebieten herstellen. Den Endpunkt dieser Achse markieren zwei große Gebäude mit direktem Blick aufs Meer. Der Park mündet in einen Platz, auf dem drei Kasinogebäude geplant sind. Ein zweiter, von dem großen Hotel teilweise umschlossener Platz bildet den eigentlichen Eingang des Hotels und bietet direkten Zugang zu der öffentlichen hölzernen Promenade über dem Sandstrand.

Das Hotelgebäude weist zwei äußerst charakteristische, unterschiedliche Gestaltungsmerkmale auf; das eine nimmt Bezug auf Manhattan, das andere geht, gemeinsam mit den fortlaufenden privaten Terrassen, auf die Lichtverhältnisse und die wechselnden Stimmungen des offenen Meeres ein. Auf die Gesamthöhe verteilt, finden wir spezifische Nutzungsformen des halböffentlichen Hochbaus, wie einen vollständig überdachten großen Innenhof, der eine privatere Nutzung des oberen Gebäudeteils nahelegt, weiter eine Beobachtungsstation, die eine weitere Binnengliederung des Hotels erkennen läßt. Von dieser Ebene gehen besondere Aufzüge aus, die in spektakulärer Weise zum Teil außerhalb des Hauptbaukörpers verlaufen. Eine Wetterstation und ein Kommunikationszentrum am höchsten Punkt schließen den Bau symbolisch ab.

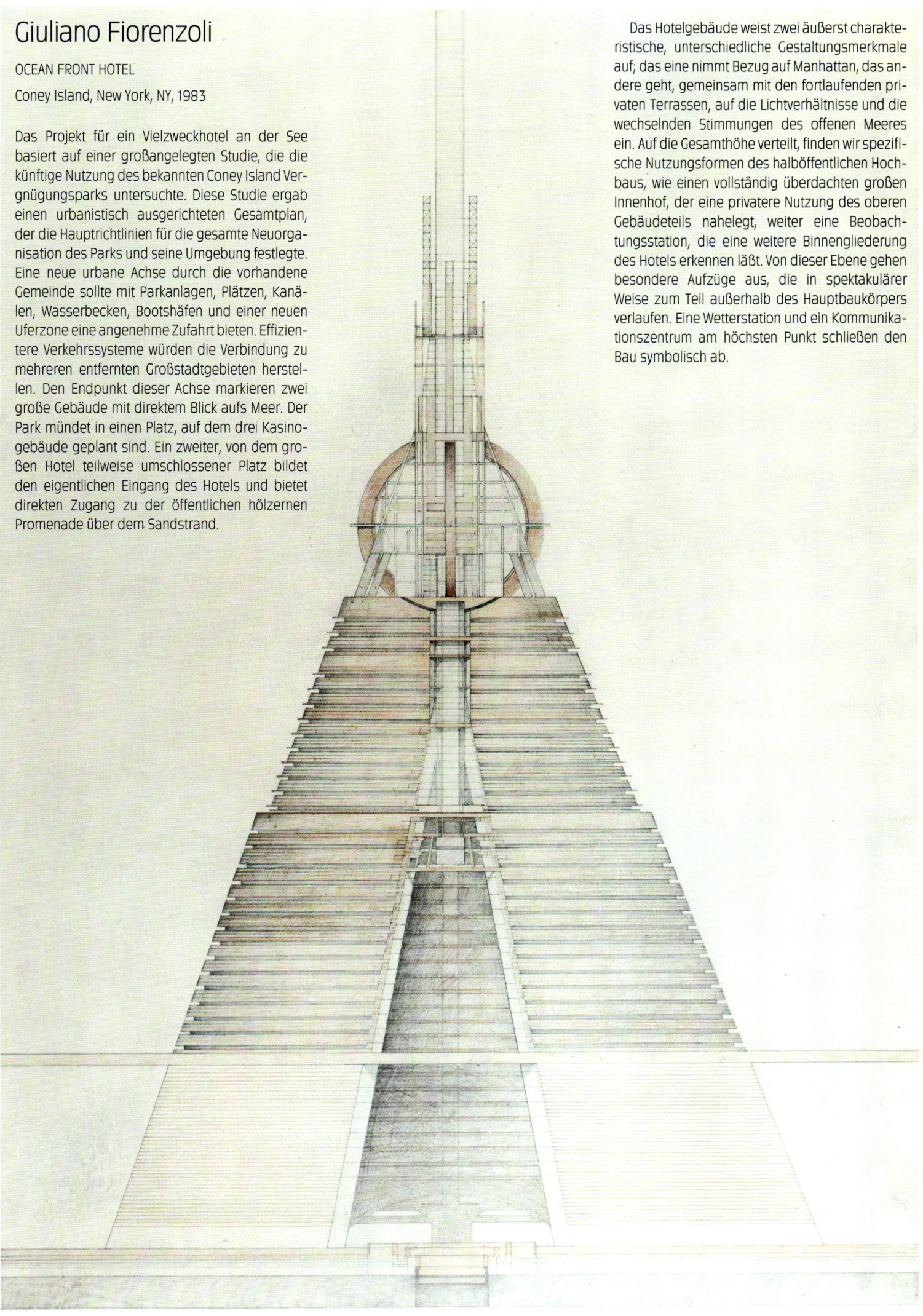

James Ingo Freed

für I. M. Pei & Partners

JACOB K. JAVITS CONVENTION CENTER
OF NEW YORK [18]

655 West 34th Street, New York, NY, 1979–1986
Design Team: James I. Freed, Charles T. Young II,
Thomas Baker

Das Projekt umfaßt ein dem neuesten Stand der Wissenschaft und Technik entsprechendes Ausstellungs- und Kongreßzentrum, das als das größte unter einem Dach befindliche in Amerika geplant ist.

Das Grundstück von 8,9 ha liegt in einem vernachlässigten, verkehrsstrategisch jedoch günstigen Gebiet entlang des westlichen Ufers von Midtown Manhattan. Das unterschiedlich geneigte Gelände erstreckt sich über fünf Straßenblocks von der 34. bis zur 39. Straße. Im Westen grenzt es an die 12. Avenue und den Hudson River und steigt im Osten zum Viadukt an der 11. Avenue an.

Das Problem der Konstruktion dieses riesigen, alle Maßstäbe sprengenden Gebäudes wurde mittels eines modifizierten Raumfachwerk- und Trägersystems gelöst: eine leichte, doppelschichtige Konstruktion, bei der Stahlröhren mit Fachwerk-Knotenpunkten verbunden sind. Das System wurde wegen seiner Flexibilität, seiner Struktur und optischen Wirkung gewählt. Den verschiedenen Funktionen des Gebäudes bietet diese Konstruktion einen kohärenten Rahmen.

Integration und urbane Hilfsmittel: Wie kann ein städtisches Umfeld ein Gebäude assimilieren, das sich fortlaufend über vier Straßenblocks erstreckt und über 85 000 Menschen Platz bietet (mehr als die dreifache Zahl der Nutzer des Empire State Building)? In dieser Beziehung hilft das kleinteilige, rhythmische Muster des Fachwerkrahmens, den Maßstab des Gebäudes scheinbar zu reduzieren. Die vom wechselnden Lichteinfall belebte Terrazzopflasterung im Inneren hat die gleiche verkleinernde Wirkung; ebenso die reflektierende Glashaut des Gebäudes. Die Rahmen-Glas-Konstruktion unterteilt die 300 m lange Fassade in eher erfaßbare, 27 m lange Abschnitte. (Das 27-m-Modul wiederholt sich im ganzen Bau; es wurde von den standardisierten Abmessungen der Laufgänge und Stände auf Handelsmessen bestimmt.) Von noch größerer Bedeutung für die Integration ist das Spiel von Massivität und Transparenz, mit dem der riesige, von Tageslicht erfüllte Innenraum Sichtverbindung mit dem Außenraum aufnimmt. Die unmittelbarste Verbindung des Javits Center zu seiner Umgebung stellt jedoch die Fortsetzung der Straßenaktivität in seinen öffentlichen Räumen dar, die sämtlich offen bleiben können, wenn der Rest des Gebäudes geschlossen wird.

Der eindrucksvollste der öffentlichen Räume besteht aus einer Folge von abgestuften Eingangsbuchten oder Pavillons, die sich wie eine Anhäufung hohler Glaskuben zu der Höhe eines 15geschossigen Gebäudes erheben. Diese monumentale Lobby ist offiziell als ›Kristallpalast‹ bekannt.

Der zweite bedeutende öffentliche Raum ist die ›Galleria‹, eine sich über einen Straßenblock erstreckende, von Cafés und Läden gesäumte Geschäftsstraße, die die obere Ausstellungshalle überspannt. Im Westen mündet sie in den River Pavillon, ein stufenförmig abgetrepptes, zweigeschossiges Restaurant mit Ausblick auf den Fluß. Eine Schalterhalle vervollständigt die öffentlichen Innenräume des Zentrums durch ein 23 m hohes Glasvestibül, das sich über die gesamte Front des Gebäudes erstreckt. Die von zahlreichen Eingängen durchbrochene Schalterhalle ist für Anmeldung, als Zusatzausstellungsraum und ›Verkehrsknotenpunkt‹ vorgesehen. Die öffentlichen Räume des Zentrums werden durch einen 4000 qm großen Freiplatz ergänzt, der von Kiosken und Brunnen belebt ist und dem Haupteingang zum Kristallpalast an der 35th – 36th Street gegenüberliegt.

Entlang der inneren Westwand der Schalterhalle wurde der Betonkern des Javits Center errichtet: ein freistehendes ›Gebäude im Gebäude‹, über dessen niedriges Dach das Tageslicht in die Ausstellungshallen eindringt. Der Kern beherbergt verglaste Suiten, von denen aus Führungskräfte die Ausstellungsebenen beobachten können. Darüber hinaus sind hier Toilettenanlagen, Versammlungsräume und – mit am wichtigsten – 24 Aufzüge untergebracht, mit denen die oberen und unteren Ausstellungshallen gleichermaßen erreichbar sind.

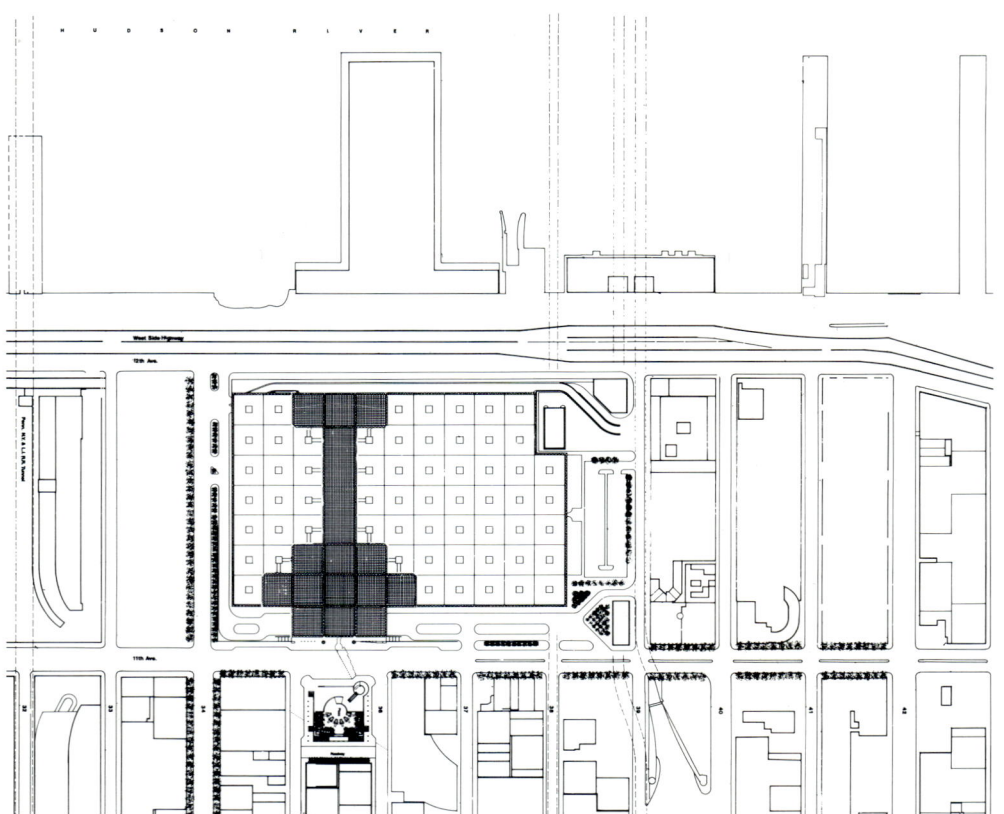

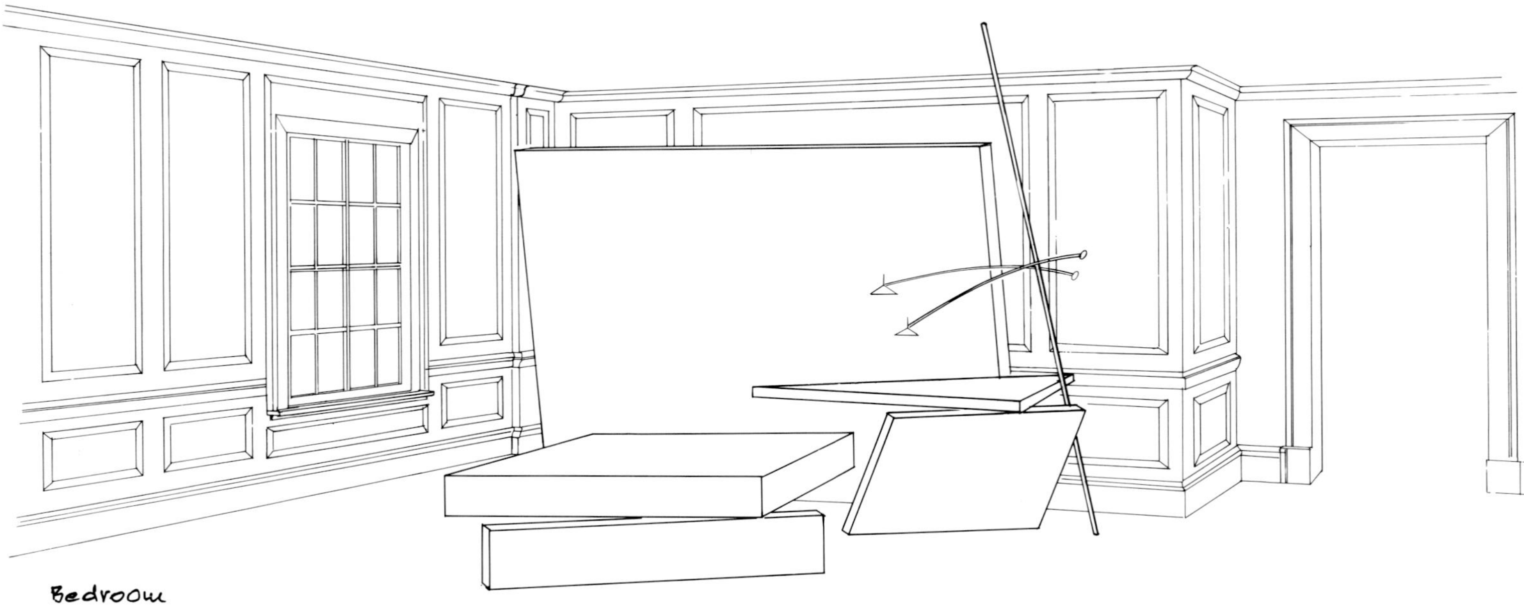

Bedroom

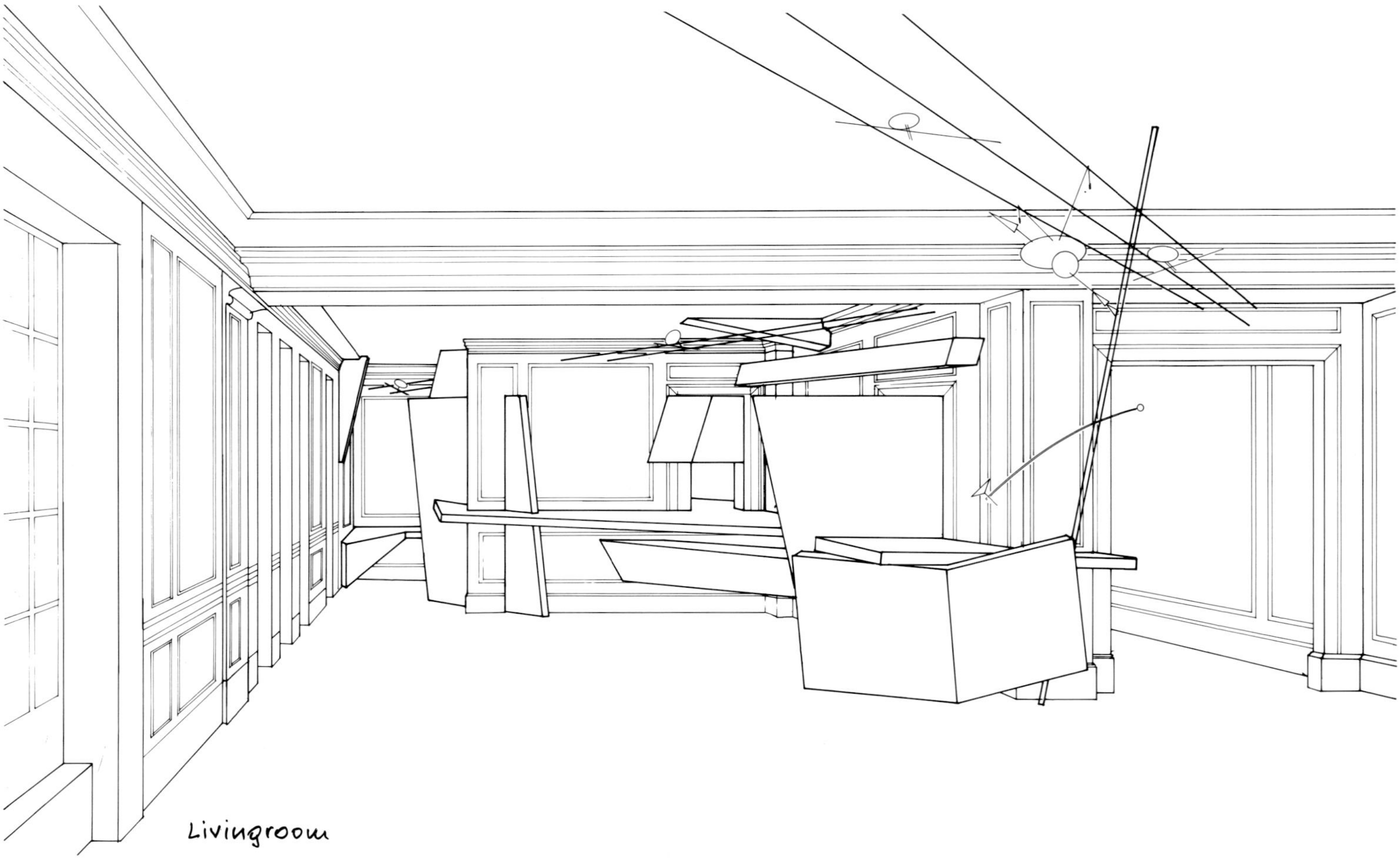

Livingroom

Giovannini & Associates

DUPLEX PENTHOUSE [12]

Gramercy, New York, NY, 1989

Eine vierköpfige Familie mit zeitgemäßen Vorlieben und einem aktiven Lebensstil erwarb eine Doppelhauswohnung, in deren Grundriß der Charakter des Originalentwurfs aus dem Jahre 1910 sowie ein 1931 erfolgter Umbau fortleben. Die Aufgabe bestand darin, den Grundriß so umzugestalten, daß er neue informelle Lebensformen widerspiegelt und die schweren klassizistischen Räume so verändert, daß sie ein dem Zeitgeschmack entsprechendes Raumgefühl vermitteln. Die Auflage des Denkmalschutzamtes war, Profile und andere historische Details zu erhalten und nur wenige Wände zu entfernen.

Im Entwurf ist die Entfernung eines aus dem Jahre 1931 stammenden Badezimmers im Obergeschoß sowie einer Wohn-/Eßraumwand aus demselben Jahr vorgesehen, um die ursprüngliche Offenheit in den Repräsentationsräumen der Wohnung wiederherzustellen. Außerdem sollen die im Untergeschoß liegenden Funktionsräume und die hinteren Schlafzimmer im Obergeschoß umgestaltet werden. Über den Umbau hinaus stellte sich die Frage, wie man den Charakter des Raumes ändern könne, ohne Wände und historische Details zu entfernen.

Die Zeichnung von ›Wunschfeldern‹ zeigte, wie die neuen Bewohner ihr Apartment nutzen wollten. Im Obergeschoß beschränkten die Raumerfordernisse des Badezimmers und der Wandschränke die neue Elternschlafzimmersuite sowie die benachbarten Schlafräume. Im Untergeschoß führten der Kamin, die nach Süden zeigenden Fenster sowie eine neue ›Mediensäule‹ zur Öffnung des Bodens, um diese Bestandteile dort zu verankern. Ein neues System von Teilen – architektonische Möbel – wurde entworfen, um statische Elemente zu modifizieren. Diese Teile scheinen die Wände (und Fußböden) zu durchdringen und so ein unabhängiges räumliches Feld zu schaffen, welches das Gefühl der Unterteilung auflöst, das in der alten Wohnung vorherrschte. Gleichzeitig wurden die Profile auf den alten Wänden erweitert und geordnet, um deren klassizistischen Charakter hervorzuheben und ihnen eine größere Gleichmäßigkeit zu verleihen.

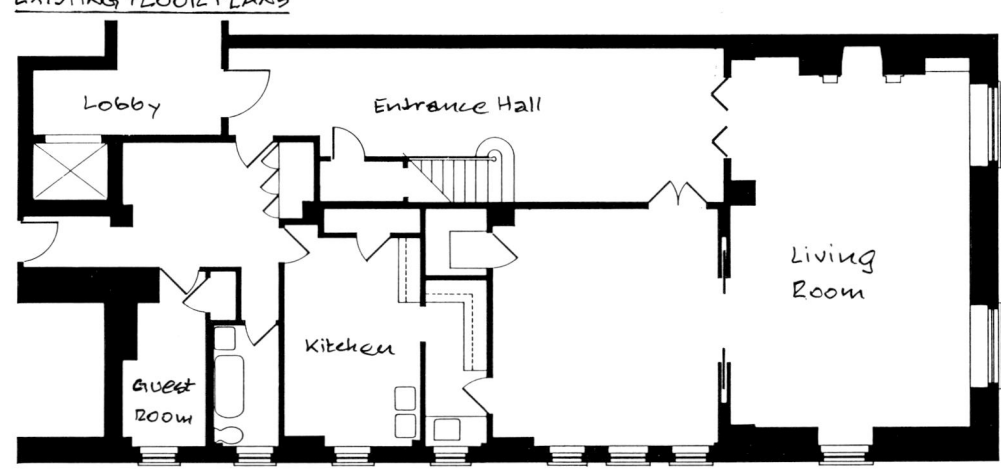

EXISTING FLOOR PLANS

11th FLOOR PLAN

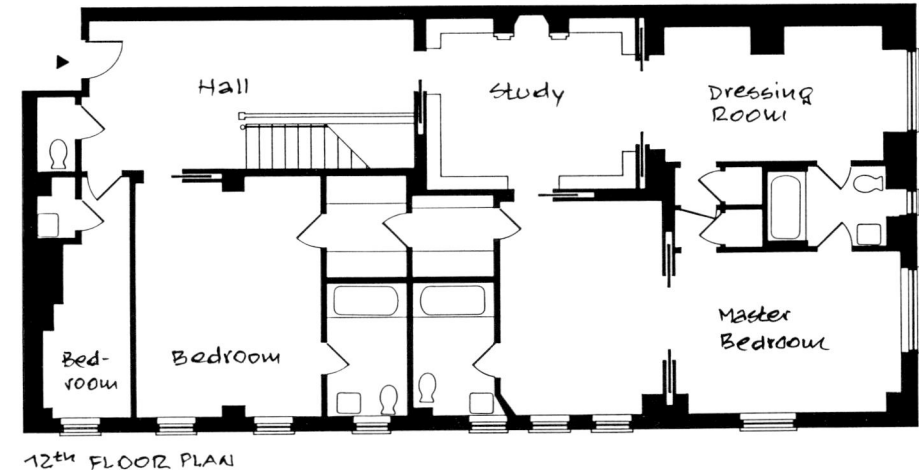

12th FLOOR PLAN

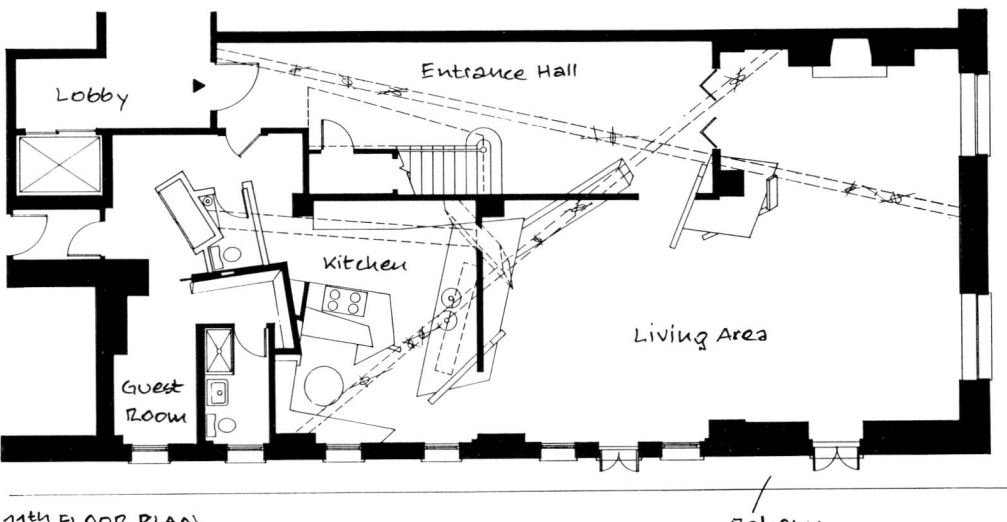

NEW FLOOR PLANS

11th FLOOR PLAN

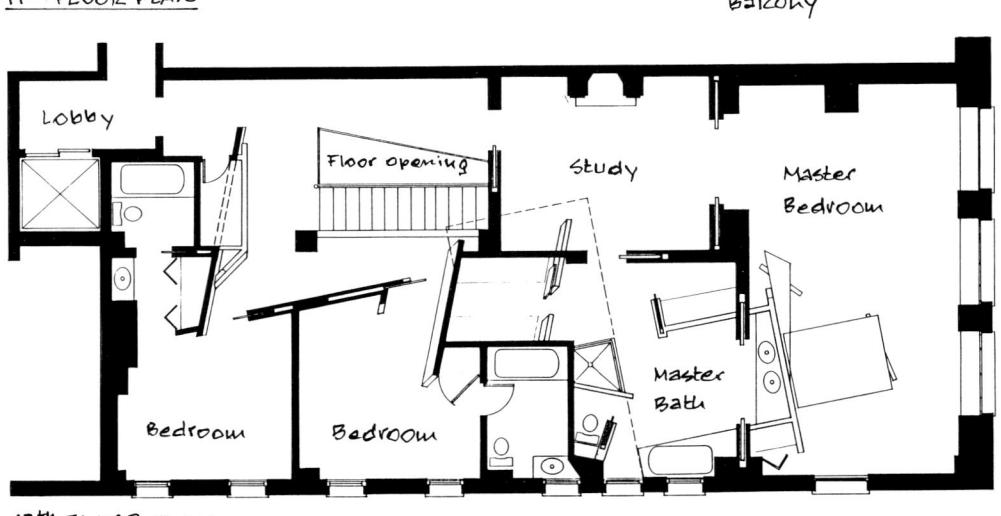

12th FLOOR PLAN

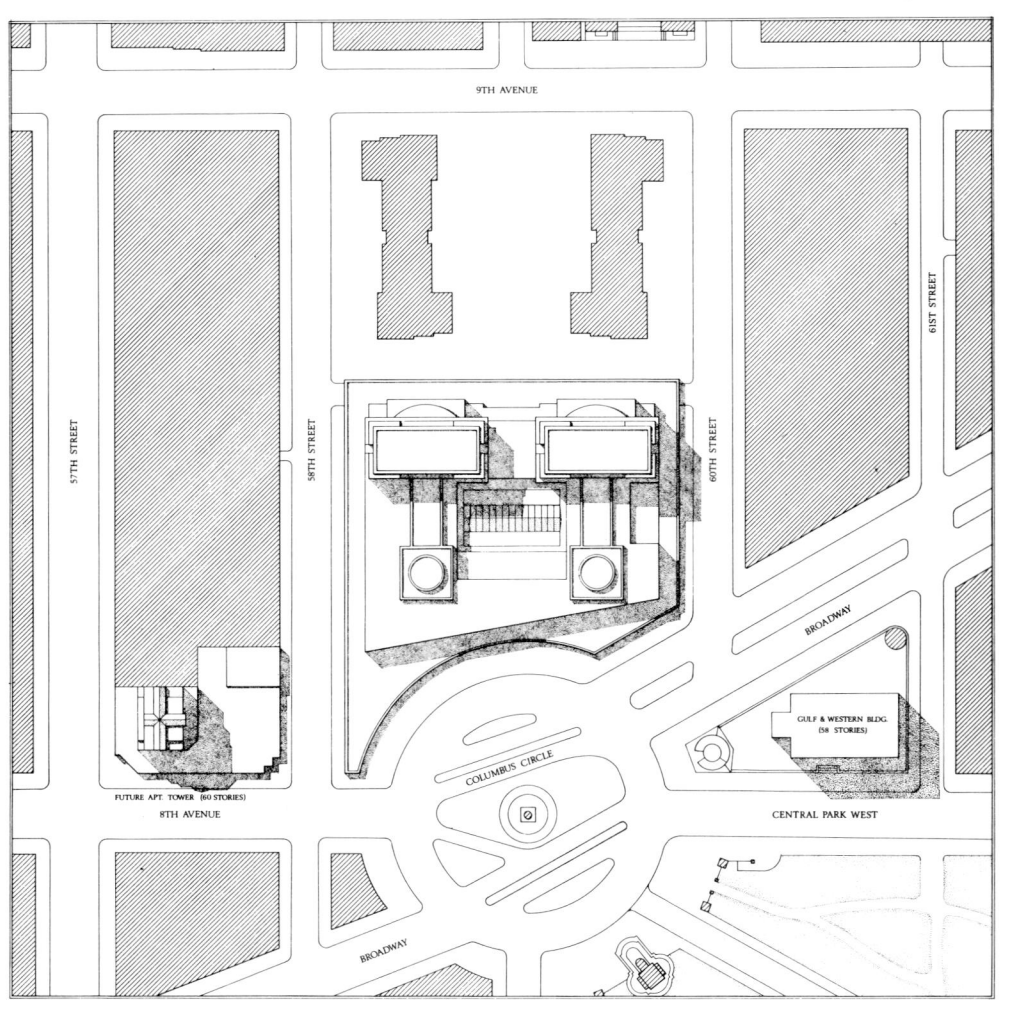

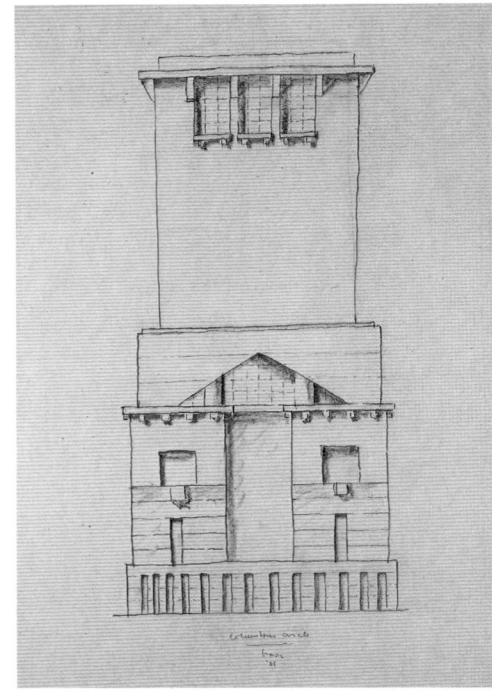

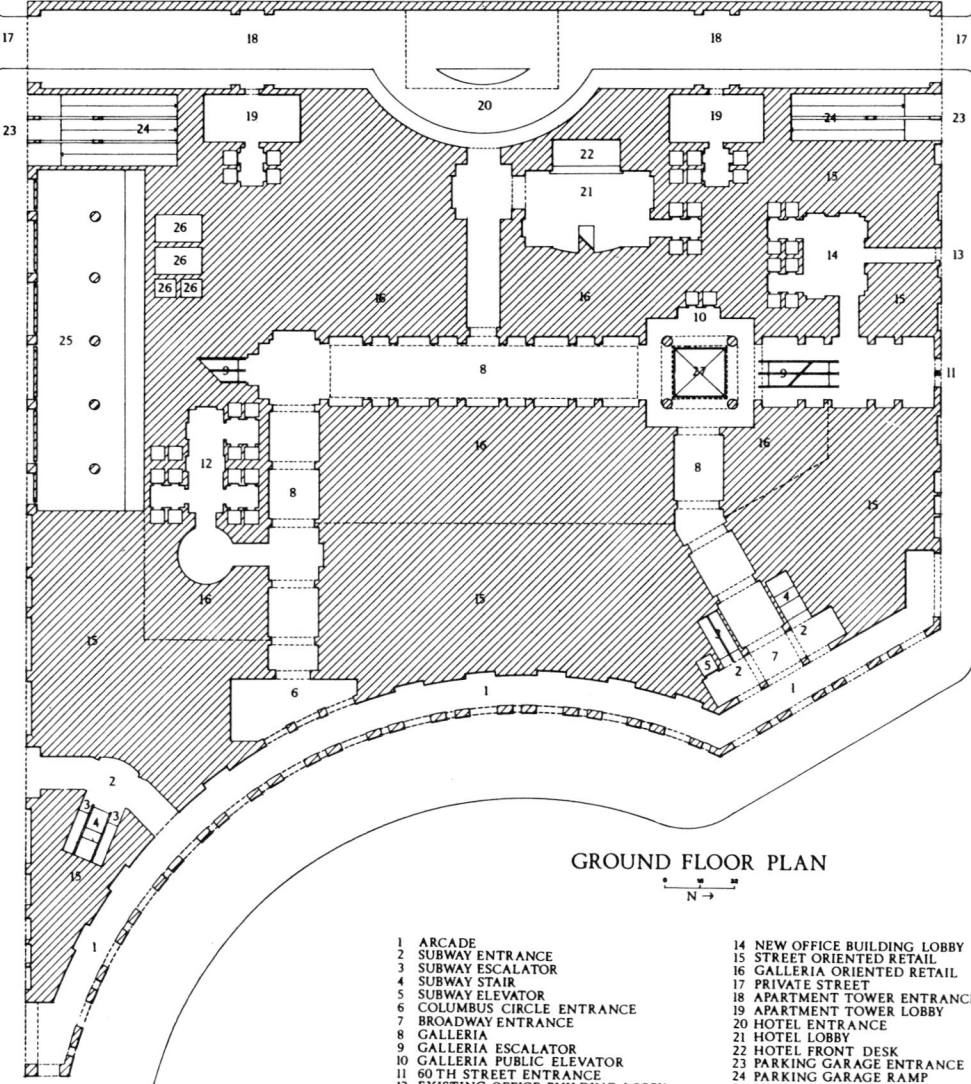

GROUND FLOOR PLAN

N →

1 ARCADE
2 SUBWAY ENTRANCE
3 SUBWAY ESCALATOR
4 SUBWAY STAIR
5 SUBWAY ELEVATOR
6 COLUMBUS CIRCLE ENTRANCE
7 BROADWAY ENTRANCE
8 GALLERIA
9 GALLERIA ESCALATOR
10 GALLERIA PUBLIC ELEVATOR
11 60 TH STREET ENTRANCE
12 EXISTING OFFICE BUILDING LOBBY
13 NEW OFFICE BUILDING ENTRANCE
14 NEW OFFICE BUILDING LOBBY
15 STREET ORIENTED RETAIL
16 GALLERIA ORIENTED RETAIL
17 PRIVATE STREET
18 APARTMENT TOWER ENTRANCE
19 APARTMENT TOWER LOBBY
20 HOTEL ENTRANCE
21 HOTEL LOBBY
22 HOTEL FRONT DESK
23 PARKING GARAGE ENTRANCE
24 PARKING GARAGE RAMP
25 LOADING DOCK
26 SERVICE ELEVATOR
27 OPEN TO BELOW

Michael Graves
mit Gruzen Partnership

NEW YORK COLISEUM COMPETITION [22]

Columbus Circle, New York, NY
Wettbewerbsprojekt, 1985

Angesichts der bevorstehenden Fertigstellung eines bedeutenden Kongreßzentrums bot die Stadt New York im Jahre 1985 das vorhandene Coliseum Immobilienfirmen zum Kauf an. Die Interessenten wurden gebeten, nicht nur ihre Gebote und Nutzungsvorstellungen, sondern auch Architekturentwürfe einzureichen. Der in Zusammenarbeit mit Gruzen Partnership entstandene

Entwurf von Graves schlägt eine ausgedehnte Mischnutzungsentwicklung auf dem Gelände vor; dazu zählen weite Verkaufsflächen im Erdgeschoß, Büros und ein Hotel auf den mittleren Ebenen sowie Wohnungen in den beiden Hochhaustürmen. Die Gesamtfläche umfaßt etwa 214 000 qm.

Die Dreiteilung des Gebäudes unterstreicht seine vielfältige Nutzung und integriert es zugleich in den umgebenden urbanen Kontext. Das Erdgeschoß des Gebäudes betont die Biegung des Columbus Circle und richtet sich in der Höhe nach benachbarten Bauten. Die beiden Wohntürme nehmen trotz ihrer größeren Ausmaße symbolisch auf die zahlreichen am Central Park gelegenen Wohnbauten auf der West Side Bezug. Im Erdge-

schoß des Gebäudes befinden sich namhafte Einzelhandelsgeschäfte, Restaurants, Vergnügungsstätten und ähnliche Einrichtungen, die neues Leben in dieses Viertel bringen und das im nahegelegenen Lincoln Center District bereits etablierte Muster kulturellen Geschehens fortsetzen sollen.

Michael Graves

WHITNEY MUSEUM OF AMERICAN ART [56]

Madison Avenue/East 75th Street, New York, NY
Projekt, 1985–1988

Das an der Ecke von Madison Avenue und East 75th Street gelegene Whitney Museum ist in einem von Marcel Breuer entworfenen Gebäude untergebracht. Das Museum plant eine Erweiterung in südlicher Richtung, entlang der Madison Avenue bis zur East 74th Street. Das Grundstück liegt innerhalb des Upper East Side Historic District und des Special Madison Avenue Preservation District und unterliegt daher besonderen Bauvorschriften und Entwurfsrichtlinien.

In stilistischer Hinsicht befindet sich der Bau von Breuer in deutlichem Kontrast zu seinem Umfeld aus maßstäblich kleineren, stärker ausgearbeiteten Fassaden. Von daher besteht bei diesem Projekt die besondere Aufgabe darin, den augenscheinlichen Widersprüchen zwischen moderner Ästhetik und einer dekorativen traditionellen Architektur Rechnung zu tragen. Um darüber hinaus den alten und neuen Gebäudeabschnitt als ein Museum begreifbar zu machen, muß man die beiden Gebäudehälften in Grundriß und Aufriß verbinden. Die vorgelegten Entwürfe schließen das bestehende Gebäude und den Anbau durch einen dazwischenliegenden zentralen vertikalen Zylinder (›Scharnier‹) und eine verbindende obere Ebene zusammen.

Das Programm für den neuen Anbau umfaßt: 3000 qm neue Ausstellungsfläche für die ständige Sammlung; ein Vortragssaal mit 250 Plätzen für das öffentliche Bildungsprogramm des Museums; eine Orientierungsgalerie; eine Einführungsausstellung; eine graphische Abteilung sowie eine erweiterte Bibliothek, schließlich zusätzlichen Raum für Büros und technische Anlagen. Wie von den Bebauungsvorschriften gefordert, wird der erweiterte Museumsbau in seinem Erdgeschoß entlang der Madison Avenue auch Geschäfte aufnehmen. Der Vortragssaal soll auf den anderen Ebenen des Anbaus untergebracht werden. Der Ausstellungsraum beginnt im zweiten und setzt sich fort bis zum sechsten Geschoß. Die Räume der beiden obersten Etagen werden als Büro genutzt; technische Anlagen sind im Dachgeschoß untergebracht.

Für die Hauptflächen der Außenwände wurde ein grau-roter Achatgranit gewählt, dessen Farbigkeit und Maserung dem grauen Granit des bestehenden Gebäudes ähneln. Dieser Stein harmoniert mit Breuers Material, unterscheidet sich jedoch so weit, daß weder die Proportionen noch der Objektcharakter des bestehenden Gebäudes gemindert werden. Der neue Farbton paßt auch zu den Brownstone- und Backsteinbauten der Umgebung. Der gleiche grau-rote Granit wird überall auf der Fassade in verschiedenen Schliffen und Bearbeitungen verwendet, die die Unterschiedlichkeit der Kompositionselemente betonen. Die beiden hier gezeigten Entwürfe repräsentieren zwei Phasen des Projekts und Bauprogramme etwas unterschiedlicher Größenordnung.

Gwathmey Siegel
& Associates

INTERNATIONAL DESIGN CENTER [67]

Thomson Avenue, Queens, New York, NY,
1984 (Center II) und 1985 (Center I)

Der Komplex des International Design Center in
New York befindet sich in Long Island City, einem
Bezirk des Borough of Queens, der jenseits des
East River gegenüber von Manhattan liegt. Er besteht aus vier benachbarten, sämtlich während
des Ersten Weltkriegs entstandenen Gebäuden,
die in der Nähe der von der Queensboro Bridge
wegführenden Ausfallstraße liegen. Zusammengenommen bieten diese Gebäude eine Fläche von
185 800 qm für die Möbelindustrie in Form neuer
Schauräume, Entwurfstudios und Restaurants sowie dreier großer Vielzweckräume für audiovisu-
elle Ausstellungen und Produktionen.

Die Center I und II wurden vollständig umge-
baut, die Neugestaltung der Center III und IV soll
erst später vorgenommen werden.

Die Haupteingänge der Center I, II und III lagen
ursprünglich an der Thomson Avenue auf der
Nordseite des Komplexes. Diese Eingänge wurden
beibehalten, die Haupteingänge der Gebäude jedoch verlegt und auf den im Süden von Center II
gelegenen Platz orientiert, den Mittelpunkt des
IDC/NY. Er wird zwar zur Zeit als Parkplatz für Besucher des IDC genutzt, soll aber in Zukunft gärtnerisch gestaltet werden.

Da man früher auf dem Areal des Platzes einen
Anbau zum Center II-Gebäude plante, wurde die
Südfassade als einzige nicht mit einer Backstein-
und Terracottaverkleidung versehen. Beim Umbau
erhielt diese Fassade einen Außenverputz und

wurde durch die Anbringung eines Stegs zur Be-
leuchtungs- und Fahnenaufhängung als feierli-
ches Eingangstor der Anlage gestaltet.

Der Umbau von Center II war als erster fertig. Es
besteht, wie die beiden anderen Gebäude auch,
gänzlich aus gegossenen Betonböden und -stüt-
zen. Seine acht charakteristischen Stockwerke und
das Penthouse umgeben u-förmig einen offenen
Hof, in dem einst Lastwagen entladen wurden.
Eine Fachwerkbrücke überspannt den Raum zwischen den beiden langen Seiten und trennt die
beiden Innenhöfe des Gebäudes: ein 15 x 38 x
36,5 m hohes überdachtes Atrium sowie einen
15 x 22,8 x 36,5 m hohen offenen Hof hinter der
Südfassade.

Aus diesem offenen Hof ragt durch das Eingangstor ein mit einem tonnengewölbten Glasdach versehenes Oberlicht, das als Eingangsvor-
dach und als transparente Decke der neuen Süd-
lobby dient. Ein neuer zehngeschossiger, mit der
Fachwerkbrücke verbundener Aufzugsturm fängt
das Oberlicht auf.

Das überdachte Atrium bildet den Mittelpunkt
von Center II. Es lag ursprünglich unter freiem
Himmel und wurde dann mit einer Reihe gerippter,
durchscheinender Kunststoffoberlichter über-
deckt und seine rauhen Betonpfeiler und Brüstun-
gen mit Stuckplatten verkleidet. In jedem Stockwerk befindet sich eine das Atrium umlaufende
2,7 m breite Galerie, von der aus sämtliche Schauräume zu erreichen sind.

Das bei den Oberlichtern verwendete System
durchscheinender Kunststoffpaneele ersetzte
auch die ursprünglichen einfach verglasten Stahl-
rahmenfenster in den Außenwänden.

Center I wurde kurz nach Center II fertiggestellt.
Sein grundlegender Aufbau ist der gleiche – ein

von Schauräumen umgebenes, von oben beleuchtetes Atrium –, dessen Dimensionen und Lage zur
Plaza jedoch andere Umbaulösungen erforderten.

In Center I ist das Atrium niedriger und wesentlich länger (116 m) als das in Center II. Der Umbau
macht sich die große Länge des Raumes zunutze,
indem der Aufzugsschacht in das Zentrum plaziert wird und sich auf der Westseite jeder Hälfte
eine kaskadenartig herabführende Stahltreppe
befindet. Diese Treppen und Aufzüge verbinden
die das Atrium umlaufenden Galerien. Ein tonnen-
gewölbtes Oberlicht aus dem gleichen Material
wie die Oberlichter in Center II erstreckt sich über
die gesamte Raumlänge.

In die Westseite des Gebäudes wurde eine Arkade in der Länge der Plaza jenseits der Straße
eingefügt, innerhalb der sich der neue durchsich-
tig überdachte Haupteingang befindet.

Die vorhandenen Materialien dieser Gebäude
z.B. Beton, Kacheln, Backstein- und Terrakottaver-
kleidung wurden so weitgehend wie möglich restauriert, um den ursprünglichen industriellen
Charakter zu bewahren. Für die neue farbliche Gestaltung des Gebäudes wurden helle, neutrale
Töne gewählt, um die Dramatik der Schauräume
und Balkone zu unterstreichen.

Die Fußgängerbrücke verbindet die 3., 4. und 5.
Geschosse von Center I und Center II. Ihre Trapez-
form wird durch die verschiedenen Fußbodenhö-
hen der von den drei Rampen verbundenen Stockwerke bestimmt. Sie ist mit Wellaluminium verkleidet, das den rot-orangen Farbanstrich der Brücke
erhielt, der auch im übrigen IDC Verwendung findet. Zwei große, gerasterte, über der Straße zen-
trierte Rundfenster sorgen für die visuelle Verankerung der dynamischen Komposition zwischen
den beiden Gebäuden.

Center 4   Center 3   Center 2   Center 1

Gwathmey Siegel
& Associates

SOLOMON EQUITIES, INC. [35]

1585 Broadway, New York, NY, 1989
Design Team: Gwathmey Siegel & Associates
mit Gerald Gendrean, Ewery, Roth & Sons, P. C.

Dieses neue 42geschossige Bürogebäude mit
130 000 qm Fläche nimmt auf der Westseite des
Broadway die gesamte Länge des Blocks zwischen 47. und 48. Straße ein.

Die Curtain Wall setzt sich aus blaugrünem Glas,
geätztem Glas, Spiegelglas, silbergrauen Alumi-
niumpaneelen sowie poliertem Edelstahl zusammen.

Der Entwurf präsentiert eine abgestufte Basis,
die sich sowohl auf den Maßstab der Passanten
(Modulor) auf Straßenniveau als auch auf das mo-
dellhafte Image des ›öffentlichen Gebäudes‹ bezieht. Darüber liegt ein Mittelteil, welchem schließlich eine ausgedehnte, gegliederte Spitze folgt; all
dies im Rahmen der Ethik des ›modernen Skyscra-
pers‹, der sowohl über eine respektheischende
Silhouette als auch über eine dynamische Gestaltung verfügt.

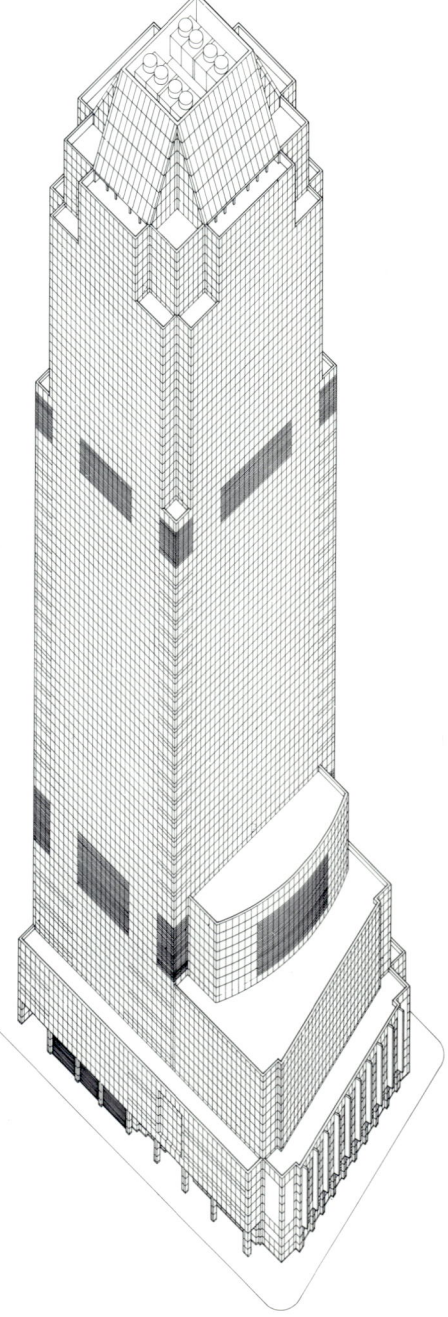

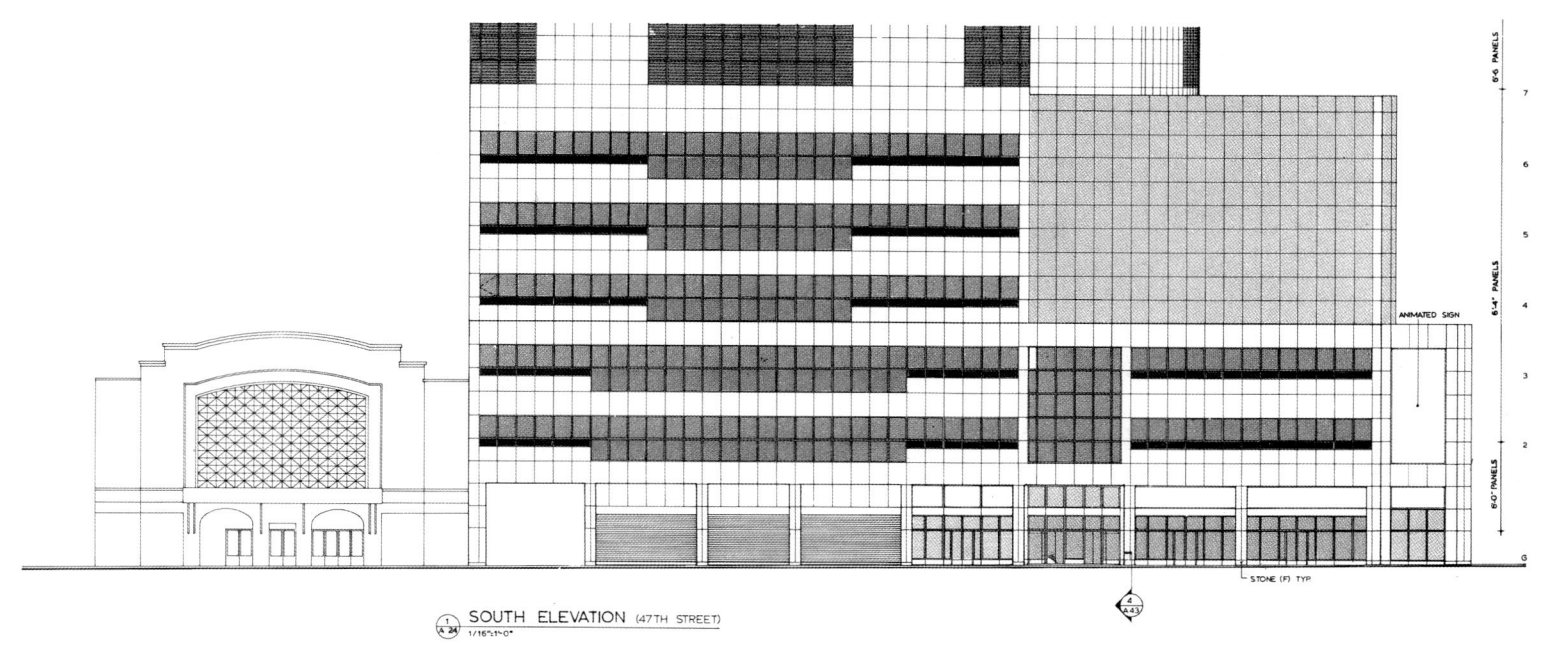

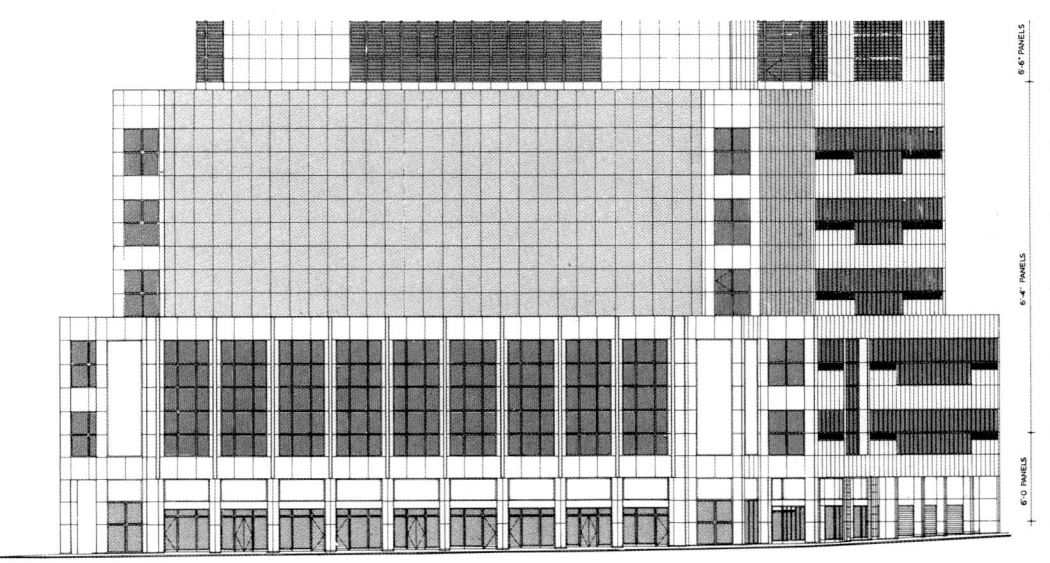

$\underset{A-24}{1}$ SOUTH ELEVATION (47TH STREET)
1/16"=1'-0"

$\underset{A-24}{2}$ EAST ELEVATION (BROADWAY)
1/16"=1'-0"

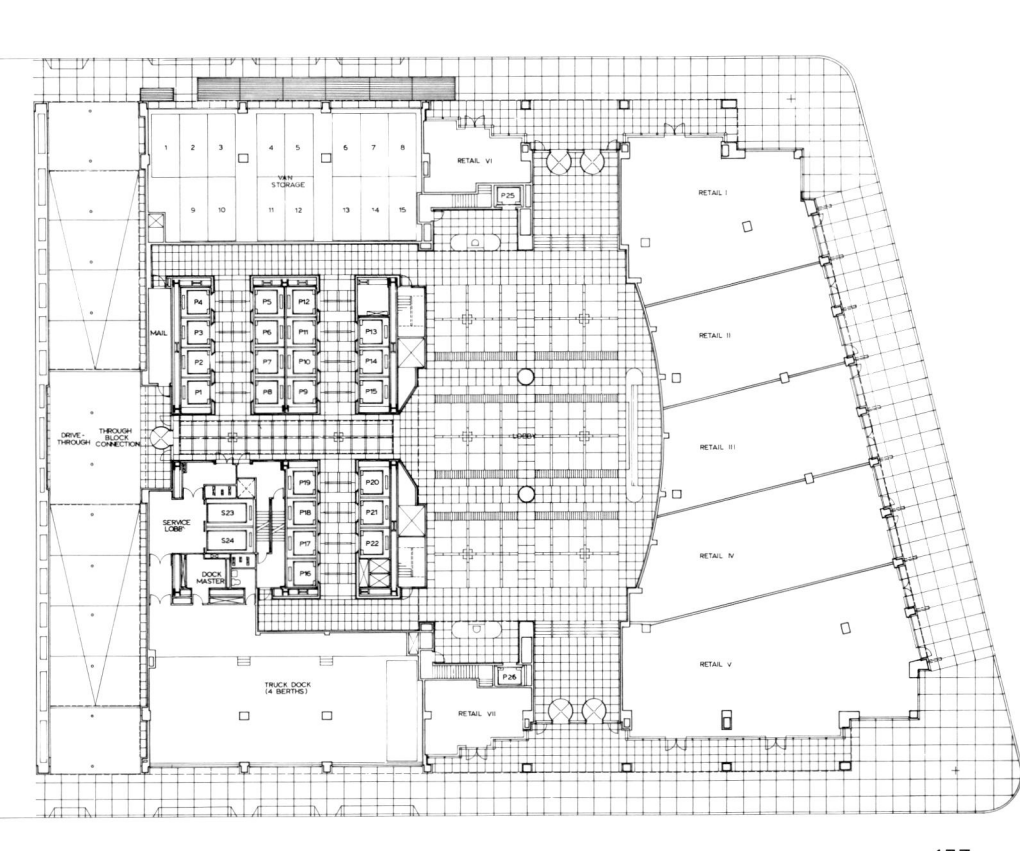

GROUND LEVEL
1/16"=1'-0"

137

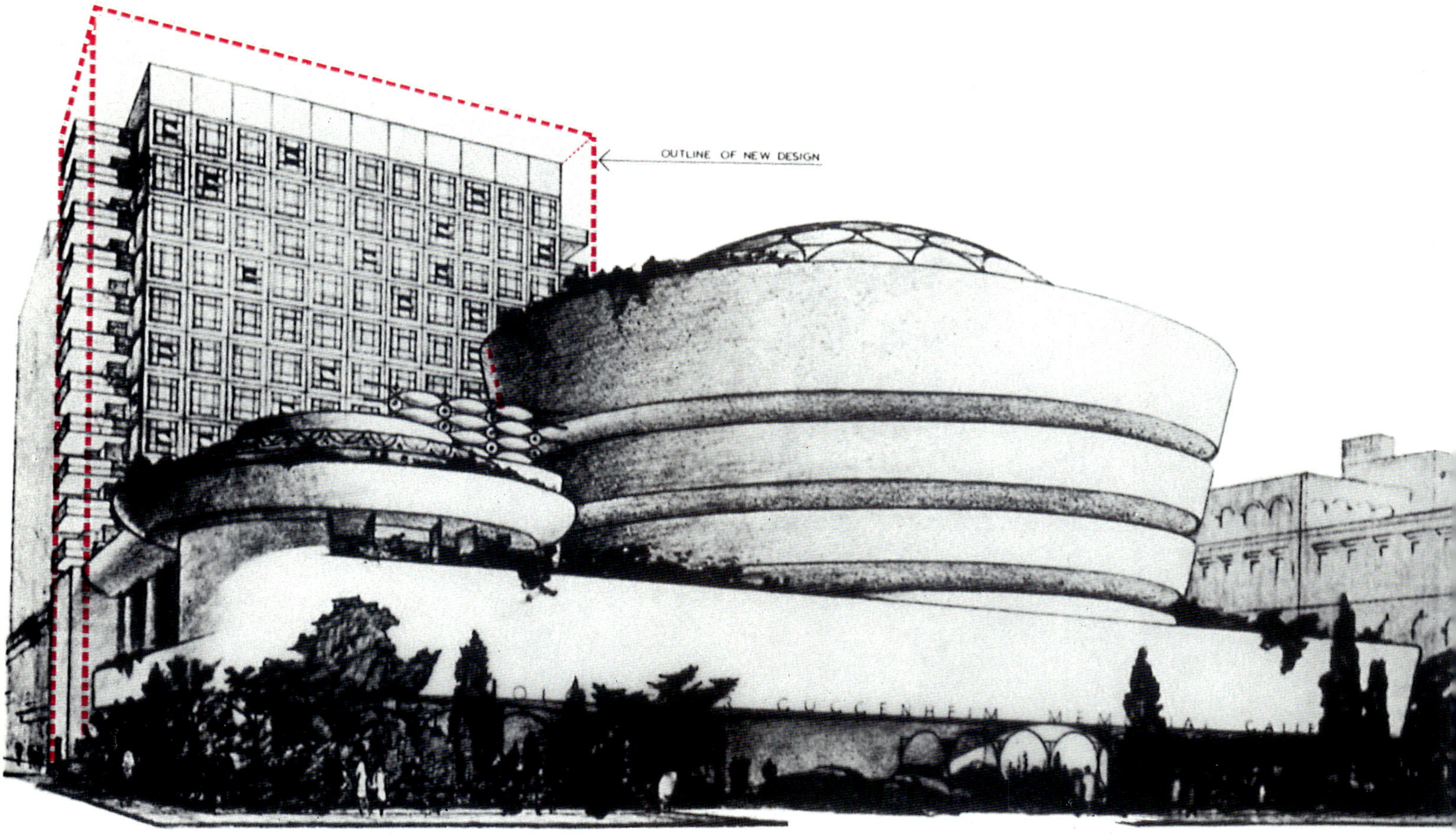

OUTLINE OF NEW DESIGN

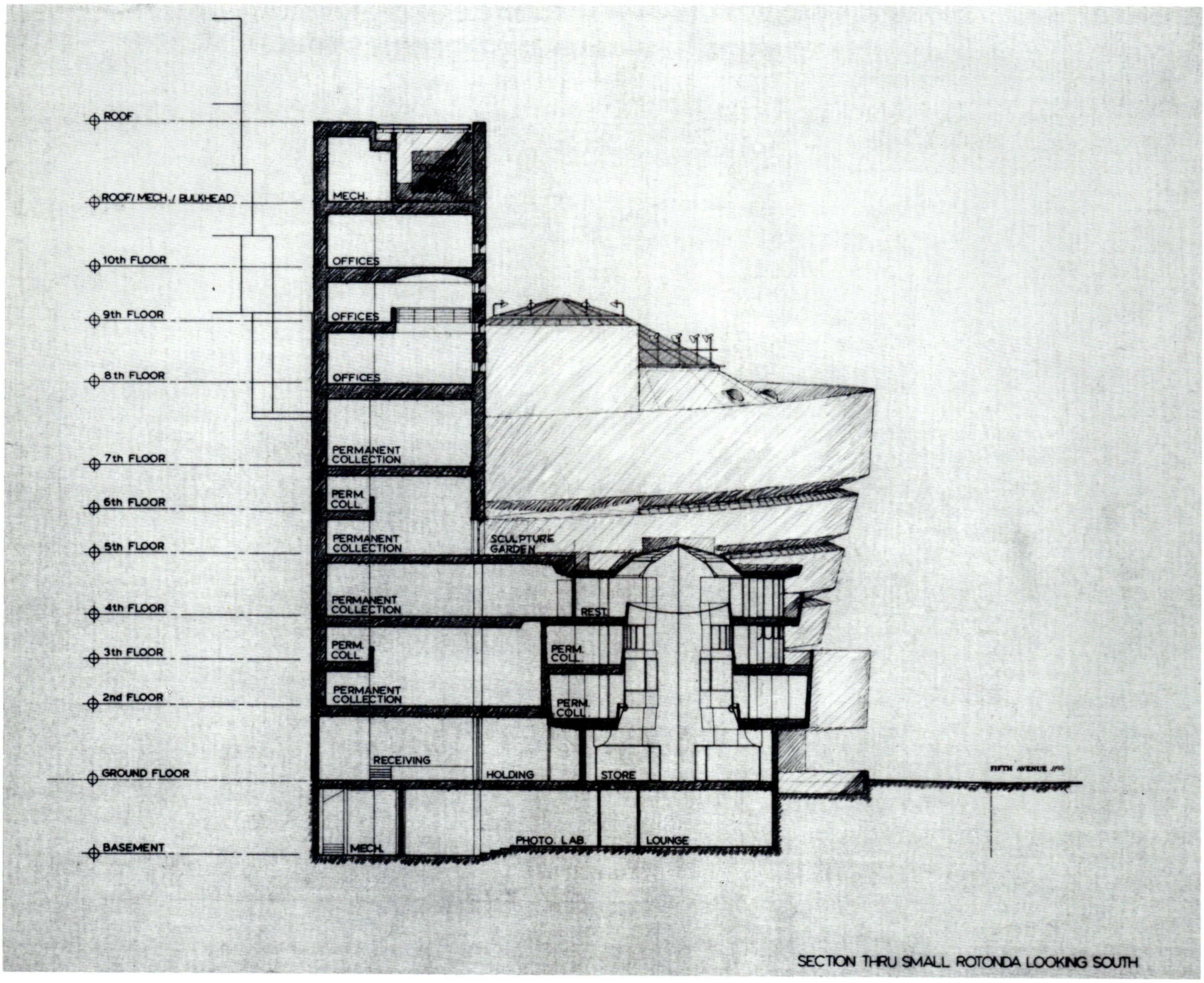

ROOF

ROOF/MECH./BULKHEAD   MECH.

10th FLOOR   OFFICES

9th FLOOR   OFFICES

8th FLOOR   OFFICES

7th FLOOR   PERMANENT
                             COLLECTION

6th FLOOR   PERM.
                             COLL.

5th FLOOR   PERMANENT   SCULPTURE
                             COLLECTION   GARDEN

4th FLOOR   PERMANENT   REST
                             COLLECTION

3th FLOOR   PERM.   PERM.
                             COLL.   COLL.

2nd FLOOR   PERMANENT   PERM.
                             COLLECTION   COLL.

GROUND FLOOR   RECEIVING   HOLDING   STORE   FIFTH AVENUE

BASEMENT   MECH.   PHOTO. LAB   LOUNGE

SECTION THRU SMALL ROTONDA LOOKING SOUTH

138

Gwathmey Siegel & Associates

THE GUGGENHEIM MUSEUM ADDITION   [58]

Fifth Avenue/East 89th Street, New York, NY
Projekt, 1988
Design Team: Gwathmey Siegel & Associates mit
Jacob Alspector, Pierre Cantacuzene

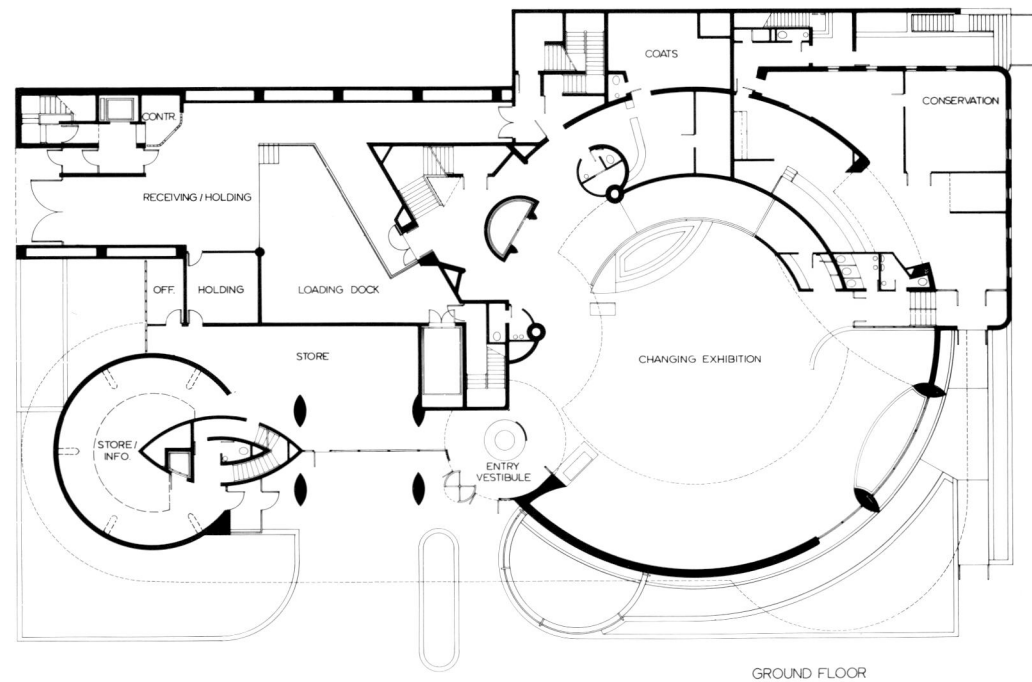

GROUND FLOOR

Fifth Avenue

Der Anbau zum Guggenheim Museum bezieht sich unmittelbar sowohl auf den von Frank Lloyd Wright selbst vorgeschlagenen Annex aus den Jahren 1949–52 als auch auf den bestehenden Anbau von William Wesley Peters, der ursprünglich als zehngeschossiger Bau konzipiert war. Bei dem vorliegenden Entwurf wurden Geschichte und Vorbilder als wichtigste Faktoren angesehen.

Der Wrightsche Entwurf für den Anbau (siehe Abb. links oben) sollte eine Hintergrundfassade darstellen und so die Objekthaftigkeit des Originalbauwerks in den Kontext des Rasters von Manhattan integrieren. Die abstrakte, rechtwinklig gerasterte Curtain Wall aus Beton und Glas wurde als Bezugsebene zur dynamisch geschwungenen Form des ursprünglichen Museumsbaus entworfen. Der gesamte Originalbau bis zum vierten Geschoß der kleinen Rotunde, der bestehende Anbau sowie die geplanten doppelgeschossigen Galerien im fünften und siebten Stockwerk sollen ausschließlich als Ausstellungsraum dienen. In Höhe des fünften Stockwerks werden die vorhandenen Pfeiler des Anbaus in vertikaler Richtung verlängert, um den primär kompakten Anbau aufzunehmen. Der Außenbau besteht hauptsächlich aus Kalkstein, der wegen seines unmittelbaren sowie historischen Bezuges auf die Bauten der

Fifth Avenue und der unmittelbaren Umgebung und wegen seiner angenehmen Neutralität im Verhältnis zum Originalbau gewählt wurde.

Kurz gesagt, würde mit dem erweiterten Ausstellungsraum – darunter die bislang unzugängliche Rampe auf der siebten Ebene der großen Rotunde – zum ersten Mal eine zusammenhängende, integrierte Folge von Ausstellungsflächen im Originalbau, dem bestehenden Annex und dem neuen Anbau zur Verfügung stehen. Der Öffentlichkeit wäre der gesamte Innenraum des Frank-Lloyd-Wright-Baues zugänglich, und darüber hinaus könnte sie – von der geplanten neuen Skulpturendachterrasse im fünften Geschoß aus – auf-

schlußreiche, neue Außenansichten sowohl des Gebäudes als auch des Central Park gewinnen.

Der geplante Anbau nimmt in Maßstab und Material sowohl auf das Umfeld an der 89. Straße als auch auf die allgemeine Bebauungsstruktur der Umgebung Bezug; gleichzeitig leistet er eine positive, wenn auch subtile Vermittlung und Überleitung zum Originalbauwerk. Die entlang der 89. Straße als Kante aufgefaßte Westfassade wird an der Fifth Avenue zur neutralen, gerasterten Fläche, die das Originalbauwerk als Objekt im Raum hervorhebt, indem sie ihm zum ersten Mal einen Hintergrund liefert, der sich bewußt dem Kontext unterordnet.

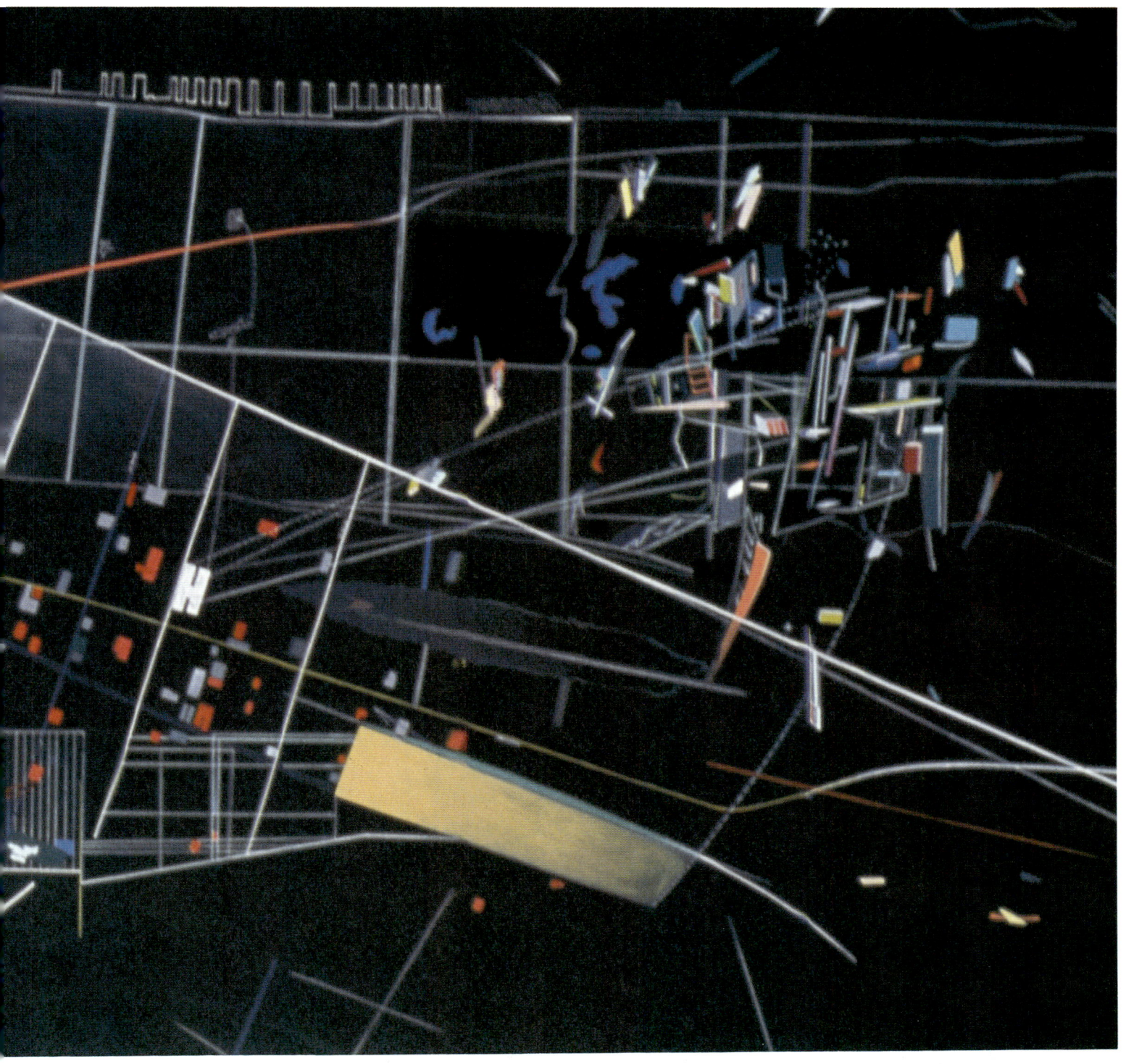

Zaha Hadid

EINE NEUE GRUNDRISSKALLIGRAPHIE

New York, NY, Projekt, 1988

Die für dieses Projekt ausgewählte Skizze war eine Weihnachtskarte, die Le Corbusier von New York City anfertigte. Seine ›Ville Radieuse‹ für Manhattan zeigt eine grundlegende Fehlbeurteilung des urbanen Zustands von New York. Le Corbusier erodiert das bestehende Gefüge Manhattans, nur um es durch einen Teppich aus eintöniger Modernität zu ersetzen.

Manhattan ist auf die kulturelle Schichtung der Stadt, die durch die Verdichtung noch gesteigert wird, angewiesen. Die neuen Injektionen für Manhattan müssen den Charakter von komprimierten, spezifischen Explosionen haben.

Unsere Skizze bezieht sich auf einen neueren Projektvorschlag für den Neubau eines Hotels in New York City. Die Polemik besteht aus einer Folge von Explosionen innerhalb eines begrenzten Raumes, jedoch mit einer Intensität, die eine neue Lebensweise, eine Neudefinition von ›Hotel‹ und ›Großstadtleben‹ impliziert.

Dieser bestimmte Eingriff umreißt Vorschläge für einzelne Stockwerke sowie Variationen zum Hotel, wie es in New York existieren könnte. Konzeptionell sollen die zufälligen Aktivitätsmuster die überall im urbanen Raster stattfindenden Explosionen und Aktionen weiter intensivieren.

Durch diese sehr spezifische Folge von Explosionen besteht die Möglichkeit, die urbane Intensität der Großstadt fortzusetzen, ohne das bestehende Gefüge zu zerstören. Dies ist die von uns vertretene Theorie, die wir als neue Grundrißkalligraphie vorstellen.

Hardy Holzman Pfeiffer Associates

FIREMEN'S TRAINING CENTER　[65]

Ward's Island, New York, NY, 1975

Gesamtplan für eine Ausbildungsstätte mit Schulungs-/Verwaltungsgebäude und acht Übungs-/Serviceeinrichtungen sowie ergänzende Grundstückserschließung auf einem Aufschüttungsareal auf Ward's Island, New York.

Das Firemen's Training Center dient als theoretisches und praktisches Ausbildungzentrum sämtlicher Feuerwehrleute der Stadt New York. Die vielfältigen Angebote des Zentrums sind in drei gesonderten Bereichen untergebracht: Praktische Ausbildung, Service und Schulung/Verwaltung. Zum Bereich Praktische Ausbildung gehören der Feuerturm, ein Gebäude für die Grund- und eines

für die Fortgeschrittenenausbildung. Letzteres besteht aus einer Reihe von ›Übungsbauten‹ – Nachbildungen eines Loftgebäudes, eines Mietshauses und eines Rahmengebäudes, die für wiederholtes Abbrennen konzipiert wurden. Zu den Serviceeinrichtungen gehören eine Einheit zur Wartung der Schutzmasken, eine Kombination von Feuerwache und Bootshafen sowie eine Autowerkstatt. Ihrer Funktion und der niedrigen Wartungskosten wegen sind die Ausbildungs- und Servicegebäude schlichte, mit Backstein verkleidete Betonbauten. Sie sind sämtlich mit einem Muster aus horizontalen Streifen überzogen. Die Gebäude sind, entlang einer gemeinsamen Achse, auf einem asphaltierten Übungsstreifen plaziert. Diese Achse wird durch eine Hauptzufahrtsstraße und einen 3,6 m hohen Erdwall bezeichnet, die das Schulungs-/Verwaltungsgebäude von den lauten Aktivitäten der praktischen Ausbildung und Serviceeinrichtungen trennen.

Das 111 m lange metallverkleidete Schulungs-/Verwaltungsgebäude verfügt über ein stark geneigtes Dach, das auf der Südseite in einen gärtnerisch angelegten Erdwall übergeht. Auf der Nordseite erhebt es sich zu einer Höhe von mehreren Stockwerken, deren kontrastierende Fensteranordnungen für die Belebung der ausgedehnten Wandfläche sorgen. Die Auszubildenden betreten das Gebäude durch fünf kanalähnliche Öffnungen aus Wellstahl. Der Eingang für Besucher führt durch ein aus einem Wasserspeichertank entwickeltes Vestibül.

Im Inneren des Schulungs-/Verwaltungsgebäudes befinden sich die fensterlosen (auf Wunsch des Auftraggebers, um Ablenkung zu vermeiden und Konzentration zu gewährleisten) und rechtwinkligen Klassenzimmer, die entlang diagonaler Korridore angeordnet sind; diese Plazierung der umlaufenden Räume innerhalb der geneigten Anlage legt über die Gesamtlänge des Gebäudes einen abwechslungsreichen Außenraum fest. Ein offenes Mezzaningeschoß, in dem Verwaltungsbereiche untergebracht sind, öffnet sich zu diesem Raum und umschließt so teilweise darunterliegende Bereiche. Entlang dieses ausgedehnten Baukörpers sind Bibliothek, Speisesaal, ein Laden, Orientierungs- und Ausstellungsareale angeordnet. (Bei schlechter Witterung können hier auch Übungsaktivitäten stattfinden.) Leuchtende Farben und freiliegende mechanische Systeme vervollständigen diesen lebhaften, abwechslungsreichen Innenraum.

143

Hardy Holzman Pfeiffer Associates

BROOKLYN CHILDREN'S MUSEUM [68]

Brooklyn, New York, NY, 1977

Das Programm beinhaltet den Entwurf eines neuen, in einem städtischen Park liegenden Gebäudes für das älteste Kindermuseum der USA unter Verwendung eines offenen Grundrisses für ein Gelände, in dem partizipatorisches Lernen ermöglicht werden soll.

Das Brooklyn Children's Museum befindet sich 12 m unter dem Erdniveau (mit einer freiliegenden Ecke), so daß der benachbarte Brower Park sich über das Dach erstreckt. Zum Außenraum gehören darüber hinaus ein Spielplatz mit Freilichttheater und eine Ansammlung von Versatzstücken aus den Bereichen Industrie, Transportwesen und Landwirtschaft. Ein Autobahnschild bezeichnet den Standort des Gebäudes; eine Fußgängerbrücke überspannt den Hof und verbindet den Spielbereich auf dem Dach mit dem Brower Park; als Feuernotausgang dient ein Getreidesilo; sowohl herkömmliche Parkbänke als auch I-Träger bieten Sitzgelegenheiten; ein Eisenbahnkiosk der Queensboro Bridge aus dem Jahre 1907 wird zum Eingangspavillon.

Der Innenraum des Museums wird durch den Hauptverkehrsweg, einen 55 m langen Gang aus Wellblechrohren, der vom Eingangskiosk zu einem überdachten Innenhof auf der niedrigsten Ebene führt, diagonal zweigeteilt. Dieses ›Durchgangsrohr‹, das von einem Neon-Regenbogen erhellt und auf einer Seite von einem Wasserlauf durchflossen wird, ist in Abschnitte unterteilt, so daß jedes Segment auf eine der vier Ausstellungsebenen führt.

Im gesamten Museum liegt der didaktische Schwerpunkt auf einem unmittelbaren Lernprozeß. Bei 500 der 20 000 im Besitz des Museums befindlichen Objekte können sich Kinder an wissenschaftlichen Experimenten beteiligen. Werkstätten, Präsenzbibliothek, Tanzstudio, Fotostudio mit Dunkelkammer und ein ›Marktplatz‹ bieten zusätzliche Lernmöglichkeiten. Ein ehemaliger Benzintank umschließt ein halbkreisförmiges Auditorium auf der untersten Ebene. Das vielleicht ungewöhnlichste Ausstellungsstück ist das riesige Modell eines Eiweißmoleküls aus durchsichtigem Kunststoff, das von Kindern auf vielfältige Weise durchklettert werden kann.

Hardy Holzman Pfeiffer Associates

BRYANT PARK RESTAURANTS   [41]

Bryant Park, Avenue of the Americas zwischen 42nd und 41st Street, New York, NY, 1988–1991
Design Team: Hugh Hardy, Malcolm Holzman, Norman Pfeiffer, Victor Gorg, Rafael Pelli, Evan Carzis

Bei Bryant Park handelt es sich um einen der wenigen wirklich öffentlichen Plätze New Yorks. Zur Erhaltung und Wiederbelebung dieses Beaux-Arts-Platzes entwarfen HHPA in Zusammenarbeit mit den Landschaftsarchitekten Hanna/Olin, Ltd. ein umfassendes Programm, das die Errichtung von zwei Restaurantspavillons und vier Kiosken mit grundlegenden Veränderungen des Geländes beinhaltet, um den Zugang der Besucher zum Park zu erleichtern und gleichzeitig seine besten Merkmale zu bewahren. Unser Ziel war, das Potential des Parks als städtisches Erholungsgebiet ersten Ranges, als Quelle der Ruhe und Inspiration und Knotenpunkt kultureller und pädagogischer Aktivitäten zu verwirklichen.

Der Gesamtcharakter der Restaurantpavillons ist von der dekorativen Tradition der Pariser Parks inspiriert. An der westlichen Terrasse der New York Public Library flankieren die beiden 488 qm großen Bauten, deren geschichtete Außenwände sie in den Park integrieren, das Denkmal für William Cullen Bryant. Jeder Pavillon besteht aus einer inneren Schicht aus Glas und Stahl und einer äußeren Schicht aus rankenbewachsenen Holzspalieren, die jahreszeitenbedingt Farbe und Volumen ändern. Bepflanzung auf Erdgeschoßhöhe und das verwitterte Holz der Spaliere tragen zur Milderung und Belebung der Pavillons bei und integrieren sie so in die umgebende Landschaft. Das Spalier besteht aus mit Mustern versehenen Stützen, die auf Gußsteinsockeln stehen, welche wiederum einen paneelierten Gitterfries tragen. Die Pavillons sind je 5,5 m hoch und bieten 175 Personen Platz. Bei identischem Äußeren und unterschiedlichem gastronomischen Angebot werden die Restaurants auch innen unterschiedlich gestaltet sein. Beide Bauten weisen funktionsfähige französische Türen und Fenster auf, die sich verstellen lassen und es so ermöglichen, bei warmem Wetter im Freien und bei kühlerer Witterung in geschlossenen Räumen zu speisen.

Steven Holl Architects

888 Madison Avenue, New York, NY, 1986

Der Ausstellungsraum der Pace Collection befindet sich in einem bestehenden Kalksteingebäude mit zurückgesetzter Eckfront. Für den neuen Ausstellungsraum wurde ein neues Fundament gelegt und die Ecke durch ein Stahlpfostenfenster ergänzt, das eine größtmögliche Schaufläche gewährleistet.

Die grundsätzlich lineare Architektur ist kontrapunktisch unterstrichen. Kleine, mit Sandstrahlgebläse behandelte Paneele aus bernsteinfarbenem Glas stehen den horizontalen Stahlstreben der Hauptsprossen gegenüber. Entlang der 72. Straße verlaufen die Streben vorwiegend horizontal, entlang der Madison Avenue hingegen überwiegend vertikal. Die Sandstrahlzeichnungen auf den Glasscheiben übertragen die Idee des Kontrapunktischen ins Detail.

Entlang der Madison Avenue sind die Zeichnungen linear, entlang der 72. Straße sind sie flächig ausgeführt. Es scheint, als seien die Fassaden aus einem Holzblock geschnitten, bei dem sich die Längs- von den Querfasern unterscheiden. Die Markise bildet einen Bogen gegenüber den geraden Linien der Sprossen. Im Inneren wird diese Idee mittels des Geländers weitergeführt, bei dem einfache horizontale Stäbe in einer Kurvenlinie gebrochen und ihre Anschlußstellen vertikal verschoben werden. An der Decke sind rechteckige Vertiefungen angeordnet (in denen Beleuchtung und Klimaanlage untergebracht sind), die mit der planen, horizontalen Fläche kontrastieren.

Die Hauptinnenwand ist mit lichtbeständigem grünem Verputz von fresko-ähnlicher Beschaffenheit bedeckt. Die Gestelle aus gehärtetem Stahl (auf denen maßstabsgerechte Modelle der Möbelstücke ausgestellt werden) wirken wie Ebenen, die im rechten Winkel zur Wandfläche stehen.

Steven Holl Architects

GIADA [55]
(Geschäft für Damenaccessoires)

904 Madison Avenue, New York, NY, 1987

Das Grundstück liegt an einem äußerst belebten Abschnitt der Madison Avenue, in der Mitte zwischen 72. und 73. Straße. Der 4,2 × 9,1 m große Laden mit den sehr beengten Verhältnissen befindet sich im Erdgeschoß eines großen Gebäudes, das mit mehr als der rein physischen Schwerkraft nach unten drückt; ökonomischer Zwang und Zeitdruck wirken zusammen wie ein unsichtbarer Schraubstock, der den Raum in psychologischer Verdichtung zusammenpreßt.

Der Grundgedanke unseres Konzepts ist der Ausdruck dieser Verdichtung am Außenbau durch leicht vorgewölbte Glaselemente, eine zur Ladenfront überleitende vorstehende Ecke, eine enge Gußglasausbuchtung, eine gewölbte Markise etc., im Inneren dagegen die Aufhebung der Verdichtung.

Die Materialien am Außenbau verleihen der Vorstellung der Verdichtung durch eine roh belassene Gußglasfensterfuge Ausdruck, neben einem 5 cm starken runden Glasstabscharnier, das auf einer 7,6 cm dicken Glasplatte befestigt ist. Die Messingplatten, von denen die Fassade begrenzt und definiert wird, haben durch Säureätzung eine mattrote Farbe angenommen und sind mit flach- und rundköpfigen Schrauben ausgestattet. In der Umgebung der großen, vertikalen Glasausbuchtung sind die Messingplatten verdoppelt. Alles ist nach einer logarithmischen Spirale von Beziehungen zwischen Außenbau und Innenraum angeordnet.

Zu den im Inneren verwendeten Materialien zählen Messing- und Bronzegitter, Eschenholztüren und wie von Hand verstreute, wolkenförmig angeordnete Terrazzofliesen, die den ›schwebenden‹ Fußboden zur Geltung bringen sollen. Daneben winzige Beleuchtungskörper, die in leichten Halterungen sitzen und aus Öffnungen in der Decke heraus- bzw. in sie zurücktreten. Leichte Eschenholztüren vor den Umkleideräumen öffnen sich von innen nach außen, so daß sich deren Volumen, wenn sie nicht in Benutzung sind, zum Gesamtraum addieren läßt. Es gibt L-förmige Abschnitte, die nicht als Türen im herkömmlichen Sinn erkennbar sind, sowie eine ›verzahnte‹ Tür. Die Toilettenanlage ist mit einem leichten Konus aus Aluminiumwolle als Waschbecken ausgerüstet.

Unterhalb des ›schwebenden‹ Bodens befindet sich ein 20 cm tiefer Hohlraum, der durch Falltüren oder Aussparungen zugänglich ist und für Dekorationsvorrichtungen oder als zeitweilige Sitzgelegenheit für Kunden genutzt werden kann.

Steven Holl Architects

COHEN APARTMENT (52)

Fifth Avenue/East 69th Street, New York, NY,
1983–1984
Design Team: Steven Holl mit Mark Janson und
Joseph Fenton

Die Renovierung eines L-förmigen Apartments bedeutet eine Auslotung der drei elementaren architektonischen Kompositionsformen: Linie, Fläche
und Volumen.

Das lineare Konzept wurde im Eßbereich angewandt: drei Arten von Linien bilden einen linearen
Leuchter, ein linearer Tisch mit vier linearen Stüh-
len steht auf einem Teppich mit einem aus verschiedensten Linien zusammengesetzten Muster.

Der Wohnbereich verkörpert mit zylindrisch ge-
polsterten Sofakissen, einem volumetrischen
Couchtisch und einem ebensolchen Teppich die
volumetrische Form.

Studio und Schlafzimmer sind dem flächigen
Gestaltungskonzept zugeordnet, mit einem planen Zeichenbrett, Wandflächen, die sich zu Türen
auffalten, sowie einem Teppich mit eingewebten
flächigen Elementen. Auf der L-förmigen Wand,
die das Apartment vom Foyer abteilt, ist das Ge-
staltungsprinzip in einer Reihe von Sandstrahl-
Glasbildern festgehalten: flächig, volumetrisch,
linear.

Steven Holl Architects

WOHNUNG IM 42. GESCHOSS DES MUSEUM OF
MODERN ART TOWER   [31]
11 West 53rd Street, New York, NY, 1987 –1988

Der Innenumbau sowie der Entwurf von Einrichtungsgegenständen und Möbeln begann mit einem einfachen Konzept, das aufgrund des ersten Eindrucks von dem Grundstück entstand. Das Apartmenthaus erhebt sich unmittelbar über der Grundstücksgrenze, was den Rasterplan von Manhattan deutlich spürbar macht. Wenn man am vorderen Eckfenster steht, werden die Nordsüd- und Ostwestachsen (X und Y) der urbanen Perspektiven besonders durch den Fluchtpunkt in der Vertikalen (Z) betont. (Von hier aus scheint der Turm über die 53. Straße geneigt.)

Diese Erfahrung war ausschlaggebend für die Ausrichtung sämtlicher Elemente in der Wohnung entlang der Achsen X, Y und Z.

Verputzte Wände in der Richtung ›X‹ sind aschgrau, die Wände in Richtung ›Y‹ hingegen gelb. Die Dimension ›Z‹ wird durch eine hohe, schmale Ecklampe am Eingang, eine sich verzweigende Pfahllampe nahe dem Haupteckfenster und durch lineare Vertikalen im Mobiliar betont. Für das Apartment wurden drei Wollteppiche angefertigt, von denen jeweils einer auf der ›X‹-, einer auf der ›Y‹- und einer auf der ›Z‹-Dimension basiert. Zu den speziell für diese Wohnung hergestellten Möbelstücken zählt ein Eßtisch, in dessen stählerner Mitte die X-Y-Z-Dimension betont hervorgehoben ist, während seine Umrisse einer vagen freien Formgebung folgen.

Die Details nehmen die Grundidee wörtlich, poetisch, systematisch oder intuitiv auf. Ingesamt ergibt sich nicht eine Ansammlung mehr oder weniger gleichartiger Beispiele; dies wird durch die Unterschiede in der Ausführung verhindert. Die Beziehung der Elemente ist nicht didaktisch, eher rätselhaft; in Wechselwirkung bilden diese jeweils die Bezugsgrundlage. Und so übernimmt abwechselnd jede der mit X-Y-Z bezeichneten Gestaltungskomponenten die Definition der Räume.

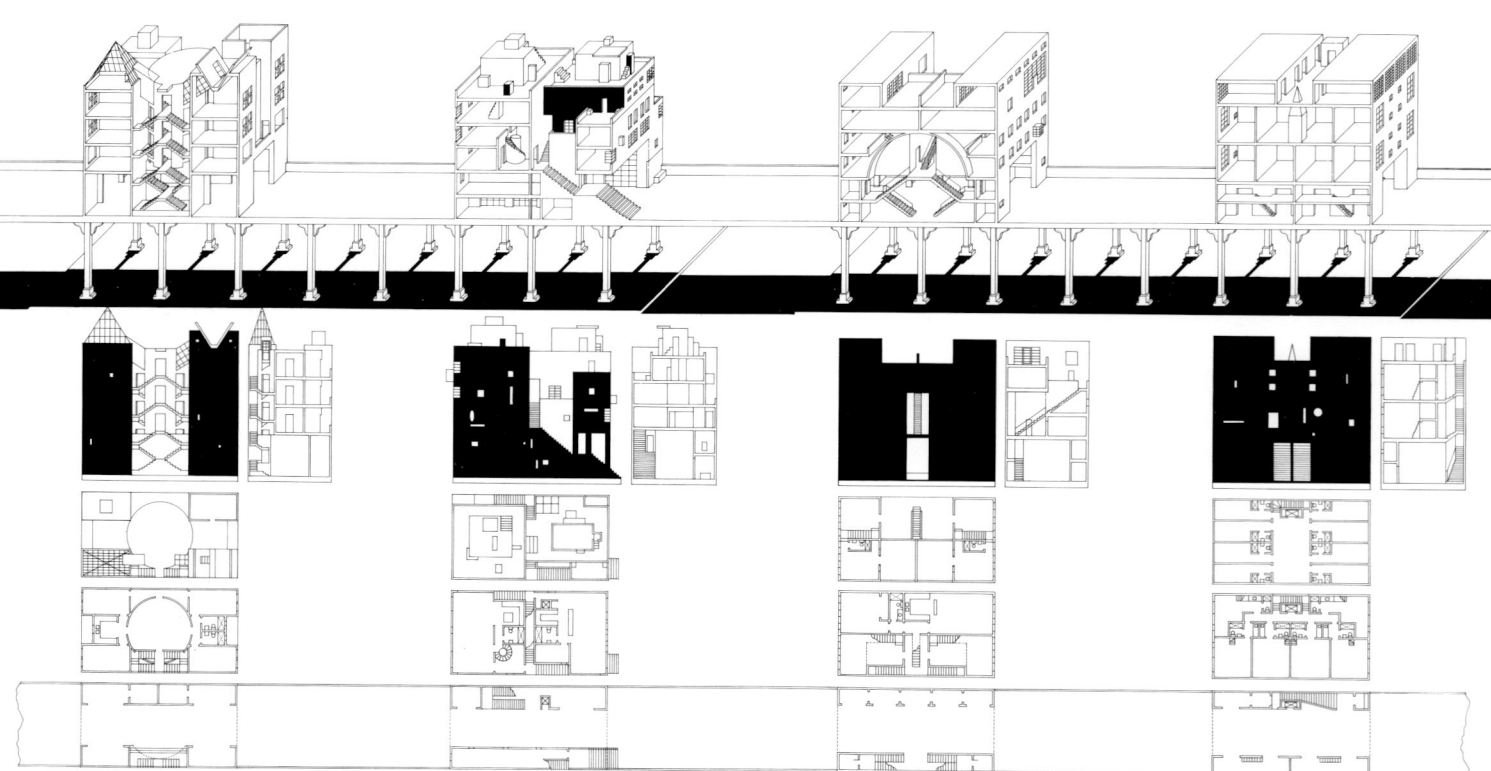

HUDSON RIVER

Steven Holl Architects

BRIDGE OF HOUSES [17]

West 19th – West 29th Street, New York, NY
Projekt, 1981
Design Team: Steven Holl, Mark Janson, James Rosen, Joseph Fenton, Susan Powadiuk

Grundstück und konstruktive Basis der ›Häuser-brücke‹ werden von den vorhandenen Aufbauten einer stillgelegten Hochbahnverbindung im Bezirk Chelsea gebildet. Von dieser Stahlkonstruktion wird der parallel zum Hudson River verlaufende gerade Abschnitt der West 19th und der West 29th Street genutzt.

West Chelsea wandelt sich gegenwärtig von einem Lagerhausbezirk zur Wohngegend. Mit dem Rückgang des Schiffsverkehrs an den Hafenanlagen im Westen werden die zahlreichen leerstehenden Lagerhäuser jetzt in Wohnlofts umgewandelt.

Dieses Projekt bietet, neben einer hochliegenden öffentlichen Promenade, an deren nördlichem Ende sich das neue Jacob Javits Center (S. 126) befindet, eine Vielzahl von Wohnungstypen für den Bereich Chelsea. Höhe und Breite der Häuser werden von der konstruktiven Kapazität und Breite der vorhandenen Brücke bestimmt.

Für vier Häuser liegen detaillierte Pläne für eine Anzahl von Wohnblocks vor, die eine größtmögliche Vielfalt an sozio-ökonomischer Koexistenz bieten. Einerseits werden Häuser mit Einzimmerwohnungen für die Obdachlosen der Stadt gebaut. Jeder dieser Blocks soll zwanzig Studioräume enthalten. Andererseits sollten auch einige Häuser mit Luxusapartments entstehen. Jeder der Blocks enthielte drei bis vier Wohnungen. Die öffentliche Promenade unterhalb der Häuser soll von Läden gesäumt werden.

Die neuen Häuser sollen im Wechsel mit einer Reihe von 185 qm großen Innenhöfen errichtet werden – 50% Freifläche. Sämtliche neuen Häuser sollen zur Verstärkung des Straßenrasters in einer Flucht mit den vorhandenen Häuserfronten an der ›Streetwall‹ errichtet werden. Die ornamentalen Elemente der die Straßen überquerenden Eisenbahnbrücke bleiben sichtbar.

Baustatistische Angaben:

Grundfläche: 18 Häuser mit insgesamt 13 610 qm, die im Wechsel mit 16 000 qm Innenhoffläche errichtet werden.

Konstruktion: Leichtmetallrahmenkonstruktion, Gerippetrennwände aus Feinblech, mit 15 cm Glasfaserhohlraumdämmung isolierte Wände.

Böden: Leichtbeton auf Metallunterbau. Geräuschdämmung mit Glasfasermaterial.

Fenster: Isolierglas, Aluminiumrahmen, Emailleoberflächen.

Dächer: Spachtelbedachung, Drahtglasoberlichter.

Außenbau: verstärkter Außenputz auf Drahtputzträgern, säurebehandelte Metallpaneele.

Türen: massives Kernholz, sandstrahlbehandelte Glasscheiben in den Eingangstüren, Messinghebelgriffe.

Arata Isozaki & Ass.
mit James Stewart Polshek
and Partners

THE BROOKLYN MUSEUM [73]
Gesamtplan und Renovierung

188 Eastern Parkway, Brooklyn, New York, NY
Wettbewerbsprojekt, 1988 – 1990 .
Design Team: Arata Isozaki, James Stewart Pol-
shek

Der Gesamtplan zum Anbau von 30 000 qm an das Brooklyn Museum und die Renovierung des vorhandenen Gebäudes ist Ergebnis eines internationalen Wettbewerbs. Eine neue Platzanlage, die von den neuen Ausstellungsräumen, einem Vortragssaal, einem Lehrflügel und Restaurants umgeben ist, bietet Raum für Freilichtaufführungen und Ausstellungsflächen mit Aussicht auf den Botanischen Garten von Brooklyn. Ein grundlegender Bestandteil des Planes ist die Rationalisierung der Verkehrswege, die Personal, Studierende, Einzelbesucher und Lerngruppen voneinander trennen. Darüber hinaus stellt die Entwurfslösung eine Fußgängerverbindung zum benachbarten, gegenwärtig nicht zugänglichen Botanischen Garten von Brooklyn her. Die unvollendete rückwärtige Fassade des vorhandenen Gebäudes wird durch eine moderne architektonische Formensprache mit einem bündigen Kalksteinraster in Verbindung mit sandstrahlbehandelten Ausfachpaneelen aus Edelstahl angeglichen. Im Tiefgeschoß des neuen Anbaus befinden sich Parkplätze für 1000 Autos sowie sämtliche Einrichtungen zur Anlieferung und Lagerung von Kunstwerken.

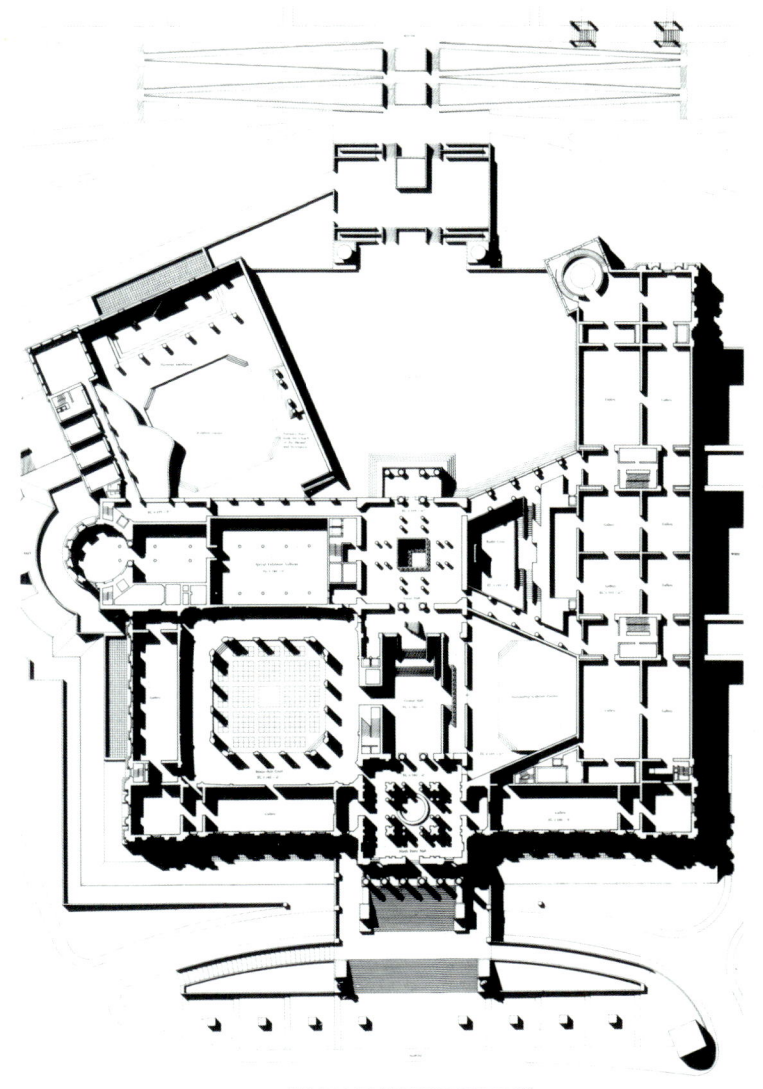

West 60th Street

60th Street Subway Entrance

Office Lobby

Private Street

Drop Off

Residential Lobby

Plaza

Office Lobby

Up from Loading / Parking

West 58th Street

Ground Floor Concept Plan

58th Street Subway Entrance

Helmut Jahn
Murphy/Jahn

COLUMBUS CIRCLE [23]

10 Columbus Circle, New York, NY
Wettbewerbsprojekt, 1985

Das Projekt Ten Columbus Circle nimmt eine Fläche von 14 000 qm am Columbus Circle zwischen
der 58. und 60. Straße ein, auf der gegenwärtig
das New York Coliseum steht. Das Projekt ist als
multifunktionaler Komplex mit Büro-, Hotel- und
Wohnraum gedacht, der annähernd 245 000 qm
Fläche umfassen soll. In typologischer Hinsicht
setzt sich der Komplex aus zwei Elementen zusammen: dem Basisbau, der die Geometrie des
Columbus Circle verstärken und die innere Plaza
festlegen wird, und dem Turmbau, der mit 389 m
Höhe ein bereits aus der Ferne erkennbares Wahrzeichen innerhalb der Skyline Manhattans darstellen soll.

Der Turm ist als eine auf 30 m über Straßenniveau angehobene, segmentierte, hohle, oktogonale Röhre konzipiert. Sie ist mit einer 70 m hohen
Öffnung ausgestattet, um den Sichtkorridor entlang der 59. Straße zu unterstreichen, der zuvor
an dieser Stelle freigeräumt wurde. Die unteren 15
Geschosse mit einer Breite von 32 m bieten etwa
1 qkm Bürofläche, bei Geschoßflächen von etwa
2800 beziehungsweise 2200 qm. Die oberen Geschosse dieses Segments sind miteinander verbunden, um Flächen von annähernd 5500 qm zu
erreichen. Auf Höhe der Skylobby, in etwa 90 m
Höhe, springt der Turm 9 m zurück. Auf dieser
Ebene sind die wichtigsten Wohn- und Hotellob-
bies untergebracht. Der Rest des Turmes setzt
sich aus etwa 5100 qm Hotel- und annähernd
8700 qm Wohnfläche zusammen. Dieser Teil des
Turmes ist spiralförmig von Nordosten nach Süd-
osten terrassiert, was eindrucksvolle Ausblicke auf
den Central Park und den Hudson River gestattet.
Der Wohncharakter des Turmes wird noch durch
Balkone an der Peripherie des Gebäudes unterstrichen.

Der Basisbau erhebt sich 26 m über das Straßenniveau und enthält Läden und neue Zugänge
zur Untergrundbahn am Columbus Circle und
Broadway. An der 58. Straße befinden sich Eingänge zum Büro- bzw. Wohntrakt; zusätzliche
Büro- und Hoteleingänge liegen an der 60. Straße.
Darüber hinaus entstehen 5 Geschosse mit loftar-
tigen Büroräumen.

Der Bau ist in Abschnitte zu je sechs Geschossen gegliedert, durch die seine Struktur sichtbar
wird. Die Glashaut des Büroturmes wird mittels eines simplen Rasters abstrakt behandelt und verweist so auf die Natur von Büroraum als Massen-
raum. Um der Individualität der Hotelzimmer Ausdruck zu verleihen, werden sie mit Einzelbalkonen
versehen. Beim Wohntrakt verweisen durchgehende Balkone auf die größere Ausdehnung der
Einheiten. Der Basisbau wird, für sich genommen,
als hochgradig ornamentiertes Bauwerk behandelt, das Stein und Glas als Füllmaterialien innerhalb eines gegenüber dem Turm verkleinerten
strukturellen Ausdrucksrahmens verwendet.

Helmut Jahn
Murphy/Jahn

TIMES SQUARE [37]

Times Square, New York, NY
Projekt, 1985

Das Times Square Project wird als Bau begriffen, der die fundamentale Vitalität von Amerikas bedeutendster Stadtlandschaft verkörpert. Der Gebäudesockel dient zur Aufrechterhaltung der einheitlichen Höhe der Straßenflucht an diesem Platz. Der asymmetrische, zurückgesetzte Turm durchstößt die Laden- und Hotelebenen im Sockel und bildet am Broadway den Hauptzugang zu den Läden. Eine Fülle von Leuchtreklamen am Außenbau dient zum Schmuck und zur Belebung sowohl des Gebäudes als auch des Sockels und befindet sich

somit in der Tradition des Neonglitzers am Times Square.

Der Mischnutzungscharakter dieses Gebäudes dient zur weiteren Förderung und Belebung des Platzes. Theater, Läden, ein Hotel und Wohnungen sichern die Präsenz von Menschen und Aktivitäten, die zum Charakter des Times Square gehören.

Das Gebäude umfaßt eine Gesamtfläche von 83 600 qm auf 58 Geschossen. Vier Kinos mit je 600 Plätzen befinden sich im ersten Untergeschoß. Der Zugang zu den Kinos erfolgt durch ein Atrium, das als zentraler Raum für die insgesamt 11 600 qm umfassenden fünf Geschosse mit Ladenfläche dient. Als Galerie verbindet es außerdem die 45th Street, 46th Street und Broadway Avenue. Die 40 600 qm umfassende Hotelfläche betritt man von der 45th Street/Ecke Broadway aus. Die zweigeschossige Lobby im Erdgeschoß fungiert als Übergangsraum zum dreigeschossi-

gen, 650 qm großen Lichthof im 6. Stock. Auf der Ebene der Lobby und darüber befinden sich vier Geschosse mit hoteleigenen Einrichtungen wie Restaurants, Versammlungsräumen und Ballsälen, die durch die asymmetrische Plazierung des Turms ermöglicht werden. 20 Geschosse mit je 30 Zimmern stellen 600 Schlafräume zur Verfügung. Der gemeinsam genutzte Fitneßclub im 32. Stock trennt den 26 600 qm umfassenden Wohnteil des Projekts vom darunterliegenden Hotel.

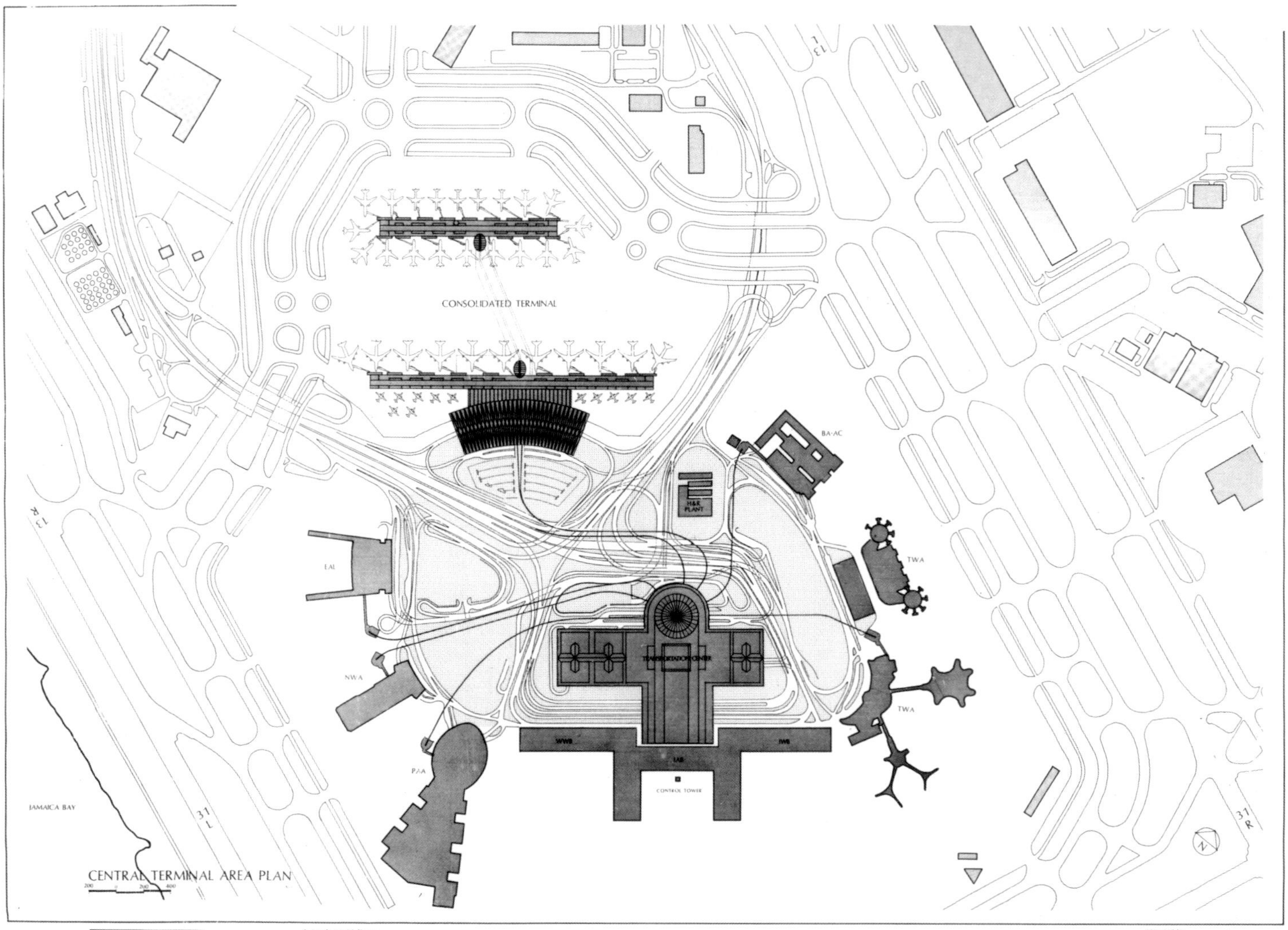

CENTRAL TERMINAL AREA PLAN

American Airlines

J.Murphy/Jahn

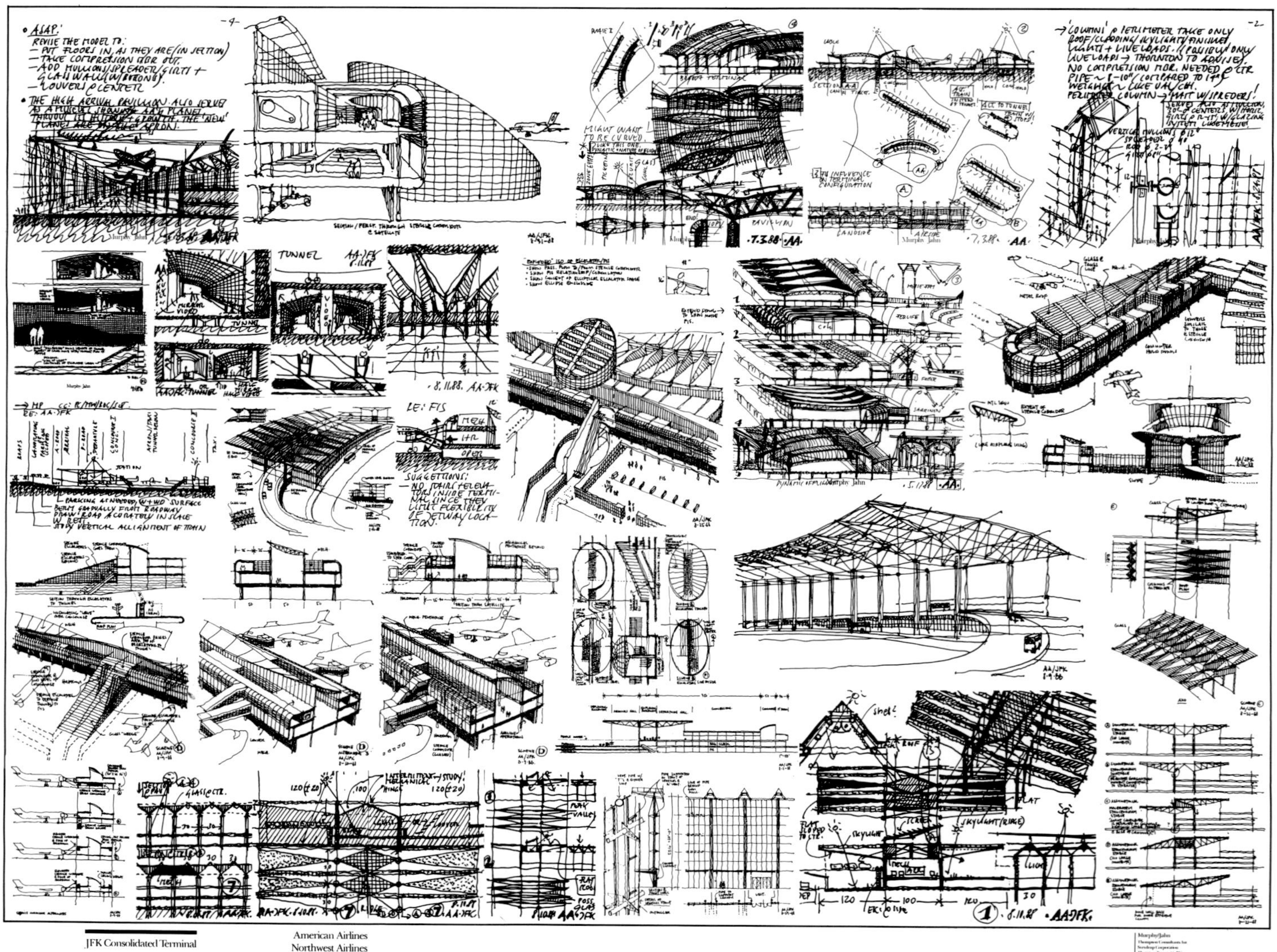

JFK Consolidated Terminal

American Airlines
Northwest Airlines
Port Authority of NY & NJ

Murphy/Jahn

Helmut Jahn
Murphy/Jahn

TERMINALGEBÄUDE FÜR AA UND NW   [76]

JFK Airport, New York, NY
Wettbewerbsprojekt, 1988

Das Terminal ist als viergeschossiger Bau konzipiert. Auf der unteren Ebene (1) befinden sich, neben sämtlichen Einrichtungen der Bundesgrenzbehörden, die Gepäckausgabe für Inlandsflüge, mechanische und elektrische Anlagen sowie eine geräumige Halle für ankommende Passagiere. Auf der Erdgeschoßebene (2) werden ein- und ausgehende Gepäcksysteme, die Station des Passagierbeförderungssystems (PDS) sowie mechanische Anlagen und die Rampenwartung untergebracht. Die obere Ebene (3) wird Flugscheinverkaufsschalter, Flugsteigzugänge, VIP Lounges und die vorfahrenden Passagiere aufnehmen. Die Penthouseebene (4) bietet den Bundesgrenzbehörden für die Abfertigung einreisender Passagiere und der Belüftungsanlage Platz. Die Nebenhalle ist als dreigeschossiger Bau konzipiert, wobei die Erdgeschoßebene (1) die Rampenwartung und mechanisch/elektrische Anlagen, das Obergeschoß (2) die Flugsteigzugänge und Geschäfte und die Penthouseebene (3) die Bundesgrenzbehörden und die Belüftungsanlage aufnehmen. Sämtliche Passagiere werden die Flugzeuge über ein System flacher (1:12) Rampen erreichen, die die Zugangssteige mit den Warteräumen der oberen Ebene und dem Bereich der Bundesgrenzbehörden auf der Penthouseebene verbinden.

An Bord gehende Passagiere werden die Abfertigungshalle entweder per PDS System, über die Fußgängerbrücke vom Parkhaus oder von der Anfahrtsstraße aus erreichen. Die Längsseiten der Abfertigungshalle sind jeweils mit einer 130 m langen Schalterfront ausgestattet. Von hier aus gelangen die Passagiere durch die Sicherheitszone zu den angrenzenden Flugsteigen oder über die Rolltreppen nach unten zu den Verbindungsgängen zum benachbarten Terminal.

Passagiere internationaler Flüge kommen an den Flugsteigen des Haupt- oder Nebenterminals an und gelangen über die Zugangssteige und Rampen zu den Grenzbehörden auf der Penthouseebene. Ein Korridor leitet sie zu einer zentral gelegenen Sammelhalle, von wo aus sie über Rolltreppen zum Abfertigungsbereich der Grenzbehörden auf der unteren Ebene gelangen.

Am Nebenterminal Ankommende erreichen den Bereich der Grenzbehörden auf unterhalb des Vorfelds liegenden Laufbändern. Passagiere von ankommenden Inlandsflügen gelangen über die Rampe auf den Flugsteigbereich der oberen Ebene, von hier in die zentrale Sammelhalle und weiter über Rolltreppen zur Gepäckausgabe für Inlandsflüge auf der unteren Ebene. Nach dem Erhalt des Gepäcks gelangen die Passagiere auf direktem Weg zur Anfahrtsstraße oder erreichen von der nächsthöheren Ebene die Fußgängerbrücke zum Parkhaus. Man kann ebenso auf der nächsthöheren Ebene die PDS Station erreichen, um zum Central Terminal zu fahren.

Helmut Jahn
Murphy/Jahn

425 LEXINGTON AVENUE [43]

425 Lexington Avenue, New York, NY, 1983–1988

Der Projektstandort umfaßt den gesamten Straßenabschnitt zwischen 43. und 44. Straße, entlang der Ostseite der Lexington Avenue, im Zentrum von Manhattan. Im Umfeld findet sich 10- bis 20geschossige, hochverdichtete Bebauung, vorwiegend Geschäfts- und Bürobauten, darunter das U.S. Post Office, das Gray Bar Building und das Grand Hyatt Hotel. Steinverkleidung, durchgängige Verglasung, rechteckige und abgestufte Formen bestimmen das architektonische Erscheinungsbild. Besonders berühmt ist das auf der gegenüberliegenden Seite der 43. Straße gelegene Chrysler Building. Formale Gestaltung, Material und symbolische Merkmale dieses Baus hatten entscheidenden Einfluß auf das Gestaltungskonzept des Gebäudes.

Das Gebäude bietet auf 30 Geschossen 52 500 qm Bürofläche über einer mit Geschäften genutzten Erdgeschoßebene. Die Größe der Geschosse variiert zwischen 2550 qm in den unteren Stockwerken bis 1500 qm in den 23 Turmgeschossen. Besondere Wohnetagen befinden sich im 30. und 31. Stockwerk; sie teilen sich die Nutzung eines zweistöckigen Atriums und umfassen 1580 bzw. 1300 qm. Zwei Ebenen liegen unterhalb des Straßenniveaus: auf Ebene C-1 können 100 Fahrzeuge abgestellt werden; Ebene C-2 bietet weitere 3268 qm vermietbare Fläche.

Dieses neue Erschließungsprojekt fällt unter die kürzlich erlassenen Bestimmungen des ›Midtown Zoning Code‹, eine entscheidende Determinante der architektonischen Form. Drei miteinander verknüpfte Kriterien bestimmten den Entwurf: Gebäudehöhe und Rücksprünge, Kontinuität des Straßenzugs sowie die Integration öffentlicher – und damit subventionierbarer – Plätze.

Der typologische Oberbegriff des Gebäudes stellt eine innovative Variation zum Thema ›architektonische Säule‹ dar. Als architektonischer Körper mit verfeinerter Symmetrie konzipiert, bildet der Basisbau einen dem Bild der ›Säule‹ angemessenen Sockel. Die Höhe seiner Straßenfassaden wird durch die darüber befindlichen Einrichtungen vorgegeben, während die zurückgesetzten, abgeschrägten Ecken genau die durch die Kontinuität der Straßenbebauung erforderlichen Dimensionen widerspiegeln.

Ein 36 × 42 m großes Rechteck mit deutlich abgeschrägten Ecken bildet den Grundriß des Turmes. Der sich über der abgestuften und ebenfalls abgeschrägten Basis erhebende Schaft verläßt den die Straßenflucht verstärkenden Kontext und erscheint allmählich als freistehende, in alle Richtungen wirksame Form. Die 23 Geschosse werden durch vertikale Akzente der Fassade betont; seine Höhe steht in einem kompatiblen Verhältnis zur Basis des Chrysler Building. Der Entwurf des Turms versucht nicht, mit der pyramidalen Spitze des Chrysler Building zu konkurrieren. Ähnlich dem Kapitell einer Säule schwebt die Spitze über Turm und Basis und kragt in einer kontrastierenden Geste genau an dem Punkt aus, an dem der Chrysler Turm einen Rücksprung aufweist.

Eine manieristische Palette reflektierender und strukturierter Glassorten, halbrunde und dreieckige vorkragende Fensterpfeiler sowie akzentuierte Oberflächen aus Granit, Marmor und Kalkstein charakterisieren die Fassadengestaltung. Im Detail gliedern strukturierte Glasbänder die Fassaden horizontal und vertikal in dreizonige Flächen. Vertikale, dreieckige Fensterpfeiler haben gestaltende Wirkung, indem sie die Hauptfassaden rahmen und auf ihnen ein großes Portal oder ein Bogenmuster bilden. Die abgeschrägten, glatten, siliconverglasten Ecken durchschneiden diese Form mit einem horizontalen Element. Eingeschossige Bänder aus strukturiertem Glas am Fuß und oberen Abschluß des Turmes stellen Anfang und Ende dieser gegliederten Bewegungen der Fassade dar.

Dunkelgrüner Granit und Marmor mit heller Kalksteinverkleidung an der Ladenzeile, den Haupteingängen und dem Vorplatz dienen dazu, das ›Glasimage‹ des Gebäudes zu modifizieren. An diesen Brennpunkten soll so eine höhere Materialqualität eingeführt und die Verbindung zu den gemauerten Bauten der Umgebung hergestellt werden.

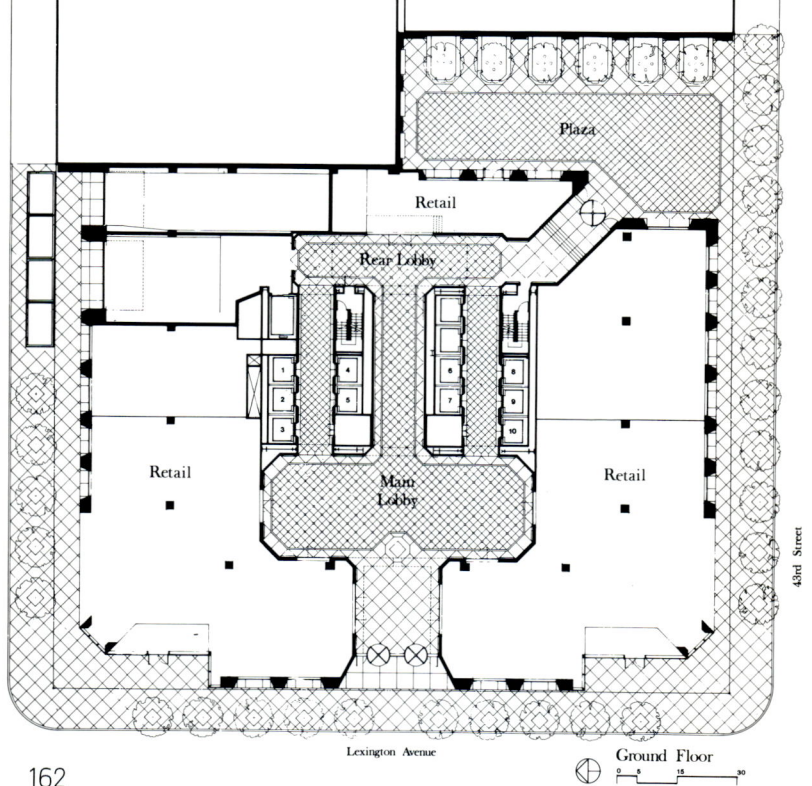

R. M. Kliment & Frances Halsband

COMPUTER SCIENCE BUILDING   [60]

Columbia University, New York, NY, 1981–1983
Design Team: R. M. Kliment, Frances Halsband, Jack Esterson, Alejandro Diez, Lynn Hewitt, Leo Blackman, Elaine Felhandler, Terrance Goode, Charles Rudolf, Mark Wright

In dem Gebäude ist das innerhalb der School of Engineering neu eingerichtete Department of Computer Sciences untergebracht. Zu den Einrichtungen dieser Abteilung zählen Verwaltungsbüros, Büros für Lehrende und graduierte Studenten, ein Aufenthaltsraum, ein Konferenzraum, Computerlabors, ein Raum für das Computerterminal sowie ein Maschinenraum. Darüber hinaus sind ein neuer Eingang und ein neuer Aufenthaltsraum für die Studenten der gesamten School of Engineering Bestandteil dieses Projekts.

Das Baugelände befindet sich in der Nordostecke der 1894 von McKim, Mead and White geplanten Campusanlage der Columbia University. Das Gebäude wird über dem viergeschossigen Podium der im Jahre 1960 erbauten Engineering Terrace sowie im Anschluß an die Südseite der Mudd School of Engineering errichtet, beide von Voorhees, Walker, Smith, Smith and Haines; in nördlicher Richtung befinden sich das Schermerhorn Building aus dem Jahre 1897 sowie die 1926 entstandene Schermerhorn Extension, beide von McKim, Mead and White; schließlich liegt das Gebäude unterhalb des im Jahre 1977 errichteten Fairchild Center for the Life Sciences von Mitchell/Giurgola (siehe S. 180).

Der Bau ordnet die disparaten Elemente des Umfeldes zu einem zusammenhängenden Ganzen und wird selbst wiederum von seiner Umgebung ergänzt. Die Materialien und Hauptproportionen wurden von den benachbarten Gebäuden übernommen: Kalkstein, Granit und Backstein. Die ausgearbeiteten Hauptfassaden im Osten, Westen sowie im Innenhof bestehen aus Kalkstein mit Pilastern aus poliertem Granit, die den strukturellen Rhythmus angeben, sowie Blausteinfeldern, die Fenster oder Öffnungen vortäuschen, um die Mauer nicht monoton erscheinen zu lassen. Die schlichten Mauern in den Rücksprüngen des Innenhofs und im Wirtschaftshof bestehen aus Backstein.

Das Gebäude umfaßt 3500 qm, von denen 1700 qm renovierte Räume sind, die vorwiegend für Computerlabors und für mechanische Geräte genutzt werden. Sein konstruktiver Kern ist ein mit Stein und Backstein verkleidetes Stahlgerüst, die Fensterrahmen bestehen aus eloxiertem Aluminium.

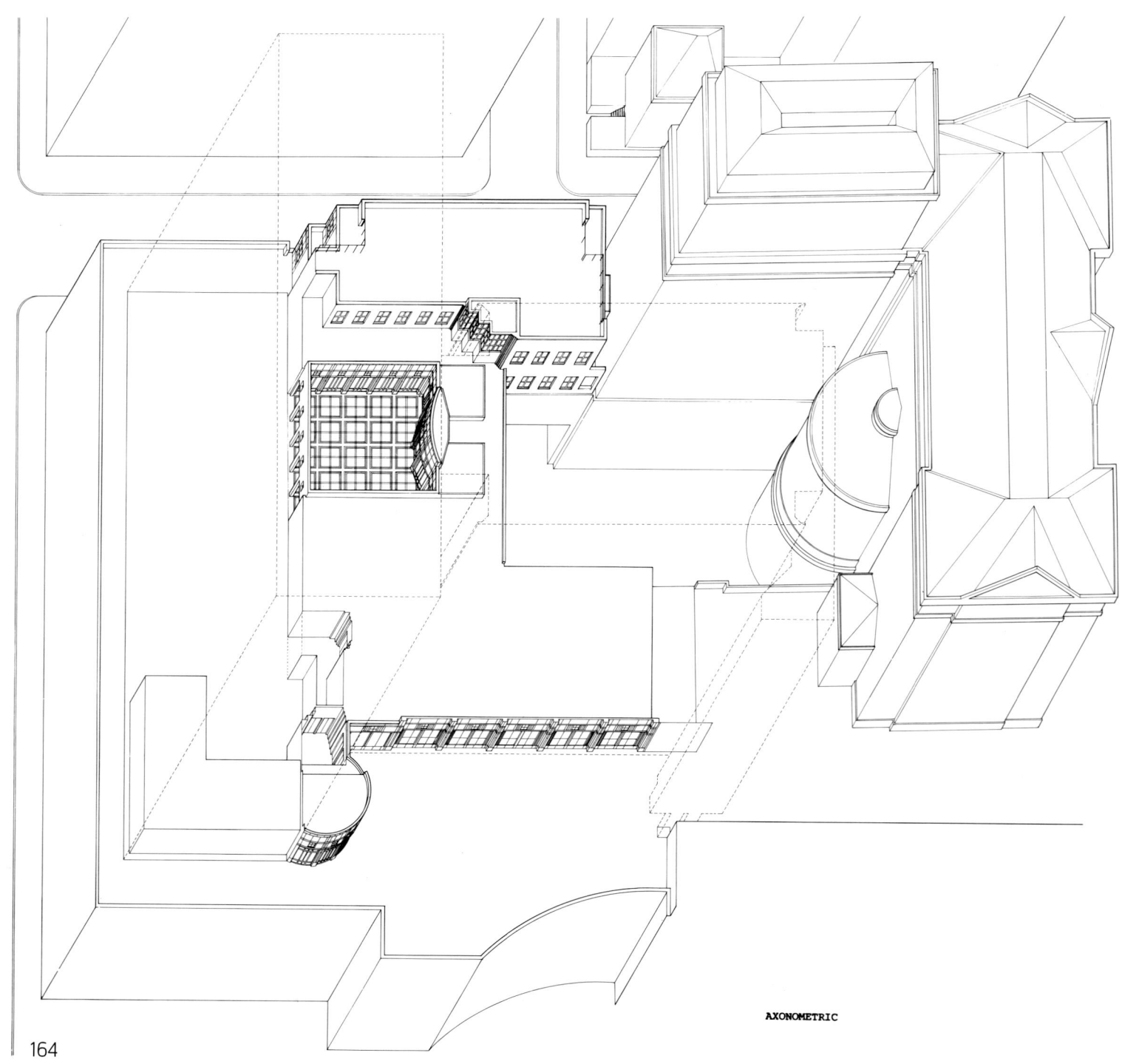

AXONOMETRIC

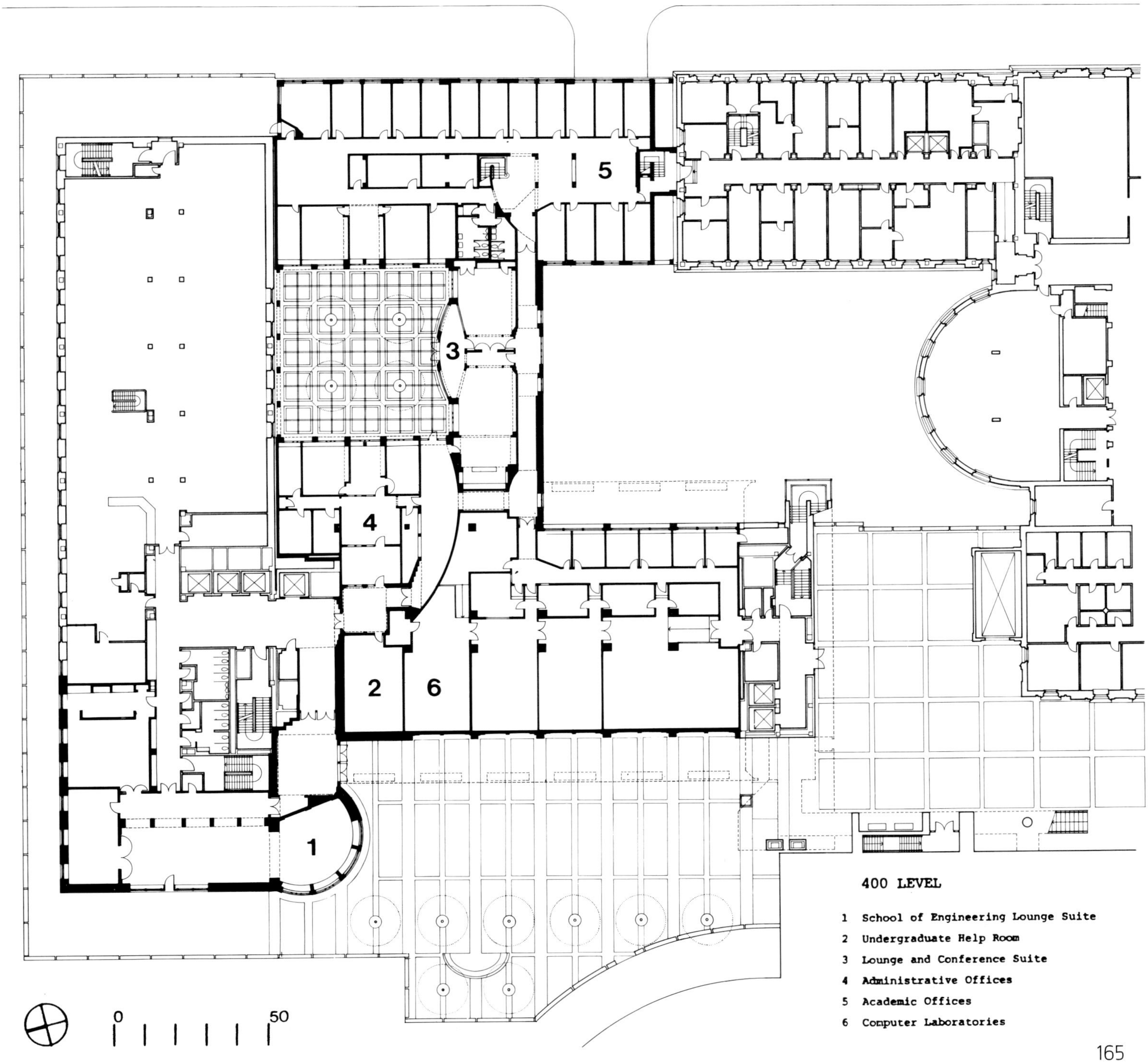

400 LEVEL

1 School of Engineering Lounge Suite

2 Undergraduate Help Room

3 Lounge and Conference Suite

4 Administrative Offices

5 Academic Offices

6 Computer Laboratories

0   50

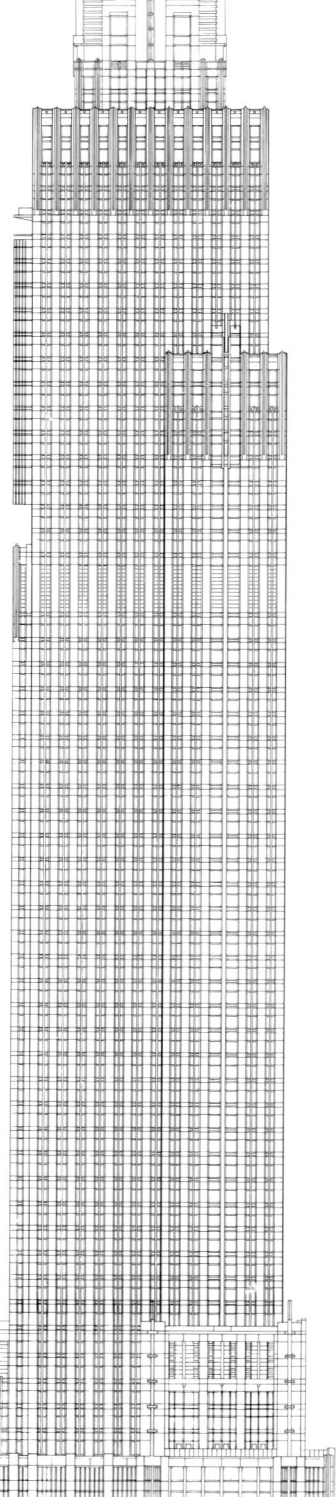

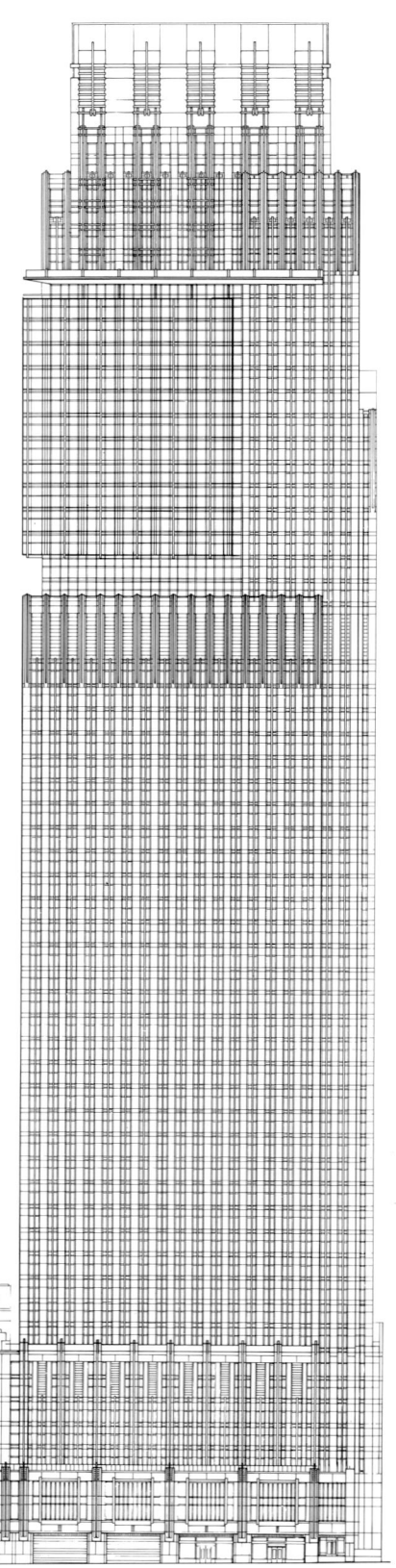

166

EAST ELEVATION

49TH STREET (WEST) ELEVATION

Kohn Pedersen Fox Associates

ROCKEFELLER PLAZA WEST [36]

Seventh Avenue, New York, NY
Projekt, 1988

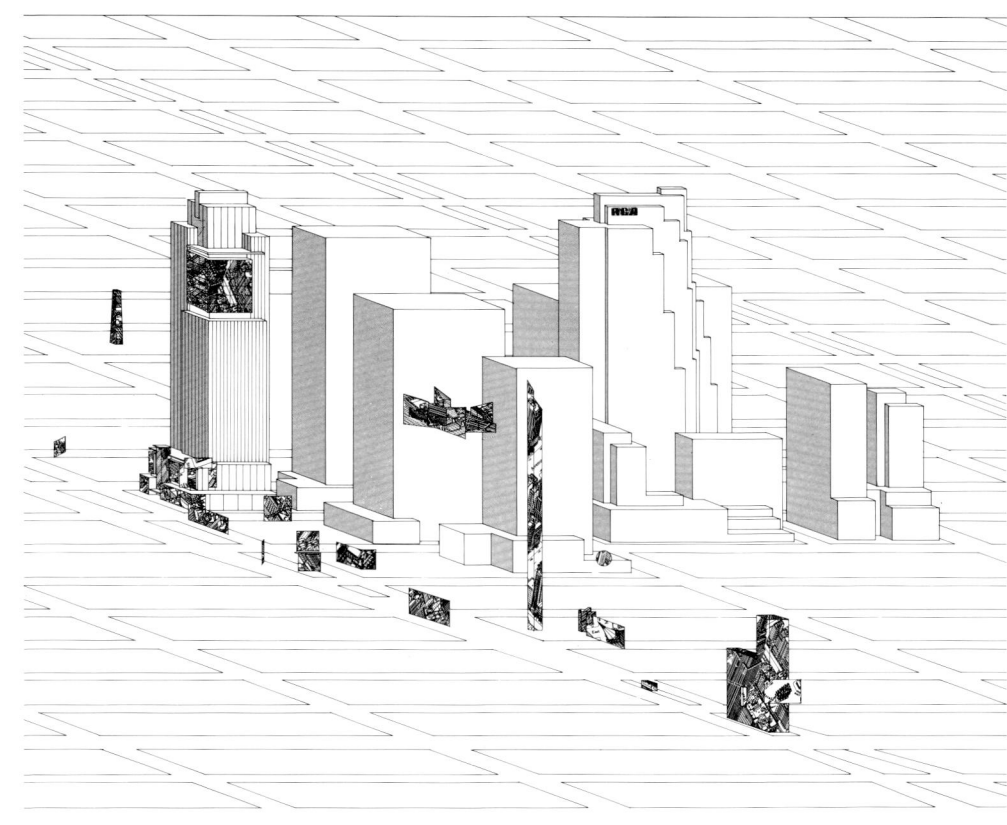

Die Leitung des Rockefeller Center plant den Bau eines neuen Komplexes auf einem Grundstück an der Seventh Avenue, zwischen der 49. und 50. Straße, neben der Exxon Plaza, der den Abschluß des Centers bilden wird. Das Gebäude, in dem Büros und ein technisches Ausbildungszentrum für darstellende Künste Platz finden sollen, wird mit dem Untergrundbahnnetz verbunden sein.

Die kontrastierenden Vorbilder der Moderne, Rockefeller Center und Times Square, bilden das Umfeld für das Projekt und beeinflussen seinen Entwurf. Die von diesen Stadtphantasien gebotenen Lehrbeispiele gestatteten die Auffassung des Gebäudes als Assemblage, deren Bestandteile die verschiedenartigen vom Grundstück gegebenen Voraussetzungen lösen, während die Gesamtheit gleichermaßen monumental wie dynamisch wirkt und die Vitalität der modernen Stadt verkörpert.

Das Gebäude setzt sich aus vier Hauptelementen zusammen. Der zentrale Kern fixiert den Bau auf dem Gelände und definiert ihn innerhalb der Skyline, indem er zusammen mit dem RCA Building für das Exxon Building die Funktion einer ›Bücherstütze‹ übernimmt. Um diesen Kern sind verschieden große Baukörper gruppiert, die ebenso unterschiedlich auf die jeweilige Umgebung reagieren. Die Vielfalt der von diesen Elementen beschriebenen Maßstäbe sowie ihre unregelmäßige Komposition gestatten es dem Gebäude, sich in die bestehende Stadtlandschaft einzugliedern. Der Bau ist mit Kalkstein und durchsichtigem Glas verkleidet, wobei auf der Steinoberfläche angebrachte Edelstahlornamente die Rücksprünge markieren und im Sonnenlicht schimmern.

Ein nach Westen verschobenes, zweischaliges Podium definiert die Fluchtlinie entlang der Seventh Avenue. Diese Oberfläche ist als elektronische Zeichentafel konzipiert; der Gebäudeeingang wird von einem Lichtturm markiert. Auf der im Osten gelegenen Plaza entsteht eine unregelmäßige Konfiguration, die den Bedingungen des Geländes entspricht und den Haupteingang des Gebäudes bildet.

Ein Teil des dem Times Square zugewandten Gebäudetrakts wurde in ein zeichenhaftes Objekt aus Glas und Metall verwandelt, das bei Nacht gesondert angestrahlt wird und über den Square schwebt, zu dessen Definition es beiträgt.

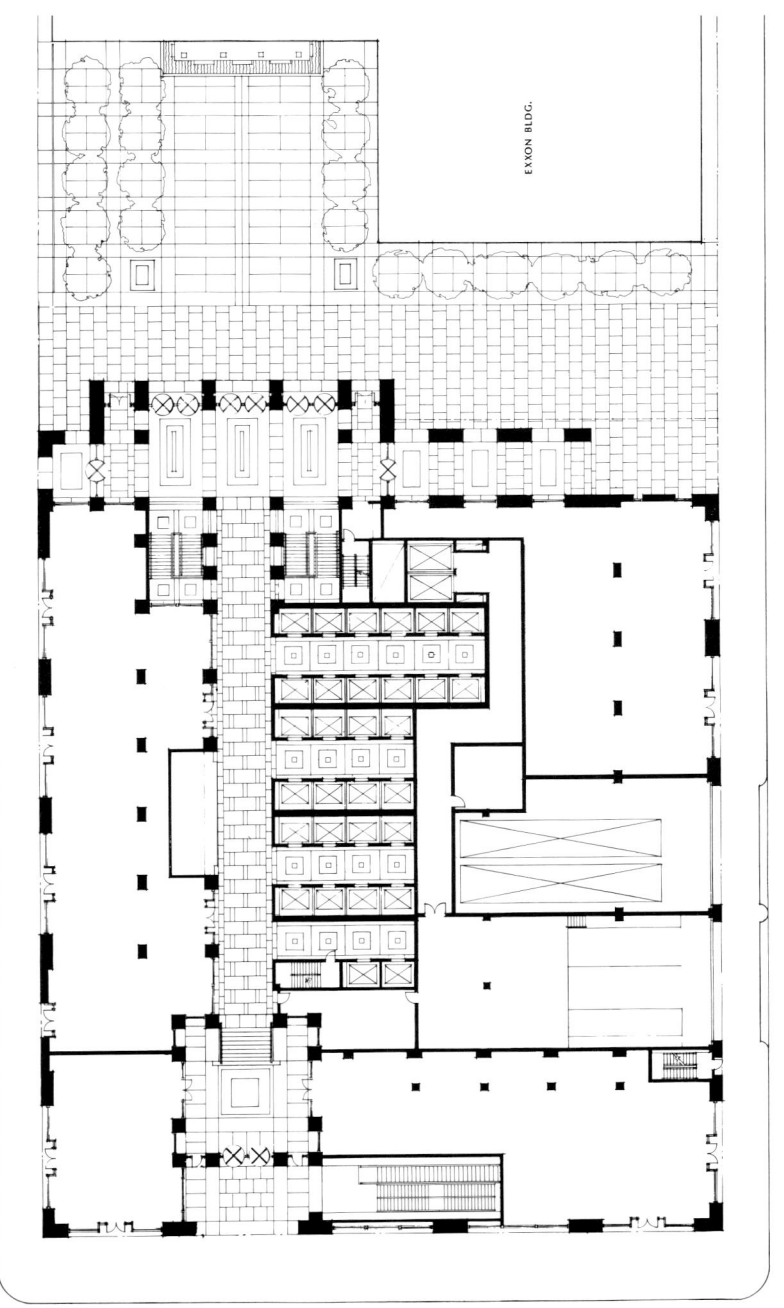

Kohn Pedersen Fox Associates

HERON TOWER [46]
70 East 55th Street, New York, NY, 1987

Bei dem Projekt 70 East 55th Street handelt es sich um ein Bürogebäude an einer zwischen Park und Madison Avenue gelegenen Seitenstraße in Manhattan. Der Bau ist vergleichsweise klein; er umfaßt 26 Geschosse mit nur jeweils 465 qm Fläche.

70 East 55th Street ist ein deutliches Beispiel dafür, welche Aufmerksamkeit den Fragen der ›Streetwall‹, und hier besonders der Schaffung eines menschlichen Maßstabs auf Straßenniveau und der Gestaltung eines außenliegenden öffentlichen Raumes, eines ›Straßenzimmers‹ an der Gebäudefront, geschenkt wird. Die Lösung besteht hier darin, dem Gebäude eine aus jeder Blickrichtung klar erkennbare Gliederung in Basis, Mittelteil und Spitze zu verleihen. Wenn man sich dem Gebäude entlang der 55. Straße nähert, erscheinen die ersten sieben Geschosse, die die eigentliche ›Streetwall‹ bilden und sich bis zu einem Rücksprung auf einer Höhe von 24 m über dem Straßenniveau erheben, schon als vollständige Komposition von Basis, Mitte und Spitze. Dies wiederum bildet die Basis für die nächste Ansicht des Gebäudes, so daß der Bau vom Erdgeschoß bis zum 21. Stockwerk erneut in die drei Elemente gegliedert ist. Schließlich ist die gesamte Fassade dreigeteilt, wobei die ersten sieben Geschosse als Basis, die folgenden vierzehn als Mitte oder Schaft und die obersten fünf Geschosse mit der zweitürmigen Bekrönung als Spitze erscheinen.

70 East 55th Street grenzt wie die benachbarten älteren Gebäude direkt an den Bürgersteig, wodurch eine fortlaufende Fluchtlinie entsteht. Eingang und Lobby nutzen den von dem Platz vor dem neuen, im Norden gegenüberliegenden Gebäude zur Verfügung gestellten Straßenraum. Die

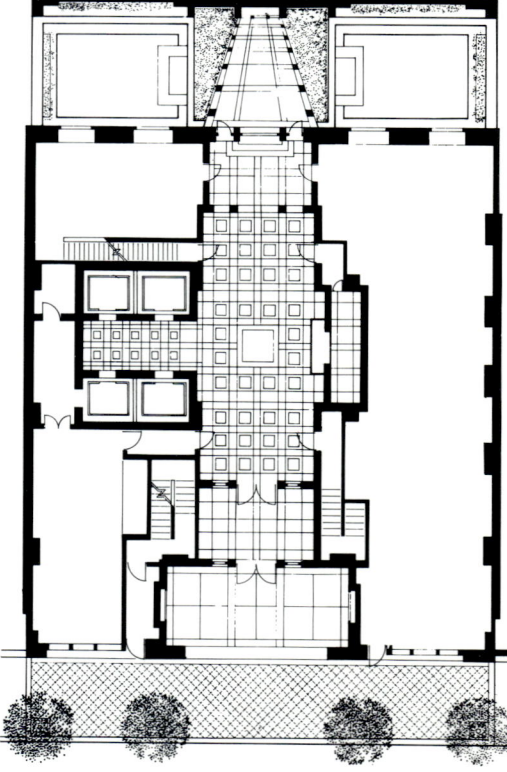

GROUND FLOOR

Lobby besteht aus grauem, schwarzem und rosafarbenem Marmor mit Edelstahlprofilierungen. Um auf beschränktem Raum den Eindruck der Weitläufigkeit zu erzeugen, macht sich der Garten hinter der Lobby das uralte Prinzip der Theaterperspektive zunutze.

Bei der Fassadengestaltung wurden anstelle der zweidimensionalen ›Haut‹, von der die meisten modernen Bauten überzogen sind, um den Eindruck von Tiefe zu erzeugen, verschiedene Schattierungen von dunklem und hellgrauem Granit kombiniert; hellgrauer Granit umzieht die Ecken zu den Seitenfassaden hin, die sich durch Backsteinverkleidungen abheben (bei den Seitenmauern handelt es sich um Brandmauern). Andere Elemente, wie die beleuchteten Kugeln und die lackierten Edelstahlpaneele an den Rücksprüngen am siebten und einundzwanzigsten Geschoß, sorgen für tatsächliche Tiefe. Der bedeutendste Faktor bei der Erzeugung von Tiefe jedoch ist vielleicht das von Kohn Pedersen Fox Associates bei mehreren früheren Bauten entwickelte dreizonige Fenster. Dabei liegen die beiden Seitenpaneele hinter dem Fensterpfosten, während die mittlere Scheibe mit dem Stein bündig abschließt. Der Effekt ist der einer stärkeren, teureren Fassade, die den Rhythmus und die Struktur der älteren Nachbarbauten wieder aufnimmt.

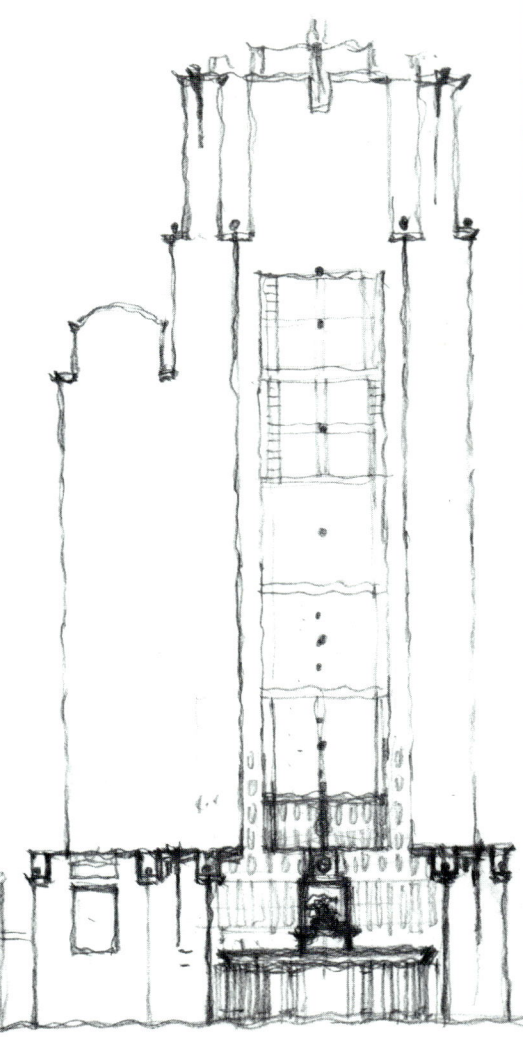

Kohn Pedersen Fox Associates

135 EAST 57th STREET [48]

135 East 57th Street, New York, NY, 1987

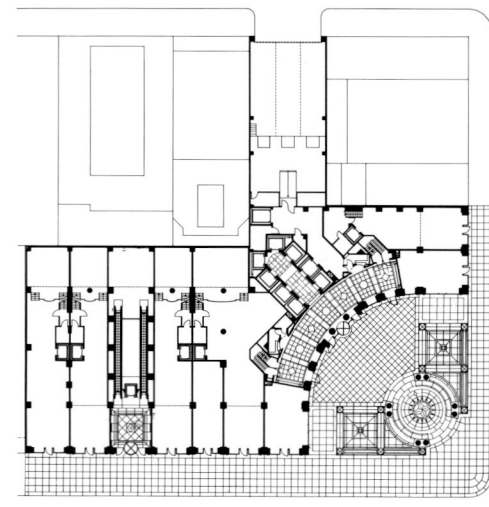

Das Gebäude steht an der Kreuzung von zwei Straßen sehr unterschiedlichen Charakters, der 57th Street und der Lexington Avenue. Dieser Zwitterzustand wird noch dadurch verstärkt, daß die Grenze zwischen zwei Bezirken mit unterschiedlichen Bebauungsvorschriften in der Mitte des Grundstücks verläuft. Für den Eckbezirk ist ein Platz verbindlich vorgeschrieben; die Flucht entlang der 57th Street muß die ›Streetwall‹ aufrechterhalten. Der Bau ist also in kompositorischer Hinsicht in zwei grundverschiedene Baumassen gegliedert, die jeweils den entsprechenden Bauvorschriften genügen.

Durch die Teilung wird zweierlei erreicht: zum einen entsteht ein den Größenverhältnissen der 57th Street entsprechender schlanker Turm, zum anderen erhalten die beiden programmatischen Hauptkomponenten des Gebäudes separate Eingänge, einen für das Bürohochhaus von dem Vorplatz aus und einen für den Ladenkomplex an der

57th Street. Der Bauabschnitt an der 57th Street, einer der bedeutendsten Geschäftsstraßen New Yorks, umfaßt 28 Stockwerke. Der sechsgeschossige Sockel des Gebäudes paßt sich im Entwurf den die 57th Street säumenden Brownstone-Häusern an. Die im Erdgeschoß liegenden Läden verfügen über separate Eingänge und fungieren als eigenständige Einheiten. Die Sockelmauern sind stark rustiziert, um der Fassade einen Ausdruck von Solidität und Stärke zu verleihen. Jeder Ladeneingang ist von einer mit Bronze und Edelstahl reich profilierten Zone umgeben.

Der Eingang in der Mitte der Fassade an der 57th Street führt zu einem dreigeschossigen Ladenkomplex, einem wichtigen Bestandteil dieses Projektes. In diesem Bereich konzentriert sich der internationale Antiquitätenhandel in New York. Kleine Läden gruppieren sich um zwei Haupträume auf den beiden offenen Verkehrsebenen des Projekts. Zu den Baumaterialien zählen Marmorstützen, Stein- und Teakholzböden, Putzdecken und verglaste Ladenfronten. Ein Ausstellungsraum, ein Vortragssaal, eine Buchhandlung sowie Restauratorenwerkstätten tragen dazu bei, den Komplex mehr einem Museum als einem herkömmlichen Einkaufszentrum ähneln zu lassen.

Der Teil des Gebäudes, der den viertelkreisförmigen Vorplatz an der Ecke umgrenzt, erhebt sich zu einer Höhe von 31 Geschossen. Ein 9 m hoher Tempietto am Vorplatz markiert die Straßenflucht.

Die Lobby des Bürohochhauses, die man von dem Platz aus betritt, orientiert sich in etwa am Vorbild der Villa Giulia in Rom; der zweigeschossige Raum ist in einer reichen Vielfalt von Materialien, darunter grüner Porphyr, Tournai-Marmor, grauer Granit, Edelstahl und Bronze, ausgestaltet.

Dem Erscheinungsbild des Gebäudes bei Nacht wurden sorgfältige Überlegungen gewidmet. Die zahlreichen Rücksprünge sowie die hellgraue Granitfassade werden den Bau bei nächtlicher Beleuchtung ebenso dramatisch wie am Tag erscheinen lassen.

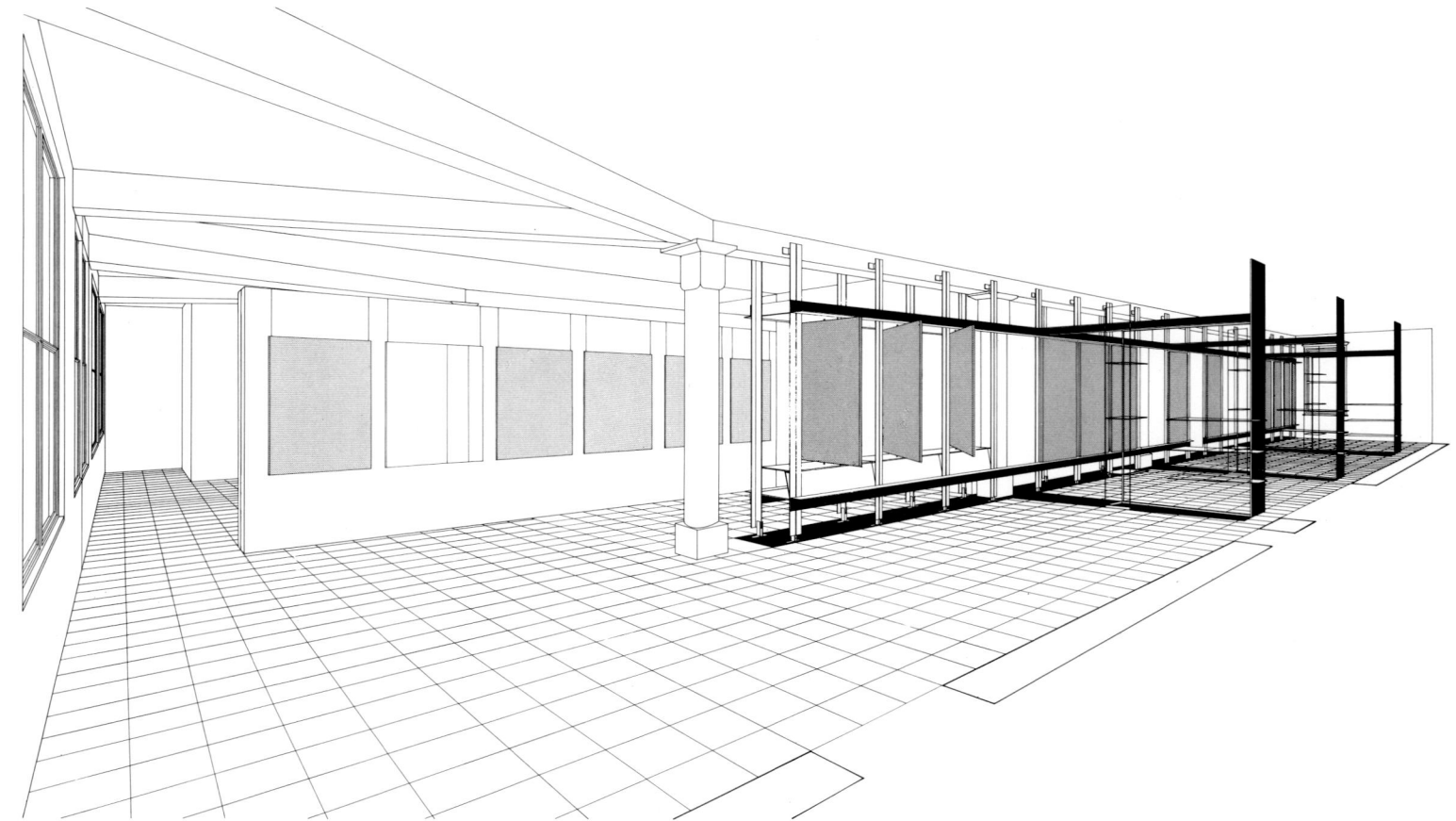

Kolatan/Mac Donald Studio

THE ›M‹ LOFT

Chelsea, New York, NY, 1988

Die Loftwohnung wurde für eine dreiköpfige Familie als Wohn-, Arbeits- und darüber hinaus als Ausstellungsfläche für ihre umfangreiche Kunstsammlung konzipiert. Ein wichtiger Gesichtspunkt des Entwurfs bestand darin, daß er eine flexible Umfunktionierung der Räume gestatten mußte.

Die Sammlung der Familie umfaßt abstrakte Malerei, surrealistische Fotografie und indianische Töpferarbeiten, deren geistiges Zusammenspiel in der Gestaltung des Raumes Widerhall finden sollte. Der Entwurf des Loft stellt den Versuch dar, die Grenzen der Realität herauszufordern. Eine Aluminiumwand, die fast die gesamte Länge des Raumes durchzieht, ist auf den ersten Blick als der erwartete Raumteiler identifizierbar; auf den zweiten Blick dient sie einem anderen, eher pragmatischen Zweck: sie verdeckt Stauraum. Schließlich bietet sie, durch ihre Funktion als Ausstellungshintergrund für surrealistische Fotografien, Einblicke in eine – sehr persönliche – unbewußte Welt jenseits der Bilderrahmen.

Die besondere Verwendung von Spiegeln und Glas suggeriert eine Vieldeutigkeit zwischen Transparenz und Reflexion. An der Wand befindet sich ein großformatiger Spiegel, scheinbar zwischen dem (tatsächlichen und möglichen) Raum, der Transparenz impliziert und eine zweite, im rechten Winkel zur tatsächlichen Raumrichtung stehende Achse erzeugt. Im Raum plazierte Glasflächen schaffen Rahmen innerhalb von Rahmen, die eine falsche Perspektive implizieren, ähnlich der, die in einander gegenüberliegenden Spiegeln

entsteht. An Stahldrähten aufgehängte Glasborde scheinen im Raum zu schweben und sich über die Schwerkraft hinwegzusetzen.

Der vorhandene Raum, der Boden, die Wände, Deckenstützen und Balken werden als ›objet trouvé‹ behandelt, die von den wesentlichen Elementen des neuen Entwurfs überlagert werden. Obgleich das Wechselspiel beider Ebenen ihr jeweiliges Verständnis umformt und an eine räumliche Collage denken läßt, ist es dennoch von jedem beliebigen Punkt im Raum aus möglich, beide Ebenen jeweils vollständig wahrzunehmen.

Die Elemente des neuen Designs sind durch Schrauben verbunden. Aluminiumwand und Glasborde können in ihre Bestandteile zerlegt und an einem anderen Ort, neuen Bedürfnissen entsprechend, wieder zusammengesetzt werden.

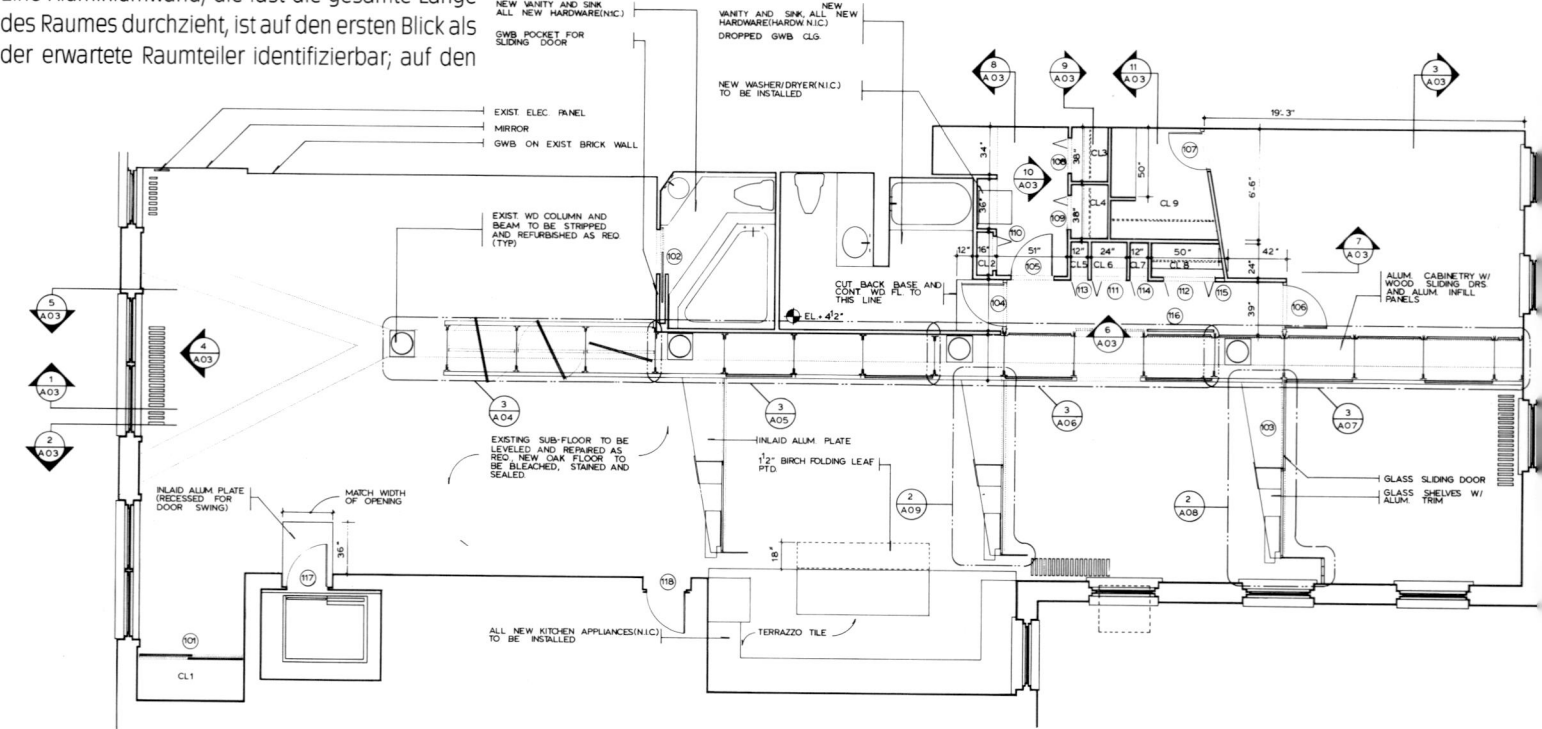

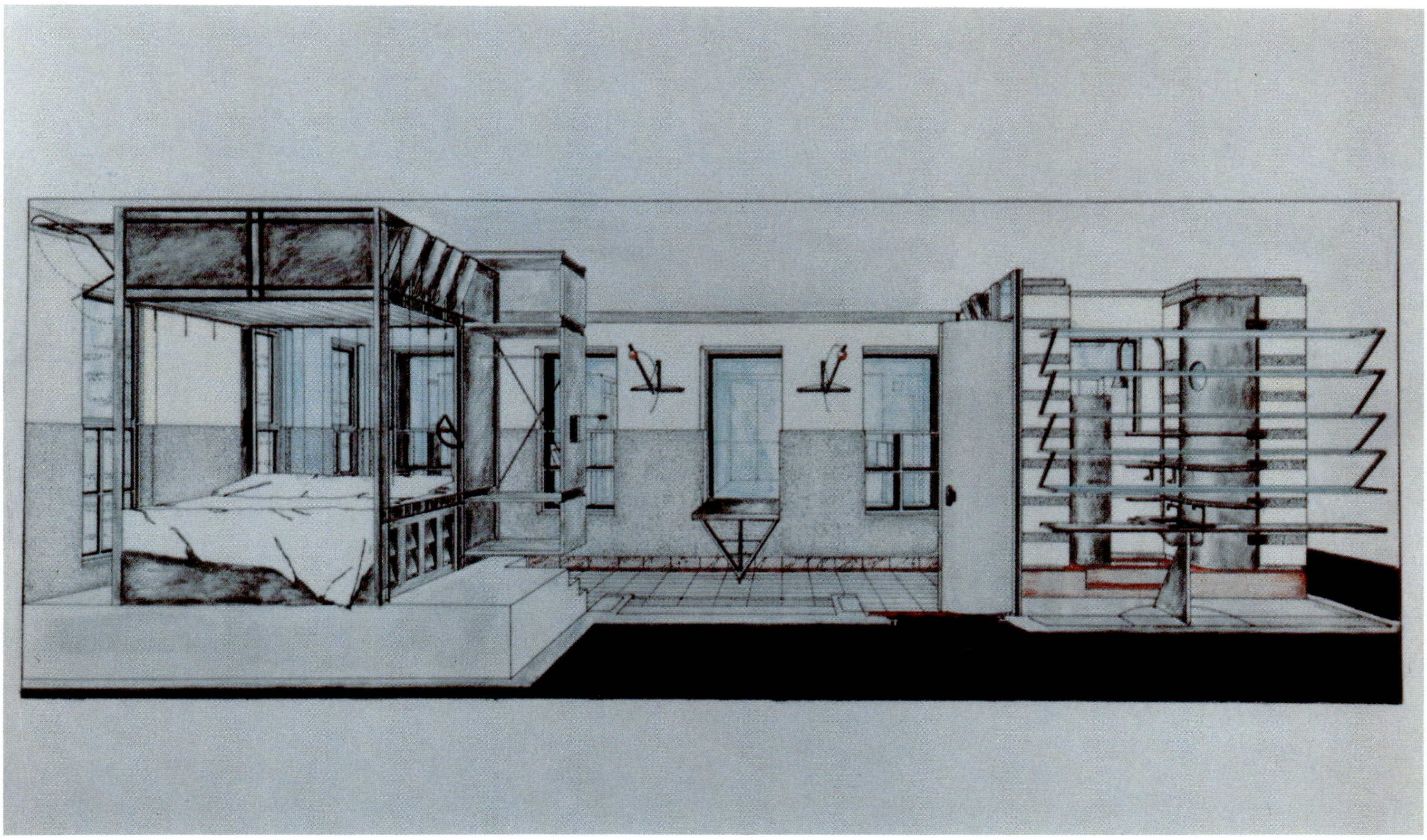

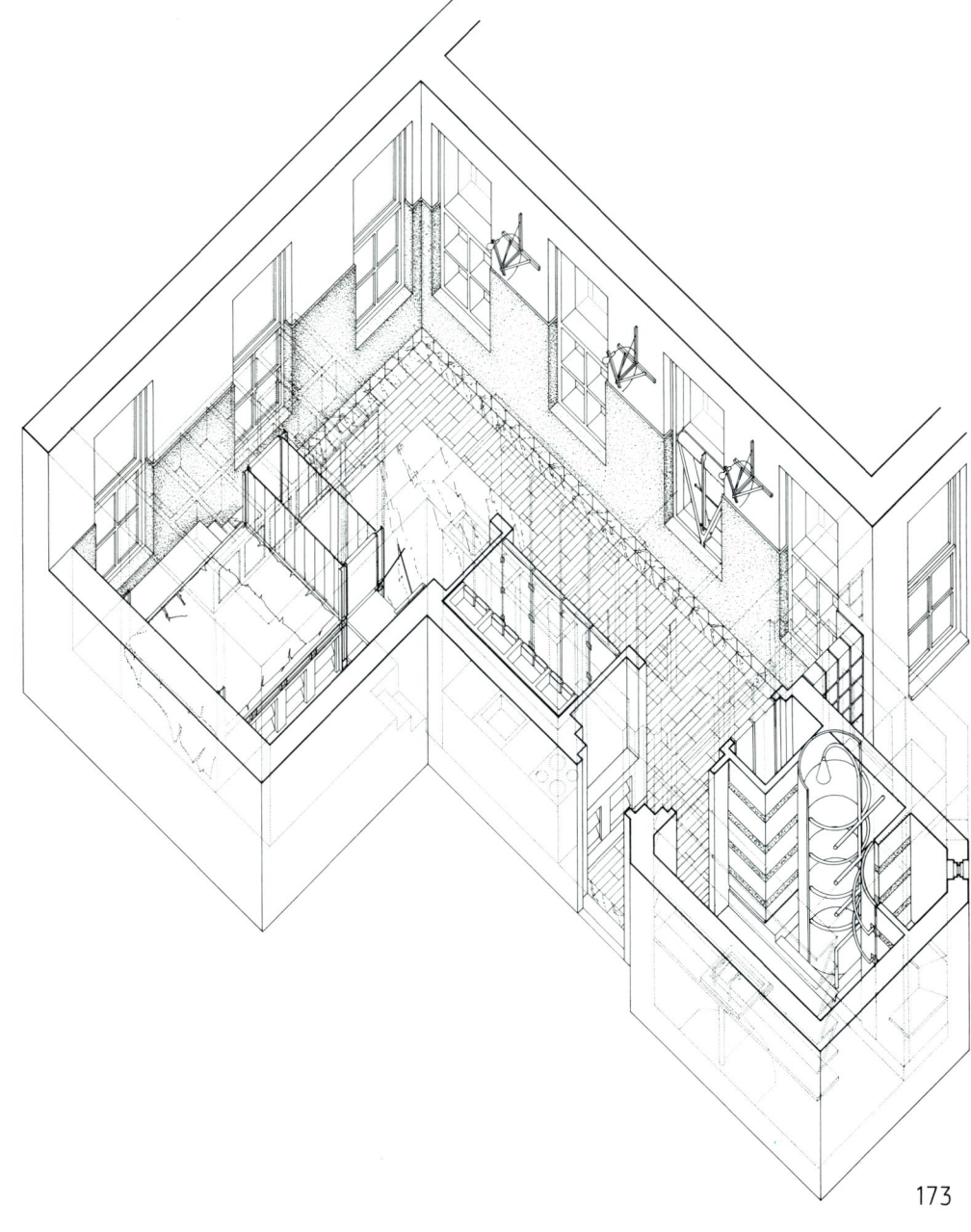

Kolatan/Mac Donald Studio

WOHNUNG FÜR EINEN SCHAUSPIELER/TÄNZER

Soho, New York, NY, Projekt, 1988

Die Wohnung für einen Schauspieler wurde im Hinblick auf die Bedürfnisse und den Lebensstil eines Großstadtbewohners entworfen und soll auf die sich verändernden kulturellen Ansprüche/Wünsche und den ständig zunehmenden Bedarf an persönlichem Raum antworten. Die Faktoren Raum, Zeit und Bewegung spielen daher eine Rolle für das Konzept.

Unser Vorschlag konzentriert sich auf die Möglichkeit, allgemeinen Raum für mehr als eine spezifische Funktion zu nutzen. Den Mittelpunkt des Projekts stellt der 3,6 × 7,3 m große zentrale Raum dar, der, analog zu einer Bühne, als Ort aufgefaßt ist, der von verschiedenen ›Ausstattungen‹ oder Möbeln zu verschiedenen Zeiten in der täglichen Routine besetzt wird, wobei jeder Wechsel die jeweilige spezifische Funktion des Raumes angibt. Die Möbel treten, wenn sie nicht gebraucht werden, in Wände oder Podeste zurück oder werden einfach zu einem anderen Zweck umfunktioniert. In diesem Raum wird gekocht, gegessen und gearbeitet; man kann sich hier jedoch auch entspannen und unterhalten.

Die beiden Hauptbestandteile des Raums, ›Fensterwand‹ und ›Spiegelwand‹, vergrößern ihn optisch und metaphorisch, indem sie eine Verbindung zum Außenraum, der Stadt, darstellen und auf eine andere Welt jenseits der Spiegel verweisen. Die von den Spiegeln eingeführte Vieldeutigkeit operiert darüber hinaus auf einer anderen Ebene: in der Wohnung fallen die tatsächliche und mögliche Welt, die gemeinsam die Existenz des Schauspielers/Tänzers bestimmen, zusammen.

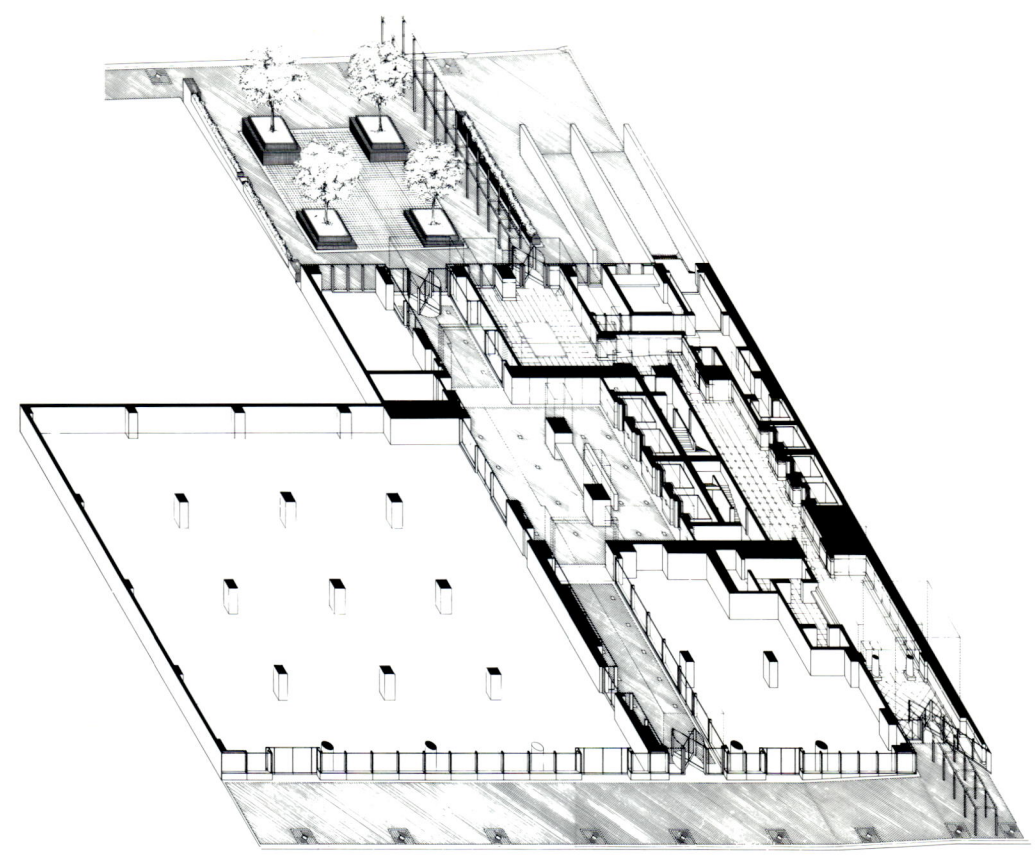

Lobby Axonometric

Harry Macklowe

METROPOLITAN TOWER [29]

140 West 57th Street, New York, NY, 1987
Design Team: Peter Claman/Schuman, Lichtenstein, Claman & Efron, Harry Macklowe, William Derman, Sheldon Werdiger

Die Bedingungen des durchgehenden Grundstücks machten es erforderlich, den Wohnturm über einer dominierenden kommerziellen Basis zu errichten. Das Ergebnis ist ein ungewöhnlicher, 218 m hoher dreieckiger Turm mit Ausrichtung nach Nordosten, der einige von New Yorks spektakulärsten Ausblicken bietet.

Eingehüllt in eine kostbare, glatte, monolithische Glashaut, sticht der Baukörper speerartig in den Himmel hinein.

Der Gegensatz zwischen dem aggressiv auf die Straßenachse gestellten Baukörper und seiner ruhigen Fassade, in der sich Himmel, Wolken und Großstadtlichter spiegeln, unterstreicht das Spannungsmoment des Baus.

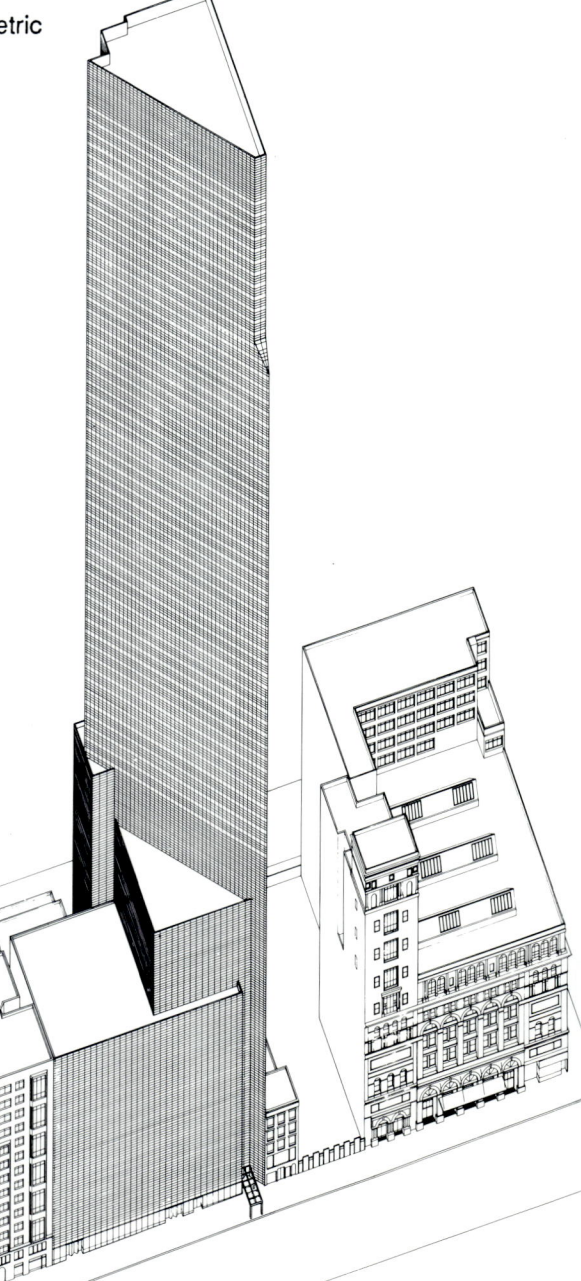

Site Axonometric

174

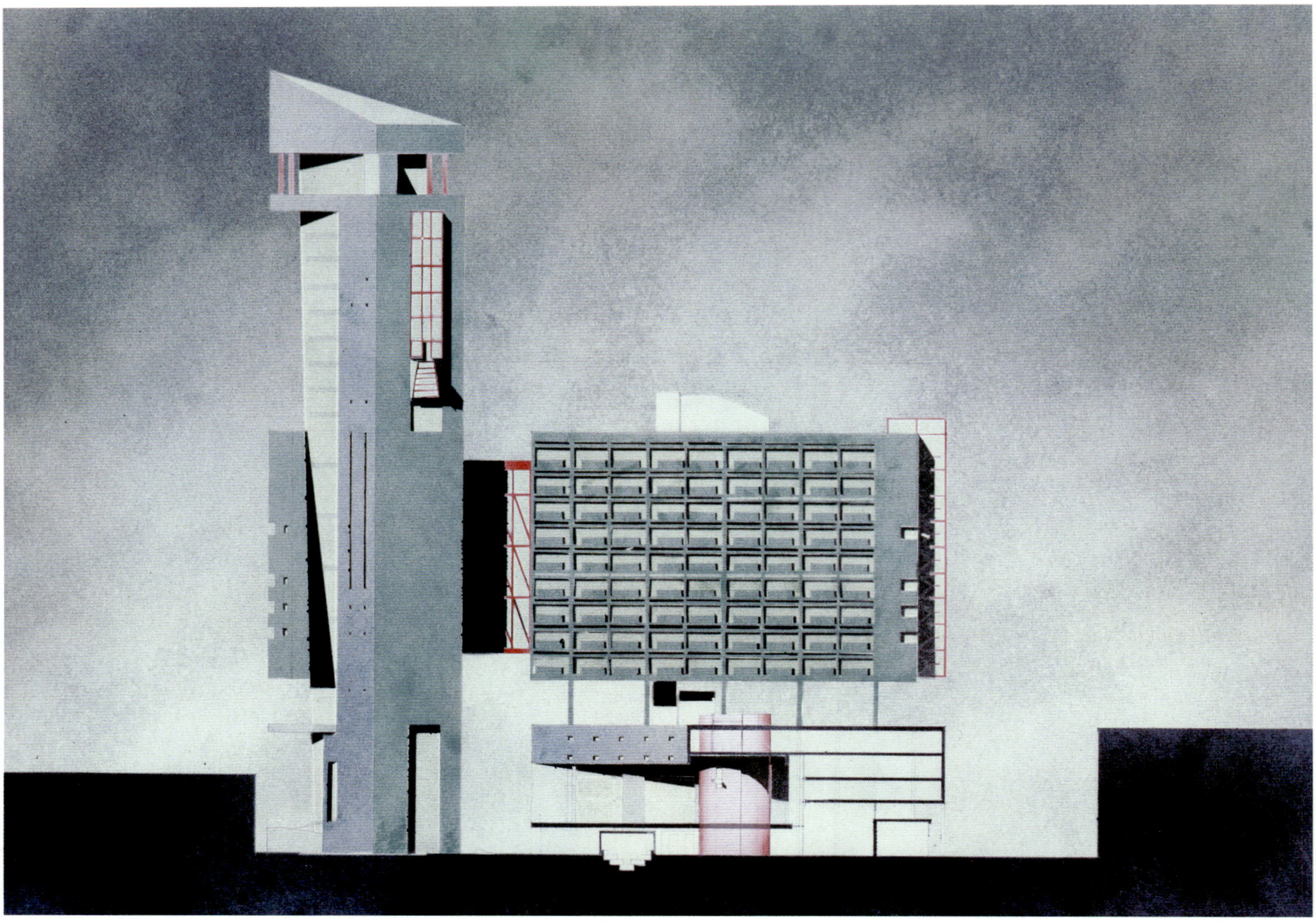

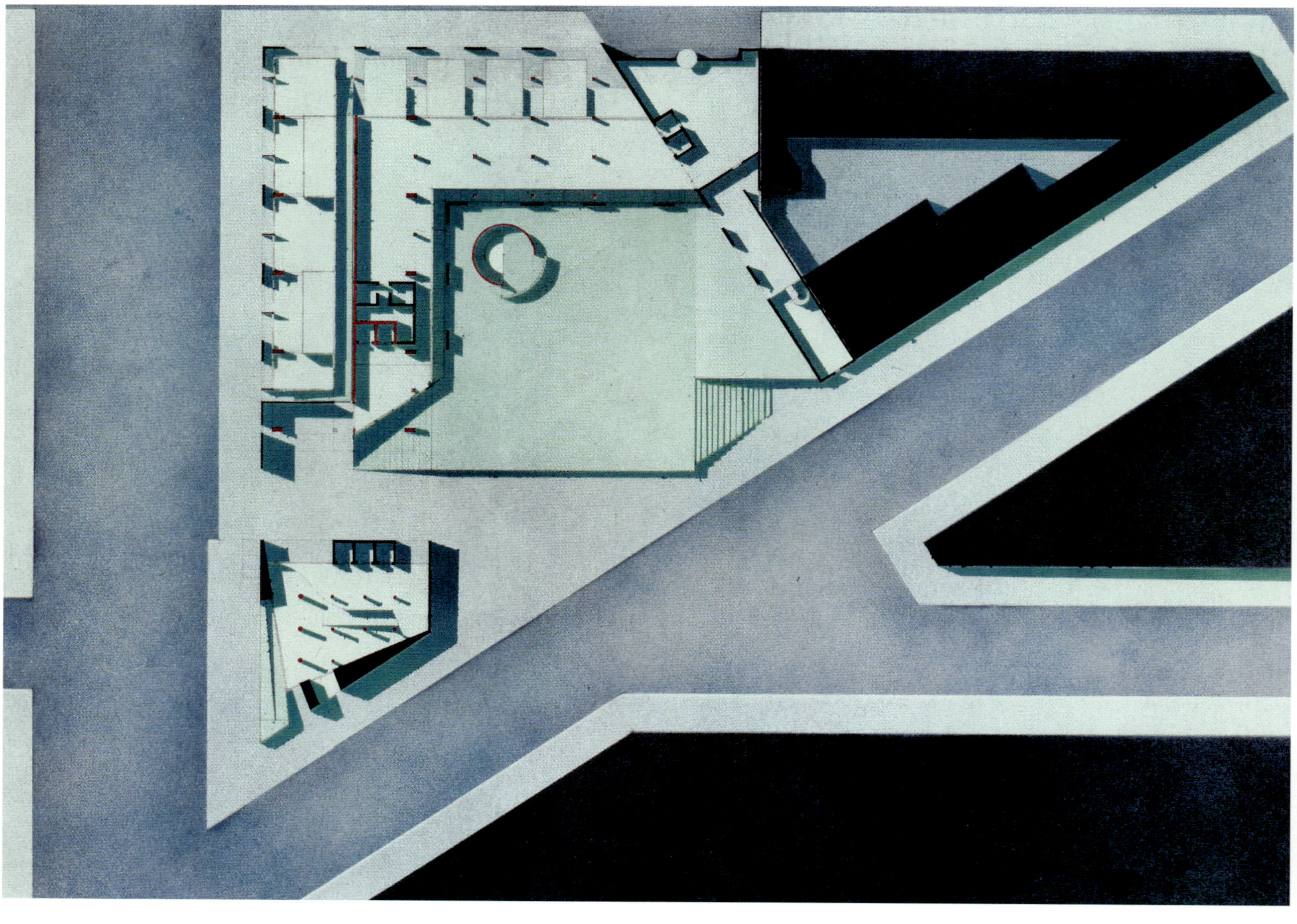

Masque

STUYVESANT PLAZA [11]

Stuyvesant Street/Third Avenue/Tenth Street,
New York, NY, Projekt, 1985
Design Team: Douglas Frederick, Ann Cederna

Dieses Projekt mit Mischnutzung beinhaltet Läden
und Verwaltungsbüros in der Basis, Studiowoh-
nungen und einen Dachgarten. Der Turm ist mittels eines fünfgeschossigen Eingangsbereichs mit
Foyer und Restaurants unterhalb des Straßenniveaus mit der Untergrundbahn verbunden.

Die grundsätzliche Verteilung der Baukompo-
nenten, die sowohl normative wie diagonale Geometrien respektieren, wird aus dem Grundriß verständlich. An der Südspitze des Dreiecks erzwingt
der Turm die Umleitung des Verkehrs in der Absicht, das diagonal aufeinandertreffende Raster
anzuzeigen. Das Gebäude grenzt an die normative Fluchtlinie des Rasters, während es im Inneren
Raum schafft für die diagonale Grenzsituation.

Nach unserem Verständnis repräsentiert das
gradlinige Raster das Gewebe, während das de-
formierte Raster Akzente setzt. Unsere Vorgehensweise, das Gewebe zu stützen und der Gegenkon-
dition – der Diagonalen – Geltung zu verschaffen,
wird in der Massengruppierung und im Aufriß erkennbar; Ordnung hängt von Unordnung ab,
Rhythmus ist auf Gegenrhythmus angewiesen und
das Logische kann mit dem Zufälligen zusammenwirken.

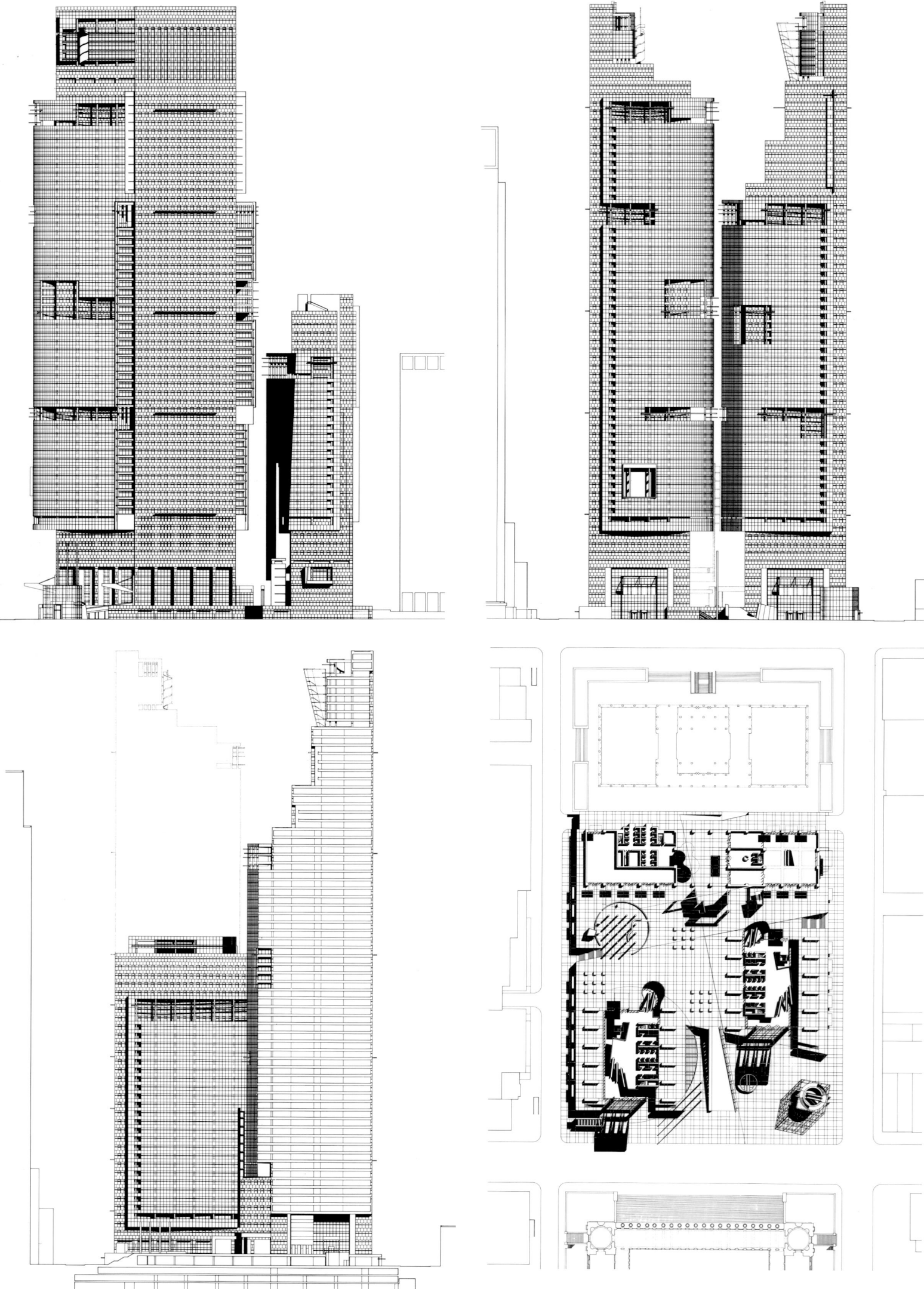

Richard Meier & Partners

MADISON SQUARE GARDEN
SITE REDEVELOPMENT [19]

Madison Square Garden, New York, NY
Wettbewerbsprojekt, 1987
Design Team: Richard Meier, Thomas Phifer

Die Vorgabe des Wettbewerbes war die Umgestaltung des jetzigen Madison Square Garden Geländes in 409 000 qm Bürofläche mit Börsensälen. Lage und Planung des Geländes berücksichtigen das gegenwärtige und zukünftige Wachstum dieses Stadtteils, das sich in östlicher Richtung, jenseits des niedrigen, einen ganzen Block umfassenden Postamtsgebäudes ausdehnen wird. Bei der Plazierung unseres Projekts spielten der Standort von One Penn Plaza, die Nähe von Two Penn Plaza und der Bewegungsfluß der Passanten unter und durch dieses Gebäude und schließlich der Rasterplan von Manhattan eine bedeutende Rolle. Wir betonen die rasterförmige Anlage der Stadt durch die Form und Anordnung der Türme am Rand des Geländes. Die Plazierung des Südturms – etwas zurückgesetzt von der 8th Avenue – verschafft sowohl diesem Bau als auch dem Nordturm und der Plaza die bevorzugte Südlage. Der Ostturm stellt durch seine Abmessungen die Beziehung zu der etwas zufällig wirkenden Niedrigbebauung der Umgebung her.

Die Anlage steht auf einer erhöhten Plattform, unter der sich die Börsensäle befinden. Dieser erhöhte Platz ist an seinem Rand von Läden und Restaurants umgeben. Mehrere Treppenanlagen und Rampen bieten von allen Seiten her Zugang zur Plattform; die Hauptzufahrtswege in östlicher und westlicher Richtung führen über eine abfallende Rampe zur 8th Avenue.

Mitchell/Giurgola Architects

SHERMAN FAIRCHILD CENTER FOR THE LIFE
SCIENCES [61]

Columbia University, New York, NY, 1977
Design Team: Romaldo Giurgola, G. Daniel Perry,
Steven Goldberg, Dart Sageser, Jan Keane, Jack
Cain

Der Entwurf des Sherman Fairchild Center sollte
den Mitarbeitern des Department of Biology der
Columbia University eine höchsten Ansprüchen
genügende Arbeitsumgebung bieten.

Das Baugelände liegt in der Nordostecke des
Campus am Ende eines Hauptfußwegs, der von
mehreren großen Bauten im georgianischen Stil
gesäumt wird. Das Center wurde über ein vorhan-
denes eingeschossiges Foyer errichtet, das wiederum über vier Geschossen mit Forschungsein-
richtungen liegt, die während der gesamten Bauarbeiten funktionsfähig bleiben mußten. Jedes
neue Geschoß mußte eine direkte Rampenverbin-
dung zu dem benachbarten Gebäude erhalten,
von dem mehrere Etagen renoviert wurden, um
Laborplätze gleichen Standards bieten zu können.

Im neuen Bau befinden sich flexible Labor-
räume und daran angeschlossene Verwaltungs-
und Konferenzräume. Eine sechsgeschossige Einheit enthält die Laboreinrichtungen, eine sieben-
geschossige Einheit die Gemeinschaftsräume.

Der kleinere Bauteil, der keine Laboratorien aufnimmt, liegt jenseits der Achse des öffentlichen
Fußwegs, wo seine Plazierung und Gestaltung einen neuen Eingangshof für den vorhandenen Bau
der technischen Wissenschaften im Norden bildet.
Die Gliederung des Außenbaus und die großflä-
chige Fenstergestaltung nimmt Bezug auf die
Folge der georgianischen Bauten, die den Fußweg
flankieren. Seminarräume und Galerien bieten
Räumlichkeiten für formelle und informelle Zu-
sammenkünfte. Die Gestaltung der Innenräume
ist, im Gegensatz zu den Laborräumen, bewußt
zurückhaltend und gedämpft. Zur Schaffung einer
ruhigen, zwangloser Interaktion förderlichen Atmosphäre wurden Teppiche, geringe Deckenhöhe
und warme Farbtöne eingesetzt.

Der größere Laborkomplex liegt auf dem abge-
legeneren Teil des Areals. Sein Maßstab mit den
rhythmischen Fensteröffnungen nimmt auf das
vorhandene Ingenieurgebäude Bezug, mit dem es
verbunden ist. Der Grundriß sollte eine optimale
Raumbeziehung zwischen den Labors und den
dazugehörigen Diensteinrichtungen schaffen. Die
sich ergebende Anordnung erforderte eine grö-

ßere Breite, als sie von den vorhandenen Stützen-
abständen des darunterliegenden Foyers vorgegeben war. Der Übergang zwischen den Labors
und der Lounge wird durch geschoßhohe Ablei-
tungsfachwerkträger erreicht, die auch dazu dienen, die neuen, größeren Geschoßhöhen unmittelbarer auf die Ebenen des alten Ingenieurbaues zu
beziehen.

Die Schreibbereiche mit eingebauten Labor-
naßfunktionen befinden sich in unmittelbarer
Nähe der Fenster des Gebäudes; gemeinsam genutzte Geräte und Verkehrsflächen liegen im zentralen Kern. Auf Modulbasis operierende mechanische Systeme verlaufen freiliegend von oberhalb dieses Kerns zu den Laboratorien. Frischluft
wird zu 100% verbraucht, um die Verbreitung der
Abluft zu verhindern. Die Schächte, in denen die
Abluftabsaugrohre verlegt sind, befinden sich an
der Außenwand des Gebäudes, um die konstruktive Last zu mildern und den Rahmen für ein dop-
pelschichtiges Außenwandsystem zu schaffen,
das aus einer Aluminiuminnenwand mit gläserner
Curtain Wall und einer außenliegenden Sonnen-
schutzwand aus mit rotem Backstein verkleideten
vorgefertigten Betonteilen besteht.

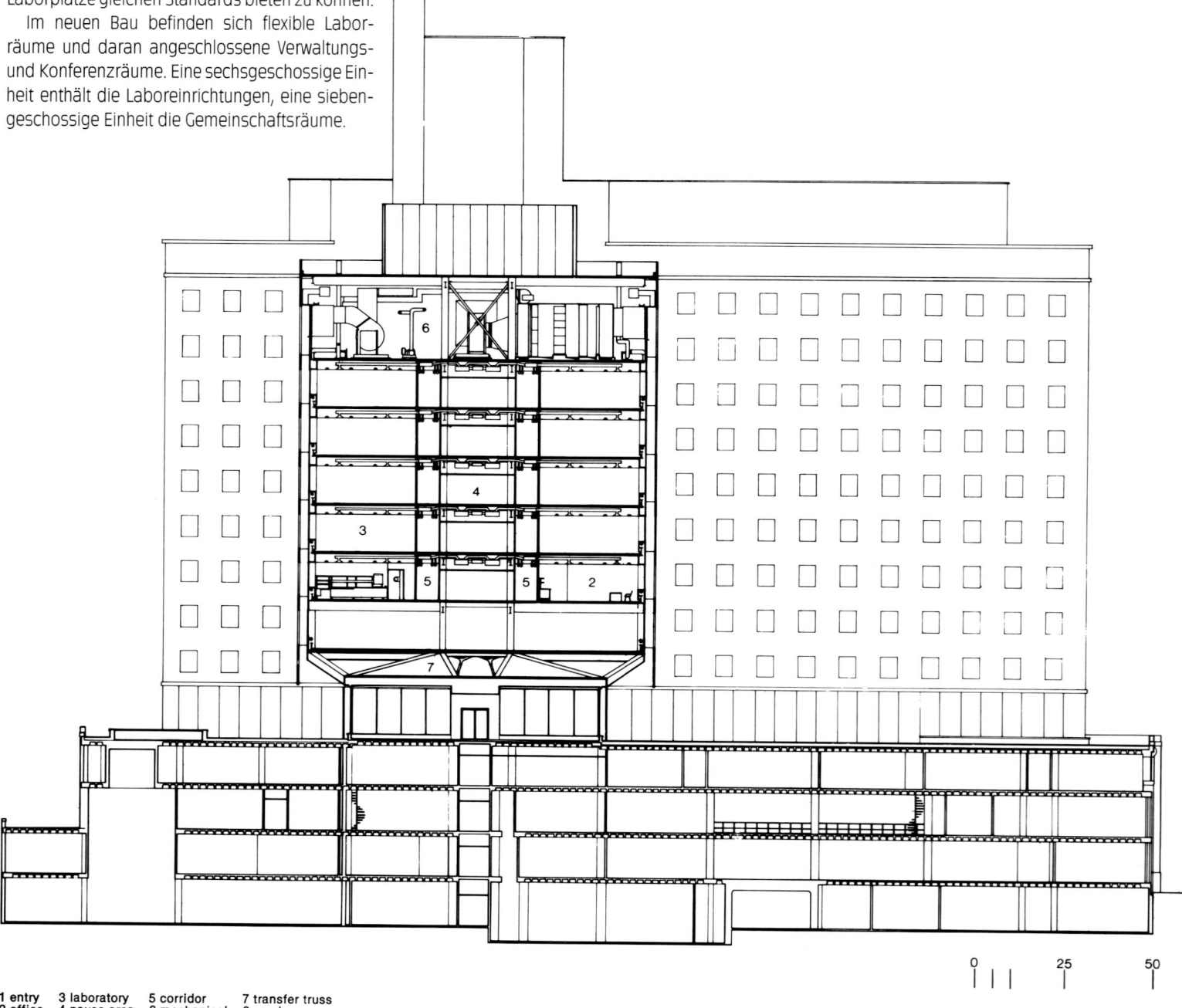

1 entry   3 laboratory   5 corridor   7 transfer truss
2 office   4 pause area   6 mechanical   8 seminar

0   25   50

Section East-West

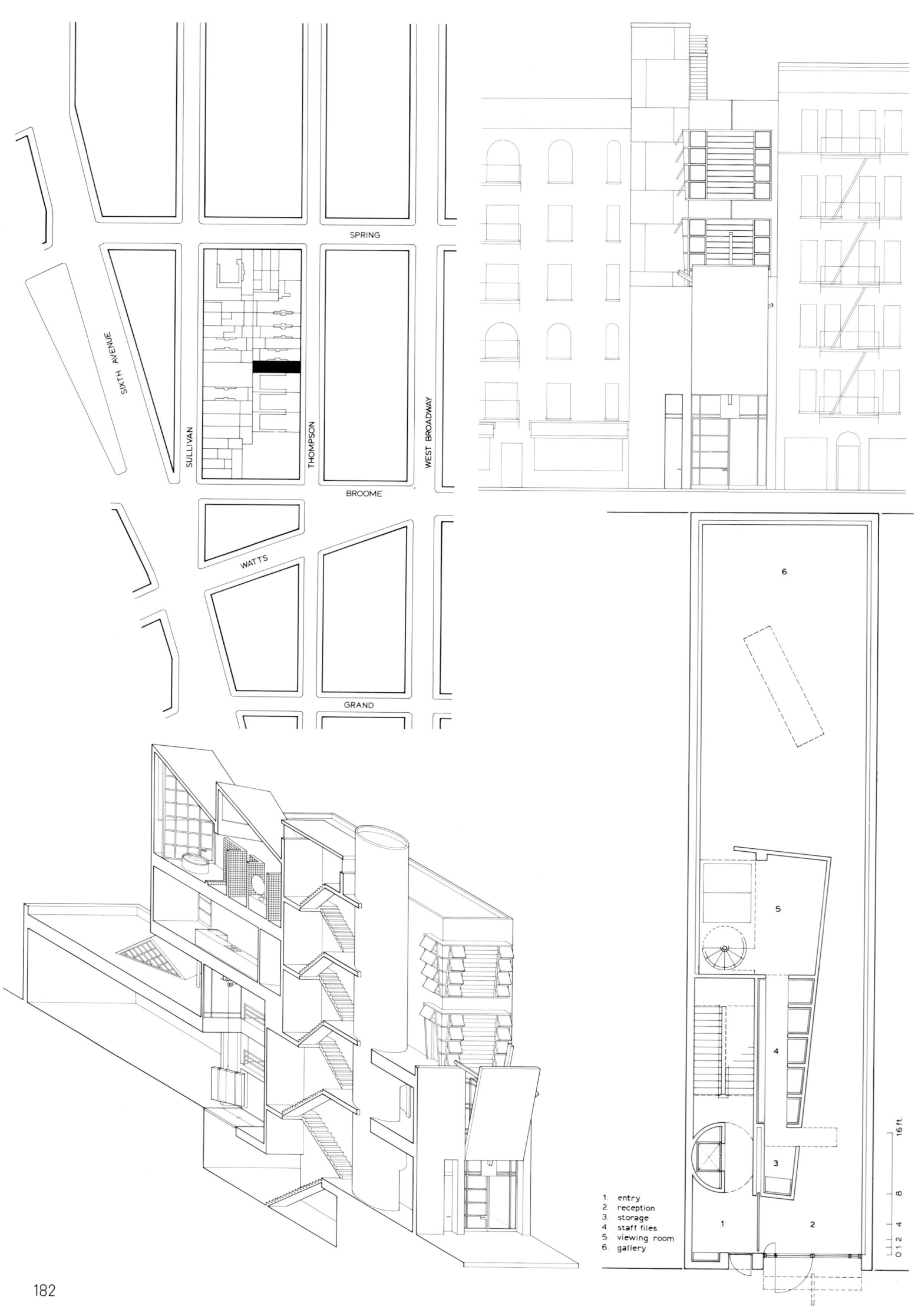

SPRING

SIXTH AVENUE

SULLIVAN

THOMPSON

WEST BROADWAY

BROOME

WATTS

GRAND

1. entry
2. reception
3. storage
4. staff files
5. viewing room
6. gallery

16 ft.

8

0 1 2 4

182

New York Architects

SOHO TOWNHOUSE [81]

Thompson Street, New York, NY
Projekt, 1987
Design Team: Frank Lupo, Daniel Rowen

Standort dieses Gebäudes ist ein 7,5 × 30 m großes Grundstück in der Mitte eines Straßenblocks
an der Thompson Street in Soho. Das Projekt kombiniert eine auf großformatige Gemälde des
20. Jahrhunderts und Skulptur spezialisierte Galerie mit der Privatwohnung des Eigentümers.

Die Galerie ist im Erdgeschoß, ersten Stock,
Mezzanin und zweiten Stock untergebracht. Zu
ihrer Ausstattung gehören Lagerräume, Haupt-
und private Schauräume, Personalbereiche sowie
das Büro des Direktors. Kunstwerke können mittels eines Hebebalkens aus den Lagerräumen in
die Schauräume transportiert werden. Die Wendeltreppe gestattet dem Personal, sich unabhängig von Besuchern und Kunden zu bewegen.

Die Wohnung mit großer Deckenhöhe befindet
sich oberhalb der Galerie und ist von der Straße
zurückgesetzt. Sie verfügt über öffentliche Räume

für Einladungen und einen Fitneßraum und ermöglicht eine maximale Nutzung von Außenberei-
chen und Tageslicht.

Die Beziehung zwischen Wohnung und Galerie
basiert auf der Tradition der ›Kaufmannswohnung
über dem Laden‹, die für die Thompson Street und
das umliegende Viertel typisch ist. Die bewegte
Dachlandschaft und die stark gegliederten Fassaden des Projekts sind Ausdruck der Einzigartigkeit
der Aufgabe und gestatten dem Gebäude, sich im
Maßstab von seiner Umgebung abzuheben.

Zu den Baumaterialien zählen tragende Brandmauern, Granitverblendung und Putzplatten über
tragenden Stahlstiften, stählerne Deckenunter-
züge, Fenstersysteme aus Aluminium, gebogene
Metallplatten sowie galvanisierte Fensterdächer
mit stehenden Schweißnähten.

Proposal: The Current Times Tower would be stripped to its structural steel frame. This frame would be bead-blasted and sealed with a clear aircraft-quality epoxy resin. The open frame would be outfitted with a pair of electronic video screens supported by two pivoting structural masts. These screens would be made of a matrix of high-intensity, micro-diameter light fibers that become transparent when not transmitting images. In their closed position, these screens would complete the geometry of the original frame. There would be a cantilevered observation deck at the base of the pivot screens that would be accessible by public elevators. The very top of the Tower would not be connected by any means of vertical circulation and would be reached only by the imagination.

Opinion: The history of Times Square has always been exciting and exuberant in its predilection for change. As an open steel frame, the proposed Tower symbolizes that quality and commemorates the very building that gave the square its identity. The original frame and the new electronic screens will act as a bridge between the past and the future. Just as the headlines were hung from the windows of the old Times Building, video news will flash across the screens, reestablishing the tradition of the Tower as a source of information. And as the surrounding walls of Times Square become less eccentric in the future, the proposed Tower will continue to embody those images and expectations always associated with "the crossroads of the world"—big, bright, dramatic, large enough to be a vessel for the city's collective dreams. As the red ball has always fallen at New Year's, so too will the electronic pivot screens mark the passing of time, opening at sunset and closing at sunrise they will display and record history at a scale suited to an urban space accustomed to grand and romantic gestures.

THE TOWER STRIPPED BARE BY TIME EVEN

184

New York Architects

TIMES SQUARE TOWER [38]

Times Square, New York, NY
Wettbewerbsprojekt, 1984
Design Team: Frank Lupo, Daniel Rowen

Dieses Projekt wurde als Beitrag zum Times-Tower-Wettbewerb entworfen, der von der Municipal Arts Society (New York City) und dem National Endowment for the Arts veranstaltet wurde. Es zählt zu den sechs preisgekrönten Vorschlägen.

Der vorhandene Times Tower wird bis auf sein konstruktives Stahlskelett demontiert. Dieses Skelett wird strahlbehandelt und mit einem klaren Epoxyharz, wie er auch im Flugzeugbau Anwendung findet, versiegelt. Das offene Gerüst wird mit einem Paar elektronischer Videoschirme, die von zwei drehbaren Tragmasten gehalten werden, ausgerüstet. Diese Schirme vervollständigen die Geometrie des ursprünglichen Skelettes. Am Fuß der drehbaren Schirme befinden sich freitragende Aussichtsplattformen, die mittels öffentlicher Aufzüge zugänglich sind. Die äußerste Spitze des Turmes wird durch keinerlei vertikale Verkehrswege erschlossen und kann nur in der Vorstellung erreicht werden.

Die Geschichte des Times Square war stets anregend und wechselhaft. Als offenes Stahlskelett symbolisiert der geplante Turm diese Eigenschaften und erinnert an das Gebäude, das dem Platz seine Identität verlieh. Das ursprüngliche Skelett und die neuen elektronischen Schirme werden als Brücke zwischen Vergangenheit und Zukunft agieren. Ebenso wie aus den Fenstern des alten Times-Gebäudes Schlagzeilen hingen, werden auf den Schirmen Videonachrichten erscheinen und damit die Tradition des Turmes als Informationsquelle wiederherstellen. So wie in jeder Silvesternacht die rote Kugel herabgelassen wird, werden die elektronischen Drehschirme ein Zeichen für die flüchtige Zeit sein; sie werden sich bei Sonnenuntergang öffnen und bei Sonnenaufgang schließen.

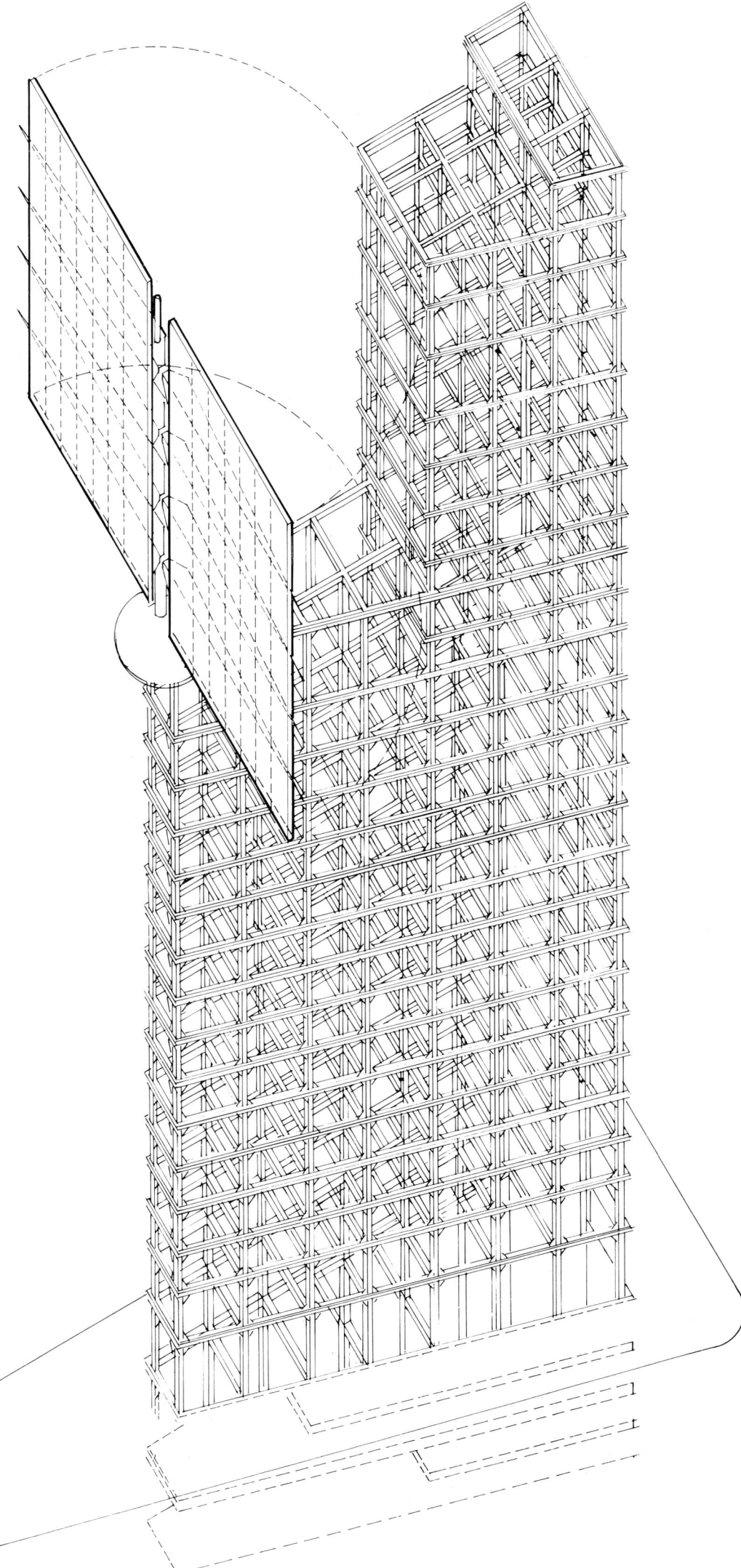

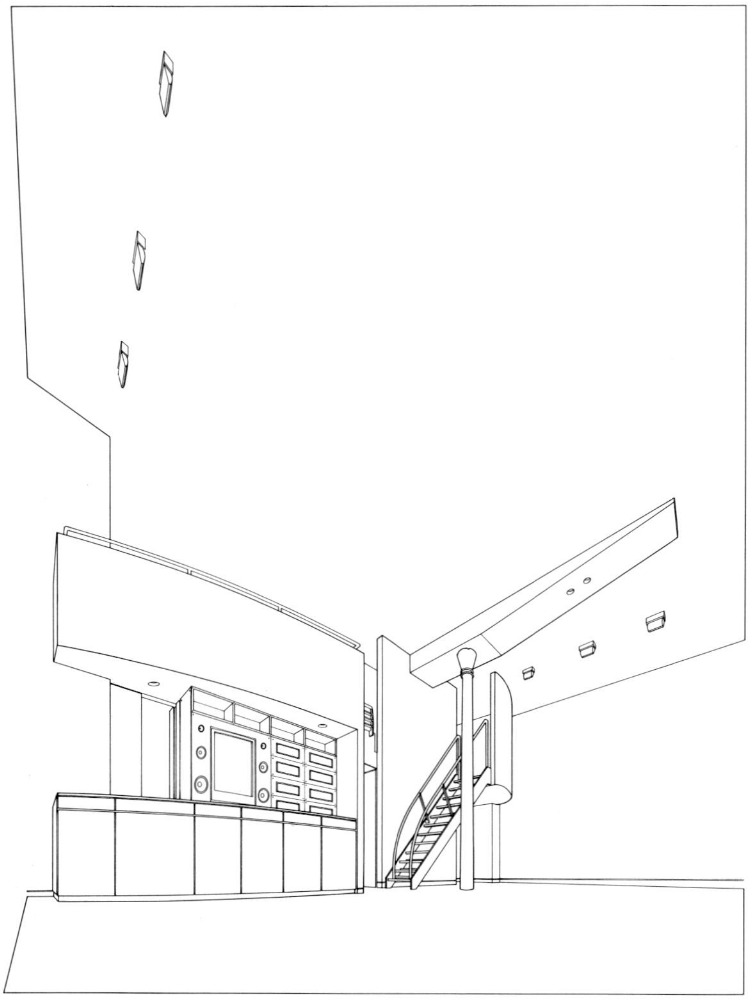

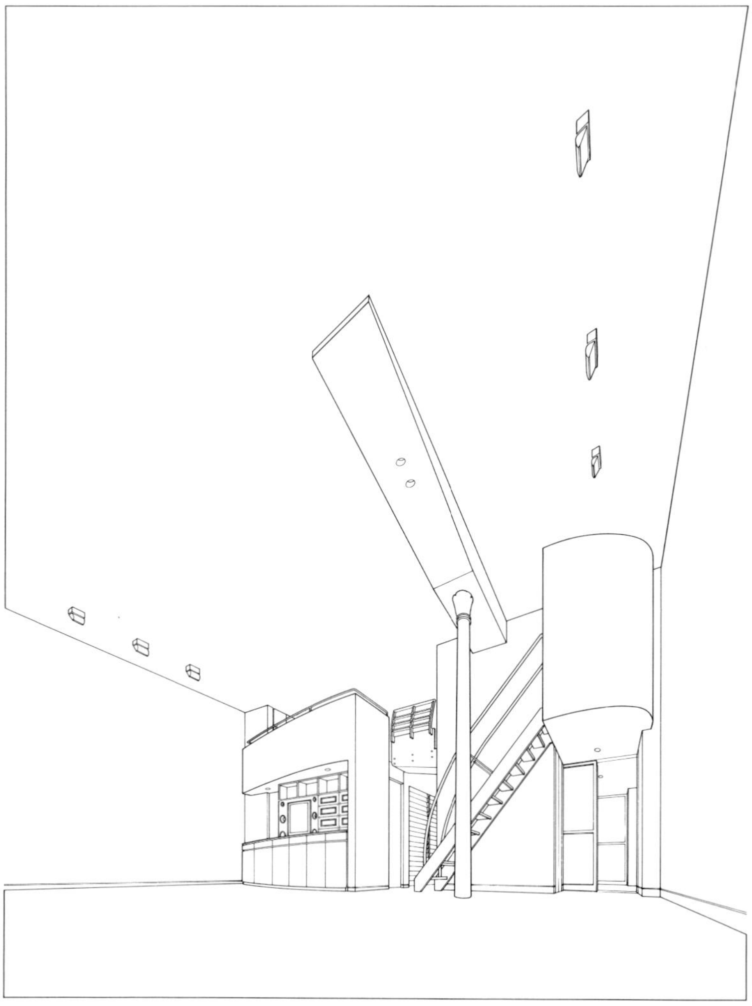

New York Architects

PRIVATWOHNUNG [82]

77 Bleecker Street, New York, NY, 1986–1989
Design Team: Frank Lupo, Daniel Rowen

Der Entwurf dieses 450 qm großen Apartments enthält Elemente, die es sowohl einem kleinen Haus als auch einem großen Schrank ähneln lassen. Planungsziel war es, einen offenen Schlafraum und ein abgeschlossenes Büro, das gleichzeitig als Gästewohnung dienen kann, zu verbinden. Obgleich die Grundfläche beschränkt war, sollten diese beiden Komponenten soweit wie möglich voneinander entfernt liegen.

Die Konzeption sah vor, diese Vorgaben auf der lichtabgewandten Seite der Fläche zu verdichten, indem ein ausgedehnter Wohn-/Eßbereich von doppelter Höhe entlang der Fensterwand mit Balkon angeordnet wurde. Der Hauptteil des verbleibenden Raumes wurde zweigeteilt, was die geforderte Distanz zwischen den Schlafräumen sowie einen hohen, schmalen Bibliotheksraum, der vom Eingang zum Tageslicht führt, ergab.

Die Erschließung in vertikaler Richtung wird ermöglicht durch die Kombination von einer Stahlleiter, einem geschwungenen Treppenabsatz, einer Treppe, die hinter einem vorhandenen Stützpfeiler entlang führt, sowie einer freitragenden Stahlbrücke, die den Bibliothekskorridor zum Schlafzimmer überspannt.

Der Wohn-/ Eßbereich wird durch Licht und Ausblicke auf die Stadt von den hohen Fenstern auf der einen Seite und von der gegliederten Wand des Schlafzimmers sowie der Treppen/Brücken-Kombination auf der anderen Seite als Raum bestimmt. Größe und Lage innerhalb des Grundrisses gestatten das doppeldeutige Verständnis dieses Bereichs als Außenraum, von dem aus man die Fassaden der ›Behausung‹ betrachten kann. Die Absicht dieser Anordnung ist es, das gesamte Apartment aus sich heraus, innerhalb seiner Grenzen begreifen zu können.

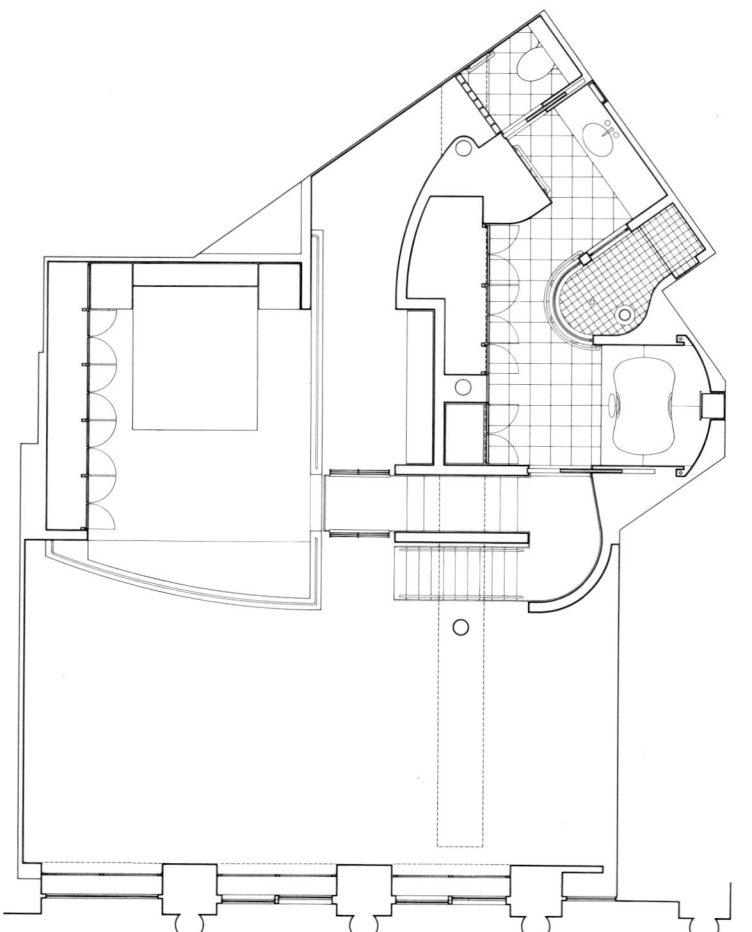

New York Architects

RESTAURANT/BAR   [14]

52 Eighth Avenue, New York, NY, 1986
Design Team: Frank Lupo, Daniel Rowen

Der Entwurf dieses Restaurants im Zentrum Manhattans hatte zum Ziel, das dekorative Motiv durch
die architektonische Ausführung entstehen zu lassen; andererseits sollte der Raum hinreichend abstrakt sein, um für Wechselausstellungen unterschiedlicher Richtungen den passenden Rahmen
zu bieten.

Die Fassade des Restaurants durfte nicht verändert werden, da sie Teil eines von der Landmarks Preservation Commission (Denkmalschutz-
behörde) geschützten Gebäudes darstellt. Der übrige Innenraum wurde in durchgefärbtem Putz
ausgeführt. Diese Technik gestattete ausdrucks-
volle Dekorationen, ohne vorhandene Wandfläche
zu opfern. Die Theaterscheinwerfer können während oder zwischen den Ausstellungen Bilder pro-
jizieren.

Der langgezogene, quer über der hintenliegen-
den Bar verlaufende gelbe Vorsprung wird von
›Barface‹, einer Skulptur, die dem Barbereich zu
seiner Identität verhelfen soll, durchbrochen.

187

OMA

Office for Metropolitan Architecture

THE CITY OF THE CAPTIVE GLOBE

New York, NY, Projekt, 1972

Die ›City of the Captive Globe‹ (1972) ist der Entwurf einer Stadt, die dem künstlichen Entwurf und dem beschleunigten Entstehen von Theorien, Interpretationen, theoretischen Konstruktionen, Vorschlägen und ihrer Verknüpfung mit der Welt gewidmet ist. Sie ist die Hauptstadt des Ego, in der Wissenschaft, Kunst, Dichtung und Verrücktheiten sich unter idealen Bedingungen überbieten können, um die Welt einer wahrnehmbaren Wirklichkeit zu erfinden, zu zerstören und wieder aufzubauen.

Jede Wissenschaft oder Manie hat ihren eigenen Platz. Auf jedem Platz steht ein gleichartiger Sockel aus schwerem, poliertem Fels. Als ideologische Laboratorien sind diese Sockel so ausgestattet, daß sie unliebsame Gesetze, unabweisbare Wahrheiten außer Kraft setzen können, nicht existente physikalische Bedingungen schaffen, durch die spekulative Phantasie ermöglicht und provoziert wird. Von diesen soliden Granitblöcken aus hat jede Philosophie das Recht, sich ins Unendliche zu erstrecken. Einige dieser Blöcke stellen äußerste Sicherheit und Klarheit dar; andere haben eine sanfte Umwelt tastender Versuche und hypnotischer Eingebungen gewählt.

Die Veränderungen in dieser ideologischen Skyline werden schnell und kontinuierlich sein, ein reiches Spektakel ethischer Freuden, moralischen Fiebers oder intellektueller Masturbation. Der Zusammenbruch eines dieser Türme kann zweierlei bedeuten: Scheitern und Aufgabe oder ein sichtbares Heureka und erwartungsvolle Ejakulation:
Eine Theorie, die überzeugt.
Eine Manie, die sich verbohrt.
Eine Lüge, die zur Wahrheit wurde.
Ein Traum, von dem es kein Erwachen gibt.

Aus diesen Momenten wird der Vorschlag, den gefesselten Globus im Zentrum der Stadt schwebend zu halten, einsichtig; all diese Einrichtungen bilden zusammen den riesigen Brutkasten der Welt: sie pflanzen sich über die Welt fort.

Durch unser fieberhaftes Denken in den einzelnen Türmen gewinnt der Globus an Gewicht. Seine Temperatur steigt langsam. Trotz der äußerst demütigenden Rückschläge überlebt seine alterslose Fruchtbarkeit.

›City of the Captive Globe‹ war eine erste intuitive Annäherung an die Architektur von Manhattan, entworfen, bevor die späteren Untersuchungen für ›Delirious New York‹ viele der Vermutungen untermauern sollten.

Als das größte Geheimnis von Manhattan erschien das ›Grid‹ (Straßenraster), das eine Stadt mit 1500 gleichartigen ›Plätzen‹ beschreibt, die im Grundriß nicht zu unterscheiden sind und deshalb

einiger architektonischer Feuerwerke bedürfen, um sich voneinander abzuheben und eine Identität aufbauen zu können.

Die dauerhafteste Formel, die Manhattans Architekten zur Beschreibung des entstandenen Ensembles benutzten, war die vom »hochmodernisierten Venedig«. In ihrer ›Planung‹ betrachteten sie Manhatten als ein trockenes Archipel, in dem jeder Häuserblock eine eigene Insel darstellt, während der schnelle Verkehr, der ihre relative Isolation bewirkt, dem Wasser entspricht.

In diesem Modell wurden auf jeder Insel verschiedene Weltvorstellungen soweit entwickelt, daß diese zum Miniaturstaat mit eigenen Gesetzen, Konventionen und eigener Folklore wurde – alles in der beruhigenden Gewißheit, daß sich die Einheit der Inselgruppe nur durch das Maximum an Heterogenität jeder einzelnen Insel des Archipels zum Ausdruck bringen läßt.

Auszug aus: Rem Koolhaas, *Delirious New York*, New York 1978. Dt. in: *Freibeuter* 3, 1980, S. 142 f.

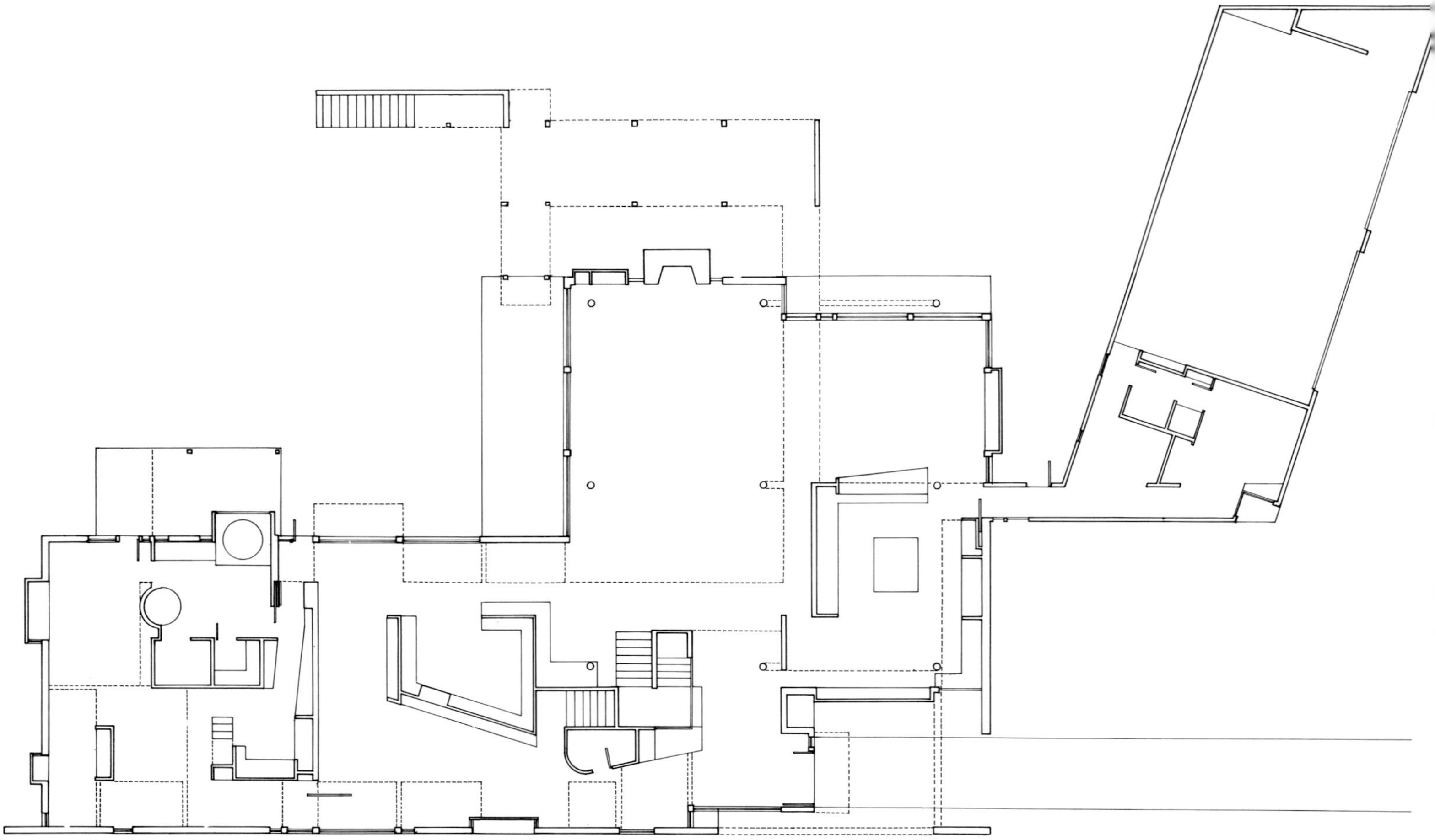

First Floor

Second Floor

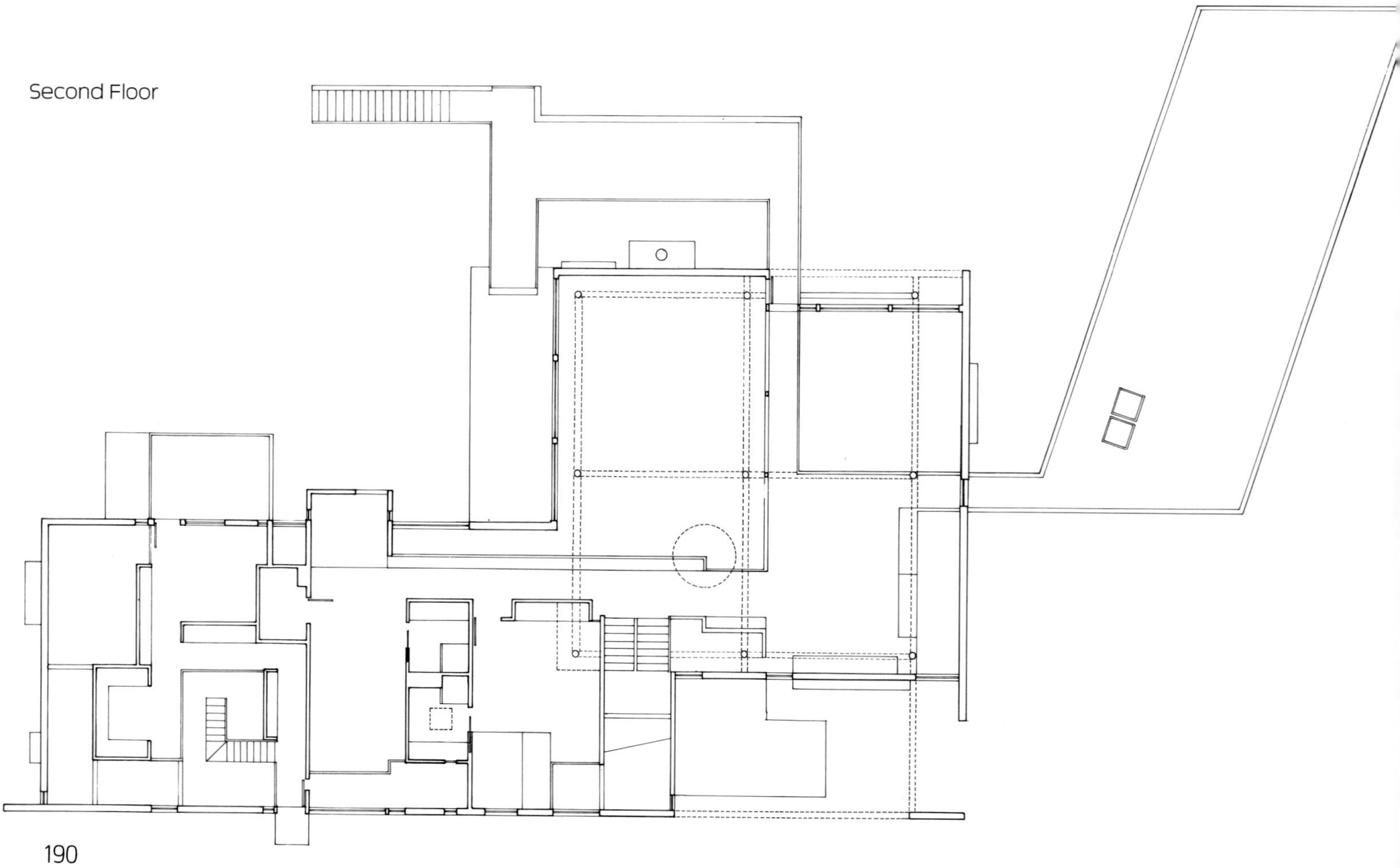

190

José Oubrerie

LONG ISLAND HOUSE
Long Island, NY, 1987

Erbaut im Jahre 1987, 650 qm groß, ursprünglich
als 13,7 × 13,7 m große Erweiterung eines bestehenden Hauses geplant, wurde dieses Haus teilweise auf dem Kellergeschoß des bestehenden
Hauses und teilweise über dem geplanten Erweiterungsbau für eine vierköpfige Familie errichtet.

N–S

E–W

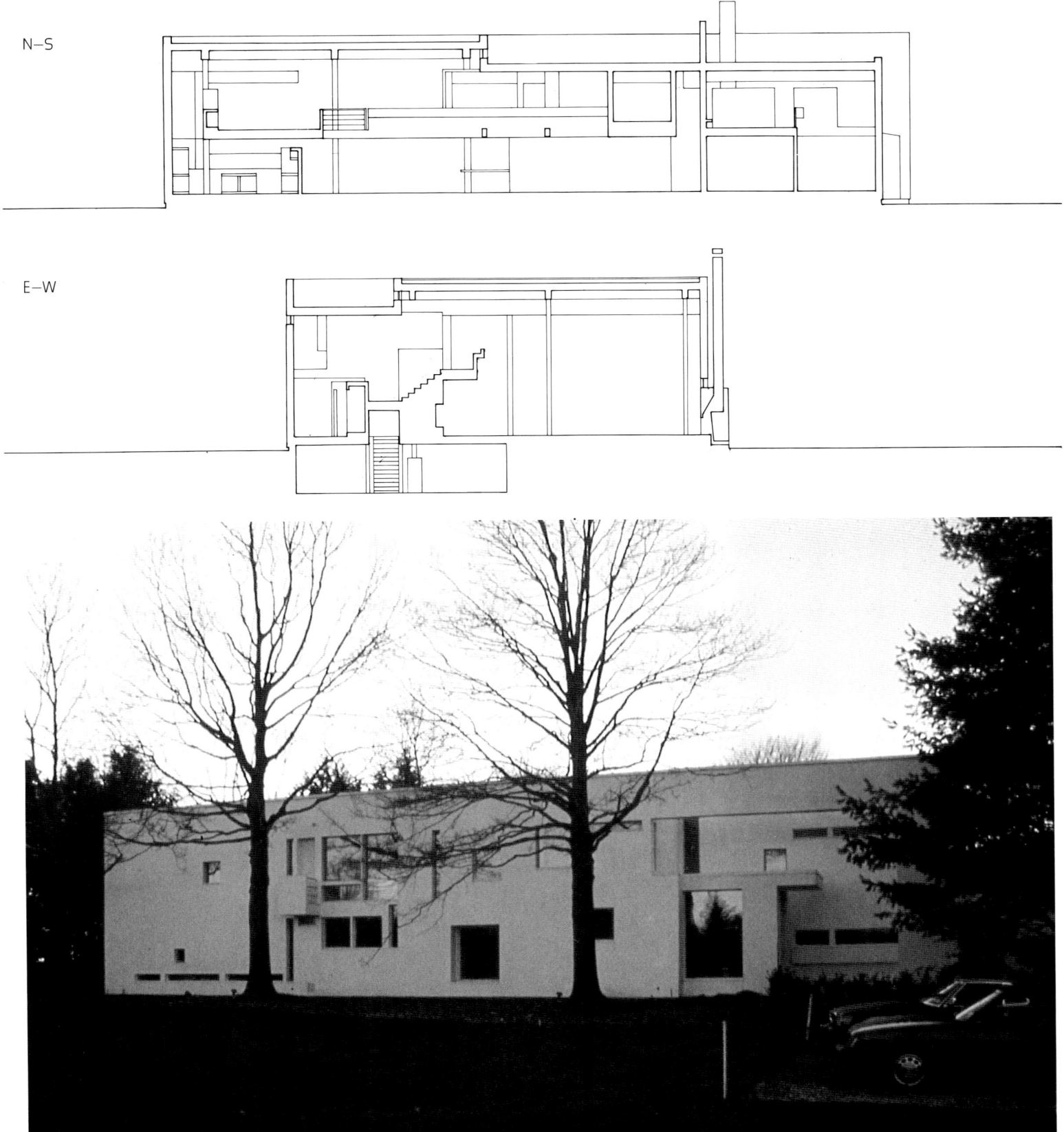

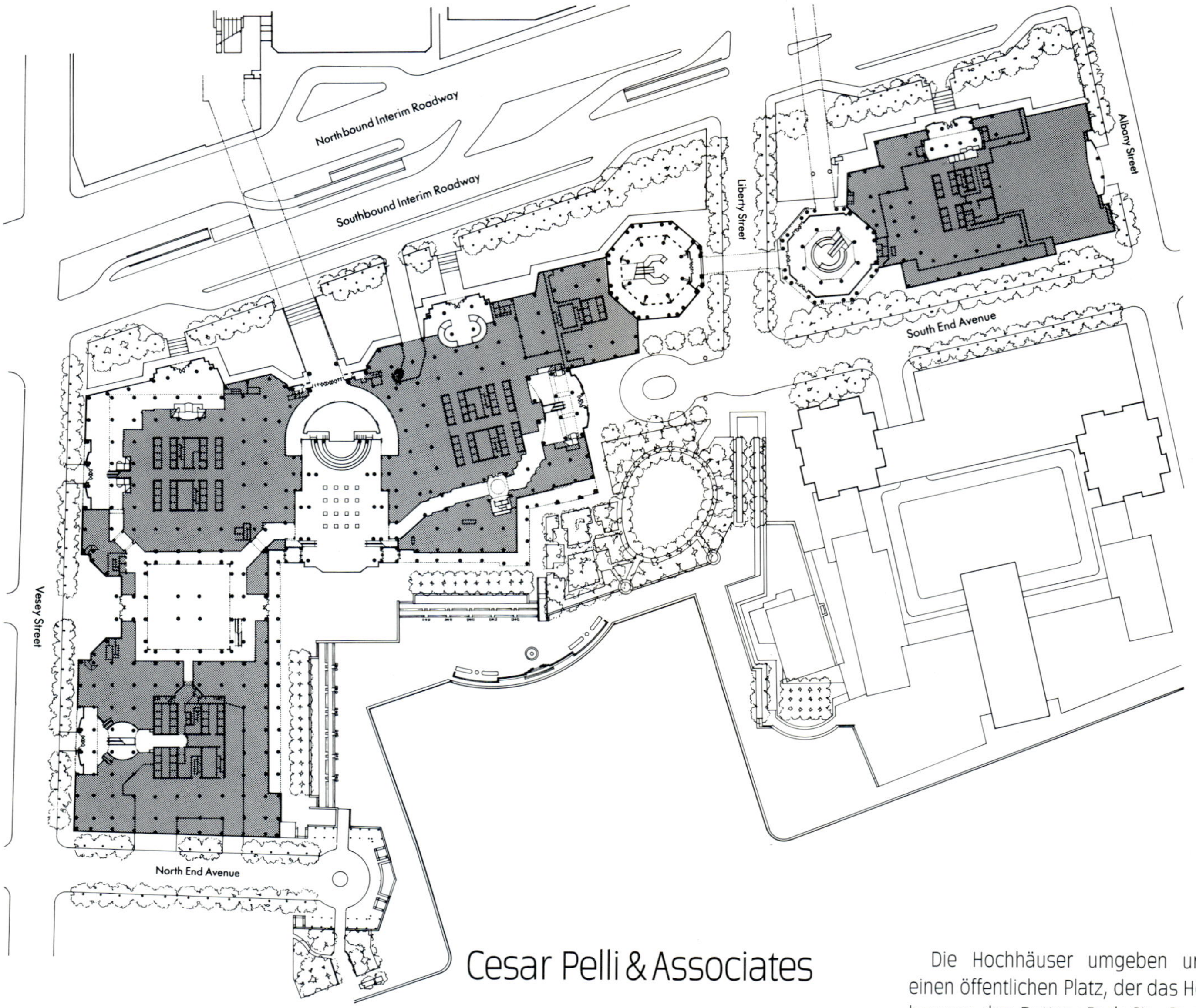

Cesar Pelli & Associates

WORLD FINANCIAL CENTER [5]

Battery Park City, New York, NY
Wettbewerbsprojekt, 1982–1988
Design Team: Jon Pickard, Mark Shoemaker,
Jeff Paine u. a.

Das World Financial Center liegt unmittelbar westlich des World Trade Center auf einem aufgeschütteten Areal auf der West Side von Lower Manhattan, das vom Hudson River, dem West Side Highway, der Vesey Street und Liberty Street begrenzt wird.

Das Projekt umfaßt 550 000 qm Bürofläche, 28 000 qm Ladefläche sowie 23 000 qm Lobby und öffentliche Räume auf 5,5 ha aufgefülltem Areal. Vier Bürotürme mit Höhen zwischen 34 und 51 Geschossen, ein Wintergarten, ein überdachter, von oben belichteter Innenhof sowie ein 1,4 ha großer, gärtnerisch gestalteter öffentlicher Platz sind Bestandteil des Projekts.

Die vier Türme aus reflektierendem Glas und Granit erheben sich über einer mit Granit verkleideten Basis, deren Glasanteil zugunsten der Steinverkleidung stark zurückgenommen ist; mit zunehmender Höhe kehrt sich dieses Verhältnis zu einer geschlossenen, reflektierenden Glashaut um. In verschiedenen Intervallen weisen die Türme, entsprechend der Höhe der umgebenden Bauten, Rücksprünge auf und gipfeln schließlich in charakteristisch geformten Abschlüssen.

Die Hochhäuser umgeben und bestimmen einen öffentlichen Platz, der das Herz der Uferbebauung des Battery Park City Sanierungsgebiets darstellt. Der an den Platz angrenzende Wintergarten besteht aus einer großen offenen Halle unter einem 38 m hohen, 36,5 m breiten und 61 m langen gewölbten Glasdach. Die gläsernen Wände des Gartens sind von Läden und Restaurants gesäumt. Der Garten dient als Treffpunkt für den gesamten Komplex.

Die beiden neungeschossigen oktogonalen Gebäudeflügel beiderseits der Liberty Street sind als Eingangstor vom Fluß zur Stadt hin konzipiert.

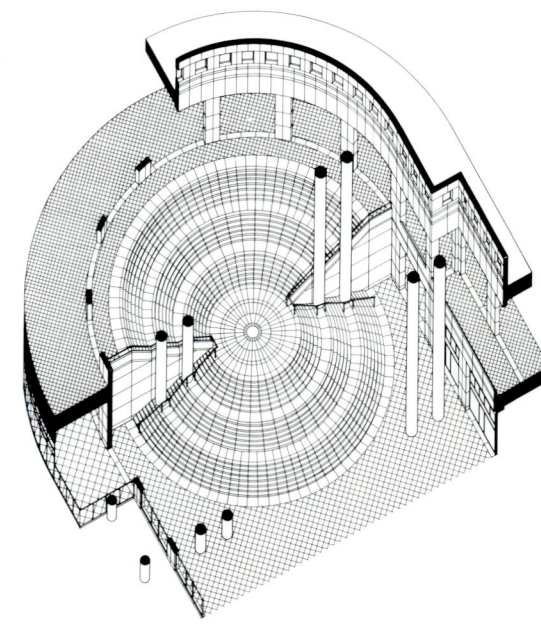

Cesar Pelli & Associates

CARNEGIE HALL TOWER   [27]

152 West 57th Street, New York, NY, 1988–1990
Design Team: Kevin Hart, Robert Bostwick,
Mitchell A. Hirsch

Planungsziel ist ein Hochhaus mit 59 Geschossen
(45000 qm Leasing-Bürofläche; 2300 qm Räume
für die Carnegie Hall).

Bei dem Hochhaus handelt es sich um ein kommerzielles Projekt unter Ausnutzung der für die
Carnegie Hall vorliegenden Baurechte; es stellt jedoch auch eine Erweiterung der Music Hall dar,
deren markante Baukörper der Entwurf harmo-
nisch zu ergänzen sucht. Das neue Hochhaus, bei
dessen Bau moderne Konstruktionsverfahren sowie moderne architektonische Ausdrucksmittel
zur Anwendung kommen, wird die Anlage der Music Hall erweitern und deren System der Ornamen-
tierung und Massengruppierung neu auslegen.

Das neue Hochhaus, das sich aus zwei großen,
ineinandergreifenden Scheiben zusammensetzt,
erinnert an die Form der Studioanbauten des Gebäudes. Die Höhe des sechsstöckigen Turmsok-
kels wird durch das Kranzgesims der Music Hall
bestimmt. Oberhalb dieser Ebene springt der
Turm zurück und nimmt so Rücksicht auf den

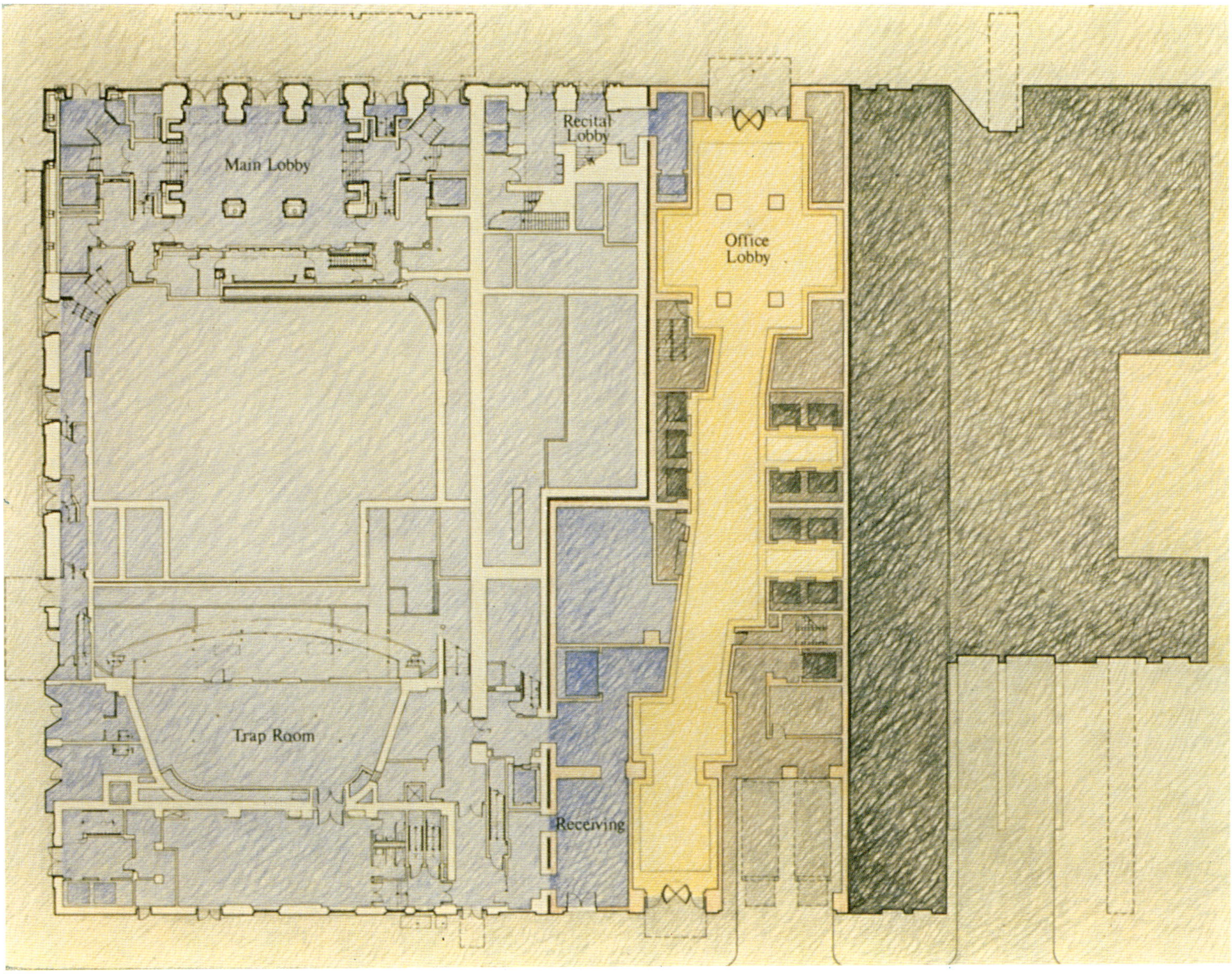

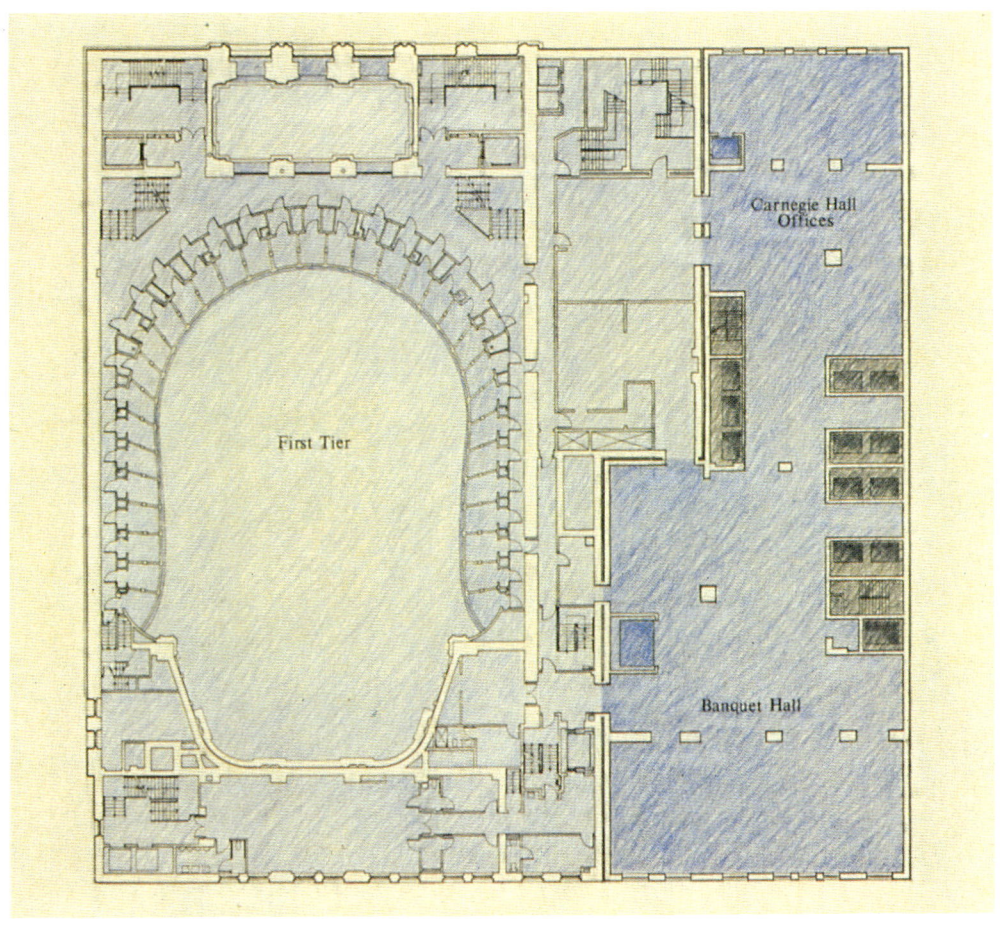

Campanile der Carnegie Hall mit seinem ausladenden Gesims.

Die Fassaden des Turmes nehmen Bezug auf den Außenbau der Music Hall. Jede Seite gliedert sich in drei Teile: zwei ›Ecktürme‹ und ein Mittelfeld. Diese Elemente sowie die beiden Turmkomponenten werden, entsprechend dem Gesims der Music Hall, das gleichfalls als farbiges horizontales Element verschiedene Teile des ursprünglichen Baus verbindet, durch jeweils im Abstand von sechs Geschossen angebrachte breite farbige Bänder zusammengehalten.

Den oberen Abschluß des Turms bildet ein dunkler Fries unterhalb eines offenen Metallgesimses, analog dem Dachgeschoß der Carnegie Hall, das zur Anpassung an die Höhe des Turmes erweitert wurde. Der niedrigere Turmteil trägt eine verkleinerte Fassung dieses Aufsatzes.

Oberhalb einer vor Ort gegossenen Betonröhre besteht die Fassade, wie auch im Falle der Carnegie Hall, vorwiegend aus Backstein. Die Grundfarbe wurde als Ergänzung zur Carnegie Hall gewählt; drei passende Farbtöne bilden die Muster in den Mittelfeldern. Fensterbänke und -stürze sowie Akzentuierungen bestehen aus Betonfertigteilen, deren farbige Fassung an den Terrakottaschmuck der Carnegie Hall erinnert. Der Fries an der Spitze setzt sich aus dunkelgrünen glasierten Ziegeln zusammen.

Cesar Pelli & Associates

THE MUSEUM OF MODERN ART [32]
Museumserweiterung und Wohnhochhaus

11 West 53rd Street, New York, NY, 1984
Design Team: Cesar Pelli, Tom Morton

Das Entwurfsprogramm beinhaltete die Renovierung vorhandener Räume und den Anbau eines neuen Flügels, insgesamt 35 600 qm Museumsraum, sowie die Entwurfsüberwachung eines über dem neuen Anbau errichteten Wohnhochhauses mit dem Ziel der Verdoppelung der vorhandenen Ausstellungsfläche, der Einrichtung eines neuen Vortragssaales, zweier Restaurants, eines Buchladens sowie einer 30%igen Erweiterung der Büro- und Diensträume.

Als Konstruktionsprinzip diente ein Betonskelett mit vielfarbiger Curtain Wall.

Das Museum war über die interne Erweiterung hinaus bestrebt, seine betrieblichen Defizite durch die Errichtung eines Wohnhochhauses im Bereich der Luftrechte direkt über dem neuen Ausstellungsflügel aufzufangen. Die Fassaden des neuen Turms und des Museumsbaus weisen durch eine komplexe Anordnung von Pfosten, getöntem Glas sowie elf Schattierungen von Brüstungsglas eine einzigartige Gestaltung auf, die dem urbanen Umfeld hinsichtlich Farbigkeit, Muster und Maßstab entspricht. Die öffentlichen Räume des neuen Museums sind größer als zuvor und klarer gegliedert. Der Vertikalverkehr erfolgt in erster Linie über eine Reihe von Rolltreppen, die innerhalb einer gläsernen Umhüllung angeordnet sind, die neue Ausblicke auf den Museumsgarten, die 54. Straße und Teile von Manhattan eröffnet.

Die in den 1930er Jahren von Philip Goodwin und Edward Durrell Stone entworfene Fassade an der 53. Straße bleibt auch zukünftig Symbol und Eingang des Museums und erhält dessen historische Beziehung mit dem Rest des Straßenblocks aufrecht. Der neue Anbau und die gläserne Halle unternehmen nicht den Versuch, die vorhandenen disparaten Elemente des Museums zu vereinheitlichen oder umzuformen; vielmehr wurden diese neuen Elemente zur Erfüllung funktionaler Bedürfnisse ergänzt. Darüber hinaus gliedern und verbinden sie die Teile unter Berücksichtigung ihrer Gleichsetzung mit der Geschichte des Museums.

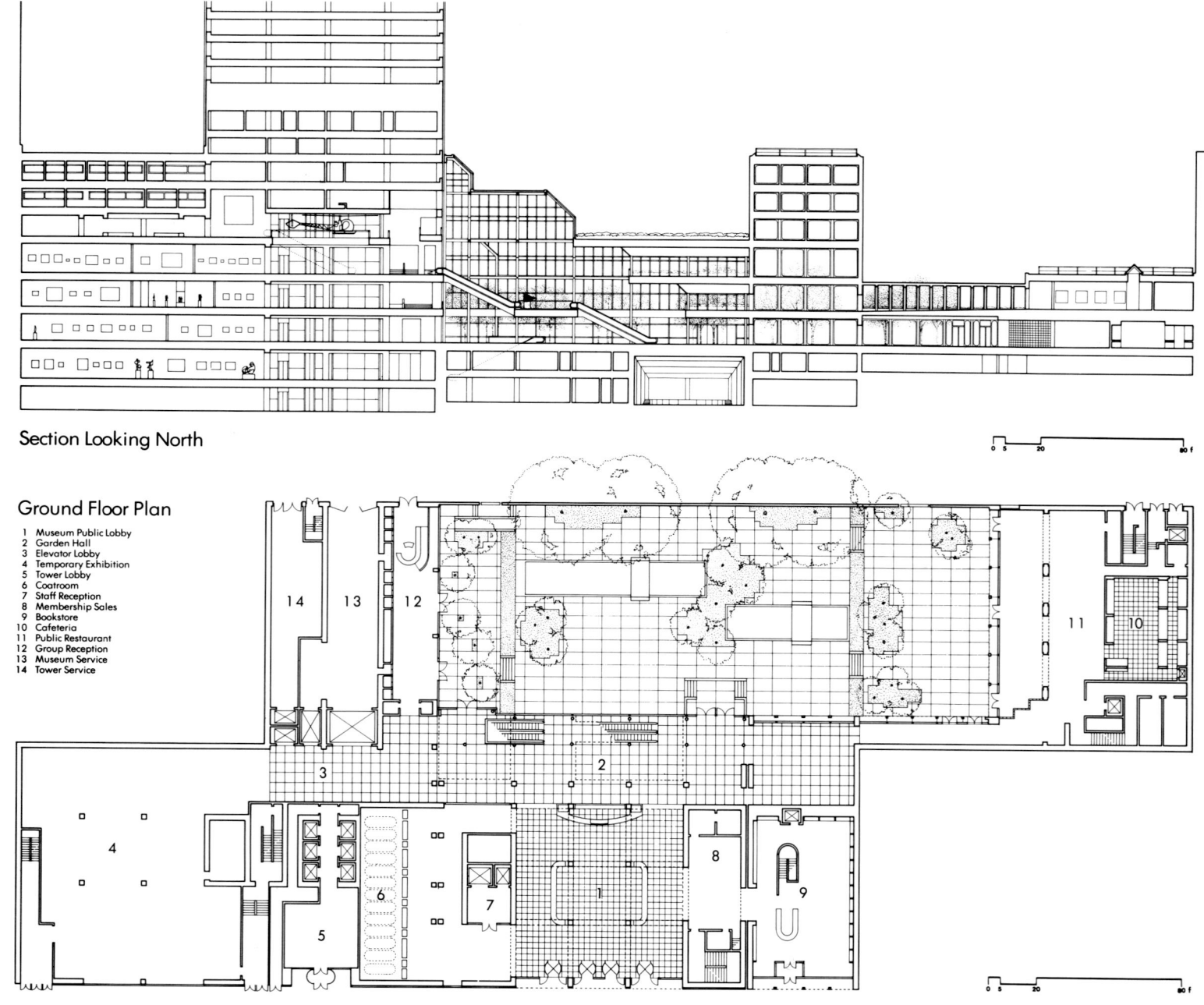

Section Looking North

Ground Floor Plan

1 Museum Public Lobby
2 Garden Hall
3 Elevator Lobby
4 Temporary Exhibition
5 Tower Lobby
6 Coatroom
7 Staff Reception
8 Membership Sales
9 Bookstore
10 Cafeteria
11 Public Restaurant
12 Group Reception
13 Museum Service
14 Tower Service

197

James Stewart Polshek and Partners

500 PARK TOWER   [49]

500 Park Avenue/59th Street, New York, NY, 1984
Design Team: James Stewart Polshek, James Garrison, Richard Olcott

Zu diesem Stadtentwicklungsprojekt mit Misch-nutzung gehören die Restaurierung eines der markantesten Bauwerke des 20. Jahrhunderts in New York – der ehemaligen Zentrale der Pepsi Cola Corporation an der Ecke Park Avenue und 59th Street – sowie die Errichtung eines neuen, 23 000 qm umfassenden, 40geschossigen Wohn- und Bürohochhauses. Das neue Gebäude sollte mit dem sorgfältig restaurierten vorhandenen Ge-bäude harmonieren. Die ersten elf Geschosse mit kommerzieller Büroraumnutzung sind mit einer flachen, hellgrünen Glas-Aluminium Curtain Wall verkleidet, die die Proportionen und transparente Eleganz des kleineren, älteren Gebäudes reflek-tiert. Die Wohngeschosse sind mit grau-grünem Granit ummantelt und werden durch tief einge-schnittene Fenster gegliedert, die eindeutig die Wohnnutzung des Raumes zu erkennen geben. Der Wechsel von Maßstab und Materialien läßt das neue Gebäude visuell zurücktreten und stärkt so die Präsenz des ursprünglichen Baus.

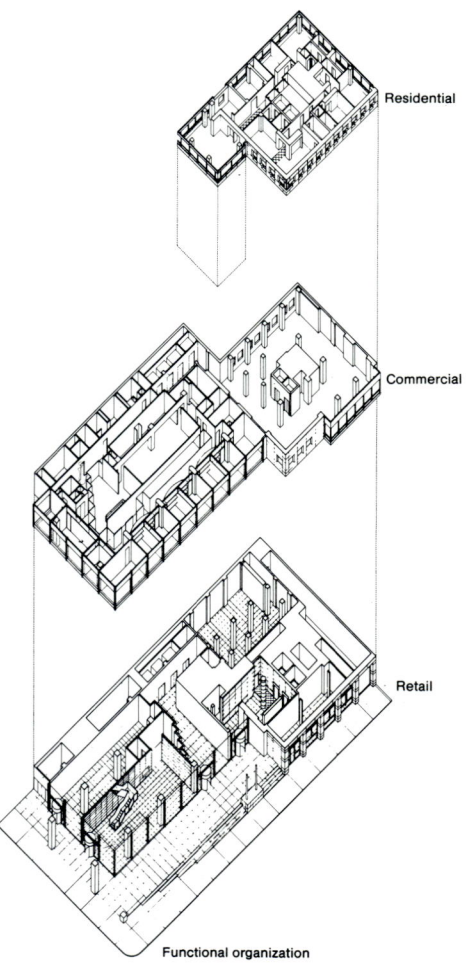

Functional organization

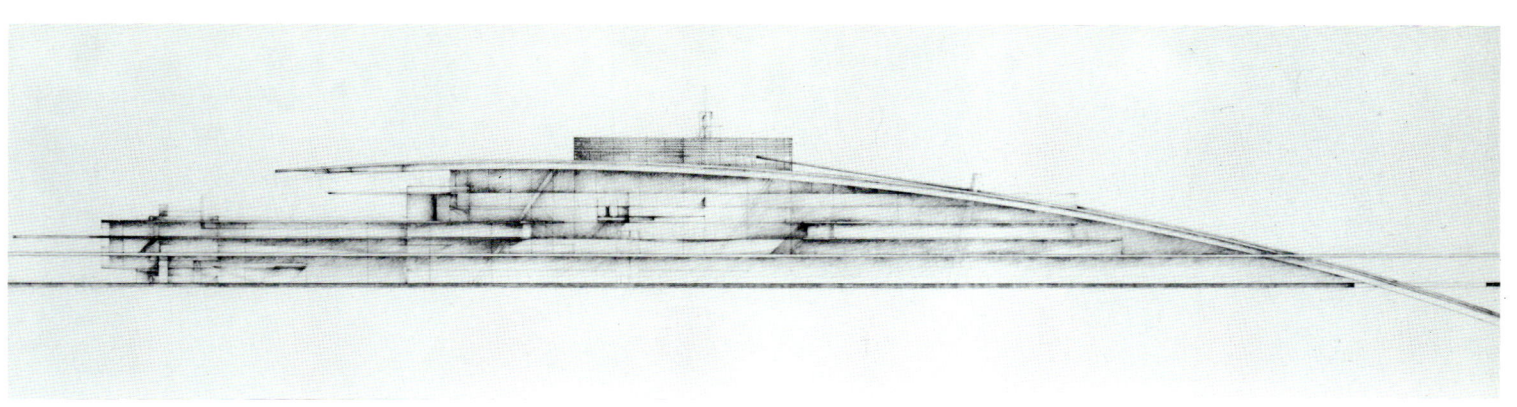

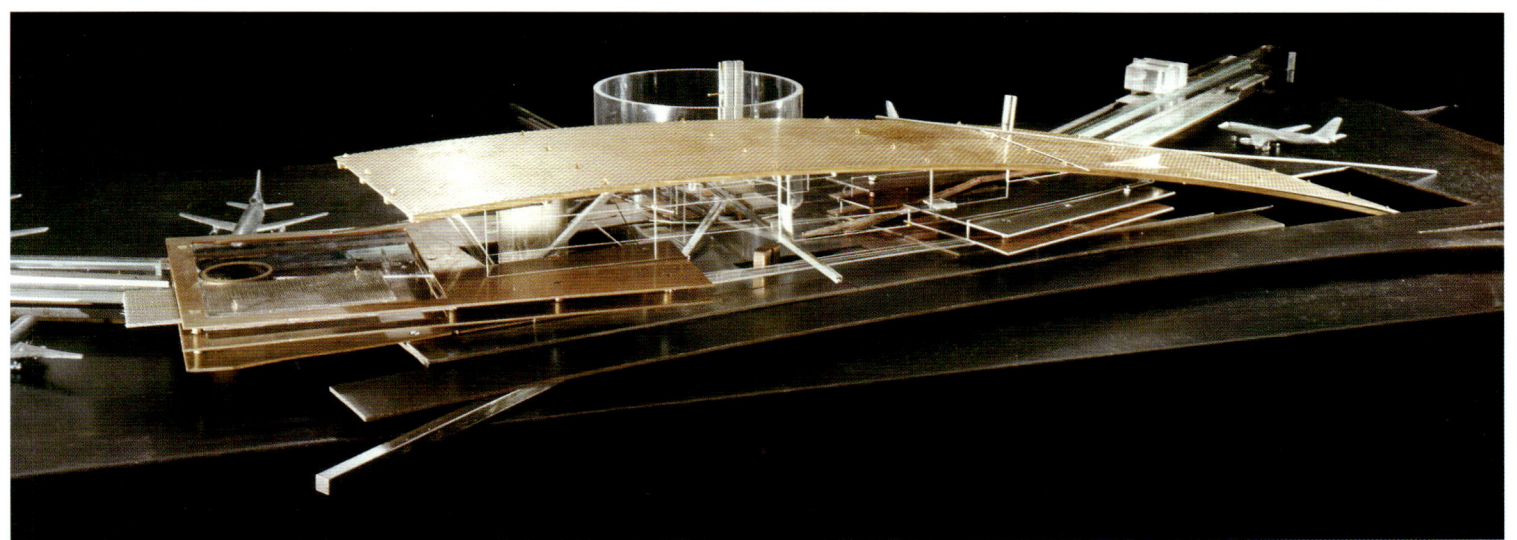

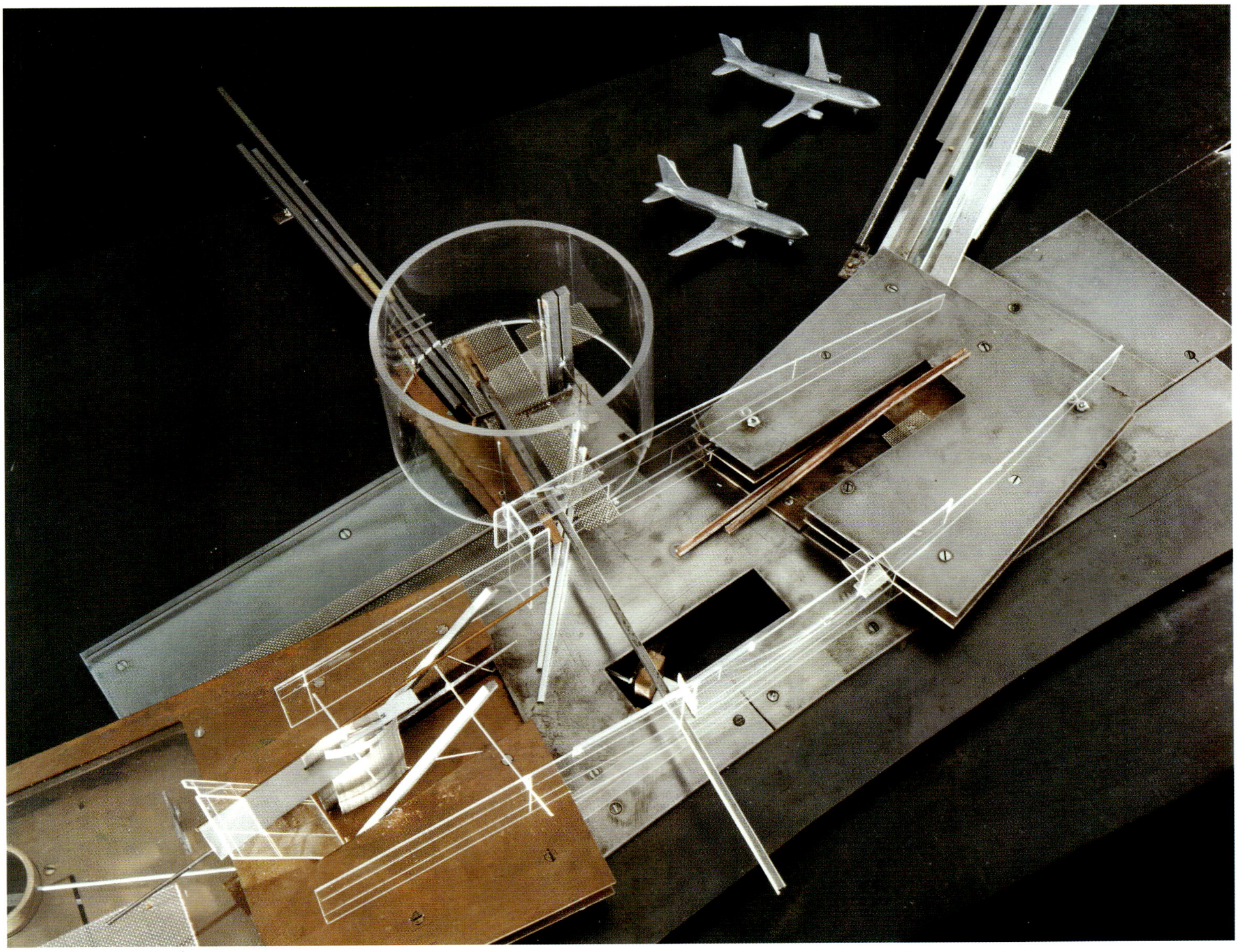

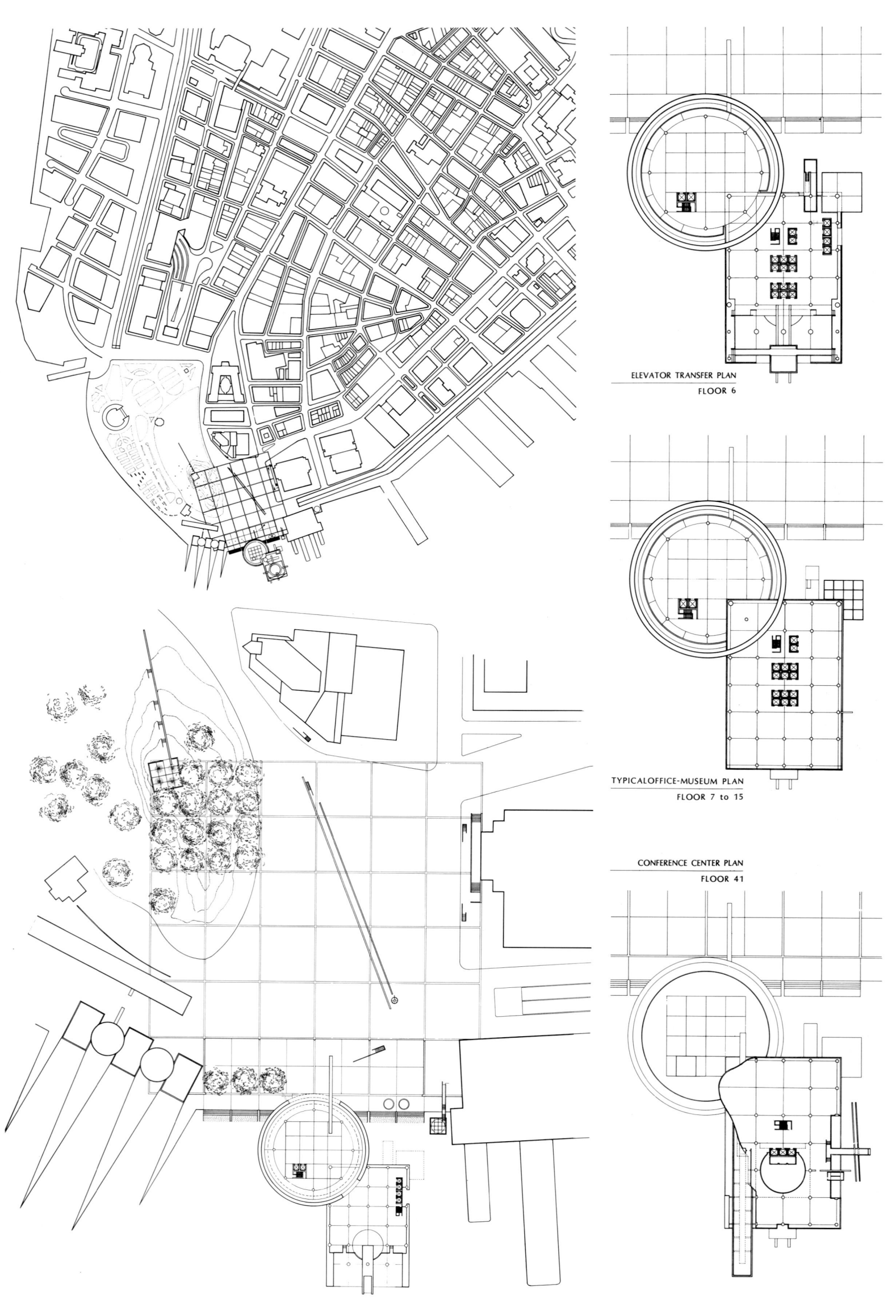

ELEVATOR TRANSFER PLAN
FLOOR 6

TYPICAL OFFICE-MUSEUM PLAN
FLOOR 7 to 15

CONFERENCE CENTER PLAN
FLOOR 41

Peter Pran, Carlos Zapata

für Ellerbe Becket

SOUTH FERRY PLAZA [2]

South Ferry Plaza, New York, NY
Wettbewerbsprojekt, 1986

Die spezifische urbane Lage der South Ferry Plaza an der Südspitze von Manhattan liefert die grundlegenden Anhaltspunkte für den Entwurfsansatz. Um an diesem spezifischen Standort zu einer umgebungsbezogenen Entwurfslösung zu gelangen, muß die asymmetrische Grundstückssituation berücksichtigt werden: An der Ostseite der Whitehall Street befindet sich eine wuchtige Bebauung mit 40- bis 70geschossigen Hochhäusern, an der Westseite dieser Straße liegt der Battery Park. Whitehall Street kann als die letzte Verlängerung des Broadway angesehen werden und fungiert als im rechten Winkel zum Ufer verlaufende Achse. Man kann das Gelände von South Ferry Plaza als das schwierigste unter den gegenwärtig in New York City verfügbaren wichtigsten Grundstücken bezeichnen, aber auch als das mit dem größten Potential. Der Gebäudeentwurf muß daher eine gewichtige, genuin zeitgenössische Aussage zugunsten von New York City machen.

Das South Ferry Plaza-Projekt reagiert auf diese einzigartige Lage mit einer kontextbezogenen architektonischen Vielfalt, die sich in einem asym-

metrischen Gleichgewicht befindet. Der Gebäudekomplex steht zum einen Teil auf Land, zum anderen im Wasser und bezeichnet so die Randlage dieses Grundstücks; der Zylinder, der das aus dem Wasser aufsteigende, achteckige Hochhaus durchschneidet, ist auf dem Land verankert. Der Hochhauskomplex wurde als innere Einheit mit einer Reihe unterschiedlicher Funktionen und dynamischer Räume entwickelt, die sich, über die ge-

samte Höhe des 70geschossigen Gebäudes verteilt, auf verschiedenen Ebenen befinden.

Zu dem Gebäudekomplex gehören ein in dem zylindrischen Bauteil untergebrachtes Museum sowie Büros, ein Konferenzzentrum, ein Hotel, ein Fernseh- und Radiosender und ein Restaurant in dem orthogonalen Hochhausblock. Die Erdgeschoßebene beherbergt den Haupteingang, eine große öffentliche Halle und den Museumseingang. Im Westen wird dem neuen Hochhauskomplex eine neue Fährenanlegestelle angegliedert. Die differenzierten Funktionen und Räume des Hochhauses manifestieren sich in der äußeren Massengruppierung und Gliederung, wodurch ein architektonischer Dialog zwischen Innen- und Außenraum entsteht. Der Entwurf stellt das Gebäude in Beziehung zum reichen Erbe der Hochhausarchitektur in New York City und ist in seiner Architektursprache eindeutig zeitgenössisch und modern.

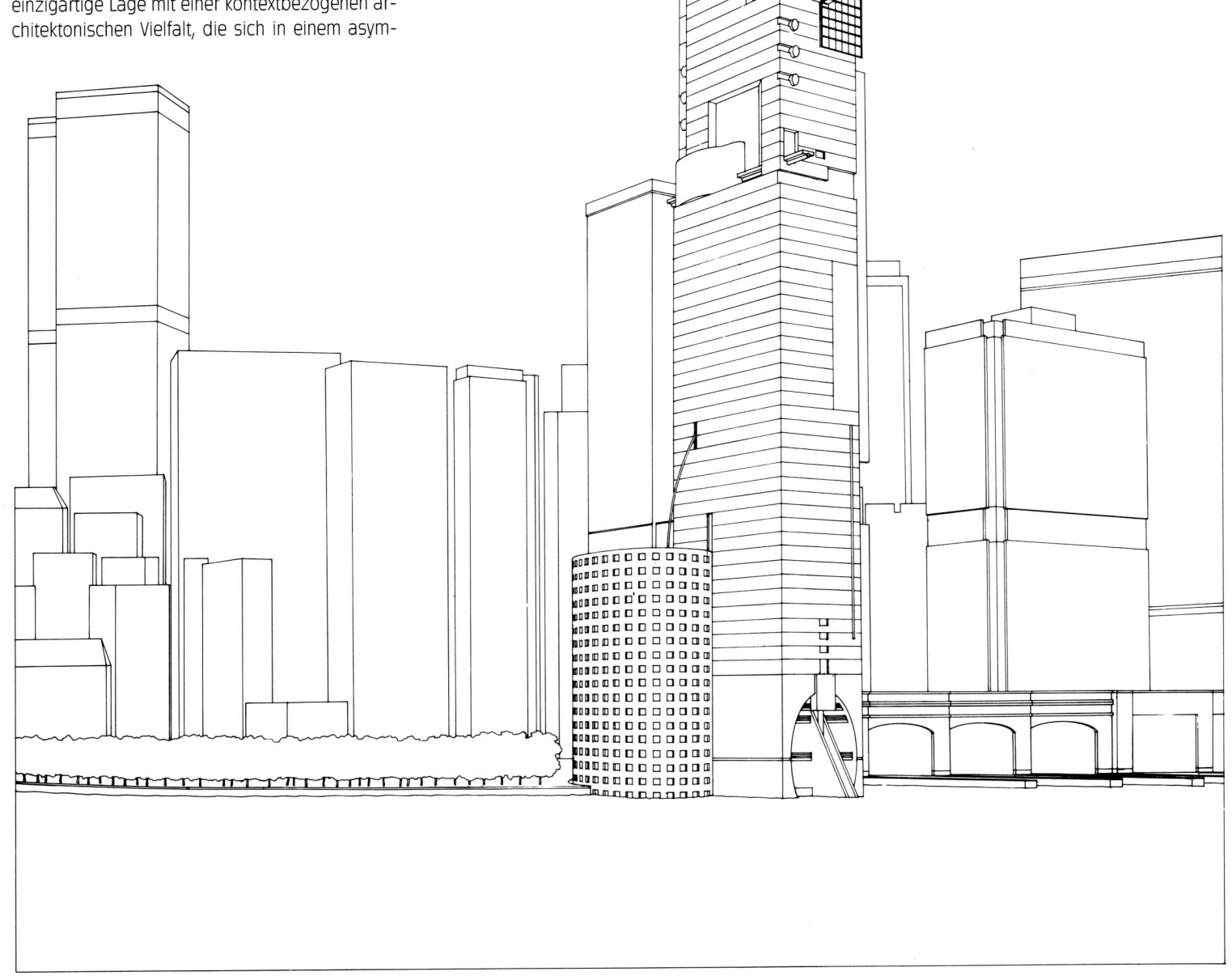

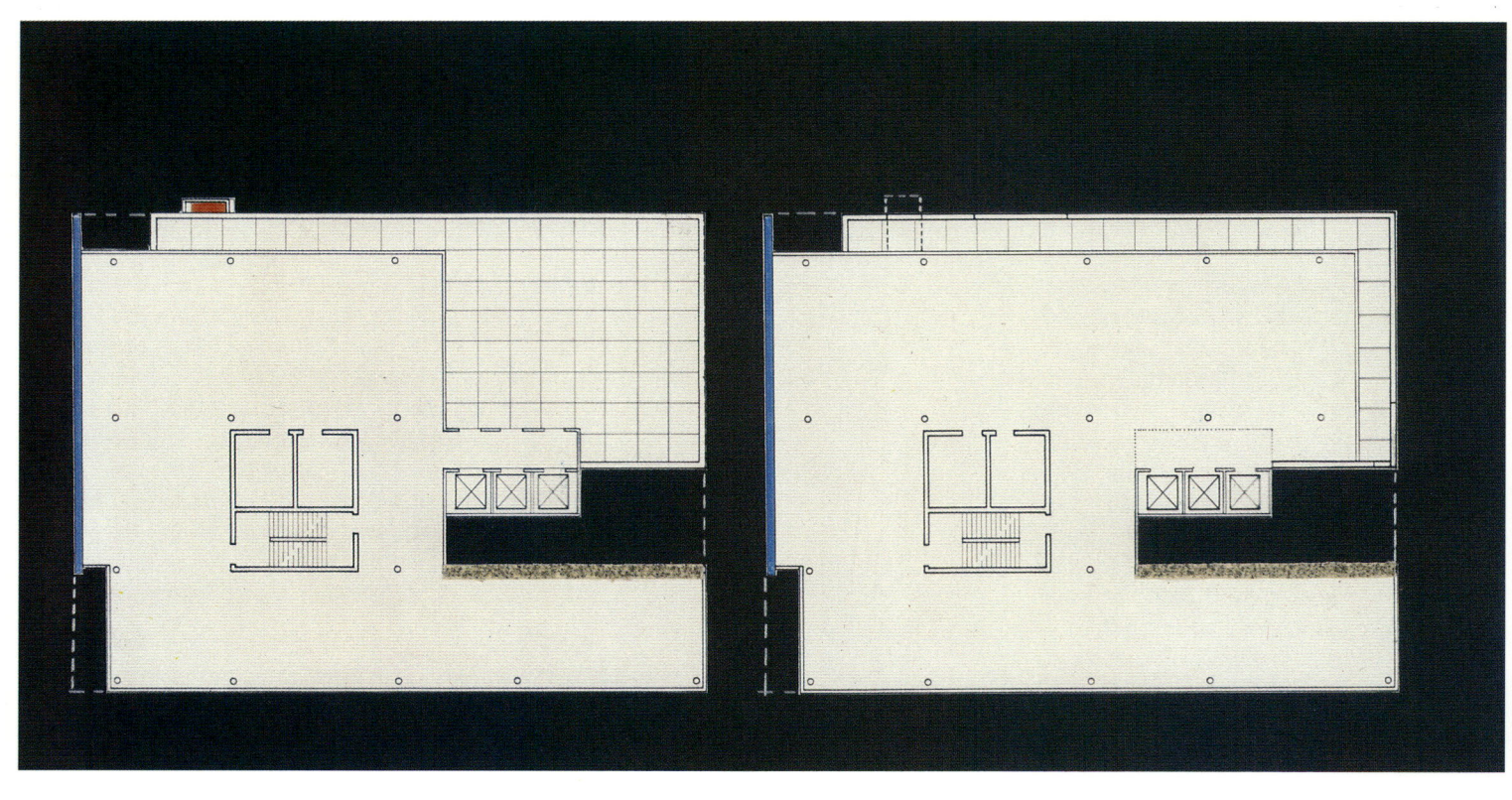

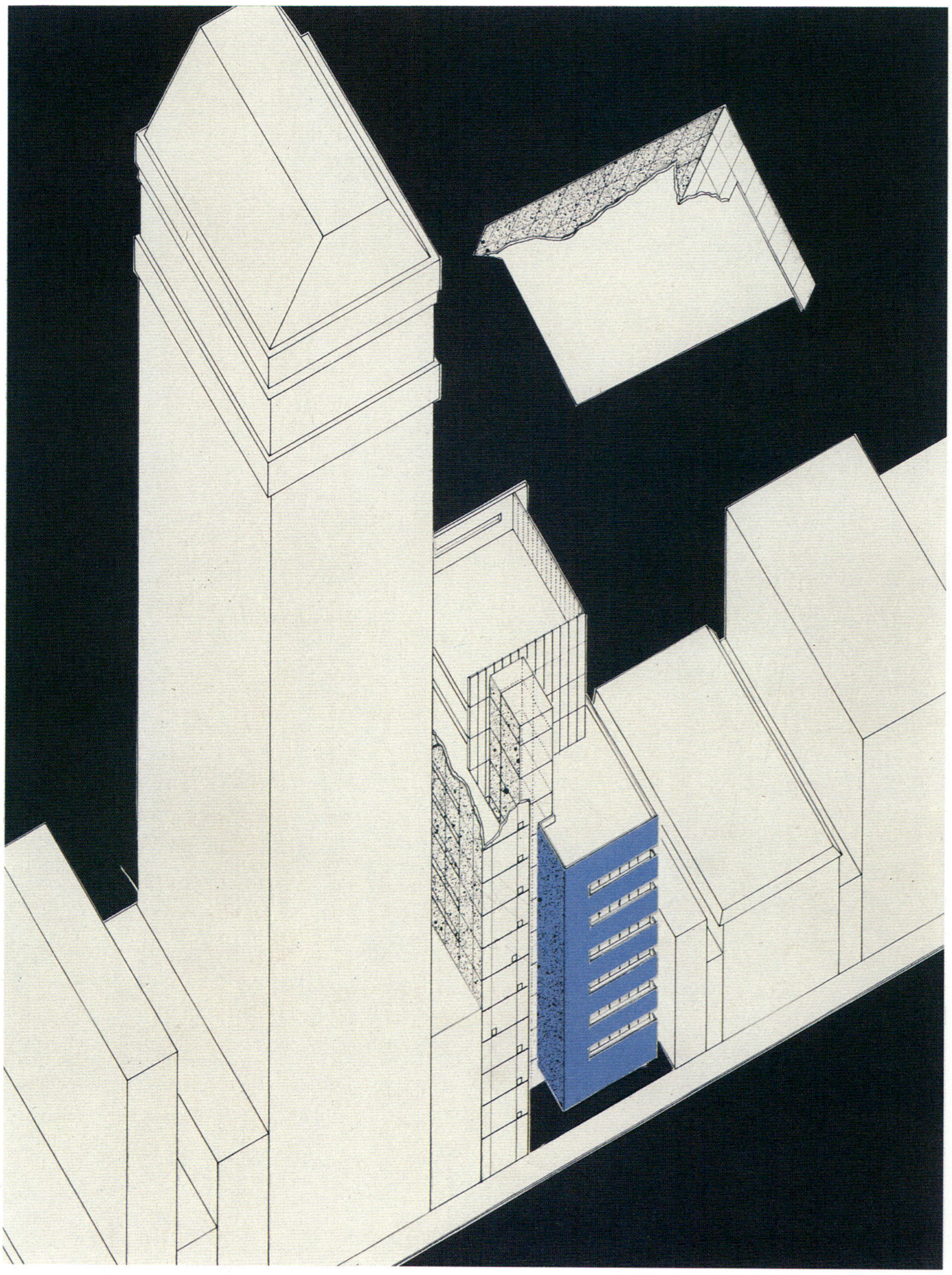

Pascal Quintard-Hofstein

PQH Projects

MIDRISE ON WEST 42ND STREET [20]

West 42nd Street, New York, NY
Projekt, 1986

Design Team: Pascal Quintard-Hofstein und
Veronique Berthon

Bürogebäude an der West 42nd Street, zwischen
7th und 8th Avenue.
● Antwort auf die Baugesetzgebung: ein ›Mid-rise‹.
● Ein verankertes Gebäude: die monolithischen
Materialien sind angehoben, die durchscheinen-
den Materialien sind verankert.
● Eingangssystem: der dazwischenliegende
Raum, die Lücke. Eintreten zwischen zwei Volu-
mina.
● Der Aufzugschacht ist ein von der Straße aus
sichtbares vertikales Bewegungsmoment.
● Ein leerer Raum unter dem Dach: eine ›Mid-Sky
Lobby‹.
● Eine Bewegung in Richtung Hudson River.

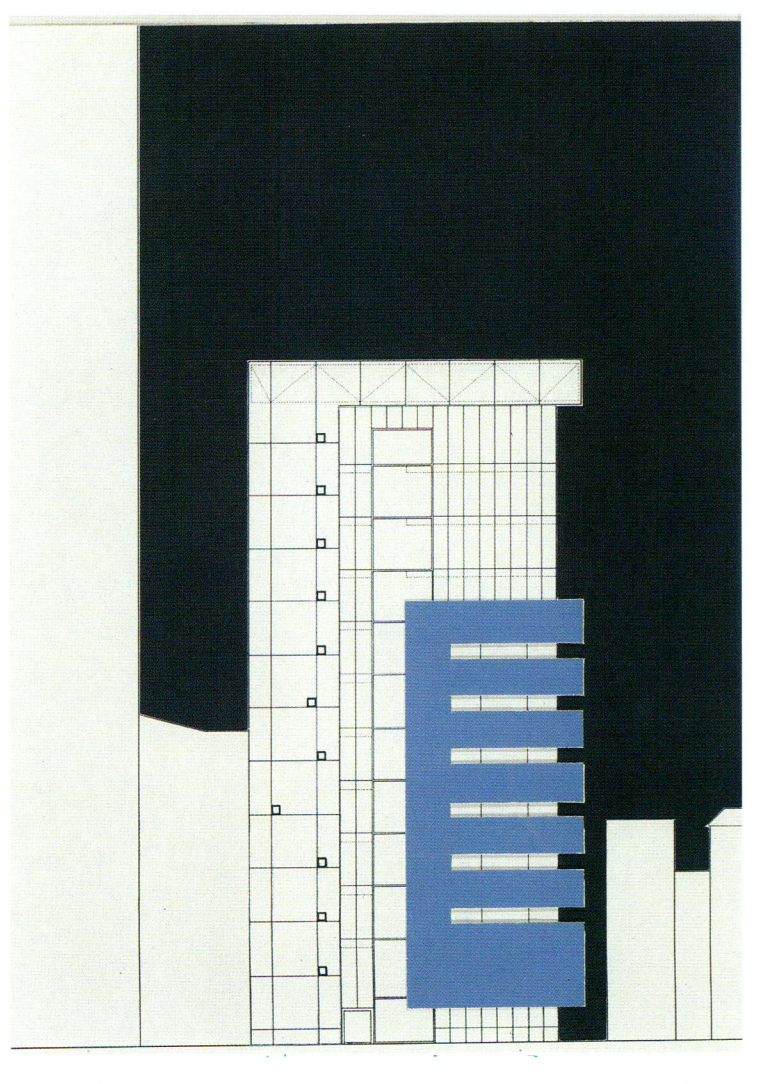

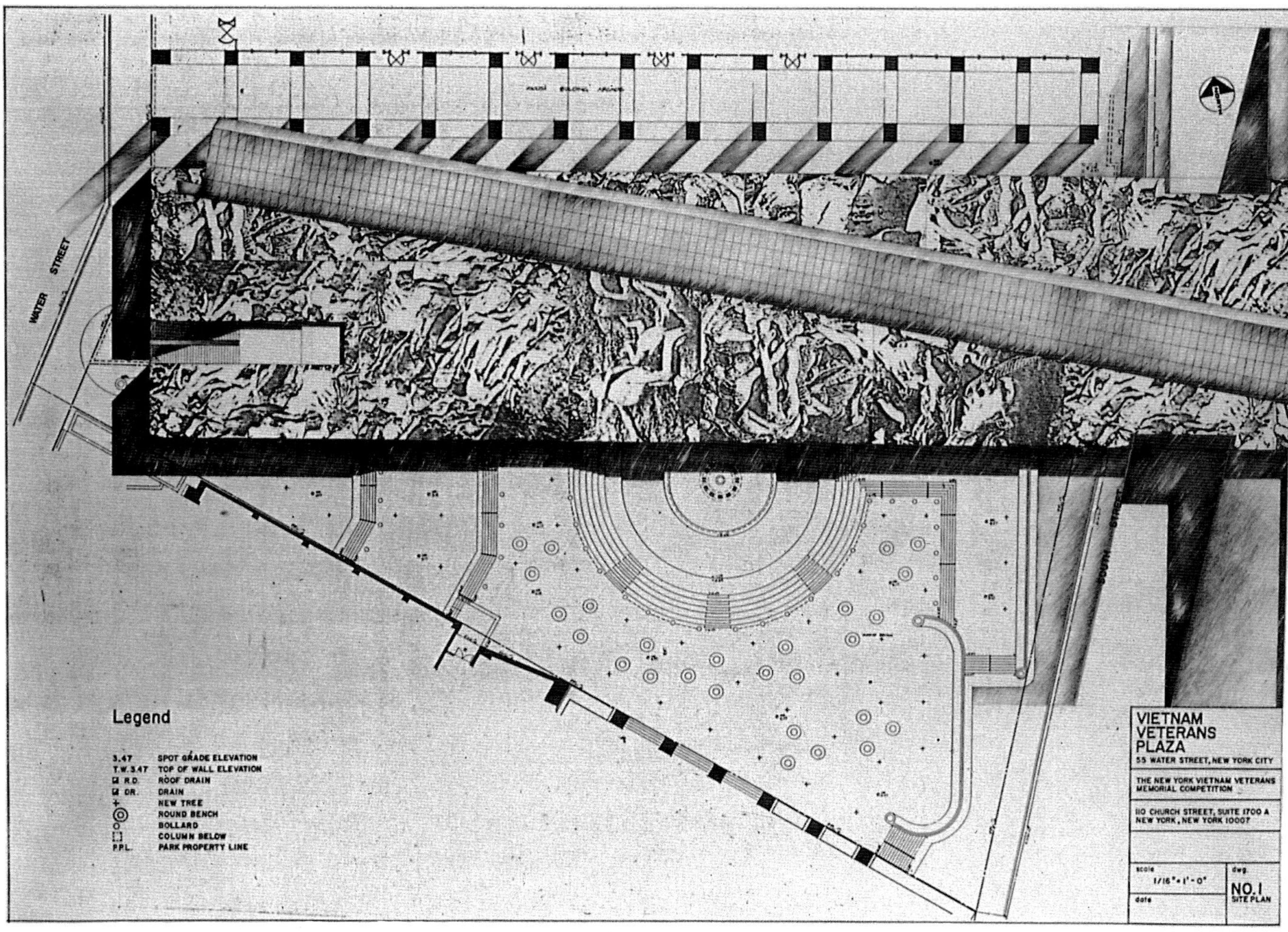

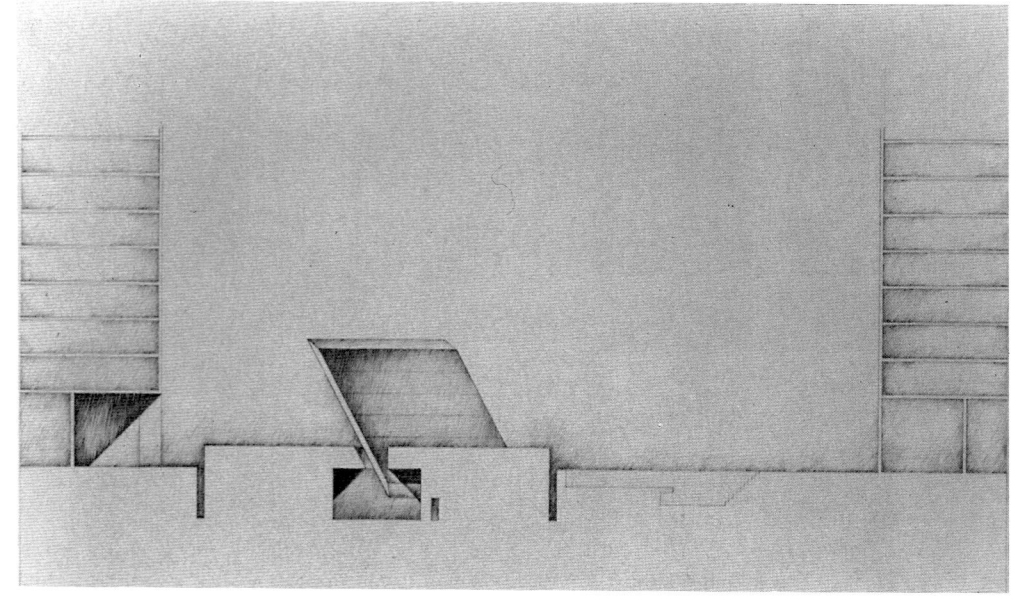

George Ranalli

VIETNAM VETERANS MEMORIAL [3]

Vietnam Veterans Plaza, New York, NY, 1984

KRIEG DER VERZWEIFLUNG – KRIEG DER ATTENTÄTER

Der Vietnamkrieg stellt den Inbegriff der Vergeudung und Zerstörung dar. Es handelt sich nicht um einen Krieg im Sinne einer heroischen Anstrengung zur Abwehr einer bösen Macht in der Welt. Er entstand aus einer Verflechtung von Politik, Wirtschaft und ausgeprägter Paranoia und führte daher zur Verzweiflung. Wir haben begriffen, wie

sinnlos und ungerecht dieser Einsatz war und welche Scham und Schande er auf uns als Volk gebracht hat. Der Vietnamkrieg hat unser Land in einem Maße demoralisiert und gespalten, daß wir immer noch damit befaßt sind, unsere emotionalen und physischen Wunden zu verarzten und zu heilen. Aus Vietnam heimzukehren war nicht dasselbe wie aus Deutschland oder Japan zurückzukommen. Dem Zweiten Weltkrieg lag ein moralisches Anliegen zugrunde. In Vietnam galten Mord, Attentat und Verstümmelung als Lebenshaltung. Die Soldaten kehrten voller Angst und Verwirrung in eine gleichermaßen verängstigte und verwirrte Gesellschaft zurück. Keiner wußte, was zu tun war.

Die Errichtung eines Denkmals stellt eine starke, positive, symbolische Kollektivhandlung dar. Sie

unterstützt das sie erzeugende sozio-politische System. Es ist nicht möglich, ein negatives, singuläres Mahnmal zu erstellen bzw. eines, das nur den Tod symbolisiert, ohne die zu seiner Herstellung notwendigen politischen Grundlagen zu stärken. Dies bedeutet eine Fortsetzung des Dilemmas. Früheren Zeiten, in denen man Denkmäler baute, war dieser Konflikt, diese Qual unbekannt. Jegliches Denkmal, das für diesen Krieg oder im Gedanken an jene im Kampf Gefallenen errichtet wurde, fand unausweichlich die Unterstützung der Regierung als positive Verifikation ihrer Handlungsweise.

Das von mir vorgelegte Projekt ist ein Denkmal für meine Freunde und Kollegen sowie für alle anderen in Vietnam Getöteten. Es soll ein gezeichnetes Denkmal bleiben, um die Sinnlosigkeit ihres Todes zu symbolisieren. Die Zeichnung stellt sowohl ein Denkmal als auch einen Protest dar. Sie will sich nicht zur Schürung weiterer Konflikte, in denen unnötigerweise Menschen sterben, oder für Kriege, die aufgrund der gesetzeswidrigen, schändlichen Aktivitäten unserer Regierung ausbrechen, mißbrauchen lassen. Ich widme dieses Denkmal meinen ermordeten Freunden. Das beste Mahnmal zu ihrem Gedenken besteht in der Verweigerung, mit einem Entwurf dazu beizutragen, diese Art der Aggression fortzusetzen. Wahre Denkmäler können nur bestehen, wenn die Herzen und Seelen der Menschen in einer gemeinsamen Sache vereint sind, der Suche nach Wahrheit und Gerechtigkeit.

George Ranalli

RANALLI STUDIO   [13]

109 West 15th Street, New York, NY, 1982 – 1983

Durch den Umbau eines alten Industriegebäudes in New York sollte eine kleine Wohnung mit einem Studio entstehen. In den vorhandenen offenen Raum wurde gegenüber einem großen Holzfenster eine Reihe neuer Formen eingebracht. Statische und dynamische Elemente, die kompakt und massiv wirken, enthalten in Wirklichkeit Ankleideräume, Schränke, Eßtische und Schlafzimmer. Dies ist aufgrund einschneidender volumetrischer Manipulationen möglich, die zudem bewirken, daß in sämtliche Räume Licht einfallen kann. Die plastische Eigenschaft des Materials läßt Formen und Räumlichkeit hervortreten und macht seine Präsenz in dem großen, lichterfüllten Raum geltend, den Schattenbildungen noch größer erscheinen lassen.

Eine glatte Putzfläche ist Ausgangspunkt und Untergrund für kostbarere Materialien. Der Eßtisch ist in eine Halterung aus Stahl und Messing eingebettet, die in einen Einschnitt im Putzgrund eingelassen ist. Ein T-Profil aus Stahl, das an dem Verankerungselement befestigt ist, springt nach außen zu einem Sockel aus unbearbeiteten Stahlformen vor. Das langgestreckte, gespannte Profil wird von den vertikalen Platten des Sockels aufgenommen. Das Gebilde trägt eine dünne Platte aus poliertem grünem Marmor. Die Treppen bestehen aus furniertem Sperrholz mit Messingkanten. All dies steht im Kontrast zu dem vorhandenen weißen Raum mit seiner groben Steinmauer und dem Holzfußboden. Bei diesem Entwurf wurde besonderer Wert auf das Zusammenspiel von Form, Material und handwerklicher Gestaltung gelegt.

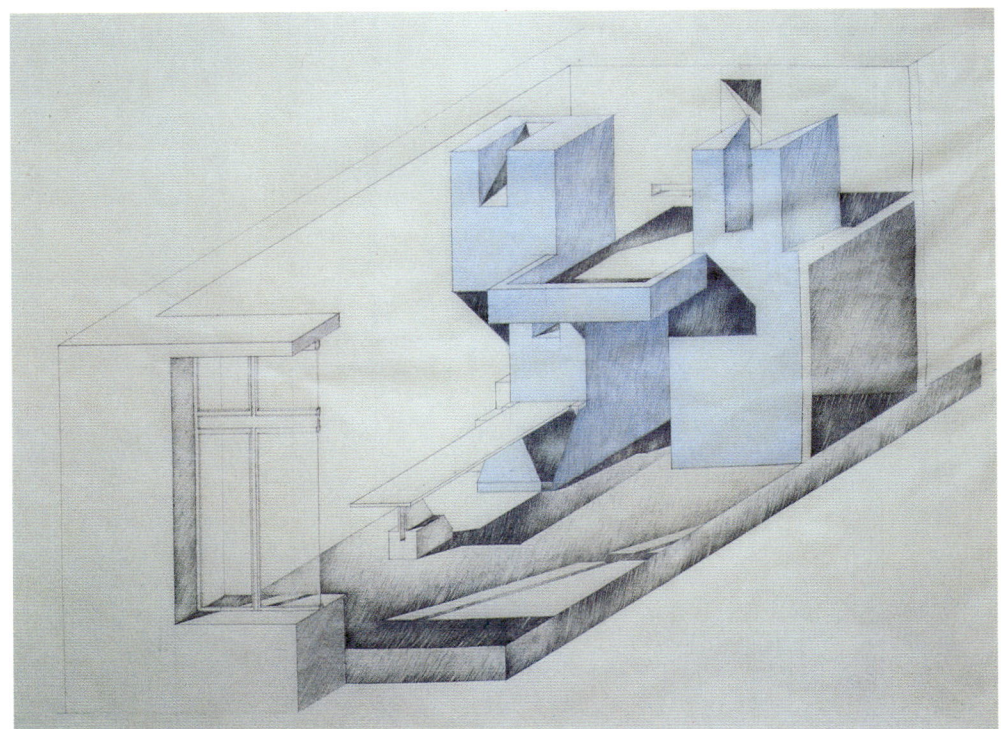

George Ranalli

FIRST OF AUGUST STORE (51)

860 Lexington Avenue, New York, NY, 1975 – 1976

Bei dem Projekt ›First of August‹ handelt es sich um die Renovierung eines Geschäfts für Damenoberbekleidung. Dabei sollte das zweite Geschoß mit Ausstellungsraum, Umkleidekabinen, einem Kassenbereich sowie einem Kosmetiksalon umgestaltet und eine neue Fassade, die den zweiten Stock mit dem vorhandenen ersten Geschoß verbindet, errichtet werden. Um sich von den Fassaden der benachbarten Geschäfte zu unterscheiden, wurden aufdringliches Kommerzgebaren und Reklametafeln vermieden.

Die neue Fassade erweitert den Innenraum bis an die zulässige Bebauungsgrenze und schafft so eine vertikale Verbindung zwischen der ersten und zweiten Etage des Geschäftes sowie einen Eingang für die Hausbewohner. Die Stahlrasterkonstruktion ließ eine Formgebung zu, die maximale Offenheit mit Solidität der Konstruktion verbindet. Geschweißte Stahlteile sind für die Ausdehnung des Dialogs der Stofflichkeit von Bedeutung. Das Skelett wurde in einer Werkstatt in Teilen vorgefertigt und am Ort zusammengesetzt. Die neue Fassade, die alte Brownstone-Mauer und die neue Innenwand bilden eine Abfolge von Räumen, die die Bewegung von der Straße in das Gebäudeinnere gestalten. Sie berichten darüber hinaus von allen stofflichen Möglichkeiten zur Errichtung einer Wand.

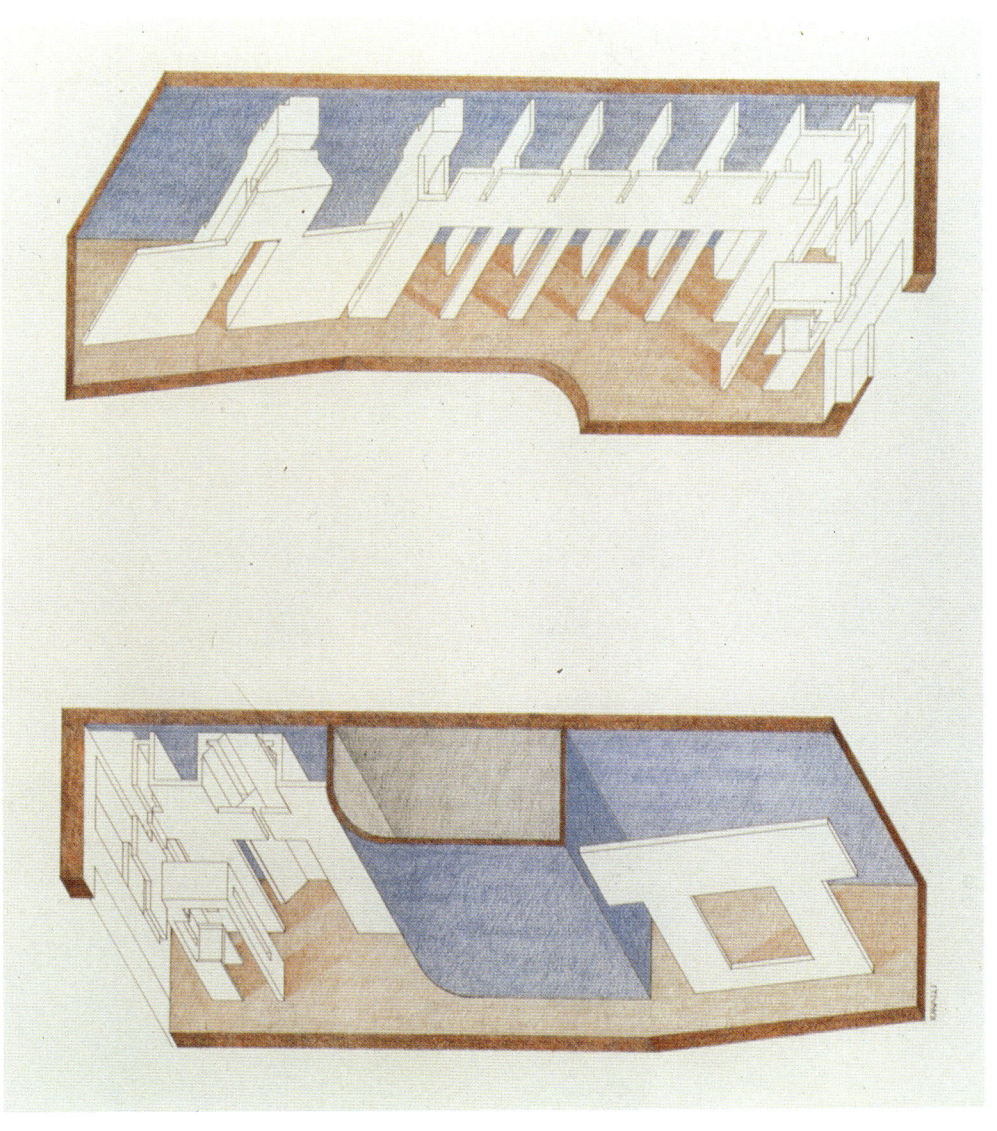

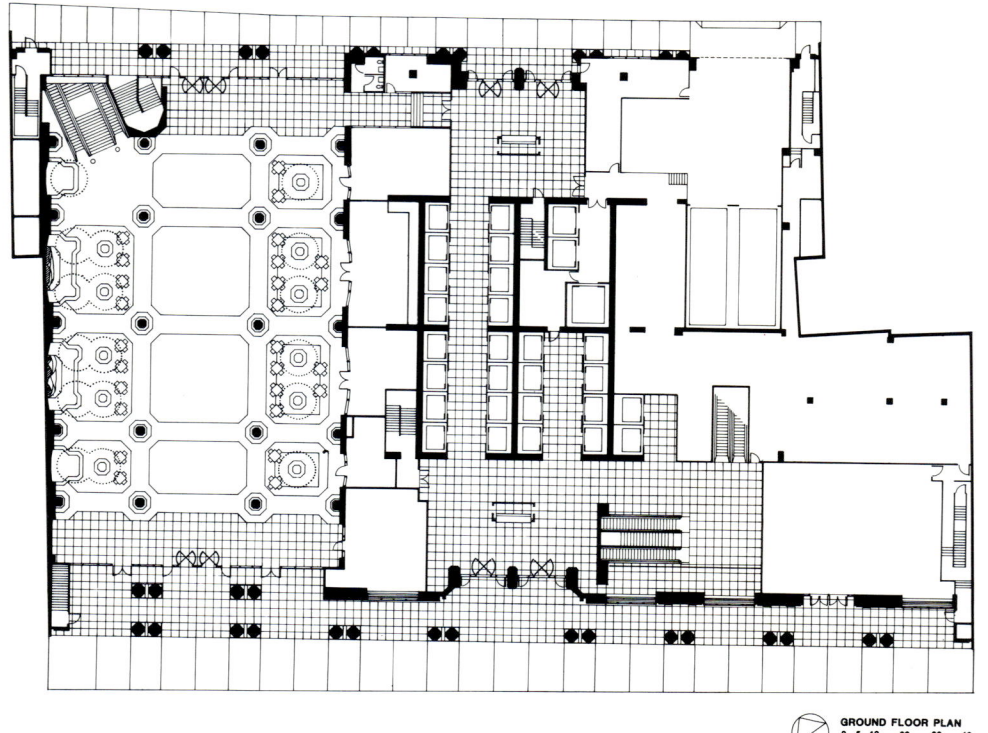

GROUND FLOOR PLAN
0 5 10 20 30 40

Kevin Roche John Dinkeloo and Associates

J. P. MORGAN HEADQUARTERS [4]

60 Wall Street, New York, NY, 1988

Bei mehreren Besuchen der Wall Street verfestigte sich der Eindruck, daß es sich bei dem engen schluchtartigen Charakter der Straße um ein einzigartiges Attribut handelt, das es zu erhalten galt; aus diesem Grund werden im Entwurf Fluchtlinie und Gesimshöhe durch eine Arkade beibehalten. Die Vorstellung der Säule wird auf schematische Weise genutzt, um der Form des Gebäudeschafts Ausdruck zu verleihen, und erscheint wieder am oberen Ende als durch eine Reihe von Erkerfenstern erzeugte illusionistische Vorstellung. Bei der Curtain Wall wurden als Materialien grauer und grüner Granit, bronzierte Aluminiumstreben sowie antiksilbernes reflektierendes Glas verwendet; für die horizontalen Streifen in den zurückgesetzten Flächen des Hochhauses wurde anstelle von Granit mit Keramik hinterlegtes Glas eingesetzt. Das Mansarddach, in dem mechanische sowie von Mikrowellen und Satelliten betriebene Kommunikationsanlagen untergebracht sind, versucht, eine Beziehung zu den übrigen Hochhäusern der Wall Street herzustellen, von denen einige charakteristische pyramidenförmige Bekrönungen aufweisen.

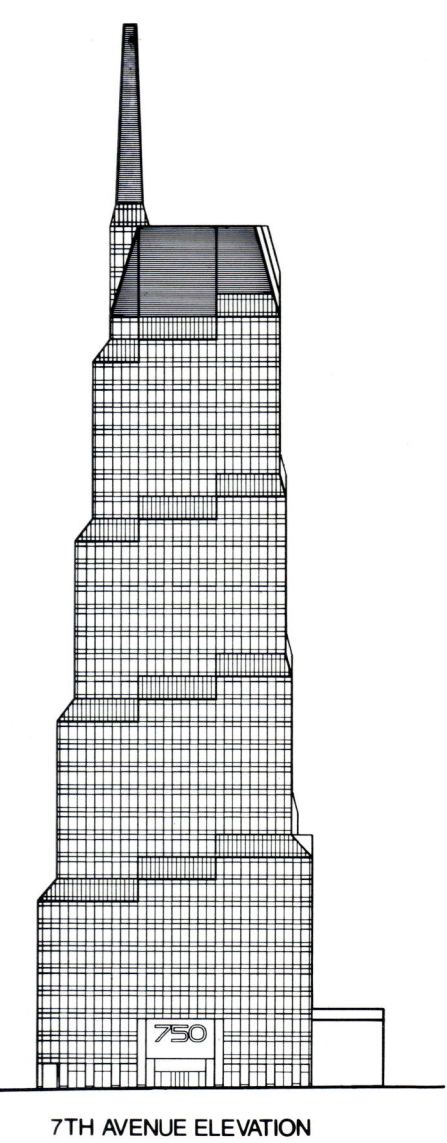

7TH AVENUE ELEVATION

Kevin Roche John Dinkeloo and Associates

750 SEVENTH AVENUE [34]

750 Seventh Avenue, New York, NY, 1989

Das Gebäude liegt auf einem schmalen Insel-grundstück am nördlichen Rand des gesondert ausgewiesenen Theater-Bebauungsbereichs am Times Square. Vorgeschriebene Rücksprünge be-grenzen die maximale Geschoßfläche, so daß sich ein Gebäude mit stufenweisen Rücksprüngen er-gibt, das zunächst als Grundlage für frühe Studien zur Massengruppierung diente. Um nicht die stati-sche Form kleiner werdender, gestapelter Schachteln zu wiederholen, ist der Turm spiralför-mig angelegt, was ihm eine hohe Dynamik verleiht. Um den Bedürfnissen des Immobilienmarktes ent-gegenzukommen, der nach größtmöglichen und

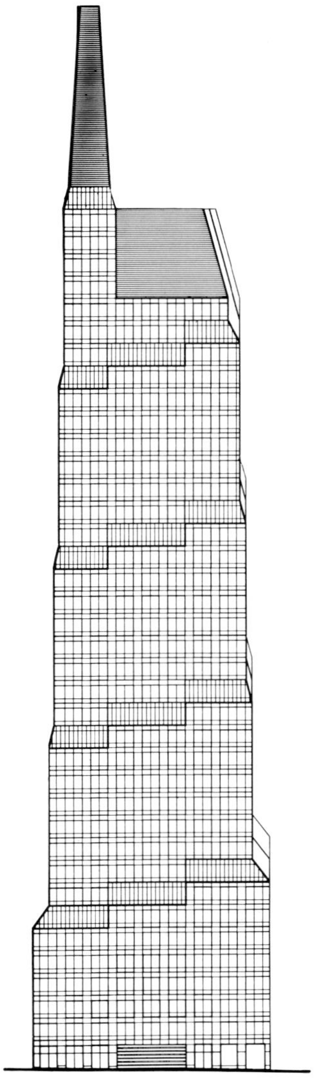

49 TH STREET ELEVATION	BROADWAY ELEVATION	50 TH STREET ELEVATION

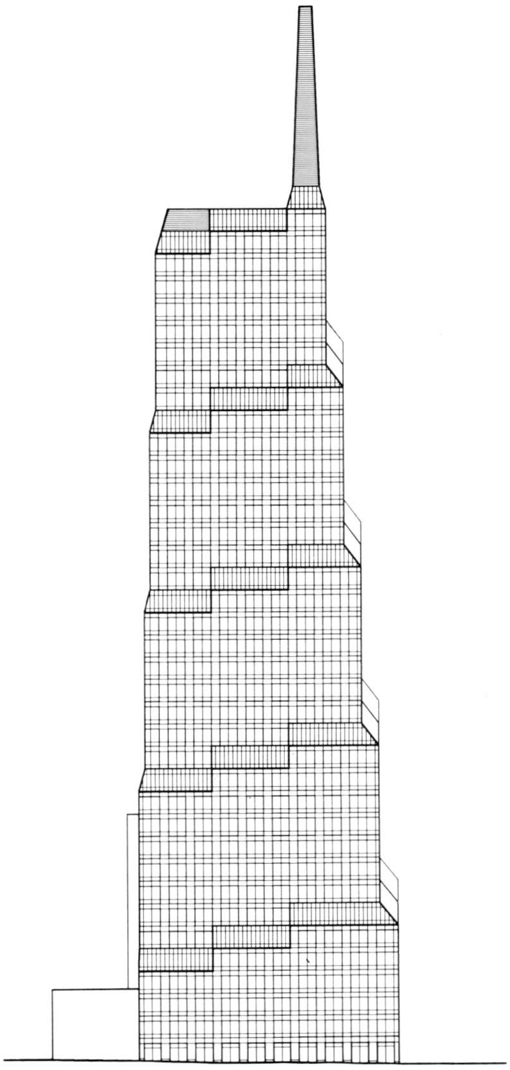

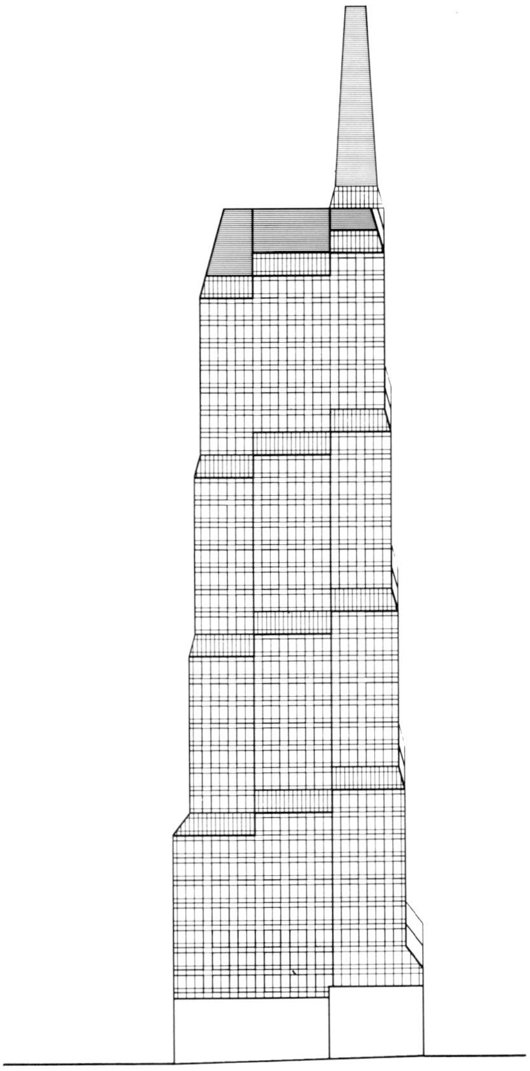

5TH FLOOR PLAN

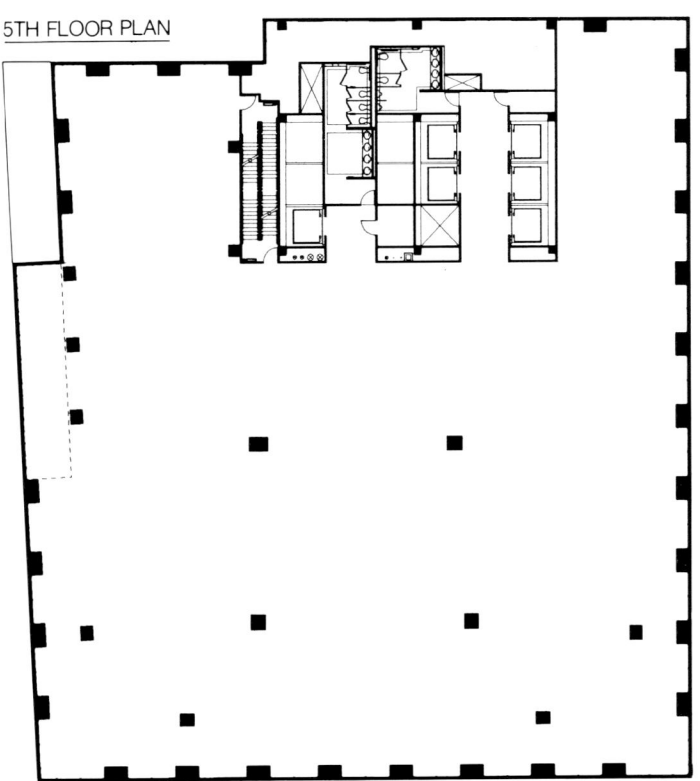

32ND FLOOR PLAN

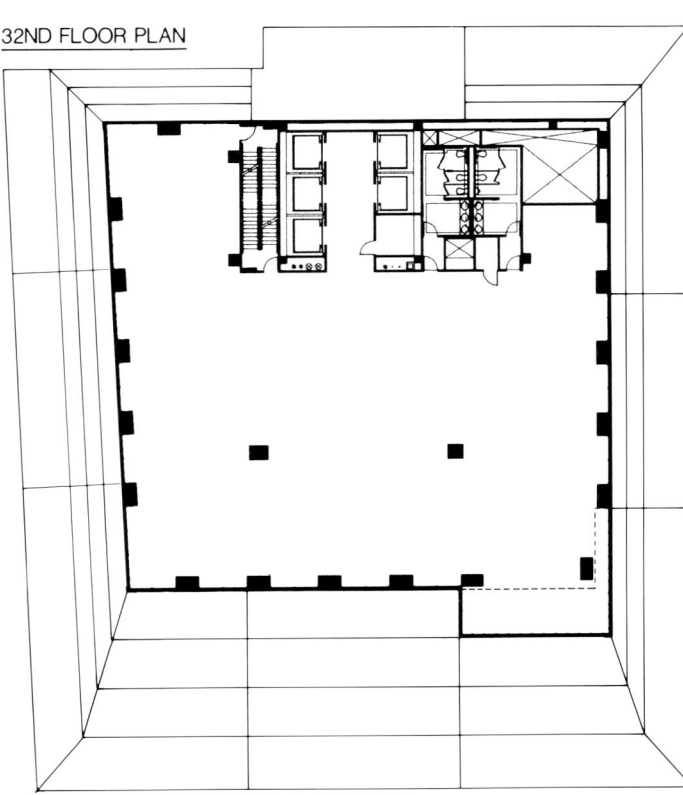

flexiblen Geschoßflächen verlangt, wurde der Kern nach Norden verlagert, wodurch den Bauvorschriften entsprochen werden kann. Die Grundflächen reduzieren sich von 2000 qm auf etwas mehr als 900 qm. Versorgungs- und Theaterräume liegen oberhalb des Straßenniveaus, um 1640 qm Leerfläche für die direkt in die Fassade integrierten Werbeschilder zu schaffen, ohne dadurch den Blick aus den Büros zu stören. Auf der Grundlage eines Rasters von 1,5 × 3 m ist das Gebäude gänzlich mit Glas verkleidet, wobei die horizontale und vertikale Struktur durch emailbeschichtetes Glas sichtbar wird und die Fensterflächen aus dunkelgrauem, reflektierendem Glas bestehen. Der sich verjüngende Bau mit seinem etwas unruhigen Charakter erinnert an eine Zikkurat, ein uralter Typus, dessen Form in der zum Bauen verwendeten Konstruktionsrampe ihren Ursprung hat.

Kevin Roche John Dinkeloo and Associates

UNITED NATIONS PLAZA I UND II   [44]

zwischen 43rd – 45th Street und First – Second Avenue, New York, NY, 1969 –1976

Als Reaktion auf mehrere Anfragen seitens der Vereinten Nationen beschlossen die Stadt und der Staat New York eine besondere öffentliche Körperschaft als Entwicklungsgremium zu gründen, das die Präsenz der Vereinten Nationen in Manhattan unterstützen sollte. Der ursprüngliche Bebauungsplan für das Grundstück zwischen 43. und 45. Straße und 1. und 2. Avenue sah 450 000 qm Bürofläche, ein Hotel mit 600 Gästezimmern sowie einen großen Komplex mit Läden und Dienstleistungsbetrieben vor. Das Projekt umfaßte drei 40geschossige Hochhäuser, die durch einen 150 m hohen überdachten Innenhof verbunden werden sollten, der sich über dem Parkdeck befindet. Dieser Entwurf berücksichtigt die Existenz eines Teils von ›Tudor City‹, einer frühen, äußerst erfolgreichen Wohnanlage, sowie der U. S. Botschaft bei den Vereinten Nationen auf diesem Gelände. Auch eine Brückenverbindung über die 1. Avenue zu den Souterrainebenen des Komplexes der Vereinten Nationen wurde erwogen, was dem Personal der Vereinten Nationen einen geschützten Zugang vom Hotel und von einigen Bürotrakten ermöglicht hätte. Bei den neuen Gebäuden war vorgesehen, im Abstand von jeweils zehn Stockwerken eine zusätzliche Serviceebene einzurichten.

Bedingt durch lokalpolitische Entscheidungen sowie durch eine neue Entwicklung des Grundstückmarktes Anfang der siebziger Jahre wurde der Entwurf jedoch auf ein einzelnes Hochhaus mit Büroraum in den unteren 26 Geschossen und einem Hotel in den oberen Etagen reduziert. Später wurde das Projekt durch einen zweiten Turm mit ähnlicher Größe und Nutzung (Büros und Hotel) ergänzt.

Die Fassade des ersten Turmes wird mit blaugrünem, in ein kleinformatiges Rastermuster unterteiltem Glas verkleidet, wobei das Raster von 15 cm breiten horizontalen Aluminiumbändern sowie 7,5 cm breiten vertikalen Aluminiumstreben unterstrichen wird. Die Form der Türme wurde durch verschiedene Faktoren bestimmt: einmal durch die Bebauungsvorschriften, durch die unterschiedlichen Erfordernisse des Büro- und des Hoteltrakts (letzterer darf nur eine Breite von 18 bis 20 m aufweisen), durch die Vorgabe, eine Beziehung zu der benachbarten, niedrigen Bebauung herzustellen, und natürlich durch gewisse ästhetisch-skulpturale Aspekte.

Die Verkleidung des zweiten Turmes besteht aus dem gleichen gerasterten Glas wie die des ersten Baus; die äußere Form wird vor allem durch eine Abschrägung von 45 Grad auf der Südseite bestimmt, die den Ausblick auf den Fluß ermöglicht und den Blick nach Westen vom ersten Gebäude aus unbeeinträchtigt läßt.

Die an der 44. Straße gelegene Eingangshalle sowie die Einfahrt werden von beiden Hotelgebäuden gemeinsam genutzt. Der Entwurf umfaßt auch die Innenausstattung der Hoteletagen. Bei der Eingangshalle sorgen eine Folge unterschiedlich geformter Kuppeln für die Beleuchtung der Rezeption; im Foyer finden sich glasverkleidete Stützen, deren Form von den Pfeilern im Central Park Zoo übernommen ist. Die Ausstattung eines kleineren Foyers erinnert an den Wisteria Garden im Central Park. Für das Vordach, das den Bürgersteig überfängt, wurde eine Sondergenehmigung gegeben, weil das ganze ursprüngliche Gelände von der Stadt als speziell designiertes Entwurfsareal für die Vereinten Nationen ausgewiesen ist. Normalerweise sind solche Vordächer in New York City nicht erlaubt.

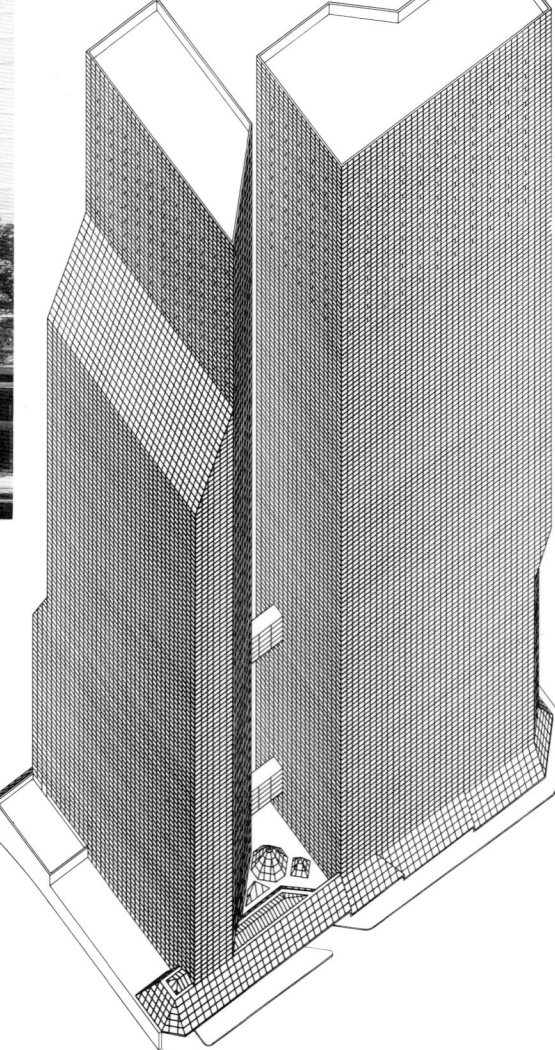

216

Smith-Miller + Hawkinson

SOHO GALLERY [9]

141–145 Wooster Street, New York, NY, 1985–1988
Design Team: Henry Smith-Miller, Laurie
Hawkinson

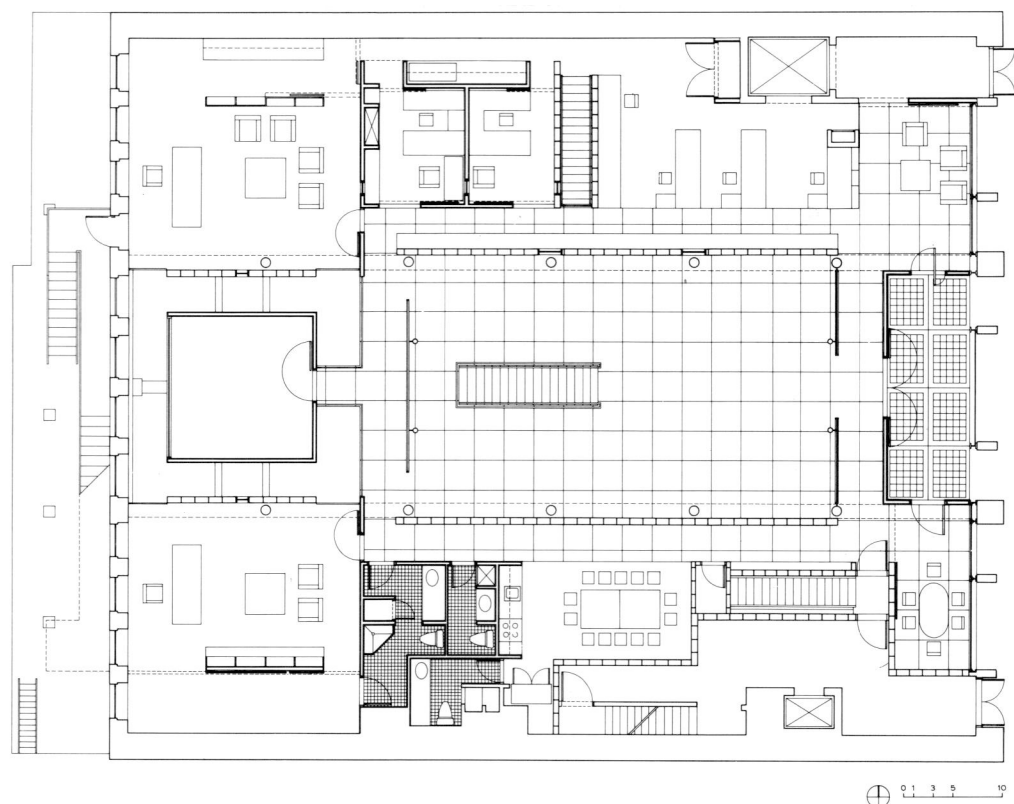

Dieser früher von der DIA Art Foundation für
Workshops genutzte Fabrikraum von 900 qm an
der Wooster Street wurde saniert und soll künftig
einer privaten Galerie und einem Kunstverlag als
Büro und Ausstellungsfläche dienen. Aus Sicher-
heitsgründen müssen die Räumlichkeiten eine
Überwachungsanlage haben; zum anderen müssen sie den Auflagen des Denkmalschutzes der
Stadt New York Genüge leisten.

Sowohl auf Straßen- als auch Kellerniveau wird
die vorhandene Konstruktion, d. h. tragende Außenwände und offene Stützenhalle im Inneren,
durch die Anordnung und Entwicklung der neuen
Elemente, ihre Gestaltung und Materialdetails einbezogen und fortgeführt.

Der offene Ausstellungsraum und die zentrale
Treppe mit gläsernen Setzstufen führt vom Eingangsbereich auf Straßenniveau zu dem Schau-
raum im darunterliegenden Keller auf der Rückseite des Gebäudes. Der ›architektonische Weg‹

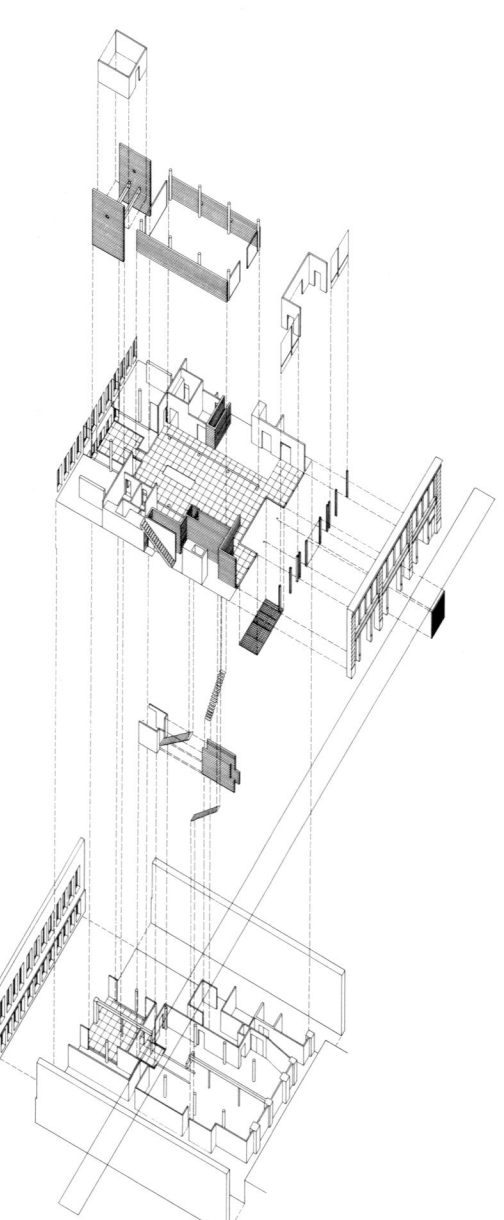

von der Straße zum Hof durchquert Grundriß und
Schnitt des Stockwerks und zeigt gleichzeitig die
Anlage der Galerie sowie ihren de-konstruktiven
und re-konstruktiven Zustand. Das konstruktive
System des Gebäudes aus Pfosten und Balken
wird von der Treppe bewußt unterbrochen und auf
der Rückseite des Gebäudes in dem Ausstellungsraum und der sich über zwei Geschosse erstrek-
kenden Öffnung freigelegt. In dieser Öffnung liegt
der vorhandene Innenwandaufriß der Gebäude-
außenwand frei und wird zur vierten Wand dieses
Raumes.

Neue opake Stützmauern aus Betonblöcken,
die parallel zu den vorhandenen Wänden liegen,
sind als Gegensatz zu durchscheinenden, mit
Sandstrahl behandelten Glasschichten sichtbar.

Die doppelgeschossige Öffnung und der opake,
kompakte Ausstellungsraum auf der Rückseite
des Gebäudes wird auch auf die neue Straßen-
front übertragen. Die Vorrichtung zur Straßenfassade wird einerseits dem Programm gerecht, vermittelt andererseits die Vorstellung von Sicherheit
und restrukturiert gleichzeitig die Proportionen
des Gebäudes. Die implizite ›Lücke‹ bleibt auf
Straßenniveau sichtbar, während eine Folge von

Doppelfalttüren, die auf Schienen montiert und mit
Stahlpaneelen belegt sind, die Gebäudekante von
offen bis geschlossen graduell abmildern. Proportionen und Detailgestaltung der Türen und Paneele sollen das bestehende Ordnungsschema
des Gebäudes wieder aufnehmen und betonen
und gleichzeitig Raum für die Plazierung eines
konstruktionsfremden Pilasters bieten. In den
großzügigen Räumlichkeiten beiderseits der zentralen Galerie sind die Verwaltungsräume untergebracht.

Die Inneneinrichtung und Beleuchtung wurde
ebenfalls von Smith-Miller + Hawkinson entworfen.

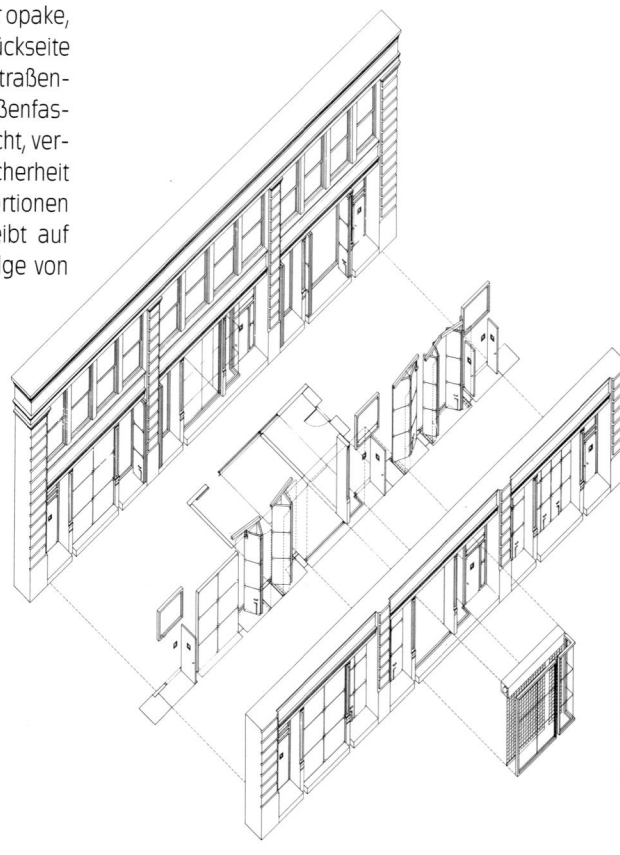

EAST ELEVATION   SECTION   SECTION   WEST ELEVATION

0 2 4   8   16 feet

Robert A. M. Stern Architects

RESIDENCE

Brooklyn, New York, NY, 1983–1986
Design Team: Alan Gerber, Anthony Cohn,
David Eastman, William Georgis, Warren A. James,
Kristin McMahon

Dieses freistehende Einfamilienhaus liegt auf einem schmalen Grundstück in einer etablierten Wohngegend. Der Entwurf versucht, die für die benachbarten Häuser typischen architektonischen Motive zu verfeinern und durch die Qualität und den Charakter der Detailgestaltung sowie die vielfältige Mischung der Materialien eine unverwechselbare Identität zu schaffen. Sockel- und Erdgeschoß sind durch abwechselnde Bänder aus rotem Backstein und Granit rustiziert, während das darüberliegende Geschoß mit cremefarbenem Verputz verkleidet ist. Die Mauern sind von Flügelfenstern aus gestrichenem Stahl durchbrochen und werden von einem mit glasierten grünen Ziegeln gedeckten Walmdach überfangen. Die Dachfenster dienen als Obergaden für die Badezimmer des zweiten Stockwerks und geben der Hausmitte zusätzliches Licht.

Die Räume sind um eine Eingangshalle gruppiert, die sich über zwei Stockwerke des Hauses erstreckt und in einer vergoldeten Kuppel gipfelt. Die beschränkten räumlichen Verhältnisse werden einerseits durch eine großzügig bemessene Deckenhöhe von 3,6 m visuell erweitert und andererseits durch die Anordnung der Räume entlang einer Achse, die optisch Platz von den benachbarten Fluren und Zimmern borgt.

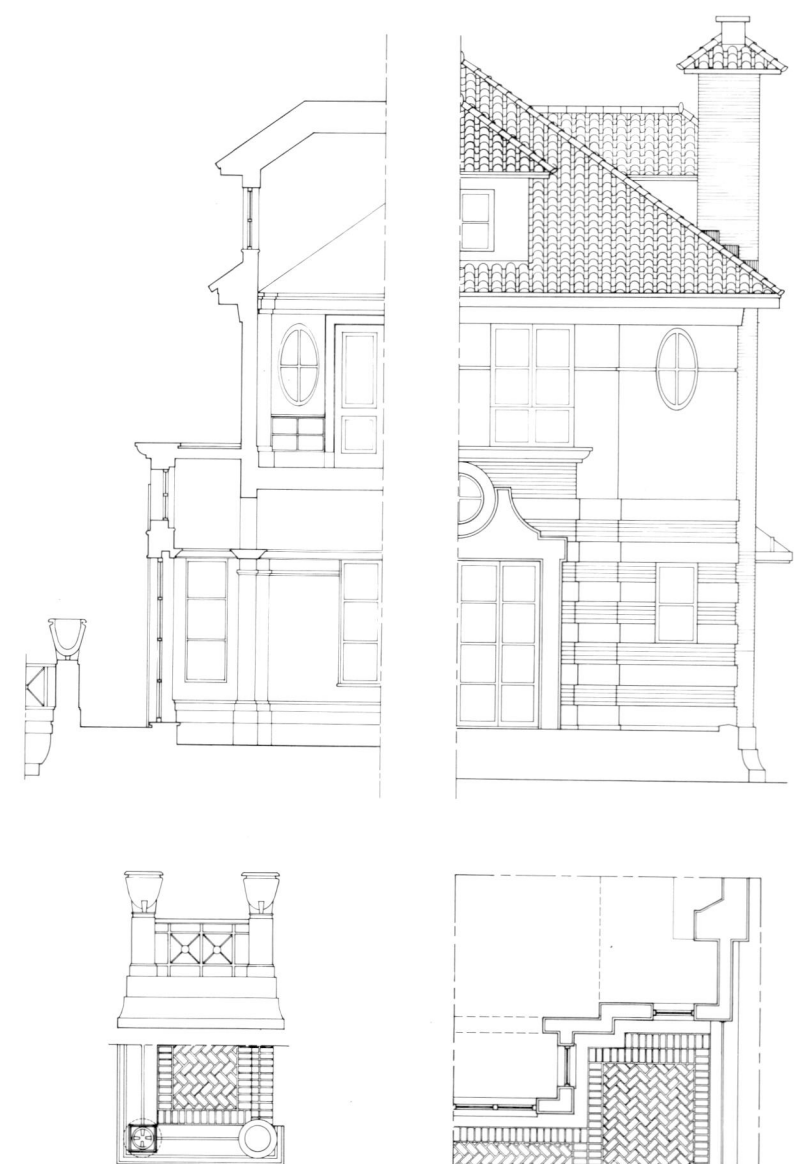

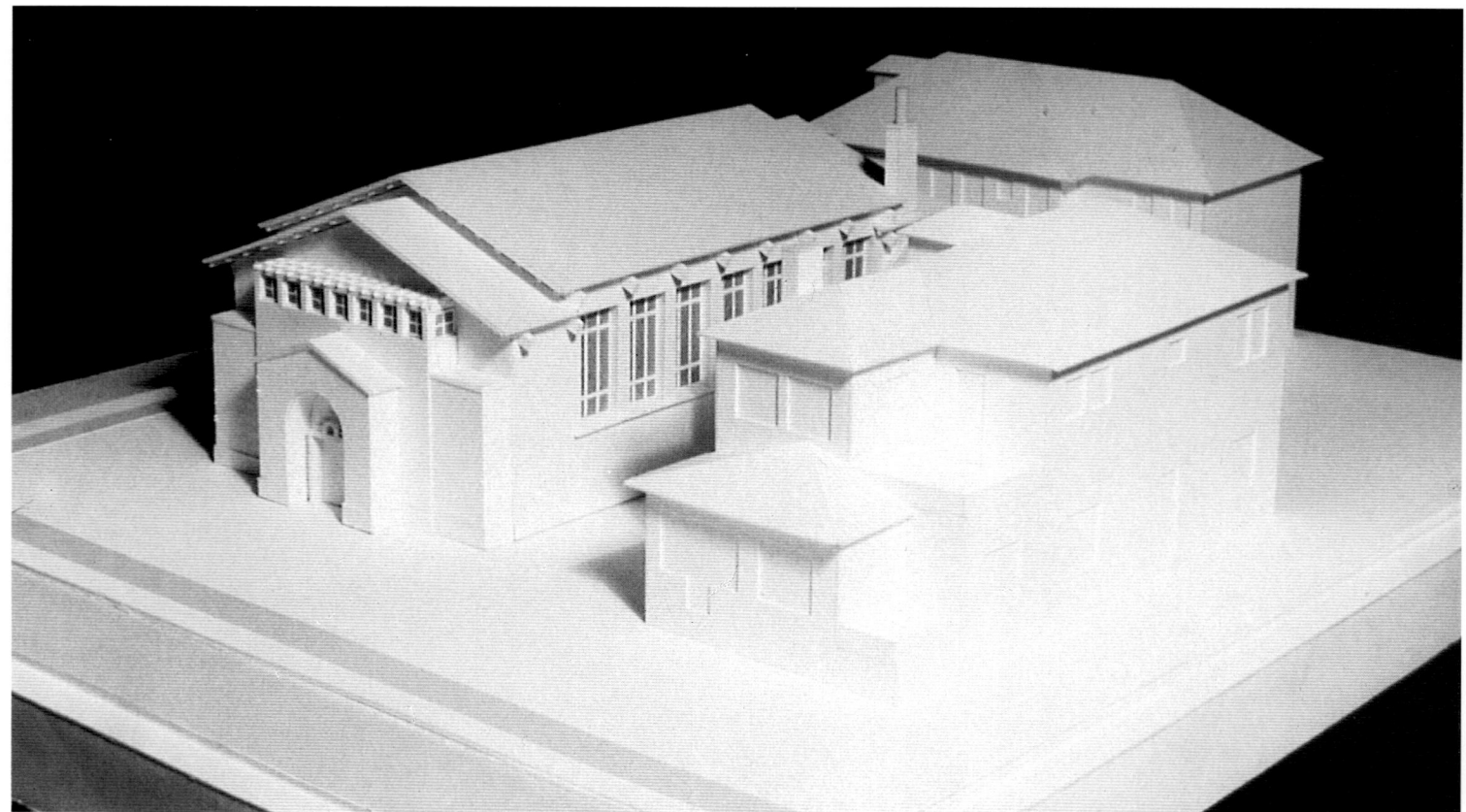

222

Robert A. M. Stern Architects

CONGREGATION KOL ISRAEL [75]

3211 Bedford Avenue, Brooklyn,
New York, NY, 1988
Design Team: Thomas A. Kligerman, Augusta
Barone, Victoria Casascao, Peter Dick, Caryl Kinsey,
Timothy Lenahan

Diese Synagoge für eine wachsende Gemeinde steht auf einem Eckgrundstück in einer etablierten Wohngegend. Die Massengruppierung wurde so konzipiert, daß entlang der Hauptstraße ein städtischer Maßstab gezeigt wird, während an der von Wohnhäusern bestandenen Querstraße eine intimere Eingangsfassade entsteht. Der Außenbau aus Backstein, Stein und Kacheln paßt die mediterrane Formensprache der umgebenden Häuser dem öffentlichen Maßstab und Zweck des neuen Gebäudes an.

Um einer ansonsten übergroßen Gemeinde Platz zu bieten und doch den strikten Bebauungsvorschriften über Rücksprünge und Höhenbeschränkungen zu entsprechen, wurde das gesamte Grundstück ausgehoben; durch diese Maßnahme entstand Platz für ein ausgedehntes Sanktuarium unterhalb des Erdniveaus. Man betritt das Gebäude über ein Zwischengeschoß; von dort begeben sich die Gemeindemitglieder entweder eine Ebene höher auf die Emporen oder eine Ebene tiefer in den Hauptandachtsraum.

SOUTH ELEVATION

INTERIOR EAST ELEVATION

223

The Stubbins Associates

CITICORP CENTER [45]

Lexington Avenue, New York, NY, 1973–1978

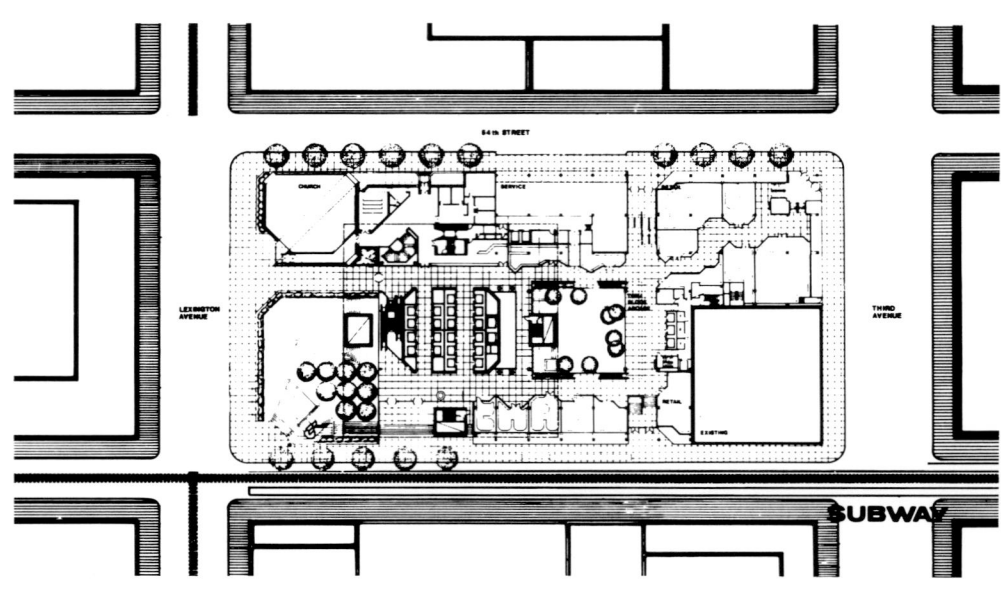

Eine der bemerkenswertesten Besonderheiten des Projekts stellt der Aufriß des von vier Pfeilern getragenen, 35 m hohen Turmes dar. Die Pfeiler sind jeweils in der Mitte der Turmseiten angeordnet, so daß die Ecken freitragend in den Raum vorkragen. Diagonal und zickzackförmig verlaufende Träger unter der Fassade des Turmes verteilen die Last von Winddruck und Schwerkraft einfach und ökonomisch auf die Pfeiler.

Dieser besondere Entwurf wurde von mehreren Faktoren stark beeinflußt: von Bebauungsvorschriften, der Politik der Grundstückszusammenlegung sowie von wirtschaftlichen und ästhetischen Gesichtspunkten. Das Gelände bot die Gelegenheit, das Projekt durch einen tiefergelegenen Platz, der mit dem U-Bahnbereich verbunden ist, an das bestehende Untergrundzwischengeschoß unter der 53. Straße anzuschließen. Der wichtigste Teil des Grundstücks befand sich im Besitz der Lutheranischen Kirche St. Peter's. Der um die Jahrhundertwende entstandene neogotische Kirchenbau mit Nebengebäuden nahm etwa 30% der Fläche ein. Durch die Anhebung des Turmes und die freischwebenden Ecken wurde es möglich, einen weiteren, vom Volumen des Turmes unabhängigen Baukörper auf das Grundstück zu setzen.

Die abgeschrägte Spitze des Turmes bildet ein weiteres charakteristisches Merkmal. Im ursprünglichen Konzept waren hier 100 Wohnungen vorgesehen. Jede Wohneinheit sollte über einen überdachten, nach Süden gelegenen Balkon verfügen. Dies war aus baurechtlichen und kommunalpolitischen Gründen dann nicht durchführbar. Die Form der Bekrönung war jedoch derartig signifikant, daß sie beibehalten wurde. Den Hauptteil des Innenraumes nehmen nun Kühltürme und mechanische Anlagen ein. Auf der Schrägfläche können Sonnenkollektoren angebracht werden, was beim heutigen Stand der Technologie jedoch noch nicht wirtschaftlich ist.

Jedes Geschoß umfaßt 2267 qm. Auf den 13,7 m zwischen Gebäudekern und Außenwand wird der flexible Büroraum von keinerlei Stützen unterbrochen. Es wird durchgängig ein Baumodul von 1,25 m verwendet. Für die Fahrstühle wurde ein System von Tandemaufzügen mit zwanzig in drei vertikale Zonen gegliederten Schächten (40 Kabinen) gewählt. Die Beförderungskapazität ist mit einer Geschoß/Kabinenrelation von nahezu 1:1 außerordentlich hoch. Helle, reflektierende Aluminiumpaneele und reflektierende doppelte Isolierverglasung bilden die äußere Verkleidung des gesamten Komplexes.

Zu den unteren Teilen der Anlage zählt ein siebengeschossiges, von oben beleuchtetes Atrium (Galleria). Die ersten drei Ebenen des Atriums werden von Geschäften eingenommen, auf den vier oberen Ebenen sind Büroräume untergebracht. Von der 53. und 54. Straße aus erreicht man die Galleria über eine durchgehende Passage. Von der Third Avenue und Lexington Avenue aus bestehen ebenfalls Zugangsmöglichkeiten.

Eine einheitliche Backsteinpflasterung sorgt für den visuellen Zusammenhalt sämtlicher öffentlicher Verkehrswege innerhalb der Galleria, auf den Bürgersteigen und auf dem Vorplatz.

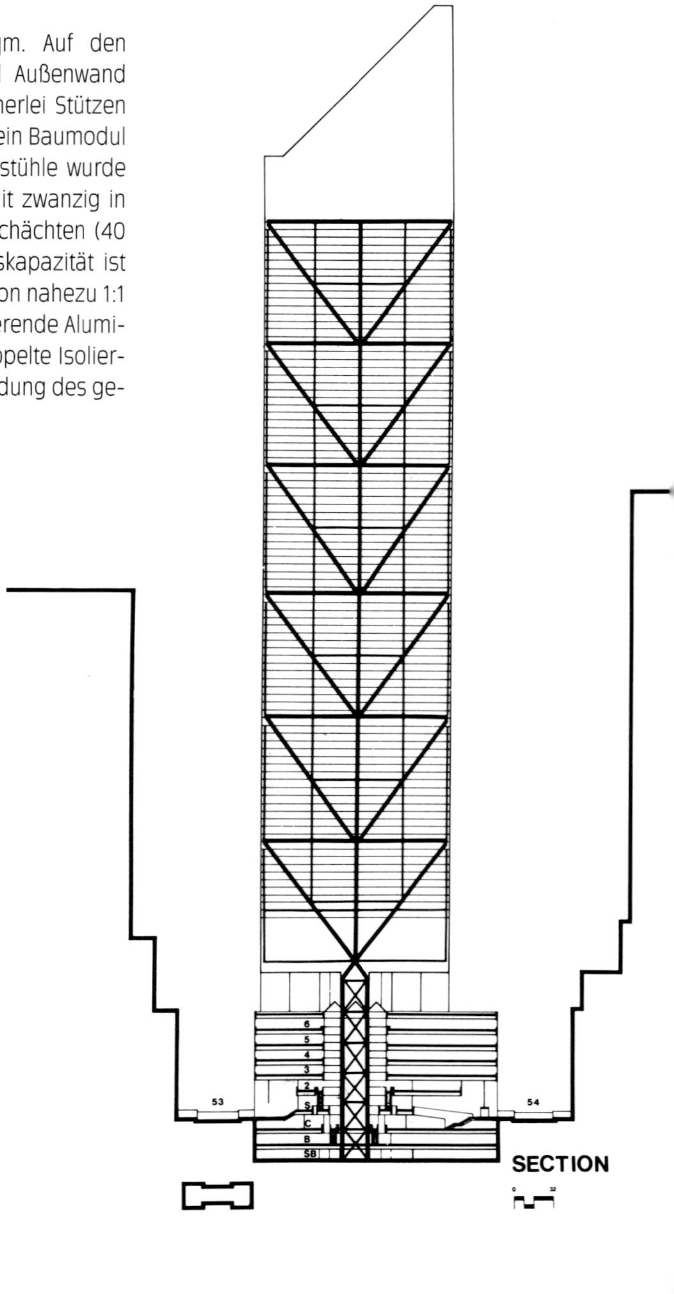

SECTION

Swanke Hayden Connell

FREIHEITSSTATUE [69]

Liberty Island, New York, NY, 1986

Der National Park Service übertrug dem Büro eine dreifache Aufgabe: die Restaurierung der Statue als Skulptur, als Bauwerk und als Symbol; ein neues Transportsystem für Besucher innerhalb des Sockels; sowie die Einrichtung eines neuen Museums innerhalb der Befestigung am Fuß der Statue.

Die Problemanalyse nahm mehr als ein Jahr Arbeitszeit in Anspruch. Zeichnungen waren verloren oder zerstört. In dem Bemühen, das Funktionieren der Statue zu verstehen, wurden in Paris, am Bartholdi Museum im Elsaß sowie bei sämtlichen verfügbaren Quellen in New York und Washington D. C.

Nachforschungen betrieben. Die Forschungsreise führte die Architekten zum Gebrauch von Modellen, Computeranalysen, chemischen Testverfahren sowie Photogrammetrie. Mit Hilfe dieser Techniken gelang ihnen die Bestimmung der Problemgebiete und die Empfehlung passender Lösungen.

Um das Museum im Sockel und einen passenden, eindrucksvollen Eingang zu gestalten, wurde ein in den sechziger Jahren errichteter Eingangsbau entfernt. Danach konnte der Centennial-Eingang auf einer monumentalen gepflasterten Promenade zentriert werden. Die Centennial-Türen dieses Eingangs werden im Bronzegußverfahren hergestellt und sind mit skulpturalen Reliefs in zehn Feldern geschmückt, die die Geschichte der gegenwärtigen Restaurierung erzählen. Die beiden jeweils 6,4 m hohen und 1,4 m breiten Türen stellen einen würdigen Eingang zu diesem bedeutenden Monument dar.

Nachforschungen und Experiment bewiesen, daß die Architekten mit ihrer Annahme, in dem Sockel befinde sich ein verschlossener Geheimgang, Recht hatten. Er wurde jetzt geöffnet, so daß die Besucher, die durch die Centennial-Eingangstüren eintreten, einen direkten Weg durch die Basis zu den Aufzügen und Treppen vor sich sehen. Die alte, im Jahre 1984 entfernte Fackel mit Flamme wurde im Zentrum der Großen Halle aufgestellt. Besucher können die Ausstellung auf beiden Seiten sowie auf den Emporen besichtigen oder über eine breite Treppe zu dem eindrucksvollen Sockelraum und per Aufzug zum Hohlraum der Statue gelangen. Von hier aus können sie die Wendeltreppe zur Krone erklimmen.

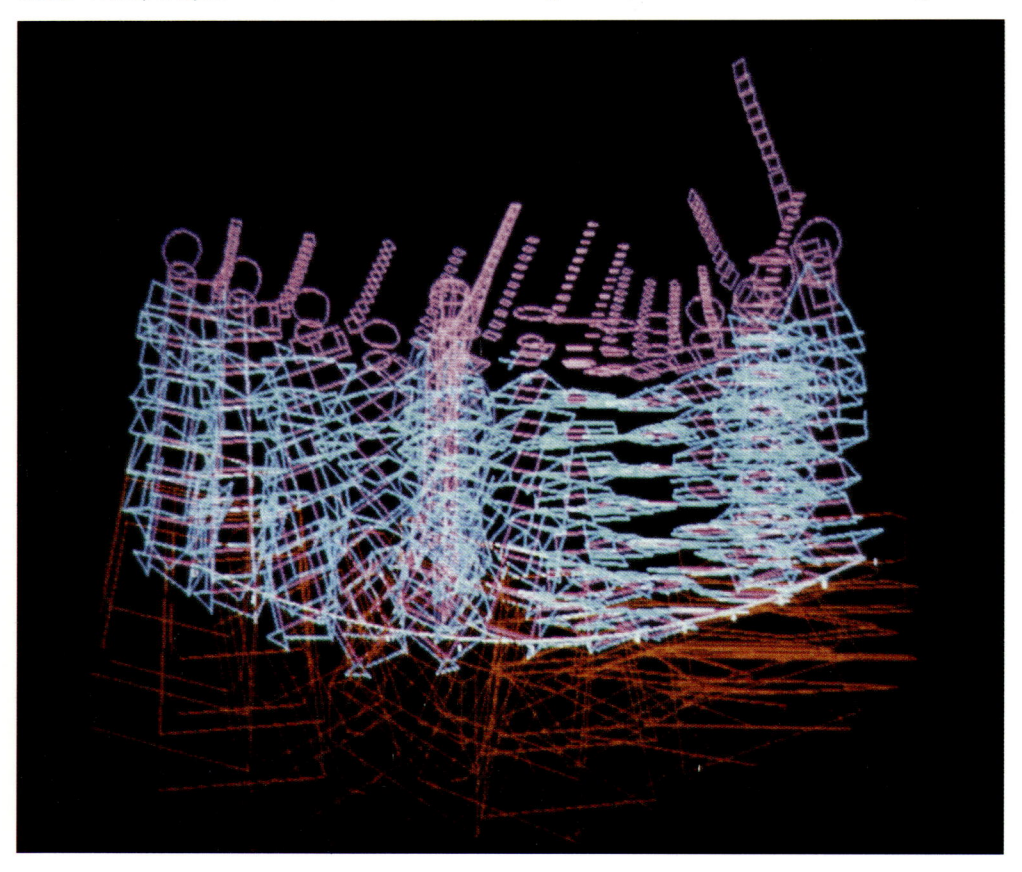

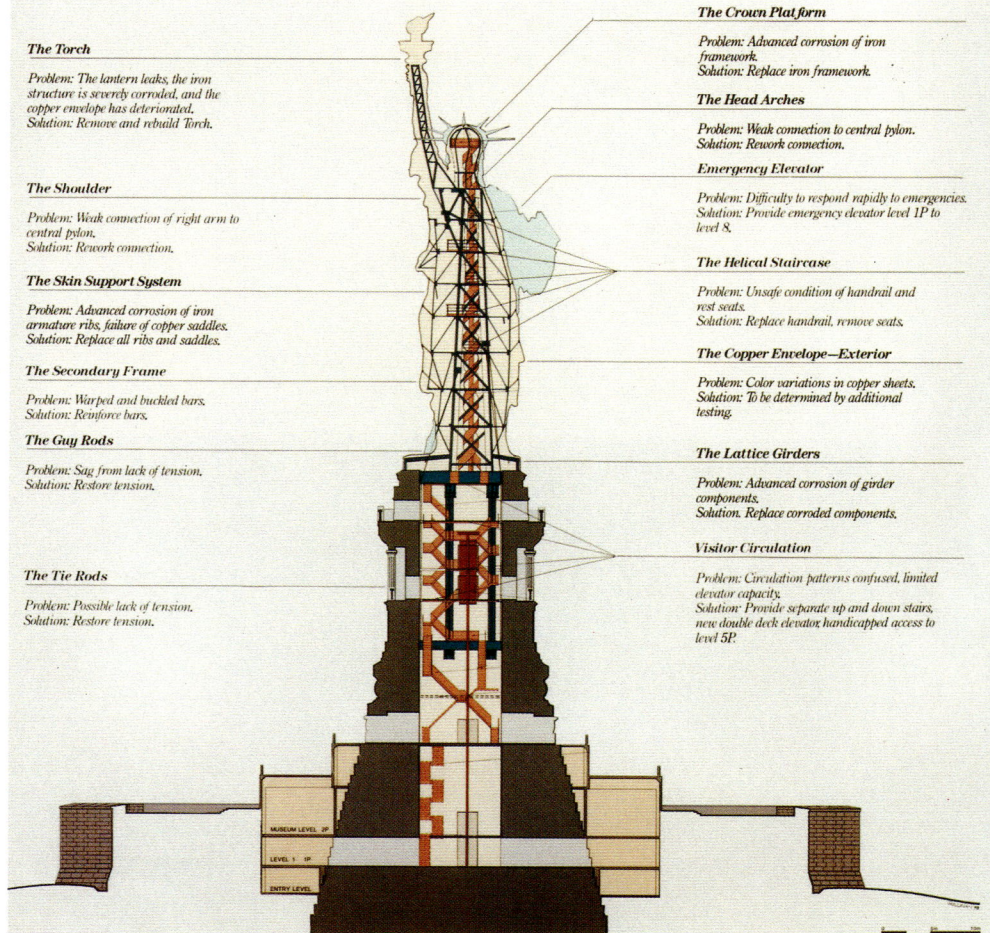

Swanke Hayden Connell

FELDMAN TOWER 45   [40]

120 West 45th Street, New York, NY, 1987–1988

Programm: 37 000 qm Büro- und Ladenfläche

Standort: Das 2600 qm große Grundstück liegt im Theaterbezirk von New York. Auf dem südlichen Grundstücksteil gilt es, einen dreistöckigen, markanten Theaterbau zu erhalten. Eine bestehende Nutzungsvereinbarung mit dem Eigentümer des Nachbargrundstücks schreibt einen 10,6 m breiten, 27,4 m tiefen und 53,3 m hohen Freiraum an der Ostgrenze des Erschließungsgeländes vor.

Lösung: Den wichtigsten Bestandteil des Projekts stellt der von der Nutzungsvereinbarung vorgegebene ausgedehnte Eingangsraum dar. Dieser 14geschossige Außenraum bietet den umliegenden Büros Ausblicke und Tageslicht und trägt zur Identität des Gebäudes an der Straße bei. Die Grundidee war, zwanzig lebende Bäume direkt auf den konstruktiven Seitenteilen des Innenhofs anzupflanzen, so daß das von Süden einfallende Sonnenlicht gefiltert wird und die Auswirkungen der Nordwinde auf den Innenhof gemildert werden. Die Bäume sorgen zudem für die dringend benötigte natürliche Komponente dieses hochverdichteten Raumes.

Der bewußt schlicht gehalten Turmteil des Projekts besteht aus L-förmigen Geschossen, die der Tradition des Theaterbezirks entsprechend mit gesprenkeltem Backstein und Kalkstein verkleidet sind. Auf Straßenniveau begründet der Kalksteinsockel einen zur benachbarten Bebauung passenden menschlichen Maßstab. In ähnlicher Weise dienen Kalksteinakzente am Turm dazu, die Größenordnung zu mildern und die Gliederung der Turmform zu verdeutlichen.

WEST 45TH STREET

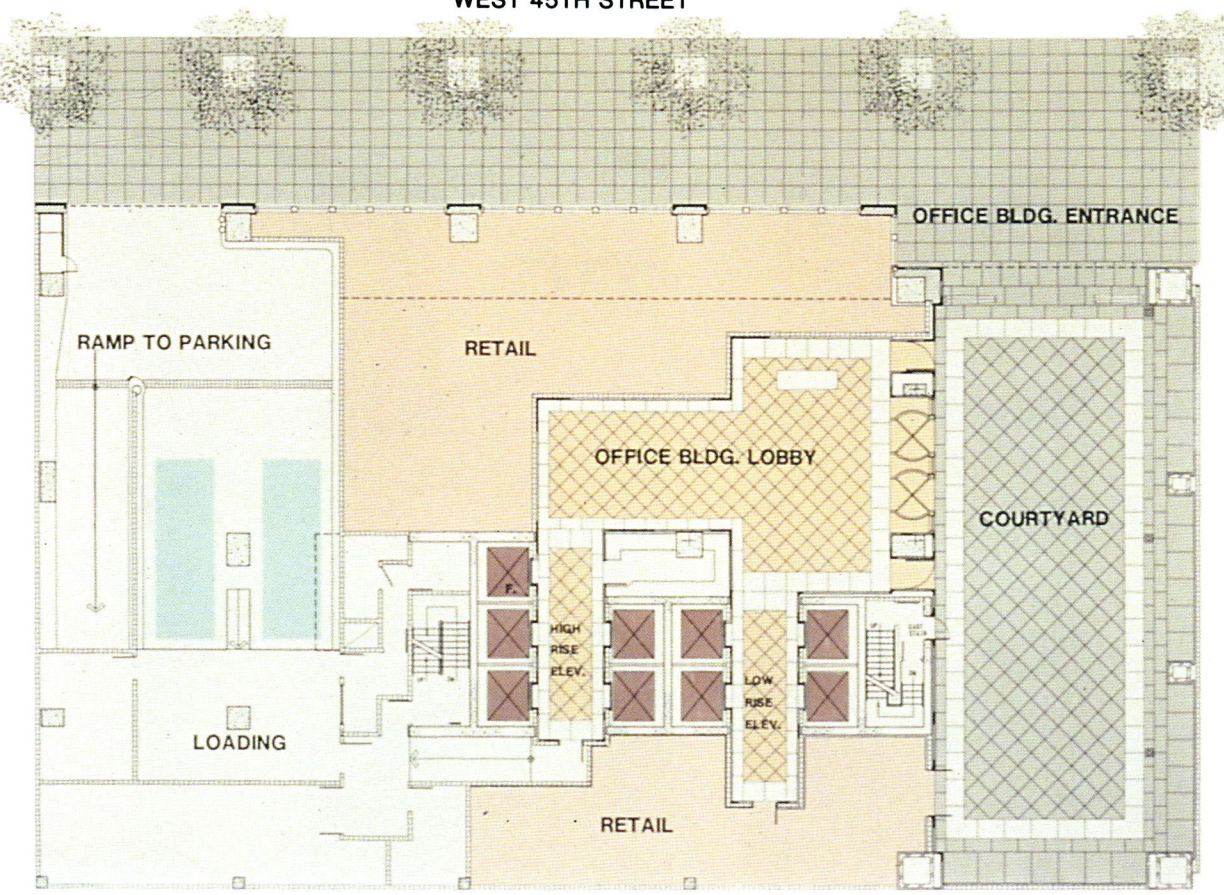

OFFICE BLDG. ENTRANCE

RAMP TO PARKING

RETAIL

OFFICE BLDG. LOBBY

COURTYARD

F.

HIGH RISE ELEV.

LOW. RISE ELEV.

LOADING

RETAIL

GROUND FLOOR PLAN
SCALE: 0 5 10 15

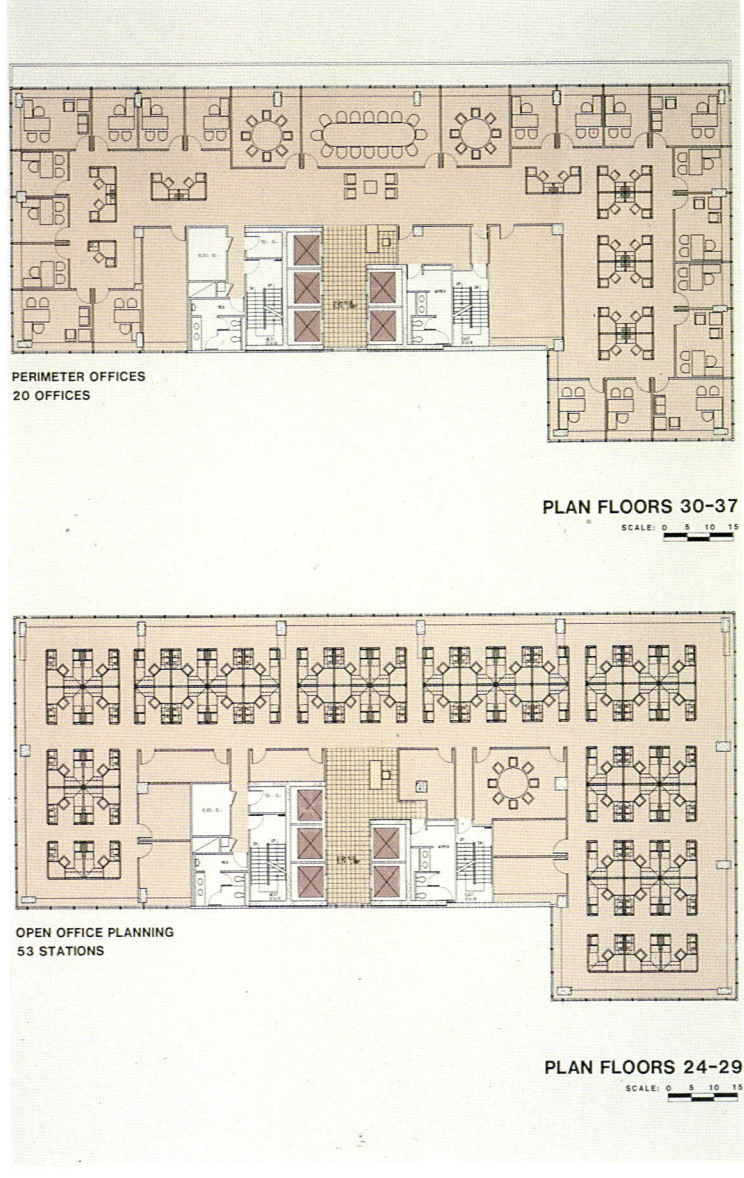

PERIMETER OFFICES
20 OFFICES

PLAN FLOORS 30-37
SCALE: 0 5 10 15

OPEN OFFICE PLANNING
53 STATIONS

PLAN FLOORS 24-29
SCALE: 0 5 10 15

229

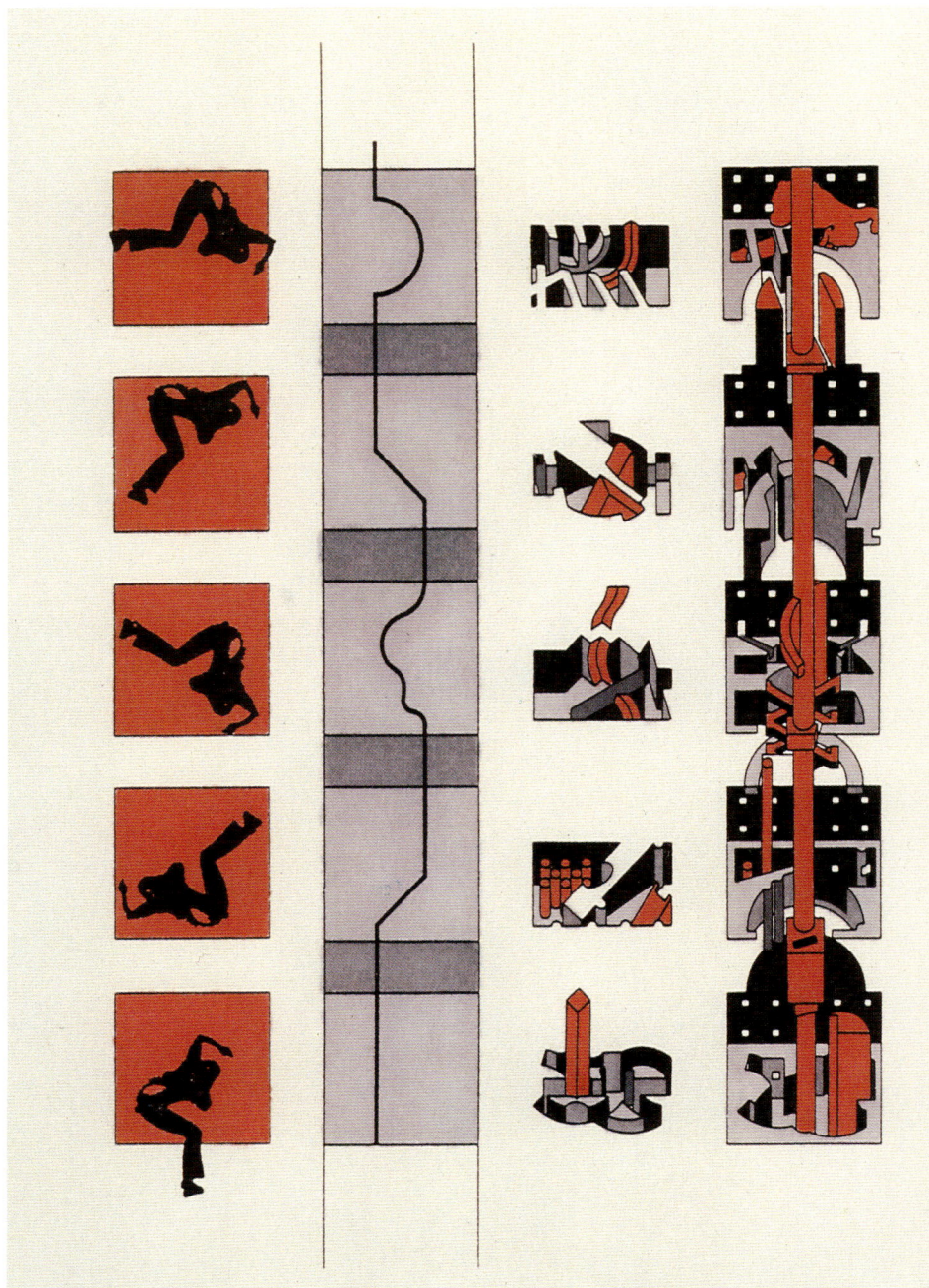

Bernard Tschumi Architects

THE MANHATTAN TRANSCRIPTS
New York, NY, 1977

Die ›Manhattan Transcripts‹ unterscheiden sich insofern von den meisten Architekturzeichnungen, als sie weder ein reales Projekt noch ein bloßes Phantasiegebilde zum Gegenstand haben. Sie beabsichtigen, eine architektonische Interpretation der Realität aufzuzeichnen. Zu diesem Zweck verwenden sie eine bestimmte, von Fotografien angeregte Struktur, die Ereignisse (einige würden sie als ›Funktionen‹, andere als ›Programme‹ bezeichnen) entweder lenken oder ›bezeugen‹. Gleichzeitig werden Räume von Grundrissen, Schnitten und Diagrammen umrissen und die Bewegungen der verschiedenen Protagonisten angegeben – jener Leute, die in die architektonische ›Kulisse‹ eindringen. Das Ergebnis ist einem Drehbuch von Eisenstein oder Bühnenanweisungen von Moholy-Nagy nicht unähnlich. Selbst wenn die ›Transcripts‹ zu einer eigenständigen Folge von Zeichnungen mit einer eigenen inneren Kohärenz werden, stellen sie doch in erster Linie ein Projekt dar. Ihr expliziter Zweck ist es, Dinge aufzuzeichnen, die normalerweise in herkömmlichen Architekturdarstellungen ausgespart bleiben, so die komplexen Beziehungen zwischen Räumen und ihrer Nutzung, zwischen Kulisse und Drehbuch, zwischen ›Typ‹ und ›Programm‹, zwischen Objekten und Ereignissen. Ihr impliziter Zweck hängt mit dem 20. Jahrhundert zusammen.

Die ›Transcripts‹ haben eine Folge von Disjunktionen zwischen Nutzung, Form und sozialen Wertvorstellungen zum Inhalt. Die fehlende Übereinstimmung zwischen Bedeutung und Sein, Bewegung und Raum, Mensch und Objekt stellt den Ausgangspunkt der Arbeit dar. Die unvermeidliche Konfrontation dieser Begriffe erzeugt jedoch Wirkungen von weitreichender Konsequenz. Letztendlich versuchen die ›Transcripts‹ eine abweichende Lesart von Architektur anzubieten, bei der Raum, Bewegung und Ereignisse zwar unabhängig sind, jedoch in einem neuen Verhältnis zueinander stehen, so daß die konventionellen Elemente der Architektur abgerissen und entlang anderer Achsen neu aufgebaut werden.

Während die für die ›Manhattan Transcripts‹ verwendeten Programme äußerst extremer Natur sind, bilden sie doch auch eine Parallele zum gewöhnlichsten formelhaften Handlungsablauf: dem Archetypus des Mordes. Gelegentlich werden andere Phantome eingesetzt, um die Tatsache zu unterstreichen, daß alle Architektur vielleicht anstelle von funktionalen Normen eher mit Liebe und Tod befaßt ist. Indem sie über die konventionelle Definition von Nutzung hinausgehen, bedienen sich die ›Transcripts‹ ihres Versuchscharakters zur Auslotung unwahrscheinlicher Konfrontationen.

The Manhattan Transcripts
1977

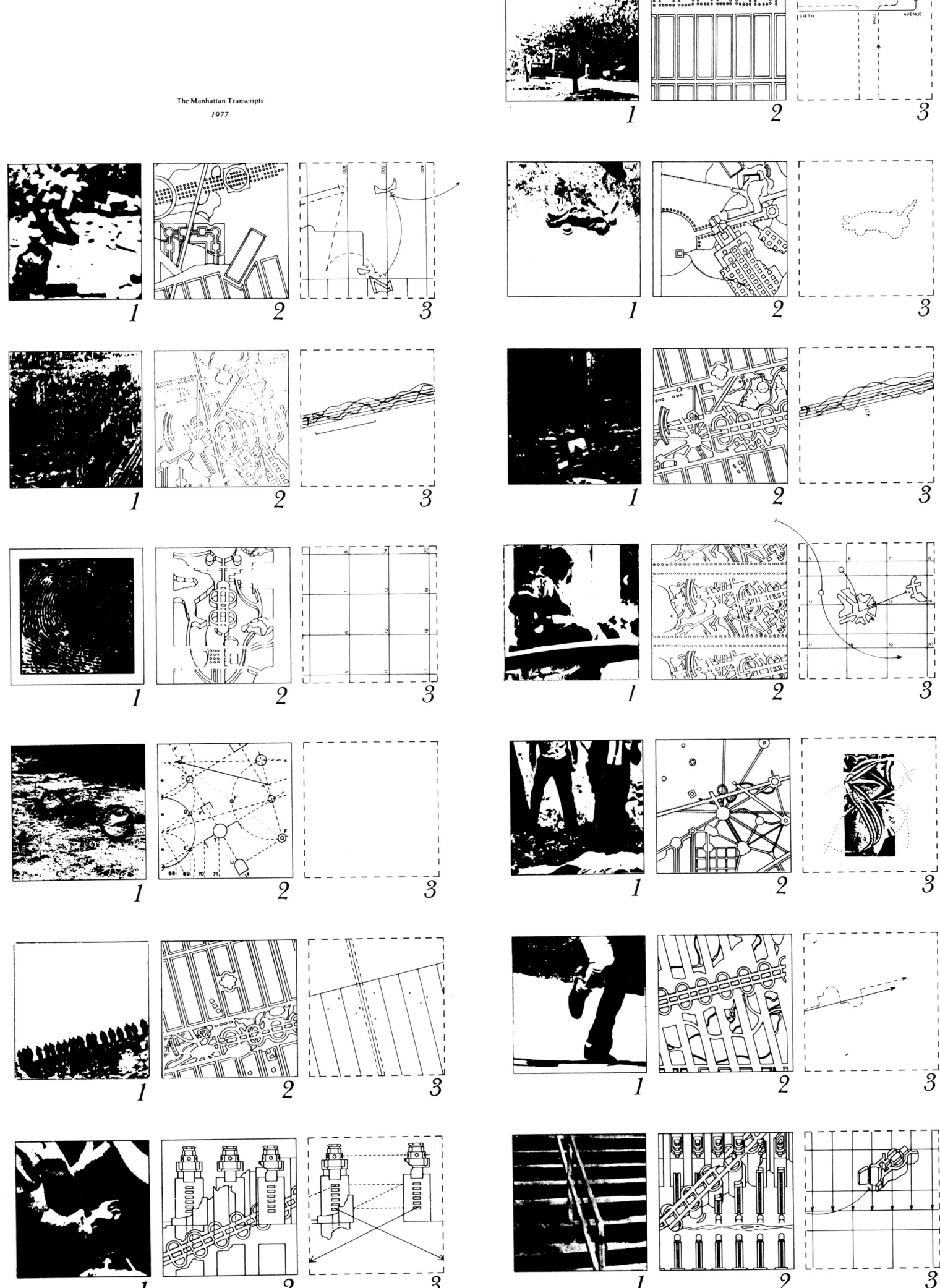

232

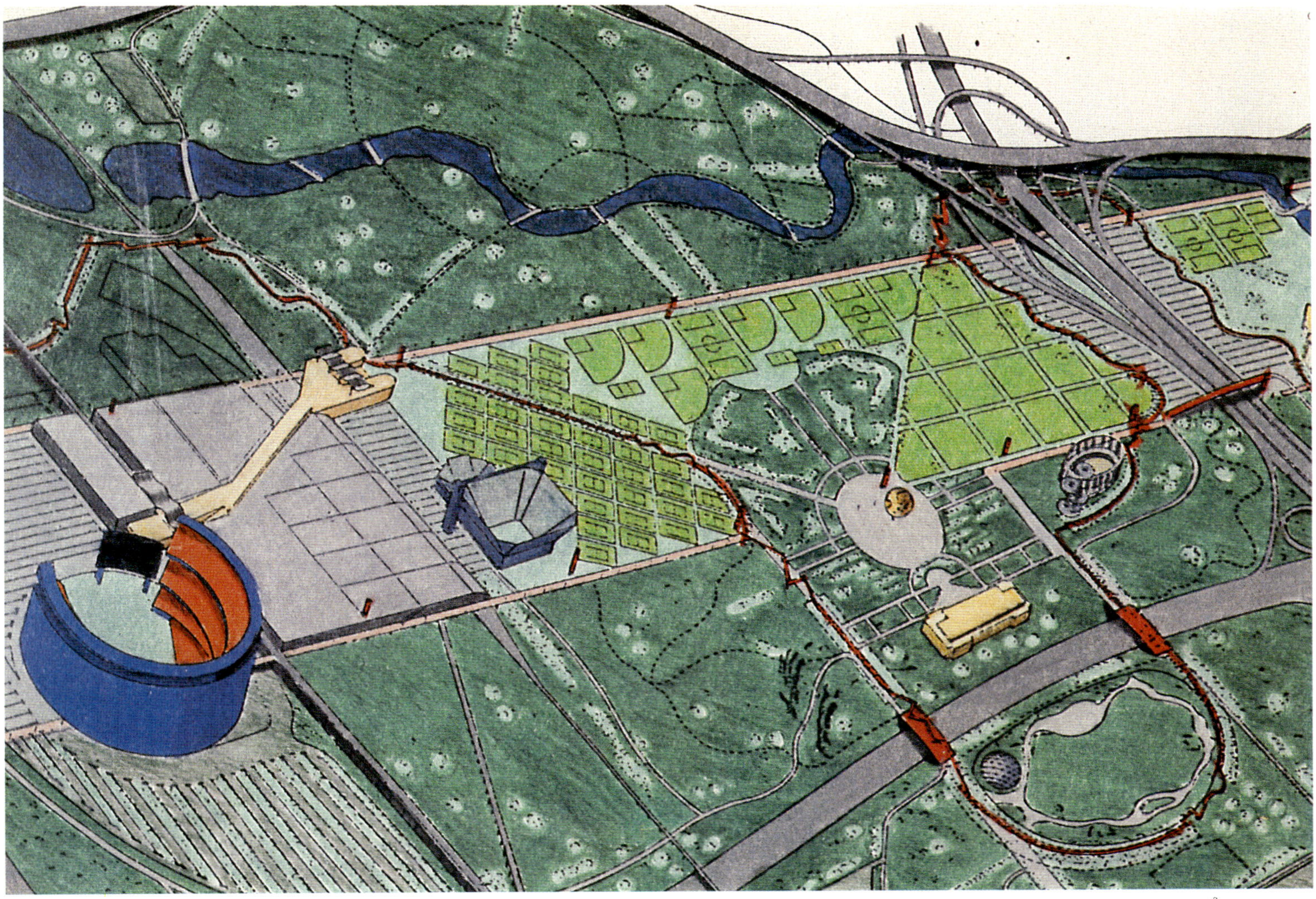

Bernard Tschumi Architects

FLUSHING MEADOWS CORONA PARK   [79]
Planungskonzept

Flushing Meadows Corona Park, New York, NY
Projekt, 1988 – 1989
Design Team: Bernard Tschumi; Karen B. Alschuler,
SOM; William R. Alschuler; Nicholas Quennell; Alan
J. Plattus

Flushing Meadows Corona Park ist ein 508 ha
(6,4 × 1,6 km) großer Streifen Land in der Nähe
des La Guardia Airports, mit zwei großen Seen und
Bootshäfen, dem Shea-Stadion und der USTA Ten-
nis-Anlage. Als Schauplatz der Weltausstellungen
von 1939 und 1964 erlangte er besondere Bedeutung. Zur Entwurfsstrategie gehören ein neuer
Lageplan mit Sport- und Erholungsbereichen und
die Wiederbelebung und Erweiterung bedeutender kultureller Einrichtungen wie das Queens Museum, die Hall of Science, das Ederle Theater, der
New York Pavillon etc.

233

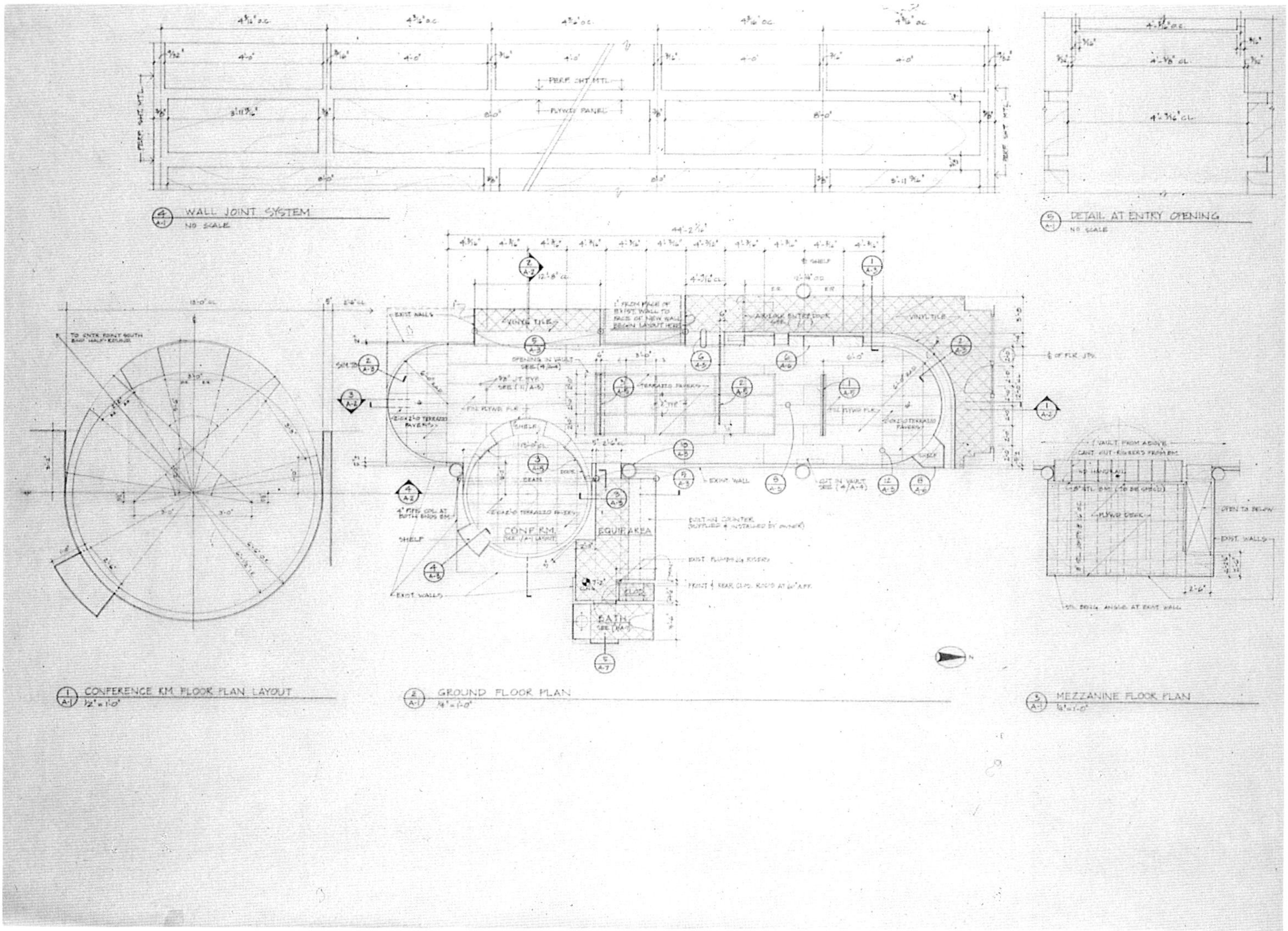

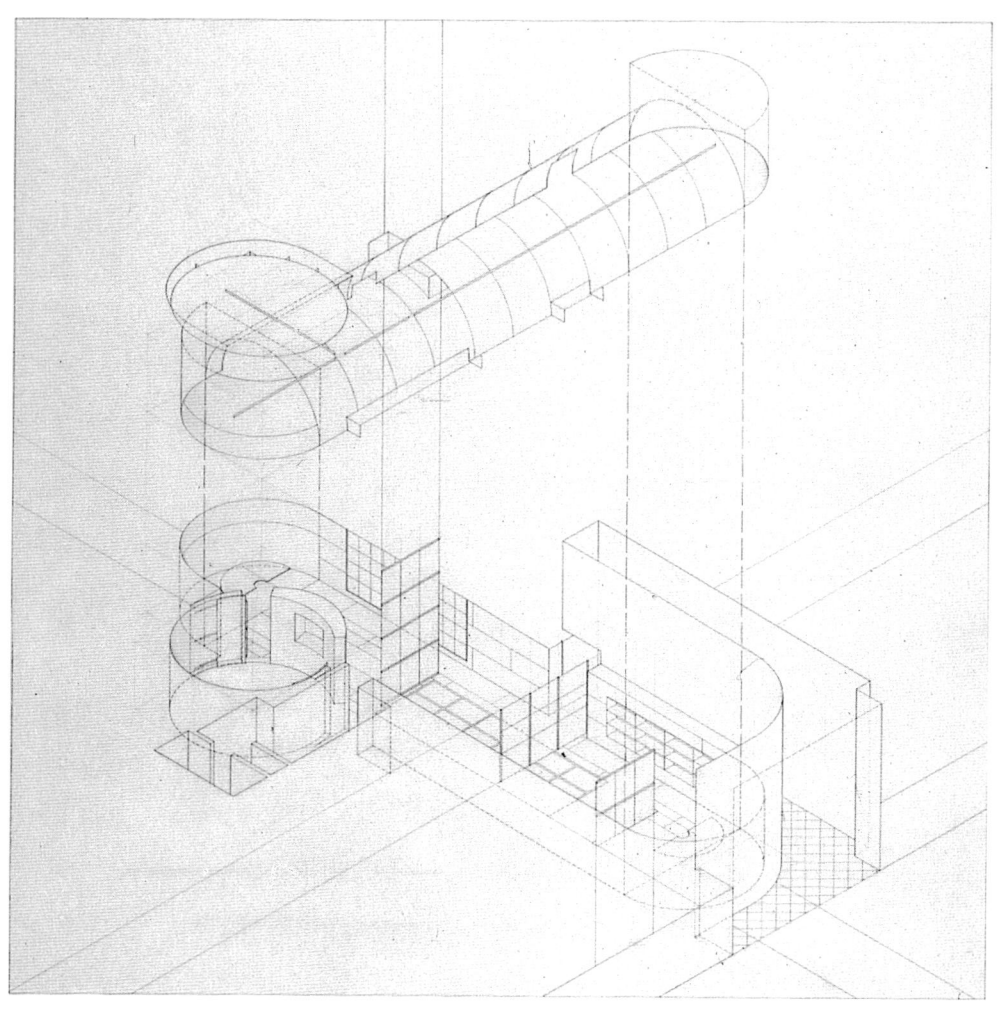

WALL JOINT SYSTEM
NO SCALE

DETAIL AT ENTRY OPENING
NO SCALE

CONFERENCE RM FLOOR PLAN LAYOUT

GROUND FLOOR PLAN

MEZZANINE FLOOR PLAN

UKZ Design, Inc.
Kiss, Zwigard

GLOBUS GROWTH GROUP [80]

44 West 24th Street, New York, NY, 1988

Programm: Firmenzentrale für eine Investment-gruppe, bestehend aus allgemeinem Büroraum für zwei Partner, einen Buchhalter und eine Emp-fangsdame, Konferenzzimmer für acht Personen, Postraum, Bereich für Büromaschinen sowie La-gerraum.

Bei der zu gestaltenden Fläche handelt es sich um ein Erdgeschoß von ungefähr 120 qm mit Ladenfront, deren Breite zur Länge im Verhältnis 1 zu 5 steht.

Bei diesem Projekt geht es um plastische Mani-pulationen, die einer dynamischen Architektur eigen sind. Im Mittelpunkt steht die Definition des Raumes durch die Handhabung deskriptiver Um-risse. Der Hauptraum enthält sämtliche Arbeitsbe-reiche, wobei die beiden Partner an entgegenge-setzten Enden plaziert wurden. Der Hauptraum wird teilweise von einem ovalen Konferenzraum durchschnitten. Der Postraum bzw. der Büroma-schinenbereich liegt dem Konferenzzimmer be-nachbart, seitlich neben dem Hauptraum. Der Ein-gang wurde verlegt, um mit dem Zentrum des Hauptraumes übereinzustimmen. Der Hauptraum verfügt über eine gewölbte Decke aus perforierten

234

Feinblechen sowie gebogene Abschlußwände, Wände aus bearbeitetem Sperrholz sowie Fußböden mit Einsätzen aus Terrazzopflasterung. Der Konferenzraum ist mit einer hängenden Beleuchtungsvorrichtung aus Stahl und Lexan sowie Feinblechwänden und Terrazzoboden ausgestattet. Die Trennwände bestehen aus Edelstahlrahmen mit Lexan-Isolierglasfüllung.

UKZ Design, Inc.
Ungers, Kiss, Zwigard

DACHAUFBAU DES PANAM BUILDING [42]

Vanderbilt Avenue/East 45th Street, New York, NY
Projekt, 1980

Programm: Ein bedeutender Raum für verschiedene öffentliche Funktionen, wie Nachtclub, Casino, Bars, Restaurant, eine Skyline-Promenade sowie Raum für die Liveaufzeichnung kleiner Shows.

Standort: Auf dem Dach des Pan Am Building in Midtown Manhattan. Nahezu die Hälfte des vorhandenen Daches wird vom Abluftschacht der Klimaanlage des Gebäudes eingenommen.

Der neue Aufbau ist einerseits unabhängig von dem bestehenden Gebäude – insofern als man ihn als Anbau und nicht als Erweiterung wahrnimmt und auf diese Weise ein Ensemble entsteht, das das Helmsley Building einbezieht. Andererseits steht er im Gleichklang mit dem Pan Am Building – insofern als er sich der bereits bestehenden Symmetrie anschließt. Das Ergebnis ist eine vollständig verglaste sphärische Konstruktion, die von einem Stahlgerüst mit vier Stützen getragen wird; im Grunde ein Konzept, das die bildhaften Qualitäten des bestehenden Gebäudes aufnimmt. Im Gegensatz dazu scheint sie jedoch über dem Heliport zu schweben, um die äußerst vorsichtige Verbindung zum bestehenden Bau zu unterstreichen. Es ist nicht beabsichtigt, den zentralen Punkt des Pan Am Building selbst zu verschieben, sondern durch die Kombination zweier Bauten mit universeller Architektursprache, die zugleich integriert und unabhängig voneinander sind, den Eindruck der Vollständigkeit zu erzeugen.

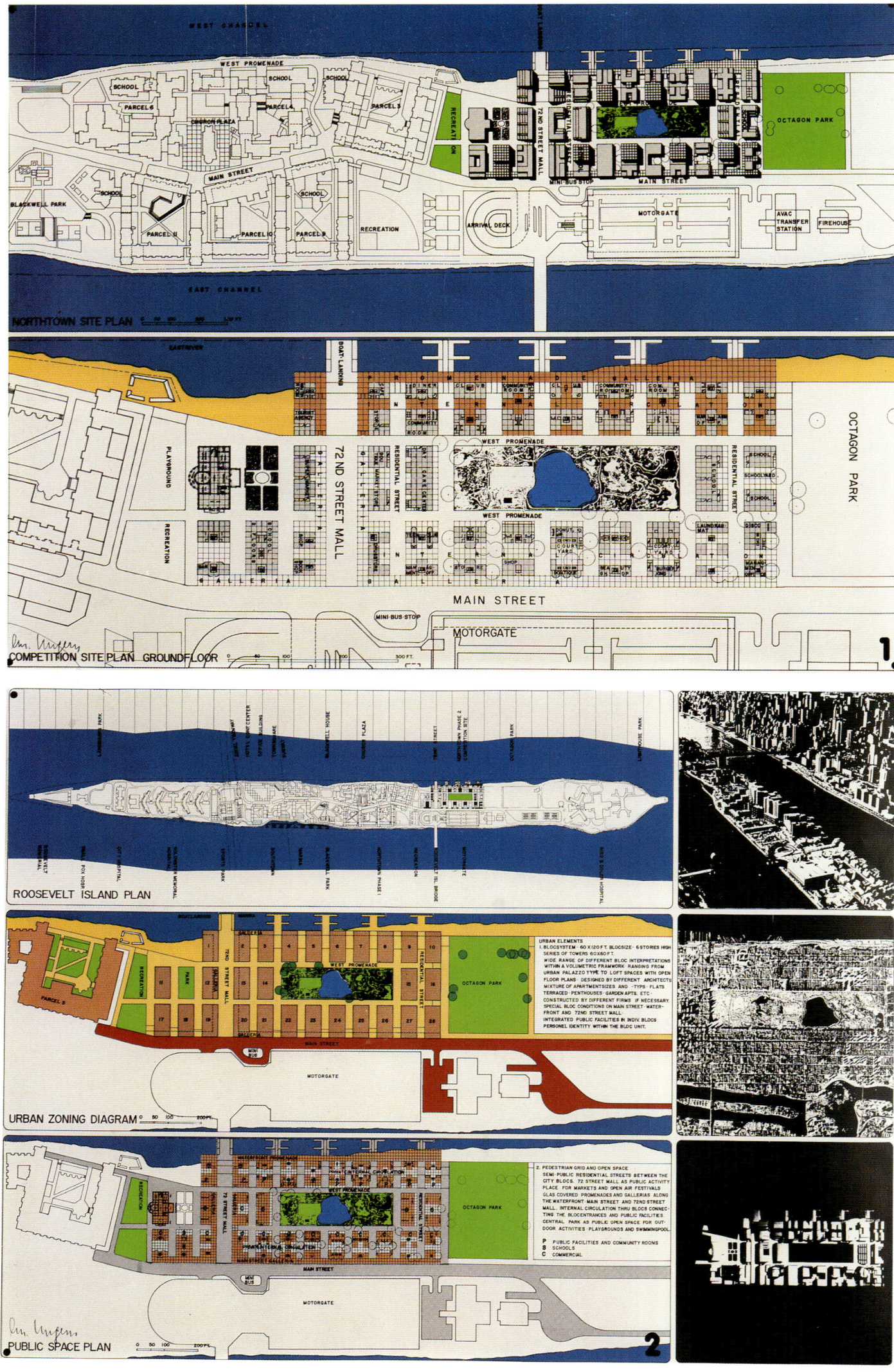

NORTHTOWN SITE PLAN

COMPETITION SITE PLAN GROUNDFLOOR

1.

ROOSEVELT ISLAND PLAN

URBAN ZONING DIAGRAM

URBAN ELEMENTS
1. BLOCSYSTEM - 60' X 120 FT. BLOCSIZE - 6 STORIES HIGH
SERIES OF TOWERS 60 X 60 FT.
WIDE RANGE OF DIFFERENT BLOC INTERPRETATIONS
WITHIN A VOLUMETRIC FRAMWORK RANGING FROM
URBAN PALAZZO TYPE TO LOFT SPACES WITH OPEN
FLOOR PLANS - DESIGNED BY DIFFERENT ARCHITECTS
MIXTURE OF APARTMENTSIZES AND -TYPS FLATS
TERRACED -PENTHOUSES- GARDEN APTS. ETC.
CONSTRUCTED BY DIFFERENT FIRMS IF NECESSARY
SPECIAL BLOC CONDITIONS ON MAIN STREET WATER-
FRONT AND 72ND STREET MALL.
INTEGRATED PUBLIC FACILITIES IN INDIV. BLOCS
PERSONEL IDENTITY WITHIN THE BLDG UNIT.

PUBLIC SPACE PLAN

2.

2. PEDESTRIAN GRID AND OPEN SPACE
SEMI PRIVATE RESIDENTIAL STREETS BETWEEN THE
CITY BLOCS. 72 STREET MALL AS PUBLIC ACTIVITY
PLACE FOR MARKETS AND OPEN AIR FESTIVALS
GLAS COVERED PROMENADES AND GALLERIAS ALONG
THE WATERFRONT MAIN STREET AND 72ND STREET
MALL. INTERNAL CIRCULATION THRU BLOCS CONNEC-
TING THE BLOCENTRANCES AND PUBLIC FACILITES
CENTRAL PARK AS PUBLIC OPEN SPACE FOR OUT-
DOOR ACTIVITIES PLAYGROUNDS AND SWIMMINGPOOL.
P PUBLIC FACILITIES AND COMMUNITY ROOMS
B SCHOOLS
C COMMERCIAL

236

Oswald Mathias Ungers

ROOSEVELT ISLAND COMPETITION [83]
Roosevelt Island, New York, NY
Wettbewerbsprojekt, 1974

Der Entwurf verweist auf Bilder, die direkt auf diesen besonderen Standort bezogen sind. Er basiert auf einem urbanen Drei-Block-System, das städtische Elemente wie ein Einkaufszentrum mit Namen 72nd Street Mall, Wohnstraßen sowie einen zentralen Park bestimmt.

Sämtliche Elemente werden als direkte Verweise auf die Insel Manhattan verstanden und sollen den genius loci intensivieren. Die Blocks haben die Maße von 18,2 × 36,5 m, umfassen sechs Geschosse und enthalten 20 bis 30 Wohnungen unterschiedlicher Größe, Lage und Grundrißgestaltung. Ein graphischer Plan errichtet eine grundlegende bauliche Umhüllung für 28 gleichartige städtische Blocks. Innerhalb dieser Umhüllung kann die architektonische Ausgestaltung zwischen Loftraum, normalem städtischen Block, Stadt-Palazzo oder Villentyp variieren. Die Blocks werden sich erstens hinsichtlich der Funktion unterscheiden (kleine, mittlere oder große Wohnungen);

zweitens hinsichtlich des Typus (Terrassenhäuser, Blocks mit Innenhöfen und Korridortypen); drittens hinsichtlich der Einheiten (Gartenapartments, Penthouses, eingeschossige Wohnungen oder Duplexeinheiten); viertens hinsichtlich des Grundrisses (flexible, offene Grundrisse, festgelegte Anordnungen sowie besondere Grundrißtypen; und fünftens hinsichtlich des Standorts (Nähe zum Park, Uferlage oder normale Straßenlage). Der Entwurfsvorschlag unterbreitet lediglich eine Anzahl von Alternativen als mögliche Ausgestaltungen. Wenn der Plan sein Endstadium erreicht, könnten die Variationsmöglichkeiten erweitert werden. Es könnten Erwägungen verschiedener Baumethoden, von einer Anzahl verschiedener Bauträger bestimmte Fragen sowie Realisierungen über einen längeren Zeitraum berücksichtigt werden.

Der Plan gestattet nicht nur die Teilnahme von Mietergruppen, die bei der Bestimmung des endgültigen Aussehens ihres Blocks mitwirken können, sondern auch die Beteiligung mehrerer verschiedener Architekten am Entwurf der Blockeinheiten, die ihre individuelle Ausformung der Stadtvilla beisteuern können.

Die Intention der Anlage besteht darin, ein breites Spektrum von Entwurfsauslegungen innerhalb eines allgemeinen Rahmens durchzusetzen. Traditionelle Blocks können neben einem modernen, anspruchsvolleren Entwurf oder einer technisch fortschrittlicheren Anlage zu stehen kommen. Zur

Demonstration des Konzepts der Variation wird die ›Weiße-Haus-Metapher‹ als Beispiel herangezogen. Sie steht für den bestdurchdachten, spezifischsten Typ des Wohnblocks.

Jeder Block verfügt im Erdgeschoß über irgendeine Art von öffentlicher Einrichtung. Die meisten Einkaufsmöglichkeiten befinden sich entlang der Hauptstraße und dem Einkaufszentrum an der 72nd Street, während die Gemeinschaftsräume, Cafés und Bars an der Uferseite liegen. Sämtliche Einrichtungen sind an der Außenseite des Projekts durch eine verglaste Galleria verbunden.

Eine informellere, halb-private Verbindung führt durch das Zentrum der Blocks und verbindet die im Erdgeschoß liegenden Einrichtungen. Der Standort der beiden Schulen und der Kindertagesstätte ist so gewählt, daß sie auf einen größeren offenen Platz bezogen sind. Der öffentliche Freiraum ist als allgemein zugänglicher zentraler Park mit Spielplätzen, Arealen für Freilichtveranstaltungen und einem öffentlichen Schwimmbad konzipiert. Der Park wurde analog zum Central Park in Manhattan entworfen.

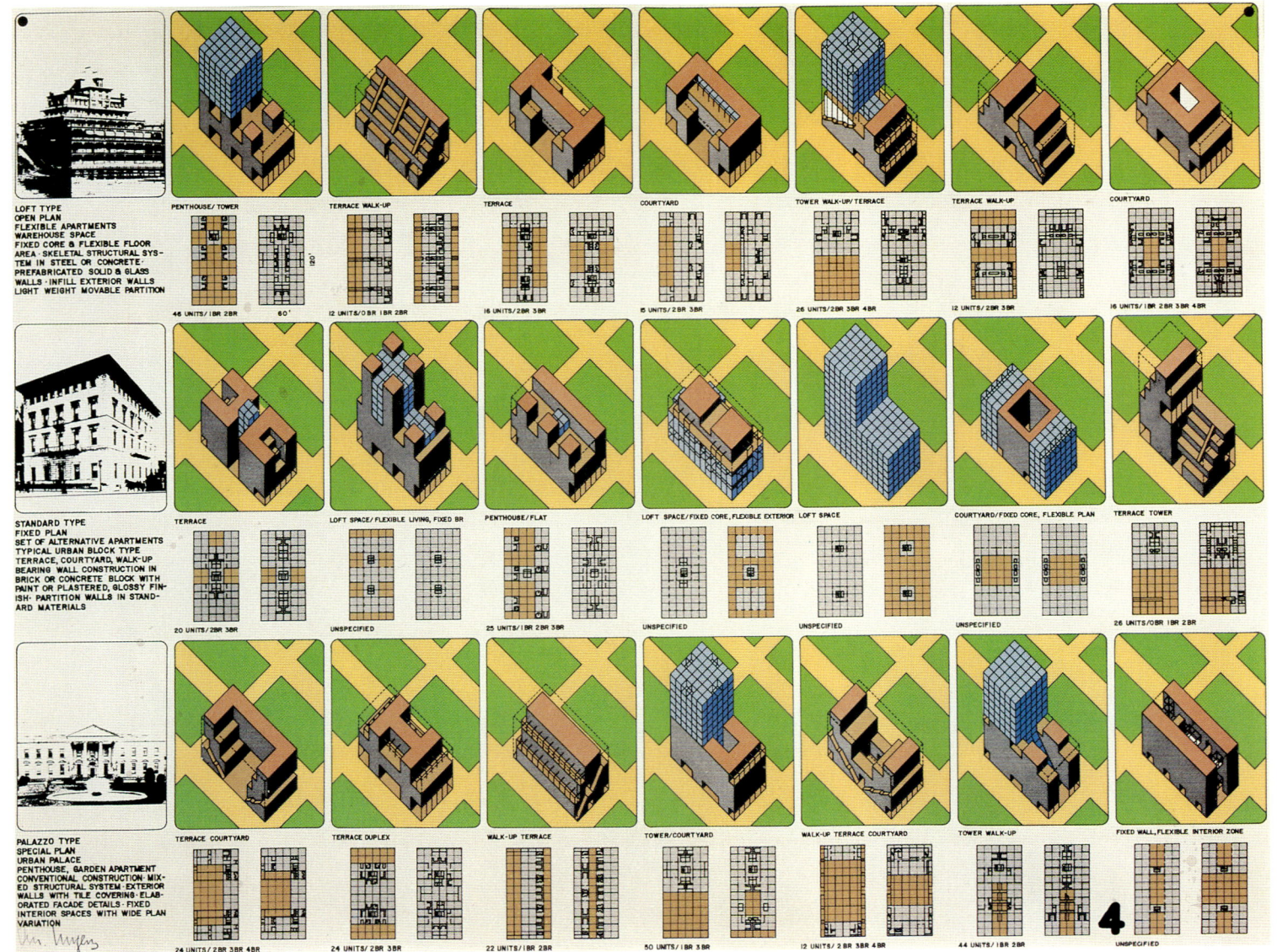

Simon Ungers

NEW YORK CITY WATERFRONT
COMPETITION   [16]

Battery Park City bis 54th Street, New York, NY
Wettbewerbsprojekt, 1987

Der New-York-City-Waterfront-Wettbewerb wurde von der Municipal Art Society of New York gefördert. Das Gelände erstreckt sich entlang der Westküste Manhattans von Battery Park City bis zur 54. Straße. Laut Ausschreibung ist dies »ein Ideenwettbewerb, der die Phantasie und Gedanken über Form, Aktivitäten und Charakter des Ufers von Manhattan am Hudson River anregen soll«.

Wenn auch das Ziel des Wettbewerbs löblich ist, kann man sich kaum vorstellen, daß eine wirklich zweckvolle und öffentliche stadtplanerische Strategie in einer Stadt verfolgt werden kann, die von privaten Interessen beherrscht wird. In Anbetracht der Sinnlosigkeit eines realistischen Vorschlags sieht dieser Beitrag vor, den Hudson River ›trokkenzulegen‹, um eine abstrahierte geologische Formation freizustellen, die auf Diagrammen unterirdischer Granitformationen beruht. Das Projekt ist eine Allegorie.

NEW
JERSEY
BROOKLYN
EAST
RIVER
QUEENS
CENTRAL
FRANKLIN
ROOSEVELT
ISLAND

BROOKLYN
BATTERY PARK CITY
GREENWICH VILLAGE
CONVENTION CENTER
NEW JERSEY

Venturi, Rauch and Scott Brown

TIMES SQUARE PLAZA DESIGN [39]

Times Square, New York, NY
Wettbewerbsprojekt, 1984

Bei der Gestaltung des Times Square Center sollten einerseits Bezüge zu der populären, glitzernden Kommerzarchitektur hergestellt werden, die mit dem Times Square assoziiert wird, andererseits sollte er mit der neuen Hochhausbebauung in Einklang stehen, die in der unmittelbaren Nachbarschaft geplant war.

Der Entwurf zeigt einen ›Big Apple‹: eine gegenständliche Skulptur mit kühner Form und reich an symbolischen Bezügen; Realismus mit einer Vielfalt von Assoziationen. Sie ist populär und esoterisch – ein ›Big Apple‹, der New York verkörpert, und ein surrealistisches Objekt, das an René Magritte oder an ein Pop-Art-Monument in der Art Claes Oldenburgs erinnert. Sie ist sachlich in ihrer Schlichtheit und monumental im Maßstab; gerade aufgrund der Schlichtheit ist der Maßstab allerdings auch mehrdeutig.

Kontraste und Mehrdeutigkeiten im Maßstab zählen, neben ungewöhnlichen Zusammenstellungen, zu den herkömmlichen Mitteln, um Überraschung, Spannung und Vielfalt in der städtischen Architektur zu erzeugen. Einige New Yorker Beispiele hierfür sind die Freiheitsstatue, die Kleine Kirche um die Ecke sowie Trinity Church an der Wall Street.

Die runde Form des ›Big Apple‹ sorgt für einen angemessenen Kontrast zur Masse und Rechtwinkligkeit der umgebenden Bebauung. Bedingt durch seine Form und ›schwebende‹ Qualität vermittelt er trotz seiner Größe ein Gefühl der Offenheit und Luftigkeit im Raum. Dieser Apfel mit einem Durchmesser von mehr als 27 m stellt die moderne Entsprechung zum barocken Obelisken dar, der das Zentrum eines Platzes bestimmt.

Der Sockel des runden plastischen Apfels soll eckig und architektonisch gestaltet sein, in Aufriß und Material eine Nachbildung der Sockelgeschosse der umgebenden Bauten, um die architektonische Einheit des Komplexes zu unterstreichen. Das für die Gebäude am Times Square charakteristische Element des Glamour ist ebenfalls Bestandteil des Projekts. Ein bewegliches Nachrichtenband, das den Architrav des Sockels bildet, wird an das ehemalige ›New York Times‹-Schild erinnern. Über die Innenraumnutzung des Sockelgeschosses wurde noch keine Entscheidung getroffen; es ließe sich jedoch für zahlreiche Zwecke verwenden, so zum Beispiel für ein Touristeninformationsbüro, eine internationale Buchhandlung, die TKTS-Kartenverkaufsstelle oder ein Panoramamuseum von Manhattan.

241

Venturi, Rauch and Scott Brown

WESTWAY [8]

New York, NY, Projekt, 1985

Dieser durchgehende, fast 40 ha große Park am Flußufer wurde als Teil eines Verkehrsprojektes konzipiert, das Ende 1985 durch eine Kongreßentscheidung gestoppt wurde. Zweck war die Wiedereröffnung der Uferzone für die Bewohner Manhattans, die Belebung des Flußufers und die Bereicherung des vielschichtigen öffentlichen Raumes der einzelnen Wohnviertel in ihrer Beziehung zum Hudson River.

In Zusammenarbeit mit den Landschaftsarchitekten Clarke & Rapuano Inc. zeichneten Venturi, Rauch und Scott Brown verantwortlich für Entwurf und Gestaltung des Parksystems, die Entwicklung eines neuen Straßennetzes sowie anderer straßenbezogener architektonischer Elemente wie Belüftungsbauten, Tunnelportale, Schilder, Beleuchtung und Oberflächenbehandlung. Das Projekt umfaßte darüber hinaus komplexe Gutachten seitens des Auftraggebers und der Öffentlichkeit sowie die Koordination der öffentlichen Beteiligung an diesen Überprüfungen.

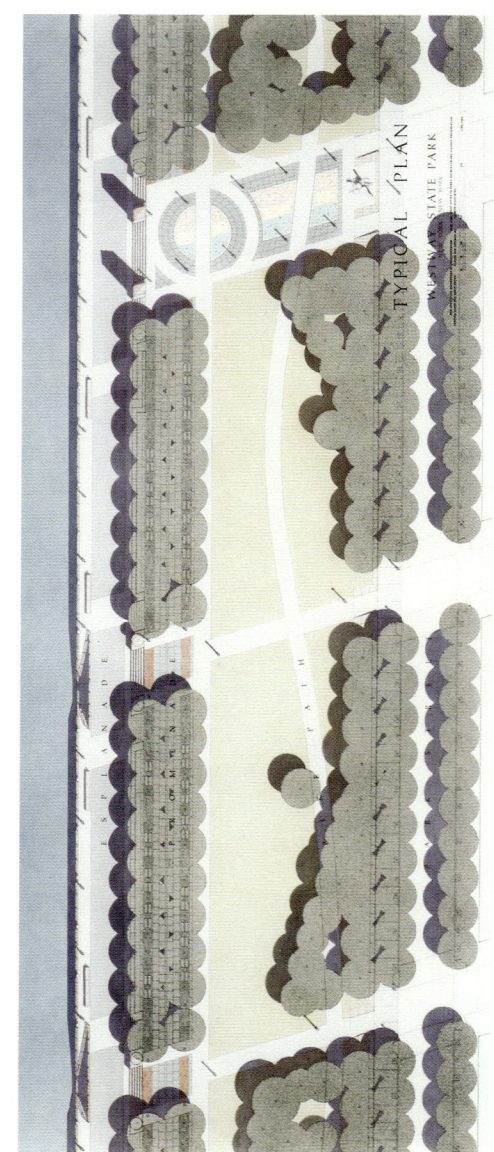

ESPLANADE
PROMENADE
LAWN
BIKE PATH
PARK STREET
SOUTHBOUND
VENTILATION DUCTS
NORTHBOUND

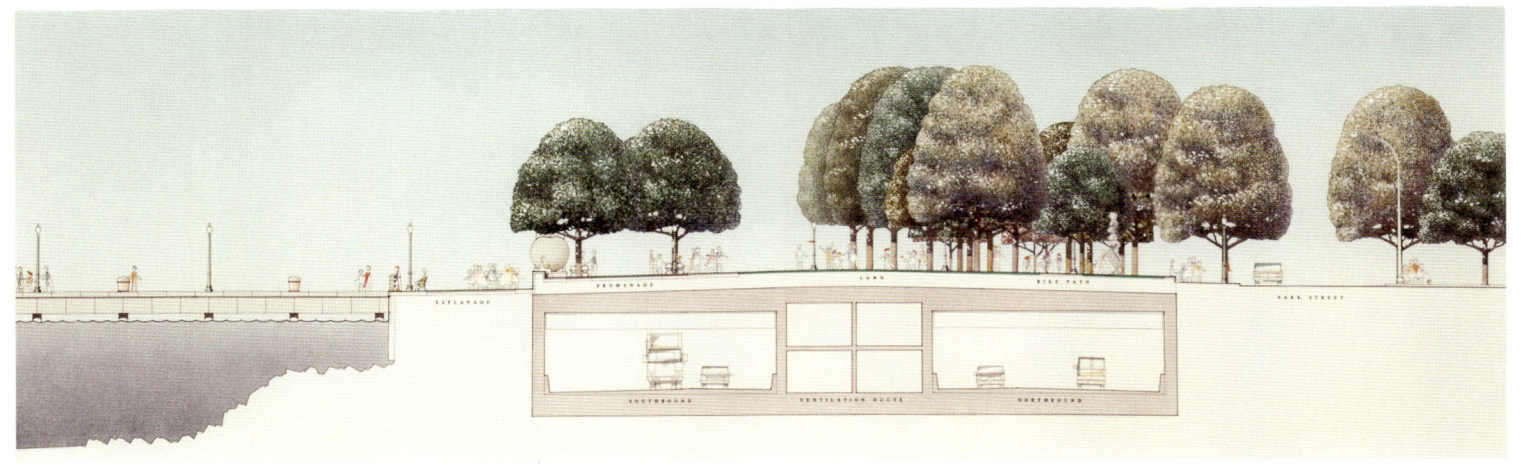

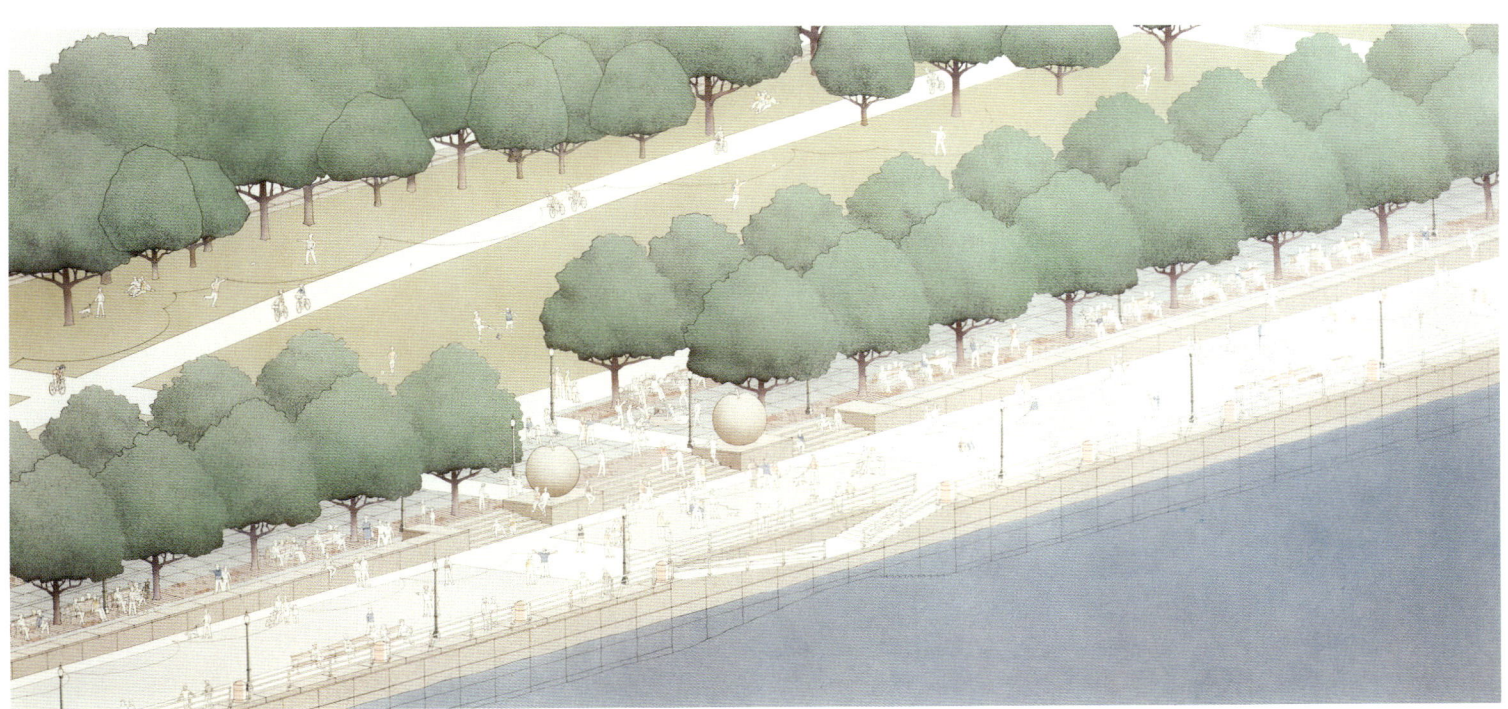

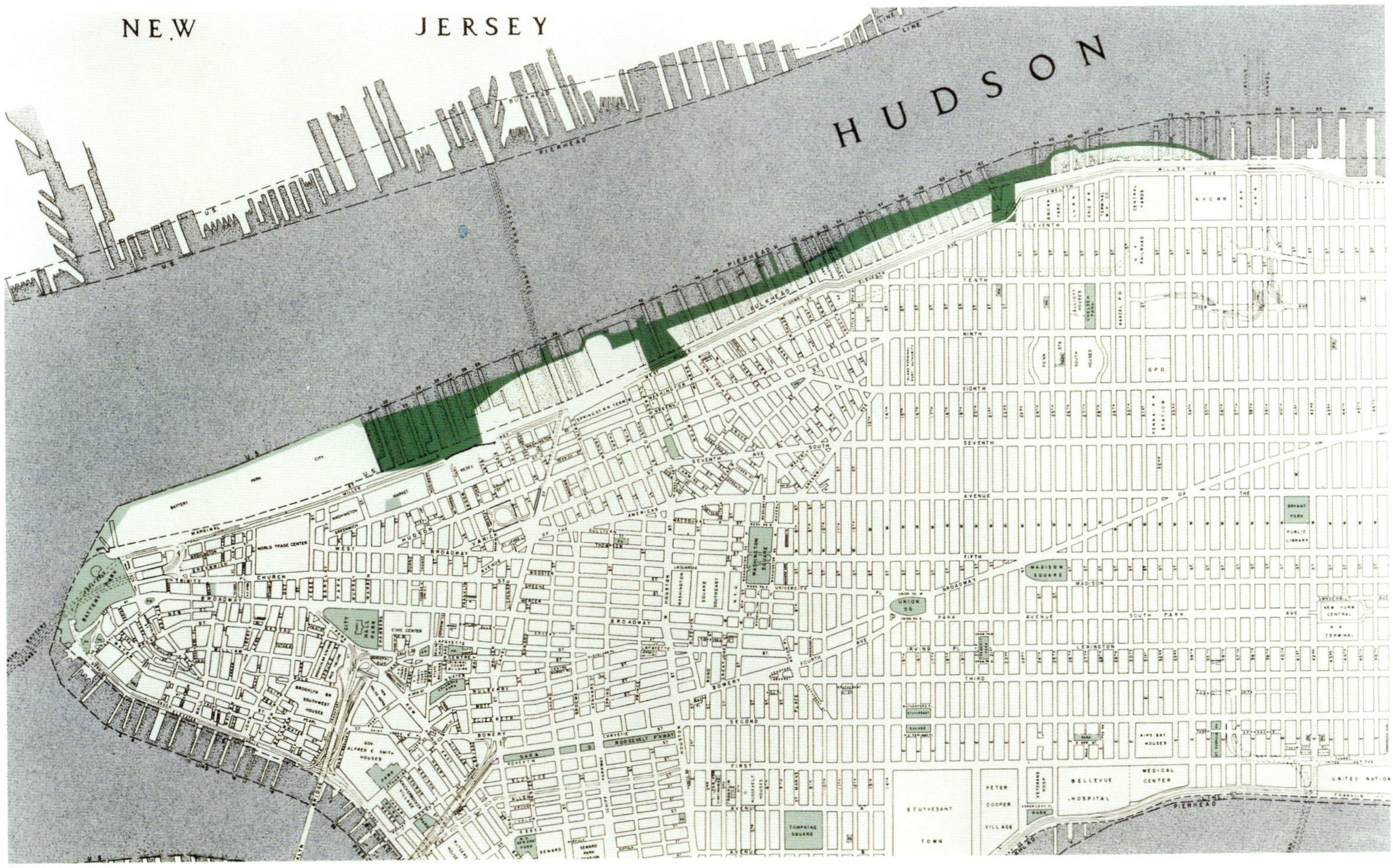
NEW JERSEY
HUDSON

Vignelli Associates

BÜRORÄUME FÜR VIGNELLI ASS. [84]

475 Tenth Avenue, New York, NY, 1987
Design Team: Lella und Massimo Vignelli, David
Law, Michele Kolb, Lev Zeitlin, Robert Skolnik,
Robert Traboscia, Briggs MacDonald

Gegenstand dieses Projekts war die Konzeption
der Arbeitsräume für eine Entwurfs- und Gestal-
tungsfirma, in denen Philosophie und Wesen der
Firma auch visuell zum Ausdruck kommen sollte.
Das Projekt wurde als Versuchsgelände für neue
Ideen aufgefaßt, um deren materielle und imma-
terielle Eigenschaften im Laufe der Zeit ausloten
zu können.

Viele der Versuche betreffen gewöhnliche Materialien, die auf außergewöhnliche Weise verwendet werden. Möbelstücke bestehen aus unbearbeiteten Stahlplatten und Röhren, wie sie aus der
Gießerei kommen. Wände und Türen sind mit quadratischen Platten aus handgewachstem Blei verkleidet. Blattgold wird auf Industriestahlröhren
aufgetragen, die dann als Unterbau eines Tisches
mit Stahlplatte dienen. Aluminiumraster erhalten
einen wie zufällig aufgebürsteten Oberflächen-
überzug, der mit sandstrahlbehandelten Glasqua-
draten kontrastiert. Weißgefleckter und lackierter
Preßspan wird wie Edelholz zur Verkleidung der
Bürowände, zur Ausstattung der Bibliothek mit Re-
galen und zur Einrichtung von Arbeitsplätzen im
Studio verwendet. Verzinktes Stahlwellblech bildet
die Trennwand zwischen Entwurfsstudio und Kun-
denräumen. Sämtliche Möbelstücke und Materialien wurden speziell für dieses Projekt entwickelt.

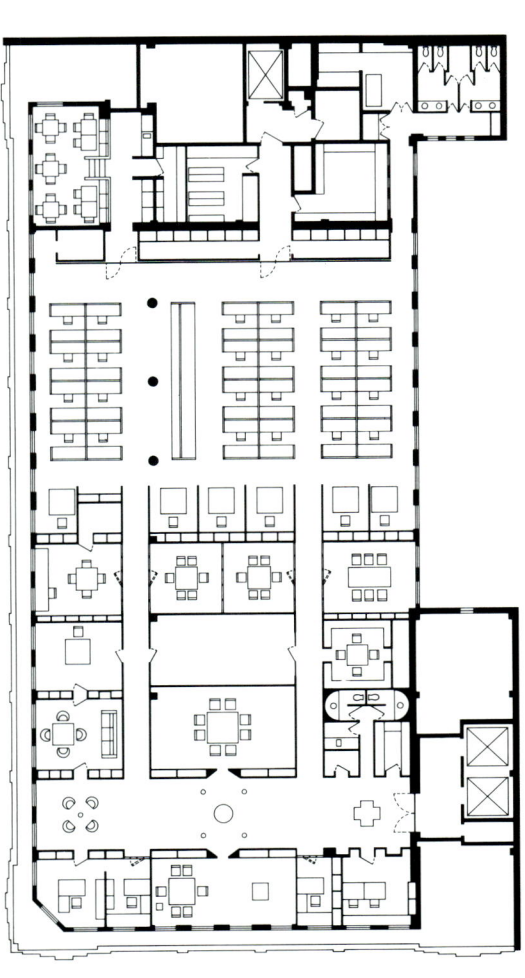

Rafael Viñoly Architects

THE MANHATTAN CONDOMINIUM   [33]

135 West 52nd Street, New York, NY, 1986

Das Projekt wurde für ein Grundstück zwischen der
Avenue of the Americas und der Seventh Avenue
konzipiert und erstreckt sich von der 52. zur 53.
Straße, umfaßt also den gesamten Block. In Richtung auf die Avenue of the Americas wird der Bau
vom J. C. Penney Tower, zur Seventh Avenue vom
Sheraton Center begrenzt. Der ›Scheiben‹-Anteil
des Gebäudes komplettiert die von den entsprechenden Flächen der Haupttürme des Sheraton
und des J. C. Penney-Gebäudes vorgegebene
Straßenflucht. Vor dieser Wand befindet sich ein
Glasvolumen als zentrales Element in der Block-
mitte. Seine gerasterte Curtain Wall versucht zwischen der horizontalen Musterung des Sheraton
und der vertikalen Fassadengliederung des J. C.
Penney Tower zu vermitteln. Dies macht das Gebäude sowohl zum integralen Teil seines Umfelds
wie zum scheinbar freistehenden Turm. Eine öffentliche Galerie auf Erdgeschoßebene stellt ein
Glied in einer Kette von blockübergreifenden Ver-
bindungen dar, die mit dem Equitable Life Building im Süden beginnen und sich bis zu einem geplanten Turm im Norden fortsetzen. Eine monumentale Wand durchschneidet die Manhattan Galleria, die mit der Ostwand der größeren Equitable
Galleria eine Linie bildet und den Maßstabswech-
sel von einer Galerie zur anderen überspielen soll.

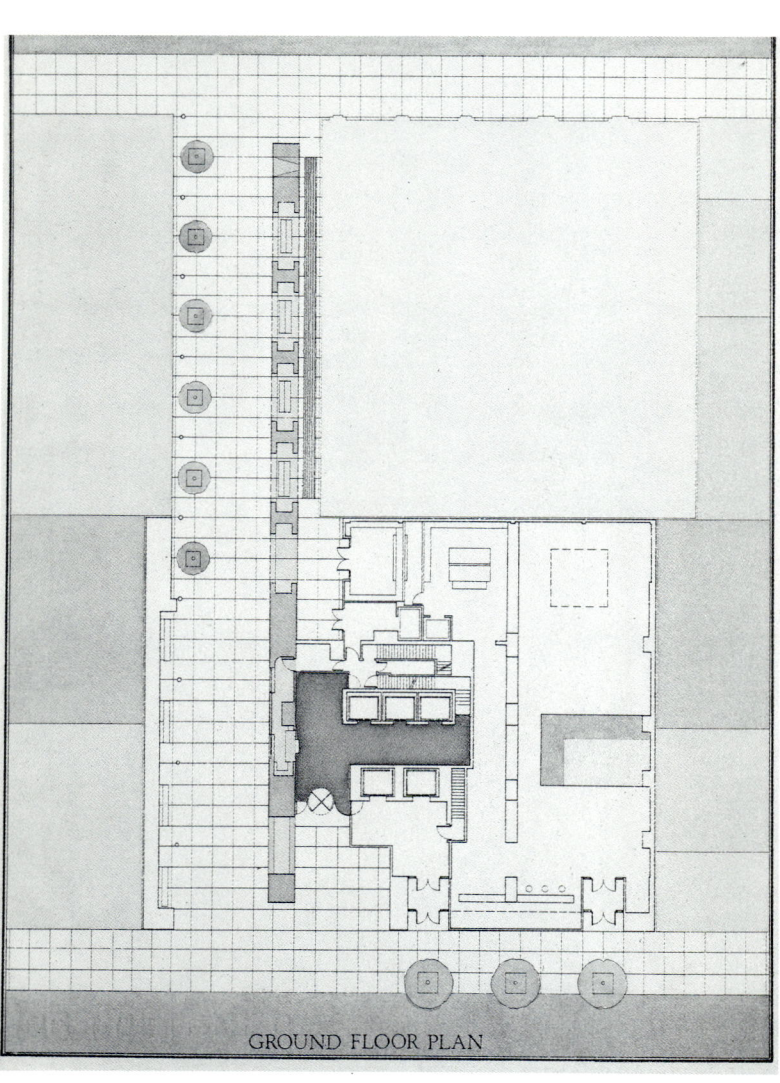

GROUND FLOOR PLAN

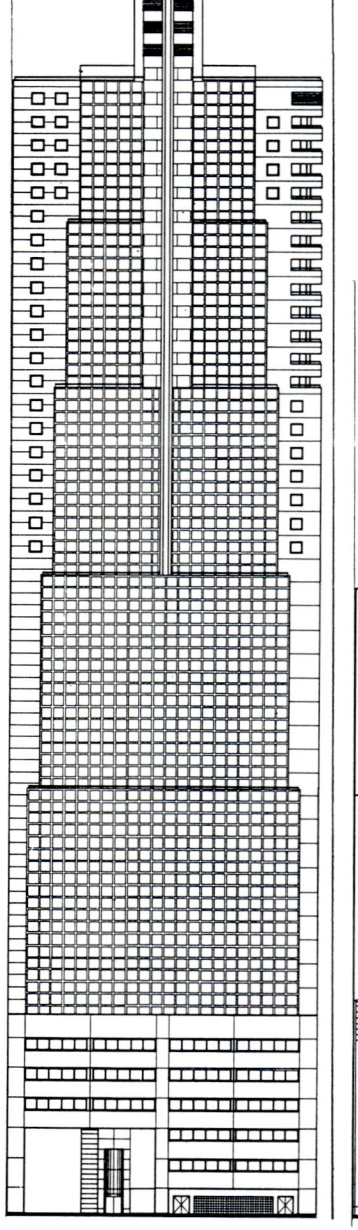

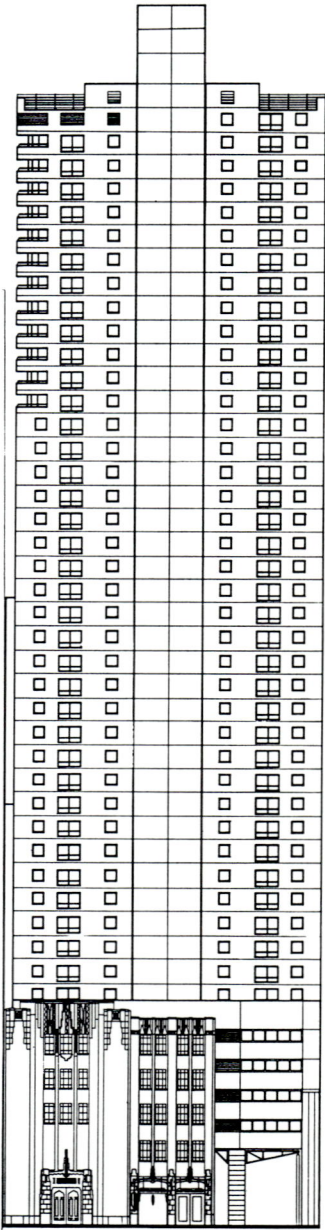

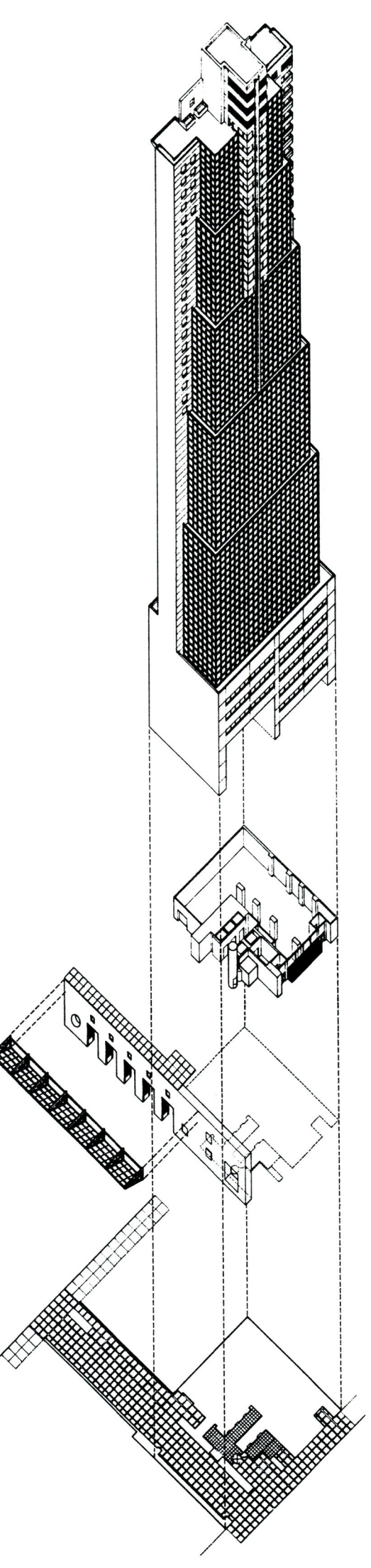

Rafael Viñoly Architects

JOHN JAY COLLEGE OF
CRIMINAL JUSTICE [21]

899 Tenth Avenue, New York, NY, 1988

Das Projekt umfaßte die Renovierung des ehemaligen Haaren-High-School-Gebäudes (24 400 qm)
und die Aufstockung eines Anbaus (6. Stock;
13 000 qm) auf einem benachbarten Grundstück.

Ein komplexes Programm für eine 16 000 qm
große Bibliothek, ein Theater mit 750 Plätzen, Unterrichtsräume, einen Verwaltungsbereich, zahlreiche Gemeinschaftsräume und Einrichtungen für
Sporterziehung, darunter ein 25 m langes
Schwimmbecken und eine Turnhalle, wurde so
aufgeteilt, daß sich die Elemente, die mehr Raum
und Ausdehnung erfordern, im Anbau befinden,
während Bibliothek, Klassenzimmer und Verwaltungsbereich im bestehenden Gebäude untergebracht sind. Die Fassadengestaltung des aufge-
stockten Anbaus kontrastiert mit dem flämischen
Renaissancestil des alten Gebäudes. Der wichtigste Gemeinschaftsraum der Schule ist ein Innenhof, der entlang der Eingangsachse angeordnet
und von der zweigeschossigen Bibliothek umgeben ist. Überall in dem Gebäude befinden sich verschiedenartige Gemeinschaftseinrichtungen, darunter ein offener Kreuzgang auf der Ebene der
Unterrichtsräume sowie eine Laufbahn und Terrasse auf dem Dach.

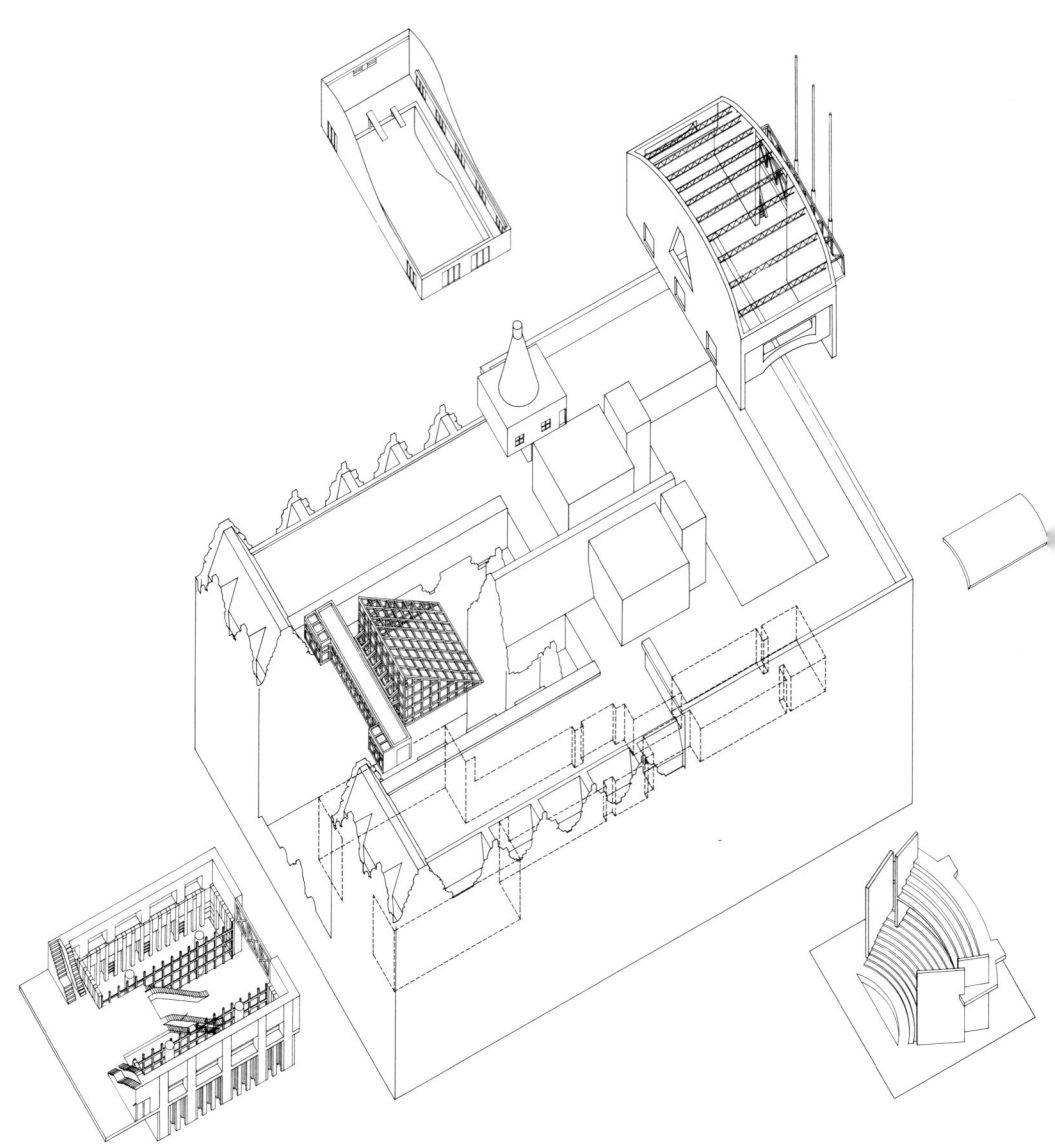

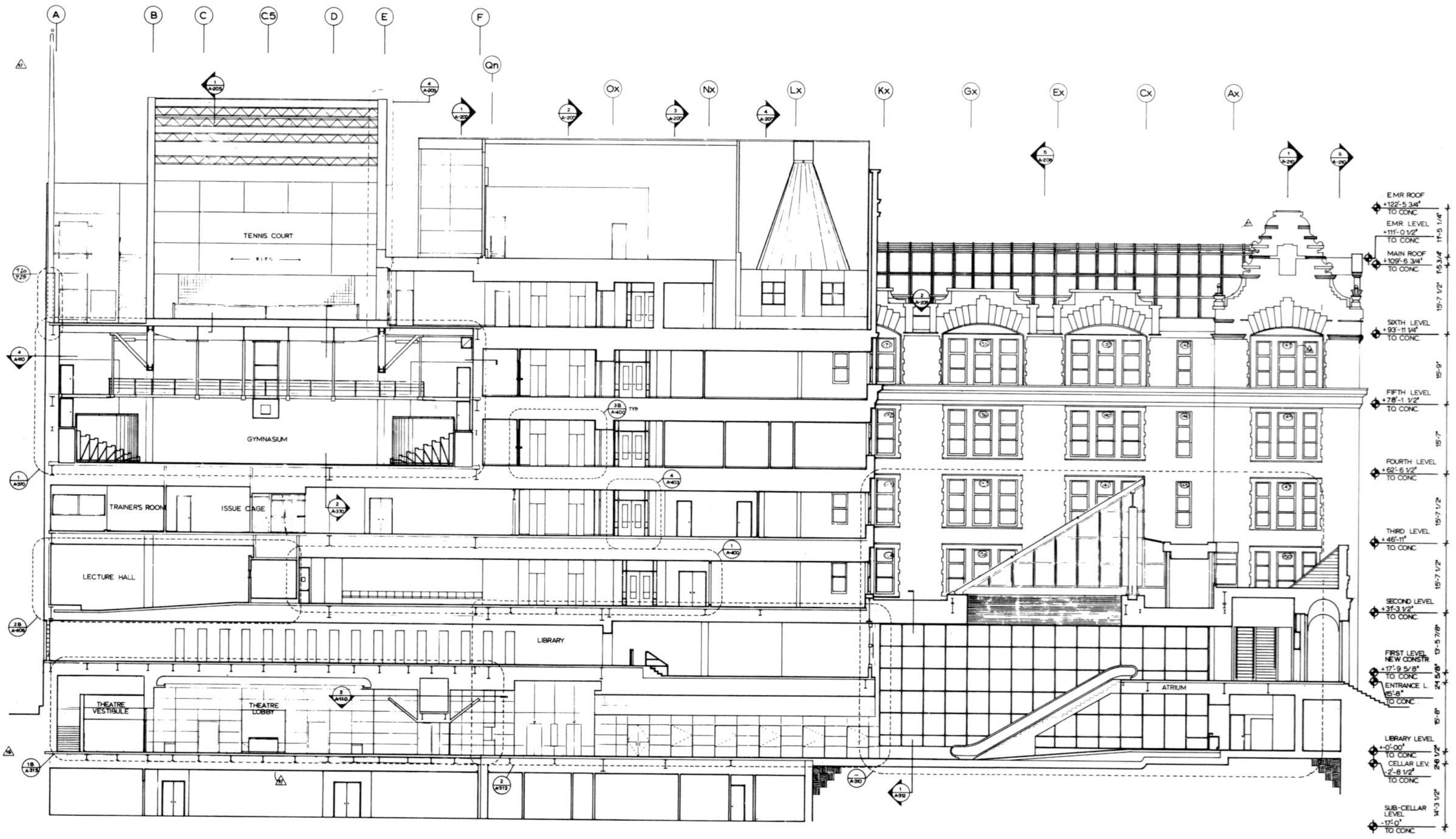

248

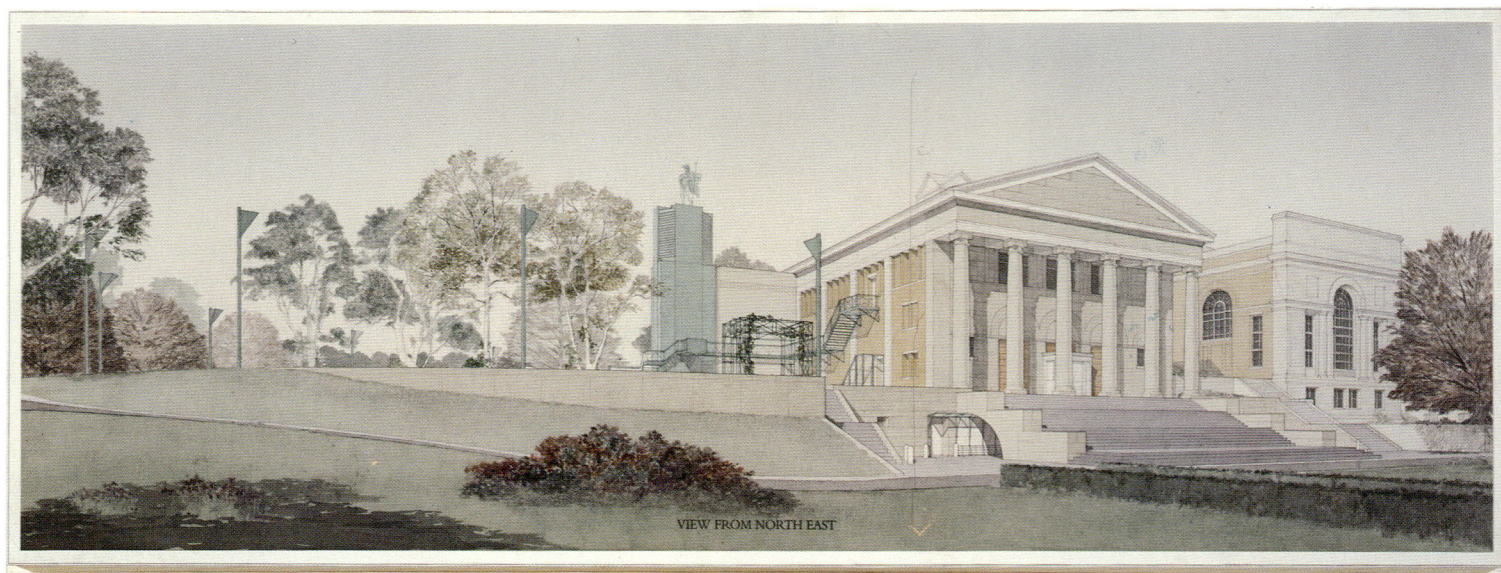

VIEW FROM NORTH EAST

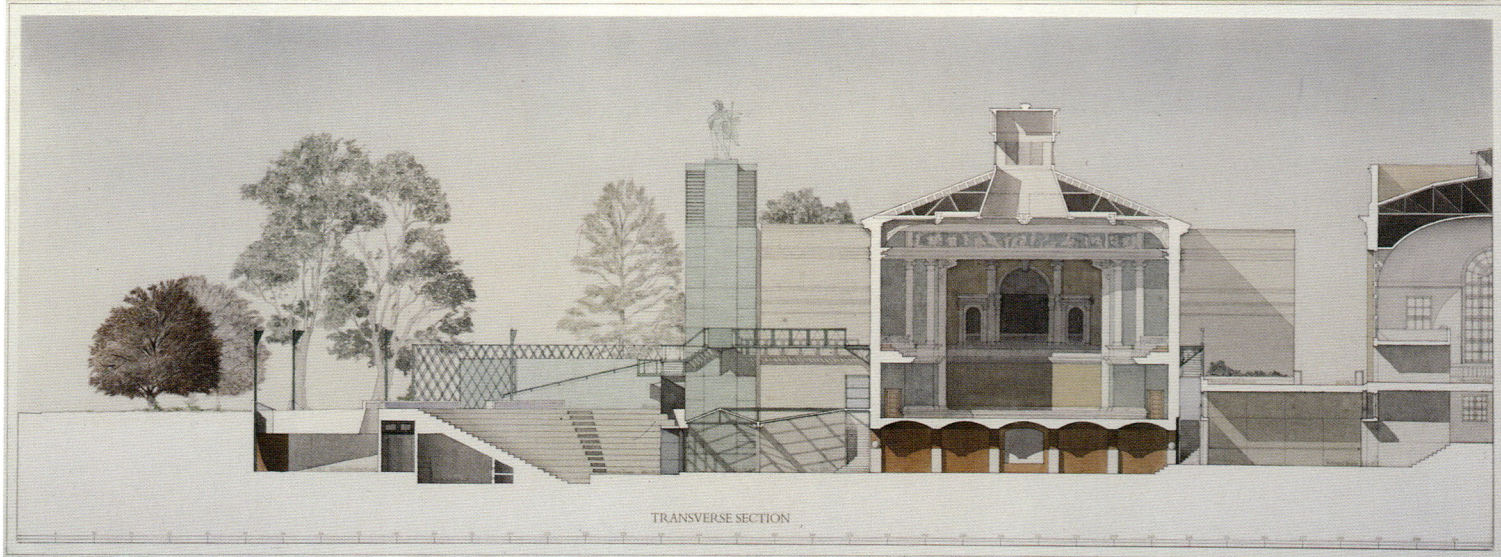

TRANSVERSE SECTION

Rafael Viñoly Architects

SNUG HARBOR MUSIC HALL [72]

Staten Island, New York, NY
Wettbewerbsprojekt, 1988

Snug Harbor umfaßt eine regelmäßige Anordnung von Greek-Revival-Bauten, die in einer bukolischen, üppig bewachsenen Landschaft stehen. Die Tempelform fungiert als Prototyp für den Komplex und wurde in den Gebäuden und der Erweite-

rung von Snug Harbor für viele verschiedene Zwecke eingesetzt. In der neuen Nutzung des Geländes als Kulturzentrum soll dieses Modell auch weiterhin respektiert werden; einschneidende Änderungen würden den arkadischen Charakter der Bauten und die idyllische Landschaft stören.

Der kurvige Anfahrtsweg zur Vorderseite der Music Hall wurde begradigt und neu gestuft, um sich an den Weg zwischen den beiden Gebäudereihen anzubinden. Die Vordertreppe wurde erweitert, um diese neue Ebene zu erreichen; so entsteht eine Toreinfahrt für einen neuen Zugang auf

der Erdgeschoßebene. Östlich der vorhandenen Bauten wird ein Amphitheater entstehen, das in der Biegung der Zufahrt liegt.

An der Stelle des ehemaligen Neptunbrunnens erhebt sich jetzt ein Turm, der als Basis für eine Skulptur und Wahrzeichen des Zentrums für darstellende Künste dient.

Zum Zentrum werden letztlich drei Gebäude gehören: die Veteran Memorial Hall (die ehemalige Kapelle), die Music Hall und die Recreation Hall im Westen. Eine erhöhte Gartenterrasse verbindet die drei Bauten miteinander.

AERIAL VIEW

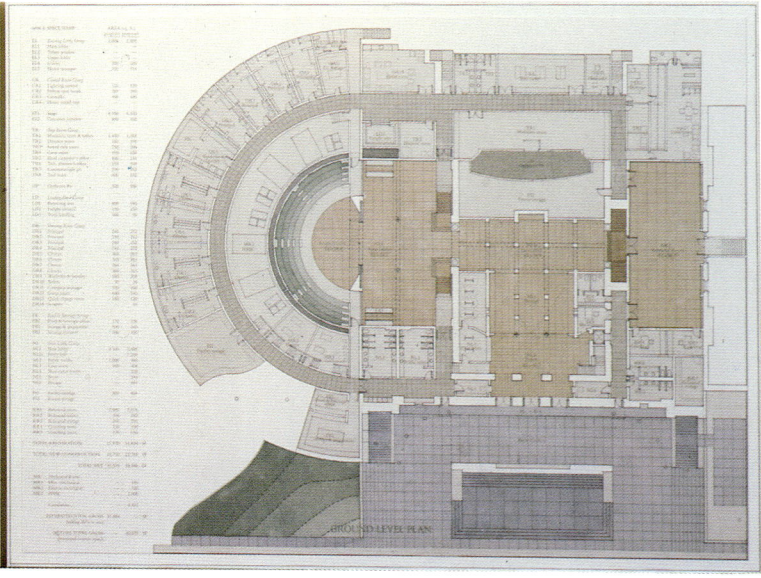

GROUND LEVEL PLAN

250

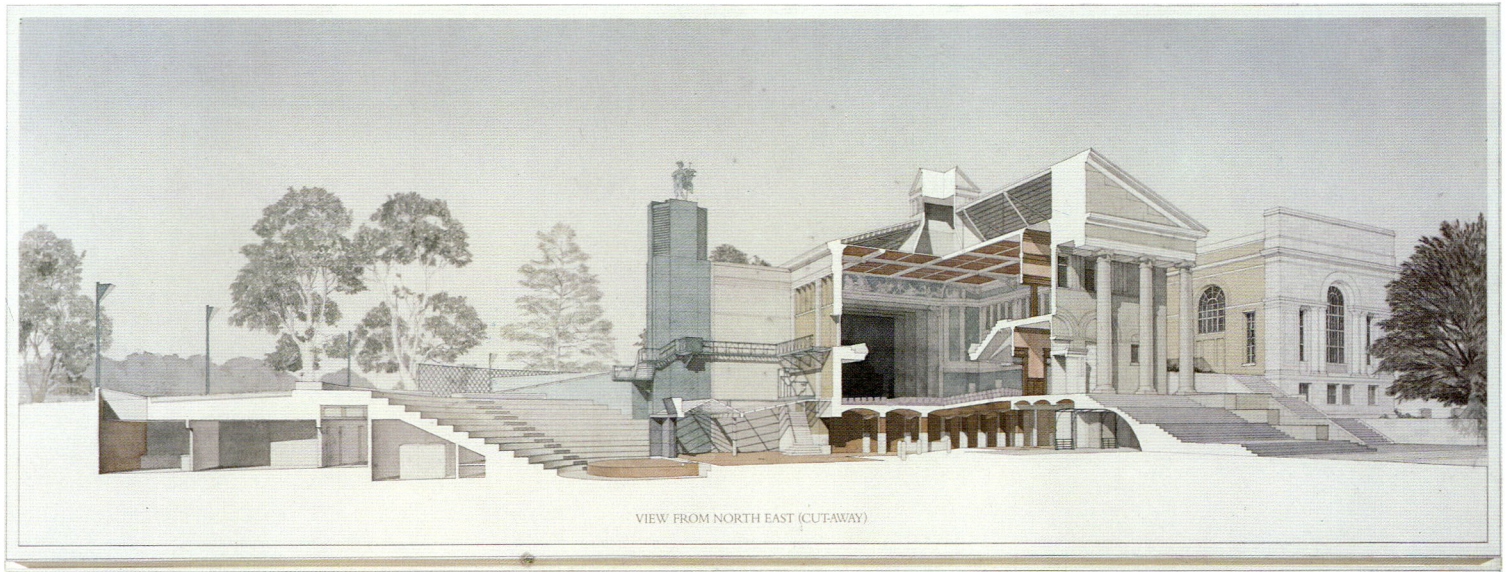

VIEW FROM NORTH EAST (CUT-AWAY)

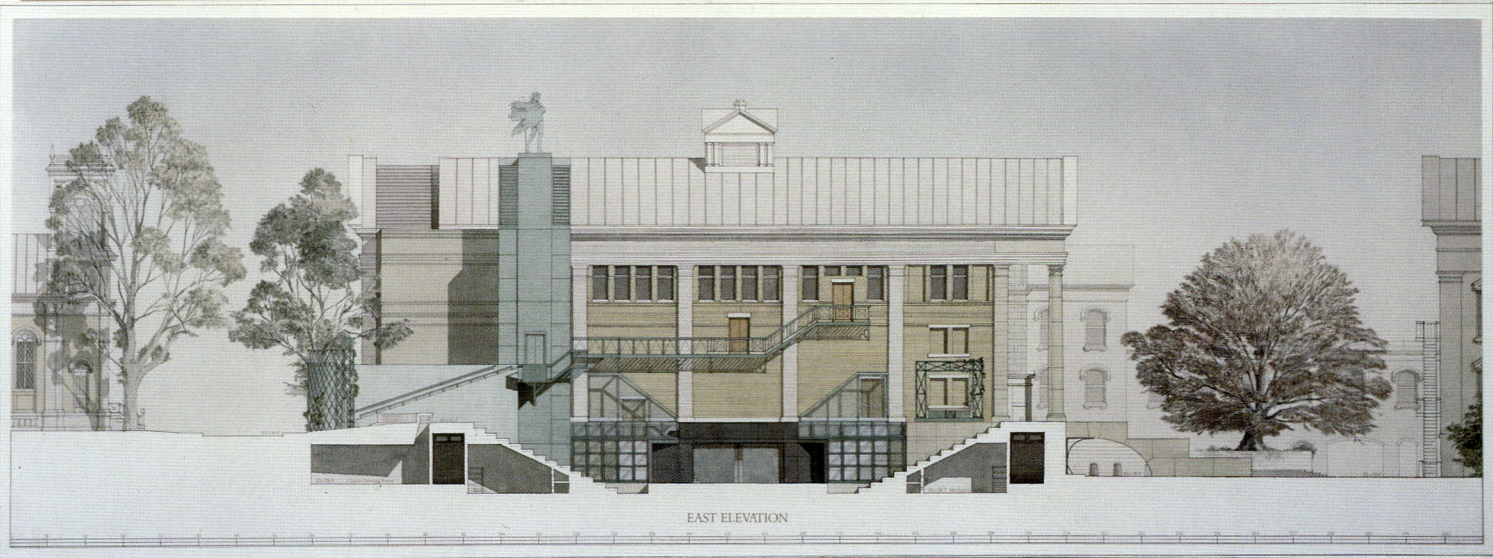

EAST ELEVATION

Die Südfassade wurde versetzt, um einer tieferen Bühne Platz zu bieten. Von Osten gesehen, dient die Anordnung von Turm, Skulptur, Feuertreppe, Pergola, Laterne und Ostfassade der Music Hall als Bühnenbild für Freilichtaufführungen.

Man betritt das Foyer der Music Hall unter einem gläsernen Vordach, das durch die Toreinfahrt führt. Unmittelbar hinter den gläsernen Eingangstüren befindet sich zu beiden Seiten je ein Kartenschalter, auf der rechten Seite ein neuer Aufzug sowie eine Treppe, die zur bestehenden Lobby führt. Links ist eine Garderobe angeordnet sowie ein Gang, der zu den öffentlichen Toiletten, Telefonen und zum öffentlichen Zugang zu den Versorgungsbereichen führt.

Hinter dem Foyer liegen die Passage und im rechten Winkel dazu die Vorhalle, die als Vestibül für die neue Lobby im Osten und den gegenüberliegenden Probenraum dient. Jeweils am Ende der Vorhalle führen zwei Treppen durch Öffnungen, die früher als Feuertüren dienten und jetzt akustisch getrennte Eingänge sind, direkt zum Auditorium.

Die neue Lobby ist ein Glasraum mit Ausblick auf das Amphitheater und den Park. Von außen zeigt er die ursprünglichen gewölbten Fundamente der Music Hall und die darinliegenden neuen Räume.

Man betritt den Probenraum entweder von der Vorhalle aus oder von draußen. Beide Zugangsmöglichkeiten machen nicht das Betreten des Auditoriums erforderlich. Die Versorgungsräume des Theaters sind durch Türen am Südende der Ostwand mit diesem Raum verbunden.

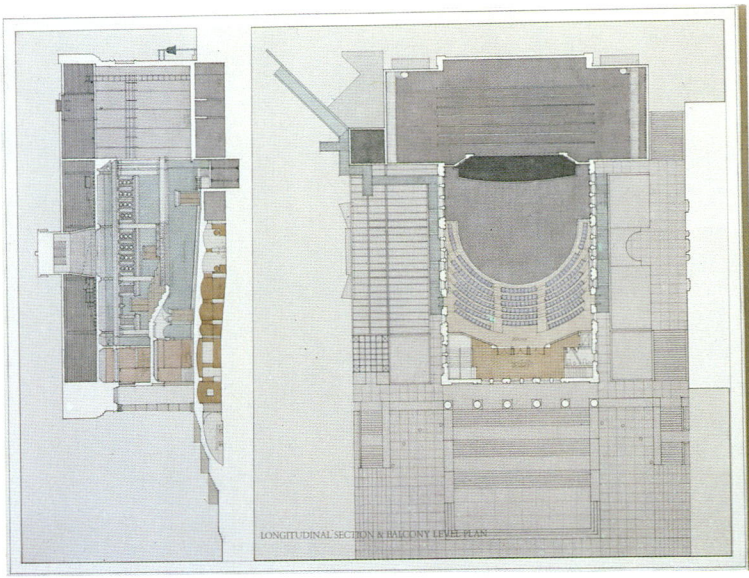

LONGITUDINAL SECTION & BALCONY LEVEL PLAN

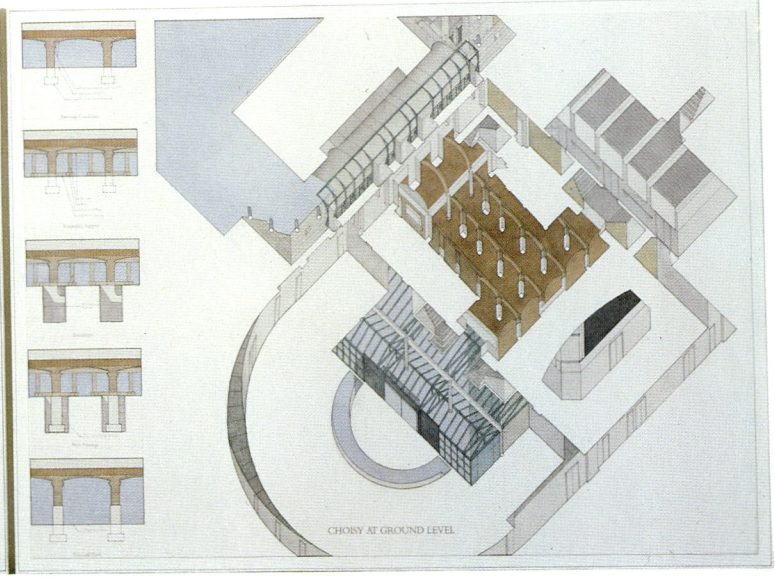

CHORY AT GROUND LEVEL

251

Voorsanger & Mills Associates

THE BROOKLYN MUSEUM [74]
Gesamtplan

Brooklyn, New York, NY
Wettbewerbsprojekt, 1986

Drei grundlegende Vorgaben im Bauprogramm des Brooklyn Museum bestimmen unseren Gesamtplan: erstens mußten die Einrichtungen des Museums in Abschnitten statt in einem einzigen Anbau erweitert werden; zweitens sollte Rücksicht auf das ursprüngliche, unter Denkmalschutz stehende Beaux-Arts-Gebäude genommen und drittens eine Verbindung zum benachbarten Botanischen Garten Brooklyns hergestellt werden.

Unserer Meinung nach stellt der Weiterbau in Etappen die wichtigste formale Komponente im Programm des Museums dar, in dem der Anbau von etwa 46 500 qm an Ausstellungsfläche, Büros, Lagerraum und öffentlichen Dienstleistungseinrichtungen – was nahezu eine Verdoppelung des Museumsraumes bedeutet.

Wir beschlossen, jede der fünf Neubauphasen, die, einer neuen räumlichen Form zugehörig, radial um die Nord-Südachse des Museums angeordnet sind, als selbständiges formales Element aufzufassen. Zu jeder Phase sollten eine augenfällige Außengestaltung, stringente Verkehrswege im Inneren sowie neue Ausstellungsfläche, Büros, Lagerräume und Dienstleistungseinrichtungen gehören – wobei etwa ein Fünftel des Gesamtprogramms anteilmäßig jeder Phase zugeteilt wird. Auf diese Weise würde das Museum – unabhängig von der Fertigstellung des Gesamtplanes – zu jeder Zeit formal und funktional intakt sein.

Der Gesamtplan basiert auf der Auffassung des Gebäudes als einer Reihe miteinander verbundener Fragmente, in diesem Fall des Gebäudes als Gruppe von Fragmenten, die in einer straffen radialen Gestaltung mit kreuzförmigen Verkehrswegen, die Struktur und Raum gliedern, angeordnet

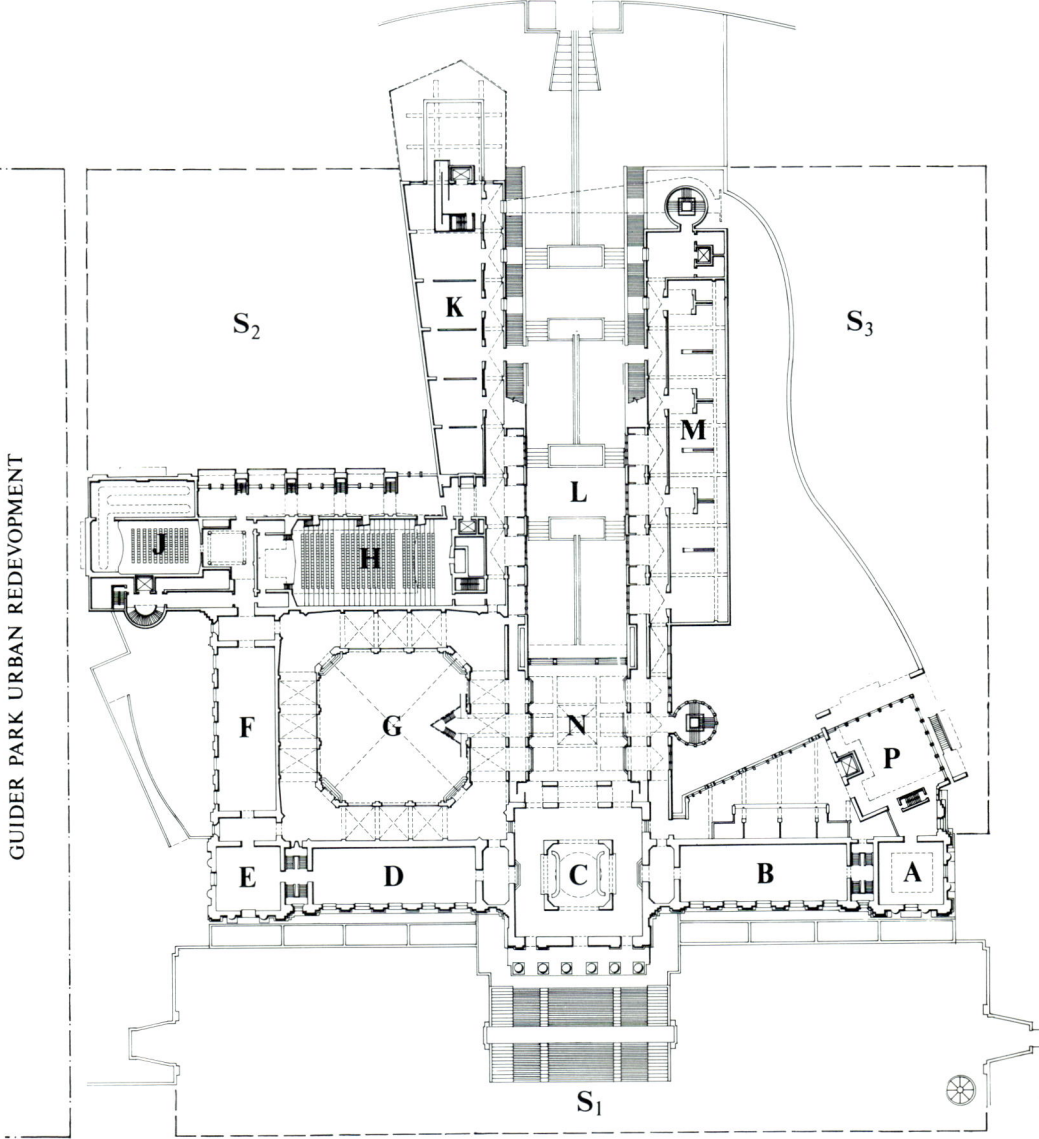

ist. Die Verkehrswege liegen stets an der Peripherie des Gebäudes, so daß sich der Besucher durch den klar gegliederten Raum und freien Blick auf das Gebäude und die umgebenden Gärten orientieren kann.

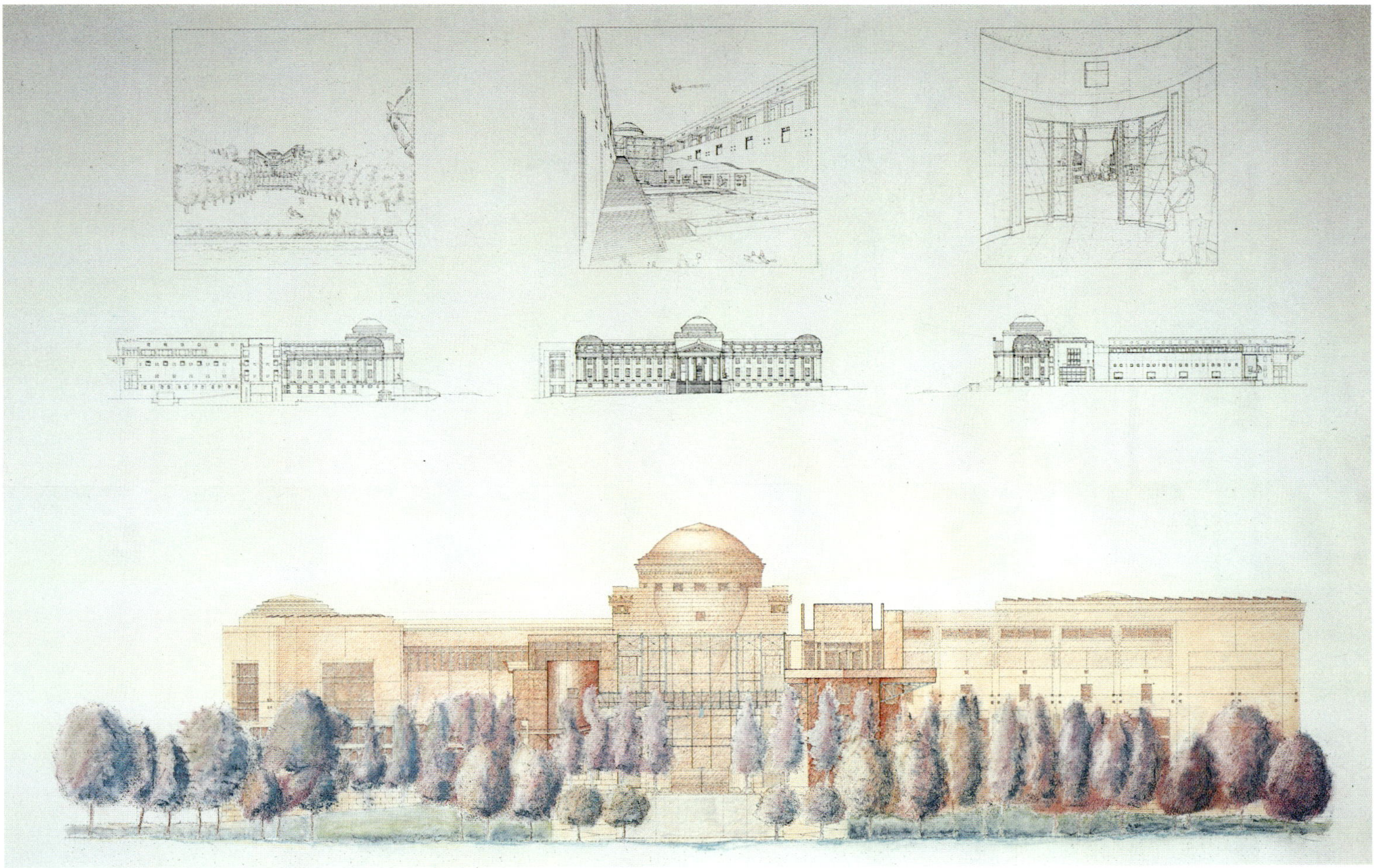

Die Reihenfolge der Neubauphasen kann geändert werden, ebenso sind zukünftige Ergänzungen über das gegenwärtige Programm hinaus möglich.

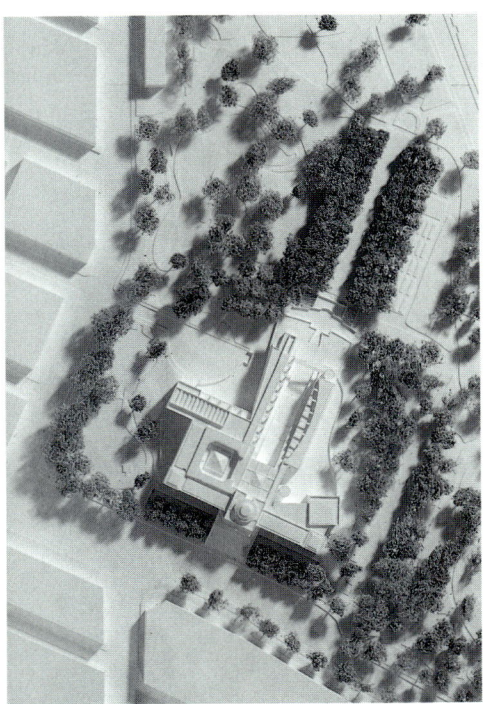

GUIDER PARK URBAN REDEVOPMENT
S_2
K
S_3
M
L
J
H
F
G
N
P
E
D
C
B
A
S_1

MASTER PLAN · PHASING DIAGRAM

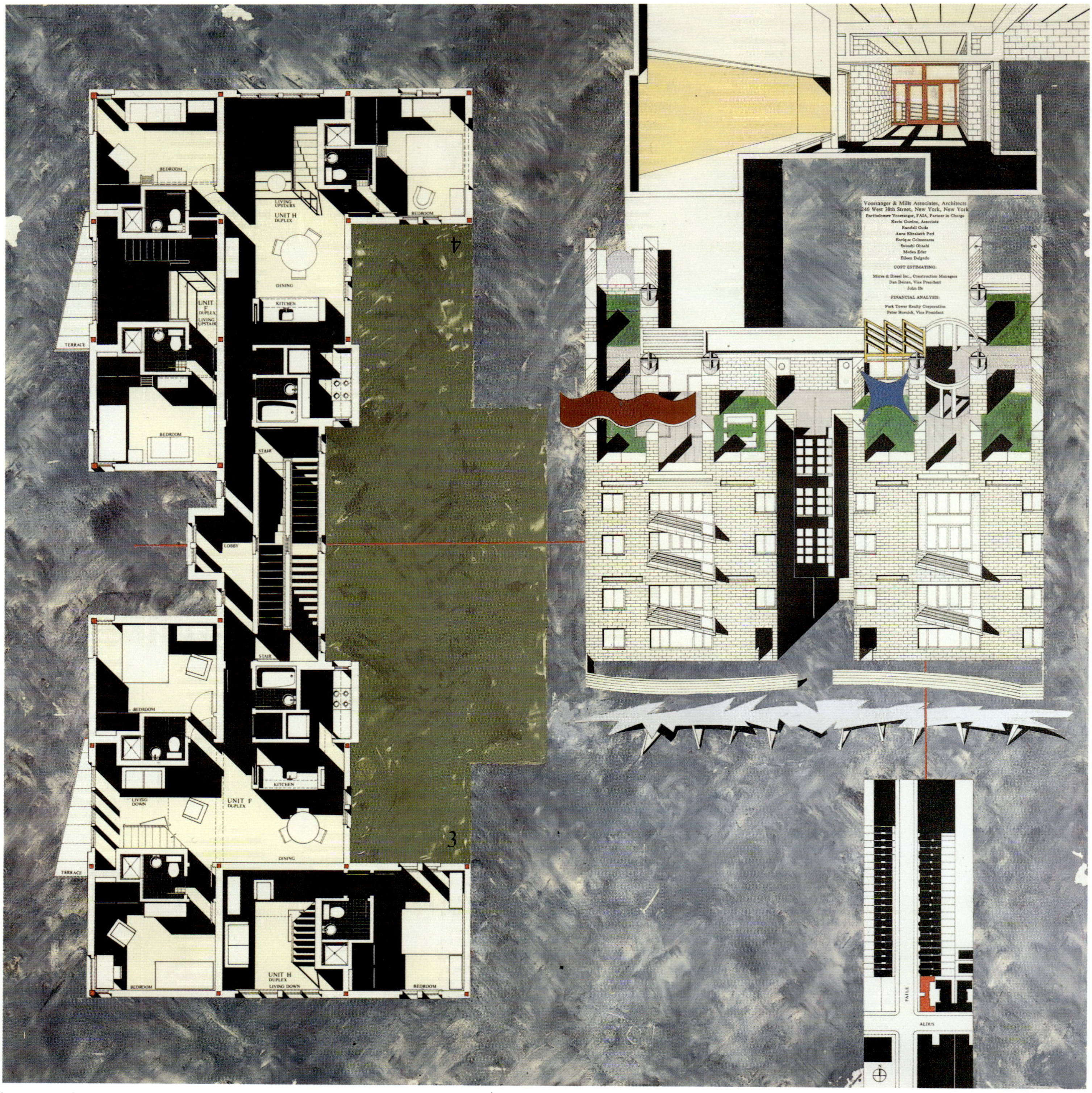

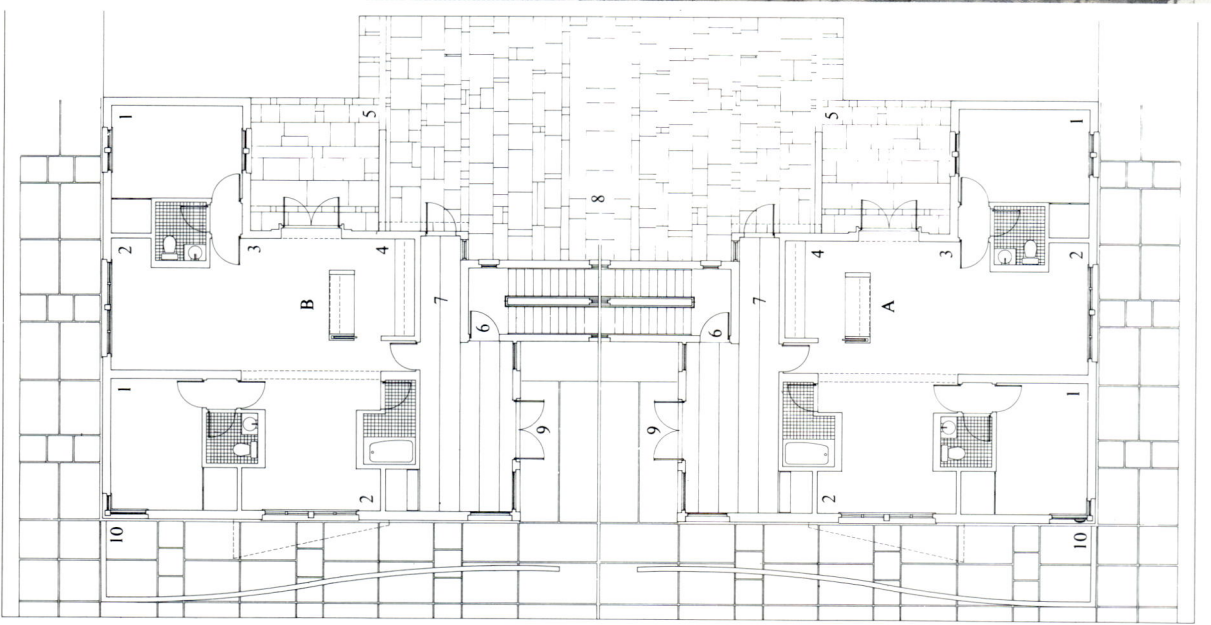

Voorsanger & Mills Associates, Architects
246 West 38th Street, New York, New York
Bartholomew Voorsanger, FAIA, Partner in Charge
Kevin Gordon, Associate
Randall Cude
Anne Elizabeth Peel
Enrique Colmenares
Setsaki Gibashi
Moises Eiler
Eileen Dalgado

COST ESTIMATING:
Morse & Diesel Inc., Construction Managers
Dan Deloss, Vice President
John Ho

FINANCIAL ANALYSIS:
Park Tower Realty Corporation
Peter Herrick, Vice President

A	HANDICAPPED UNIT
B	HANDICAPPED UNIT
1	Bedroom
2	Living
3	Dining
4	Kitchen
5	Handicappped unit Terrace
	Entry Lobby
	Entry Lobby
6	Stair
7	Corridor/Hall
8	Public Garden
9	Entry Courtyard
10	Front Yard Gardens

Voorsanger & Mills Associates

›VACANT LOTS‹ WOHNBAUSTUDIE [64]

1000 Faile Street, South Bronx, New York, NY, 1987
Design Team: Bartholomew Voorsanger, Kevin Gordon, Randall Cude, Enrique Colmenares, Satoshi Ohashi, Anne Elizabeth Perl, Medea Eder

Gegenstand des Projekts ist die Entwicklung acht zusammenhängender Wohnungen mit jeweils zwei bis drei Wohneinheiten (Schlafzimmer/Bäder). Umfeldbedingte und baugesetzliche Beschränkungen erfordern die Errichtung eines viergeschossigen Gebäudes mit einem kleinen Kellergeschoß, das mechanische und andere Versorgungseinrichtungen aufnehmen soll, sowie einem

Dachgeschoß, in dem Gärten für die Wohnungen und gemeinsam genutzte Wasch- und Trockenautomaten Platz finden werden.

Im Erdgeschoß sind von zwei kleinen Eingangsfluren aus der Nord- und Südflügel sowie zwei Behindertenwohnungen zugänglich. Jede dieser Wohnungen verfügt über zwei Schlafräume und hat Zugang zum rückwärtigen Garten mit einem besonders für die Behinderten ausgewiesenen Bereich. Die lichte Deckenhöhe beträgt 2,4 m.

Im ersten Stock befinden sich zwei Wohnungen mit jeweils drei Wohneinheiten (Schlafraum/Bad). Die Deckenhöhe beträgt 3,3 m und wird die Möglichkeit bieten, eine zusätzliche Höhe von 1,2 m über dem Bad-/Schrankbereich als Loft zu nutzen. Die zusätzliche Höhe ermöglicht eine zweifache Nutzung als Lernzimmer, Studio, Arbeitsraum oder Kinderzimmer.

Der gemeinsame Wohnbereich mit einer Ge-

meinschaftsküche und Einzeltoilette mit Bad wird von sämtlichen Bewohnern der Wohneinheiten genutzt. Jede dieser Einheiten soll einzeln zu erwerben sein. So könnten sich zum Beispiel auf diesem Geschoß insgesamt sechs Eigentümer in die beiden Wohnungen einkaufen.

Im zweiten Stock ist im Norden eine eingeschossige Wohnung mit drei Einheiten und einer Deckenhöhe von 2,4 m vorgesehen. Im Süden liegt der Eingang zu den beiden Maisonette-Apartments, die den zweiten und dritten Stock umfassen. Abgesehen von der Deckenhöhe ist die Anlage der Wohneinheiten (Schlafraum/Bad) ähnlich.

Im dritten Stock liegt ein einstöckiges Apartment mit 3,3 m lichter Deckenhöhe im Norden. Nach Süden befindet sich eine Maisonette-Wohnung gleicher Höhe auf der oberen Ebene. Die Wohneinheiten auf dieser Ebene können in Lofts umgewandelt werden.

255

Voorsanger & Mills Associates

HOSTOS COMMUNITY COLLEGE &
ALLIED HEALTH COMPLEX [63]

475 – 500 Grand Concourse, Bronx,
New York, NY, 1985 –1990
Design Team: Bartholomew Voorsanger, Tom Brashares, Satoshi Ohashi, Shu Hashimoto, Paula Murphy, Daniel Alter, Noel Clarke

Der vorhandene Campus des einzigen spanischen Community College innerhalb des City-University-Systems von New York liegt zu beiden Seiten des Grand Concourse in Höhe der 149. Straße; er besteht aus einem umgebauten Lagerhaus (475 Grand Concourse) und dem in der Mitte der siebziger Jahre errichteten Unterrichtsgebäude am Grand Concourse 500. Der erweiterte Campus wird drei neue Bauabschnitte umfassen: den Allied

Health Complex mit Laboratorien, Schulbibliothek und Unterrichtsräumen (9400 qm, geplante Fertigstellung 1990); Theater, Sporthalle und Brückenanlagen (Entwurf von Gwathmey & Siegel Architects) und die Renovierung von 475 Grand Concourse und North Plaza (8800 qm, geplante Fertigstellung 1994).

Die wichtigste öffentliche Fläche der Anlage soll sich 7 m über Straßenniveau befinden (3. Geschoß des West Campus oder Brückenebene). Dieses Geschoß wird die Verkehrs- und Zugangsebene zu den wichtigsten Einrichtungen des Campus. Hinsichtlich der Plazierung der Fußgängerbrücke entwickelte sich ein Dialog zwischen den beiden Architekturbüros. Wir reagierten auf die Brücke, indem wir einen dreigeschossigen Kubus errichteten – einer Veranda gleich, die den Park und die benachbarten Spielplätze überschaut –, der zum Ausgangspunkt der Nord-Südachse und zum Eingang des West Campus wird. Die Achse wird zum

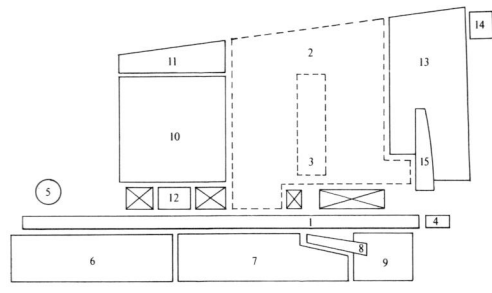

1. SPINE
2. EXISTING 475 BUILDING
3. CONNECTION TO EXISTING BUILDING
4. STAIR A
5. STAIR B
6. DAY CARE
7. HEALTH & HUMAN SERVICES
8. LOBBY STAIR
9. LOBBY
10. PRE-SCHOOL
11. GARDEN
12. STAFF LOUNGE
13. RAISED COURT
14. PAVILION
15. RAMP

Filter, dem Nutzungen sowie horizontale und vertikale Verkehrswege zugeordnet sind. Zugehörige Elemente sind die Bibliothek, Unterrichtsräume, Laboratorien, der Eingang (an der 149. Straße und Grand Concourse) und die Veranda sowie wichtige mechanische Anlagen auf dem Dach.

Die Bauten des West Campus nehmen Bezug auf die vorhandene Architektur am Grand Concourse, indem sie die typischen fünfgeschossigen Fassaden beibehalten und am Außenbau verwandte Materialien aufweisen: gesprenkelter Backstein, ein Rückgrat aus gerippten Metallplatten mit einem System weißer Stege und weißen Metallsprossen. Der West Campus entfaltete sich also als architektonischer Dialog mit dem Grand Concourse und dem East Campus und als Vorstellung eines städtischen College.

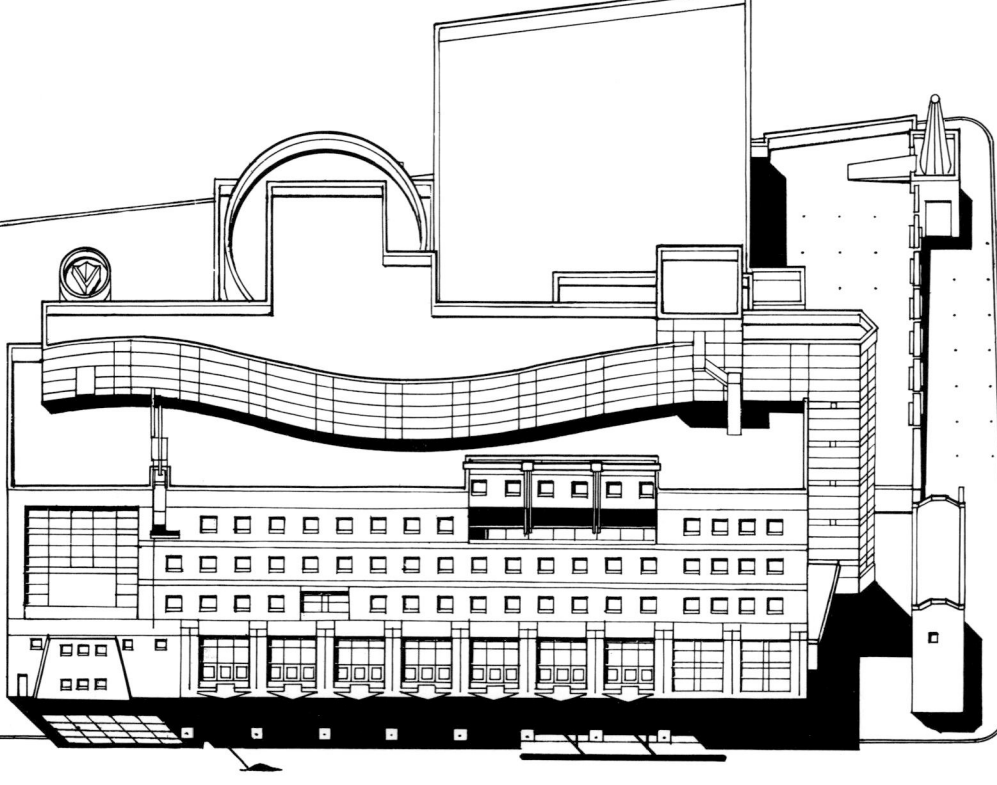

AXONOMETRIC AT GRAND CONCOURSE

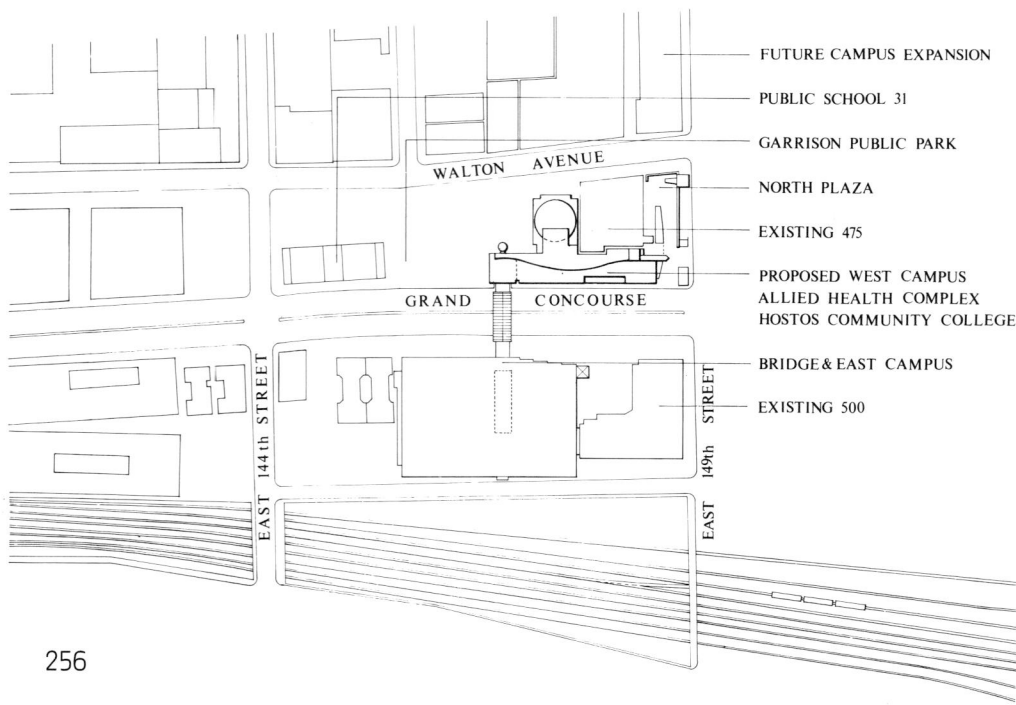

FUTURE CAMPUS EXPANSION

PUBLIC SCHOOL 31

GARRISON PUBLIC PARK

NORTH PLAZA

EXISTING 475

PROPOSED WEST CAMPUS
ALLIED HEALTH COMPLEX
HOSTOS COMMUNITY COLLEGE

BRIDGE & EAST CAMPUS

EXISTING 500

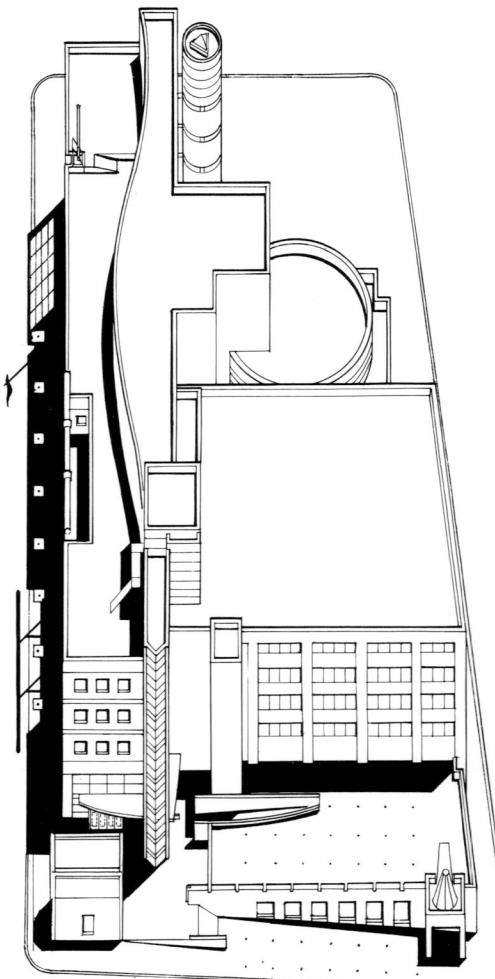

AXONOMETRIC AT 149TH STREET

FIRST FLOOR PLAN

GRAND CONCOURSE LEVEL

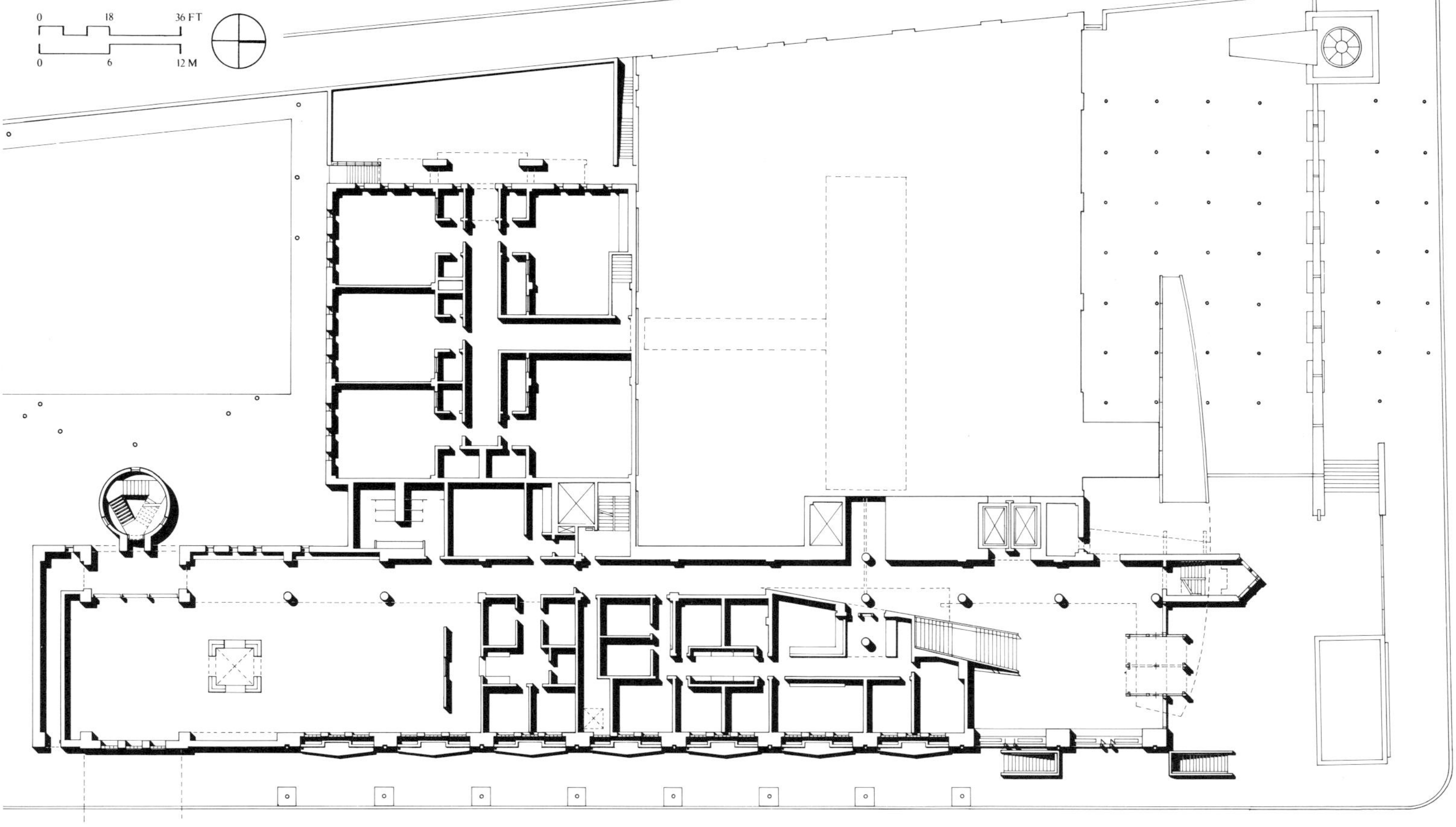

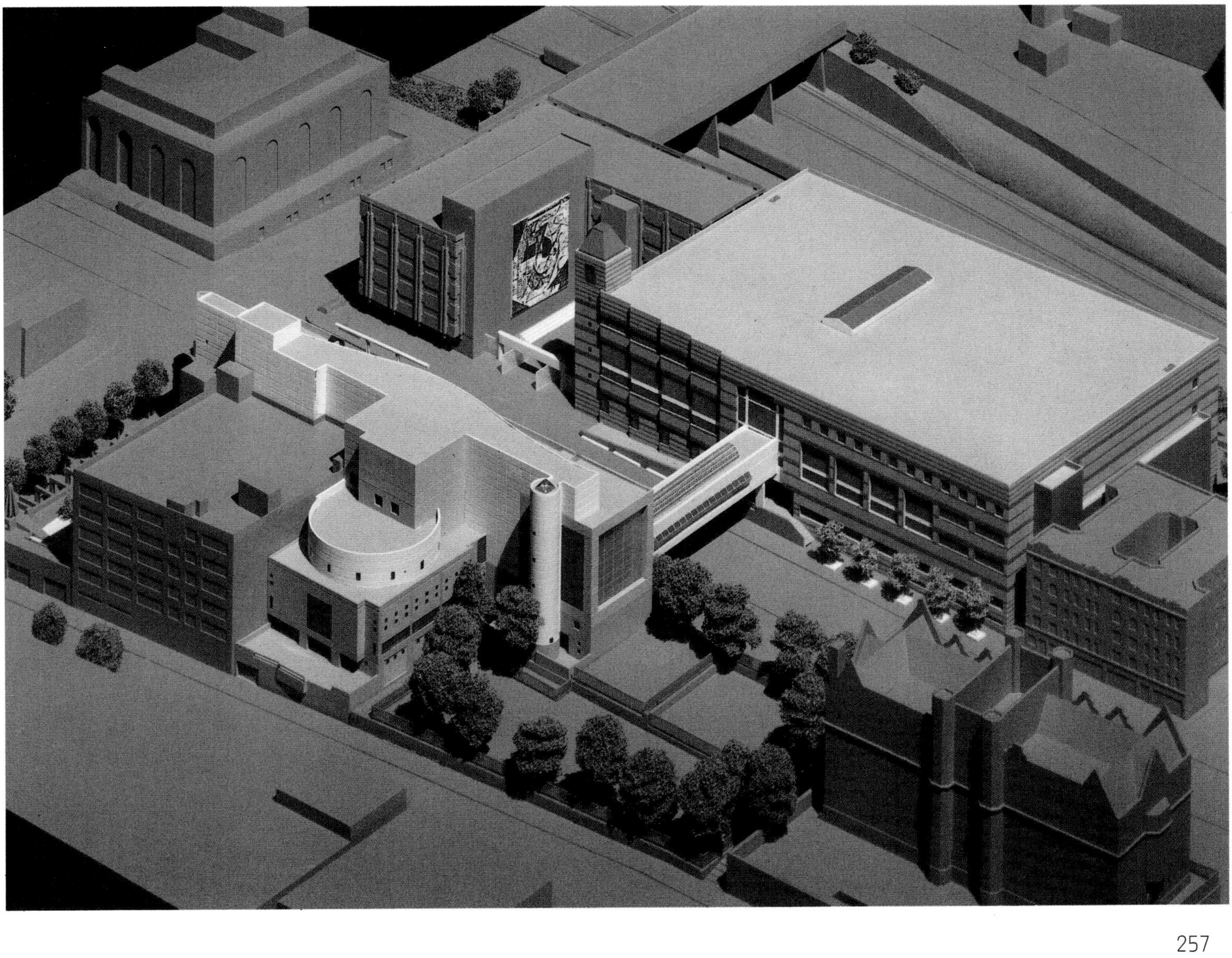

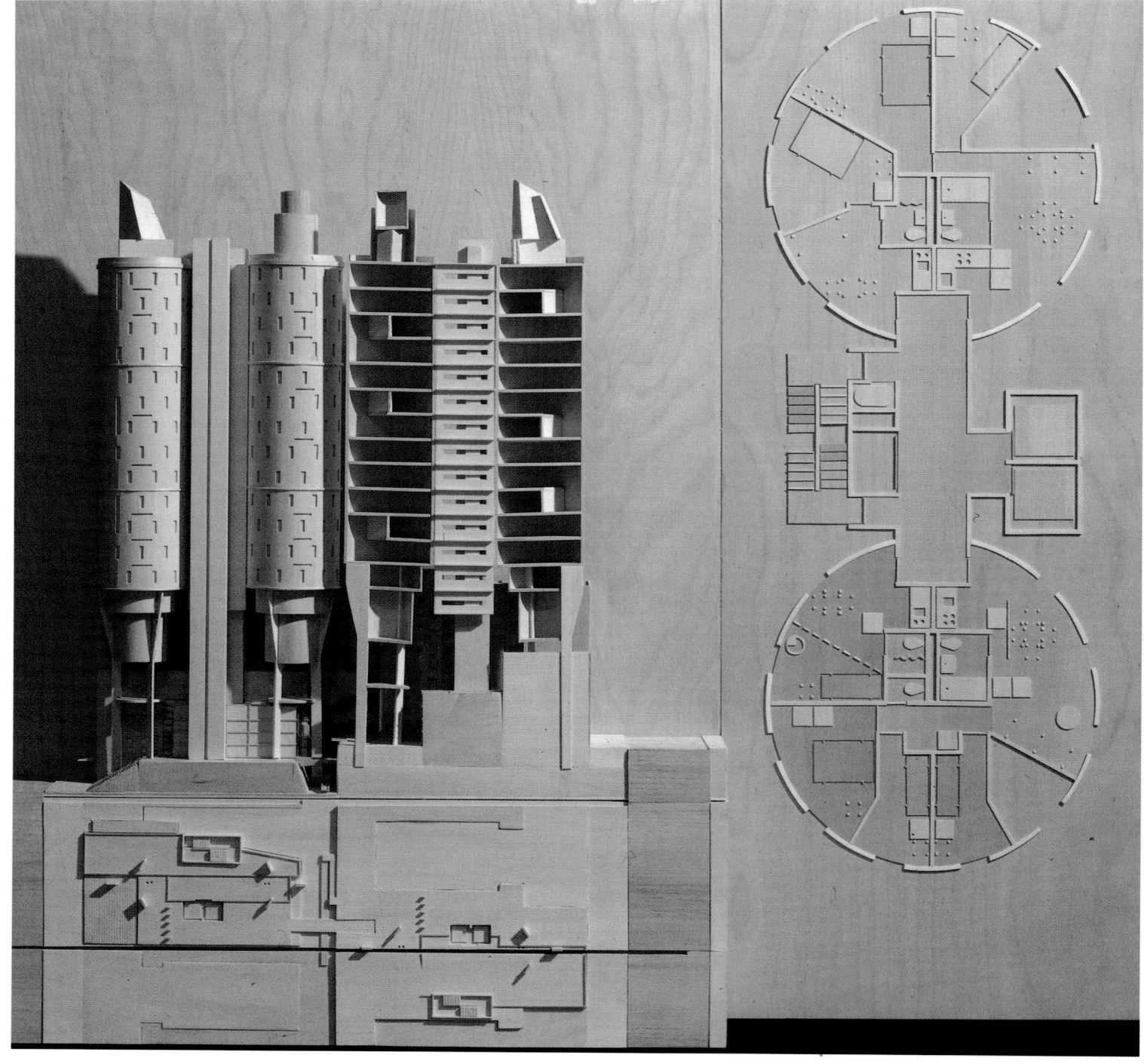

Tod Williams, Billie Tsien and Associates

›VACANT LOTS‹ [62]
Vorschlag für ein unbebautes Grundstück

511 West 133rd Street, Harlem, Manhattan,
New York, NY, 1987
Design Team: Tod Williams, Billie Tsien, Rick Gooding, Annie Chu, Marwan Al-Sayed, Tom Van Den Bout, Thomas Gardner

Dieser Entwurf faßt das freie Grundstück als positive Addition/Subtraktion gegenüber der dichten Blockbebauung von Manhattan auf. Er ist sich der Bedeutung von Freif lächen für das Innere eines typischen Blocks bewußt, akzeptiert jedoch nicht das Brachliegen des freien Grundstücks und weist darauf hin, daß dieser außergewöhnliche Zustand des leeren Raumes eine Verantwortung impliziert. Dies ist ein Vorschlag für zusätzliche Verdichtung

– ohne Verminderung oder Zerstörung von verfügbarem Licht, von Luft oder Möglichkeiten, die die Stadt bietet. Seine Absicht besteht vielmehr in der Vorstellung zusätzlicher alternativer Wohnungsmodelle, hier in Form zweier zylindrischer Türme.

Diese Türme mit einem Durchmesser von 10 m werfen nur einen schmalen Schatten über den Block. Es handelt sich nicht um traditionelle Wohnbebauung, obgleich die Treppenhäuser der Kommunikation zwischen mehreren Geschossen dienen. Die Geschoßgrundrisse sind den Lofts nachempfunden.

Gemeinschaftseinrichtungen, Waschküchen und Kinderspielplätze finden unter dem Turm in privaten Innen- und Außenräumen (für die Gemeinschaft) Platz; kommerzielle Aktivitäten sind an der Straßenseite angesiedelt. In den Wohnungen stellt offener Raum mit minimalen Installationen und Kücheneinrichtungen den Ausgangspunkt dar, was die einzelnen Bewohner dazu ermutigen soll, ihre eigenen Grundrisse zu schaffen (einschließlich vergrößerter Bäder und Küchen).

Ansonsten sind traditionellere Wohnungsgrundrisse angezeigt. In jedem Zylinder sind für zusätzliche Bodenfläche und das Gefühl erweiterten Raums zweigeschossige Elemente vorgesehen.

Da das Äußere jedes Zylinders von der Konstruktion bestimmt wird, gibt es zahlreiche, relativ kleine Fenster. Die gleichmäßige Befensterung ist von zusätzlichen, auf Ausblick und Lage bezogenen Öffnungen überlagert. Obgleich die allgemeinen konstruktiven Bedingungen der Zylinder überall gleich sind, können Besonderheiten der Fassade und vor allem der Form und Aktivität auf Straßenniveau von Fall zu Fall bestimmt werden.

An der 133. Straße führt eine breite Treppe in das einst leere Grundstück. Unter dem Schutzvordach des Gebäudes können sich die Nachbarn aus den Türmen treffen; Passanten nutzen den Durchgang zur 134. Straße. Die vorhandene Bruchsteinstützmauer wird als integraler Bestandteil des Gartens auf Straßenniveau freigelegt. Das Grundstück ist offen, aber nicht mehr leer.

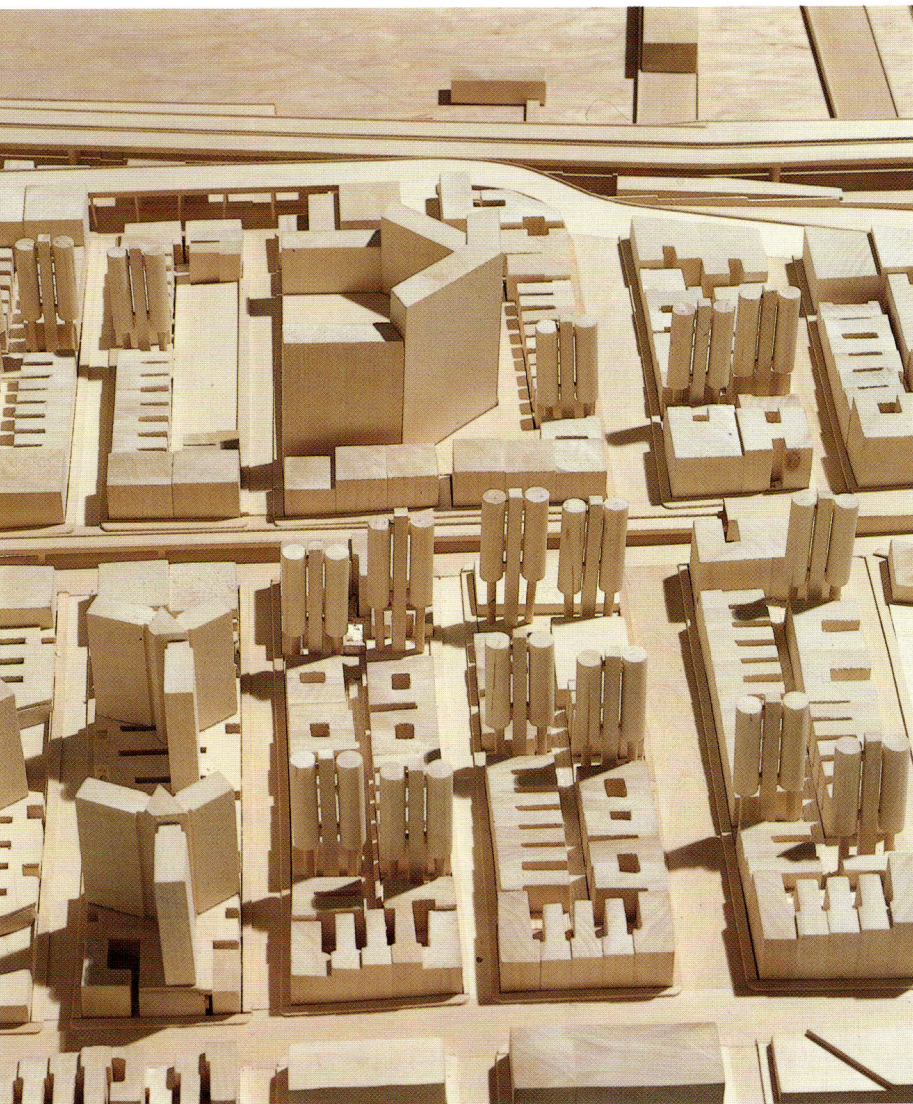

Dig a hole to China

Tod Williams, Billie Tsien

COLUMBUS CIRCLE [26]

Columbus Circle, New York, NY, 1981

Es handelt sich hier um theoretische Überlegungen zum gegenwärtigen Zustand des Columbus Circle in New York City. Designiert als Monument für Kolumbus, wurde er zu einer von der Außenwelt abgeschnittenen, dreieckigen Insel in einem Meer chaotischen Verkehrs.

Die Zeichnung deutet an, daß der Name Circle wörtlich genommen werden soll und die Ausgrabungen nicht nur den Fußgänger- und Autoverkehr umformen, sondern auch die Archäologie der Stadt und des darunterliegenden Erdreichs freilegen mögen.

Tod Williams, Billie Tsien

ZUR FEIER DES 100. GEBURTSTAGS
DER FREIHEITSSTATUE [70]

Liberty Island, New York, NY, Projekt, 1986

Die Freiheitsstatue steht auf einem von Richard Morris Hunt entworfenen Sockel. Dieser Sockel liegt asymmetrisch innerhalb der Mauern einer früheren, sternförmigen Befestigungsanlage, die wiederum außerhalb des Zentrums der Insel liegt. Wir schlagen vor, die Statue innerhalb eines quadratischen Felds monumentaler Pfeiler aufzustellen. Dies gleicht die Unregelmäßigkeiten aus und fängt Statue, Insel und Wasser auf. Die Befonpfeiler erheben sich bis zur Höhe von Hunts Sockel. Jeder Pfeiler wird von einer beweglichen Kupferstange bekrönt. Diese Stangen drehen sich im

Wind und reflektieren tagsüber glitzernde, feurige Lichtpunkte. Bei sommerlichen Gewitterstürmen dienen sie als Blitzableiter. Nachts erfassen und reflektieren sie die Bewegung himmlischer und wasserabhängiger Phänomene.

Während sie also ein erweitertes Ortsgefühl und eine feierliche Atmosphäre schaffen, nehmen sie Bezug auf »the rockets' red glare« (»der Raketen roter Schein«, Zeile aus der amerikanischen Hymne). Die von ihnen ergänzte Dimension unterstreicht nicht nur den prinzipiellen Charakter der Statue als Symbol des Willkommens, sondern wirft auch wechselnde Lesearten auf, die Aspekte der Macht berühren.

Bauten und
Projekte
außerhalb New Yorks

Die Architektur- zeichnung

Vom barocken Idealplan zur Axonometrie. Hrsg. von Winfried Nerdinger. 212 Seiten mit 95 Farbtafeln, 45 zweifarbigen Tafeln und 19 Abb. 22,5 x 28 cm. ISBN 3-7913-0721-5. Bütten DM 86,–
Ab 1.6.1989 DM 98,–

»Der ausgezeichnet kommentierende, fast luxuriös illustrierte Katalog der wohl bedeutendsten westdeutschen Zeichnungssammlung. «   Die Zeit

»Ein Standardwerk, weil mit ihm erstmals ein Abriß der deutschen Architekturzeichnung vorliegt. «   Bauwelt

Johann Friedrich Geist
Passagen

Ein Bautyp des 19. Jahrhunderts. 560 Seiten mit 265 Abb. auf 216 Tafeln und einem Katalog von 298 Passagen. 19 x 24 cm. ISBN 3-7913-0487-9. Paperback DM 98,–

»Geists Buch ist eines der besten, die in den letzten Jahren über Themen der Architektur erschienen sind. Man wird es den Standardwerken zurechnen müssen. «   Die Zeit

»Ein Standardwerk ohnehin. Für Architekturhistoriker unverzichtbar und für Leser ein reines Vergnügen. «   Frankfurter Rundschau

Revision der Moderne

Postmoderne Architektur 1960-1980. Herausgegeben von Heinrich Klotz. 360 Seiten mit 616 Abbildungen, davon 222 in Farbe, und 4 Ausklapptafeln. 22 x 28 cm. ISBN 3-7913-0664-2. Leinen DM 98,–
Ab 1.6.1989 DM 118,–

»Dieser Katalog, gewichtig, inhaltsreich und bunt, liefert nicht nur Aufsätze und Hintergrundmaterial zum Thema, sondern bietet auch den vorgeführten Architekten Raum für Zeichnungen und erläuternde Texte. «   Bauwelt

Vision der Moderne

Das Prinzip Konstruktion. Herausgegeben von Heinrich Klotz. 488 Seiten mit 806 Abbildungen, davon 238 in Farbe. 22 x 30 cm. ISBN 3-7913-0755-X. Leinen DM 98,–
Ab 1.6.1989 DM 118,–

»Der umfangreiche Band mit vielen Abbildungen enthält Essays zur Architektur-Entwicklung von den Eisenkonstruktionen des 19. Jh. über die russische Revolutionsarchitektur bis zu den jüngsten Kreationen. Es folgt der Katalog mit den Beispielen einzelner Architekten. «   Architektur und Wohnen

Preisstand April 1989. Preisänderungen vorbehalten.

Prestel-Verlag · Mandlstraße 26 · 8000 München 40 · Telefon 0 89 / 38 17 09-0

Bestellcoupon

Hiermit bestelle ich aus dem Prestel-Verlag über die Buchhandlung:

_____ Ex. New York Architektur 1970 bis 1990 DM 98,–

_____ Ex. Lexikon der Weltarchitektur DM 148,–

_____ Ex. _____

_____ Ex. _____

_____ Ex. _____

Name _____

Straße _____

PLZ/Ort _____

Datum/Unterschrift _____

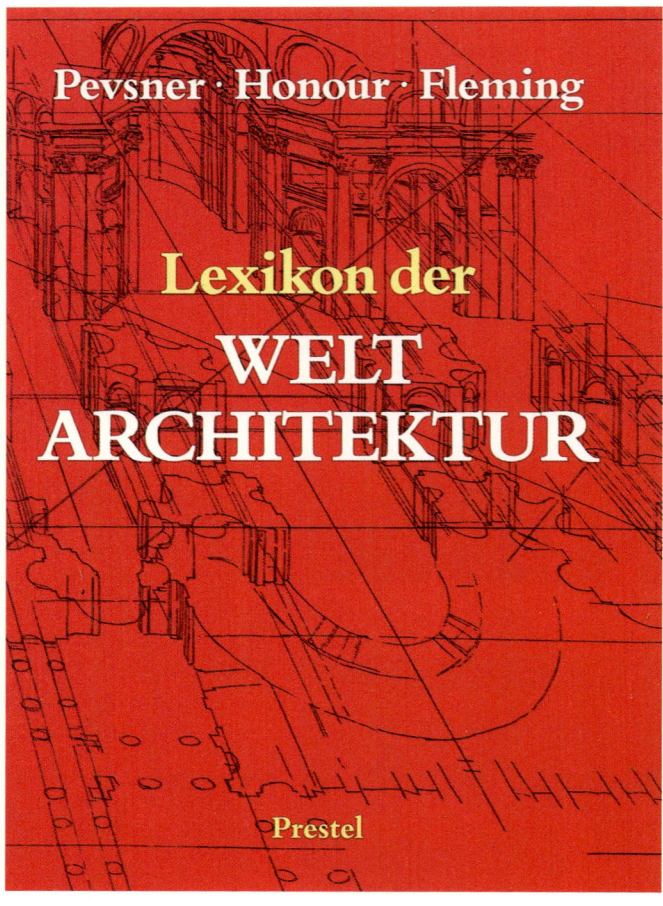

Nikolaus Pevsner / Hugh Honour / John Fleming
Lexikon der Weltarchitektur
Umfassend erweiterte und neugestaltete Ausgabe
1987. 760 Seiten mit 3088 Abbildungen und
2760 Stichworten, davon 846 Architektenbiographien
und 51 Länderartikel. 19 x 26,5 cm.
ISBN 3-7913-0652-9. Leinen DM 148,–

Seit seinem erstmaligen Erscheinen im Jahre 1971 ist
das Lexikon der Weltarchitektur ein weltweit aner-
kanntes Standardwerk. Es wurde von der Kritik als
beste lexikalische Übersicht zur Architektur von ihren
Anfängen bis zur Gegenwart bezeichnet.

Die grundlegend überarbeitete Neuausgabe des Lexi-
kons trägt der jüngsten Architekturentwicklung und
-diskussion Rechnung; darüber hinaus sind auch die
Daten zur älteren Architektur auf den neuesten Stand
gebracht worden. Die Länderartikel, die einen historischen Abriß der Architekturentwicklung in wichtigen
Kulturregionen der Erde geben, wurden aktualisiert
und um eine Reihe neuer Länder erweitert.

Das ›Lexikon der Weltarchitektur‹ richtet sich sowohl
an die Fachwelt – Architekten, Dozenten und Studenten der Architektur und Kunstgeschichte – wie auch an
den interessierten Laien.

Das ›Lexikon der Weltarchitektur‹ im Spiegel der Presse

»Das ›Lexikon der Weltarchitektur‹ bleibt ein kon-
kurrenzloses Angebot.«   Bauwelt

»Man sollte dieses Nachschlagewerk besser als
›Bilderwerk der Weltarchitektur‹ ansprechen, denn
immerhin 3088 Abbildungen (348 mehr als Stichworte) bringen dem Leser Gebautes und Gezeichnetes aus mehreren Jahrtausenden nahe. Mit Unzähligen von Facetten wird – auch dem Laien – eindrucksvoll illustriert, was ›Weltarchitektur‹ ist. Ein
zuverlässiges Architekturlexikon.«   Die Zeit

»Wer warten konnte, wird jetzt reich belohnt:
Der ›Pevsner‹ ist zum gültigen Architektur-Nach-
schlagewerk unserer Zeit vervollkommnet worden.
Wer Lust hat, zu blättern, kann das Lexikon durchaus als eine Anthologie von architektonischen Mei-
sterwerken genießen. Der Weg durch die Baukultur
der Jahrtausende und der Weltregionen ist hier erstaunlich kurz, ja kurzweilig.«   Süddeutsche Zeitung

»Ein unerläßliches Werkzeug für jeden Planer und
Architekten, gleich ob in Lehre, Forschung oder
Praxis.«   Stadt

»Es gibt Bücher, die immer greifbar sein müßten:
z. Beispiel das Standardwerk von Nikolaus Pevsner,
Hugh Honour und John Fleming. Mit seiner Erweiterung auf 2760 Stichworte paßt es sich dem neuesten
Stand der Architektur an.«   Neue Zürcher Zeitung

Das Standardwerk zur Architektur von ihren Anfän-
gen bis zur aktuellen Gegenwart enthält:

846 Architekten – von Alvar Aalto bis Friedrich
Zwirner – die bedeutendsten Baumeister und Architekten der Welt und aller Zeiten
76 Stilbegriffe – die wichtigsten Epochen und Stile
des Abendlandes bis hin zu Jugendstil, Bauhaus und
Postmoderne
51 Länderartikel – die Architekturgeschichte wichtiger Länder, auch untergegangener Hochkulturen
811 architektonische Fachausdrücke – die Termino-
logie zum Verständnis und zur Beschreibung von
Bauwerken, ihrem Aufbau, ihrer Gestaltung und
Außengliederung
116 Gebäudetypen – die Beschreibung der wichtigsten Typen in ihrer Entwicklung

Georg Kohlmaier
Barna von Sartory
Das Glashaus

Ein Bautypus des 19. Jahr-
hunderts. 2., überarbeitete
Auflage 1988. 756 Seiten
mit 745 Abb. und einem
Katalog von 124 Glas-Eisen-
bauten. 19 x 24 cm.
ISBN 3-7913-0506-9.
Leinen DM 198,–

»Ein umfassendes und
detailliertes Standardwerk,
das den schönsten, fragil-
sten Ableger der Architektur
des 19. Jahrhunderts bis in
alle Verzweigungen ver-
folgt. Eine gründliche
Untersuchung, die Ge-
schichte und Nachschlage-
werk zugleich ist. « Die Zeit

Johann Friedrich Geist
Klaus Kürvers
**Das Berliner
Mietshaus**

Band I: 1740-1862. 544 S.
mit 400 Abb. 21 x 30 cm.
ISBN 3-7913-0581-6. Geb.
DM 128,–. ISBN 3-7913-
0524-7. Pb. DM 98,–
Band II: 1862-1945. 584 S.
mit 755 Abb. ISBN 3-7913-
0690-1. Leinen DM 128,–.
ISBN 3-7913-0696-0.
Paperback DM 98,–
Band III: 1945-1988.
Erscheint im Herbst 1989.

»Die gewaltige Arbeit eröffnet eine Perspektive in die
Sozialhistorie einer Welt-
stadt, wie sie so detailreich
noch nie getan wurde. «   SZ

Architektur-
zeichnungen HPP

1978-1988. Zeichnungen
aus der Sammlung HPP
Hentrich-Petschnigg & Partner Architekten. Herausgegeben von HPP. Bearbeitet
von Hans-B. Adams.
120 Seiten mit 119 Farb-
abbildungen. 30 x 30 cm.
ISBN 3-7913-0982-X.
Leinen DM 98,–

Mit dieser repräsentativen
Auswahl von Architektur-
zeichnungen aus den Jahren
1978 bis 1988 bekennt sich
eines der führenden deut-
schen Architekturbüros zu
seinem Stil, der zwischen
rigoroser Ratio und maleri-
scher Farbenpracht liegt.

Wolfgang Pehnt
**Die Erfindung der
Geschichte**

Aufsätze und Gespräche zur
Architektur unseres Jahr-
hunderts. 256 Seiten mit ca.
160 Abb. 16,5 x 23,5 cm.
ISBN 3-7913-0839-4.
Paperback DM 44,–

Die über 30 Aufsätze eines
unabhängigen Kenners
umfassen neben Einzel-
darstellungen zum Werk
berühmter Architekten zahlreiche Analysen wichtiger
Architekturthemen.
Eine engagiert vorgetragene
Architekturgeschichte,
deren Hauptgegenstand die
Geschichte der Architektur
selbst ist.

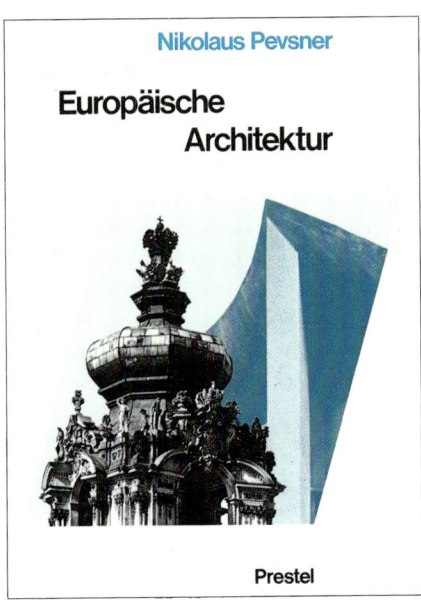

Nikolaus Pevsner
**Europäische
Architektur**

Von den Anfängen bis zur
Gegenwart. 550 Seiten mit
326 Abb. 13 x 19,7 cm.
ISBN 3-7913-0016-4.
Leinen DM 58,–
ISBN 3-7913-0137-3.
Paperback DM 39,80

»Die europäische Architektur als Gesamtphänomen
darzustellen – diesem Vor-
satz bleibt Pevsner treu. Die
Art, wie er die Beiträge
einzelner Nationen zum
Werden der großen euro-
päischen Architekturstile
untersucht, ist von einer
beispielhaften Objektivi-
tät. « Neue Zürcher Zeitung

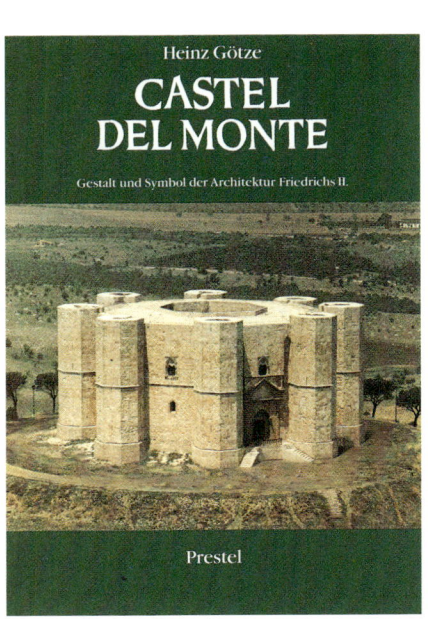

Heinz Götze
Castel del Monte

Gestalt und Symbol der
Architektur Friedrichs II.
116 Seiten mit 149 Abbil-
dungen, davon 24 in Farbe.
22 x 28 cm.
ISBN 3-7913-0693-6.
Leinen DM 98,–

»Wer den Höhepunkt der
Staufer-Bauten in Südita-
lien sinnvoll erfassen will,
wird durch die Lektüre dieses Buches tief bereichert
sein. Es ist ein wesentliches
Werk. «   Der Kunsthandel

»Der Leser wird von dieser
reich und gut bebilderten
Monographie viel profitieren. «   Bauwelt

Chicago-Architektur 1872-1922

Die Entstehung der kosmopolitischen Architektur des 20. Jahrhunderts. Herausgegeben von John Zukowsky. 480 Seiten mit 585 Abbildungen, davon 54 Farb- und 42 Duplextafeln. 22,5 × 30 cm. ISBN 3-7913-0820-3. Leinen DM 98,—
Ab 1.6.1989 DM 118,–
Englische Ausgabe: ISBN 3-7913-0837-8. Leinen DM 120,–

»Dies ist ein bedeutendes Dokument zur Architekturgeschichte des 20. Jahrhunderts.«
Häuser

»Die Chicagoer Schule ist nur ein Teil dieses hervorragenden Buches und wird aus verschiedener Sicht dargeboten. Hier geht es um die Architektur aus örtlicher Tradition und ihre Auseinandersetzung mit Europa. Man könnte auch sagen: Entwicklung des modernen Hochhauses und die Prärie-Schule als Pole von Bauformen. Das Ganze wird in prachtvollen Zeichnungen gezeigt und mit einem fast überbordenden Text beschrieben. Nachdem die einzelnen Verfasser immer klar begrenzte Themen behandeln, die in sich abgeschlossen sind, das Buch außerdem ein gutes Register besitzt, kann man sich bei der Lektüre eines Teilthemas zuerst darüber gut informieren und sich dann in benachbarte Gebiete vorwagen.«
Baumeister

»In keiner anderen Stadt sind Ursprung und Entwicklung der Architektur des 20. Jahrhunderts so deutlich erkennbar wie in Chicago. In den hier aufgerollten fünfzig Jahren Baugeschichte – vom ›Nullpunkt‹ nach der großen Brandkatastrophe im Jahre 1871 bis zum internationalen Hochhauswettbewerb der ›Chicago Tribune‹, 1922 – entwickelte sich die Stadt zur frühen Architekturmetropole der USA. Die zwanzig Essays dieses reich illustrierten Bandes beleuchten die widersprüchlichen Tendenzen in der Geschichte des Städtebaus von Chicago und ihre komplexen Zusammenhänge in der europäischen Architektur, denen bisher nur wenig Aufmerksamkeit gewidmet worden ist.«
du

Ulrich Krings
Bahnhofsarchitektur

Deutsche Großstadtbahnhöfe des Historismus 1866-1906. 480 Seiten mit 302 Abb., davon 12 in Farbe. 19 x 24 cm. ISBN 3-7913-0596-4. Leinen DM 198,–
»Das Buch ist gründlich gearbeitet und dürfte für lange Zeit als Standardwerk für den deutschen Bahnhof des Zweiten Kaiserreichs dienen.« Neue Zürcher Zeitung

Horst Karl Marschall
Friedrich von Thiersch
1852 -1921

Ein Münchner Architekt des Späthistorismus. 424 Seiten mit 33 farbigen und 284 einfarbigen Abbildungen. 23 x 24 cm. ISBN 3-7913-0548-4. Leinen DM 182,–
»Über Friedrich von Thiersch hat Marschall eine thematisch wohlgeordnete, gründlich unterrichtende, gut zu lesende Monographie geschrieben. Ein kompakter und reich illustrierter Überblick über Leben und Werk.« Die Zeit

Glyptothek München
1830 -1980

Herausgegeben von Klaus Vierneisel und Gottlieb Leinz. 640 Seiten mit 528 Abbildungen, davon 22 in Farbe. 22,5 x 24 cm. ISBN 3-7913-0539-5. Gebunden DM 98,–
»Die Entstehungs- und Baugeschichte der Münchner Glyptothek wird in einer Reihe substantieller und detailreicher Untersuchungen dokumentiert.« FAZ

Chup Friemert
Die Gläserne Arche

Kristallpalast London 1851 und 1854. 248 Seiten mit 150 Duplex-Abbildungen und 75 Abb. im Text. 24 x 27 cm. ISBN 3-7913-0675-8. Leinen DM 98,–
»Mit der Beschreibung dieses zukunftweisenden Baus werden Glanz und Schattenseiten der Industrialisierung dargelegt. Die Wiedererrichtung des Kristallpalastes illustriert eine umfangreiche Fotoserie.« Baumeister

Nikolaus Pevsner
Architektur und Design

Von der Romantik zur Sachlichkeit. 544 Seiten mit 663 Abbildungen und wissenschaftlichem Anhang. 22,5 × 24 cm. ISBN 3-7913-0326-0. Leinen DM 198,–
»Pevsner zu lesen ist ein Vergnügen. Hinzu kommt, daß dieses Buch schön gebunden, hervorragend gedruckt und außerordentlich sinnvoll umbrochen ist. Und es hat ein umfassendes Register.« Die Zeit

Jeannot Simmen
Uwe Drepper
Der Fahrstuhl

Die Geschichte der vertikalen Eroberung. 256 Seiten mit 288 Abb. 19,5 x 28 cm. ISBN 3-7913-0692-8. Leinen DM 98,–
»Das akkurat und schön gemachte Buch ist mit großer Kenntnis und viel Witz geschrieben. Man bekommt die ganze Historie dieses sichersten Transportmittels der Welt in einer präzisen Reportage vorgesetzt.« Die Zeit

Julius Posener
Berlin auf dem Wege zu einer neuen Architektur

Das Zeitalter Wilhelms II. 648 Seiten mit 758 Abb. 22,5 x 24 cm. ISBN 3-7913-0419-4. Ln. DM 238,–
»Hier ist ein Stück Architekturentwicklung und Geschichte lebendig gemacht, dessen Wirkungen in die unmittelbare Gegenwart hineinreichen.« Bauwelt

Eva Börsch-Supan
Berliner Baukunst nach Schinkel

1840 -1870. 864 Seiten mit 611 Abb. auf 272 Tafeln. 22,5 x 24 cm. ISBN 3-7913-0050-4. Leinen DM 288,–
»Dem erhöhten Interesse am Historismus trägt die umfangreiche Arbeit in hohem Maße Rechnung. Die ausführliche Dokumentation vermittelt dieser Monographie den Rang eines für die Forschung willkommenen und fortan unentbehrlichen Handbuches.« Neue Zürcher Zeitung

Christine Hoh-Slodczyk
Das Haus des Künstlers im 19. Jahrhundert

200 Seiten mit 128 Abbildungen und einer Farbtafel. 23 x 24 cm. ISBN 3-7913-0734-7. Leinen DM 120,–
»Eine aufschlußreiche Dokumentation mit über 40 detailliert beschriebenen und dargestellten Beispielen für das Haus des Künstlers, die Wohn- und Arbeitsstätten auch in den kulturhistorischen Zeitrahmen einordnet.« Stadt

Design heute

Maßstäbe: Formgebung zwischen Industrie und Kunst-Stück. Herausgegeben von Volker Fischer. 328 Seiten mit 759 Abbildungen, davon 308 in Farbe. ISBN 3-7913-0854-8. Leinen DM 98,—
»Wem die zeitgemäße Gestaltung des Alltags am Herzen liegt, der sollte an diesem programmatischen und zeitgenössischen Werk nicht vorbeigehen.« Buchjournal

Denkmal – Zeichen – Monument

Skulptur und öffentlicher Raum heute. Herausgegeben von Ekkehard Mai und Gisela Schmirber. Ca. 160 Seiten mit ca. 100 Abb. 16,5 x 23,5 cm. ISBN 3-7913-0981-1. Paperback ca. DM 39,80
Die erste zusammenfassende Übersicht über ein höchst aktuelles Kapitel der Bildhauerei des 20. Jahrhunderts.

Heinz Birg
Münchner Architekturvisionen

Satirische Zeichnungen, Einführung von Gottfried Knapp. 124 Seiten mit 53 Abbildungen, davon 25 in Farbe. 24×30 cm. ISBN 3-7913-0801-7. DM 39,80

Hans-Georg Rauch
Architektur

Satirische Zeichnungen. Bildtexte von Manfred Sack. 130 Seiten mit 60 meist ganzseitigen Tuschzeichnungen. 29,7×22,5 cm. ISBN 3-7913-0781-9. DM 38,—

Als signifikante Beispiele werden etwa 130 Projekte von 50 Architekturbüros mit Plänen, Modellen und Fotos dokumentiert. Darunter befinden sich Bauten, die schon längst zum Identifikationsmerkmal New Yorks geworden sind, wie das Citicorp Center oder das IBM-Hochhaus an der Madison Avenue. Neben realisierten Projekten werden aber auch Arbeiten vorgestellt, die auf konzeptioneller Ebene den gleichen Rang einnehmen, z. B. ›Delirious New York‹ vom Office of Metropolitan Architecture oder das ›Manhattan Transcript‹ von Bernard Tschumi.

Das breite Spektrum New Yorker Architektur offenbart sich mit Beispielen aus Wettbewerben von öffentlichem Interesse, aus dem sozialen Wohnungsbau sowie aus der Innenarchitektur. Ebenfalls vorgestellt werden Einfamilienhäuser, eine architektonische Aufgabe, die man selten mit New York in Verbindung bringt. Hinzu kommen einige Projekte, die nicht für New York konzipiert wurden, jedoch eindeutig als Kinder dieses Geistes zu erkennen sind.

Die Entstehung, aktuelle Lage, Zukunft und Utopie dieser spannenden Architekturentwicklung werden in sieben kompetenten Beiträgen geschildert.

New York Architektur 1970 bis 1990
Herausgegeben von Heinrich Klotz unter Mitarbeit von Luminita Sabau.
Mit Beiträgen von Douglas Davis, Kenneth Frampton, Christian Norberg-Schulz, Hans-Peter Schwarz/ Walter Prigge, Michael Sorkin und Robert A. M. Stern.
Ca. 320 Seiten mit ca. 620 Abbildungen, davon 240 in Farbe. 22 x 32 cm. ISBN 3-7913-0923-4.
Leinen DM 98,–
Englische Ausgabe: ISBN 3-7913-0989-7.
Ca. DM 138,– (Erscheinungstermin Oktober 1989)

Die vergangenen zwei Jahrzehnte stellen eine besonders bewegte Epoche in der New Yorker Baugeschichte dar; beinahe explosionsartig entwickelte sich der Bau-Boom in der Weltmetropole. Dieses Buch ermöglicht erstmals eine Übersicht über die Architektur New Yorks in der Zeitspanne von 1970 bis 1990. Weit über eine Bestandsaufnahme hinaus werden hier durch die Auswahl der Themen und Objekte Entwicklungsmomente festgehalten, die nicht nur das Exemplarische, sondern auch das Symptomatische dieser Architektur herausstellen.

Motiv der Titelseite: ›Delirious New York‹ (Ausschnitt) von OMA (Office of Metropolitan Architecture)

Inhalt
Heinrich Klotz (Frankfurt): Einleitung
Robert A. M. Stern (New York): Die Erbauung der Welthauptstadt
Hans-Peter Schwarz/Walter Prigge (Frankfurt): New York
Kenneth Frampton (New York): New Yorks Narkose. Überlegungen von einem archimedischen Standpunkt aus
Michel Sorkin (New York): Ciao Manhattan
Douglas Davis (New York): New York im nächsten Jahrhundert – Fragmente eines post-post-modernen Tagebuchs
Christian Norberg-Schulz (Oslo): Die Aussichten des Pluralismus

**Das breite Spektrum New Yorker Architektur:
Ein faszinierendes Handbuch für Architekten und
New York-Begeisterte**

Architektur
bei Prestel

Arquitectonica

THE RIVER CLUB

North Bergen, New Jersey, Projekt, 1987

Bei der Planung dieses Projekts haben wir versucht, der Gestaltung von Eigentumswohnanlagen am Ufer des Hudson River ein höheres Image zu verleihen und gleichzeitig die von der Stadtplanung vorgegebenen funktionalen und marktorientierten Erfordernisse zu berücksichtigen.

Das Projekt befindet sich an der River Road, einer stark befahrenen, kurvenreichen Straße am Westufer des Hudson River, auf die die Washington Bridge trifft. Das Apartmenthaus mit 69 Wohneinheiten ist in einen Hang hineingebaut und schaut direkt nach Osten auf die imposante Skyline von Manhattan. Wie bei den meisten Vorortbauten müssen umfangreiche Parkmöglichkeiten eingeplant werden. Um die Belüftung der Rückseite des Gebäudes zu gewährleisten, wurde dieses auf ein dreigeschossiges Parkdeck aufgesetzt. Die Frontseite erinnert mit der dicken Mauer aus großen Steinblöcken an die dahinterliegenden Palisades. Diese Mauer wird von der Eingangsauffahrt und vier elliptischen Fensteröffnungen durchbrochen. Die große Eingangsöffnung wird von einer Reihe quadratischer Pfeiler getragen, die schräg unter den Steinblöcken zu schweben scheinen.

Der obere Teil der Fassade, eine dunkelgrüne, gläserne Curtain Wall, wird von einer Reihe schräger Balkonreihen unterbrochen – eine Anspielung auf das typische New Yorker Apartmenthochhaus, für sich genommen jedoch ein Gestaltungsmittel, um der Fassade eine aerodynamische Qualität zu verleihen. Die parallelogrammförmigen Balkone, die aufgrund ihrer Anordnung innerhalb der Wohneinheiten an verschiedenen Stellen erscheinen, sind mit leuchtend weißem Marmor verkleidet und kragen 1,8 m über die Glaswand vor. Das Zwischengeschoß zwischen der steinernen Basis und dem darüberbefindlichen Curtain-Wall-Bau ist geschwungen und zurückversetzt; eine Glasblende trennt die beiden Hauptbaukörper des Projekts. Die Seitenfassaden sind bis auf den Boden heruntergezogen.

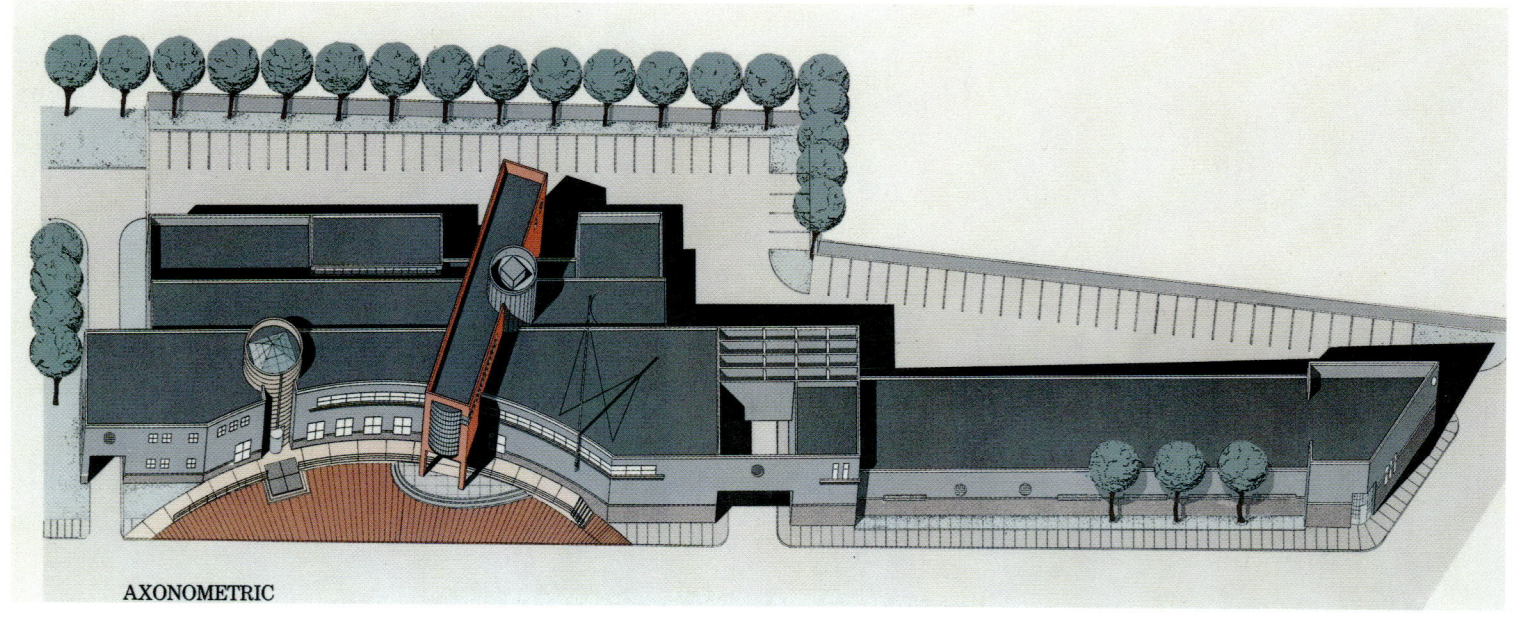

AXONOMETRIC

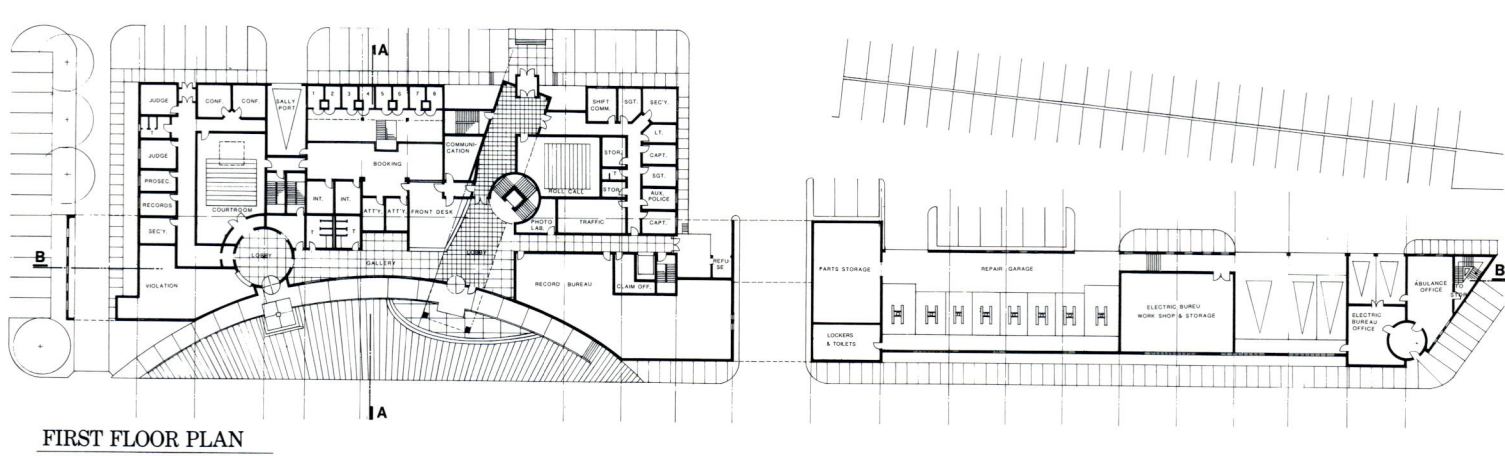

FIRST FLOOR PLAN

Vladimir Arsene

für Grad Partnership Architects

ELIZABETH POLICE HEADQUARTERS
AND MUNICIPAL COURT BUILDING

Elizabeth, New Jersey, 1985–1986
Design Team: Vladimir Arsene, Marty Frawyer,
Peter Pran (Vorentwurf-Beratung)

Die Stadt Elizabeth liegt, zum Großraum New York
gehörig, an der Newark Bay. Einst eine wohlhabende Stadt und ein bedeutender Hafen für New
York, erlebt Elizabeth zur Zeit nach vielen Jahren
des Niedergangs in der Nachkriegszeit den Beginn einer ökonomischen, sozialen und urbanen
Renaissance. Als Symbol dieser Renaissance stellt
das Polizeipräsidium und städtische Gerichtsge-
bäude die größte Investition in der Stadt seit vierzig Jahren dar und verkörpert die Suche nach dem
verlorenen Innenstadtcharakter des Zentrums
und seiner Straßen in der Vorkriegszeit.

Der 175 m lange, insgesamt 9000 qm umfassende Komplex gliedert sich um ein Haupt- und
ein Nebengebäude, in denen das städtische Gericht, das Polizeipräsidium, eine Reparaturwerk-
statt, eine Elektrowerkstatt sowie die Krankenwa-
gen-Zentrale untergebracht sind.

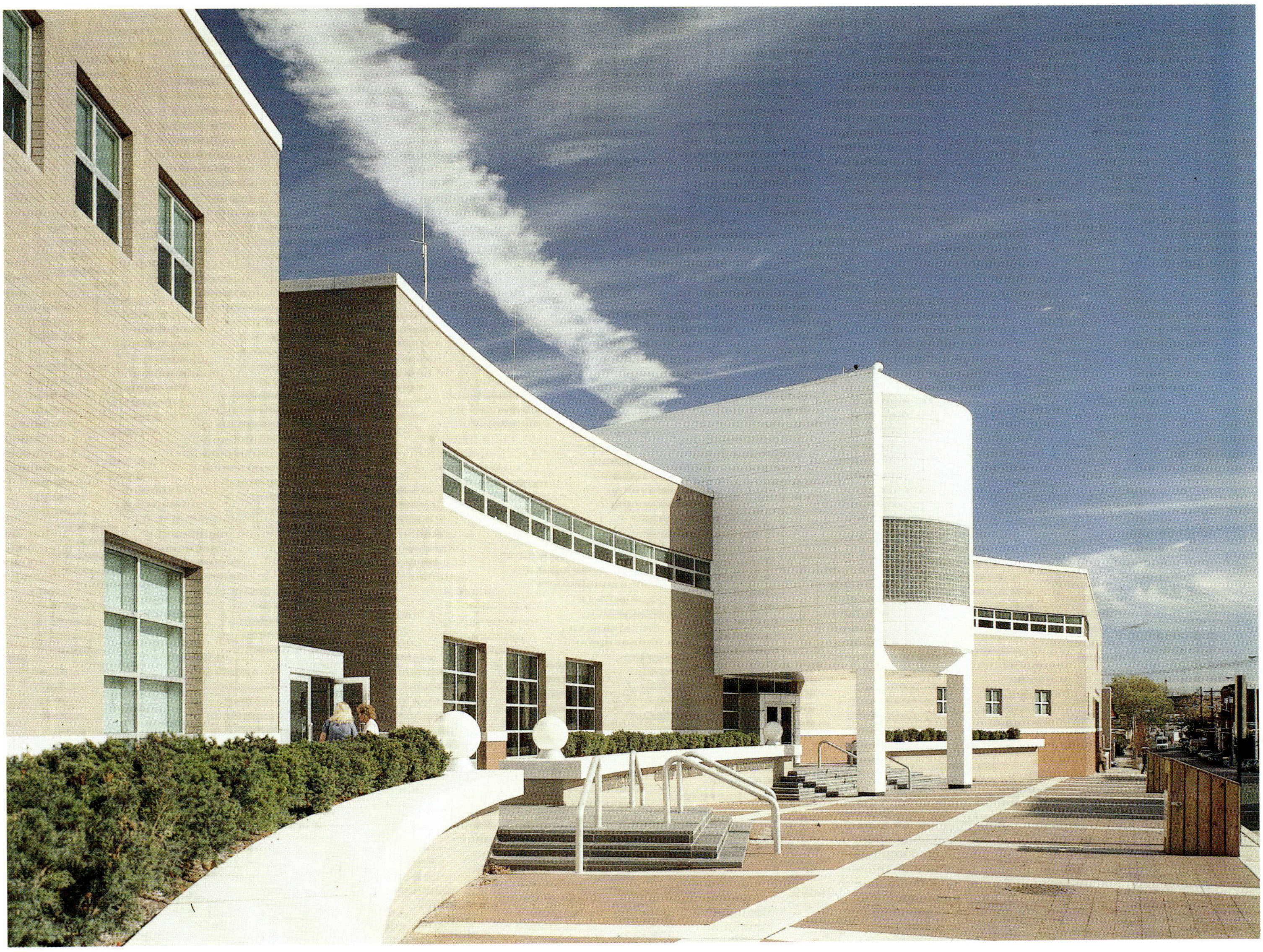

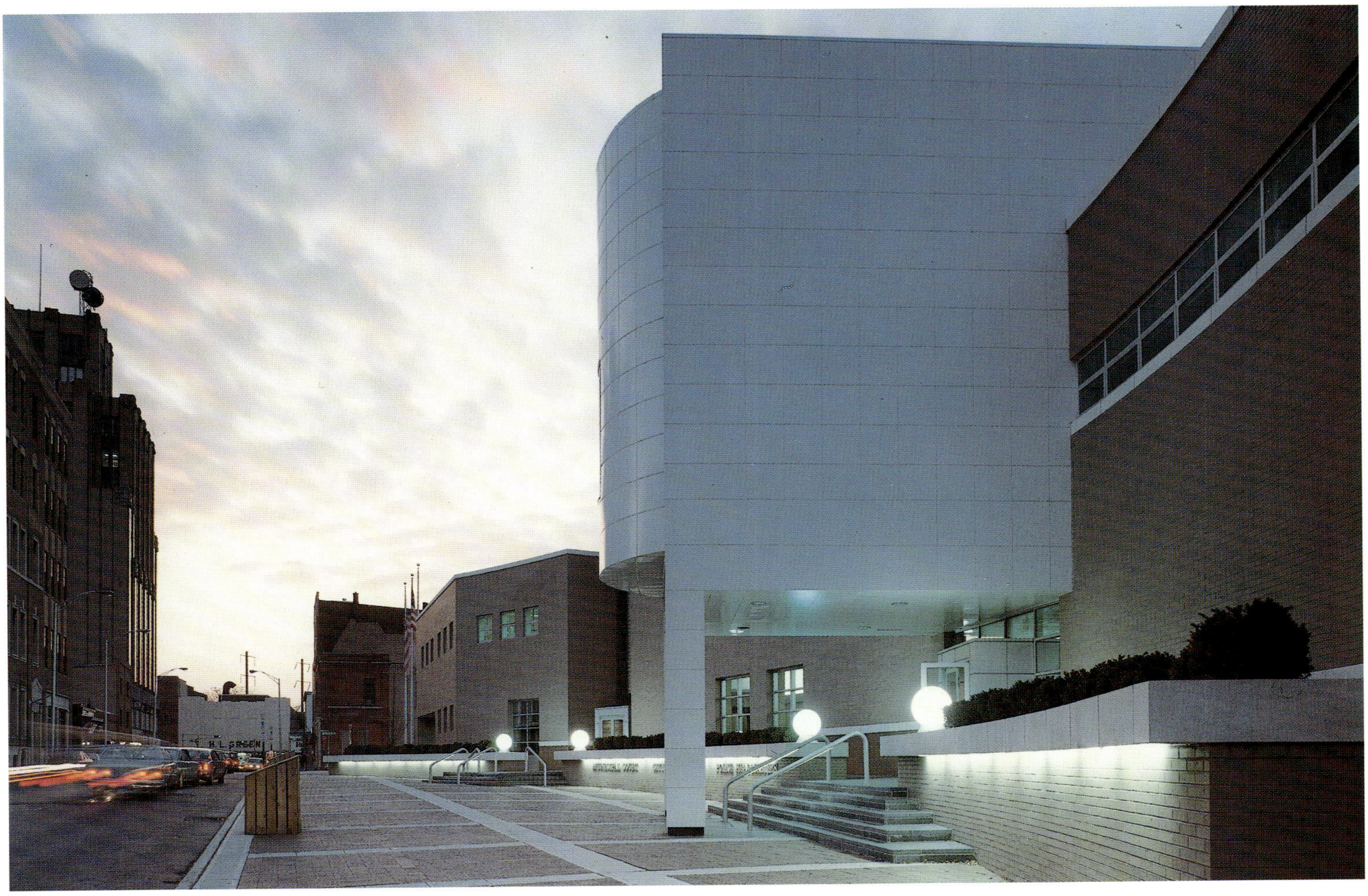

Vladimir Arsene
für Grad Partnership Architects

UNIVERSITY SQUARE OFFICE BUILDING

Princeton, New Jersey, 1989

Es handelt sich hier um ein Bürogebäude als Spekulationsobjekt, einen Loftbau mit Büro- und Verkehrskern, der unterteilt und an verschiedene Mieter verpachtet wird.

Bürogebäude als Spekulationsobjekte machen 25% aller Neubauten in den Vereinigten Staaten aus, und ihre Präsenz in der dienstleistungsorientierten amerikanischen Gesellschaft nimmt ständig zu.

Als vor einigen Jahren der Wettbewerb um Mieter immer schärfer wurde, sahen sich die Planer gezwungen, die kastenförmigen Entwürfe, die einst als ›attraktives Image‹ und somit als Verkaufshilfe für solche Gebäude galten, aufzugeben.

Das für einen Standort in Princeton, New Jersey geplante, hier vorgestellte Gebäude ist ebenfalls als ›Verkaufsinstrument‹ programmiert und muß gleichzeitig eine zunehmend gegen Erschließungsprojekte eingestellte Gemeinde besänftigen.

Das Gebäude springt über dem dritten Geschoß zurück und bildet sich durch die Gliederung der unteren und oberen Geschosse selbst; gleichzeitig entspricht es den Bebauungsvorschriften und mindert die Bedenken der Gemeinde hinsichtlich einer »imposanten Baumasse«.

Das zweite und dritte Geschoß hat jeweils die Form eines Parallelogramms, um in Richtung auf

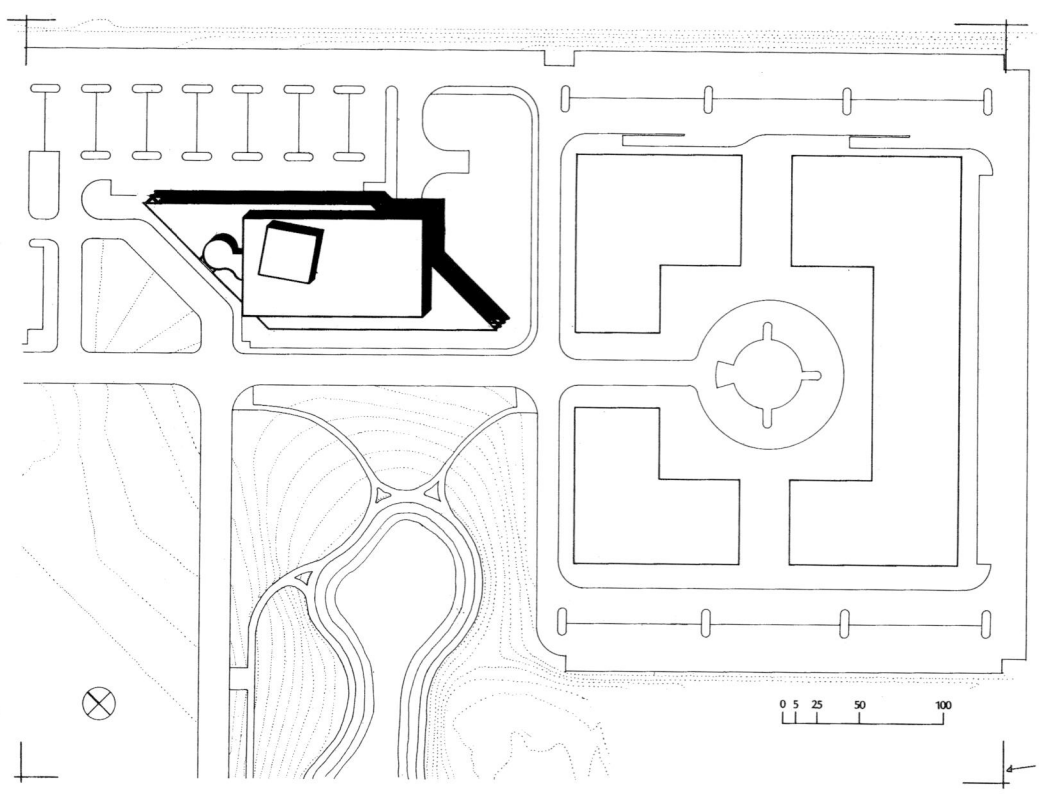

die spitzwinkligen Gebäudeecken in zunehmendem Maße Tageslicht einfallen zu lassen.

Die vierte und fünfte Etage nehmen die Kastenform wieder auf und sorgen für eine ausgeglichene Gesamteffizienz des Gebäudes.

Der Standort des Eingangs wird durch ein großes, dreieckiges Vordach markiert, das vom zweiten und dritten Geschoß gebildet wird. Ein kleines Atrium aus großen Glasbausteinfeldern durch-

bricht das dreieckige Vordach und bildet den Angelpunkt für die Gliederung des Gebäudes.

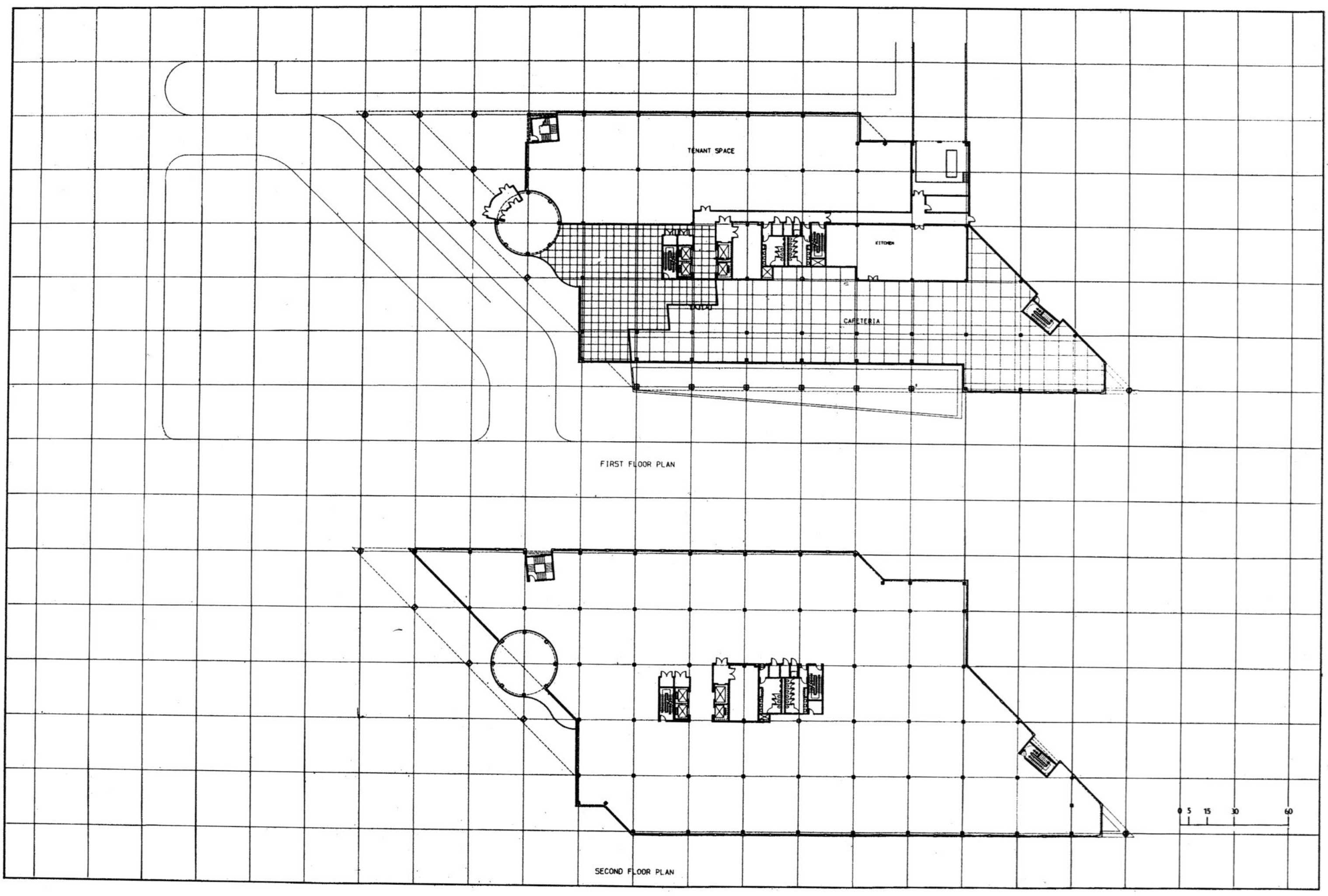

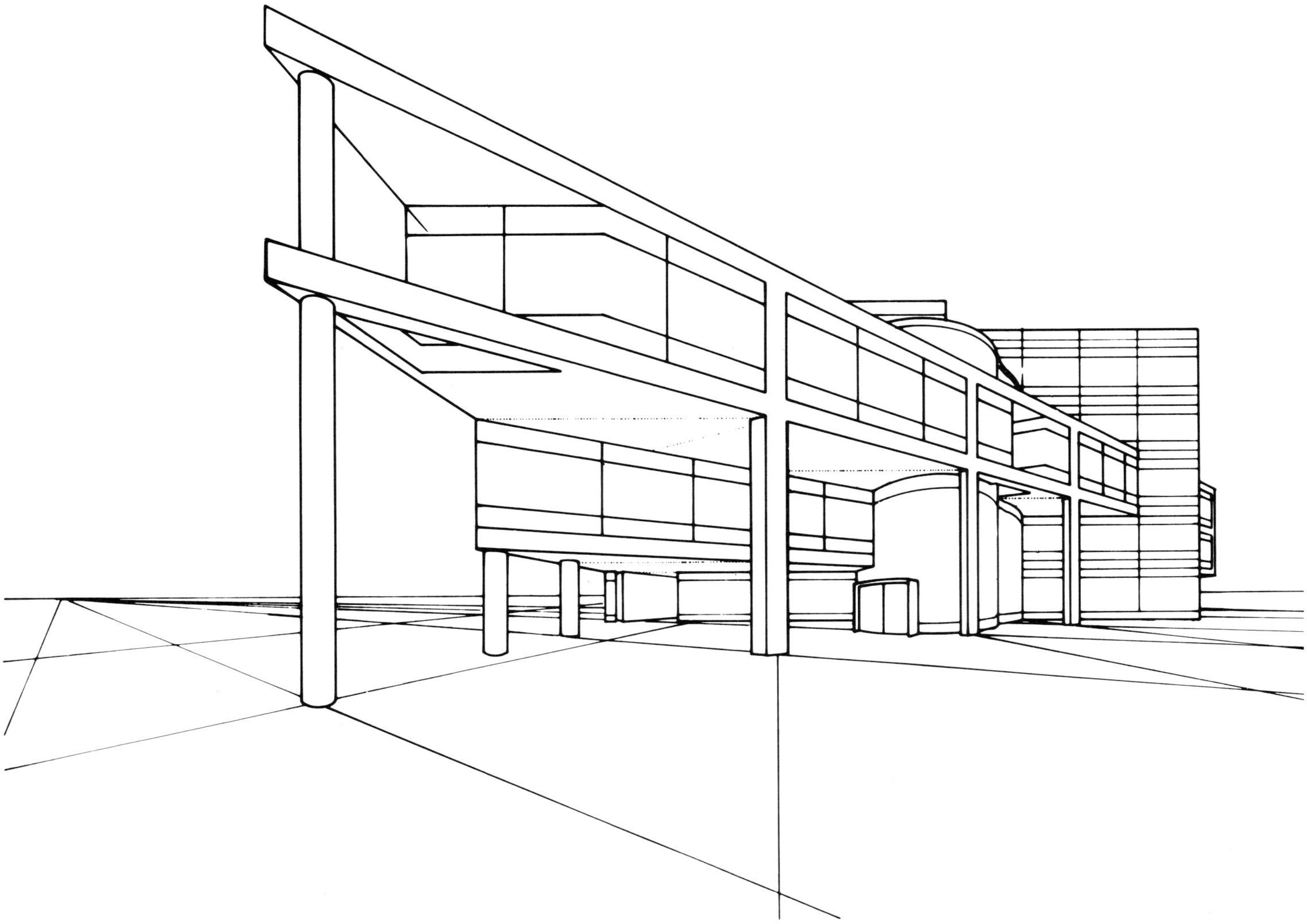

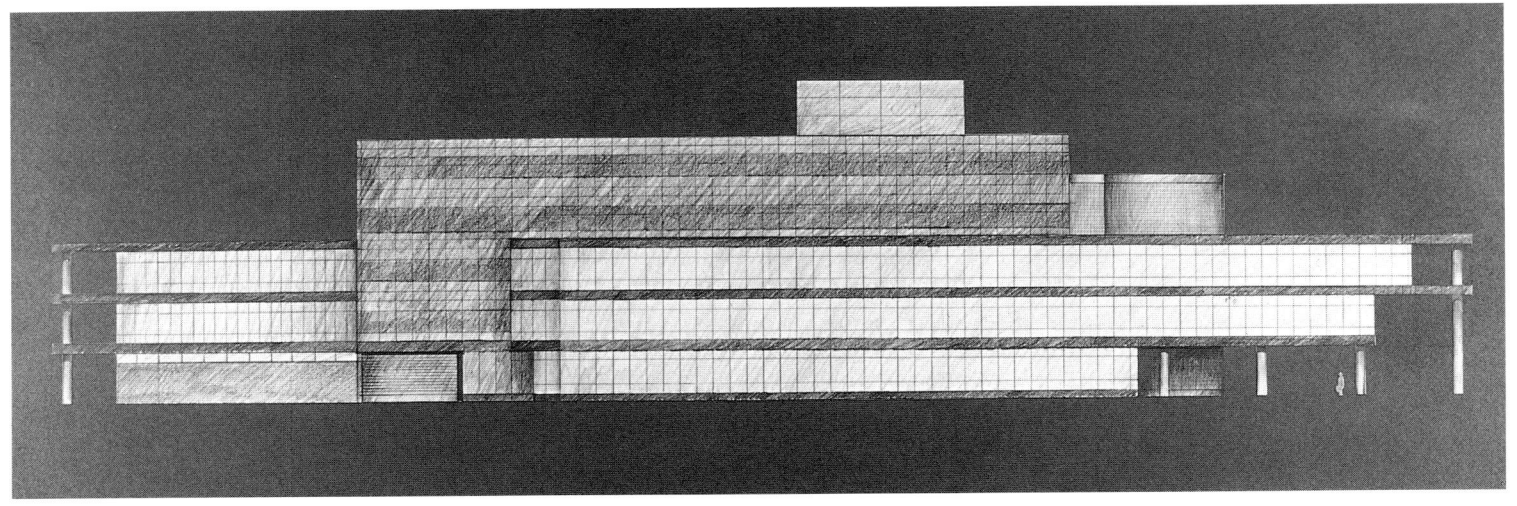

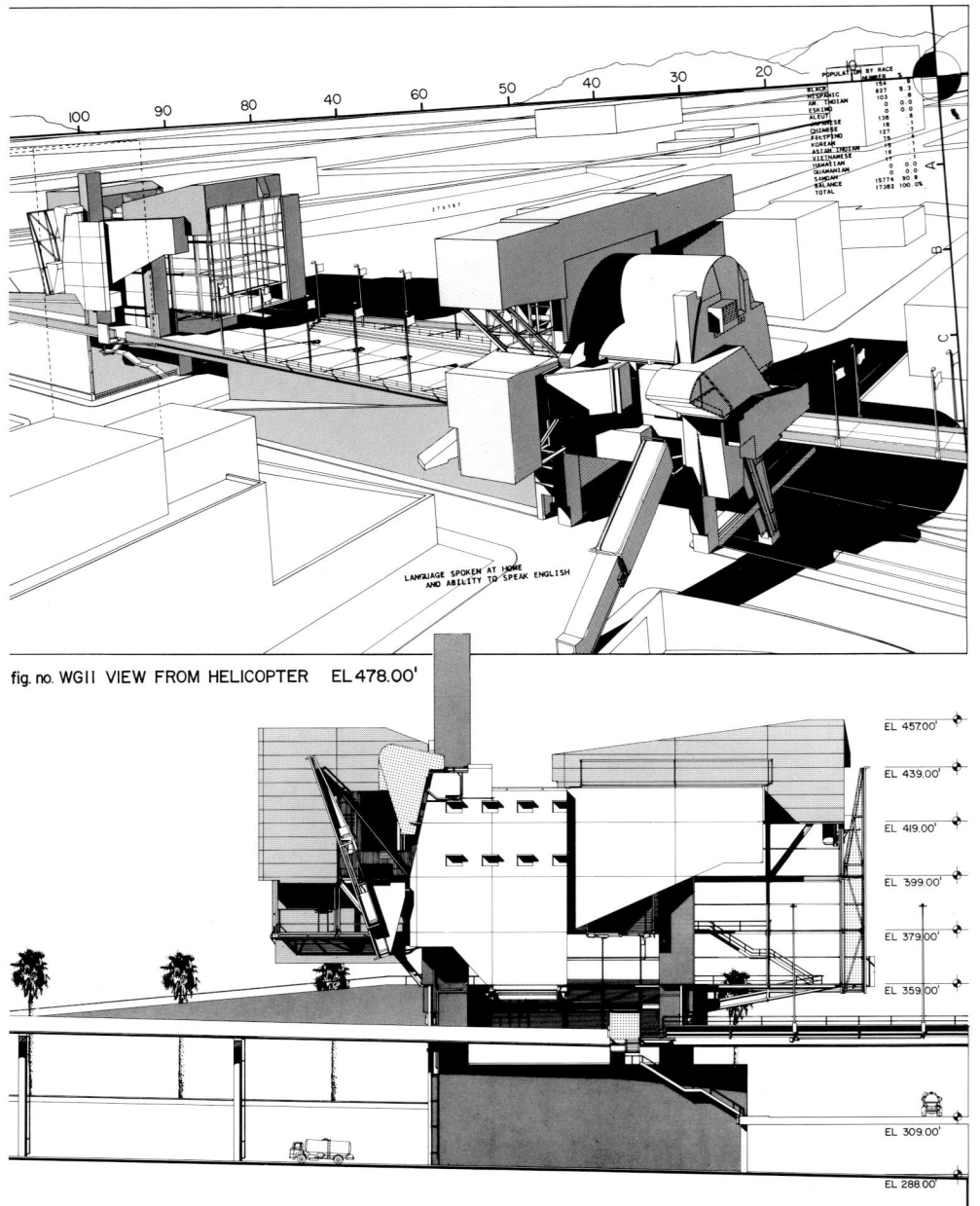

fig. no. WGII VIEW FROM HELICOPTER EL.478.00'

Neil M. Denari

WEST COAST GATEWAY

Los Angeles, Californien
Wettbewerbsprojekt, 1988

Standort: 10 m über dem Hollywood Freeway, der zwischen der Innenstadt von Los Angeles und El Pueblo Park, dem historischen Kern der Stadt, verläuft.

Programm: Entwurf eines Gebäudes, das an die Einwanderung zahlreicher verschiedener ethnischer Gruppen nach Los Angeles im Laufe des letzten Jahrhunderts erinnert und dieses Geschehen würdigt. Gefordert sind ein öffentlicher Raum für Feierlichkeiten, Gartenanlagen sowie verschiedene Bauten zu Ausstellungszwecken.

Materialien: Betonfundamente mit vertikalem konstruktiven Kern. Ein freiliegendes Stahlgerüst in Kombination mit Curtain Walls aus Stahl bzw. Aluminium und Glas.

Bei dem Projekt sind zwei Gebäude vorgesehen, die die Lücke zwischen der Kultur des Herkunftslandes und heutiger Umgebung der Einwanderer reflektieren sollen. Gebäude 1 enthält den Raum, der auf den Ursprung Bezug nimmt. Hier befinden sich ein kleines Theater, Ausstellungsräume für Künstler, ein internationales Restaurant, eine kulturhistorische Bibliothek, Verwaltungsbüros für ethnische Veranstaltungen sowie Läden zum Verkauf von Importwaren und von Arbeiten ansässiger Einwanderer.

Gebäude 2 beinhaltet die Sphäre elektronischer Kommunikation als den sich unaufhörlich bewegenden, verlagernden Ort. Es bietet Raum für zeitgemäße Nutzungsformen von Technologien und propagiert somit eine Überbrückung der kommunikativen Distanz zwischen allen Menschen. Das Gebäude ist von Los Angeles, der Stadt der Unterhaltung, geprägt. Hier findet man Kinos, Ausstel-

fig. no. WG13 SOUTH ELEVATION (B2)   ALISIO ST.

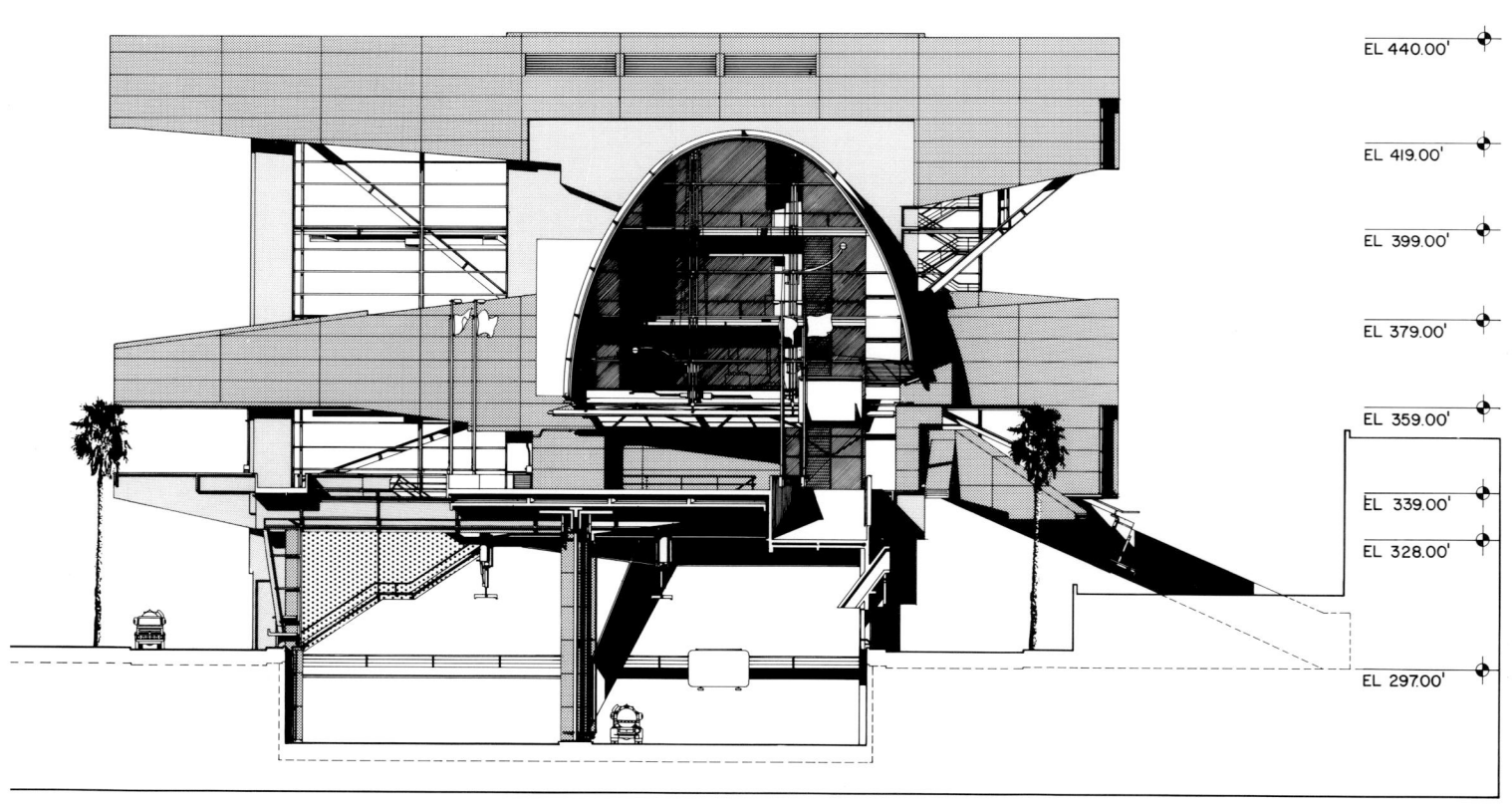

no. WG09 NORTHWEST ELEVATION (BI) | | | | | IOI SOUTH

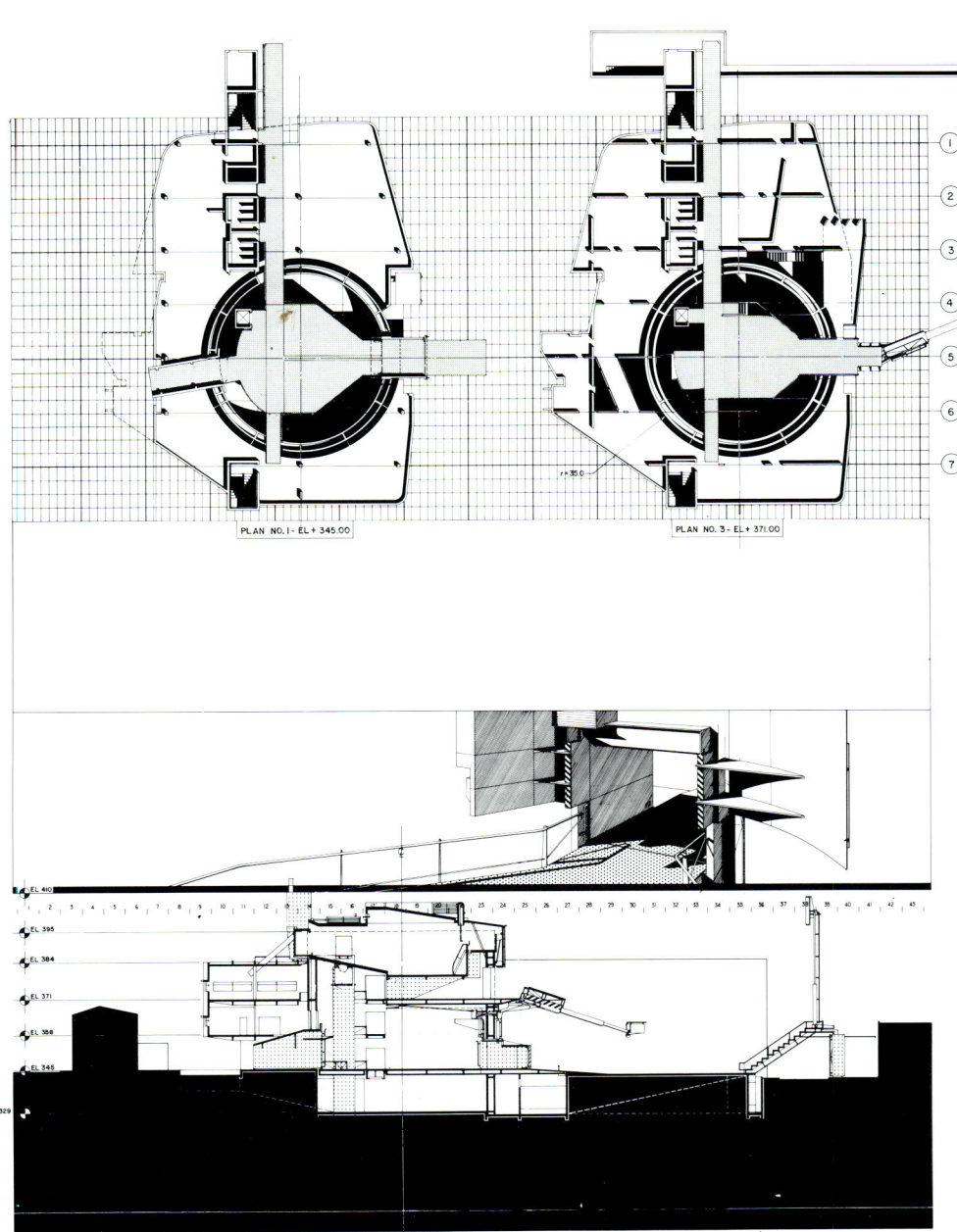

PLAN NO. I - EL + 345.00   PLAN NO. 3 - EL + 371.00

EL 410
EL 395
EL 384
EL 371
EL 368
EL 345
329

BUILDING SECTION N° I (NW-SE)

lungen zeitgenössischer Kunst und Technik sowie das Environment des ›Weltdorfes‹.

Die Platzanlage verbindet die beiden Bauten über der Autobahn und bezeichnet in ihrer Konzeption die Bewegung von Osten nach Westen und umgekehrt. Sie ist in diagonaler Richtung verschoben, um Chinatown und El Pueblo Park noch enger an den innerstädtischen Bereich anzubinden. Schließlich schlägt das Projekt eine Architektur der Gegenwart, des Übergangs und der Bewegung vor, die sich in 10 m Höhe über der Autobahn als eindeutig amerikanisch darstellt.

Neil M. Denari

RATHAUS

Leesburg, Virginia
Wettbewerbsprojekt, 1987

Standort: Ein Block im Zentrum des historischen Bezirks und der Geschäftszone von Leesburg, Virginia, einer 30 Meilen westlich von Washington, D. C. gelegenen Stadt.

Programm: Typische Anforderungen an das Gebäude einer Stadtverwaltung, darunter eine Polizeistation und besondere Amtszimmer für den Stadtrat. Ein Parkplatz für 320 Autos und die Entwicklung öffentlichen Raums vervollständigen das Programm in Hinsicht auf die Stadtplanung.

Materialien: Sämtliche Stützen, Bodenplatten und anderen vertikalen Elemente bestehen aus Ortbeton. Alle anderen Komponenten sind aus Stahl und Aluminium gefertigt.

Diller + Scofidio

PLYWOOD HOUSE

Westchester, NY, 1980

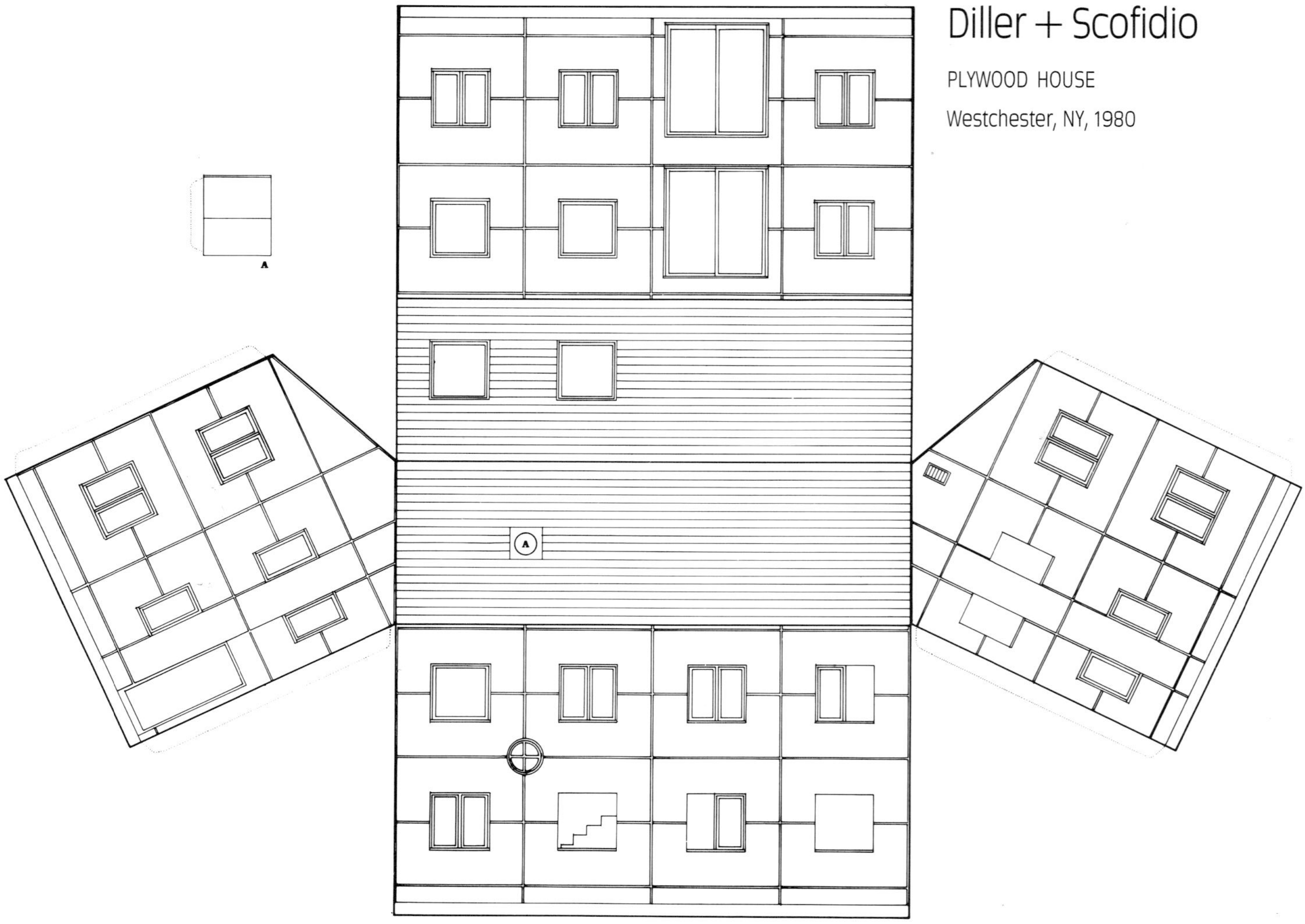

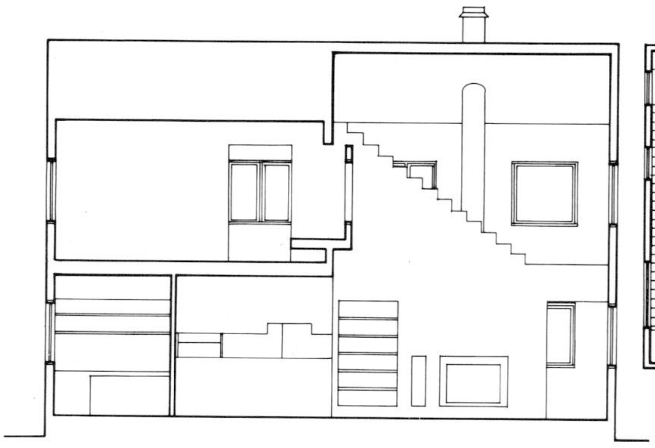

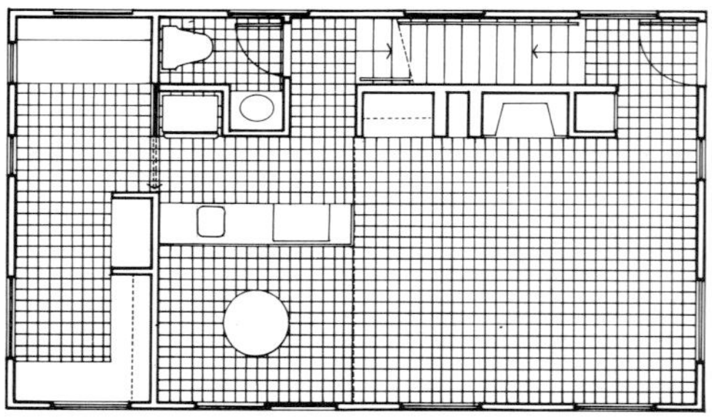

Das auf einem vorhandenen Fundament errichtete Plywood House ersetzt ein bis auf die Grundmauern abgebranntes Haus.

Die Holzrahmenkonstruktion ist mit 1,2 × 2,4 m großen, farbigen Sperrholzpaneelen verkleidet, die zur Aufnahme von Standardfenstern vorgeschnitten wurden. Die Fassade zeigt das Aufeinandertreffen einer unspezifischen serienmäßigen Strategie am Außenbau und spezifischer programmatischer Forderungen an den Innenwänden.

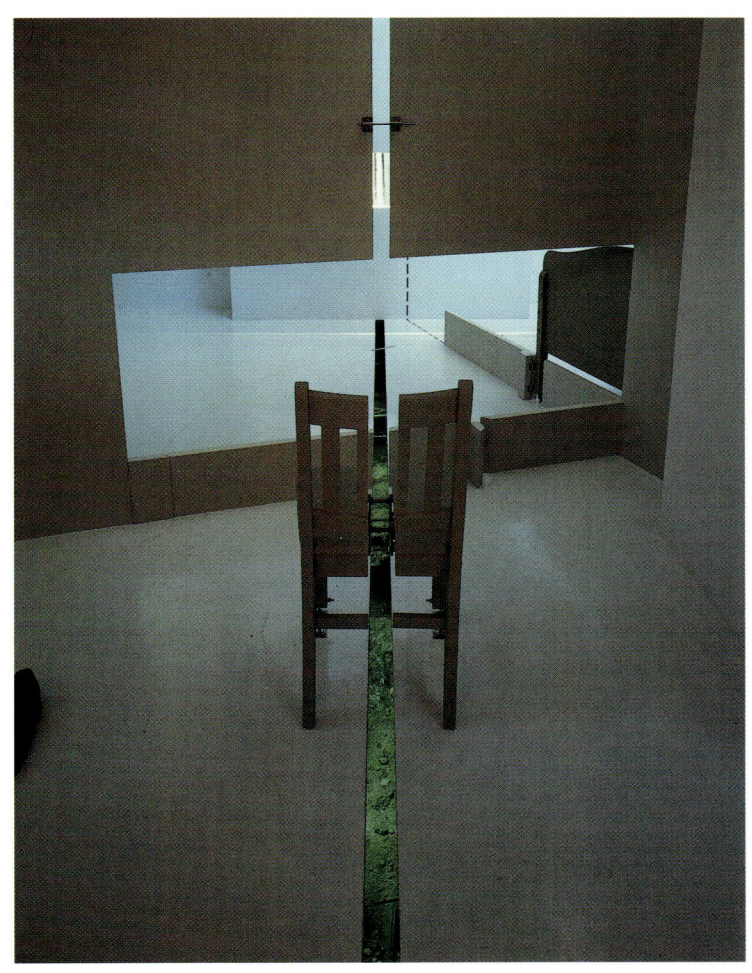

Diller + Scofidio

WITHDRAWING ROOM

Installation in einem Haus von David Ireland, San Francisco. Gefördert von The Capp Street Project San Francisco, 1987

Der ›withDrawing Room‹ (Wortspiel aus drawing room = Salon und to withdraw = zurückziehen): Version und Subversion, ein Vorstoß in die Konventionen eines privaten Ritus.

Die Installation bezeichnet ein ›häusliches Feld‹ im Raum zwischen der Außenhaut des Hauses und der Körperhaut. Innerhalb dieses Feldes läßt sich die nicht reduzierbare häusliche Einheit, der Bewohner, auf eine Reihe architektonischer Episoden ein, die fortschreitend privaten Charakter annehmen. Die erste spricht die Frage der Grundstücksgrenze, der rechtlichen und moralischen Grenzen an. Eine zweite betrifft die Etikette als korrekte Ordnung. Eine dritte spricht den Zustand der Intimität an und die letzte erforscht den narzißtischen Impuls.

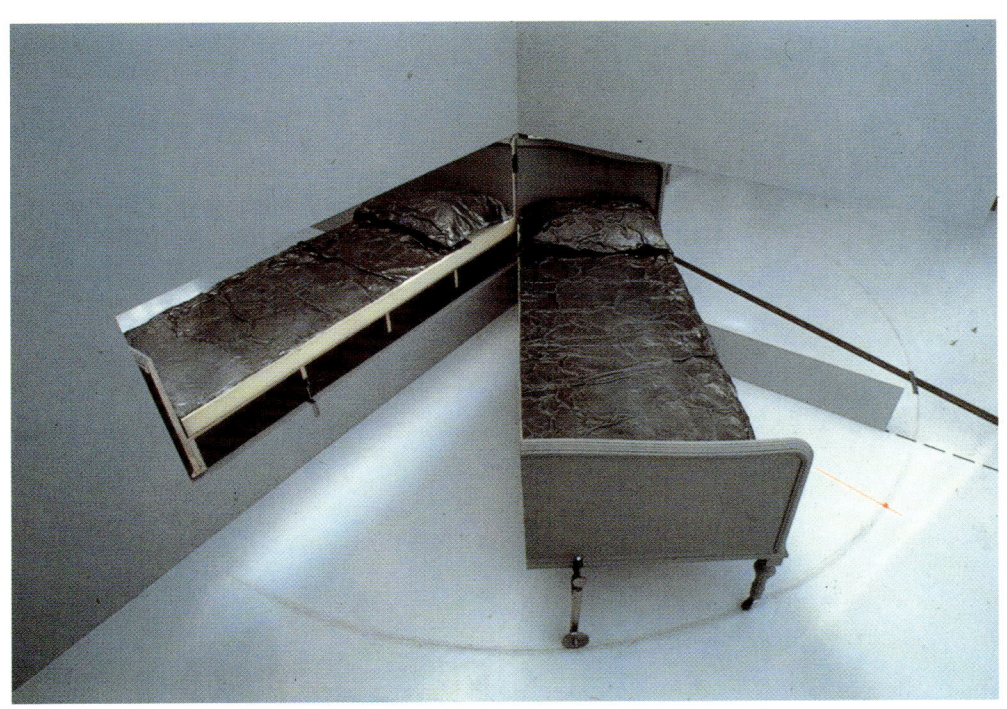
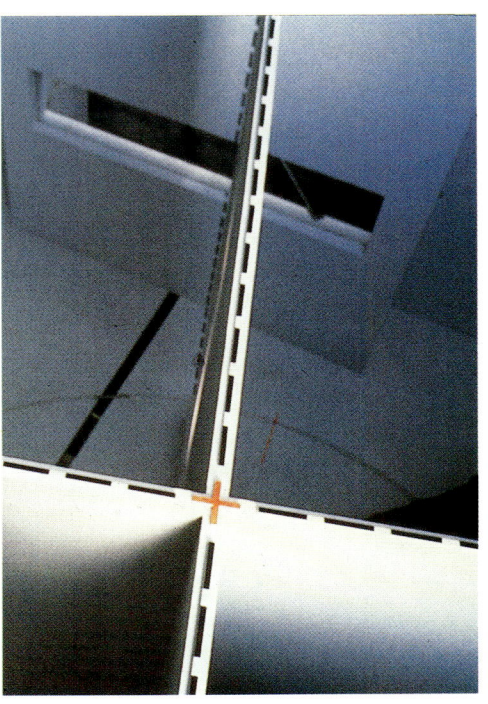

Livio G. Dimitriu

Urban Studies and Architecture Group

ARTISTS COLONY HOUSING PROJECT

Parker Street, Mission Hill, Boston, Mass., 1986
Design Team: Livio G. Dimitriu, Ali Adibsoltani,
Michel Gugliemi

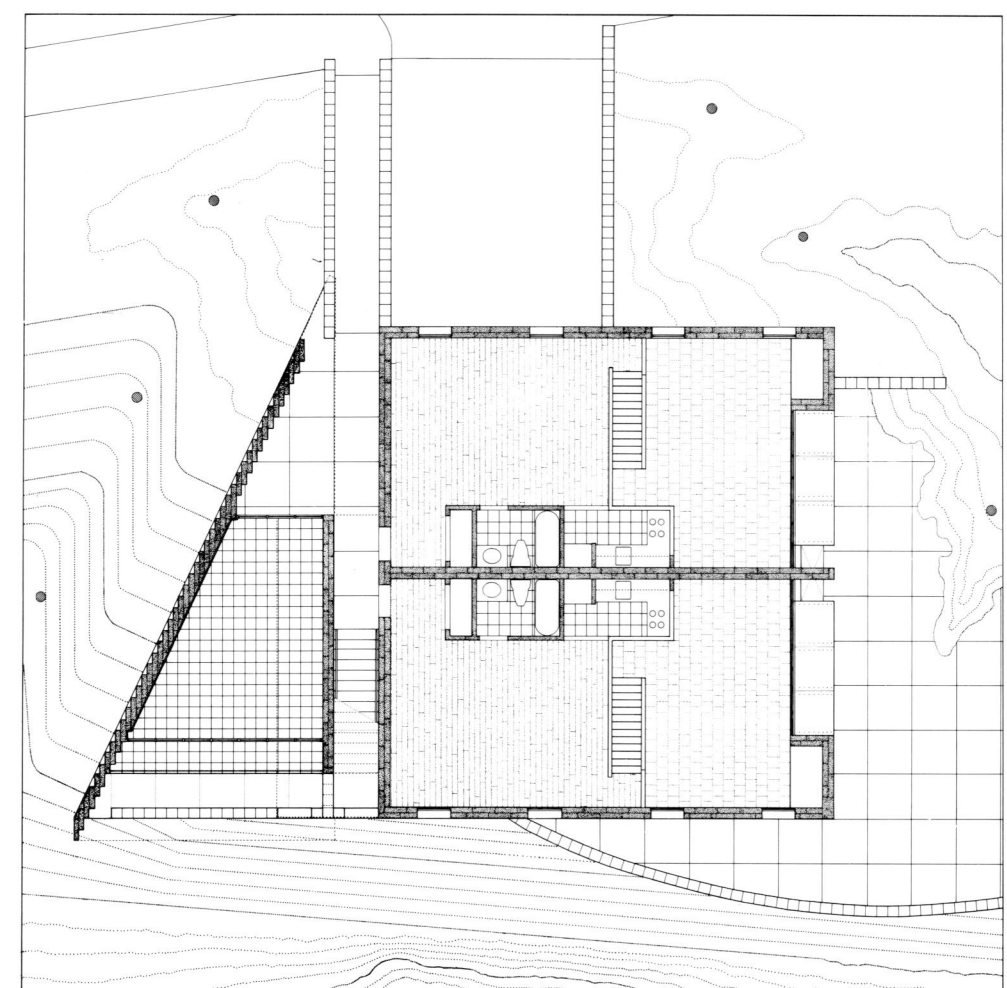

»Wie Architektur einen Ort umwandelt und wie sie im Gegenzug vom Ort selbst umgewandelt wird.«

Aufgrund programmatischer, struktureller und finanzieller Zwänge besteht das Projekt für eine ›Künstlerkolonie‹ aus vier Einheiten, die jedoch als vollständiges Ganzes funktionieren: die sich wiederholende Haus / Wohn-Einheit, der gestaltete öffentliche Raum, der das Wiederholungsmotiv mittels einer 2 + 2 Wohneinheit trennt und doch vereint, sowie das Ausnahmeelement am südlichen Ende, in dem ein Versammlungs- und Ausstellungsraum der Gemeinde untergebracht ist.

In formaler Hinsicht hat das Projekt in seiner Gesamtheit den Effekt einer Wand zwischen der Gemeinde auf Mission Hill mit ihrem Maßstab und architektonischen Charakter und den jenseits des Tales liegenden anderen Gemeinden mit ihrem jeweiligen Charakter.

Der Zustand des ›Dazwischenliegens‹ legt nahe, daß das Projekt als Teil einer Mauer um eine Hügelstadt fungiert, ein Bezug, der zwar nie Bestandteil der tatsächlichen Geschichte dieser Gegend war, sie aber stets in psychologischer Hinsicht charakterisierte. An diesem Ort zur heutigen Zeit ein Projekt zu entwerfen, bedeutet eine Gelegenheit, dem ›Willen‹ des Ortes Ausdruck zu verleihen, damit er genau das wird: eine ›Mauer‹ und ein ›Tor‹, indem er – innerhalb der Gegebenheiten einer modernen Stadt – das alte Konzept der Nachbarschaft von der Stadt selbst loslöst und doch mit ihr vereint. Für uns bedeutet Teil des größeren Ganzen zu sein auch persönliche Identität zu bewahren. So erhalten diese Reihenhäuser auch ihre Individualität im Inneren in Bezug auf das Projekt als Ganzes.

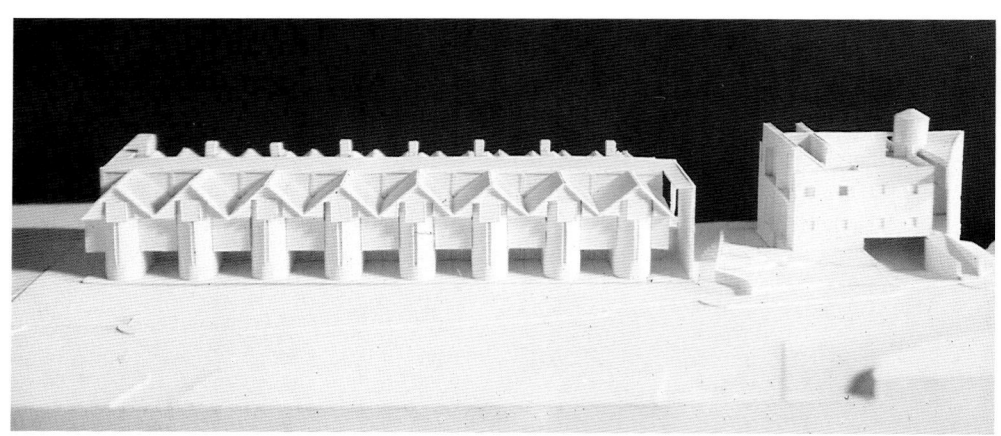

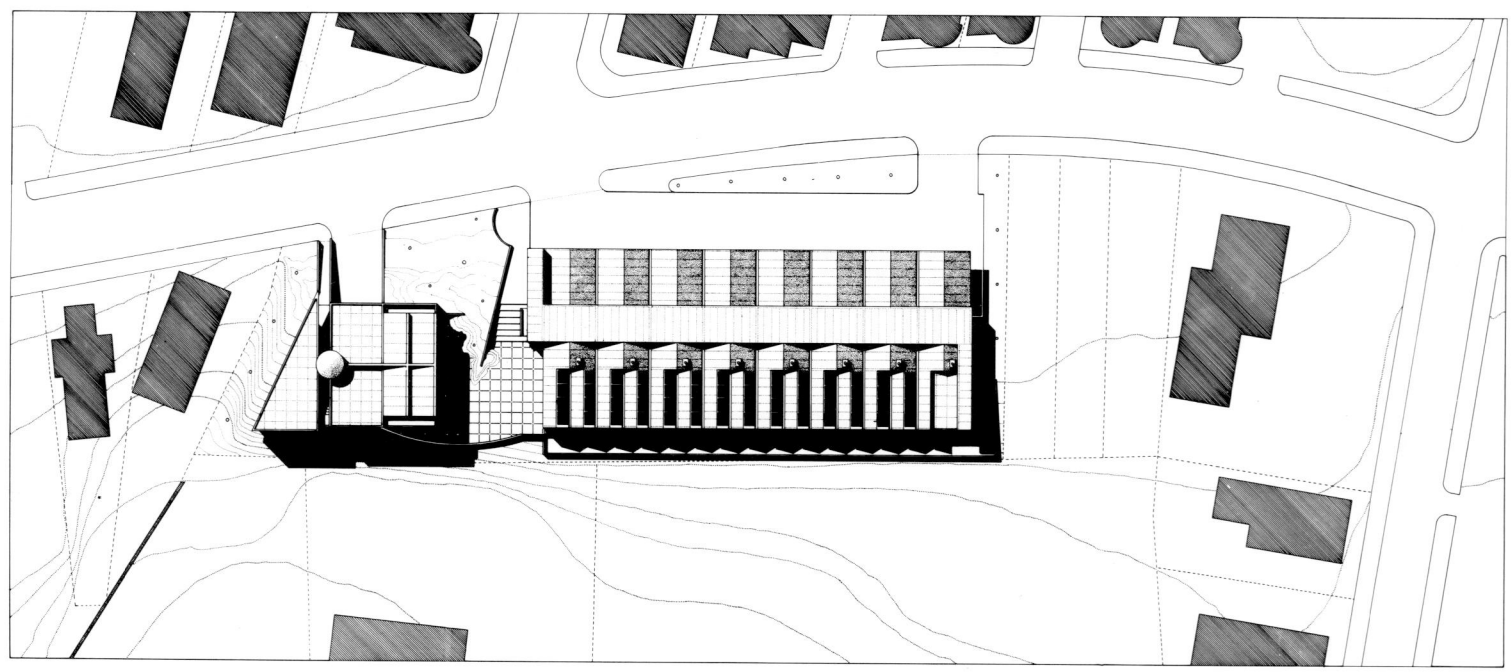

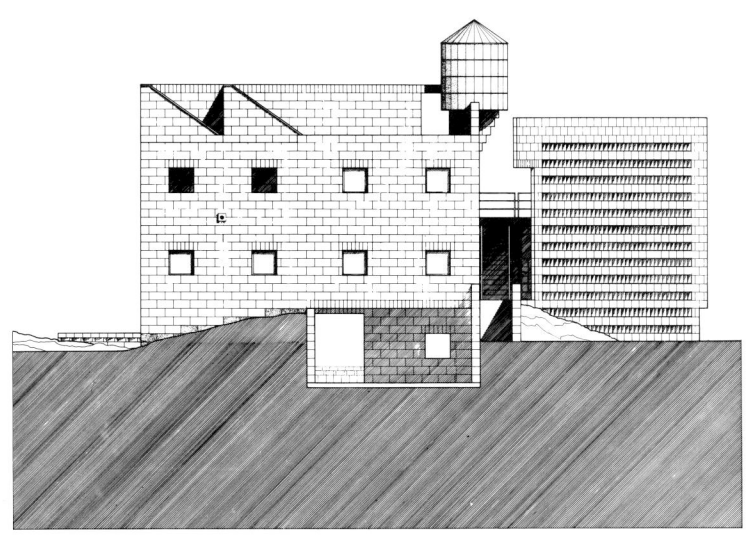
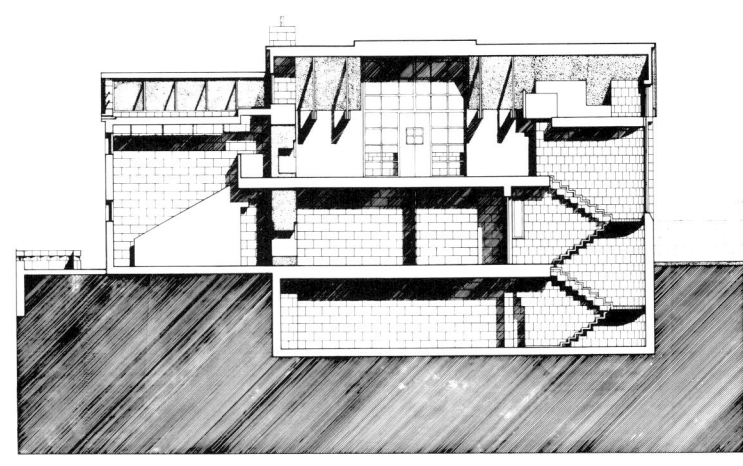
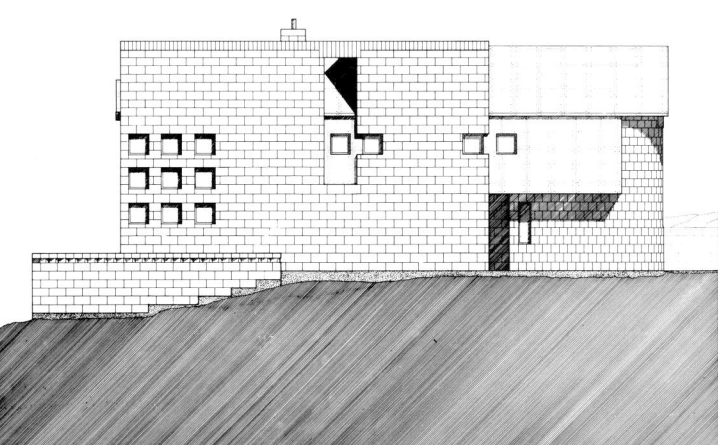
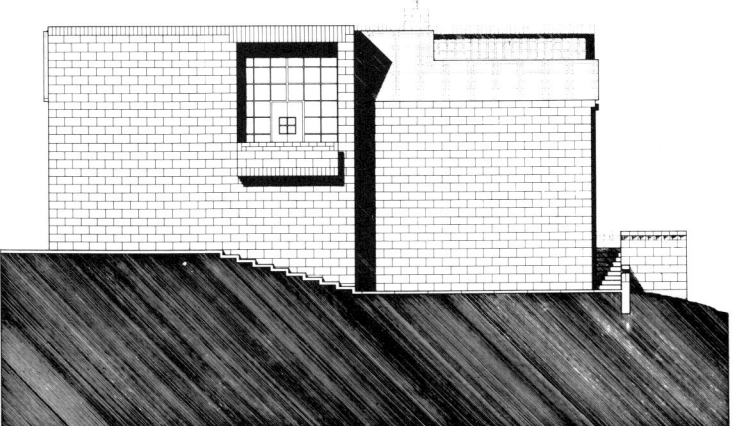

Livio G. Dimitriu

Urban Studies and Architecture Group

CASA MARABINI

Lugo di Romagna, Italien, 1987 – 1988
Design Team: Livio Dimitriu, Tzann Hour Fong, Ali
Adibsoltani, Connie Pfander, Ladan Doroudian,
Maria Mainolfi

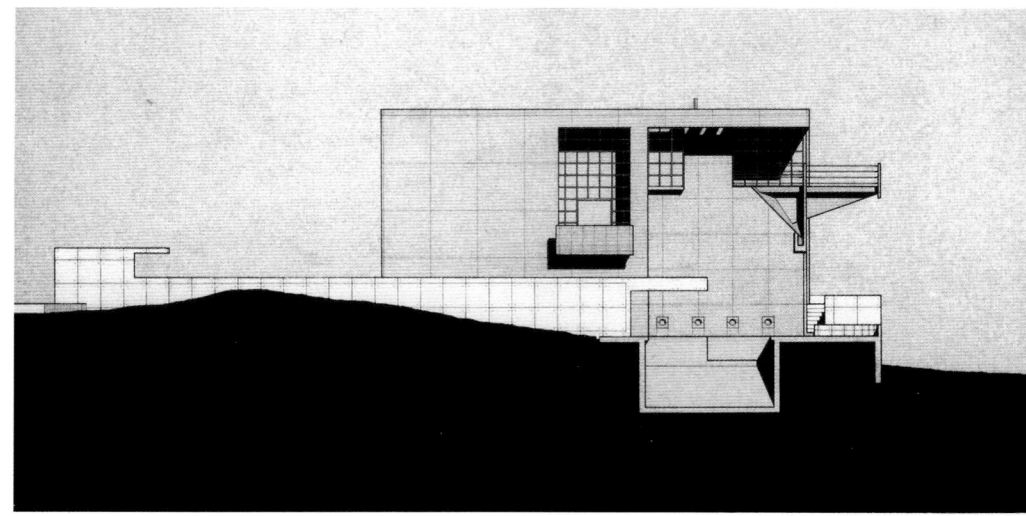

Das Haus liegt in der Ebene der Romagna zwischen Ravenna und Bologna.

Das trapezförmige Grundstück hat eine Fläche von etwa 1775 qm. Von der entlang der Westgrenze verlaufenden Zufahrtsstraße senkt sich das Gelände bis zum tiefsten Punkt bei – 4 m entlang der östlichen Begrenzungslinie.

Am Nordrand des Grundstücks wird die Begrenzung von einer vorhandenen Apfelbaumplantage gebildet, die als Ausdruck einer geordneten Natur in das Grundstück hinein erweitert wurde.

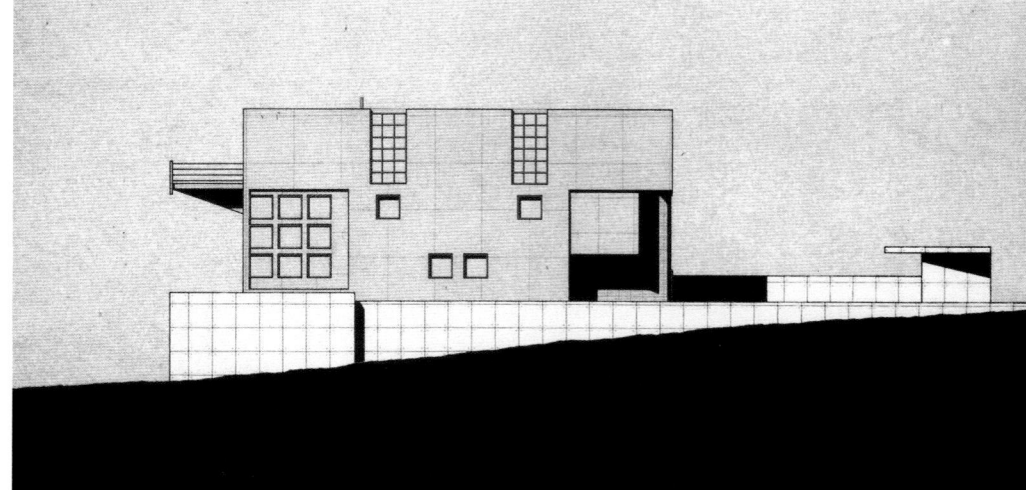

Am Südwestende des Geländes ist die Anlage eines Hügels mit einer dichten Kiefernbepflanzung als Sichtschutz für den Swimmingpool geplant.

Vom Einfahrtsbereich führt eine Außentreppe nach unten zum Swimmingpool und die Haupttreppe nach oben zum Wohnbereich sowie zu den Lagerräumen und mechanischen Anlagen im Keller. Auf Erdgeschoßniveau ist es möglich, durch einen privaten Zugang vom Parkplatz aus die untenliegende Bibliothek mit dem Arbeitszimmer und dem Galerieraum zu erreichen. Von der rückwärtigen Frühstücks- und Sonnenterrasse aus gelangt man durch einen Diensteingang direkt zur Galerie.

Das Erdgeschoß wird durch einen durchgehenden Kamin geteilt. Dieses vertikale Element setzt sich als Trennwand durch die Sektion des Hauses fort; auf der Wohnzimmerebene trennt es den Hauptraum von der Empore, die den doppelgeschossigen Galerieraum überschaut; auf der oberen Ebene wird dadurch das Schlafzimmer vom untenliegenden, doppelgeschossigen Wohnraum abgeteilt. Die Galerie im Erdgeschoß ist durch eine Innentreppe mit der Empore verbunden.

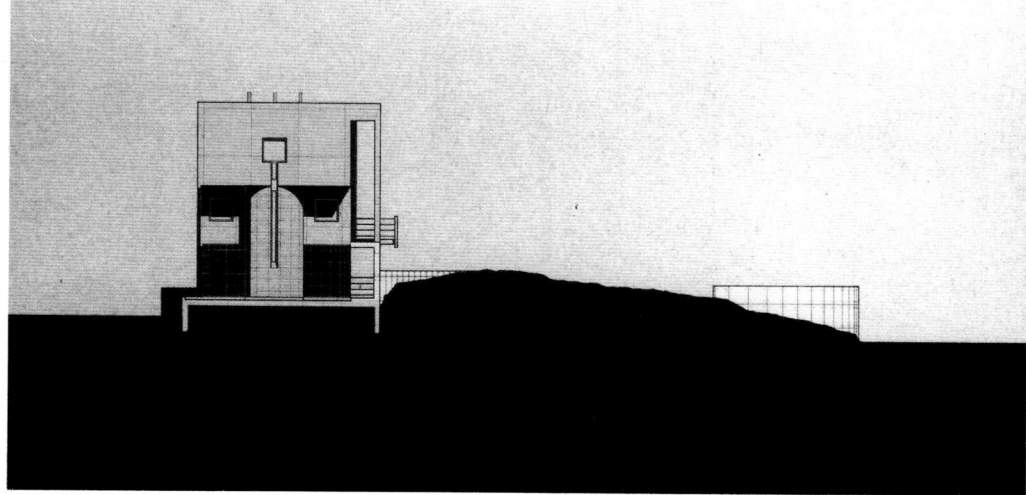

Der Wohnbereich im zweiten Stock, dem eine große, offene Küche und ein Badezimmer zugeordnet sind, ermöglicht einen vollständigen Überblick über das ganze Haus.

Zur Schlafzimmersuite im Obergeschoß gehören ein Badezimmer mit Oberlicht, ein großer, begehbarer Wandschrank sowie ein Wohnraum. Diese Raumfolge ist mit dem eigentlichen Schlafzimmer durch eine Brücke verbunden, von der aus man den zentralen, zweigeschossigen Wohnbereich und auf der anderen Seite die Umgebung des Pools überblicken kann.

Das äußerlich kompakt wirkende Haus ist mit einem für die Gegend typischen sienafarbenen Putz bedeckt; die Innenräume sind in einem pfauenblauen Farbton verputzt, der an die traditionellen Töpferwaren des nahegelegenen Faenza erinnert. Sämtliche Fensterflächen bestehen aus handgezogenem, gelblich getöntem Muranoglas.

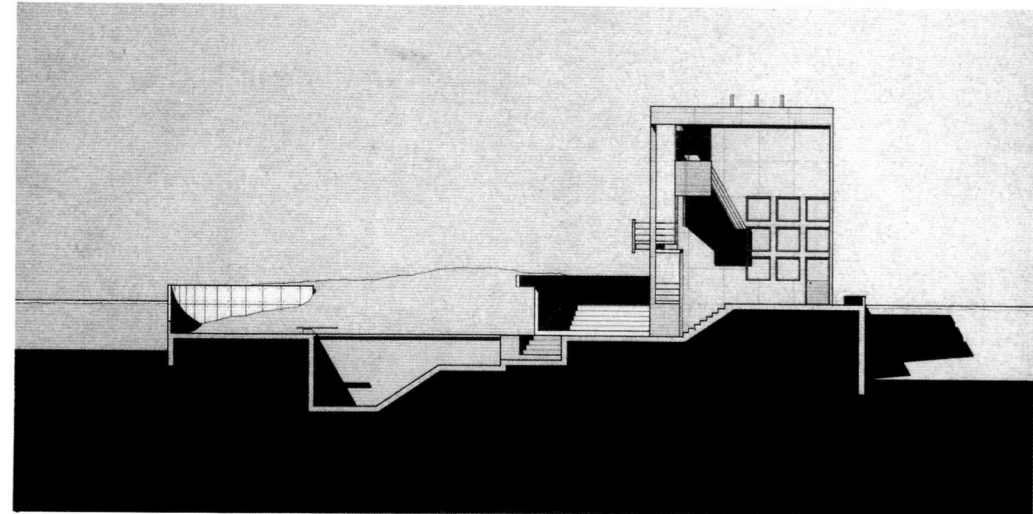

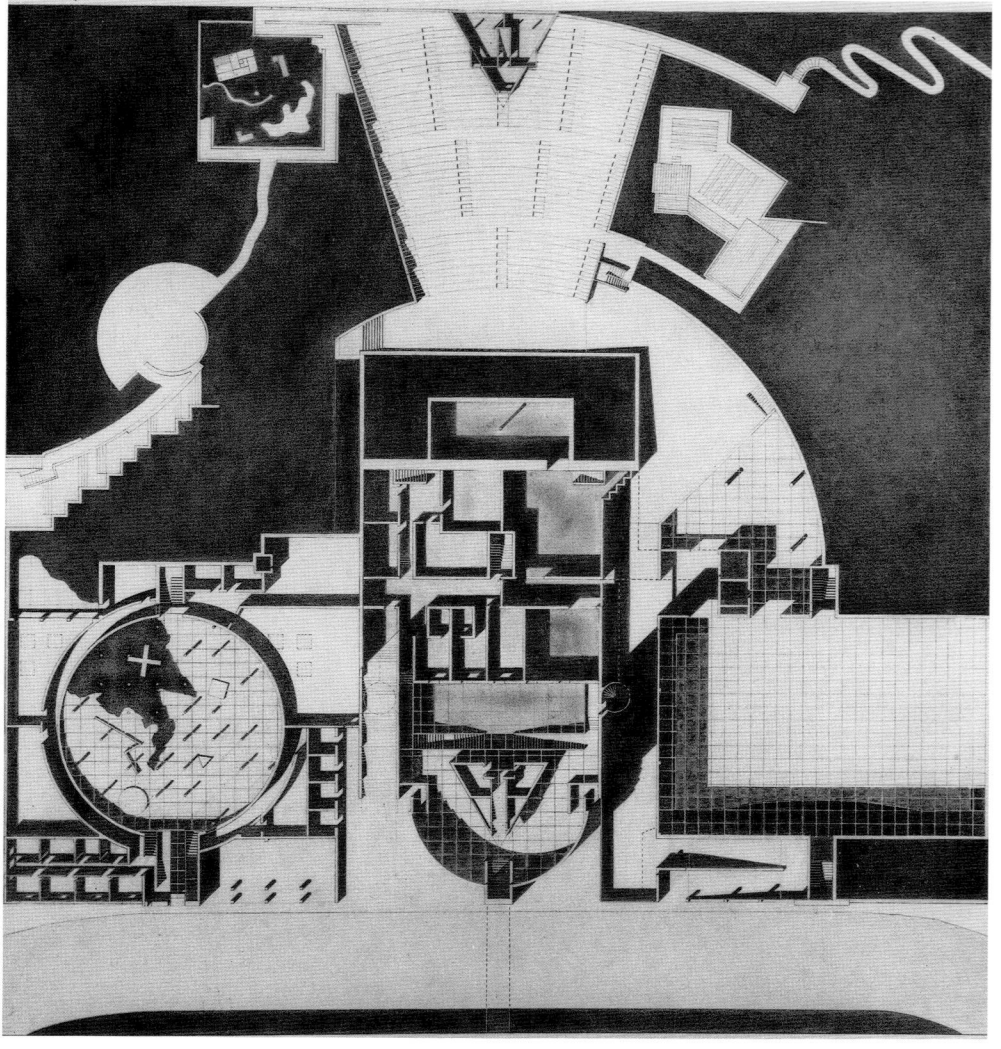

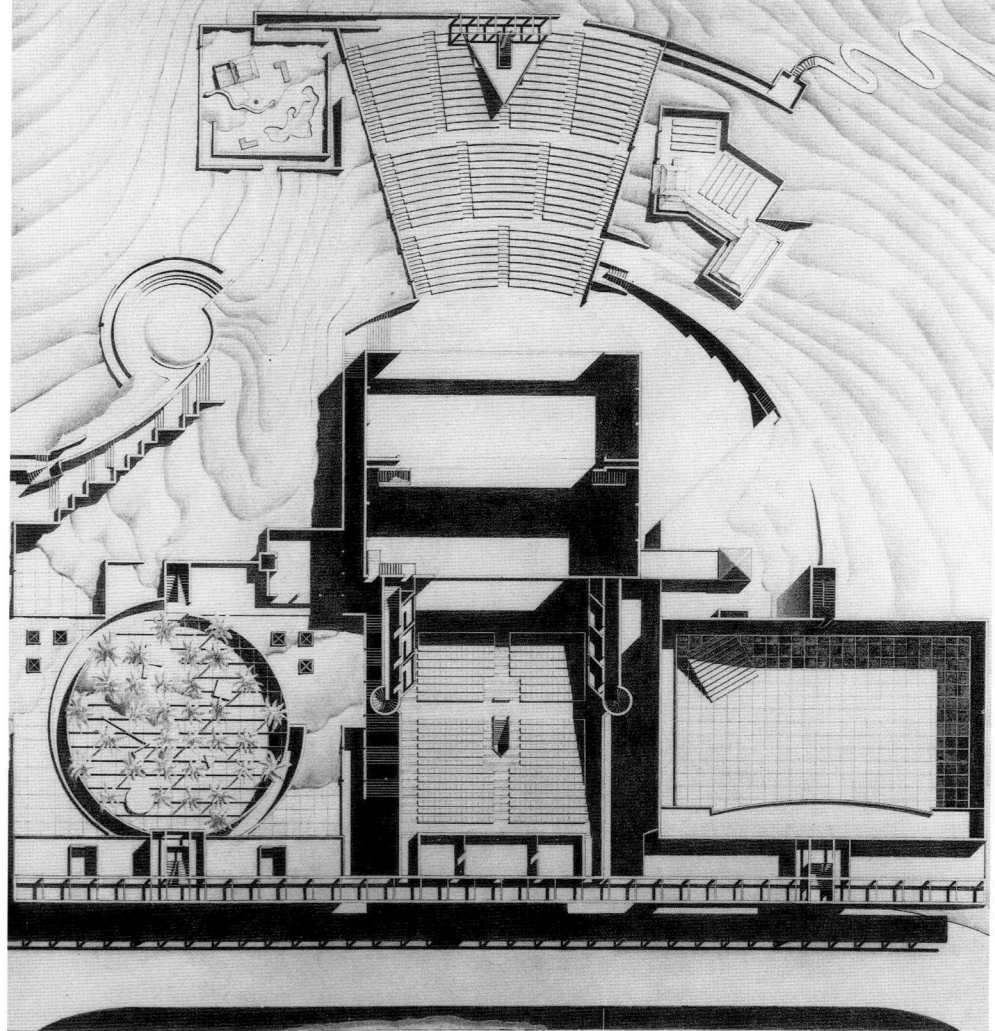

Livio G. Dimitriu

Urban Studies and Architecture Group

HAWAII LOA COLLEGE OF
PERFORMING ARTS

Hawaii, 1985 – 1986
Design Team: Livio G. Dimitriu, Carlos Zapata,
Robert Schwartz, Thomas Baio u. a.

Projektfunktion: Bildungseinrichtung für Darstellende Kunst mit Innenraum- und Freilichttheater, No-Theater, Garten für Teezeremonien, Polynesisches Theater, Landschaftsgestaltung, Geländeplanung.

Das Projekt respektiert die Richtlinien zur Campusplanung in Bezug auf Landschaft, Orientierung, Ausblicke und die vorhandene Straße.

Der Vorschlag setzt sich aus drei konzeptionellen ›Brücken‹ zusammen, die gleichzeitig verbinden und trennen.

Der Aufriß: Eine einheitliche, parallel zur Campusachse verlaufende Fassade, die wie eine gegliederte Mauer wirkt und einen Kontrast zu dem bergigen Landschaftshintergrund bildet. Hinter der Fassade sind die akademischen Einrichtungen, die Theater und die Black Box von NW nach SO hintereinander angeordnet. Die am Hang liegenden Gärten bilden den Höhepunkt der NW-SO-Schichtung und verschmelzen mit dem dramatischen Landschaftsbild Hawaiis.

Der Schnitt: Die von SW nach NO verlaufende Theaterachse bildet eine ›Brücke‹, die die NW-SO-Achse des Campus mit dem bergigen Landschaftshinterrund verbindet.

Der Grundriß: Die um den Skulpturengarten gruppierten akademischen Einrichtungen sind durch und unter der Theaterachse mit der Black Box verbunden. In diesem Fall bildet ein U-förmiger Verbindungsgang, der die landschaftlichen Gegebenheiten berücksichtigt, die ›Brücke‹. Die U-förmige Anlage bestimmt die Wirkung des Projekts in Bezug auf das unterhalb liegende Tal.

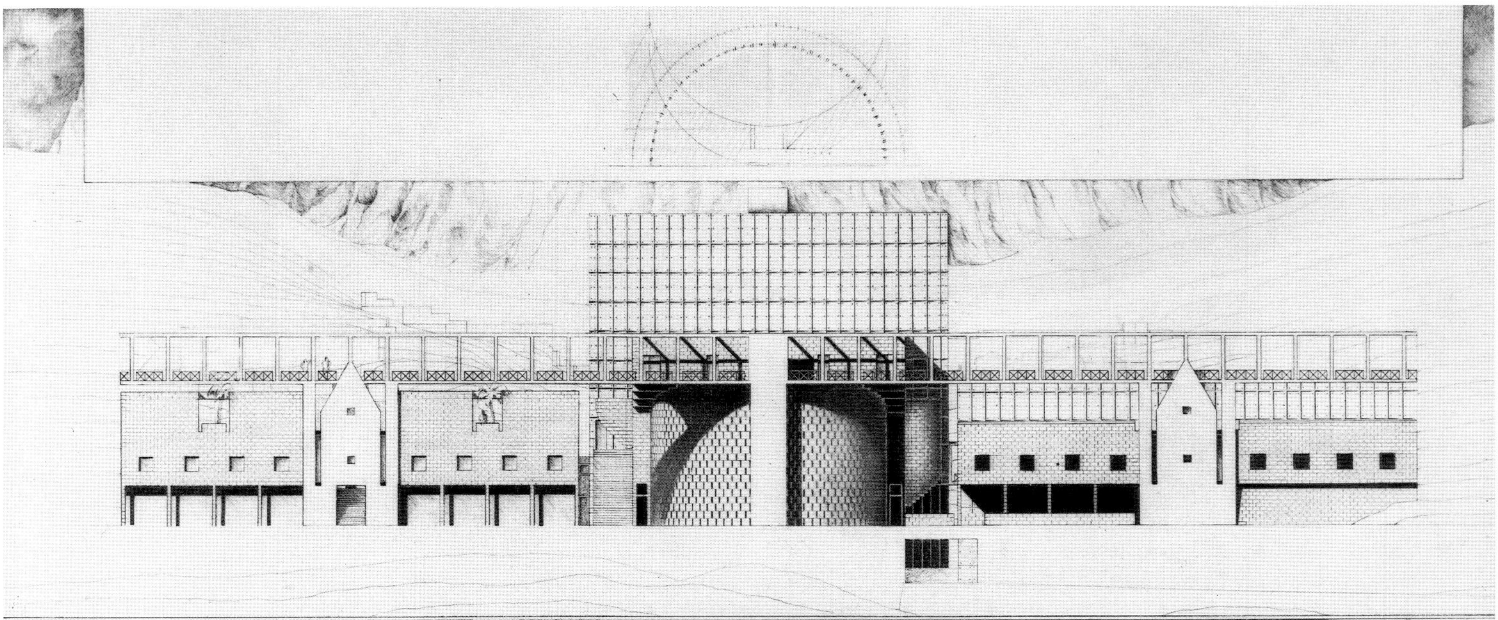

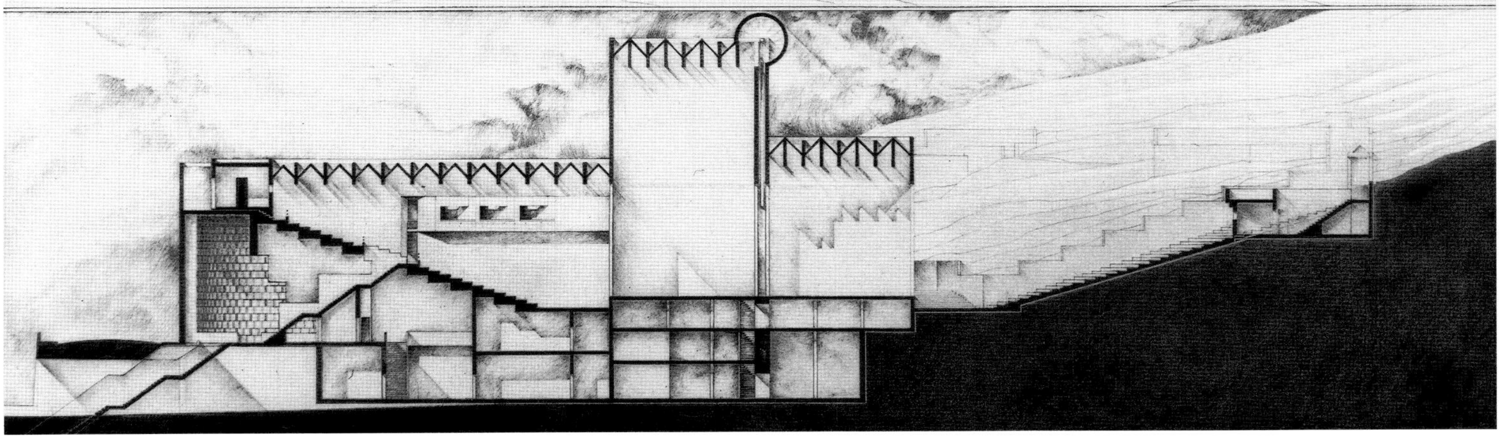

Theatre above Main Lobby
Truss Bridge
Masonry Screen Wall
Entry

– Sculpture Garden –

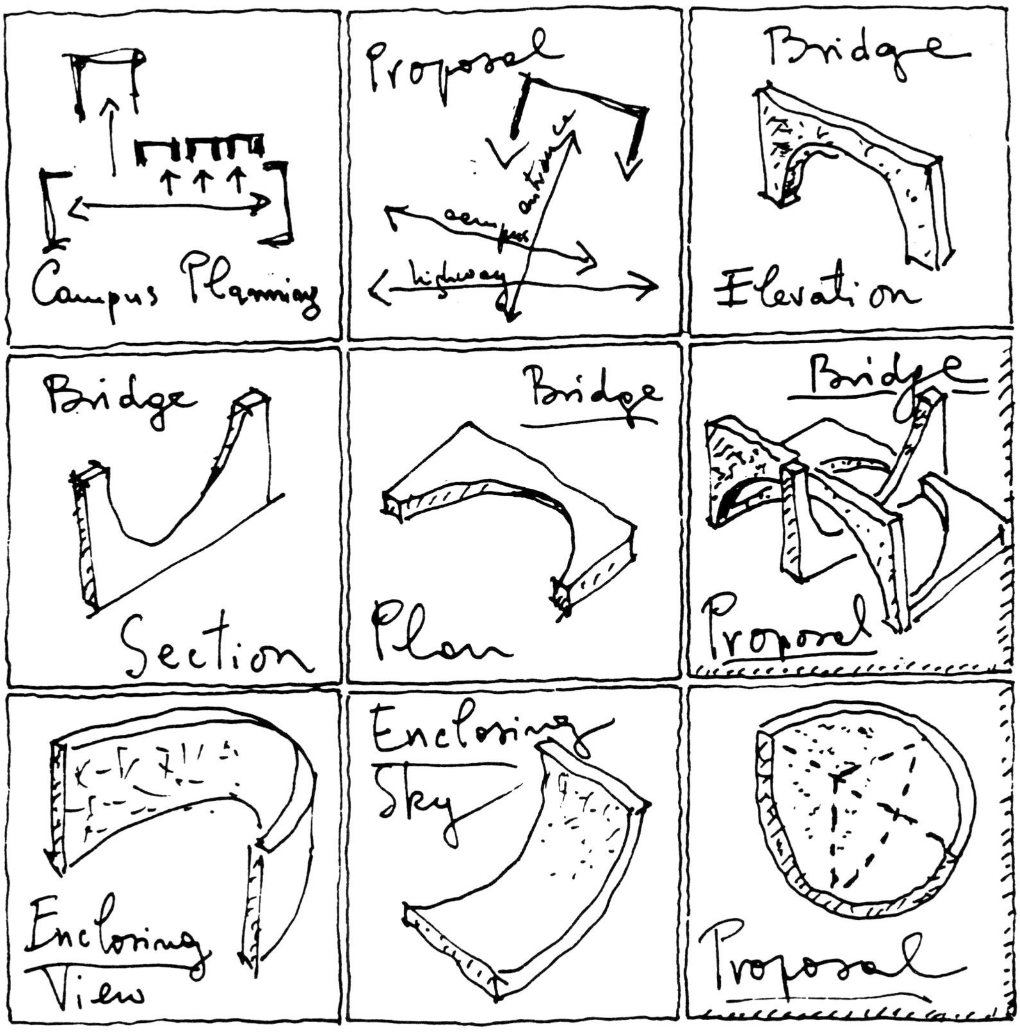

Campus Planning

Proposal
campus entry
highway

Bridge
Elevation

Bridge
Section

Bridge
Plan

Bridge
Proposal

Enclosing View

Enclosing Sky

Proposal

Peter Eisenman

TRAVELERS FINANCIAL CENTER

Hempstead, New York, 1985

Es handelt sich hier um ein zehnstöckiges Bürogebäude mit acht Etagen Bürofläche, einem Erdgeschoß mit Geschäften sowie einem Souterrain mit privaten Speiseräumen und den Hausbetriebsanlagen, ingesamt 22 000 qm bebaute Fläche.

Das wirkungsvolle Erscheinungsbild, die gelungene Relation zwischen Form und Außenhaut sind die außergewöhnlichen Merkmale dieses Curtain Wall Bürohauses. Das ›Glaskasten‹-Gebäude ist wirkungsvoll in mehrere verschiedene Lesezonen unterteilt, was durch eine Reihe von Verschiebungen in Grund- und Aufrissen erreicht wird. Die unterschiedlichen geometrischen Strukturen des Grundstücks sind im Kleinen durch das Wechselspiel von Dauer, Oberfläche und Raster auf den Decken, Böden und Wänden des Hauptlobbygeschosses eingefangen.

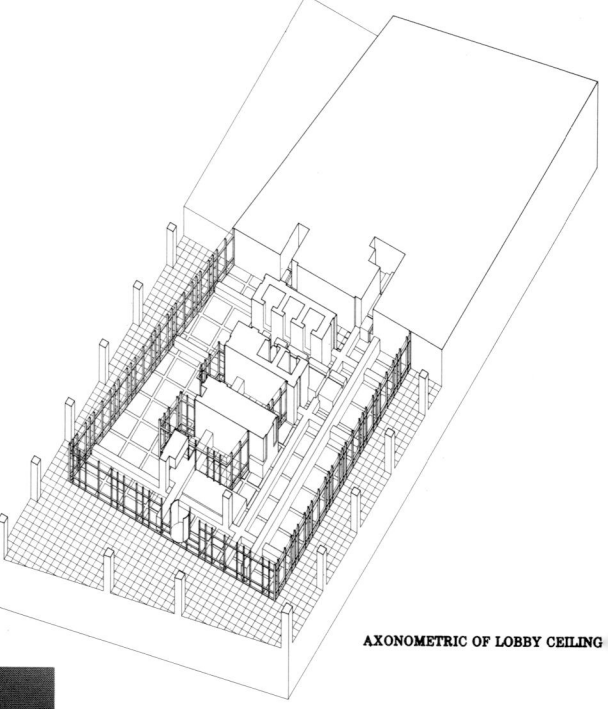

AXONOMETRIC OF LOBBY CEILING

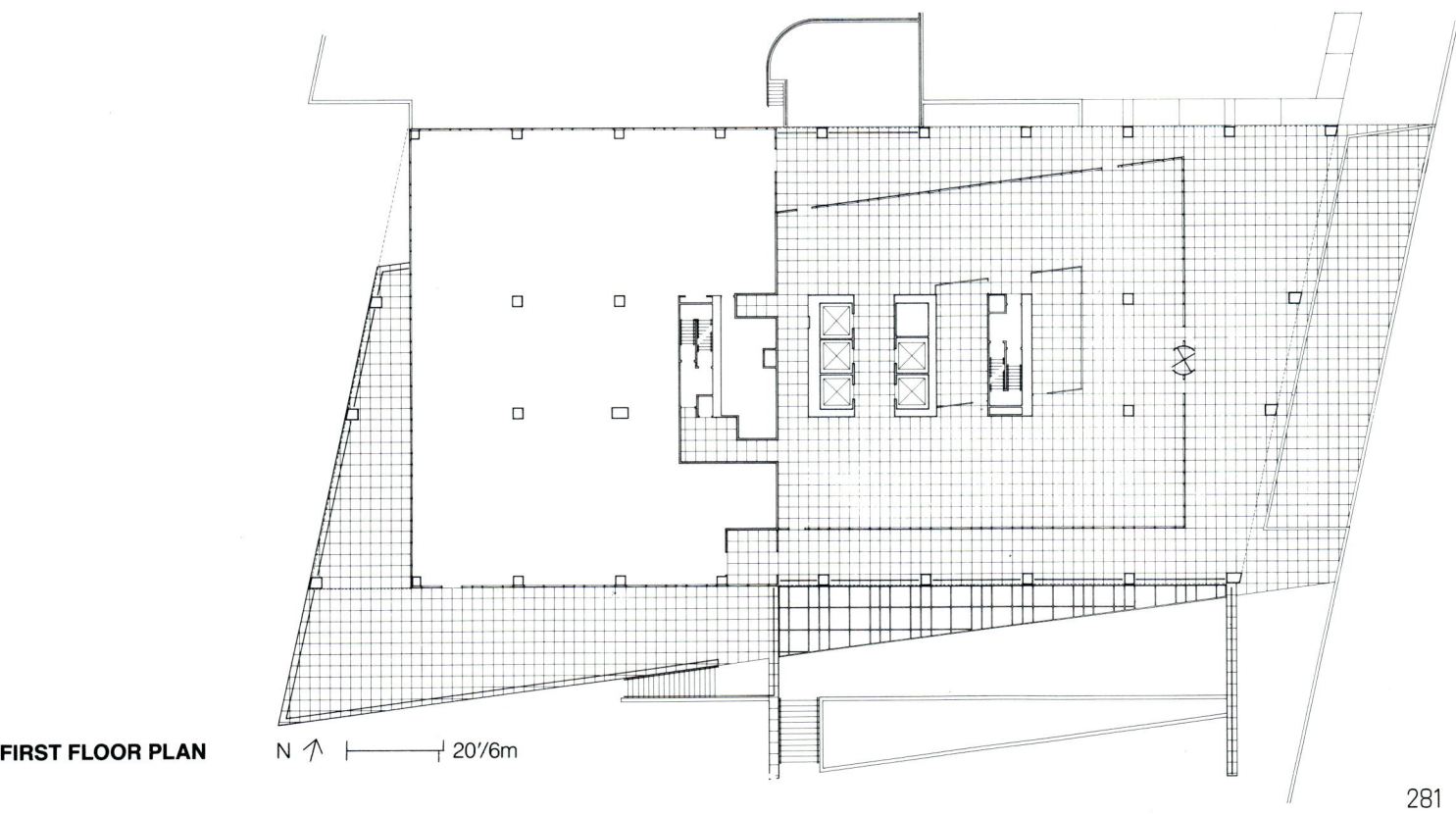

FIRST FLOOR PLAN   N ↑ ⊢——⊣ 20'/6m

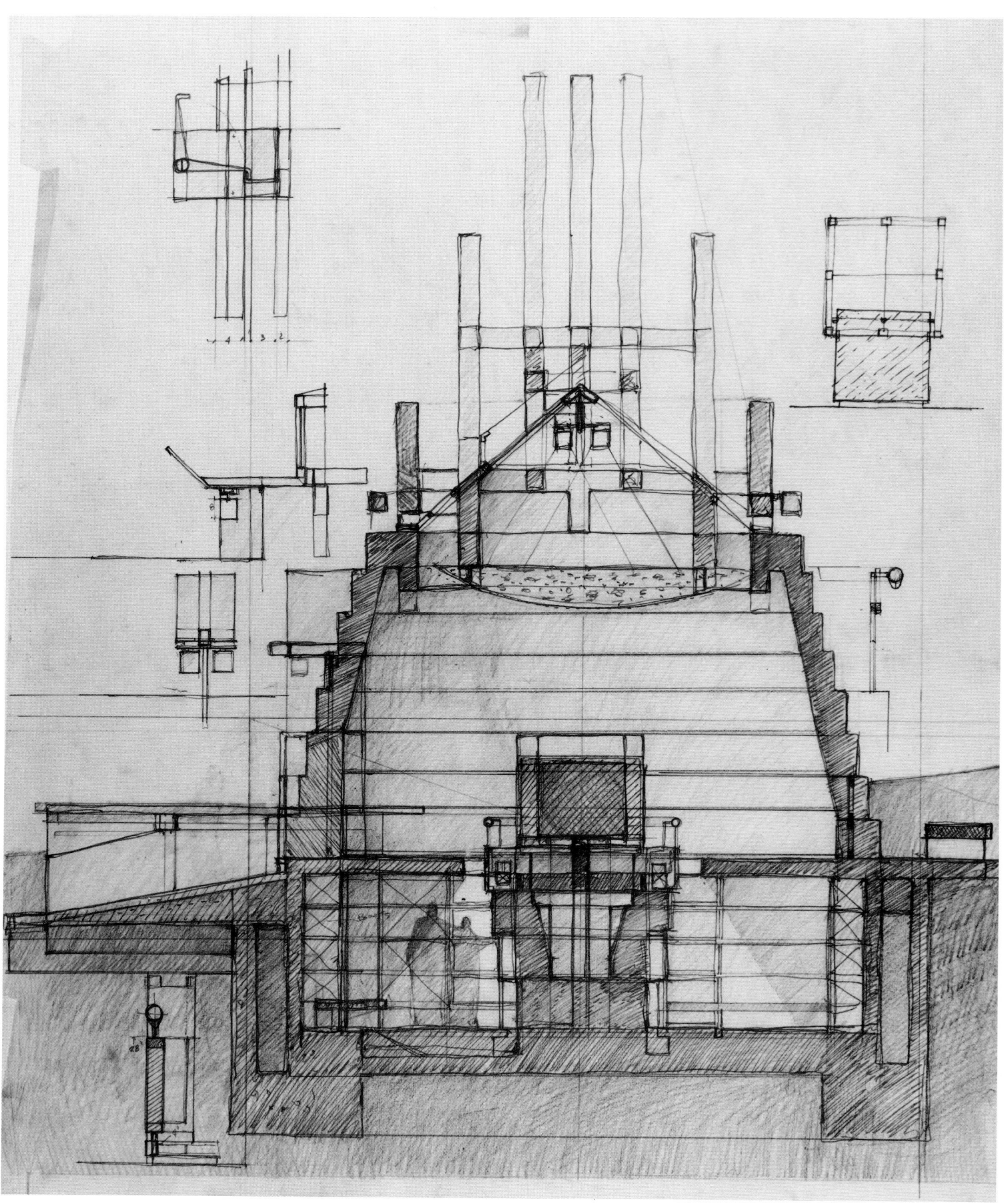

Ich wurde von den Mitgliedern einer Familie aus dem Nahen Osten gebeten, einen Bau zu entwerfen, der an den Verlust eines ihrer geliebten und am meisten geachteten Familienmitglieder erinnern soll. Der kleine, aus einem Raum bestehende Bau liegt abgesondert auf dem grünen gepflegten Gelände eines Privatbesitzes einem ruhigen Teich gegenüber.

Die Identität des Mannes blieb mir unbekannt. Lediglich wurde erwähnt, daß er Schriftsteller war.

Aufgrund dessen soll ein Souterrainraum in dem Gebäude seine sämtlichen Schriften in Form einer privaten Familienbibliothek aufnehmen.

Diese Umstände und die Art, in der die Aufgabe dargestellt wurde, ließen mich an einen Zentralbau denken. Der Innenraum aus weißem Beton ist mit einer Kupferdecke versehen. Über der Grabstätte hängt eine abstrakte Darstellung des Sonnensystems mit seinen Planeten. Makellose metallene Himmelskörper verschiedener Größe und

Schwere distanzieren sich vom scheinbar alleinigen Zentrum, von der Person, der dieses Gebäude gewidmet ist. Dieser feierliche Raum lädt dazu ein, mit der Komplexität der Ereignisse Verbindung aufzunehmen.

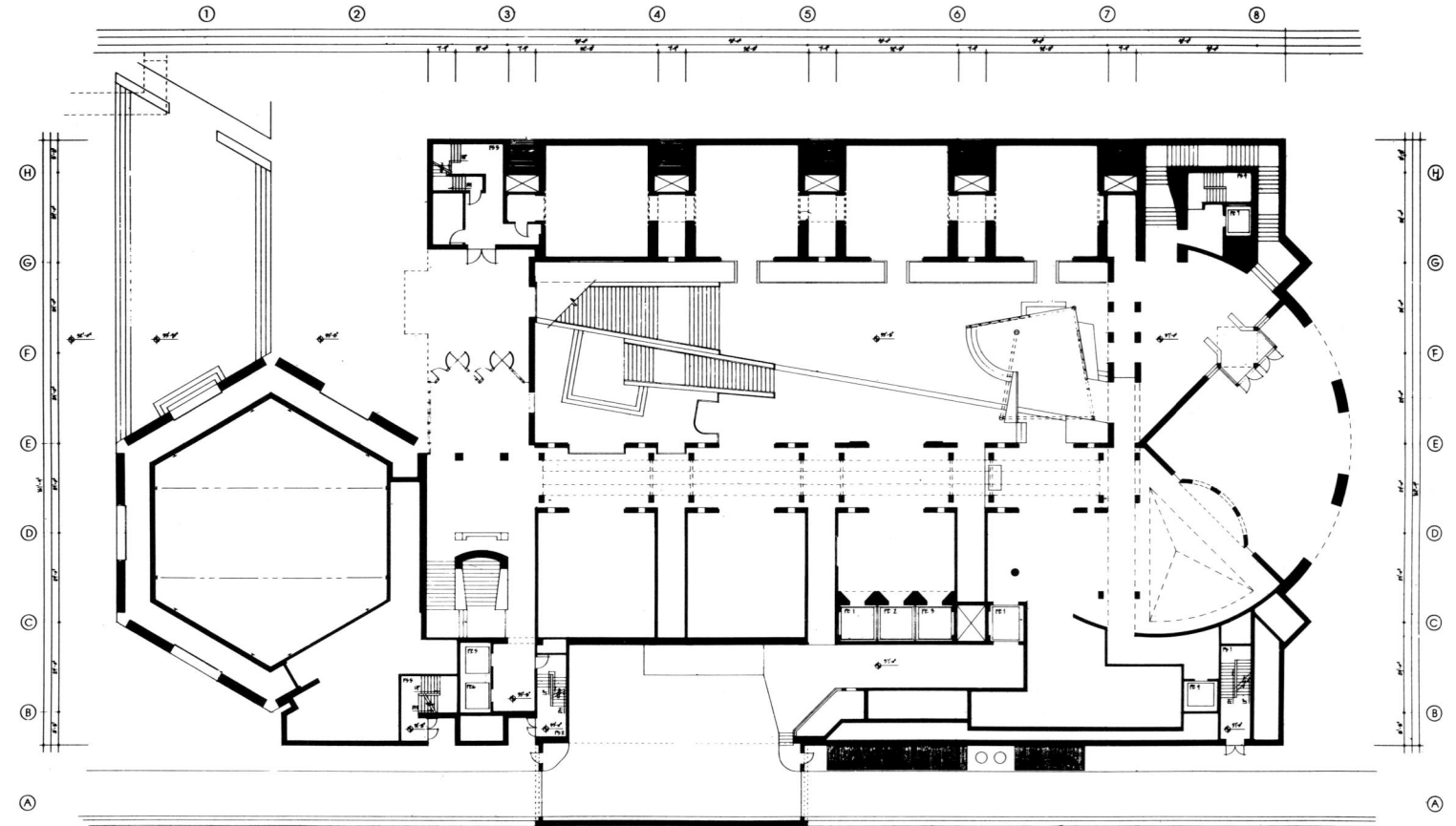

James Ingo Freed
für I. M. Pei & Partners

HOLOCAUST MUSEUM AND MEMORIAL

Raoul Wallenberg Place, Washington D. C.,
1986–1990

Das von den Präsidenten Carter und Reagan vorgeschlagene und vom Kongreß der Vereinigten Staaten beschlossene Holocaust Museum mit Gedenkstätte soll zwischen der 14. und 15. Straße und der Mall in Washington D. C. errichtet werden.

Was ist überhaupt ein Holocaust Museum mit Gedenkstätte – wie kann es dargestellt werden?

Meiner Auffassung nach bezeichnet der Holocaust einen fundamentalen, vielleicht endgültigen Bruch mit der optimistischen Auffassung von der immerwährenden Verbesserung der sozialen und politischen Verhältnisse, die die Grundlage der Entwicklung der materiellen Kultur des Westens darstellt. Die Entpersonalisierung sowohl der Opfer als auch der Täter (letztere durch ihre Taten, erstere durch willkürliche Gesetzgebung) bezeichnet ein derart schreckliches Ereignis, daß es vielleicht durch nichts vollständig erfaßbar und von niemandem, der es nicht erlebt hat, gänzlich begreifbar ist. Es ist nahezu unmöglich, sich mit der Thematik zu beschäftigen; sie zu ästhetisieren, ist völlig ausgeschlossen. Ich halte es auch für unmöglich, die Welt von damals in dem Museum/ der Gedenkstätte zu rekonstruieren; den Versuch einer szenographischen Vorgehensweise mit all ihren Implikationen von Kitsch und der daraus folgenden Abwertung und Trivialisierung dieses schrecklichen, beispiellosen Ereignisses finde ich ebensowenig wünschenswert.

Wie fängt man also an? Im vorliegenden Fall erkannte ich nach einer Phase der Verzweiflung angesichts zahlreicher mißglückter Anfänge, daß die Kombination der Tektonik von Lager-, Getto- und öffentlichen Bauten mit einem gewissen gedämpften, ein wenig abstrakten Symbolismus als Basis dienen könnte. Auf dieser Grundlage und mit der Notwendigkeit, sich Washington sowohl anzugliedern als auch es zu verlassen, um in eine andere Welt einzutreten, wurden Museum und Gedenkstätte konzipiert. Eine wohlerwogene Anzahl von Innenräumen (die Halle der Zeugen, die Halle der Erinnerung, die Halle des Lernens, um nur einige zu nennen) bestimmen den Standort des Besuchers und versuchen, ihn nicht nur intellektuell, sondern auch emotional (visuell?) miteinzubeziehen.

Die – von anderen entworfene – ständige Ausstellung des Museums wird im vierten, dritten und Teilen des zweiten Geschosses Platz finden; der Besucher bewegt sich in einer abwärts führenden Spirale.

Schließlich ist die Gedenkstätte als bewohnter Raum aufgefaßt. Die Zeit des spezifischen Monuments – mächtig, bewegend und eine universelle Sprache sprechend – ist, meiner Meinung nach, vorbei. Heute spricht ein durch Nutzung demütig gewordener, durch Disposition von Raum und Licht geretteter und durch Kargheit von Form und Material kontemplativer Gedenkraum durch uns, läßt uns trauern und tröstet uns möglicherweise.

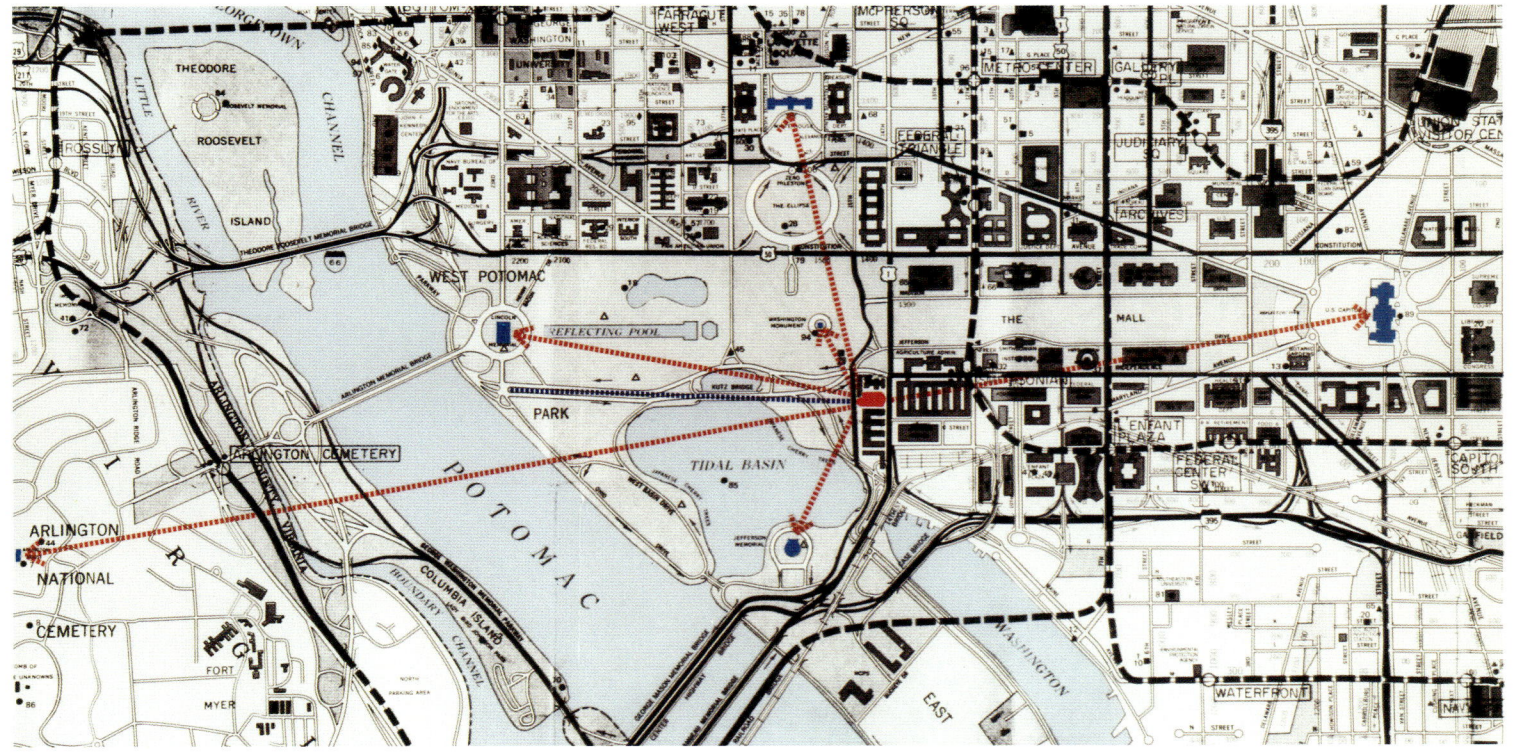

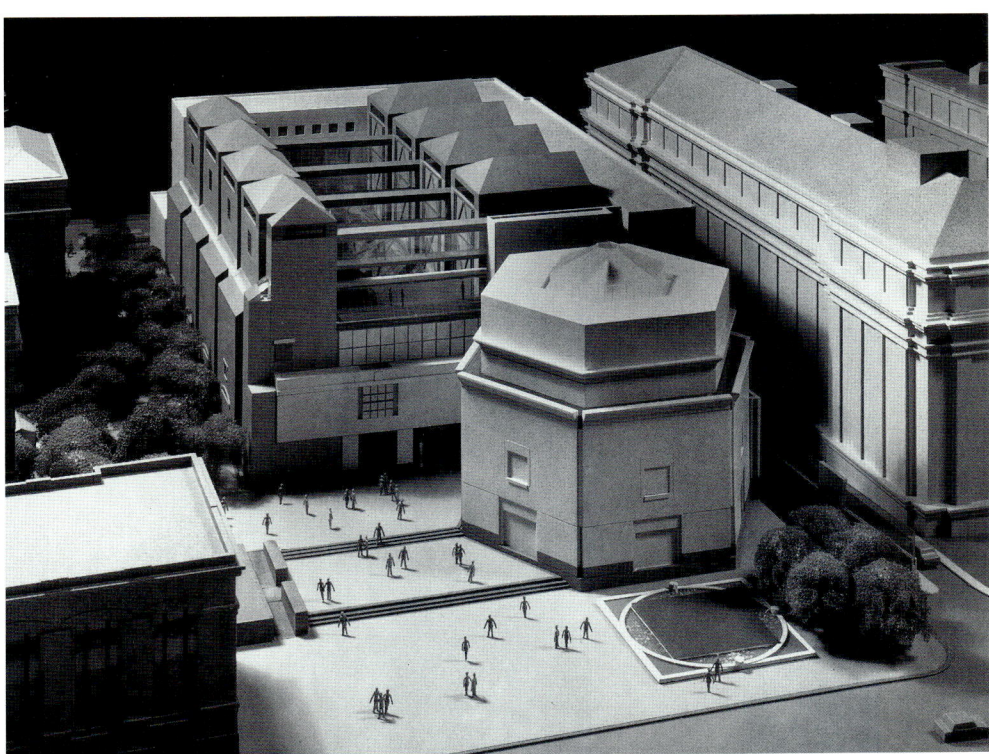

James Ingo Freed

für I. M. Pei & Partners

LOS ANGELES CONVENTION CENTER EXPANSION

Figueroa Street/Pico Boulevard,
Los Angeles, California, 1987–1992
Design Team: James Ingo Freed, Thomas Baker

Hauptziel des Projekts für die Stadt Los Angeles war die Erweiterung des Kongreßzentrums; darüber hinaus ist eine Weiterentwicklung des innerstädtischen Geschäftsbezirks und des South-Park-Gebiets geplant.

Das vorhandene Kongreßzentrum ist ein typischer Bau des ausgehenden 19. Jahrhunderts. Der neue Erweiterungsbau der Ausstellungshalle soll südlich des Pico Boulevard und westlich der Figueroa Street, direkt neben Santa Monica und Harbor Freeway entstehen. Die Gestaltung des Gebäudes ist stark von der Beschaffenheit des Grundstücks abhängig.

Der Komplex soll 32 500 qm Ausstellungsflächen mit 60 Versammlungsräumen, Restaurants sowie Parkplätze für 3300 Autos umfassen.

Zwei neue, öffentlich zugängliche Lobbies sind als Eingangsbereiche zur neuen Ausstellungshalle im Süden und zur vorhandenen West Yorty Exhibition Hall vorgesehen. Diese beiden öffentlichen Räume sind durch eine den Pico Boulevard überspannende Brücke mit Versammlungs-, Veranstaltungs- und Restauranträumen verbunden. Diese Brücke – eine Stahlkonstruktion – stellt für den Gesamtkomplex das wichtigste Organisationselement dar, das den Durchgang von einer Halle zur anderen erleichtert. Die beiden Lobbies sind auf Straßenniveau entweder vom Bürgersteig bzw. den Bushaltestellen oder vom benachbarten Parkplatz her zugänglich und fungieren als Informations- und Orientierungszentren, von denen aus sich die Besucher zu den gewünschten Veranstaltungen begeben können.

Die neue Ausstellungshalle soll auf derselben Ebene wie die vorhandene Halle entstehen, um einen reibungslosen und schnellen Publikumsverkehr zwischen den Ausstellungen – über die zum Treffen vorgesehene Brücke – zu ermöglichen. Die Hallen selbst sind als flexible Hüllen in der Art von Flugzeughangars konzipiert und stellen große, nicht unterteilte Räume für Einzelkongresse zur Verfügung; diese Konzeption ermöglicht es, bis zu drei verschiedene Veranstaltungen gleichzeitig bzw. eine große Veranstaltung stattfinden zu lassen.

Für die Ausstellungshallen werden Weitspann-Stahlträger verwendet, die einen nahezu stützenfreien Raum für den Aufbau von Messeständen und für Kongresse ermöglichen. Die Hauptausstellungshalle wird auf einem vor Ort gegossenen Betonsockel errichtet, in dem sowohl die künftige untere Ausstellungshalle als auch die Parkdecks Platz finden.

Zu dem Konzept der gruppenweisen Anordnung der Gesellschaftsräume gehören auch ein für 1000 Personen angelegter Raum für Generalversammlungen, der sich in zwei Räume aufteilen läßt, ein angrenzendes Foyer, ein Lagerraum, ein Anrichteraum, der von einem Servicekorridor versorgt wird, sowie variable Flächen, die Versammlungsraum für kleine Gruppensitzungen bieten. Für das Konzept ist es von Bedeutung, daß die Raumgruppen zwar über direkten Zugang zu den im Süden und Westen gelegenen Lobbies verfügen, aber dennoch ausreichend separiert sind, um als unabhängiges Konferenzzentrum zu dienen.

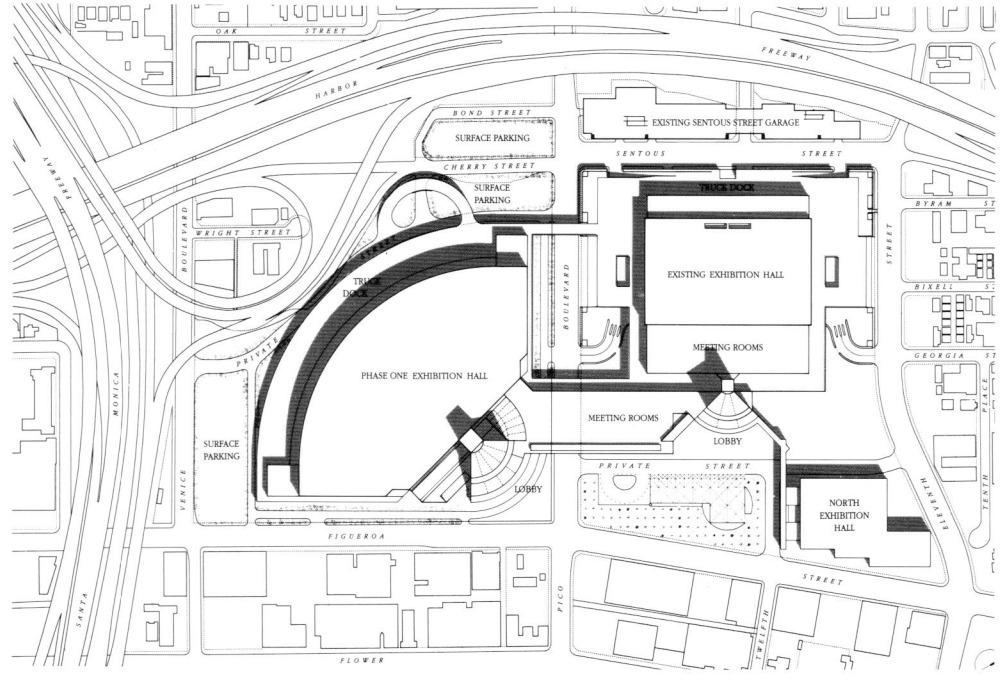

Giovannini & Associates

ARZTPRAXIS

Washington D. C., 1988

Im Programm werden auf einer Fläche von 278 qm fünf Arbeitszimmer für Ärzte gefordert, fünf Untersuchungszimmer, Büros für Mitarbeiter sowie Räumlichkeiten für eine Gemäldesammlung.

Die Büros wurden entlang der Fensterwand, die Untersuchungs- und Versorgungsräume entlang der Innenwand angeordnet. Der Flur wurde so breit angelegt, daß er als Galerie genutzt werden kann. Die Türen wurden in die Wände versenkt, um eine visuelle Beeinträchtigung der Bilder durch Türrahmen und Griffe zu vermeiden.

Die Form des Flurs erinnert an ein Teleskop, durch das die Themen von Wahrnehmung und Perspektive eingeführt werden. Am Ende des ›Teleskopgangs‹ wurde eine Querwand mit einem realistischen Wandgemälde versehen, welches einen ›Ausblick in die Landschaft‹ bietet. In der entgegengesetzten Richtung wirkt er wie ein zusammengeschobenes Teleskop ohne ›Ausblick‹. Im Wartezimmer am Eingang wird die Perspektive durch konvergierende Wände ›erzwungen‹, die auf den Empfangsbereich ausgerichtet sind, der seinerseits eine aus winkelförmigen Wänden, einer geneigten Laibung und dem Schreibtisch gebildete ›erzwungene‹ Perspektive darstellt. Noch eine weitere Illusion wird auf einer Glaswand erweckt: eine typische, in Renaissancemanier offenstehende Tür wurde mit Sandstrahlgebläse auf das Glas ›gezeichnet‹.

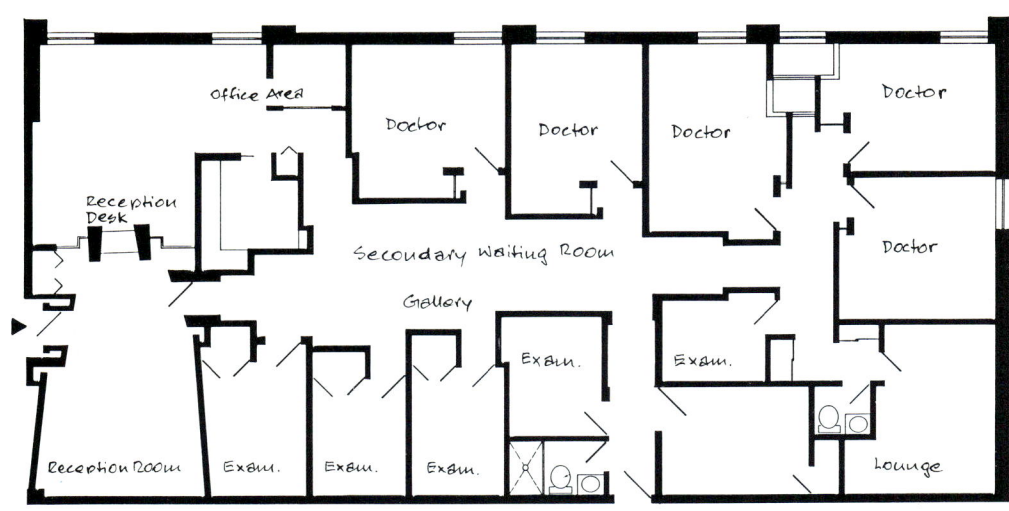

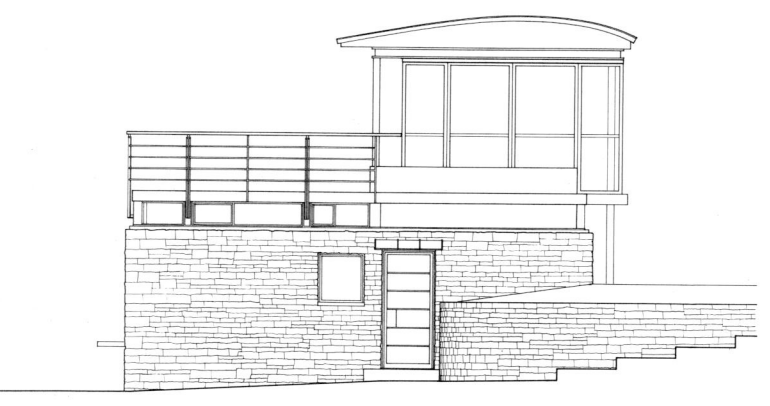

EAST

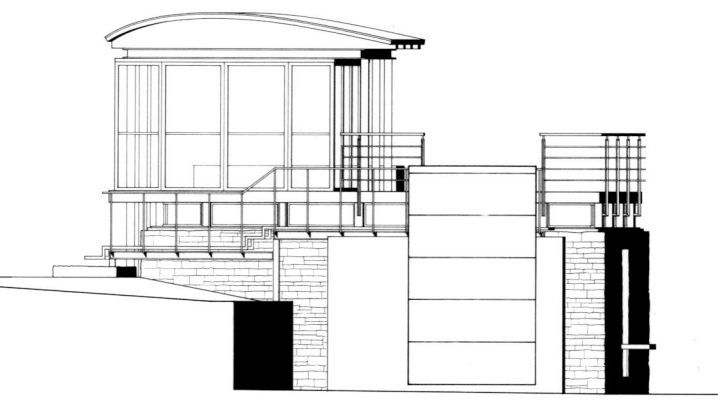

WEST
7° oblique

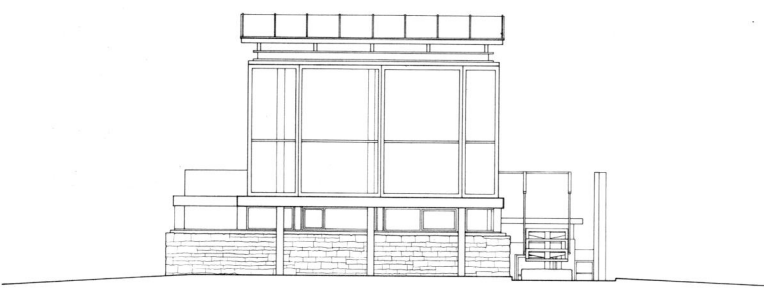

NORTH

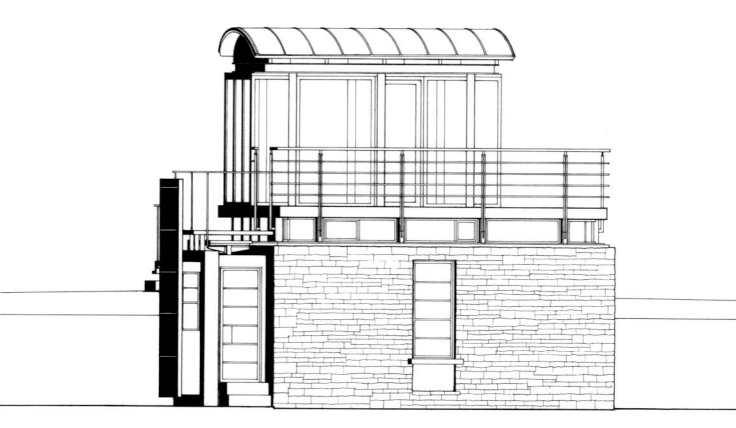

SOUTH
7° oblique

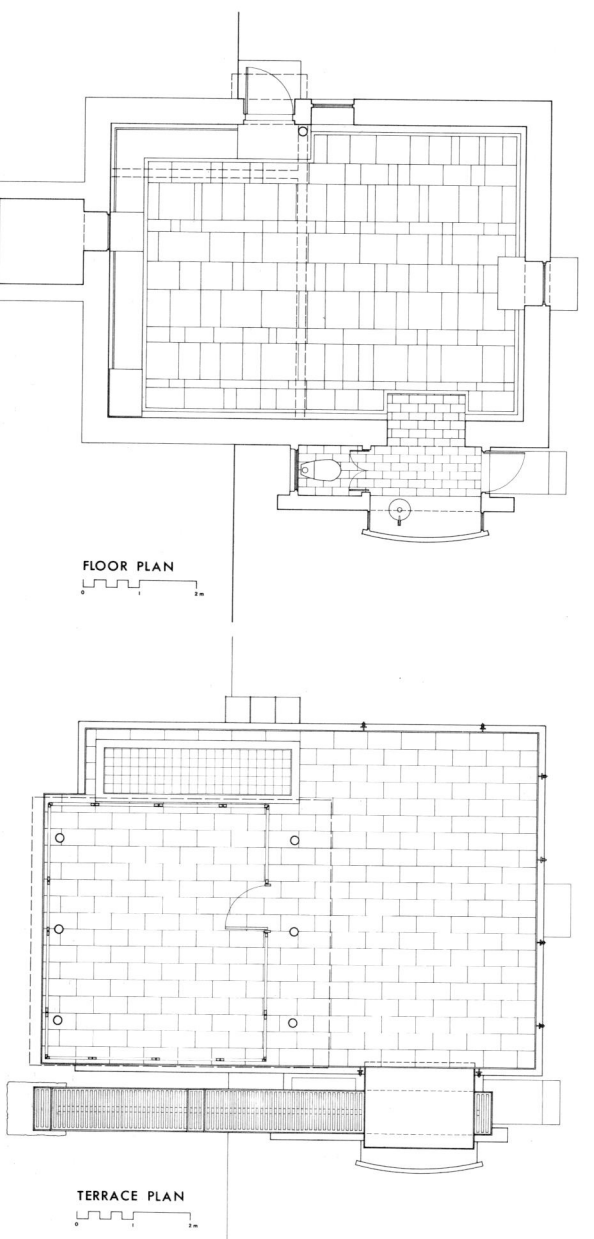

FLOOR PLAN

TERRACE PLAN

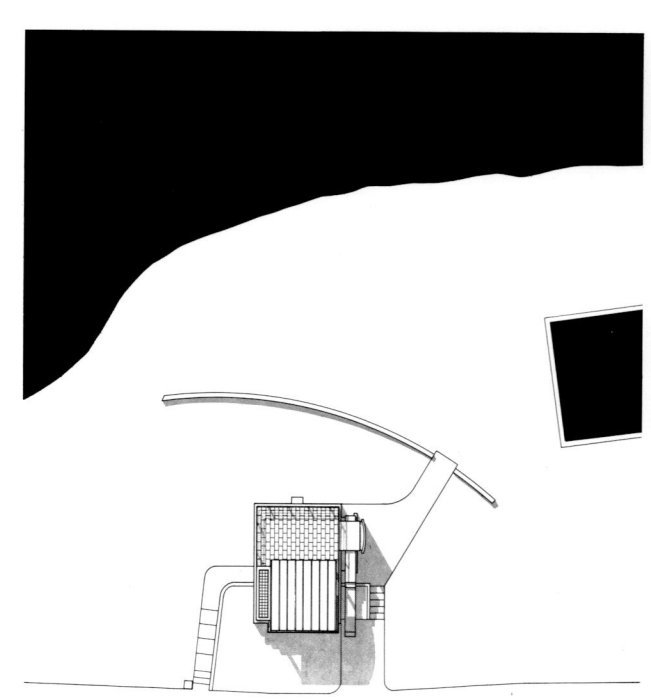

Keenen/Riley Architecture

MILL HOUSE PROJECT

Lambertville, New Jersey, 1989

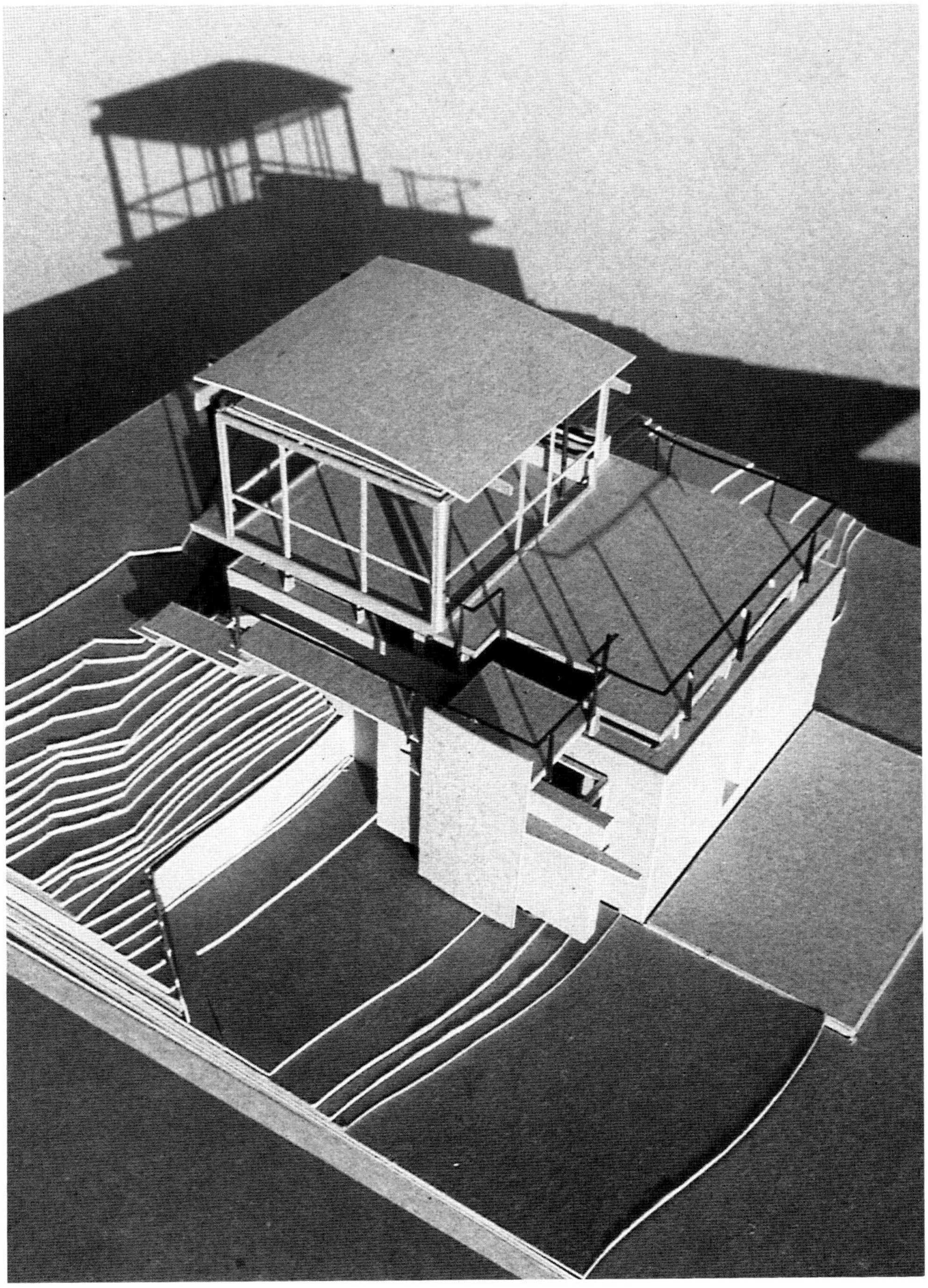

Die Eigentümer eines etwa eine Autostunde von New York City entfernt liegenden Wochenend-Landhauses wollten einen Platz außerhalb des Haupthauses, wo Familienmitglieder oder Gäste Billard, Tischtennis oder Karten spielen, Musik hören, tanzen oder ein Buch lesen können, außerdem einen mit Fliegengitter umschlossenen Raum, um an Sommerabenden im Freien sitzen zu können. In diesem Programm entdeckten wir die Bestandteile eines im 20. Jahrhundert weitgehend in Vergessenheit geratenen Bautyps: des Casinos.

Das Grundstück liegt in der Nähe von Lambertville, New Jersey, einer kleinen, vor der amerikanischen Revolution besiedelten Stadt. An der Grundstückseinfahrt liegen die Mauern eines Mühlenhauses aus dem 18. Jahrhundert, die den Hauptraum des Casinos umschließen werden. Die aus 60 cm dicken gemauerten Wänden bestehende Ruine hat ungefähr die Abmessungen von 6,7 × 9 m und schmiegt sich teilweise an einen steilen Abhang neben dem Mühlbach.

Unsere Absicht war es, die vorhandenen Steinmauern intakt zu lassen. Anstatt neue Öffnungen in das Bauwerk zu brechen, wollten wir die Mauern erhalten und mit den wenigen vorhandenen Türen und Fenstern arbeiten. Um Licht in das Casino zu bringen, schufen wir einen Obergaden, der das Gebäude nahezu fortlaufend umzieht. Eine Betonplatte wird zum Dach des Casinos und zur obenliegenden Terrasse. Auf dieser Terrasse befindet sich der vergitterte Raum, dessen Dach aus einer Metallabdeckung über einem gebogenen Sperrholzunterbau besteht. Von dem Außenraum und der Terrasse hat man einen Ausblick auf das umliegende Grundstück mit Bach, einem Teich, einer vorhandenen Brücke mit Damm, einem entfernten Hügel und einem Swimmingpool.

Im Inneren des Casinos befindet sich ein kleiner Sitzbereich, ein Billardtisch, der sich in eine Tischtennisplatte verwandeln läßt, Bücherregale sowie Stauraum. Am westlichen Rand des Mühlenhauses entstand ein neuer Anbau, der eine Toilette und eine Kochnische und die zur oberen Terrasse führende Brücke stützt.

Der Hauptakzent dieses Projekts ergibt sich aus der Dialektik zwischen ›schwer‹ und ›leicht‹. Schwer bezieht sich auf Stein als Material, auf Mauerwerk als Bauweise, auf Dichtheit, Dunkelheit, Immobilität usw.; leicht dagegen auf die Rahmenbauweise, leichte Materialien wie Metall und Glas, Transparenz, räumliche Komplexität usw.

Es wurde versucht, den Gebrauch serienmäßig produzierter Materialien mit spezifischeren Elementen zu mischen. Als Modell nahmen wir Carlo Scarpas Brücke am Palazzo Querini Stampalia, wo das von venezianischen Gondelbauern handgeschnitzte Geländer von industriell gefertigten, geschweißten Stahlteilen getragen wird. Die Gegenüberstellung des Universellen und des Spezifischen wird durch die Mühlenhausmauern weiter verdeutlicht. Als historische Artefakte verleihen sie dem Projekt eine einzigartige Qualität.

R. M. Kliment &
Frances Halsband

COMPUTER SCIENCE BUILDING

Princeton University, Princeton, New Jersey,
1986–1989
Design Team: R. M. Kliment, Frances Halsband,
Alejandro Diez, Michael Nieminen, Karin Robinson,
Martin Brandwein, Mark Caligiuri, Allan Jim

In dem Gebäude sind neue Einrichtungen des Department of Computer Science untergebracht, darunter Büros für Lehrende und graduierte Studenten, Seminarräume, Verwaltungsbereiche, besondere Unterrichtsräume sowie ein Hörsaal.

Das Gelände am Ostrand des Campus wurde bis Baubeginn als Parkplatz genutzt, der von der im Jahre 1960 entstandenen School of Engineering, der 1975 errichteten Manuskript-Bibliothek, dem neogotischen Princeton University Press Building und einem mit kleinen Häusern bestandenen Straßenzug umgeben ist. Das relativ vernachlässigte und vom Hauptteil des Campus isolierte Terrain war Gegenstand einer Planungsstudie von Venturi, Rauch und Scott Brown, die die Bildung eines neuen viereckigen Collegehofs und die Stärkung des McCosh Walk als Haupt-Ost-West-Achse des Campus empfahlen. Hinsichtlich der Massengruppierung und des Grundrisses ist das Gebäude seinem gegenwärtigen Umfeld verpflichtet und begründet eine Formensprache, die von künftigen Bauten bei der Bildung eines neuen, die vorherrschende räumliche Ordnung des Campus fortsetzenden Collegehofes übernommen werden kann.

Der Außenbau setzt sich aus drei Eingangstürmen zusammen. Der Südeingang stellt den Endpunkt des McCosh Walk dar. Der westliche Eingang verbindet das Gebäude mit dem Hof und bestimmt eine seiner Ecken. Der Nordosteingang stellt die Verbindung zur School of Engineering und zu den sekundären Verkehrswegen entlang der Straße her. Diese Eingangstürme bestehen aus Kalk- und Backstein, wobei der flämische Verband des Backsteinmauerwerks mit Kopfsteinen aus Kalkstein durchsetzt ist. Eine Arkade aus glasiertem Kalkstein verbindet die Eingänge im Süden und Westen und definiert die Umbauung der Ostseite des künftigen Hofes. Der im Zentrum der Büros angeordnete Kern der Computerräume durchzieht den Bau bis zur Penthouseebene, so daß er vom McCosh Walk aus sichtbar ist. Die Seminar- und Versammlungsräume in dem gerundeten südlichen Eingangsturm, die den McCosh Walk überschauen, sind von dort aus klar zu erkennen.

Das Gebäude umfaßt 5300 qm. Sein konstruktiver Kern ist ein Stahlgerüst, das mit im flämischen Verband verlegtem rotem Backstein sowie Kalkstein ummantelt wird. Die Fensterrahmen bestehen aus grau gestrichenem Aluminium.

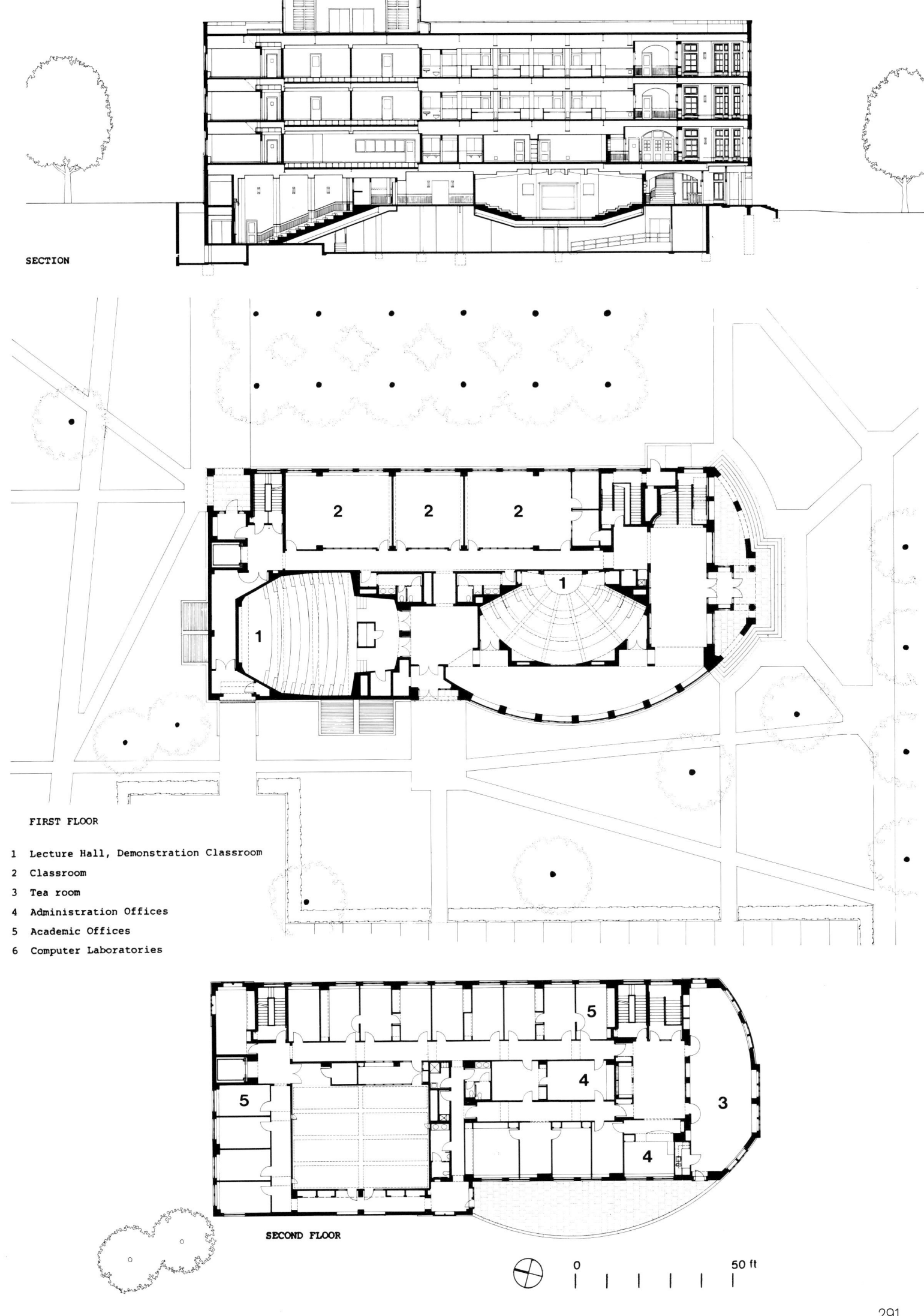

SECTION

FIRST FLOOR

1 Lecture Hall, Demonstration Classroom
2 Classroom
3 Tea room
4 Administration Offices
5 Academic Offices
6 Computer Laboratories

SECOND FLOOR

0   50 ft

291

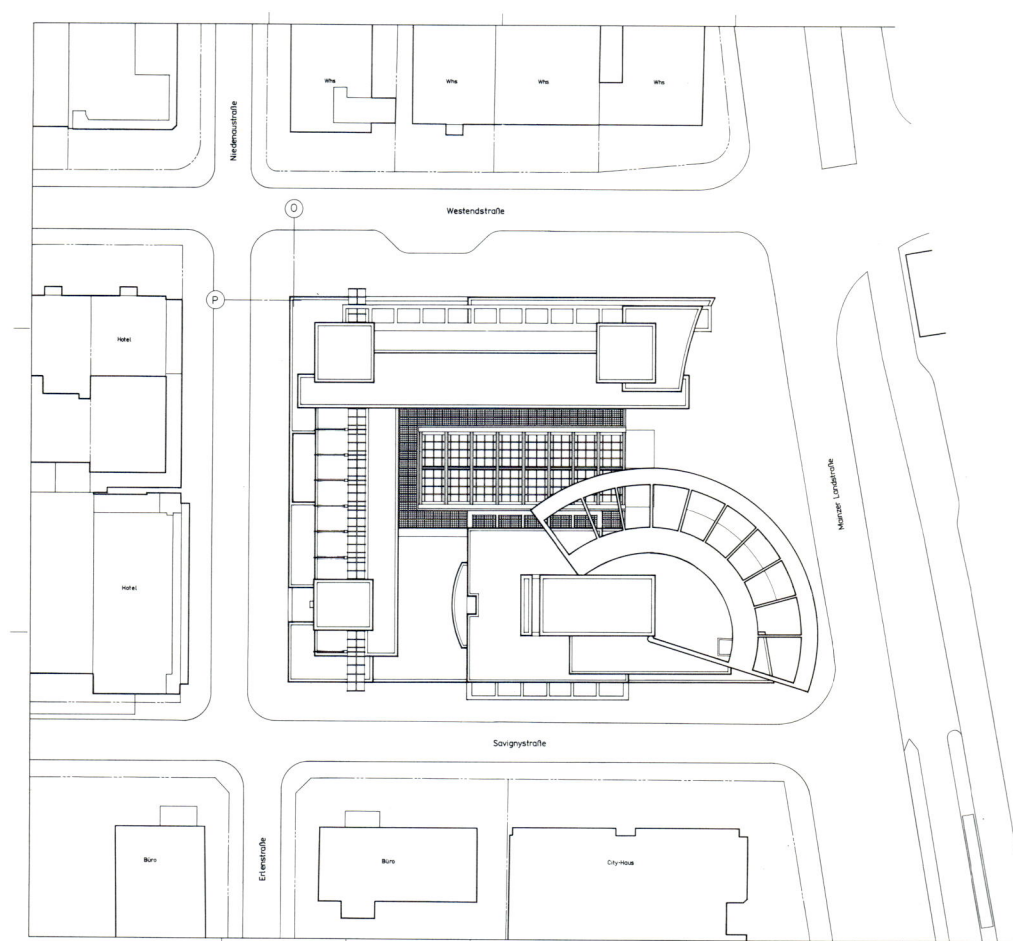

Kohn Pedersen Fox Associates

MAINZER LANDSTRASSE 58

Mainzer Landstraße 58, Frankfurt am Main
Projekt, 1988

Der Komplex liegt an der Mainzer Landstraße im Frankfurter Westend. Er enthält 143 500 qm kommerziell genutzte Bürofläche, ein Hotel mit 300 Zimmern sowie 20 um einen zentralen Wintergarten gruppierte Apartments. Um zu vermeiden, daß der Büroturm die benachbarte Wohnbebauung zu sehr beherrscht, und als Geste dem alten Frankfurt und dem Main gegenüber wurde der Turm auf die Westseite des Grundstücks plaziert, wo ihn Hotel und Apartments L-förmig umgeben. Die wechselnden Höhen der Gebäudeteile nehmen Bezug auf die niedrigere Wohnbebauung der Umgebung, die Straßenflucht und die von dominanten Bürotürmen gebildete Skyline. Über einem Sockel aus Granit und Marmor erhebt sich der Turm aus reflektierendem grünen Glas und gestrichenem Stahl, der, unterhalb einer vorkragenden Bekrönung, in einer zweigeschossigen Loggia endet. Im Erdgeschoß befindet sich ein weitläufiger, überdachter Wintergarten, der als zentraler Treffpunkt für die Benutzer gedacht ist.

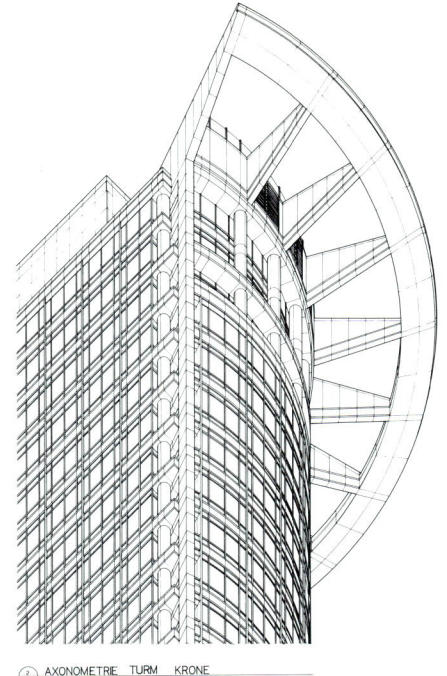

AXONOMETRIE TURM KRONE   1:50

AXONOMETRIE TURM LOGGIA   1:50

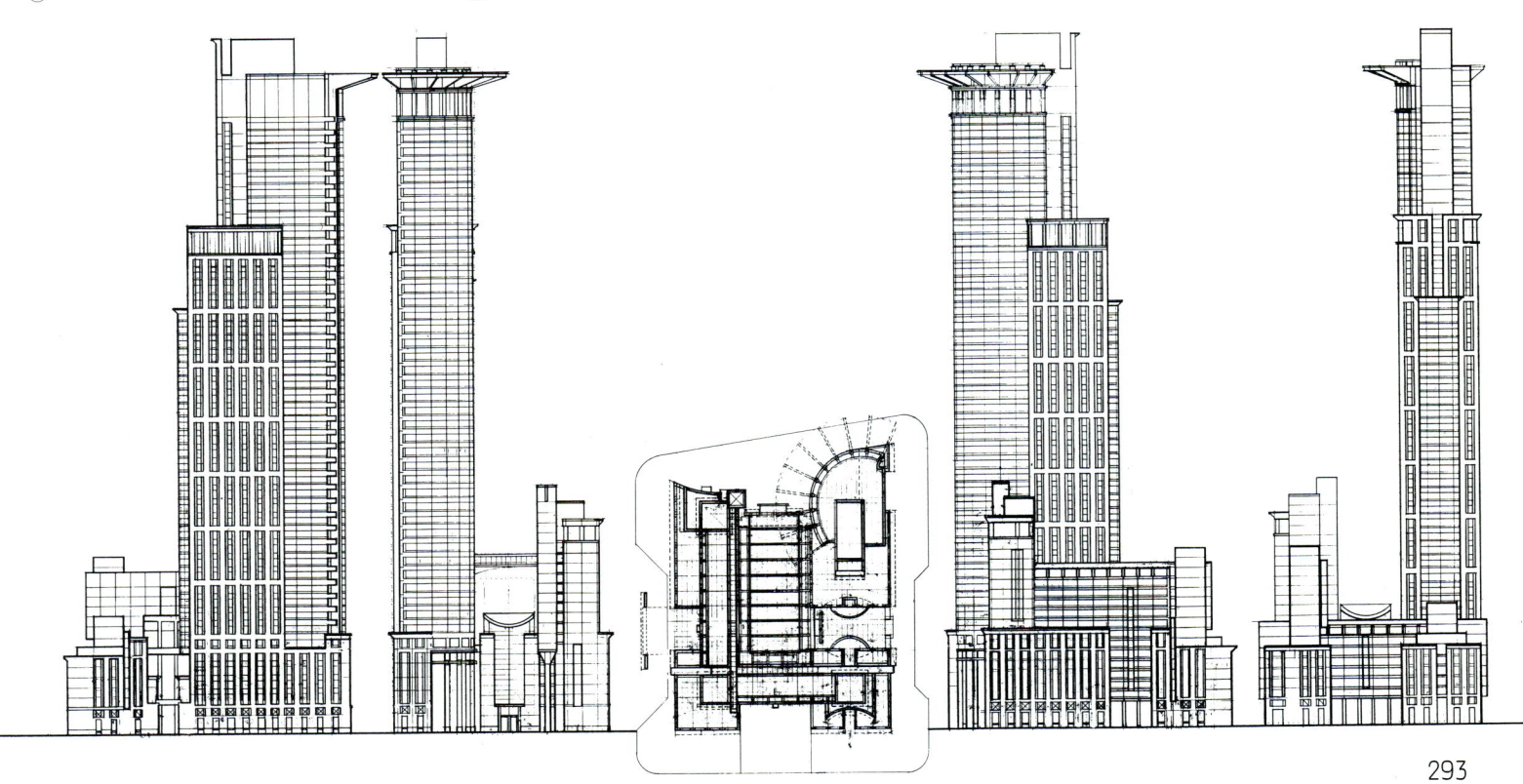

293

Krueck & Olsen Architects

HEWITT ASSOCIATES
EASTERN REGIONAL CENTER

Rowayton, Connecticut, 1986–1988
Design Team: Ronald A. Krueck, Keith Olsen,
Rob Falconer, Paul Dana

In der Ausschreibung wurde die Erweiterung des
Büroraumes, der Computeranlagen und Versor-
gungsbereiche für die regionale Zentralnieder-
lassung einer internationalen Consultingfirma im
Osten der USA gefordert. Planungsgrundlage war
die Wiederverwendung eines bestehenden, 3300
qm großen Herrenhauses der Jahrhundertwende,
auf einem 60 000 ha großen Grundstück am Long
Island Sound gelegen. Der bestehende Bau ist in
der nationalen Liste denkmalgeschützter Bauten
aufgeführt und darüber hinaus ein Monument von
architekturhistorischer Bedeutung. Zur Untersuchung der Probleme und zur Präsentation alternativer Entwürfe wurden eine Reihe von Lösungs-
möglichkeiten entwickelt. Jede dieser Lösungen
konzentrierte sich auf die Erhaltung und effektive
Nutzung des sorgfältig restaurierten Herrenhauses als Mittelpunkt einer erweiterten Anlage, die in
zeitgenössischer architektonischer Form den
Tudorstil des Hauses aufgreifen sollte. Die Nutz-
fläche der gesamten Anlage beträgt ca. 9000 qm.

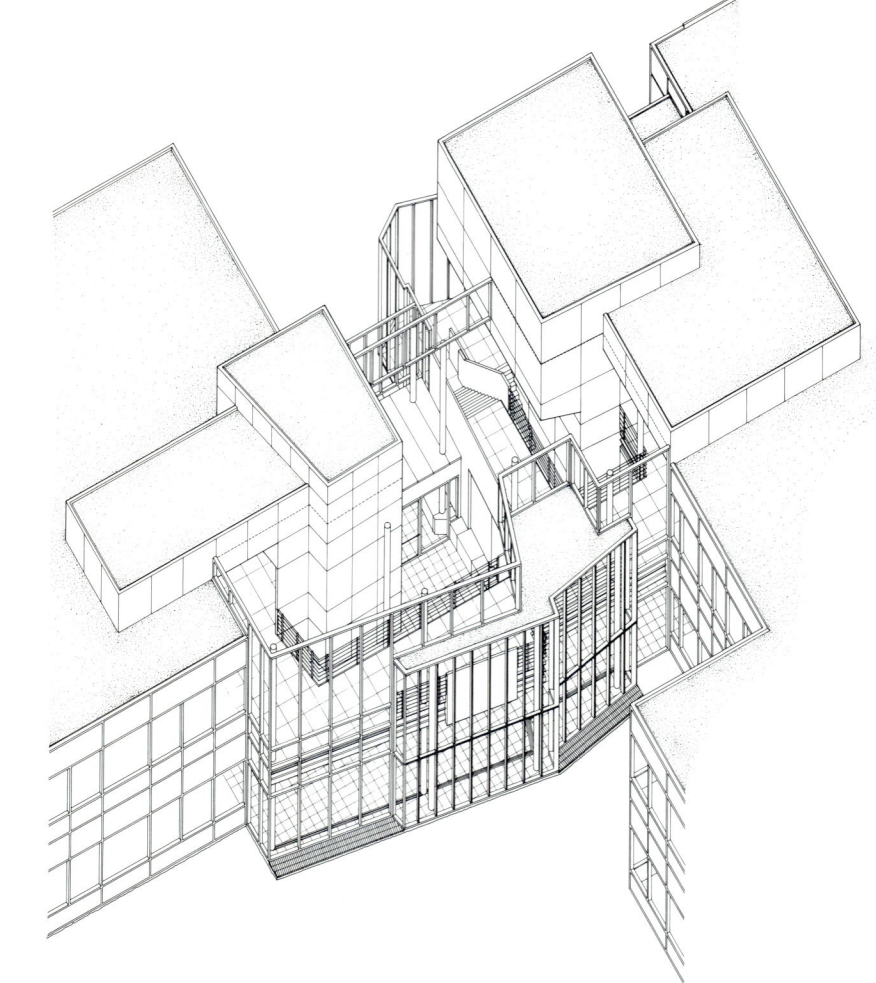

Masque

LE CANALOU

Bennett Point, Maryland, 1989
Design Team: Douglas Frederick, Ann Cederna

Le Canalou liegt in Bennett Point, Maryland auf einem 20 000 qm großen Areal mit einem 140 m langen Küstenstreifen an der Chesapeake Bay.

Abgeleitet vom Proportionssystem der Villa Malcontenta spielt dieses Haus mit Objekten und Landschaftslinien sowie mit den Möglichkeiten der Beherrschung des Geländes durch eine lineare Begrenzung. Versatzstücke, gleich ob gewachsener oder gebauter Art, agieren im Garten vor diesem Hintergrund. Das Gebäude trennt, einer Mauer gleich, den öffentlichen Eingangsbereich von der dem Wasser zugewandten Privatsphäre. Durch eine Unterbrechung dieser ›Gebäudeschranke‹ wird jedoch die Verbindung zwischen öffentlichem und privatem Bereich hergestellt. Der Auslauf für die Windhunde, ein vergitterter Gartenpavillon sowie eine Kombination von Witwengang bzw. Lagerraum für den Katamaran sind weitere im Garten gelegene Elemente der zur Bucht gerichteten Seite des Hauses.

Der Bau wurde auf einem Modul von 2,4 m konzipiert, der die Basis für ein rational progressives Proportionssystem der Aufriß- und Grundrißmaße bildet. Der gesamte Bau, einschließlich der Garage, vermittelt den Eindruck ausgewogener Symmetrie. Wir sind jedoch der Meinung, daß Architektur zwar die herrschende Ordnung festlegen, andererseits aber auch dem Gegensatz, der Unordnung, Rechnung tragen muß. Dieser Ansatz läßt sich an Massengruppierung und Aufriß ablesen: die Symmetrie ist verzerrt, der Rhythmus gründet auf Gegenrhythmus, und Logik kann mit dem Zufall zusammenwirken.

Obgleich der Bau im Sommer einem größeren Familienkreis Platz bietet, kann sich der Eigentümer während der Wintermonate ins Zentrum des Hauses zurückziehen und die übrigen Räume stilllegen. Die am Außenbau verwandten Materialien sind Putz, Glasbausteine sowie Wellblech für das Dach. Für die Pflasterung des Bodens wurden vorwiegend Ziegel und Stein verwendet.

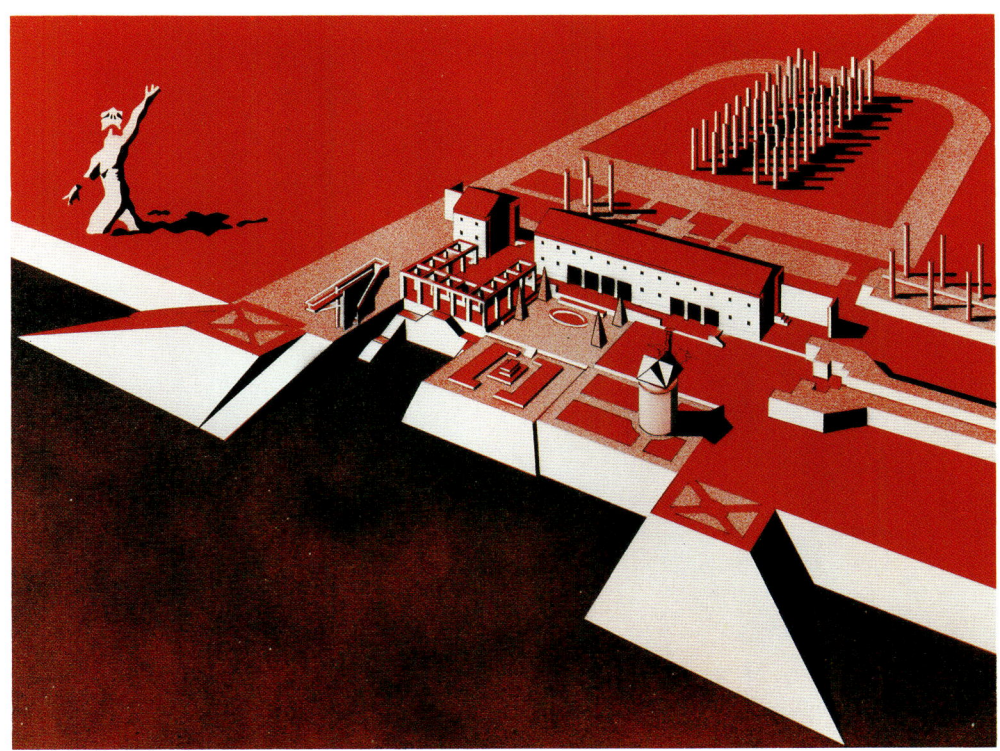

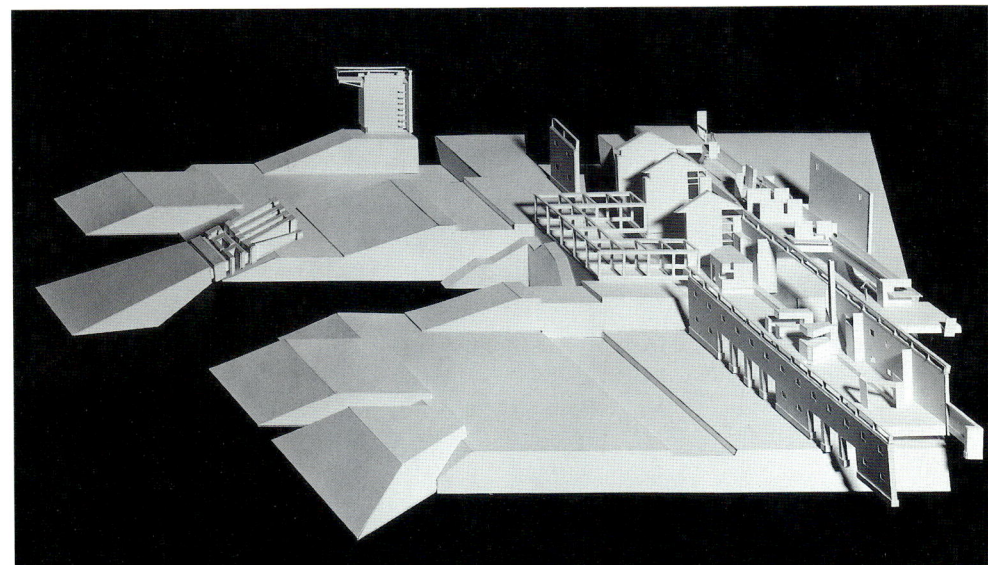

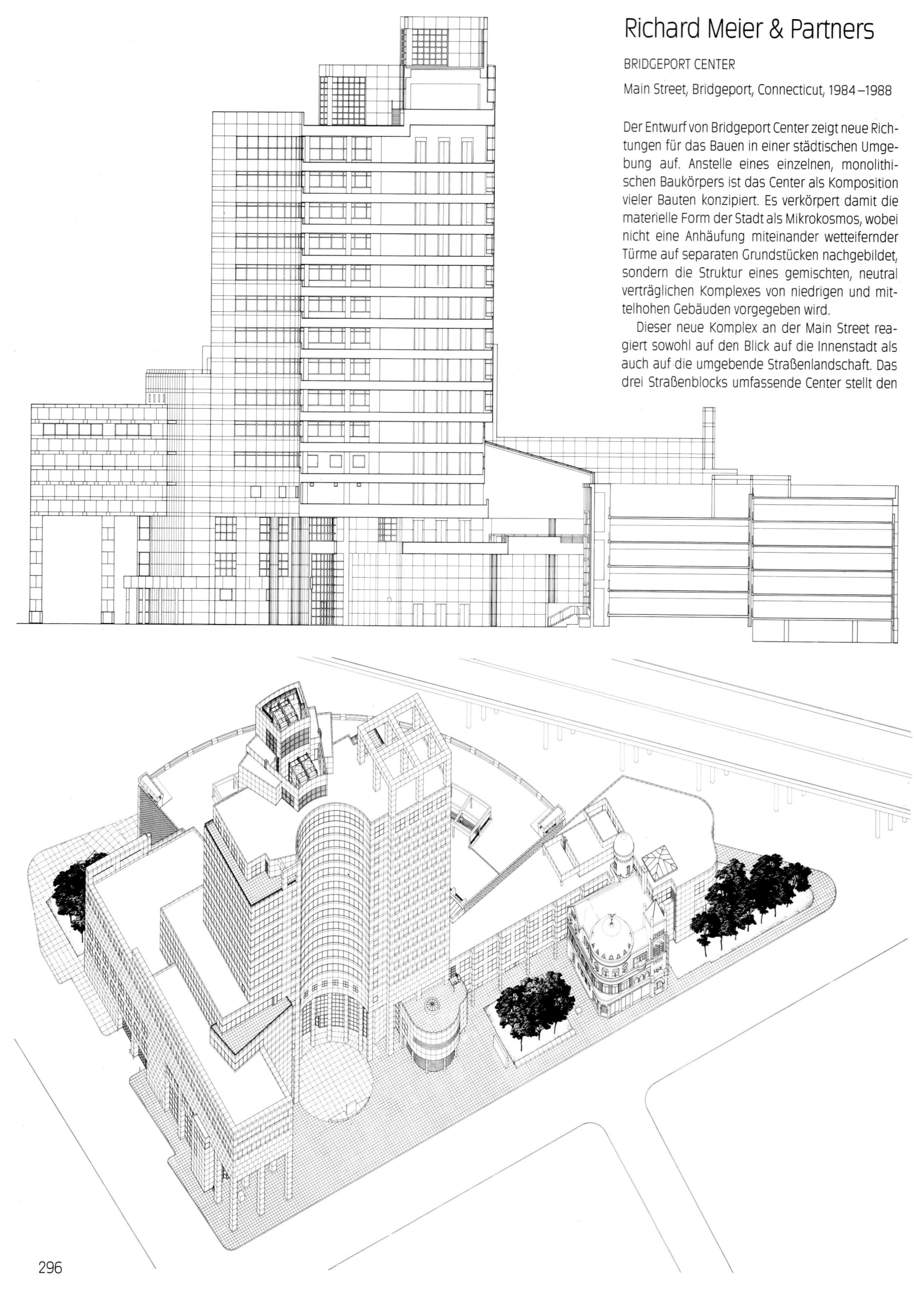

Richard Meier & Partners

BRIDGEPORT CENTER

Main Street, Bridgeport, Connecticut, 1984–1988

Der Entwurf von Bridgeport Center zeigt neue Richtungen für das Bauen in einer städtischen Umgebung auf. Anstelle eines einzelnen, monolithischen Baukörpers ist das Center als Komposition
vieler Bauten konzipiert. Es verkörpert damit die
materielle Form der Stadt als Mikrokosmos, wobei
nicht eine Anhäufung miteinander wetteifernder
Türme auf separaten Grundstücken nachgebildet,
sondern die Struktur eines gemischten, neutral
verträglichen Komplexes von niedrigen und mit-
telhohen Gebäuden vorgegeben wird.

   Dieser neue Komplex an der Main Street reagiert sowohl auf den Blick auf die Innenstadt als
auch auf die umgebende Straßenlandschaft. Das
drei Straßenblocks umfassende Center stellt den

Beginn einer Planungsstrategie zur geordneten Umgestaltung des Zentrums von Bridgeport dar.

Den Mittelpunkt der Binnengliederung des Komplexes stellt ein fünfstöckiges Atrium dar. Die Zugänge von Osten und Westen sowie das Parkhaus führen direkt in diesen Raum, der den Kontroll- und Verteilungspunkt für den Büroturm mittlerer Höhe bildet. Das bestehende Barnum Museum mit seiner Zwiebelkuppel wird als Teil des Projekts restauriert und mit dem neuen Bau durch den Südflügel verbunden, in dem im Erdgeschoß Ausstellungsraum, im ersten Geschoß ein Ausbildungszentrum und im dritten Geschoß eine Cafeteria für die Angestellten untergebracht wird.

Zu den am Außenbau verwandten Materialien zählen mit weißem und grauem Emaille überzogene Stahlpaneele, Granit und durchsichtiges Isolierglas. Der rotgetönte Granit übernimmt die Farbigkeit des historischen Barnum Museum.

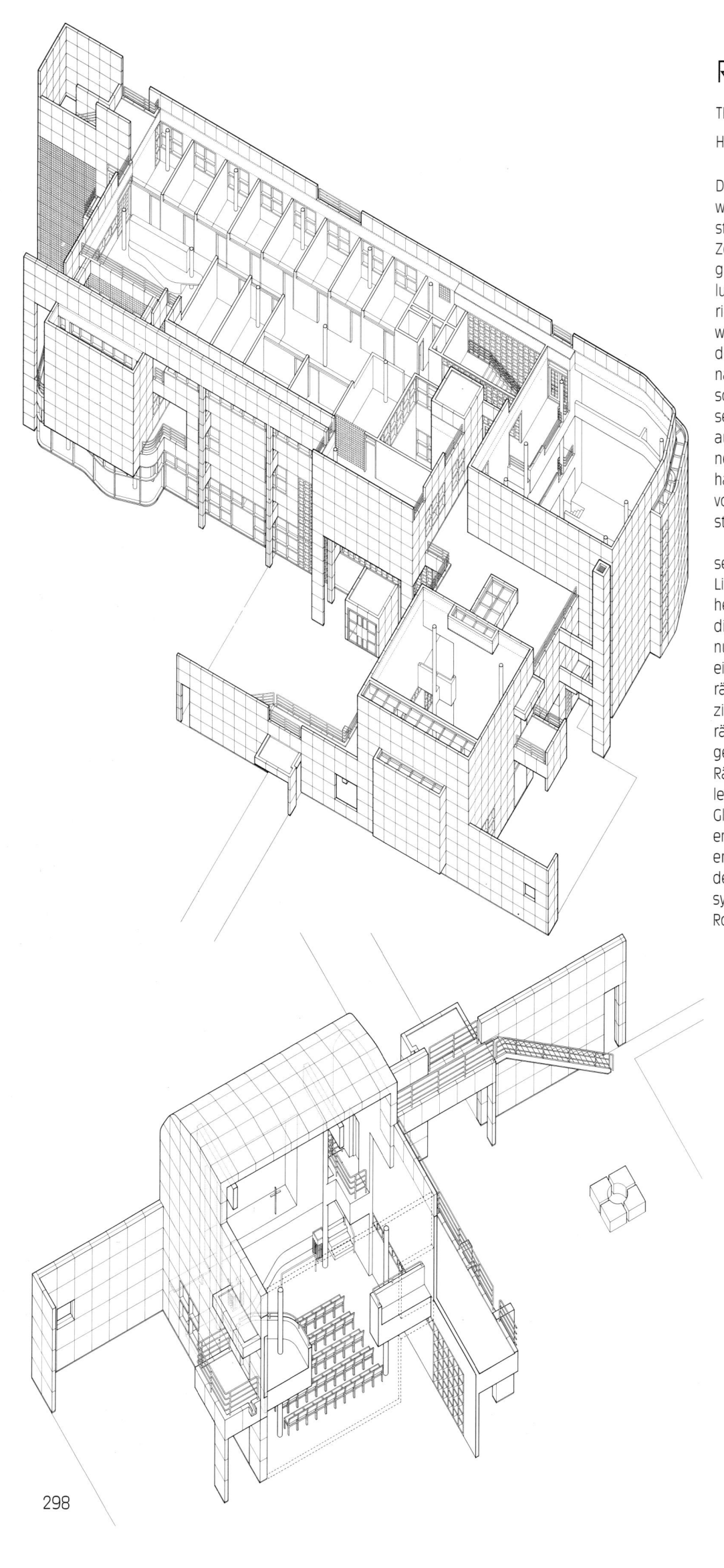

Richard Meier & Partners

THE HARTFORD SEMINARY FOUNDATION

Hartford, Connecticut, 1978–1981

Dieses Bauwerk in einem städtischen Umfeld wurde entworfen, um einer alten theologischen Institution in ihrer neuen Rolle als interkonfessionelles Zentrum zu dienen. Im Programm des 2500 qm großen Gebäudes wurden ein großer Versammlungsraum, eine Bibliothek, eine Kapelle, Unterrichtsräume sowie Service-, Fakultäts- und Verwaltungsbereiche gefordert. Der Bau wurde mit dem Ziel entworfen, eine teilweise geschlossene, nach innen konzentrierte Anordnung von Räumen sowie das Zentrum eines größeren Bereichs zu sein, der sich mit einer einladenden Geste nach außen wendet; außerdem soll er mit nahegelegenen Wohnbauten und Gebäuden im gotischen Stil harmonieren und gleichzeitig ein neues Image von Gelehrsamkeit, Licht und Willkommen ausstrahlen.

Charakter und Geist des Seminars werden von seiner Architektur bestimmt und dargestellt – Licht, Raum, Form und Achtung vor dem bestehenden städtischen Maßstab. Ein Innenhof ordnet die Räume und lädt – trotz der teilweisen Abtrennung durch eine Wand – Passanten zum Eintreten ein. Öffentliche Räume herrschen über Privaträume; im Einklang mit den demokratischen Prinzipien des Seminars werden innerhalb der Privaträume keine hierarchischen Unterscheidungen gemacht. Eine dynamische Durchdringung der Räume ist durch den Außenbau hindurch klar ablesbar. Der Außenbau besteht aus transparenten Glasfeldern und opaken weißen, mit Porzellanemaille beschichteten Stahltafeln. Dadurch bringt er nicht nur den Innenraum zum Ausdruck, sondern reflektiert den Wechsel der Jahreszeiten und symbolisiert, gleich den lichterfüllten Räumen, die Rolle des Seminars als Zentrum des Wissens.

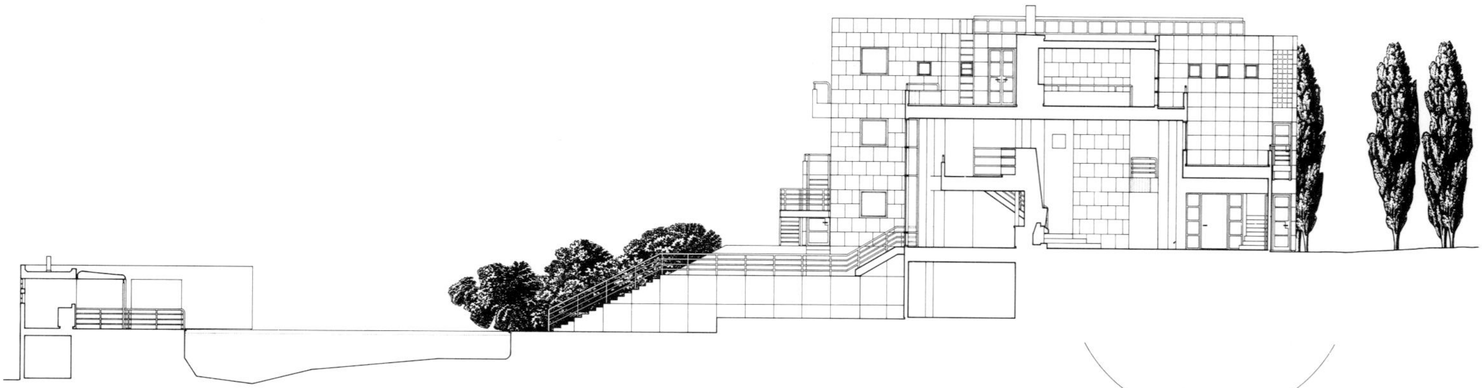

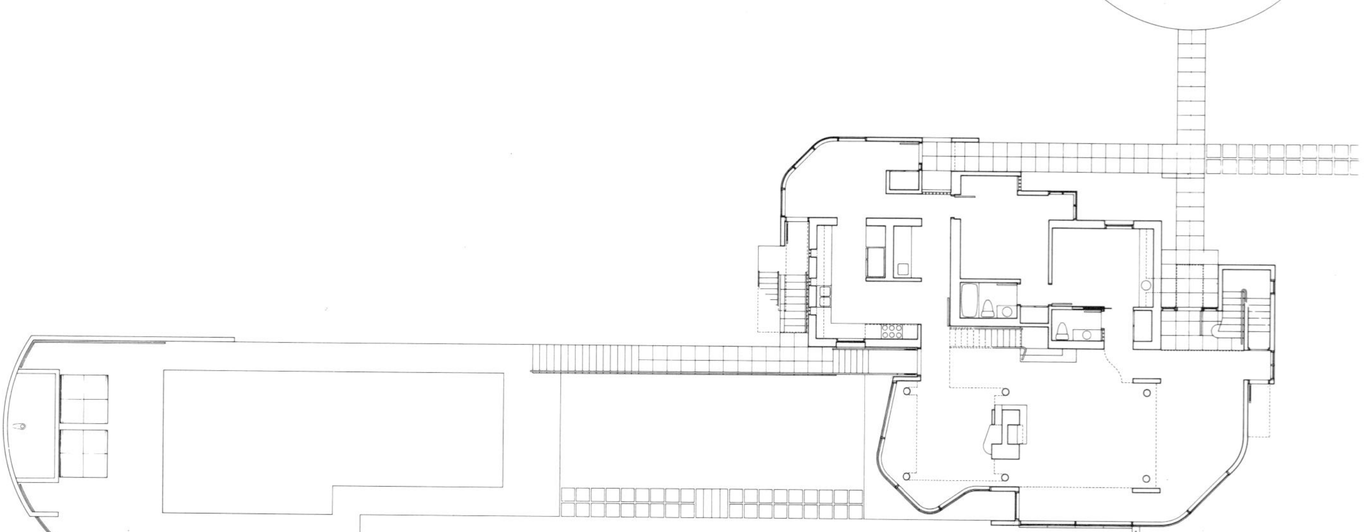

GROUND LEVEL PLAN

Richard Meier & Partners

WESTCHESTER HOUSE

Westchester County, NY, 1984–1986
Design Team: Richard Meier, Michael Palladino

Das ländliche, hügelige und von Feldsteinmauern durchzogene Gelände für dieses Haus bietet eine Vielfalt von Ausblicken. Haus, Garage und Pool sind in der Nähe der höchsten Erhebung plaziert und werden entlang einer Ost-Westachse geordnet, die das Haus durchschneidet und in die Landschaft weitergeführt wird. Eine im rechten Winkel dazu verlaufende Grundstücksachse führt vom Ankunftsbereich zum Eingang.

Ein dickwandiges, gemauertes Volumen beherbergt die intim proportionierten Privatbereiche und bildet den Schwerpunkt der Komposition. Die gemauerten Einheiten beziehen sich in Maßstab, Farbigkeit und Struktur auf die vorhandenen Feld-

steinmauern des Geländes und bilden einen klar umrissenen Baukörper mit drei Ebenen für Schlafräume, Bäder und Küche.

Neben dem rechtwinkligen privaten Sektor bilden ein gebogenes Metallpaneel und eine Glashaut die Umschließung der öffentlichen Bereiche. Diese teilen einen von den drei Wohnebenen ausgehenden, sich auf die Terrassen und in die Landschaft ausdehnenden ununterbrochenen Raum.

Michael Mostoller and Fred Travisano

RENOVIERUNG VON STADTHÄUSERN IN TRENTON

Trenton, New Jersey, 1987 – 1990
Design Team: Michael Mostoller, Fred Travisano, Randall Herko, Curtis W. Hoberman, Freda Lee, Lawrence Lindsey, Jeff McCue, Winifred Onyekonwu

Das Projekt für Stadthäuser in Trenton gehört zu einem Wiederherstellungsprogramm des Stadtgefüges und schafft Wohnungen in Gebäuden, die einst von Arbeiter- und Händlerfamilien bewohnt wurden. Die Häuser entstanden in der Zeit zwischen 1880 und 1920 im Stadtzentrum und bilden eine fortlaufende Straßenfassade aus Backstein mit Steinverzierungen und hölzernen Türen, Fenstern und Gesimsen. Die Häuser haben Holzfußböden und Steinfundamente. Die Restaurierung und Umgestaltung basiert auf der Umsetzung des Prototyps der 2-Schlafzimmer-Wohnung und des

3-Schlafzimmer-Hauses in individuelle Bedingungen. Standardisierte Küchen und Bäder wurden genutzt. Heizung und Klimatisierung erfolgt durch unabhängige Anlagen in jeder Wohnung.

Diese Sozialwohnanlage wendet die herkömmliche Raumverteilung an, bei der öffentliche Räume zur Straße, private zur Rückseite hin liegen. Das sich in den Vorderräumen abspielende Leben der Familien bei Essen und Geselligkeit setzt in diesem Teil der Stadt rege Straßenleben fort. Zwei Gebäude teilen sich einen Garten, den man von der Vorderseite her durch einen Verbindungsgang mit Tor erreichen kann.

Michael Mostoller and Fred Travisano

TRAVISANO RESIDENCE

5 A Beacon Blvd., Sea Girt, New Jersey, 1987–1988
Design Team: Fred Travisano mit Tony de Campos, Kyle Van Dyke, Pat Moran

Das Haus für Fran und Ron Travisano und ihre vier Kinder wird an Wochenenden und im Sommer genutzt. Tagsüber spielt sich das Leben draußen, auf der Promenade und am Strand ab. Zu den Mahlzeiten und bei Einladungen füllt sich das Haus mit Leben. All diese Aktivitäten werden durch den Blick aufs Meer vervollkommnet. Die wichtigsten Räume sind vom Boden abgehoben und nutzen in einem zwei Geschosse umfassenden Hauptwohnzimmer für Familie und Freunde die verfügbare Höhe so weit wie möglich aus. Dieser Raum wie auch die Elternräume werden von einem tonnengewölbten Dach überfangen, das mit verschalten, starken Holzrippen wie ein umgekehrtes Boot konstruiert ist. Das einheitliche Dach spiegelt die Intention des Hauses als ›Stadtturm‹ wider, der mit seinen abfallenden Terrassen Küste und Ozean ›überblickt‹.

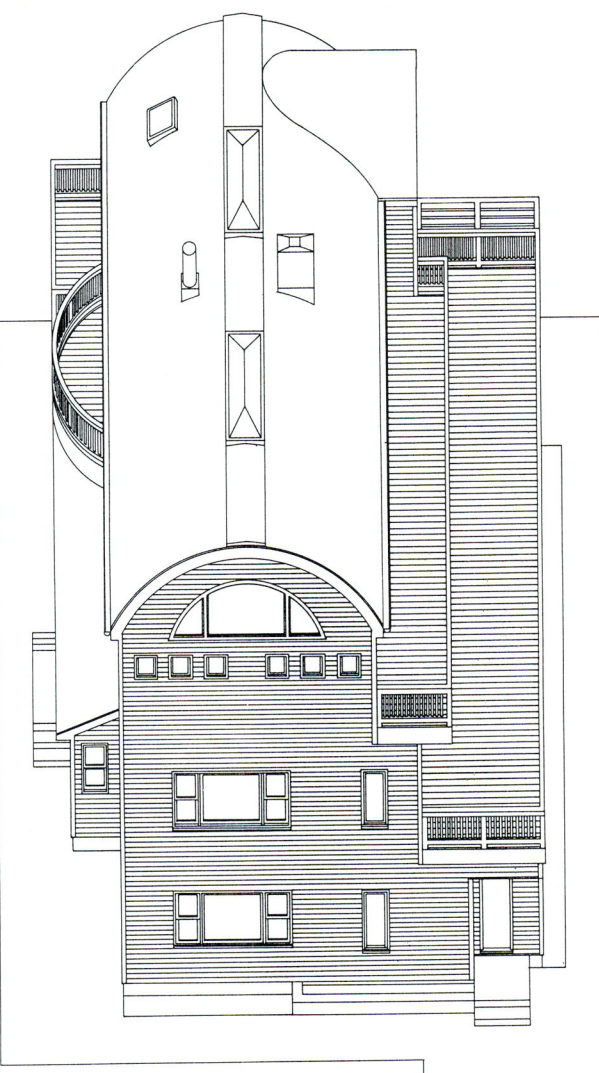

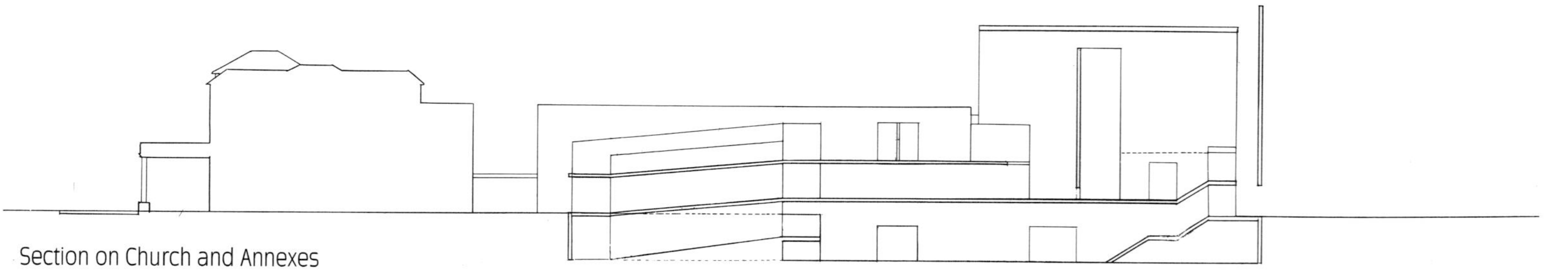

Section on Church and Annexes

Facade on Austin Street

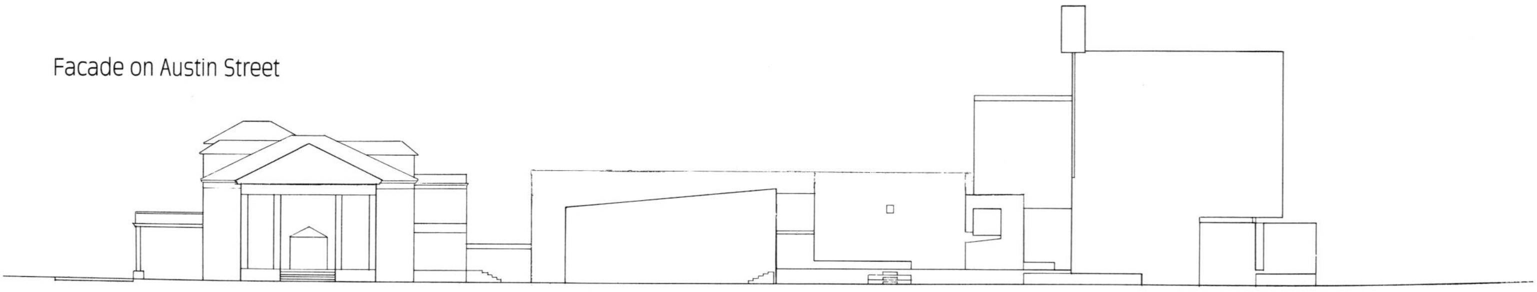

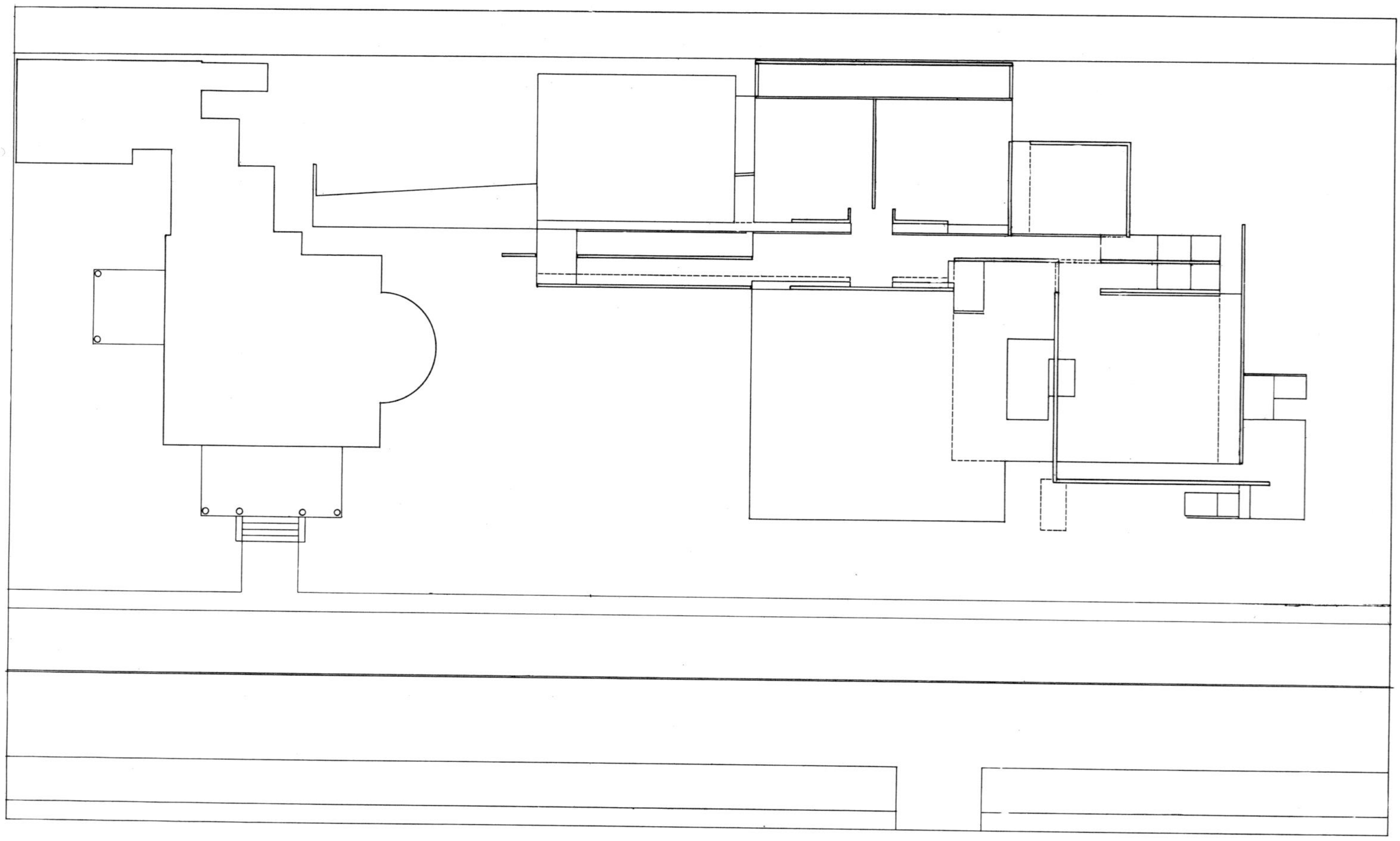

Ground Level

José Oubrerie

MAGNIFICAT

Houston, Texas, 1980 – 1987

Das Projekt, ein komplexes Gemeindezentrum, das ursprünglich als Kapelle über einem Schutzraum geplant war, wurde dann erweitert, um den verschiedenen tagsüber anfallenden Funktionen einer katholischen Gemeinde Platz zu bieten, die sich der Hilfe für heimatlose, arbeitslose und psychisch kranke Menschen verschrieben hat.

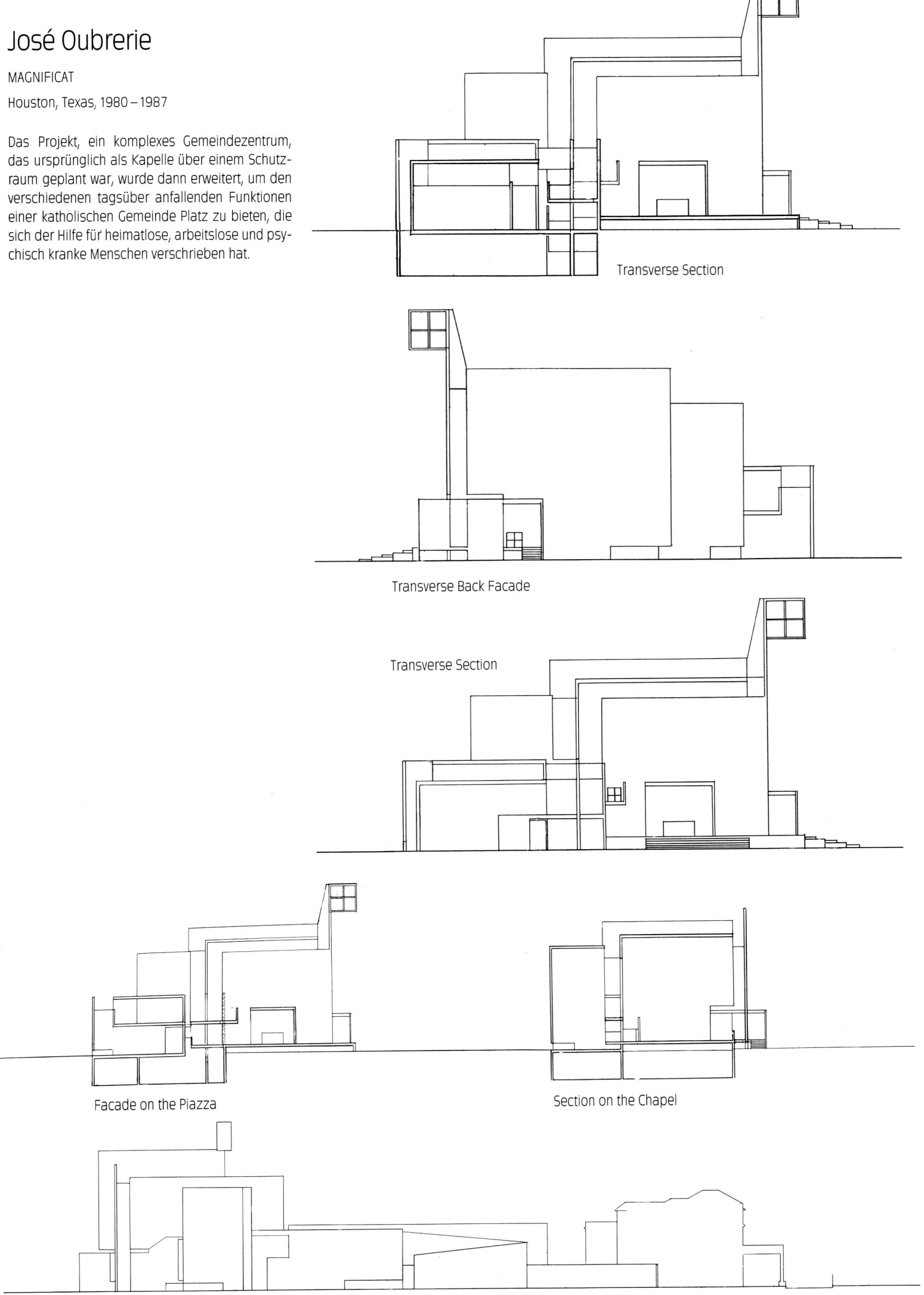

Transverse Section

Transverse Back Facade

Transverse Section

Facade on the Piazza

Section on the Chapel

Back Facade

Cesar Pelli & Associates

LEY STUDENT CENTER EXPANSION

Rice University, Houston, Texas, 1985–1986
Design Team: Kevin Hart, Mitchell A. Hirsch,
Rafael Pelli

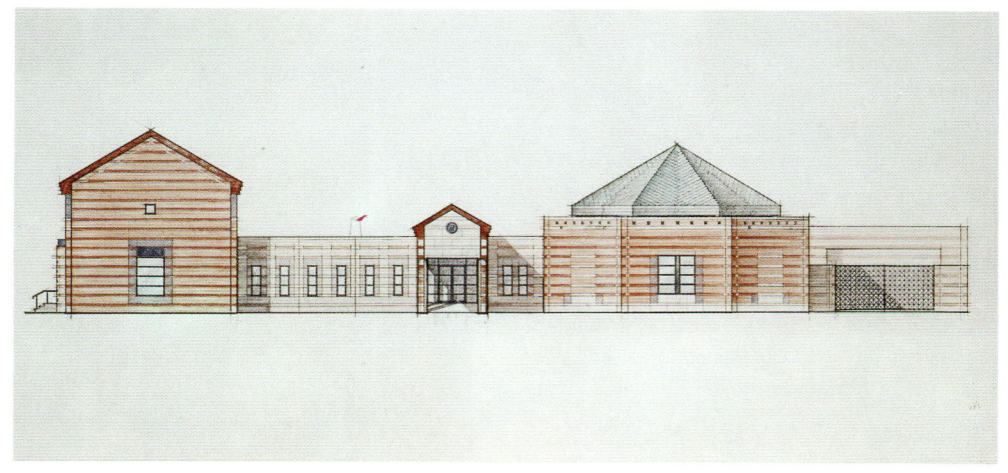

Planungsziel ist die Erweiterung eines 4600 qm großen Studentenzentrums auf 7000 qm.

Das Rice Memorial Center entstand im Jahre 1958 für knapp 2000 Studenten. Seither hat sich die Studentenschaft mehr als verdoppelt, und die studentischen Einrichtungen und Organisationen haben sich entsprechend vergrößert. Die Erweiterung erfüllte mehrere zentrale Bedürfnisse des Campus, darunter die Zusammenfassung sämtlicher Versorgungseinrichtungen.

In Anlehnung an die bestehenden Bauten und die Campusanlage des Jahres 1910 von Carm, Goodhue und Ferguson besteht der Außenbau der Erweiterung aus lachsfarbenem Backstein mit Details aus Kalkstein, glasiertem Ziegel und Fliesen. Das Giebeldach ist mit spanischen Ziegeln und Kupfer gedeckt. Die aus langen parallelen Blocks bestehende Massengruppierung des Studentenzentrums ist ebenfalls typisch für frühe Bauten von Rice; der achteckige Grundriß des Vielzweckraums ist Ausdruck seiner Funktion als Versammlungsort.

Unsere Absicht war u. a., im Entwurf die Ausdrucks- und Schmuckformen aufzugreifen, mit denen wir beim ersten Bau an der Rice University, Herring Hall, begonnen hatten. Glasierte Ziegel und Fliesen sowie Kalkstein sorgen durch ihren wechselnden Einsatz für verschiedenartige Rhythmen; Schmuckformen werden am Außenbau zur Betonung von Konstruktion und Funktion eingesetzt. Wie im Falle der Herring Hall sind die Eingänge durch Modellieren und Falten der Backsteinhaut geschichtet. Diese Übernahme der Ornamentik der frühen gemeißelten Steinportale bleibt jedoch im Einklang mit der modernen dünnwandigen Konstruktionsweise.

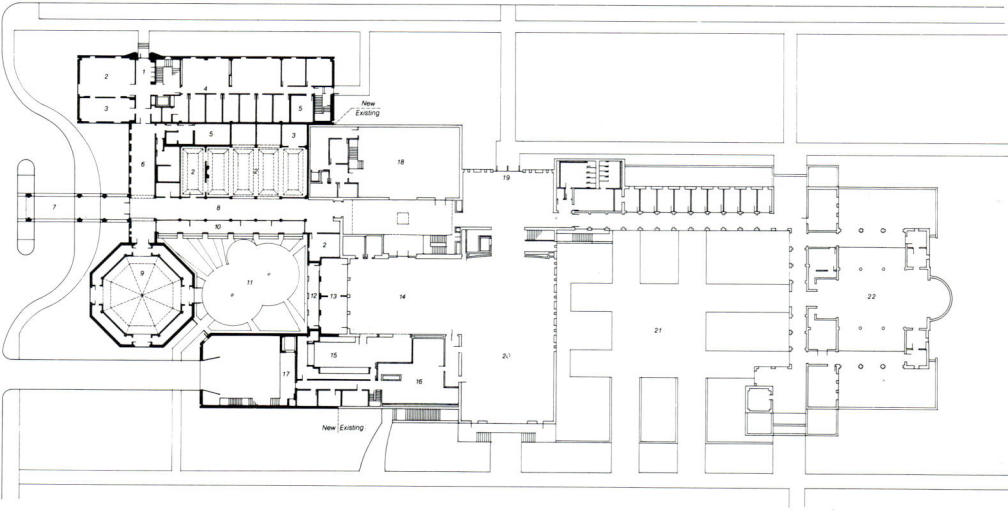

In der Absicht, dem ganzen Komplex ein neues Image zu verleihen, wurde der Haupteingang des Studentenzentrums von der Nordseite des Gebäudes auf die Westseite des Anbaus verlegt, wo die meisten Benutzer ankommen. Er fungiert als visueller Mittelpunkt des neuen Flügels, und sein Vordach ermöglicht geschütztes Aussteigen aus vorfahrenden Automobilen.

An diesem Eingang beginnt ein neuer Hauptgang, der als gemeinsames Element den alten mit dem neuen Flügel des Studentenzentrums verbindet und sich zu sämtlichen Haupträumen des Gebäudes öffnet, so auch auf einen neuen Gartenhof, der als Freilichtwohnraum dient. Dieser versorgt den Hauptgang sowie die privaten Speisesäle mit Tageslicht, das durch eine überdachte Arkade gefiltert wird.

Key

1 Lobby	12 Porch
2 Lounge	13 Private Dining Room
3 Conference	14 Existing Cafeteria
4 Student Advising	15 Servery
5 Mechanical Room	16 Existing Kitchen
6 Display	17 Loading Dock
7 Porte Cochere	18 Existing Bookstore
8 Corridor	19 North Entrance
9 Multi-purpose Room	20 Existing Grand Hall
10 Arcade	21 Existing Cloister
11 Garden	22 Existing Chapel

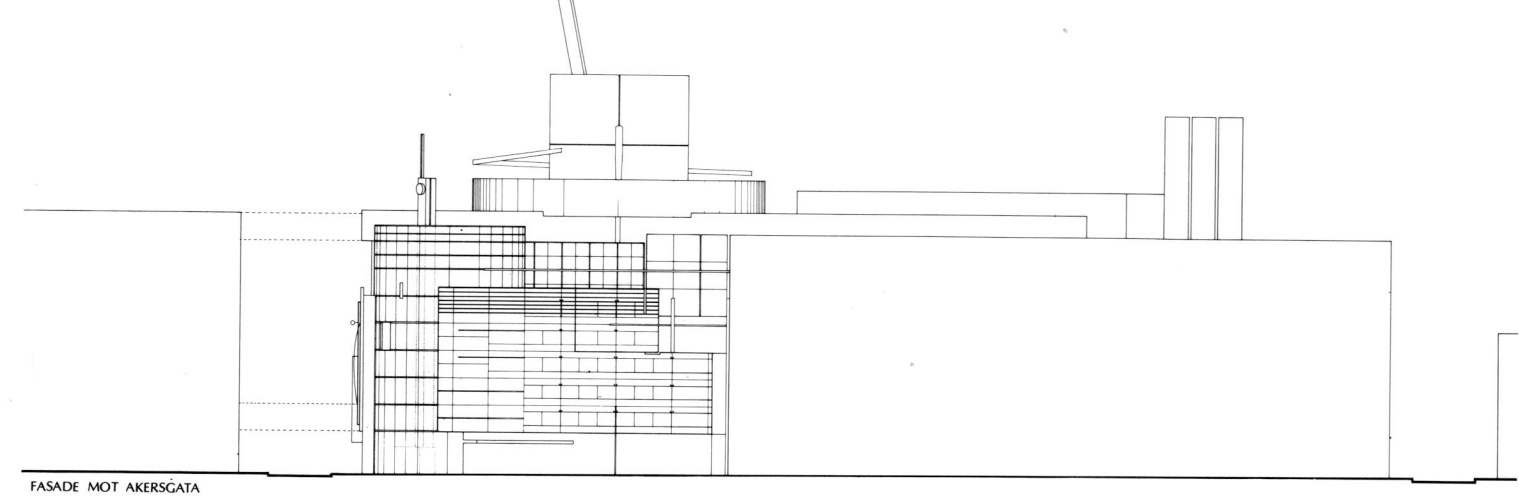

FASADE MOT AKERSGATA

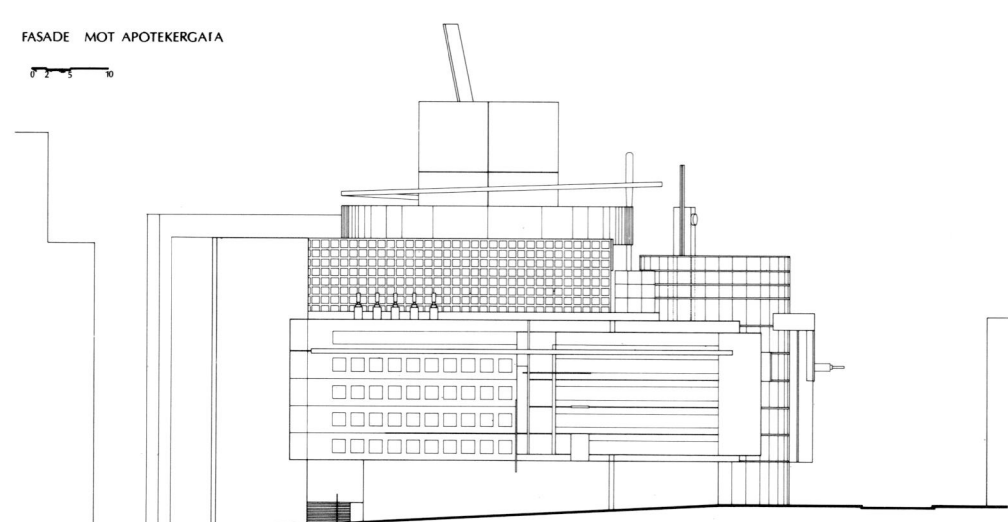

FASADE MOT APOTEKERGATA

Peter Pran, Carlos Zapata

für Ellerbe Becket

DITTEN-PROJEKT FÜR DIE SCHIBSTED GRUPPEN

Oslo, Norwegen
Wettbewerbsprojekt, 1988
Design Team: Peter Pran, Carlos Zapata, Vatche Aslanoghli, Maria Wilthew, Curtis Wagner

Dieser Entwurf eines Hauptgebäudes für ›Aftenposten‹ und ›Verdens Gang‹, die beiden größten norwegischen Zeitungen, gewann den ersten Preis in einem internationalen Architekturwettbewerb.

Das Baugelände liegt am Akersgaten (der Hauptzeitungsstraße in Oslo), neben den beiden vorhandenen Zeitungsgebäuden. Auf der gegenüberliegenden Straßenseite befinden sich drei wichtige Regierungsbauten, zwei Straßenblocks entfernt das Parlamentsgebäude, Karl Johans Gate und Studenterlunden (ein Areal, das in vieler Hinsicht das Herz der Stadt darstellt).

Der großzügige Eingangsbereich strahlt Würde aus und unterstreicht die Bedeutung der beiden Zeitungen. Die vertikale, zylindrisch geformte Eingangshalle beschreibt eine Ecke des Gebäudes, dessen asymmetrische Gestaltung von Massengruppierung und Fassaden einen angemessenen Bezug zu den beiden Anliegerstraßen herstellt. Die horizontal gegliederte Glas-Stahl-Fassade an der

Hauptstraße Akersgaten nimmt auf Höhe und Charakter des gegenüberliegenden Regierungsgebäudes Rücksicht. Die langgestreckte Fassade am Apotekergaten aus Kupfer, Glas, Stein und Beton paßt zum intimeren Charakter der Seitenstraße. Der Eingangszylinder dient als Bindeglied dieser beiden Fassaden, indem er vertikale und horizontale Elemente aufnimmt. Entlang den Straßen Teatergaten und Munch's Gate sind die Baukörper zu einzelnen Blocks oder ›Wänden‹, die hier den Gesamtkomplex definieren, auseinandergezogen. Durch die Trennung dieser beiden Gebäudeteile besteht die Möglichkeit, sie unabhängig vom

Hauptteil des Komplexes zu vermieten. Das Zentrum dieser ungewöhnlichen, eigenwilligen Gebäudeanlage wird von einem großen zylindrischen Atrium gebildet, in dem ein schwebender Kubus aufgehängt ist. Im oberen Teil dieses Kubus, von dem sich ein großartiger Blick über die ganze Stadt Oslo bietet, befindet sich eine große Cafeteria für die Belegschaft. Konstruktiv wird der Kubus von drei asymmetrisch plazierten Pfeilern gehalten; an einem dieser Pfeiler ist der schräg auf Schienen verlaufende Aufzug angebracht.

Ein diagonal verlaufender Gehweg verbindet auf Erdgeschoßniveau die Haupteingänge an den Ecken Akersgaten/Apotekergaten und Teatergaten/Munch's Gate und durchschneidet gleichzeitig das zentrale zylindrische Atrium. In den höhergelegenen Büroetagen und speziell im neunten Geschoß, verbindet ein weiterer diagonaler Weg mit anderer Ausrichtung den Haupteingang an der Teatergaten mit einer Brückenverbindung über den Apotekergaten hinweg zum vorhandenen Gebäude der ›Aftenposten‹.

Die Fassaden aus Metall, Glas und Stein verleihen den beiden Zeitungen einerseits ein neues Image und führen andererseits den modernen Charakter der bestehenden Gebäude von ›Aftenposten‹ und ›Verdens Gang‹ fort.

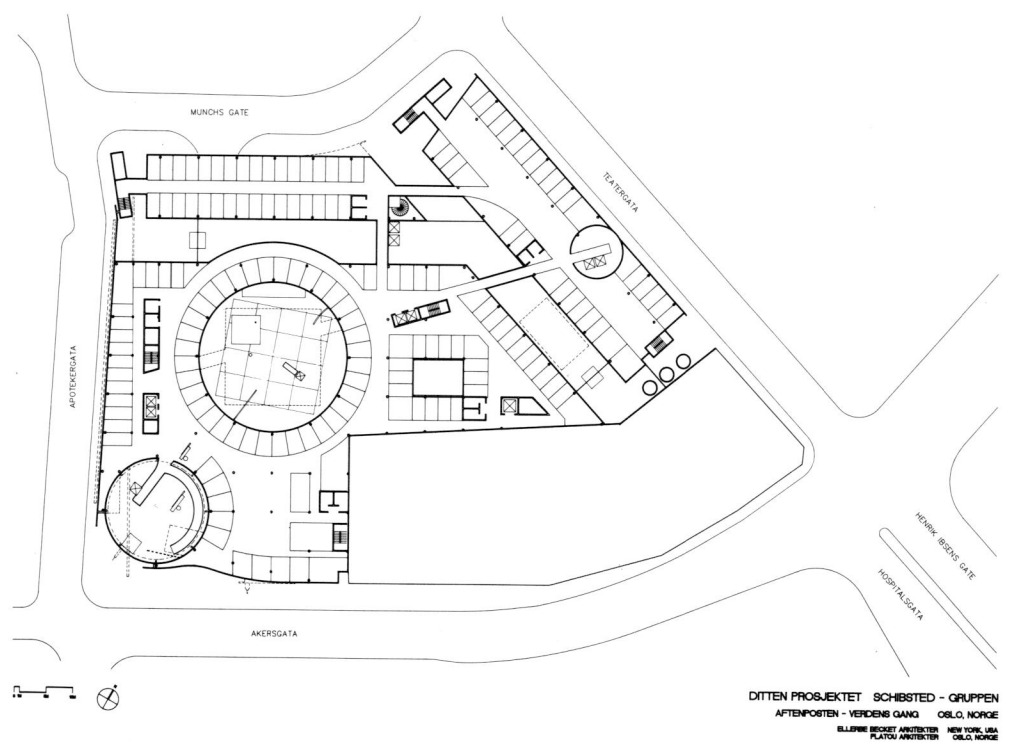

DITTEN PROSJEKTET SCHIBSTED - GRUPPEN
AFTENPOSTEN - VERDENS GANG   OSLO, NORGE
ELLERBE BECKET ARKITEKTER   NEW YORK, USA
PLATOU ARKITEKTER   OSLO, NORGE

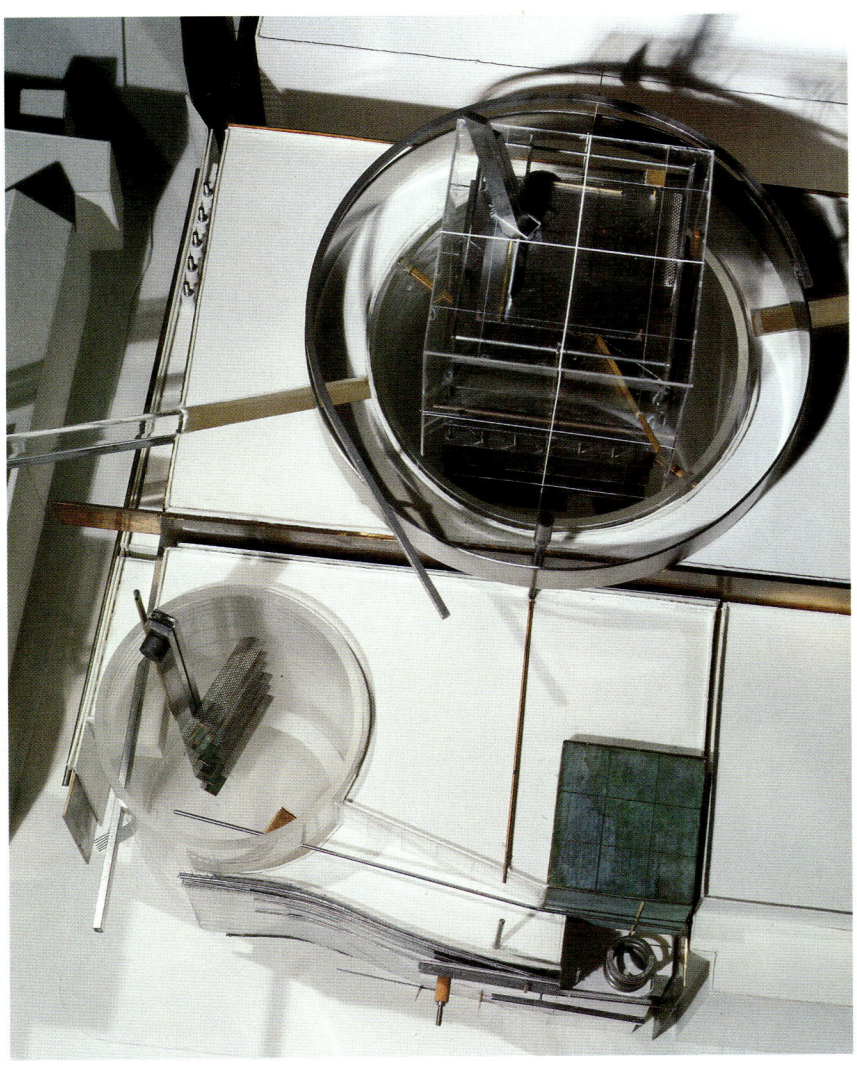

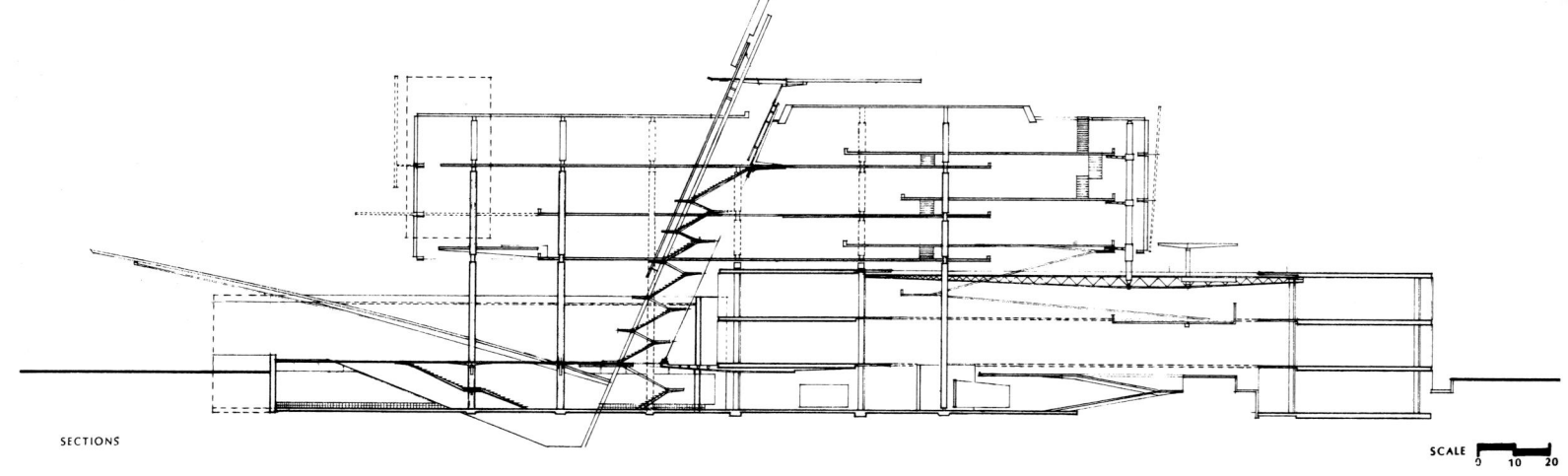

SECTIONS

SCALE ▭ 0 10 20

Peter Pran, Carlos Zapata
für Ellerbe Becket

UNIVERSITY OF MINNESOTA
School of Architecture and
Landscape Architecture

St. Paul/Minneapolis, Minnesota, 1988–1989
Design Team: Peter Pran, Carlos Zapata, Ed Calma,
Curtis Wagner, Maria Wilthew, Frank Yu,
Vatche Aslanoghli

Das Planungsziel war hier ein Anbau, der auf sämtliche wichtigen Fragen der Campusplanung reagiert, allen Funktions- und Nutzungsanforderungen gerecht wird, außergewöhnliche neue räumliche Qualität bietet und die führende Rolle des Design in der heutigen Architektur darstellt.

Die neuen Anbauten kooperieren sinnvoll mit dem bestehenden Gebäude, wobei dessen Hauptcharakter mit seiner schönen quadratischen Form voll erhalten bleibt. Der neue Gebäudeflügel im Norden und das Vordach des Haupteingangs im

Westen überziehen sanft das vorhandene Gebäude, aktivieren das zentrale Atrium und geben ihm Richtung, wodurch die statischen und eher mittelmäßigen Qualitäten dieses Baus verschwinden. Diese sanften Vorkragungen in das zentrale überdachte Atrium ermöglichen jedem eine klare Innen-/Außenorientierung. Das bestehende pilzförmige Dach wird durch ein neues Glasdach ersetzt, das den neuen Gebäudeflügel und das Vordach verstärken wird.

Um sowohl die geforderten großen Innenräume als auch eine Gebäudeform zu schaffen, die den Übergang zwischen den beiden Hauptrastern des Campus ausdrückt, wurde eine zylindrische Massengruppierung gewählt, die gebrochen wird, um den spezifischen Bedingungen des Geländes zu entsprechen. Im Inneren des Zylinders sind ein Hörsaal, die Bibliothek und die Cafeteria in einer belebenden, sich überschneidenden Beziehung zueinander untergebracht. Außerhalb des reich gegliederten Zylinders verbindet sich der Innenraum auf der Westseite mit einer klar definierten Landschaftsgestaltung.

Der neue Nordeingang des Hörsaals sowie die Architekturschule haben eine klare, ausdrucksstarke Erscheinungsform. Der fließende Gebäudeflügel im Norden, in dem Studios untergebracht sind, formuliert im Verhältnis zum darunterliegenden Zylinder eine positive Spannung; diese Konstellation erlaubt den Benutzern, sich in vertikaler Richtung frei und direkt zwischen den Studios oben sowie Hörsaal, Bibliothek und Cafeteria unten zu bewegen.

Die Studios befinden sich auf dem obersten Geschoß des neuen Gebäudeflügels. Die Klassenräume liegen im zweiten Geschoß des bestehenden Gebäudes; hier wurden bestimmte Teile der Zwischendecke entfernt, um visuellen Kontakt zwischen erstem und zweitem Geschoß des vorhandenen Gebäudes zu ermöglichen.

Die Eingänge zu dem fertiggestellten Gebäudekomplex öffnen sich nach Westen, Osten und Norden, was eine praktische interne Wegeführung erlaubt; darüber hinaus ermöglicht es den allgemeinen Campusbenutzern, das Architekturgebäude leicht zu erreichen und zu durchqueren.

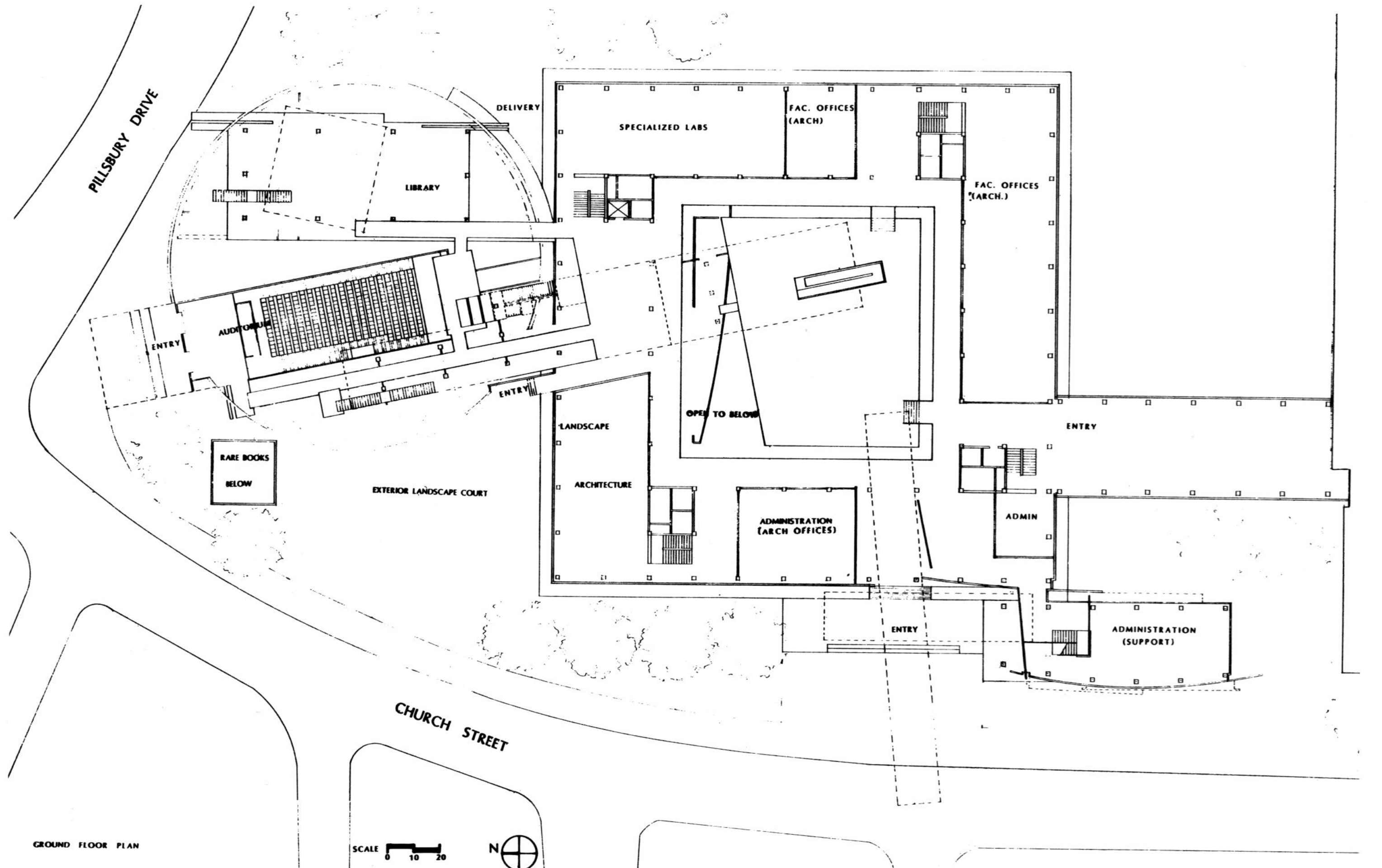

GROUND FLOOR PLAN   SCALE ▭ 0 10 20   N ⊕

310

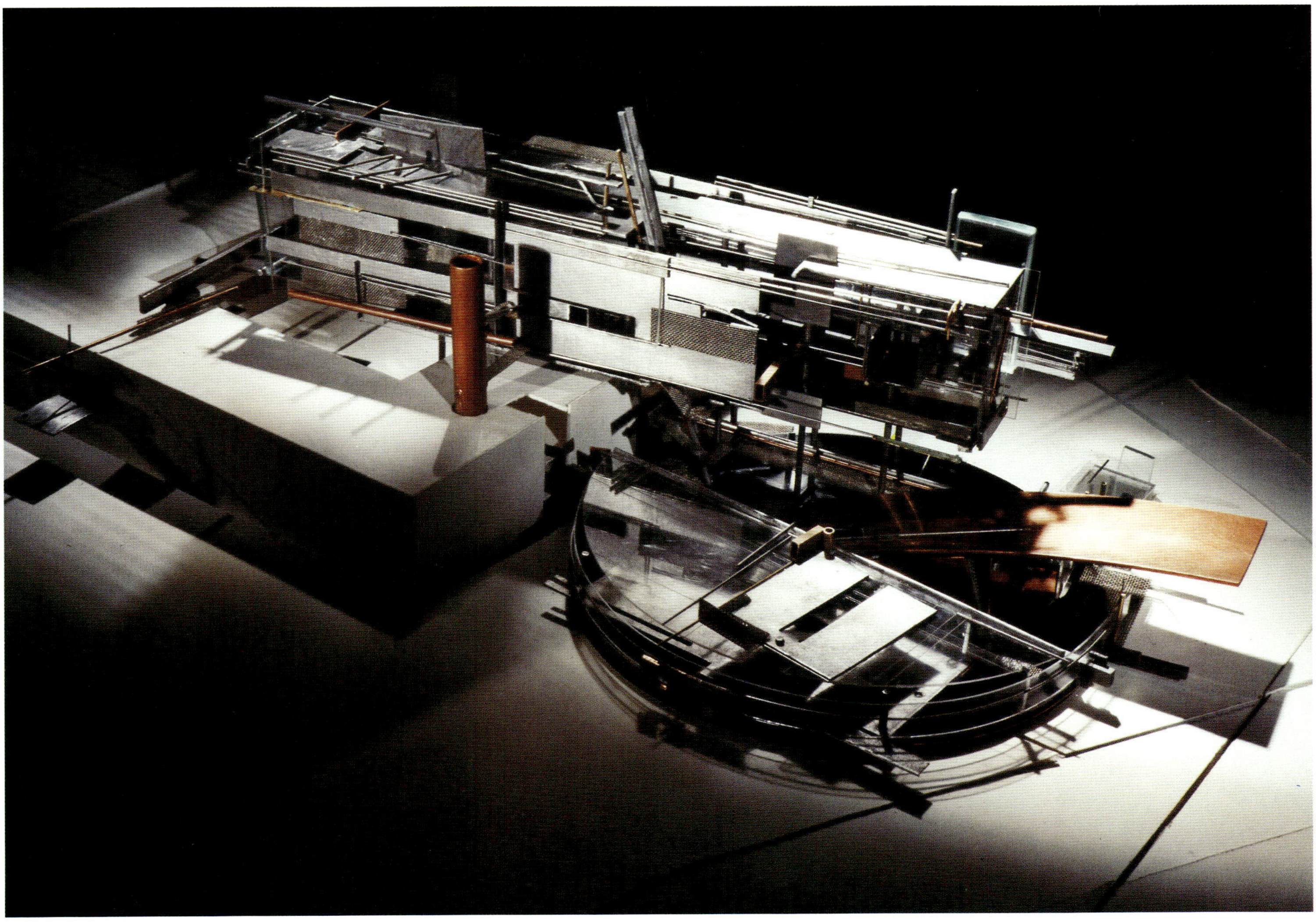

311

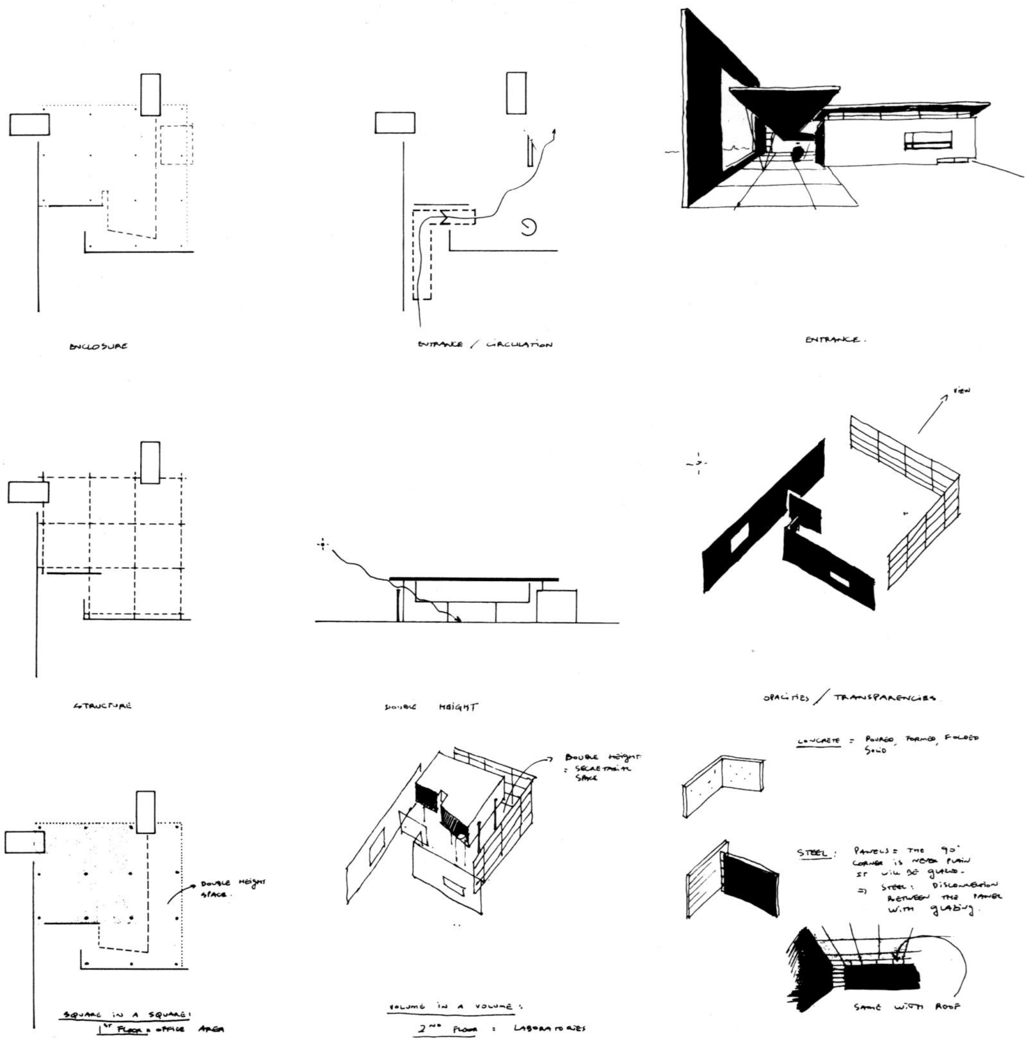

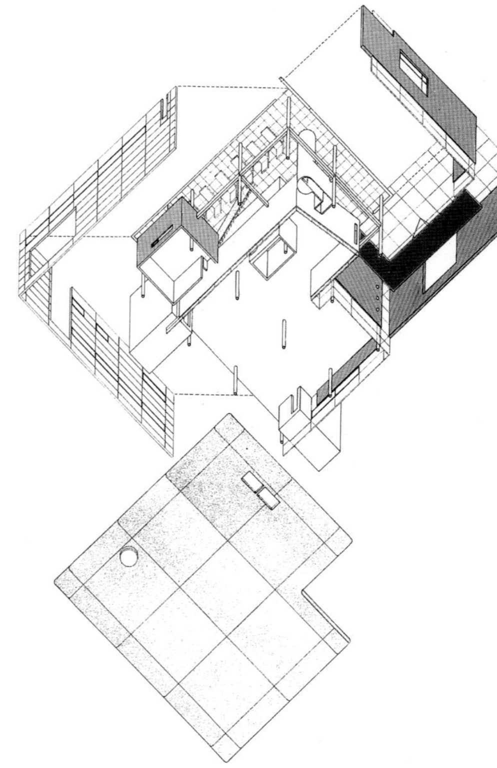

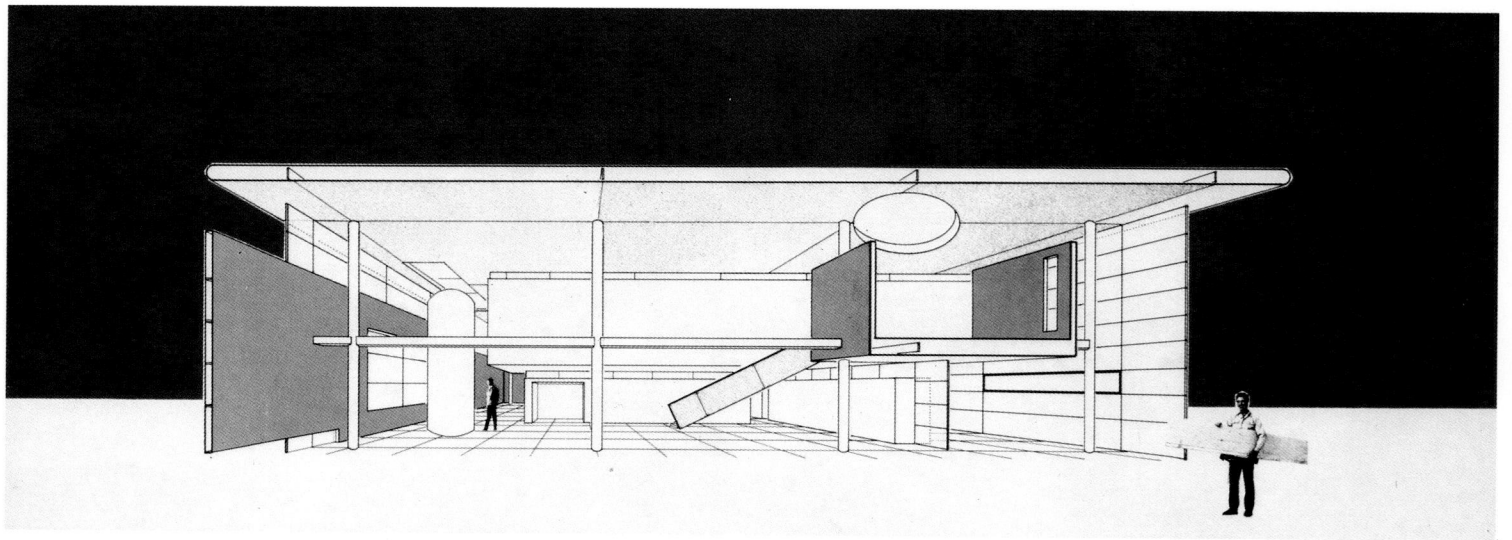

Pascal Quintard-Hofstein
PQH Projects

BÜROGEBÄUDE IN PHILADELPHIA

Philadelphia, Pennsylvania, 1988

Programm: Ein Gebäude mit Mischnutzung aus Büros und Laboratorien, das auf einem dreieckigen Grundstück, hinter einer vorhandenen Fabrikationsanlage, errichtet werden soll. Beschränktes Budget

Lösung: Ein zweigeschossiges Gebäude mit Büros im Erdgeschoß und Labors im zweiten Stock. Ein von einer Mauer eingefaßter Eingang mit Vordach. Der doppelgeschossige Raum enthält ein Sekretariat; ein Pausenraum wird diesen Bereich begrenzen und scheinbar schweben, mit dem Boden nur durch eine Treppe verbunden: räumliche Autonomie des doppelgeschossigen Raumes.

Geometrie: Das Quadrat als offene Figur: die 90-Grad-Ecken sind in keinem Fall durch die gleichen Materialien miteinander verbunden.

Materialien: Stahlkonstruktion. Stahlböden. Eine den Eingang rahmende Betonmauer.

Ost- und Nordwand: durchscheinendes Material (Kalwall).

West- und Südwand: opakes Material, mit Fenstern durchsetzt. Stahldach.

Pascal Quintard-Hofstein

PQH Projects

HOUSE #227

Californien, Projekt, 1988
Design Team: Pascal Quintard-Hofstein mit Joseph Franchina, Thierry LeGuay und Jim Wiesenfeld (Statik)

»Sur l'écran noir de mes nuits blanches, moi, je me fais du cinéma.« (Claude Nougaro)

Programm: Ein Haus für einen Filmregisseur. Das Haus soll auch über einen kleinen Raum für private Filmvorführungen verfügen.

Vorschlag: Ein Haus zwischen zwei Wänden mit einem Hof als Freilichtzimmer.

Das Haus ist von oben ›bedeckt‹, der Hof von der Seite her geschlossen. Die Filmleinwand stellt eine opake Fläche dar, die den Hof abschließt. Sie ist eine innenliegende Oberfläche, die das Haus auf seinen Innenraum ›zurückprojiziert‹.

Das Dach ist die hochliegende Begrenzung des Hauses, die den Dachgarten abschließt. Es ist losgelöst wie ein Segel und rahmt die Ausblicke auf den Himmel.

Die nördliche der beiden Seitenwände ist Umfassungsmauer und gleichzeitig Eck-/Rückwand; sie legt die Ausblicke fest. Die dicke Südwand fungiert als ›Technikwand‹, in die sämtliche Rohre, sanitären Installationen und elektrischen Leitungen eingebaut sind. Sie sorgt für Belüftung und Heizung. Die Technikwand ist ein Regulator.

Der Untergrund des Hauses ist nicht die Erde, sondern ein Raster aus Stützen und einer Treppe. Die Grundfläche des Hauses liegt 4,8 m über dem Erdniveau. Das Haus ist angehoben und erreicht dadurch größtmögliche Autonomie.

Konstruktion: 20 × 40 cm Stahlröhren, hohl im Hausinneren, massiv im Hof.

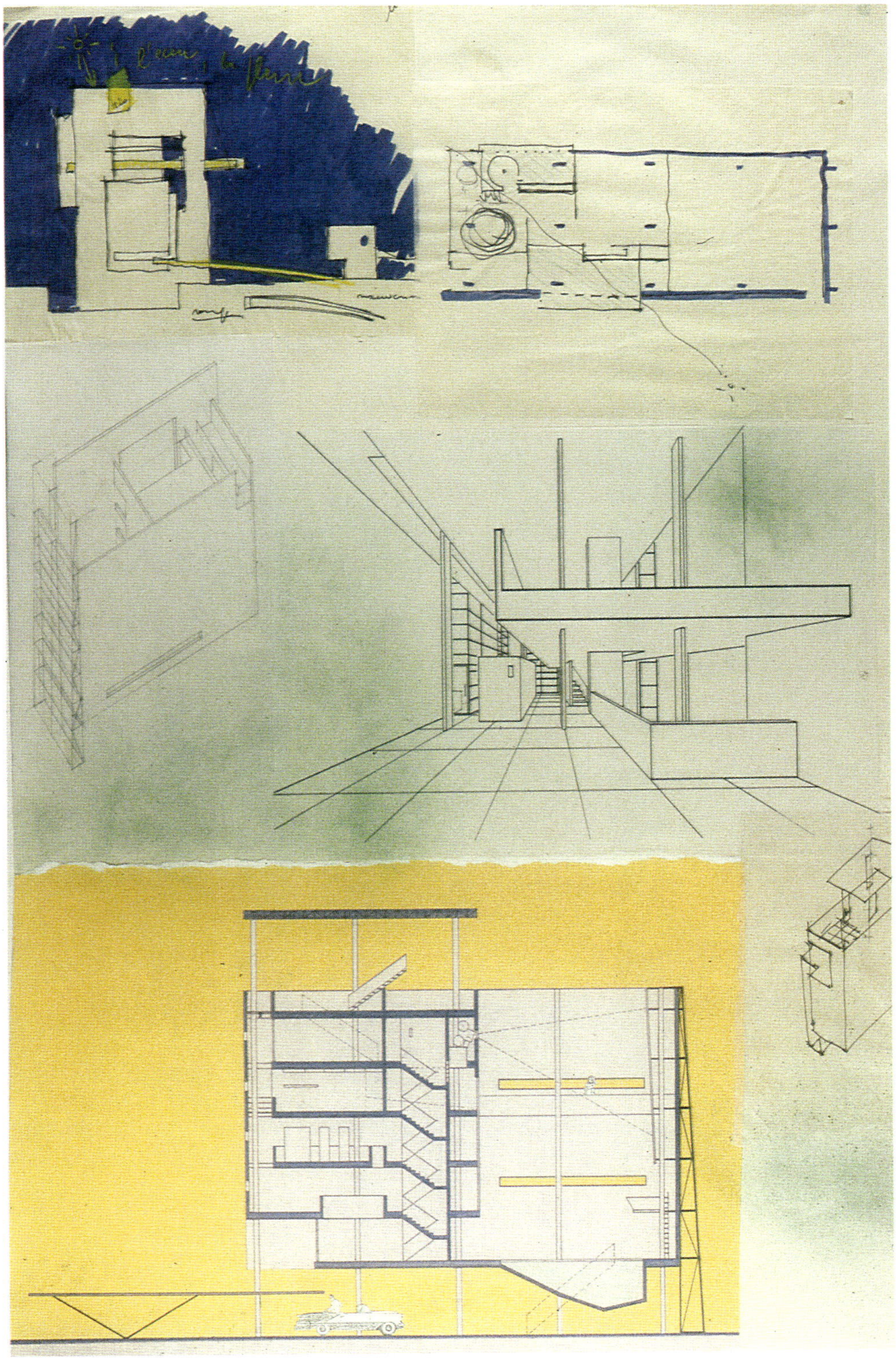

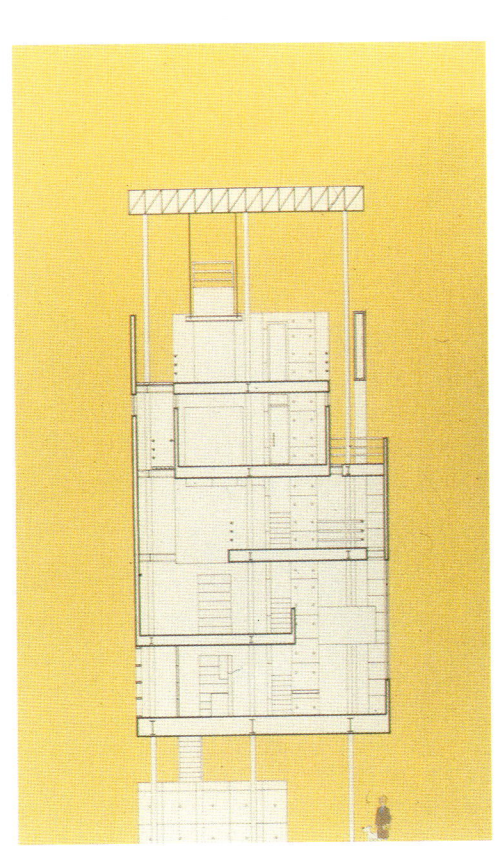

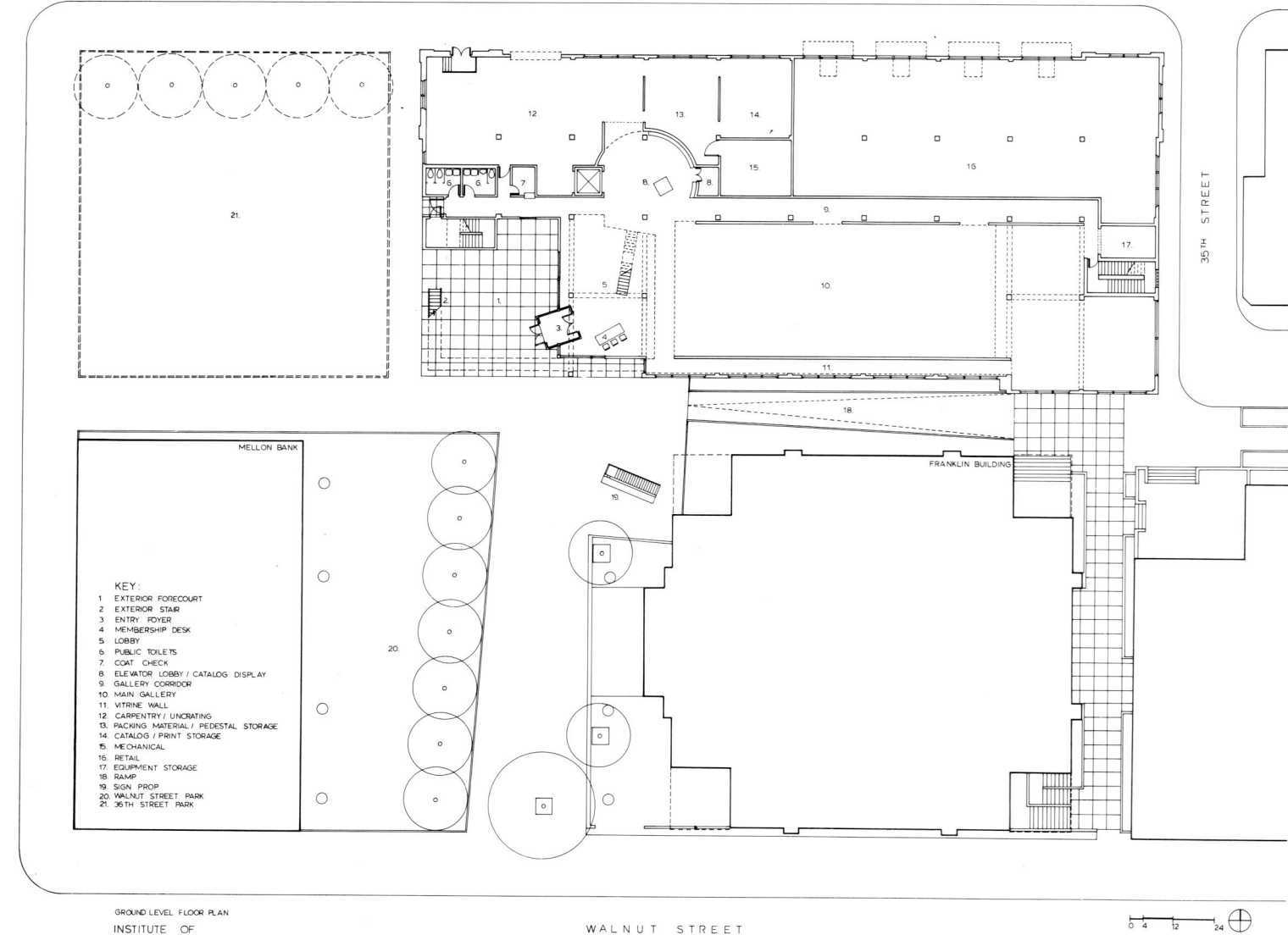

KEY:
1. EXTERIOR FORECOURT
2. EXTERIOR STAIR
3. ENTRY FOYER
4. MEMBERSHIP DESK
5. LOBBY
6. PUBLIC TOILETS
7. COAT CHECK
8. ELEVATOR LOBBY / CATALOG DISPLAY
9. GALLERY CORRIDOR
10. MAIN GALLERY
11. VITRINE WALL
12. CARPENTRY / UNCRATING
13. PACKING MATERIAL / PEDESTAL STORAGE
14. CATALOG / PRINT STORAGE
15. MECHANICAL
16. RETAIL
17. EQUIPMENT STORAGE
18. RAMP
19. SIGN PROP
20. WALNUT STREET PARK
21. 36TH STREET PARK

MELLON BANK

FRANKLIN BUILDING

GROUND LEVEL FLOOR PLAN
INSTITUTE OF
CONTEMPORARY ART

WALNUT STREET

0   4   12   24

Smith-Miller + Hawkinson

THE INSTITUTE OF CONTEMPORARY ART

Philadelphia, Pennsylvania
Wettbewerbsprojekt, 1986
Design Team: Henry Smith-Miller, Laurie Hawkinson, Annette Fierro, Craig Konyk, Celia Scott, Samuel Anderson, Anna K. Thorsdotti, John Conaty, Urs Egg und Alice Weatherford

Das Institute of Contemporary Art ist eine Organisation, die Künstler und neue Kunstformen fördert, allerdings keine eigene Sammlung besitzt. Das ICA ist gegenwärtig in einem Gebäude untergebracht, das sich in einzigartiger Lage zu Universität und Innenstadt befindet. Unser Projekt eines viergeschossigen Anbaus berücksichtigt den Maßstab und die Anlage der Walnut Street, einer der großen städtischen Durchgangsstraßen. Es dient gleichzeitig als ›vierte Mauer‹ eines von zwei angrenzenden Gebäuden bezeichneten Hofes, fungiert als Endpunkt einer kleinen Ladenzeile und bildet den Mittelpunkt für die Binnenwege des Blocks. Das Gebäude bietet hervorragende Voraussetzungen zur Umgestaltung in eine Kombination von Kunstgalerie, Büros und Läden. Seine Konstruktion aus Betonplatten und Stahl mit Backsteinaußenwänden läßt sich leicht modifizieren und verfügt über hohe Eigen- und Verkehrsbelastkapazitäten.

Wir ergänzten sowohl Landschaftselemente (zwei neue Gärten, einer öffentlich, der andere privat) als auch Gebäudeteile (eine Folge von Außenbauten und Mauern), die als Erkennungsmerkmale wirken und die vorhandene Bebauung des Universitätscampus ›untermauern‹ sollen.

Die Einrichtungen des Instituts wurden im bestehenden Bau neu verteilt, um alle Gebäudeteile gleichmäßig zu nutzen und zu beleben. Durch die Entfernung bzw. Verschiebung von Wänden und

Dach waren wir in der Lage, den geschlossenen Charakter des Gebäudes zu verändern und den Eindruck eines ›im Übergang‹ befindlichen Raumes zu verstärken. Die haptische Eigenschaft des Turmanbaus, die Freiflächen um den Haupteingang, die neuen Vorrichtungen wie Kräne und Rampen unterstreichen sämtlich das Programm des ICA. Unserem Entwurf liegt die Idee zugrunde, den Prozeß der Ausstellung in Architektur zu verwandeln.

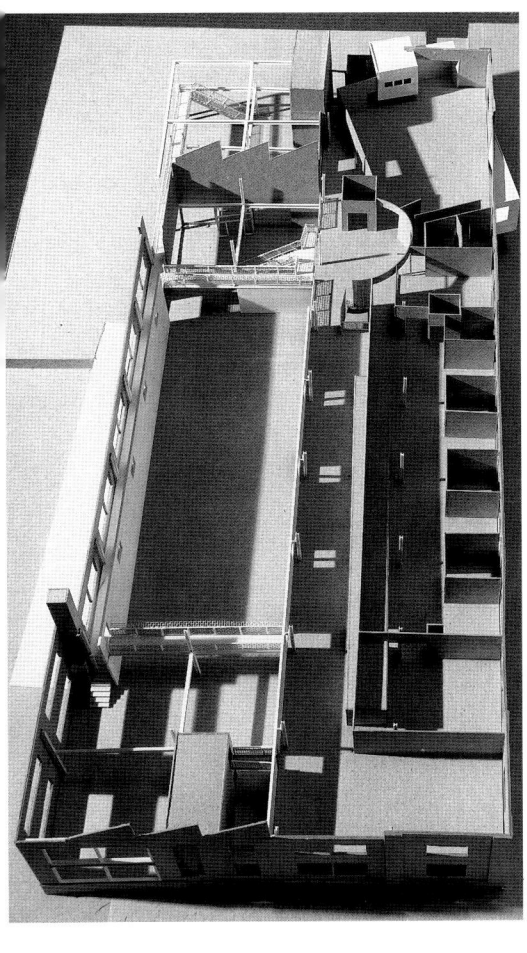

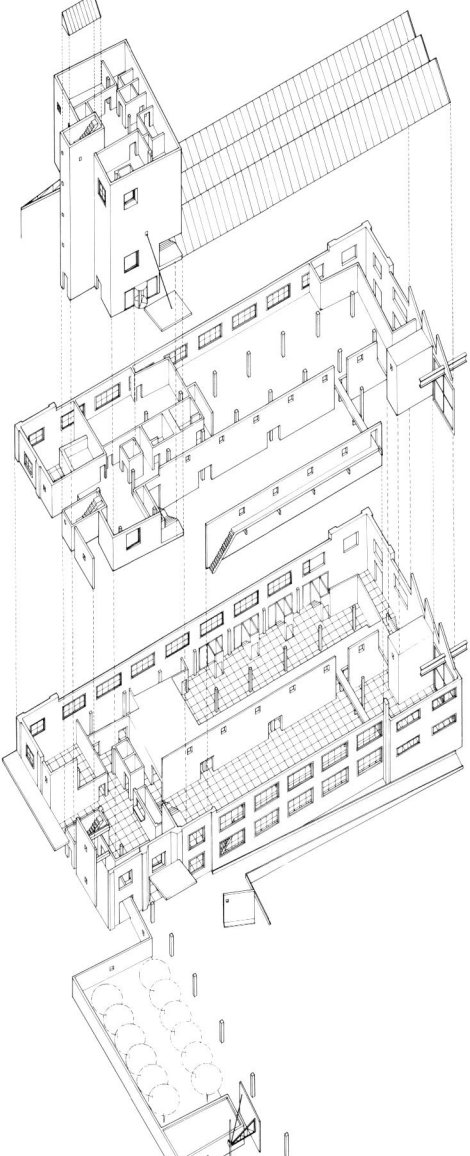

Robert A. M. Stern Architects

TWO TWENTY TWO BERKELEY STREET

222 Berkeley Street, Boston, Massachusetts, 1986
Design Team: Anthony Cohn, Ellen Coxe, Keller
Easterling, Tom Eisele, Tim Lenahan

Bei 222 Berkeley Street, einem Gebäude mit Mischnutzung in der Back Bay von Boston, in dem Büros, Läden, ein Wintergarten und eine Tiefgarage für 400 Autos untergebracht sind, handelt es sich um die zweite Planungsphase eines umstrittenen, wichtigen Büro- und Ladenkomplexes in einem der architektonisch hochstehendsten, jedoch gefährdetsten Stadtzentren Amerikas.

Der Haupteingang des Gebäudes liegt an der Berkeley Street, was der in jüngster Zeit vernachlässigten Straße zu einer Neubelebung verhilft.

Das hervorstechende Merkmal dieses Eingangs ist ein gemäßigt klassizistischer Portikus. An der Boylston Street sieht der Entwurf eine fortlaufende Reihe von Läden vor, die an einer Stelle von einem Eingang unterbrochen ist, der zu einer öffentlich zugänglichen Arkade und einem Wintergarten führt. Die kühne Größe und Gestaltung dieses Eingangs, der von urnenbekrönten Doppelsäulen flankiert ist und durch eine Drehtür in einem Tempietto betreten wird, unterstreicht seine öffentliche Bedeutung.

Die vom Copley Square sichtbare Westfassade zeichnet sich durch ein schlankes, turmähnliches Element zur Nordseite hin aus, das die Türme der Trinity Church ergänzt, und durch einen Terrasseneffekt, der durch die Rücksprünge am oberen Teil des Gebäudes entsteht. Der Büroturm ist mit der Nachempfindung einer Orangerie des 18. Jahrhunderts und Bostons weithin bewunderter Horti-

cultural Hall bekrönt; so entsteht eine charakteristische Silhouette der Skyline, die den Bau fest in der amerikanischen Tradition des klassischen Wolkenkratzers verankert.

Die in Boston vertrauten Materialien roter Backstein und Granit wurden auch für 222 Berkeley Street verwendet; damit wurde eine von der spätgeorgianischen Architektur des 18. und frühen 19. Jahrhunderts von Beacon Hill angeregte Formensprache übernommen. Sie war um die Jahrhundertwende in der Back Bay wiederaufgelebt und fand bei einem der wenigen, in den zwanziger Jahren dieses Jahrhunderts entstandenen Hochhäuser Bostons, dem Ritz Hotel, Verwendung. Bei 222 Berkeley Street wird die Nutzung dieser Formensprache sowohl im Detail als auch in der gesamten Massengruppierung des Gebäudes variiert.

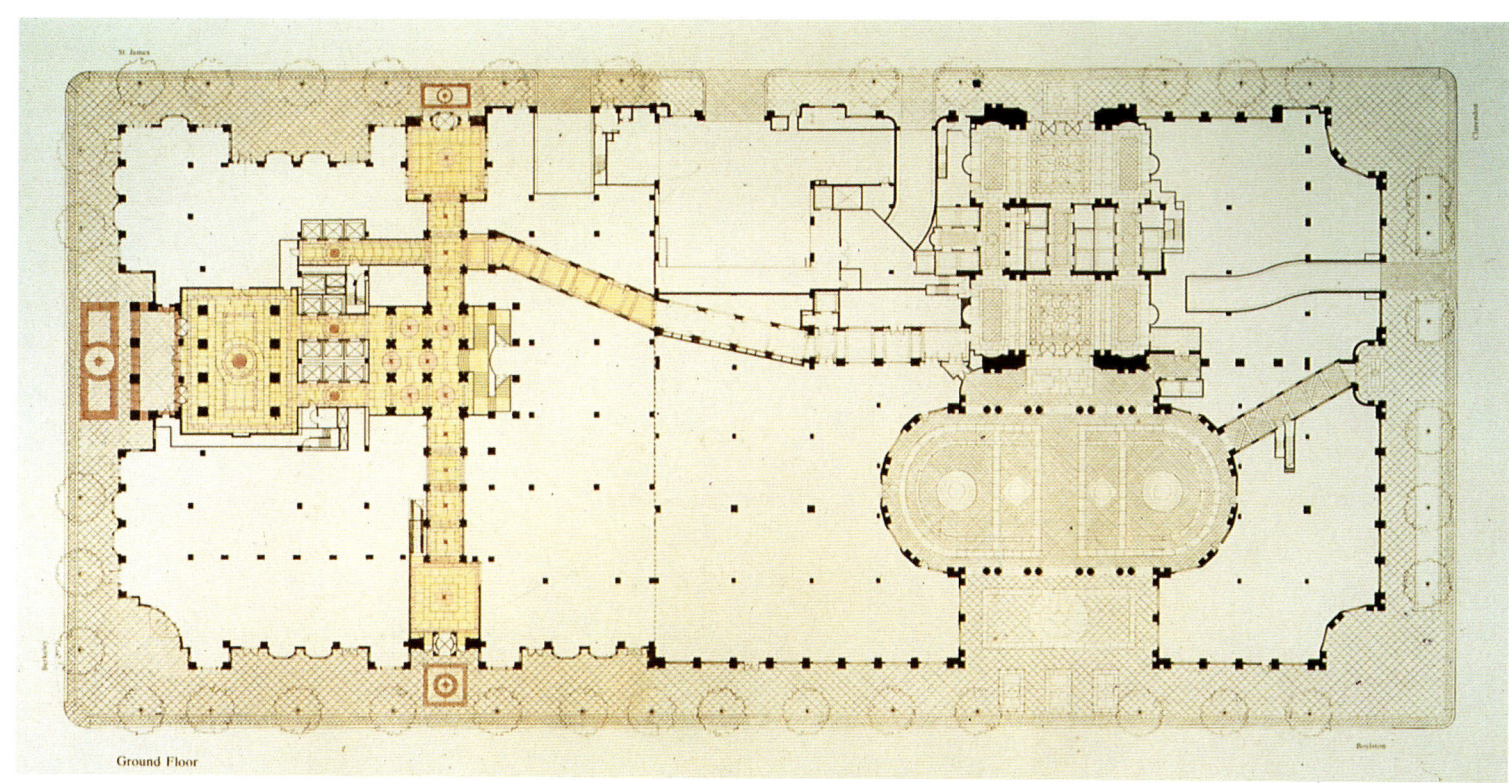

Ground Floor

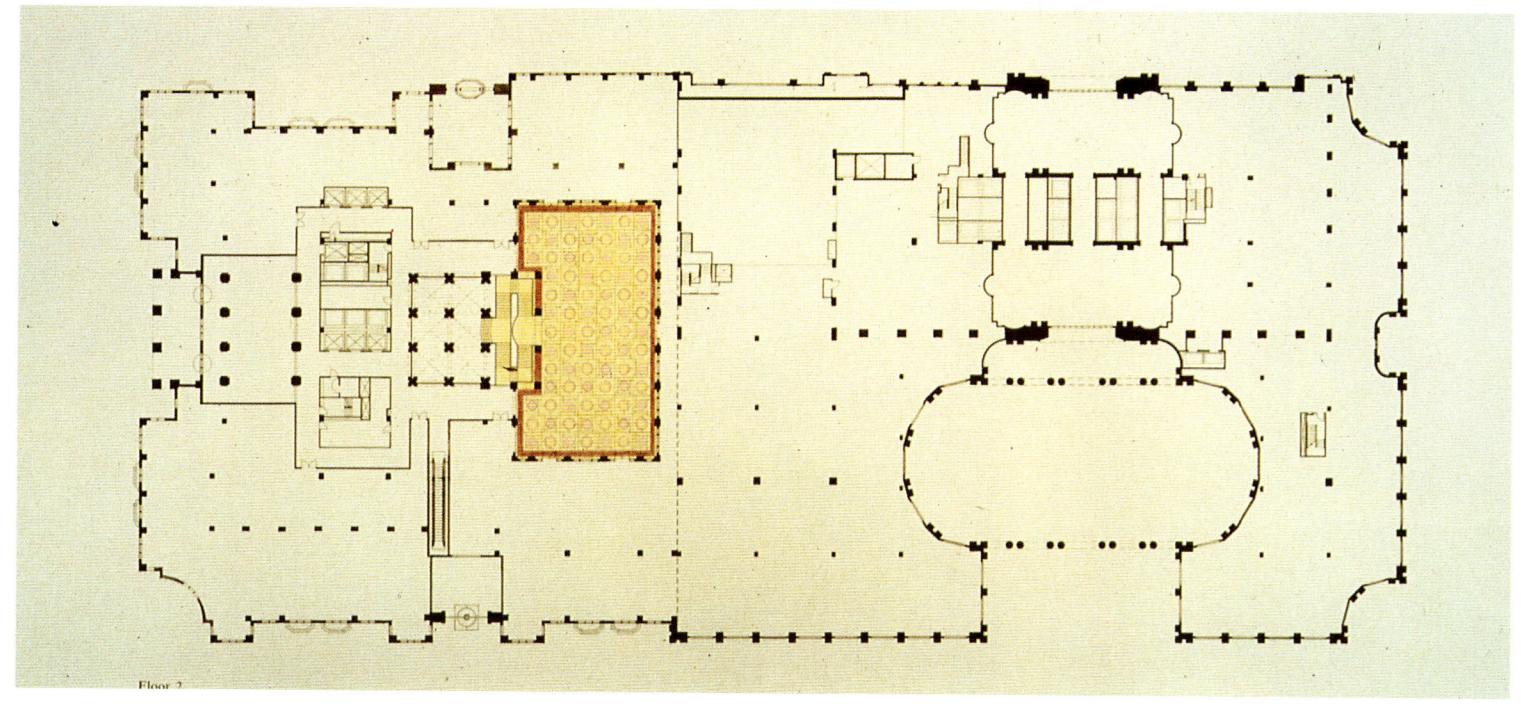

Floor 2

Robert A. M. Stern
Architects

MEXX RETAIL SHOP

150 Peter Cornelius Hoofstrat, Amsterdam,
1986 – 1987
Design Team: Alex Lamis, Graham S. Wyatt

An Amsterdams elegantester Einkaufsstraße gelegen, stellt dieser 278 qm große Laden den ersten Vorstoß einer jungen, schnell wachsenden internationalen Modefirma in den Bereich des Direktverkaufs dar. Bei diesem Laden-Design befinden sich nicht nur die Ware, sondern auch Verkäufer und Kunden auf einer Bühne. Die Ladenfront besteht aus einem Proszeniumsbogen, der sich zu dem dahinterliegenden Geschehen öffnet. Im Inneren erinnert ein von vorne nach hinten geschichteter Aufbau an das Bühnenbild in einem Theater. Das Thema setzt sich dementsprechend auch bei der Beleuchtung fort, die nicht den ganzen Raum gleichmäßig erhellt, sondern in einer Helldunkel-Qualität einzelne Kleidungsstücke anstrahlt.

Die Architekturformen sind jung und aggressiv – passend zum Image der Firma. Sie stellen eine respektvolle Neuinterpretation der überschäumenden, wenn auch typischen Amsterdamer Architekturschule der zwanziger Jahre dar; anders als die Backstein- und Holzästhetik jener Arbeiten sind hier die Oberflächen jedoch hart und ›kühl‹ (was die verwendeten Materialien Glas, gebürsteter Edelstahl und Terrazzo bewirken); die Farbskala beschränkt sich auf Schwarz, Weiß und Grau, um die Kleidung vor einem ›neutralen‹ Hintergrund optimal zu präsentieren. Ein kleiner Anteil naturbelassenen englischen Platanenholzes fügt einen besonderen ›natürlichen‹ Akzent hinzu und ermöglicht es, ein breites Spektrum von Kleidungsfarben vorteilhaft zur Geltung zu bringen.

Robert A. M. Stern
Architects

INTERNATIONAL HEADQUARTERS FOR
MEXX INTERNATIONAL

Voorschoten, Niederlande, 1985 – 1987

In einem Vorort von Den Haag gelegen, spiegelt diese Firmenzentrale die Dichotomie einer straff organisierten internationalen Firma wider, die scheinbar improvisierte, farbenfrohe, jugendliche Kleidung produziert. Der Entwurf ging von einer vorhandenen, 2300 qm großen Silberfabrik aus dem 19. Jahrhundert aus. Bei der Renovierung wurden im Erdgeschoß Firmenbüros und im zweiten Stock, in den ehemaligen Werkstätten der Silberschmiede, Modestudios untergebracht. Hinter dem vorhandenen Bau bietet ein neuer, ebenfalls 2300 qm großer Anbau Platz für Modeausstellungsflächen, Konferenzräume sowie zusätzliche Büros, die um drei Seiten eines doppelgeschossigen, nach Süden gelegenen Atriums gruppiert sind.

Aus einem neuen Restaurant für die Angestellten führen Glastüren nach Süden und Osten auf eine Rasenfläche. Ein Wasserbecken sorgt bei Tag für belebende Lichtreflexe auf den Decken und geschwungenen Glaswänden von Atrium und Restaurant.

Die Entwurfsstrategie ist es, eine Retrospektive für den Gesamtbau zu schaffen, so als habe er sich im Laufe der Zeit vom kühlen barocken Klassizismus der ursprünglichen Anlage zu den freien Formen des Anbaus entwickelt, die den unbeschwerten, charakteristischen Geist der holländischen Moderne einzufangen versuchen.

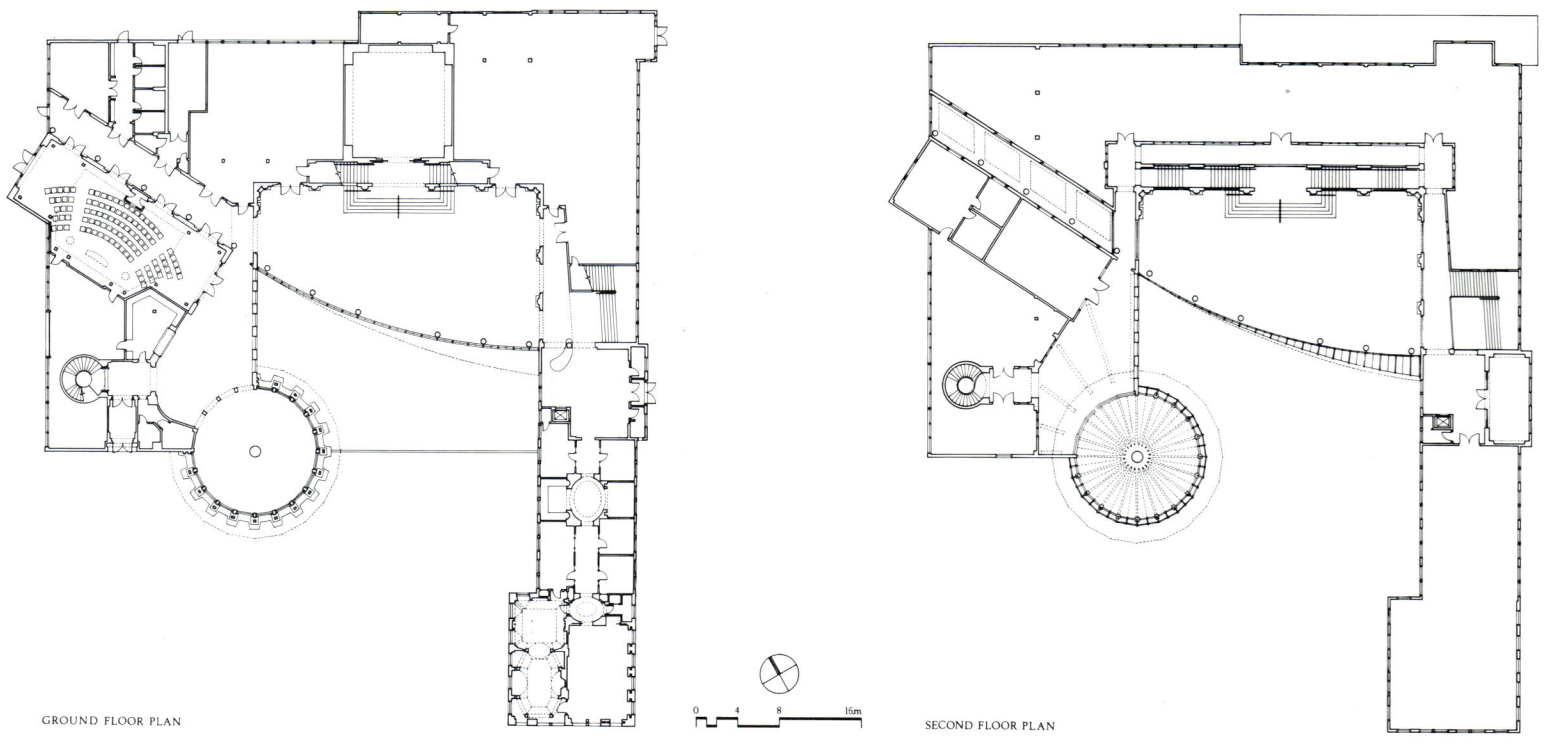

GROUND FLOOR PLAN

0   4   8   16m

SECOND FLOOR PLAN

UKZ Design, Inc.
Ungers, Kiss, Zwigard

KNEE RESIDENCE

North Caldwell, New Jersey, 1983–1986

Programm: Einfamilienhaus bestehend aus Wohn-/Eßraum, Familienzimmer, Küche, drei Schlafzimmern, dreieinhalb Bädern, Studio/Büro, Doppelgarage, Lagerraum und Gärten auf einem 4000 qm großen Grundstück in der Form eines gestreckten Trapezoids, davon ein Drittel bewaldet.

Das Projekt besteht aus zwei Hauptelementen: einem L-förmigen Eckgebäude und einem von einer Mauer umschlossenen Garten. Der Wohn-/Eßbereich wird von einer durchgehenden Schnittachse bestimmt, durch die das Erdgeschoß in einen allgemeinen und einen privaten Wohnbereich geteilt ist. Die beiden Bereiche werden durch den Eingang an der Außenseite der Gartenmauer getrennt. Das über dem Familienzimmer liegende Elternschlafzimmer ist von den Kinderzimmern durch einen Flur getrennt, der den Studio-/Bürobereich einbezieht. Im Untergeschoß befinden sich eine Doppelgarage, ein Wäscheraum und Lagermöglichkeiten.

Harry C. Wolf

für Ellerbe Becket

APLIX MANUFACTURING FACILITY
Charlotte, North Carolina, 1981–1982

Dieses Projekt als Alternative zu den unzähligen gesichtslosen Industriebauten im Schnellverfahren mit einem äußerst knappen Budget errichtet, versucht mit einfachen, sorgfältig ausgewählten, überlegt zusammengesetzten Materialien eine ruhige, zurückhaltende Wirkung zu erzeugen.

In das sanft abfallende Gelände wurde ein großer Kreis eingeschnitten, um den Wasserabfluß vom Gebäude wegzuleiten und in visueller Hinsicht auf einem ansonsten wenig bemerkenswerten Gelände ein Ortsgefühl zu schaffen. Eine Doppelreihe von Lombardypappeln, die gegenwärtig noch tapfer ums Überleben kämpfen und später einmal Bauwerk und Gelände verbinden sollen, markiert den Umriß des Kreises.

Die Außenfassade des Produktionsbereichs besteht aus vorgefertigten 2,4 × 6,0 m großen Platten, die in 1,2 m große Quadrate in grauem Beton mit einem weißen Zuschlagmaterial markiert wurden. Die Platten weisen eine diagonale Riefung auf; die sich ergebenden Rippen wurden zerbro-

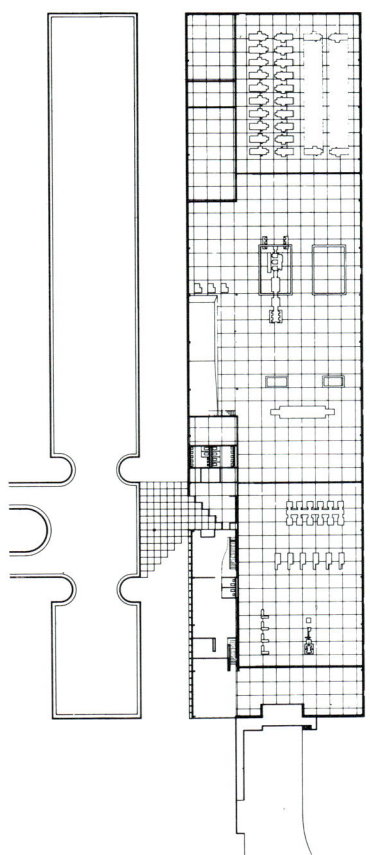

chen, um das weiße Zuschlagmaterial freizulegen. Die Gesamthöhe des Gebäudes von 6 m vom fertig bearbeiteten Boden zur Oberseite der Brüstung ist durch die für den Produktionsprozeß erforderlichen Hochregale festgelegt.

In dem Büroblock an der Nordostecke des Gebäudes wurden zwei Büroebenen in die 8 m hohe Produktionshalle eingefügt. Durch die freiliegenden Stahlkonstruktionen und das Metalldach entsteht, trotz der beschränkten Geschoßabstände, eine Illusion von zusätzlicher Höhe in den Büros. Grüneingefärbtes Isolierglas bedeckt drei Seiten des Büroblocks. Eine freistehende Sonnenblende, an deren Fuß Jasmin gepflanzt wurde, der die Blende wie ein Spalier begrünen soll, beschattet die Ostseite. Der zweigeschossige Raum setzt sich bis an den Nordostrand fort und schafft gute Voraussetzungen für die geplante Büroerweiterung. Ebenfalls an der Nordostseite befindet sich ein Bereitstellungsbereich für die Versandabwicklung.

Der gesamte Bau ist sorgfältig gegliedert, um die Gesamtgeometrie des modular organisierten Gebäudes, Beleuchtung, Lüftung, Klimatisierung und Sprinklersystem zu koordinieren.

Die Westwand des Gebäudes läßt sich entfernen, um Platz für die geplante künftige Erweiterung zu schaffen.

Harry C. Wolf
für Ellerbe Becket

NCNB NATIONAL BANK HEADQUARTERS
OFFICE BUILDING

Tampa, Florida, 1982–1988

Ein Zylinder, der Urtyp des Turmes, dient sowohl als Metapher für die schützende Zitadelle wie auch als Reminiszenz an den Leuchtturm – eine dieser großen Küstenstadt angemessene, maritime Form. Der Stein – ein Stärke, Stabilität und ein Gefühl der Solidität widerspiegelndes Naturmaterial – steht dabei als leise artikulierter Kontrast zu den mit Spiegelglas verkleideten Bauten des 20. Jahrhunderts.

Eine nähere Betrachtung des Grundstücks gibt den Schlüssel zu seinem Charakter frei. Der Verlauf des Flusses, der mit der Form des vorhandenen Tampa Museum-Gebäudes übereinstimmt, durchkreuzt die Geometrie des Stadtrasters mit einer Neigung von zwei zu fünf. Das gleiche, der Länge nach gedrittelte Viereck ergibt dem Goldenen Schnitt entsprechende Vierecke, so daß sich eine dem Grundstück inhärente Überlagerung dieser beiden integrierten Geometrien ergibt.

Wenn man dieses Verhältnis zugrunde legt und ein Diagramm des Gebäudeaufrisses mit einer angenommenen Geschoßhöhe von 3,9 m anfertigt, ergeben sich fünf sechsgeschossige Segmente von jeweils 23,7 m Höhe in einem Zylinder mit einem Durchmesser von 23,7 m. Erstaunlicherweise ergibt dies eine Fläche von etwa 1750 qm, was sich genau in Einklang mit den Vorgaben des Bauträgers von 1600 bis 1800 qm Fläche bei 30 Geschossen befindet.

Die öffentlich zugänglichen Bankräume, die eine größere Spannweite und größeres Raumvolumen erfordern als sie im Turm zur Verfügung stehen, sind in 23,7 m großen Kuben, die zur Vermittlung zwischen dem Maßstab des Turmes und dem der Straße dienen, dem Turm vorgelagert und besetzen zugleich die der Stadt zugewandte Ecke des Grundstücks.

Die Schalterhalle der Bank ist aus einem weißen Stahlträger konstruiert, auf dem im Abstand von 3,9 m Stäbe angebracht sind, die im Osten und Westen mit Kalkstein, in der Mitte, den Wänden und dem Dach mit Glas ausgefacht sind. Diese Konstruktion ist 2,4 m über das Platzniveau angehoben und beherbergt in ihren verstärkten Wänden Büroräume für Kreditbearbeiter, die die Halle überschauen können. Die Strahlbetonkonstruktion des Turmes ist in ähnlicher Weise mit Kalkstein verkleidet, wobei im Abstand von jeweils 6 Geschossen vertiefte Streifen eines helleren Steins eingelassen sind.

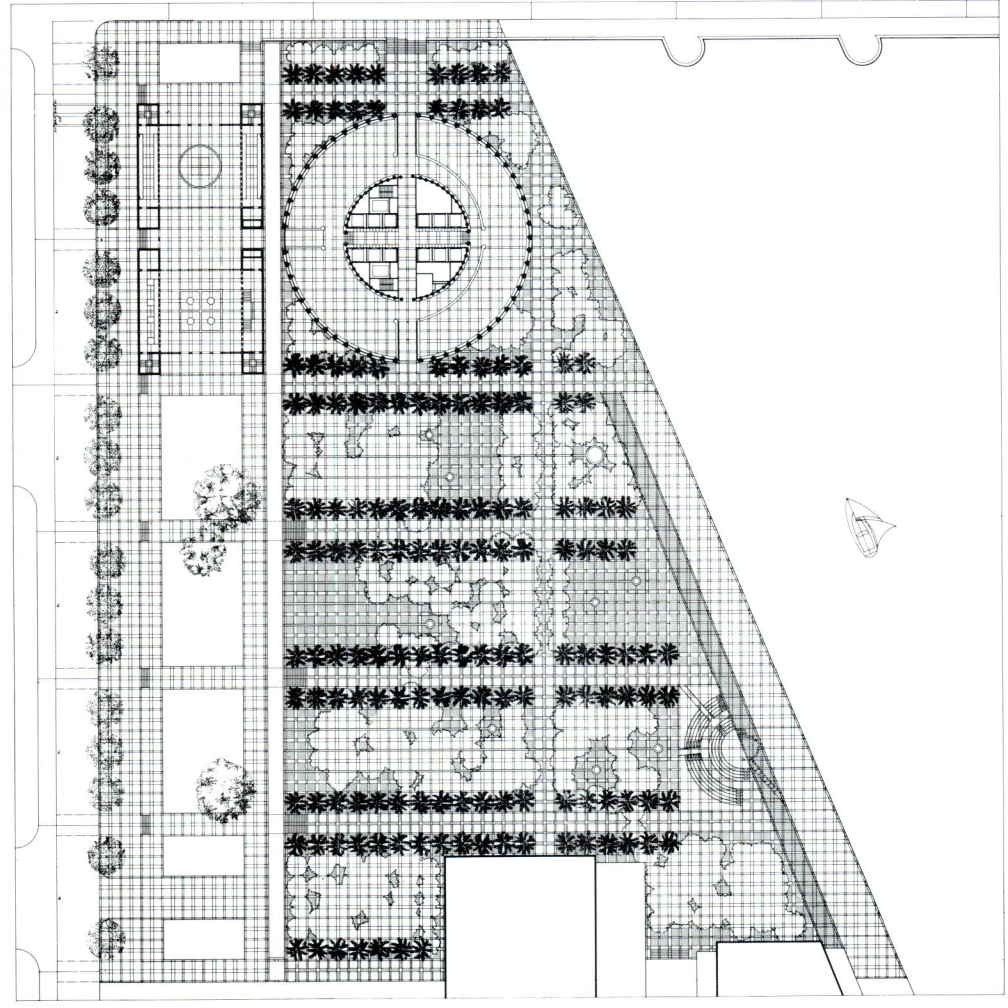

Harry C. Wolf

für Ellerbe Becket

KANSAI AIRPORT

Osaka, Japan, Wettbewerbsprojekt, 1988

Im Wettbewerb für den Kansai-Flughafen wird der Entwurf eines Passagierterminals und damit verbundener Einrichtungen (›Aerocity‹) für ein jährliches Passagieraufkommen von 25 Millionen Menschen gefordert, das auf wiedergewonnenem Land in 5 km Entfernung von der Küste in der Bucht von Osaka erbaut werden soll. Das Passagierterminal soll drei Geschosse eines einzelnen Gebäudes mit zentralem Hauptterminal und Hallenflügeln nutzen. Der über 1,6 km lange Hallenflügel soll von einem Personenbeförderungssystem bedient werden.

Die Bauten dieses Entwurfs bilden eine dreiteilige Anlage: der Halbmond von ›Aerocity‹, die Wände des Terminals und die Flughafenhalle.

Die durchscheinenden Wände des Terminals verhüllen die elegante, tief violettblau getönte Betonkonstruktion, deren Diagonalen ein leiser Widerhall des darüberliegenden riesigen Straßenbogens sind. In der ganzen Anlage wird durch die sorgfältige Modulation des Tageslichts und dessen wechselnde Intensität die Asymmetrie der Natur dazu aufgefordert, dem menschlichen Hang zu Symmetrie und Ordnung entgegenzuwirken.

Das Aluminiumdach über der Halle ist mit einer zinnfarbenen matten Oberflächenstruktur veredelt. Durch die Anordnung von acht hyperbolischen Schalen um jede Stütze werfen die Falten der Gitteroberfläche ein das Tageslicht sanft filterndes komplexes Schattenmuster. Das hohe Maß an Wiederholung, die Schlichtheit eines geradlinigen Generators sowie die Leichtigkeit jedes Dachabschnitts eignet sich für vormontierte Fertigung, was zur Schnelligkeit und Kostengünstigkeit der Bauweise beiträgt.

Das Hyperparaboloid-Dach sorgt auf der Gartenseite für Umschließung und Unterstützung eines Einschienenbahnsystems sowie für eine spektakuläre, 25,2 Meter weit vorkragende Fläche über den Flugzeugen, die an Maßstab und Dramatik der Bahnhöfe des 19. Jahrhunderts erinnert.

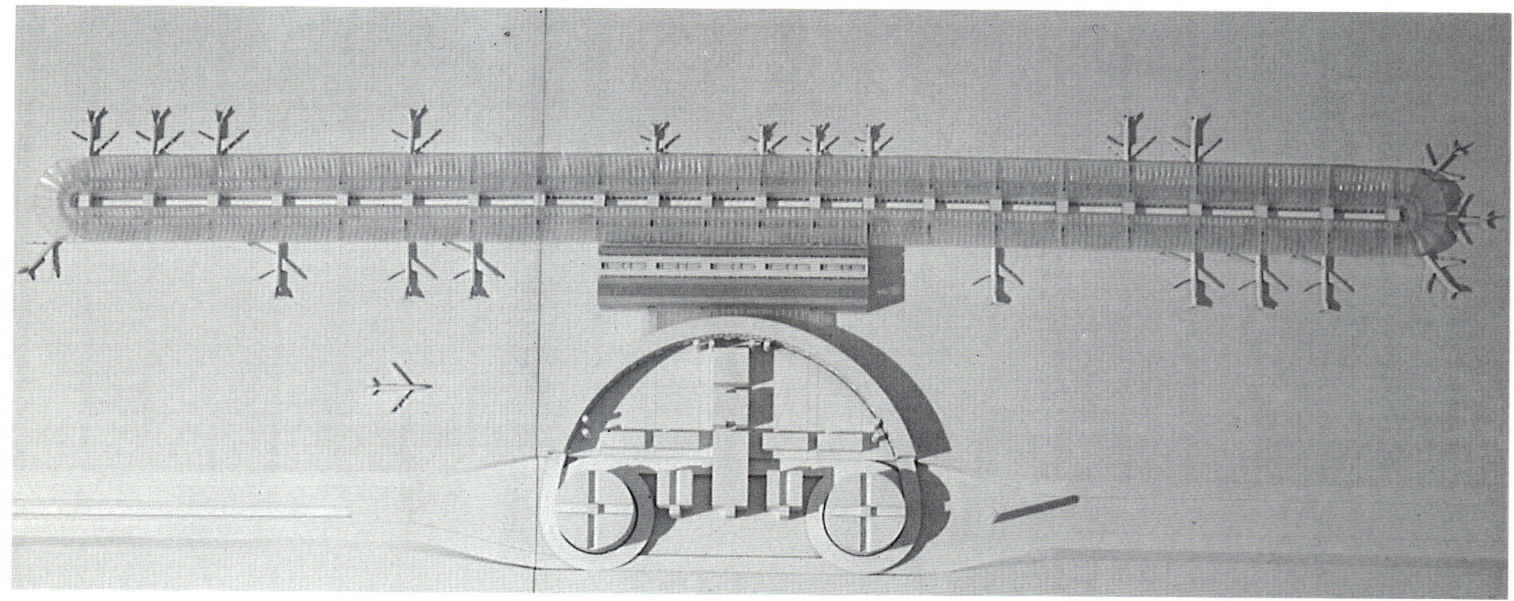

Anhang

Kurzbiographien der Architekten

Zusammengestellt von Petra Skiba

Agrest, Diana
Agrest & Gandelsonas

Geb. in Argentinien.

Architektur- und Städtebaustudium an der Universität Buenos Aires; von 1967–69 an der École Pratique des Hautes Études und am Centre de Recherche d'Urbanisme, Paris. Veröffentlichungen über Architektur und Städtebau. 1979 Gründung des Architekturbüros Agrest & Gandelsonas zusammen mit Mario Gandelsonas. Ausstellungen und Veröffentlichungen ihrer Arbeiten in den USA, Europa und Südamerika. Von 1972–84 Mitglied des Institute for Architecture and Urban Studies, New York.

Ambasz, Emilio
Emilio Ambasz & Associates

Geb. 1943 in Argentinien.

Studium an der Princeton University. Design-Kurator am Museum of Modern Art, New York, von 1970–76. Vizepräsident der Architectural League 1981–85. Lehrtätigkeit an der Princeton University School of Architecture; Gastprofessur an der Hochschule für Gestaltung in Ulm. 1976 Teilnehmer der Biennale in Venedig. Zahlreiche Ausstellungen und Publikationen in den USA, Europa und Japan. Ambasz erhielt eine Reihe von Patenten für Erfindungen auf dem Gebiet des industriellen und mechanischen Design, ebenso einige Preise und Auszeichnungen. 1989 fand eine Übersichtsausstellung seiner Arbeiten im Museum of Modern Art, New York, statt. Lebt und arbeitet in New York.

Arsene, Vladimir

Geb. 1951 in Bukarest, Rumänien.

Studium am Institut für Architektur und Städtebau in Bukarest bis 1976. Seit 1978 als freischaffender Architekt in New York tätig. Mitarbeit in den Büros von Gruzen Samton Steinglass Architects und Abramovitz Harris Kingsland Architects, New York. Lehrtätigkeit an den Institutes of Technology in New York und New Jersey. Publikationen seiner Arbeiten in den USA, Europa und Japan. Zur Zeit tätig bei The Grad Partnership in Newark, New Jersey.

Barie, John Peter
Swanke Hayden Connell

Geb. in England.

Studium an der Architectural Association School of Architecture in London, danach Architekturstudium an der Pennsylvania State University bis 1965. Partner im Büro Swanke Hayden Connell. Zahlreiche Auszeichnungen und Preise für Bürogebäude, große Wohnanlagen und Städteplanung.

Barnes, Edward Larrabee
Edward Larrabee Barnes Associates

Geb. 1915 in Chicago, Illinois.

Bis 1942 Architekturstudium bei Walter Gropius und Marcel Breuer an der Harvard University, Cambridge, Massachusetts. Ausgezeichnet mit dem ›Sheldon Travelling Fellowship‹, 1941–42. Seit 1949 führt er ein eigenes Büro in New York, Edward Larrabee Barnes Associates. 1954–59 Professor für Architektur und Design am Pratt Institute, New York, und von 1957–64 an der Yale University, New Haven, Connecticut. Seit 1983 Honorarprofessor für Bildende Künste an der Rhode Island School of Design, Providence. Über seine Lehrer stark vom Bauhaus beeinflußt, bevorzugt Barnes abstrakte Kompositionen aus geometrisch klaren Formen mit glatten Oberflächen. Zu seinen besten Arbeiten zählen das Studentenzentrum des Monterey Peninsula College, Monterey, Californien (1973), das Walker Art Center, Minneapolis (1974), sowie der IBM Tower, New York (1977).

Botta, Mario

Geb. 1943 in Mendrisio, Italien.

1958–61 Lehre als technischer Zeichner. 1964–69 Studium am Istituto Universario di Architettura in Venedig. 1976 Gastprofessor an der Ecole Polytechnique Fédérale in Lausanne. 1965 war Botta Mitarbeiter im Büro von Le Corbusier, 1969 im Büro von Louis Kahn. Danach eigenes Architekturbüro in Lausanne. Teilnahme an zahlreichen Ausstellungen in Europa, den USA und Japan. Botta ist einer der bedeutendsten Vertreter der sog. ›Tessiner Schule‹.

Cederna, Ann
Masque

Geb. 1960

Studium der Architektur und des Städtebaus bis 1982 an der University of Kentucky, Lexington, und von 1984–86 an der Cornell University, Ithaca, New Jersey. Mitarbeit in den Büros von Leonardo Ricci & Maria Dallerba-Ricci, Lexington, Kentucky, von 1981–83, bei Max Gordon and Associates von 1983–85 und anschließend bei Emilio Ambasz & Associates. 1985 gründete sie mit Douglas Brent Frederick das Architekturbüro Masque, welches 1986 den ›Architectural Projects Award for Commissioned Work, New York City Chapter‹ des American Institute of Architects für Le Canalou Residence erhielt. Ausstellungen und Publikationen in den USA und Italien.

Connell, Edward Sparks
Swanke Hayden Connell

Geb. in den USA.

Architekturstudium bis 1956 an der University of Texas. Seit 1970 Verwaltungsleiter des Architekturbüros Swanke Hayden Connell.

Denari, Neil M.

Geb. 1957 in Fort Worth, Texas.

Architekturstudium an der University of Houston und an der Harvard University. 1984–87 Teilnahme an internationalen Ausstellungen und mehreren Wettbewerben. Seine vorwiegend konzeptionellen Arbeiten wurden in zahlreichen internationalen Publikationen vorgestellt. Seit 1986 führt er ein eigenes Büro in Los Angeles, USA.

Diller, Elisabeth
Diller + Scofidio

Geb. 1954 in Lodz, Polen.

Studium an der Fakultät der Chanin School of Architecture der Cooper Union. Wenig architektonische Praxis, meist unabhängig entstandene Projekte, die Architektur mit Performance, Plastik und Musik kombinierten. 1979 Partnerschaft mit Ricardo Scofidio zum Architekturbüro Diller + Scofidio, New York. Sie arbeiteten u. a. an einer Installation für das Museum of Modern Art. Ausstellungen in den USA, Japan, Israel und Europa. Zahlreiche Preise und Auszeichnungen, z. B. von der American Academy in Rom und dem National Endowment for the Arts.

Dimitriu, Livio G.
Urban Studies and Architecture Group

Geb. 1950 in Vršac, Jugoslawien.

Studium an der Cooper Union School of Architecture. Graduiertenstipendium der History of Modern Architecture am Institut für Architektur in Bukarest, Rumänien. Mitarbeit u. a. in den Büros von Peter Eisenman, Rem Koolhaas, Colin Rowe und am Institute for Architecture and Urban Studies. Lehrtätigkeit an verschiedenen Instituten und Architekturschulen in den USA, Italien und Japan. Zahlreiche Publikationen über Architektur und verwandte Themen. Ausstellungen und Publikationen seiner Werke in den USA, Europa, Asien und Südamerika. Dimitriu erhielt mehrere nationale und internationale Preise, kürzlich eine Auszeichnung vom American Institute of Architects, den ›New York Chapter Honor Award‹. Sein Büro befindet sich in New York.

Dinkeloo, John
Kevin Roche John Dinkeloo and Associates

Geb. 1918 in Holland, Michigan. Gest. 1981 in Fredericksburg, Virginia.

Nach dem Studium an der University of Michigan, Ann Arbor, ging Dinkeloo in das Chicagoer Büro Skidmore, Owings and Merrill, wo er 1946–50 Chef der Werkplanung war. 1950 Mitarbeit bei Eero Saarinen, ab 1956 Partnerschaft. Nach Saarinens Tod übernahm er zusammen mit Kevin Roche dessen Büro, verlegte es von Bloomfield Hills und Birmingham, Michigan, nach Hamden, Connecticut, wo es von 1966 bis zu Dinkeloos Tod unter dem Namen Kevin Roche John Dinkeloo and Associates firmierte. In Zusammenarbeit mit Roche kümmerte sich Dinkeloo verstärkt um die strukturalen Aspekte der Architektur, die im Werk der beiden einen hohen Stellenwert einnehmen. Dinkeloo ist u. a. die Einführung von Kunstkautschuk-Profilen, verspiegeltem Glas und wetterfestem Stahl in die Architektur zuzuschreiben.

Eisenman, Peter
Eisenman Architects

Geb. 1932 in Newark, New Jersey.

Studium an der Cornell University in Ithaca, New York; an der Columbia University in New York und an der University of Cambridge in England. 1957–58 Mitarbeit im Team TAC (The Architects Collaborative). Lehrtätigkeit an der University of Cambridge, an der Princeton University, New Jersey, und seit 1967 an der New Yorker Cooper Union, Direktor des 1967 von ihm gegründeten Institute for Architecture and Urban Studies in New York (bis 1982). Mitherausgeber der architekturtheoretischen Zeitschrift ›Oppositions‹. Zahlreiche Preise und Auszeichnungen.

Elskop, Ines
1100 Architect

Geb. in Argentinien.

Philosophiestudium an der Universität Del Salvador in Buenos Aires, Argentinien, bis 1975. Danach Studium der Wirtschaftswissenschaften an der Fordham University. Ab 1982 arbeitete sie in verschiedenen Architekturbüros. 1983 neben David Piscuskas und Juergen Riehm Gründungsmitglied des Architekturbüros 1100 Architect, P. C. in New York.

Fieldman, Michael
Michael Fieldman & Partners

Geb. in Nokomis, Saskatchewan, Canada.

Studium der Mathematik, Physik und Architektur an der McGill University in Montreal. Sein Büro erhielt den Auftrag der US-Regierung für den Entwurf von Industriegebäuden für die ›Operation Breakthrough‹ in New Jersey City und St. Louis. Ausstellungen seiner Arbeiten in Dänemark, Finnland und den USA. Fieldman erhielt mehrere Auszeichnungen und Preise für seine Arbeit, darunter zwei Preise des New Yorker Institute of Architects. Er arbeitet mit seinem Büro Michael Fieldman & Partners in New York.

Fiorenzoli, Giuliano

Geb. in Florenz, Italien.

1963–69 Architekturstudium an der Universität Florenz, parallel dazu Studium an der Akademie der Bildenden Künste, Florenz. Abschluß am Massachusetts Institute of Technology 1971. Teilnahme an der Biennale in Venedig 1978. Das bemerkenswerteste unter seinen häufig ausgestellten und publizierten Projekten ist das Rainbow Plaza Center in Niagara Falls, das in Zusammenarbeit mit Raimund Abraham entstand. Fiorenzoli wurde mit zahlreichen Architekturpreisen ausgezeichnet, darunter mit dem ›American Institute of Architects, New York Chapter Unbuilt Award‹, 1985. Er lebt und arbeitet als selbständiger Architekt mit eigenem Büro in New York.

Fort-Brescia, Bernardo
Arquitectonica

Geb. 1951 in Lima, Peru.

Architekturstudium an der Harvard University bis 1975. Von 1975–77 Gastprofessur an der University of Miami, Coral Gables, Florida. 1977 gründete er zusammen mit Laurinda H. Spear das Büro Arquitectonica in Coral Gables, Florida.

Fox, Sheldon
Kohn Pedersen Fox Associates

Architekturstudium bis 1953 an der University of Pennsylvania. Mitarbeit in den Büros von Kahn und Jacobs. Vizepräsident bei John Carl Warnecke and Associates. Seit 1976 Partnerschaft mit Eugene Kohn und William Pedersen. Mitglied des American Institute of Architects und der Architectural League von New York. Umfassende Tätigkeit auf den Gebieten von Hotelbauten, Flughäfen und Bürobauten.

Frederick, Douglas Brent
Masque

Geb. 1956

Studium der Architektur und des Städtebaus an der Cornell University Ithaca, New Jersey, und an der University of Maryland, College Park, Maryland. Mitarbeit in den Büros von O. M. Ungers, Köln, von 1981–82 und bei William Downing & Associates,

Ithaca, New York, 1985–87. 1985 Gründung des Architekturbüros Masque mit Ann Cederna. Zusammen erhielten sie für das Projekt Le Canalou Residence 1986 den ›Architectural Projects Award for Commissioned Work, New York City Chapter‹, des American Institute of Architects. Ausstellungen und Publikationen in den USA und Italien. Lehrtätigkeit an verschiedenen Hochschulen in den USA und der Schweiz.

Freed, James Ingo
I. M Pei & Partners

Geb. in Essen, BRD.

Studium am Illinois Institute of Technology; hier Dekan von 1975–78. Lehrtätigkeit an verschiedenen Universitäts- und Architekturschulen in den USA. Er arbeitete in den Büros von Dandforth & Speyer, Michael Ruse und Mies van der Rohe. Partnerschaft mit I. M. Pei & Partners. Seine Werke wurden in den letzten Jahren weltweit ausgestellt und publiziert. Freed wurde ausgezeichnet mit zahlreichen renommierten Preisen wie dem ›American Institute of Architects Chicago Architecture Award‹ und dem ›Reynolds Memorial Award for Excellence in Architecture‹. Seit 1977 ist er Mitglied des American Institute of Architects.

Gandelsonas, Mario
Agrest & Gandelsonas

Geb. in Argentinien.

Architektur- und Städtebaustudium an der Universität von Buenos Aires, von 1967–69 an der École Pratique des Hautes Études und am Centre de Recherche d'Urbanisme in Paris. 1979 Gründung des Architekturbüros Agrest & Gandelsonas mit Diana Agrest; seit 1986 Direktor von Agrest & Gandelsonas Development Consultants. 1971–84 Mitglied des Institute for Architecture and Urban Studies. Veröffentlichungen in zahlreichen internationalen Fachzeitschriften.

Giovannini, Joseph
Giovannini & Associates

Geb. in Los Angeles, Californien.

Architekturstudium an der Harvard University bis 1974. Danach Mitarbeit im Büro von Borow Fieldman in Montreal. 1976 Rückkehr nach Los Angeles als freischaffender Architekt. Veröffentlichungen in ›The Herald Examiner‹, wofür er 1982 den Pulitzer Preis erhielt. Seit 1983 als Berichterstatter der ›New York Times‹ für Design und Architektur tätig. Zahlreiche Publikationen, u. a. über den Dekonstruktivismus. Seit 1988 freischaffender Architekt in New York.

Giurgola, Romaldo
Mitchell/Giurgola Architects

Geb. 1920 in Rom, Italien.

Architekturstudium an der Universität in Rom von 1945–49. Nach der Übersiedlung in die USA 1949–51 weiterführendes Studium an der Columbia University, New York. 1958 gründete er zusammen mit Ehrmann Mitchell ein gemeinsames Architekturbüro in Philadelphia, das 1966 nach New York verlegt wurde. Zahlreiche Ausstellungen in den USA und Europa; mehrere nationale und internationale Auszeichnungen und Preise für seine Entwürfe. Zusammen mit Ehrmann Mitchell veröffentlichte Giurgola verschiedene architekturtheoretische Schriften.

Graves, Michael

Geb. 1934 in Indianapolis, Indiana.

Architekturstudium an der University of Cincinnati, Ohio, und an der Harvard University, Cambridge, Massachusetts. Stipendiat für zwei Jahre an der American Academy in Rom. 1964 Gründung eines eigenen Büros in Princeton, New Jersey; 1972 Berufung zum Professor an die dortige Universität. Erstmals einem größeren Kreis bekannt wurde Graves durch das 1972 erschienene Buch ›Five Architects‹, in dem neben ihm Peter Eisenman, Charles Gwathmey, John Hejduk und Richard Meier vorgestellt wurden (›The New York Five‹). Seine damaligen Arbeiten waren gekennzeichnet durch einen formal bis zum äußersten radikalisierten Rückgriff auf die frühe Moderne, besonders auf den Stil der zwanziger Jahre von Le Corbusier. Danach Rückgriffe in die Geschichte, u. a. zu Etienne-Louis Boullée und Claude-Nicolas Ledoux. Direkte Anleihen bei den Vorbildern blieben ausgeschlossen. Charakteristische Beispiele aus der jüngeren Schaffensperiode sind, abgesehen von den in diesem Buch vorgestellten, die Fargo-Moorhead Cultural Center Bridge (1977), das Kalko House in Green Brook, New Jersey (1978) und das Public Services Building in Portland, Oregon (1980–82).

Gwathmey, Charles
Gwathmey Siegel & Associates

Geb. 1938 in Charlotte, North Carolina.

Architekturstudium von 1956–62 an der University of Pennsylvania, Philadelphia, bei Louis Kahn und Robert Venturi, sowie an der Yale Univesity in New Haven, Connecticut, bei Paul Rudolph, James Stirling und Shadrach Woods. 1964–66 Professor für Entwerfen am Pratt Institute, New York, anschließend andere zahlreiche Lehrtätigkeiten an verschiedenen Universitäten und Architekturschulen in den USA. 1966 gründete er zusammen mit Richard Henderson ein eigenes Büro in New York, seit 1968 zusätzlich in Gemeinschaft mit Robert Siegel. Gwathmey gehörte in den sechziger Jahren zu den ›New York Five‹, bekannt durch ihren formalen Rückgriff auf die frühe Moderne. Neben zahlreichen Inneneinrichtungen schuf Gwathmey zunächst hauptsächlich private

Wohnhäuser, mit seinen Partnern entstanden dann auch andere Projekte. Das Büro gewann zahlreiche Preise, u. a. 1982 ›The Firm Award‹, die höchste Auszeichnung des American Institute of Architects.

Hadid, Zaha

Geb. 1950 in Bagdad, Irak.

Studium der Mathematik an der Amerikanischen Universität in Beirut, dann an der Architectural Association in London mit Leon Krier, Jeremy Dixon und Rem Koolhaas, 1976–78 Mitglied der Gruppe OMA (Office for Metropolitan Architecture), danach Gründung eines eigenen Büros in London. Lehrtätigkeit an der Architectural Association in London. 1983 Gewinnerin des internationalen Wettbewerbs für den ›Peak‹ in Hongkong.

Halsband, Frances
R. M. Kliment & Frances Halsband

Geb. 1943 in New York, New York.

Architekturstudium am Swarthmore College und an der Columbia University. Fünf Jahre Mitarbeit im Büro Mitchell/Giurgola Architects in New York. 1972 Partnerschaft mit Robert M. Kliment in New York. Mitglied des National Committee on Design des American Institute of Architects, außerdem Präsidentin der Architectural League of New York.

Hardy Holzman Pfeiffer Associates

1967 von Hugh Hardy, Malcolm Holzman und Norman Pfeiffer gegründetes Architekturbüro mit Hauptsitz in New York City. Neben zahlreichen ausgeführten Bauten ist HHPA bekannt für Restaurationsarbeiten, visuelle und darstellende Kunst. HHPA entwarf Kunstzentren, Museen, Bibliotheken und zahlreiche andere Gebäudetypen in den USA. Mehrere Auszeichnungen und Preise, u. a. ›Honor Awards‹ des American Institute of Architects und 1974 den ›Brunner Prize in Architecture‹ des National Institute of Arts and Letters. Mehrere Veröffentlichungen über das Architektenteam.

Hawkinson, Lawrie
Smith-Miller & Hawkinson

Geb. in den USA.

Architekturstudium an der Cooper Union, New York, und Kunststudium an der University of California, Berkeley. Mitarbeit im Büro von Venturi, Rauch und Scott Brown. Lehrtätigkeit an der Columbia University, Parsons School of Design, und an der University of Miami, Coral Gables. Ausstellungen in den USA. Auszeichnungen auf dem Gebiet des Industrie-Design. Mit ihrem Partner Henry Smith-Miller gewann sie den Wettbewerb für das Institute of Contemporary Art, Philadelphia.

Hayden, Richard Seth
Swanke Hayden Connell

Geb. in den USA.

Architekturstudium an der Syracuse University bis 1960. Seit 1962 Mitarbeit im Architekturbüro Swanke Hayden Connell. Außerdem freischaffender Architekt in verschiedenen Staaten in den USA. Mitverantwortlich für die Restauration der Freiheitsstatue.

Holl, Steven
Steven Holl Architects

Geb. in Bremerton, Washington.

Architekturstudium an der University of Washington und der Graduate School der Architectural Association in London. Lehrtätigkeit an verschiedenen Universitäten und Architekturschulen in den USA, derzeit Professor für Architektur an der Columbia University. Ausstellungen und Publikationen in den USA, Europa und im Fernen Osten. Neben anderen zahlreichen Auszeichnungen erhielt er 1985 den ›American Institute of Architects Chapter Award‹. Eigenes Büro in New York mit wechselnden Mitarbeitern.

Isozaki, Arata
Arata Isozaki & Associates

Geb. 1931 in Oita, Japan.

Bis 1954 Architekturstudium an der Universität Tokio. Mitarbeiter von Kenzo Tange von 1954–63. Seit 1963 eigenes Büro Arata Isozaki und Partner in Tokio.

Jahn, Helmut
Murphy/Jahn

Geb. 1940 in Zirndorf bei Nürnberg, BRD.

Studium an der Technischen Hochschule in München und bei Ludwig Mies van der Rohe am Illinois Institute of Technology, Chicago. 1967 trat er dem von C. F. Murphy 1959 gegründeten Büro C. F. Murphy Associates bei. 1973 wurde er Partner, Vizepräsident und Leiter der Entwurfsabteilung des Büros, 1981 erfolgte dann die Umbenennung in Murphy/Jahn Architects. Mit Jahn als bestimmendem Entwerfer entfernt sich das Architekturbüro in den siebziger Jahren vom einstigen Vorbild Ludwig Mies van der Rohes, wie z. B. die Kemper Arena in Kansas City (1974), die Hauptverwaltung der Firma Rust-Oleum in Veron Hills, Illinois (1978), das Xerox Center in Chicago (1980) und das State of Illinois Center in Chicago (1981) zeigen.

Keenen, John
Keenen/Riley Architecture

Geb. in den USA.

Studium an der Harvard Graduate School of Design bis 1978, an der Georgetown University, Washington D.C. bis 1979 und an der Columbia University, New

York City bis 1983. Mitarbeit in den Büros von Agrest & Gandelsonas, bei Kagan and di Cosmi, bei Wen & Wang Architects und bei Skidmore, Owings and Merrill, alle in New York. Seit 1984 Partnerschaft mit Terence Riley in New York City. Mehrere Auszeichnungen und Preise für das Team Keenen/Riley Architecture. Ausstellungen in den USA, Japan und Europa. Publikationen in verschiedenen Fachzeitschriften.

Kiss, Laszlo
UKZ Design, Inc.

Geb. in Ovadea, Rumänien.

Kiss arbeitete zunächst als Entwurfsarchitekt für Skidmore, Owings and Merrill in New York. 1980 gründete er ein Architekturbüro mit Simon Ungers, welches durch die zusätzliche Partnerschaft von Todd Zwigard 1983 zu UKZ wurde.

Kliment, Robert M.
R. M. Kliment & Frances Halsband

Geb. 1933 in Prag, Tschechoslowakei.

Architekturstudium an der Yale University, Stipendium für ein Studium in Italien. Von 1962–72 arbeitete er im Büro Mitchell/Giurgola Architects in Philadelphia und New York. 1972 gründete er zusammen mit Frances Halsband ein gemeinsames Büro. Mitglied des American Institute of Architects.

Kohn, Eugene A.
Kohn Pedersen Fox Associates

Bis 1957 Architekturstudium an der University of Pennsylvania. Mitarbeit im Büro von John Carl Warnecke and Associates. Danach gründete er mit William Pedersen und Sheldon Fox das Architekturbüro Kohn Pedersen Fox Associates, welches zahlreiche bedeutende Projekte entwarf. Kohn ist u. a. Mitglied des American Institute of Architects und des Royal Institute of British Architects, das 1985 eine Werkausstellung für Kohn Pedersen Fox organisierte. Wiederholte Lehrtätigkeit an Universitäten in den USA und England. Jurymitglied bei vielen Wettbewerben.

Kolatan, Sulan
Kolatan/MacDonald Studio

Geb. 1958 in Istanbul, Türkei.

Abschluß als Dipl. Ing. an der Rheinischen-Westfälischen Technischen Hochschule in Aachen, weiterführendes Studium an der Columbia University. Mitarbeit in den Büros von O. M. Ungers und Kohn Pedersen Fox, New York. Seit 1982 gemeinsames Büro mit William MacDonald. Ausstellungen in den USA und der BRD. Publikationen ihrer Werke in den USA und Italien. Mit MacDonald Gewinner des ›Fifth Young Architects Forum‹.

Krueck, Ronald A.
Krueck & Olsen Architects

Geb. in den USA.

Architekturstudium bis 1970 am Illinois Institute of Technology. 1970–71 Mitarbeit im Büro C. F. Murphy Associates, Chicago. 1971–76 bei Hammond Beeby and Associates, Chicago. Seit 1978 Partnerschaft mit Keith Olsen im Büro Krueck & Olsen Architects. Lehrtätigkeit am Illinois Institute of Chicago Technology und an der Harvard Graduate School of Design. Zahlreiche Preise und Auszeichnungen, überwiegend des American Institute of Architects.

Lupo, Frank
New York Architects

Geb. in den USA.

Architekturstudium an der University of Cincinnati und an der Yale University, von der er das ›William Wirth Winchester‹-Reisestipendium erhielt. Lehrtätigkeit an der Cooper Union. Mitarbeit in den Büros Gwathmey Siegel & Associates, Morphis and Studio Works. 1984 Gründung des Büros New York Architects zusammen mit Daniel Rowen. 1985 Teilnahme an der Biennale in Venedig.

MacDonald, William
Kolatan/MacDonald Studio

Geb. 1956 in Milford, Massachusetts.

Architekturstudium an der Architectural Association in London, der Syracuse University und der Columbia University. Mitarbeit in den Büros von Eisenman/Robertson, O. M. Ungers, The Architectural Studio und Skidmore, Owings and Merrill, New York. Lehrtätigkeit an der Columbia University und an der University of Virginia, Charlottesville. Ausstellungen in den USA, BRD, Frankreich und Italien. Architekturbüro mit Sulan Kolatan in New York.

Macklowe, Harry

Die Macklowe Organisation, mit Harry Macklowe als Gründer, entwarf und baute zahlreiche neu entwickelte Konstruktionen und Gebäude. Harry Macklowes Bemühungen lagen insbesondere auf der Integration von bildender Kunst und Plastik in Bürogebäude, Wohnanlagen und Hotels. Sein bekanntester Bau ist der Metropolitan Tower in New York City.

Meier, Richard Alan
Richard Meier & Partners

Geb. 1934 in Newark, New Jersey.

Studium an der Cornell University in Ithaca, New York. Anschließend arbeitete er u. a. im New Yorker Büro Skidmore, Owings and Merrill sowie bei Marcel Breuer. Seit 1963 führt er ein eigenes Büro in New York, Richard Meier & Partners. Lehrtätigkeit an mehreren Universitäten in den USA. Einem größeren Kreis bekannt wurde Meier durch die Ausstellung

(1969) und das Buch (1972) über die ›New York Five‹. Seine frühen Bauten waren in erster Linie Einfamilienhäuser, ihnen folgten große Wohnanlagen. Zu den bekanntesten Gebäuden zählen das Bronx Development Center, New York (1970–76), das Atheneum in New Harmony, Indiana (1975–79) und in Frankfurt a. M. das Museum für Kunsthandwerk (1985). Seit 1976 ist Meier Mitglied des American Institute of Architects, seit 1986 der Internationalen Architektenakademie.

Mitchell, Ehrmann
Mitchell/Giurgola Architects

Geb. 1924 in Harrisburg, Pennsylvania.

Studium der Architektur an der University of Pennsylvania, Philadelphia von 1941–48. Von 1951–58 Mitarbeit im Büro von Bellante und Clauss, London. Seit 1958 Partnerschaft mit Romaldo Giurgola, zunächst in Philadelphia, ab 1966 in New York. Seit 1979 ist Ehrmann Mitchell Präsident des American Institute of Architects. Ausstellungen in den USA und Europa. Zahlreiche Auszeichnungen und Preise bei Wettbewerben.

Mostoller, Michael
Michael Mostoller and Fred Travisano

Geb. in den USA.

Studium am Rensseler Polytechnic Institute und an der Harvard University. Seit 1969 arbeitet er als freischaffender Architekt. 1985 gründete er mit Fred Travisano ein gemeinsames Büro aufgrund ihres gemeinsamen Engagements für Städte- und Wohnungsbau. Er erhielt einen Preis des American Institute of Architects für seine Entwürfe für Wohnhoteleinrichtungen. Zahlreiche Ausstellungen und Veröffentlichungen seiner Arbeiten.

Olsen, Keith
Krueck & Olsen Architects

Geb. in den USA.

Architekturstudium am Illinois Institute of Technology bis 1970. Danach bis 1971 Mitarbeit im Büro C. F. Murphy Associates, Chicago. 1973–78 im Büro Hammond Beeby Associates, Chicago. 1978 Gründung des Büros Krueck & Olsen Architects mit Ronald A. Krueck. Zahlreiche Preise und Auszeichnungen, u. a. des American Institute of Architects. Veröffentlichungen in verschiedenen Fachzeitschriften.

OMA
(Office for Metropolitan Architecture)

1975 gegründet in London von Rem Koolhaas und Elia Zenghelis. Hinzu kamen die Malerinnen Zoe Zenghelis und Madelon Vriesendrop, denen viele Darstellungen des OMA zuzuschreiben sind. Bereits

1972 legten Koolhaas und Zenghelis ihre erste gemeinsame Arbeit, eine phantastische Collage über die Berliner Mauer mit dem Titel ›Exodus‹, vor. Den konzeptionellen Entwürfen anfang der siebziger Jahre folgten Wettbewerbs- und Auftragsentwürfe, die immer eine nachvollziehbare Entwurfstheorie vertreten. Teilnahme an zahlreichen internationalen Ausstellungen und Wettbewerben. Architekturbüros in London und Rotterdam.

Oubrerie, José

Geb. in Nantes, Frankreich.

Studium an der École Nationale Supérieure des Beaux-Arts, Paris, und an der École des Beaux-Arts, Nantes. Freischaffender Architekt in den USA und Europa. Lehrtätigkeit in den USA, Frankreich und Italien, derzeit Dekan des College of Architecture der University of Kentucky, Lexington. Verfasser architekturtheoretischer Schriften, insbesondere über Le Corbusier, dessen Assistent er einige Jahre war. Empfänger mehrerer Preise und Auszeichnungen, so 1987 der französischen Académie d'Architecture.

Pedersen, William
Kohn Pedersen Fox Associates

Geb. 1938 in St. Paul, Minnesota.

Architekturstudium bis 1961 an der University of Minnesota, bis 1963 am Massachusetts Institute of Technology. 1965 gewann er den ›Rome Prize in Architecture‹, und studierte dann für zwei Jahre an der American Academy in Rom. Mitarbeit im Büro von I. M. Pei & Partners von 1967–71. Von 1971–76 Vizepräsident bei John Carl Warnecke and Associates. Danach Partnerschaft mit Eugene Kohn und Sheldon Fox. Publikationen in verschiedenen Architektur-Fachzeitschriften. Mitglied u. a. des American Institute of Architects und der American Academy in Rom.

Pelli, Cesar
Cesar Pelli & Associates

Geb. 1926 in Tucuman, Argentinien.

Studium an der Universität in Tucuman und an der University of Illinois in Urbana. Partner von Eero Saarinen 1954–64. Danach ging er nach Los Angeles, wo er bis 1968 als Entwurfschef bei Daniel, Mann, Johnson und Mendenhall, bis 1977 als Partner von Gruen Associates arbeitete. Seit 1977 Dekan der Architekturabteilung der Yale University, New Haven, Connecticut. Gleichzeitig eröffnete er dort sein eigenes Büro zusammen mit Fred Clark und Diana Balmori unter dem Namen Cesar Pelli & Associates. Seine bekanntesten Bauten, das Rathaus in San Bernadino, Californien (1969), und das Pacific Design Center in Los Angeles (1971) zeigen eine sensible Interpretation spätrationalistischer Architektur. Zu den jüngeren Projekten zählen die Hermann Park Towers, Houston, Texas (1979) und die Erweiterung und Überbauung des Museum of Modern Art, New York (1980).

Piscuskas, David
1100 Architect

Geb. in den USA.

Kunststudium an der Brown University, Architekturstudium an der University U. C. L. A., wo er zahlreiche Preise und Auszeichnungen für seine Arbeiten erhielt. In Los Angeles Performance-Veranstaltungen, die Tanz und Architektur verbinden. 1983 Übersiedlung nach New York, wo er mit Juergen Riehm und Ines Elskop das Büro 1100 Architect gründete. Lehrtätigkeit an der Parsons School of Design.

Polshek, James Stewart
James Stewart Polshek and Partners

Geb. 1930 in Akron, Ohio.

Studium an der Yale University School of Architecture, der Case Western Reserve University und an der königlichen Akademie der bildenden Künste in Kopenhagen, Dänemark. 1963 gründete er mit wechselnden Partnern das Architekturbüro James Stewart Polshek and Partners. Lehrtätigkeit an verschiedenen Universitäten in den USA. Von 1972–87 war er Dekan der Columbia University Graduate School of Architecture. Zahlreiche Preise und Auszeichnungen, u. a. der ›Progressive Architecture Project Award‹ 1969. Seit 1972 ist er Mitglied des American Institute of Architects.

Pran, Peter
Ellerbe Becket Architects

Geb. in Norwegen.

Studium an der Universität in Oslo, Norwegen, und Illinois Institute of Technology. Mitarbeit in den Büros von Russo & Sonder, Eli Attia, Grad Partnership, Schmitt, Garden & Erikson und SOM. Außerdem arbeitete er drei Jahre mit Mies van der Rohe in Chicago. Ausstellungen und Publikationen seiner Werke in den USA und Europa. Zahlreiche Preise und Auszeichnungen, u. a. 1986, 87 und 88 mit Carlos Zapata den ›Design Award‹ des American Institute of Architects, New York Chapter. Pran ist derzeit Design Director und Vizepräsident des Architekturbüros Ellerbe Becket in New York.

Quintard-Hofstein, Pascal
PQH Projects

Geb. in Paris, Frankreich.

Architekturstudium an der École Nationale Supérieure des Beaux-Arts, Paris. Er arbeitete zusammen mit Jean Nouvel in Paris. 1982 ging er nach New York, wo er im Büro von Marcel Breuer and Associates arbeitete. Später wurde er Co-Direktor der Firma Green Card. Lehrtätigkeit am New York Institute of Technology, Old Westbury, außerdem am Pratt Institute. Zahlreiche Publikationen und verschiedene Ausstellungen seiner Projekte. Empfänger mehrerer Preise, u. a. des American Institute of Architects für ›Unbuilt Projects‹ 1986.

Rannalli, George

Geb. 1946 in New York, New York.

Architekturstudium bis 1972 am Pratt Institute und an der Graduate School of Design der Harvard University. Ausstellungen seiner Projekte in den USA und Europa. Publikationen seiner Arbeiten in internationalen Architektur-Fachzeitschriften.

Riehm, Juergen
1100 Architect

Geb. in der BRD.

Architekturstudium an der Fachhochschule Rheinland-Pfalz in Trier, BRD bis 1977. Weiterführendes Studium an der Städelschule, Frankfurt a. M., bei Peter Cook. Bis 1982 arbeitete er für verschiedene Architekturbüros in der BRD. 1983 Übersiedelung nach New York, wo er mit David Piscuskas und Ines Elskop das Büro 1100 Architect gründete.

Riley, Terence
Keenen/Riley Architecture

Geb. in Italien.

Studium am Architectural Studio in Rom, von 1975–76, an der University of Notre Dame, Indiana bis 1978 und an der Columbia University, New York City bis 1982. 1978–80 Mitarbeit in den Büros von Sabek Architects & Planners, Athen, 1983 bei Naomi Leff, New York, 1984 bei Marcel Breuer, New York, und bei James Stewart Polshek and Partners. Seit Ende 1984 Partnerschaft mit John Keenen in New York, seither zahlreiche Preise und Ausstellungen in den USA, Japan und Europa. Publikationen in verschiedenen Fachzeitschriften.

Roche, Kevin
Kevin Roche John Dinkeloo and Associates

Geb. 1922 in Dublin, Irland.

Studium an der National University of Ireland in Dublin. Mitarbeit in den Büros von Michael Scott and Partners, Dublin und Maxwell Frey und Jane Drew, London. 1948 ging er in die USA. 1951 Eintritt in das Büro von Eero Saarinen, wo er Entwurfschef wurde. Nach Saarinens Tod 1961 übernahm er zusammen mit John Dinkeloo dessen Büro. In Hamden, Connecticut, ließen sie sich als Kevin Roche John Dinkeloo and Associates nieder. In den Bauten von Roche und Dinkeloo verbindet sich die abstrakte Geometrik Ludwig Mies van der Rohes mit einem kraftvollen strukturalen Expressionismus und einer ausgeprägten, aus der jeweiligen Situation entwickelten Körperhaftigkeit. Zu den wichtigsten Arbeiten von Roche und Dinkeloo zählen außer den in diesem Buch vorgestellten Projekten das Oakland Museum, Oakland (1961–68), das Verwaltungsgebäude der Ford Foundation, New York (1963–68), das Veterans

Memorial Coliseum, New Haven, Connecticut (1965–72), die Erweiterung des Metropolitan Museum of Art, New York (1967–68) sowie das Projekt für die Hauptverwaltung des Fiat-Konzerns in Turin (1973).

Rowen, Daniel
New York Architects
Geb. in den USA.

Architekturstudium an der Brown University und an der Yale University, wo er auch als Dozent tätig ist. Mitarbeit im Büro Gwathmey, Siegel & Associates. In dieser Zeit bekam er mehrere Auszeichnungen. 1984 gründete er zusammen mit Frank Lupo das Büro New York Architects. Mit dem ersten gemeinsamen Entwurf für den Times-Tower-Wettbewerb 1984 gewannen sie den ersten Preis der Municipal Arts Society.

Schwartz, Frederic
Anderson/Schwartz
Geb. in den USA.

Architekturstudium an der University of California in Berkeley bis 1973, an der Harvard University bis 1978. 1982 erhielt er ein Stipendium des National Endowment for the Arts für Design. ›Rome Prize in Architecture‹ 1984/85. Mitarbeit im Büro von Skidmore, Owings and Merrill, Direktor im Büro Venturi, Rauch and Scott Brown 1980–84. Lehrtätigkeit in den USA und Europa. Pubikationen in verschiedenen Fachzeitschriften. Bedeutende Preise und Auszeichnungen, u. a. drei ›Progressive Architecture Design Awards‹ und einen ›American Institute of Architects Award‹.

Scofidio, Ricardo
Diller + Scofidio
Geb. 1935 in New York, New York.

Studium an der Fakultät der Chanin School of Architecture der Cooper Union. Wenig architektonische Praxis, meist unabhängig entstandene Projekte, die Architektur mit Performance, Plastik und Musik kombinieren. 1979 Partnerschaft mit Elisabeth Diller zum Architekturbüro Diller + Scofidio, New York. Sie arbeiteten u. a. an einer Installation für das Museum of Modern Art. Ausstellungen in den USA, Japan, Israel und Europa. Zahlreiche Preise und Auszeichnungen, z. B. von der American Academy in Rom und dem National Endowment for the Arts.

Siegel, Robert
Gwathmey Siegel & Associates
Geb. 1939 in New York, New York.

Besuch der Art Students League in New York von 1949–56 und der High School of Music and Art, New York von 1953–57. Stipendium des Pratt Institute, New York. 1957–62 dort auch Studium, 1963 an der Harvard University Graduate School of Design. Ab 1968 Partnerschaft mit Charles Gwathmey und Richard Henderson. Parallel dazu als Dozent und Architekturkritiker tätig. Mit Gwathmey Siegel & Associates entstanden neben privaten Wohnhäusern öffentliche Anlagen und institutionelle Gebäude. Das Büro gewann zahlreiche Preise, u. a. 1982 ›The Firm Award‹, die höchste Auszeichnung des American Institute or Architects.

Smith-Miller, Henry
Smith-Miller + Hawkinson
Geb. in den USA.

Studium der Architektur an der University of Pennsylvania und an der Princeton University. Vor der Zusammenarbeit mit Lawrie Hawkinson Mitarbeiter in den Büros von Richard Meier, Michael Graves und Peter Eisenman. Ausstellungen und Veröffentlichungen in den USA und anderswo. Auszeichnungen für Innenarchitektur. Zusammen mit Lawrie Hawkinson gewann er den 1. Preis für den Wettbewerbsentwurf für das Institute of Contemporary Arts in Philadelphia.

Spear, Laurinda Hope
Arquitectonica
Geb. in den USA.

Architekturstudium an der Columbia University bis 1977. 1977 und 1979 Lehrauftrag an der University of Miami School of Engineering and Environmental Design, Florida. 1977 Gründung des Büros Arquitectonica zusammen mit Bernardo Fort-Brescia in Coral Gables, Florida. Zahlreiche Auszeichnungen und Preise, u. a. drei ›Progressive Architecture Design Awards‹ und den ›Rome Prize‹.

Stern, Robert A. M.
Robert A. M. Stern Architects
Geb. 1939 in New York, New York.

Studium an der Columbia University in New York bis 1960, anschließend an der Yale University in New Haven bis 1965. Kurzfristige Mitarbeit im Büro Richard Meiers, danach mehrere Jahre Stadtplaner in New York. 1977 Eröffnung eines eigenen Büros in New York, Robert A. M. Stern Architects. Seit 1977 Professor an der Columbia University. 1976 und 1980 Teilnahme an der Biennale in Venedig. Außerdem Publikation zahlreicher theoretischer Beiträge zur Postmoderne.

Stubbins, Hugh
The Stubbins Associates
Geb. 1912 in Birmingham, Alabama.

1929–30 Architekturstudium am Georgia Institute of Technology, Atlanta und 1933–35 an der Harvard University Graduate School of Design, Cambridge, Massachusetts, wo er ein Stipendium und Auszeichnungen erhielt. Arbeitete 1935–43 als Entwerfer und Zeichner mit unterschiedlichen Stationen. 1940 Ausbilder und Assistent bei Walter Gropius, Graduate School of Design. 1943–45 Assistent des Präsidenten der Polaroid Corporation, Cambridge. Seit 1969 Architekturbüro mit Rex Allen in Cambridge, Massachusetts, und San Francisco.

Travisano, Fred
Michael Mostoller and Fred Travisano
Geb. in den USA.

Studium an der Cooper Union School of Architecture. Nachdem Travisano für SOM und John Hejduk in New York gearbeitet hatte, wurde er Direktor der Abteilung für Entwicklung beim Ministerium für Planung und Entwicklung der Stadt Trenton, New Jersey. Ab 1978 eigenes Büro in Trenton. 1981 erhielt er ein Forschungsstipendium an der American Academy in Rom. 1985 gründete er mit Michael Mostoller in Princeton, New Jersey, ein Architekturbüro. Verschiedene Auszeichnungen, u. a. den ›HUD‹-Preis für seine Arbeiten in Trenton.

Tschumi, Bernard
Geb. 1944 in der Schweiz.

Studium am Institut für Technologie in Zürich. Lehrte an der Architectural Association, London, 1970–79; am Institute for Architecture and Urban Studies in New York, 1976; an der Princeton University, 1978 und 1980. Er war Gastprofessor an der Cooper Union, School of Architecture, New York, 1980–83. Zahlreiche Gastvorlesungen in den USA und in Europa. Ausstellungen in New York, London, Paris, Kopenhagen, Madrid, Kassel, Berlin, Los Angeles und Tokio. Seine kritischen architekturtheoretischen Texte wurden in zahlreichen Architektur- und Kunstzeitschriften veröffentlicht. Tschumi hat bei vielen internationalen Wettbewerben Preise gewonnen, u. a. für Parc de la Villette, 1983; La Defense, Paris, 1983; Tokio Opernhaus, 1986; und 1985 den ›Preis für progressive Architektur‹ für den Parc de la Villette. Lebt und arbeitet in New York und Paris.

Tsien, Billie
Tod Williams, Billie Tsien and Associates
Geb. in den USA.

Architekturstudium an der Brown University bis 1969, an der Yale University bis 1971 und an der U.C.L.A. bis 1977. Mitarbeit im Büro Coy Howard and Company, Los Angeles von 1975–77, von 1977–86 bei Tod Williams and Associates. Seit 1987 Partnerschaft mit Tod Williams. Verschiedene Performance-Veranstaltungen in den USA, Japan und Israel. Zahlreiche Publikationen in verschiedenen Fachzeitschriften.

Ungers, Oswald, Mathias
Geb. 1926 in Kaiseresch, Eifel, BRD.

1947–50 Architekturstudium an der Technischen Hochschule in Karlsruhe bei Egon Eiermann. Seit

1950 freischaffender Architekt in Köln, seit 1964 eigenes Büro in Berlin und seit 1970 in Ithaca, New York. Professur an der Technischen Universität in Berlin von 1963 – 68, von 1968 –75 Leiter der Architekturfakultät der Cornell University, Ithaca, New York. Bis zur Mitte der sechziger Jahre Realisierung vieler Wohnbauten, bis Mitte der siebziger Jahre fast ausschließlich Wettbewerbsprojekte. Danach zahlreiche, bedeutende ausgeführte Projekte mit seinen Büros in Köln, Berlin, Frankfurt a. M. und Karlsruhe.

Ungers, Simon

Geb. 1957 in Köln, BRD.

Architekturstudium an der Cornell University, 1980 Abschuß. Im selben Jahr gründete er zusammen mit Laszlo Kiss sein erstes Architekturbüro. 1983 trat Todd Zwigard dem Büro bei, das sich seither UKZ Design, Inc. nennt. Bis 1986 war Ungers ›Principal Partner‹ von UKZ. Seit 1987 als selbständiger Architekt in New York City tätig.

Venturi, Robert Charles
Venturi, Rauch and Scott Brown

Geb. 1925 in Philadelphia, Pennsylvania.

Studium an der Princeton University, New Jersey, 1943 – 50. Bis 1958 arbeitete er u. a. in den Büros von Eero Saarinen in Bloomfield Hills, Michigan, und bei Louis Kahn in Philadelphia. Seit 1958 eigenes Büro mit wechselnden Partnern. Ab 1964 Gemeinschaft mit John Rauch, erweitert 1967 um Denise Scott Brown, seit 1980 unter dem Namen Venturi, Rauch and Scott Brown. Beachtung fand Venturi auch durch seine architekturtheoretischen Schriften. Außerdem zahlreiche Lehrveranstaltungen an mehreren Universitäten und Architekturschulen in den USA.

Vignelli, Massimo
Vignelli Associates

Geb. 1931 in Mailand, Italien.

Architekturstudium in Mailand und Venedig. Seitdem in Zusammenarbeit mit seiner Frau Lella, Architektin, u. a. auf dem Gebiet der Inneneinrichtung. 1965 Mitbegründer und Design-Direktor der Unimark International Corporation, Chicago. 1971 Gründung des Architekturbüros Vignelli Associates and Vignelli Designs in New York. Ausstellungen und Publikationen der Vignellis weltweit, einige Werke wurden von Museen angekauft. Die Vignellis erhielten zahlreiche Auszeichnungen und Preise, u. a. 1973 die ›Industrial Arts Medal‹ des American Institute of Architects.

Viñoly, Rafael
Rafael Viñoly Architects

Geb. in Montevideo, Uruguay.

Studium an der Fakultät für Architektur und Urbanistik der Universität Buenos Aires, wo er später als Dozent für theoretische Architektur tätig war. 1965 gründete Viñoly mit sechs Partnern das Estudio de Arquitectura, welches zahlreiche bedeutende Aufträge für Südamerika erhielt. Einer Einladung der Harvard University Graduate School of Design folgend, siedelte Viñoly 1978 in die USA über. 1981 gründete er das Büro Rafael Viñoly Architects in New York.

Voorsanger, Bartholomew
Voorsanger & Mills Associates

Geb. in den USA.

Architekturstudium an der Princeton University bis 1960 und an der Harvard University bis 1964. Anschließend arbeitete Voorsanger für drei Jahre mit Vincent Ponte, einem Städteplaner, in Montreal; danach im Büro von I. M. Pei & Partners. Voorsangers Arbeiten wurden in den USA, Europa und in Japan ausgestellt und publiziert. Er erhielt zahlreiche Auszeichnungen und Preise, u. a. den ›New York City Art Commission Award for Excellence in Design‹ für das Hostos Community College. Jurymitglied bei vielen bedeutenden nationalen und regionalen Wettbewerben. Seit 1978 Partnerschaft mit Edward I. Mills in New York. 1985 wurde er Mitglied der Abteilung Design des American Institute of Architects.

Williams, Tod
Tod Williams, Billie Tsien and Associates

Geb. 1943 in den USA.

Architektur- und Kunststudium an der Princeton University und an der Cambridge University in England. Williams war mehrere Jahre Mitarbeiter bei Richard Meier & Partners, bevor er sein eigenes Architekturbüro in New York gründete. Zahlreiche Ausstellungen und Veröffentlichungen seiner Projekte. Williams ist Stipendiat des National Endowment for the Arts. 1982 und 1986 erhielt er Auszeichnungen des American Institute of Architects.

Wolf, Harry C.
Ellerbe Becket Architects

Geb. in Charlotte, North Carolina.

Architekturstudium am Georgia Institute of Technology, Abschluß am Massachusetts Institute of Technology. Lehrtätigkeit an der Columbia University und in Harvard. Publikationen seiner Arbeiten in den USA und im Ausland. Während der letzten zwanzig Jahre wurden Wolfs Projekte mit mehr als vierzig wichtigen Preisen ausgezeichnet; er erhielt u. a. drei ›Design Honor Awards‹ vom American Institute of Architects, New York Chapter. Nach zwanzigjähriger Tätigkeit in North Carolina ging Wolf nach New York, um seinem Hauptanliegen, der Auseinandersetzung mit der Architektur als kulturellem Kunstprodukt, nachzugehen.

Zapata, Carlos
Ellerbe Becket Architects

Geb. in Rubio, Venezuela.

Studium am Pratt Institute und an der Columbia University in New York, am International Center der Universität Kopenhagen und am Internationalen Seminar der Universität Palermo. Mitarbeit in den Büros von Russo + Sonder und Eli Attia. Derzeit Lehrtätigkeit am Institute of Technology, New York, und ›dienstältester‹ Project Designer bei Ellerbe Becket. Mehrere Ausstellungen seiner Projekte in den USA.

Zwigard, Todd
UKZ Design, Inc.

Geb. in den USA.

Zwigard schloß sich 1983 Simon Ungers und Laszlo Kiss an, mit denen er die Architekturgemeinschaft UKZ Design, Inc. gründete. Darüber hinaus ist er zur Zeit Dozent am Environmental Design Department der Parsons School of Design.

Fotonachweis

Wenn nicht unten aufgeführt, stammen die Fotos im
Katalogteil von den jeweiligen Architekten bzw. Architekturbüros.

Peter Aaron   S. 193 oben, 318, 319
O. Baitz, Inc.   S. 266, 267
Berenholtz   S. 175
Ben Blackwell   S. 273
Steven Brooke   S. 322 unten links
Kenneth Champlin   S. 197 oben links
Paul Chapman   S. 306 links
Frederick Charles   S. 278, 279 oben
Dan Cornish   S. 118 unten, 139 oben, 202, 203, 227 Mitte
    links, Mitte, unten links, unten Mitte
Peter K. Cowan   S. 303
George Cserna   S. 209 – 211
Marc C. Darley   S. 149
Jen Fong   S. 90 links, 92 oben rechts, 93
Jeff Goldberg   S. 246, 247, 249, 297 oben
M. Haeselsrave   S. 307 oben
Paul Hester   S. 306 Mitte rechts, 307 außer oben
Wolfgang Hoyt   S. 110 –113, 194, 257, 280, 281, 297 unten,
    300, 301
Timothy Hursley   S. 192
Elliott Kaufman   S. 104, 105
Nathaniel Lieberman   S. 126, 127, 136 oben
Peter Mauss   S. 197 rechts
Norman McGrath   S. 142 –145
Michael Moran   S. 115, 117, 258, 259 unten rechts, 260, 261
Bo Parker   S. 183
Paschall/Taylor   S. 130, 131
Jeff Perkell   S. 193 unten links, Mitte rechts
Jack Pottle   S. 181 unten
Bernard Rickenbach   S. 274, 275, 277
Cervin Robinson   S. 103, 165, 290, 322 unten Mitte, unten
    rechts, 323 oben rechts, unten links
Eric Schiller   S. 285 Mitte, unten
Ezra Stoller   S. 179, 299
Guy Sussman   S. 181 oben
William Taylor   S. 132, 133
Adrian Velicescu   S. 324, 325
Luca Vignelli   S. 244, 245
Paul Warchol   S. 148, 150, 151, 219, 315